Reasoning Aptitude

बैंकिंग प्रारंभिक परीक्षाओं हेतु

नवीनतम संस्करण

अभ्यास किट

25 टेस्ट्स

25 विषयानुसार टेस्ट्स

विषय से संबन्धित पाठ प्रश्नो के साथ

✓ पूर्णतः संशोधित और अद्यतन

✓ सभी बहुविकल्पीय प्रश्नो का विस्तृत विश्लेषण

शीर्षक : Reasoning Aptitude बैंकिंग प्रारंभिक परीक्षाओं हेतु
लेखक का नाम : Mr. Rohit Manglik
प्रकाशक : EduGorilla Community Pvt. Ltd.
प्रकाशक का पता : 12/651 प्रथम तल, अरविन्दो पार्क के सामने, निकट जामा मस्जिद, इंदिरा नगर लखनऊ, उत्तर प्रदेश, 226016, भारत।

कॉपीराइट EduGorilla

ISBN : 978-93-55560-23-0

प्रथम संस्करण

अस्वीकरण EduGorilla

Compiled and created by EduGorilla Community Pvt. Ltd

EduGorilla Community Pvt. Ltd. द्वारा मुद्रित

रोहित मांगलिक
सीईओ, EduGorilla

प्रिय छात्रों,

एक बहुत ही प्रचलित कहावत है कि "सफलता उन्हीं को मिलती है जो उसके लिए कड़ी मेहनत करते हैं।" लेकिन मैंने लोगों को उनकी परीक्षाओं के लिए दिन-रात एक करके मेहनत करते हुए देखा है, पर फिर भी वे सफल नहीं हो पाते। तो वहीं दूसरी ओर, कुछ लोग बस आधी मेहनत करके परीक्षा में सफलता प्राप्त करते हैं। तो, क्या वे किस्मत वाले हैं? नहीं मेरा मानना है, कि ऐसा इसलिए है क्योंकि वे सिर्फ कड़ी नहीं बल्कि कुशल तरीके से अपनी तैयारी करते हैं। इसी तरह आपको भी अपनी परीक्षाओं की तैयारी के लिए अपनी योजना बनानी चाहिए, ताकि आपकी भी सफलता की संभावना बढ़ सके। तो तैयार हो जाइये EduGorilla के साथ अपनी परीक्षा में चयन होने की संभावना को 16 गुना बढ़ाने के लिए।

EduGorilla आपको न केवल कड़ी मेहनत करने में मदद करता है, बल्कि एक स्मार्ट और योजनाबद्ध तरीके से तैयारी करने में भी सहायता प्रदान करता है। EduGorilla की तैयारी पैकेज के साथ आप अपने परीक्षा में चयन होने के रास्ते को सहज और मनोरंजक बना सकते हैं। अपनी तैयारी के लिए सही रास्ता खोजना मुश्किल हो सकता है, यदि आप ये नहीं जानते कि आपको किस दिशा में जाना है। चिंता न करें हम आपके साथ खड़े हैं! EduGorilla आपकी सफलता में आपका मार्गदर्शक बनेगा। हमारे तैयारी पैकेज के साथ आप रणनीतिक रूप से तैयारी कर, अपनी परीक्षा में सिर्फ एक ही प्रयास में सफल हो सकते हैं।

EduGorilla के तैयारी पैकेज में शामिल हैं-

- टेस्ट सीरीज़
- किताबें

हमारे तैयारी पैकेज को सभी तरह के नये बदलवों, विशेषज्ञों की राय एवं छात्रों के प्रतिक्रिया के अनुसार तैयार किया गया है। जो आपको परीक्षा के प्रत्येक चरण की चयन प्रक्रिया को पार करने के योग्य बनाता है।

हमारी किताबें शिक्षकों और विशेषज्ञों द्वारा आपकी परीक्षा के लिए तैयार की गई हैं, 150+ वर्षों के अनुभव के साथ; ताकि आपको आसान, कुशल और प्रभावी शिक्षण प्रदान किया जा सके। हमारी स्मार्ट किताबें न सिर्फ आपको प्रश्नों के उत्तर देने की समझ देती हैं, अपितु आपके अभ्यास के लिए समान रूप के प्रश्न भी प्रदान करती हैं।

EduGorilla की सक्षम टेस्ट सीरीज आपको वास्तविक अनुभव और आत्मविश्वास प्रदान करती हैं, जिसके माध्यम से आप केवल एक प्रयास में अपनी ऑफलाइन अथवा ऑनलाइन परीक्षा पास कर सकते हैं। वर्तमान में हम 83,000+ मॉक टेस्ट्स और 1,440+ प्रतियोगी एवं शैक्षणिक परीक्षाओं की तैयारी कराते हैं।

अर्थात, EduGorilla आपकी तैयारी में आपकी सहायता करने का कोई भी मौका नहीं छोड़ता है और परीक्षा के सभी चरणों को कवर करता है, ताकि परीक्षा की तैयारी के लिए आपको कहीं और भटकना ना पड़े।

हम आपको डिफेन्स, बैंकिंग, टीचिंग और अन्य राष्ट्रीय एवं राज्य स्तरीय परीक्षाओं के लिए सम्पूर्ण तैयारी पैकेज प्रदान करते हैं। अतः इससे कोई फर्क नहीं पड़ता कि आप किस परीक्षा के लिए तैयारी कर रहे हैं, क्योंकि आप सफलता हासिल करेंगे।

आपको परीक्षा की शुभकामनाएं!

रोहित मांगलिक,
संस्थापक और मुख्य कार्यकारी अधिकारी, EduGorilla

संपादक की कलम से

प्रस्तावना

EduGorilla छात्रों को उनकी परीक्षा में सफल होने के लिए मार्गदर्शन प्रदान करता है। जिसको ध्यान में रखते हुए हमारे कुल 150+ वर्षों का अनुभव रखने वाले प्रतिष्ठित विशेषज्ञों ने कड़े प्रयासों के द्वारा "Reasoning Aptitude : बैंकिंग प्रारंभिक परीक्षाओं हेतु" को तैयार किया है। इस किताब के प्रश्नों को हाल ही में परीक्षा के पाठ्यक्रम और पैटर्न में हुए सभी बदलावों को ध्यान में रखकर बनाया गया है। वो प्रश्न जिनकी Banking Exams परीक्षा में आने कि संभवना काफी प्रबल है, उनको इस किताब मे रखा गया है। आप EduGorilla की "Reasoning Aptitude : बैंकिंग प्रारंभिक परीक्षाओं हेतु" के माध्यम से अपनी सफलता की संभावना को 16 गुना बढ़ा सकते हैं।

EduGorilla ये अपनी संपूर्ण तैयारी पैकेज के माध्यम से साकार करता है। इस किट में आपको प्रश्न अच्छी तरह अवधारित एवं संरचित रूप मे मिलेंगे जिन्हे आपकी जरूरतों के अनुसार बनाया गया है। इसके माध्यम से आपको स्मार्ट तरीके से परीक्षा के लिए अभ्यास करने में मदद मिलेगी। साथ ही आपको सहायक, समाधान और स्मार्ट उत्तर पत्रिका भी प्रदान की जायेंगी। जिससे आप अपना मूल्यांकन स्वयं कर सकते हैं। आप स्वयं की समीक्षा कर, उन सभी बिन्दुओं पर खुद को बेहतर तरीके से तैयार कर सकते हैं।

EduGorilla आपको अपनी परीक्षा में सफ़लता दिलाने और आपके लक्ष्य को हासिल करने में आपकी सहायता करने का वादा करता हैं। हम अपने प्रतिभागियों पर पूरा भरोसा करते हैं और उन्हें मेरिट सूची के शीर्ष पर देखते हैं। शीर्ष स्थान की ओर आपका पहला कदम है हमारे साथ तैयारी शुरू करना। EduGorilla की "Reasoning Aptitude : बैंकिंग प्रारंभिक परीक्षाओं हेतु" की विशेषताएं कुछ इस प्रकार हैं।

➤ अच्छी तरह से शोध किया हुआ पाठ्यक्रम

➤ उच्च गुणवत्ता

➤ विस्तृत उत्तर और विश्लेषण

➤ स्मार्ट उत्तर पत्रिका

➤ परीक्षा सुसंगत प्रश्न

इस प्रकार EduGorilla आपकी तैयारी को मजबूत और आपको परीक्षा में सफल होने के योग्य बनाता है।

विषय-सूची

तर्कशक्ति अभियोग्यता टेस्ट 01

Q.1 निर्देश: निम्नलिखित प्रश्न में एक कथन और उसके बाद दो तर्क । और ॥ दिए गए हैं। आपको यह तय करना है कि कौन सा तर्क एक प्रबल तर्क है और कौन सा कमजोर तर्क है।

कथन: क्या उत्पाद विज्ञापन पर प्रतिबंध होना चाहिए?

तर्क:

।. नहीं, यह विज्ञापन का युग है। जब तक आपका विज्ञापन आपके अन्य प्रतिस्पर्धियों से बेहतर नहीं होगा, तब तक उत्पाद नहीं बेचा जाएगा।

॥. हाँ, विज्ञापन पर खर्च किया गया पैसा बहुत बड़ा है और यह उत्पाद की लागत को बढ़ाता है।

A. केवल तर्क । प्रबल है।
B. केवल तर्क ॥ प्रबल है।
C. या तो । या ॥ प्रबल है।
D. न तो । और न ही ॥ प्रबल है।
E. । और ॥ दोनों प्रबल हैं।

Q.2 निर्देश: निम्नलिखित प्रश्न में एक कथन और उसके बाद दो तर्क । और ॥ दिए गए हैं। आपको यह तय करना है कि कौन सा तर्क एक प्रबल तर्क है और कौन सा कमजोर तर्क है।

कथन: क्या भारत में लग्जरी होटलों पर प्रतिबंध लगा देना चाहिए?

तर्क:

।. हाँ, वे ऐसे स्थान हैं जहां से अंतरराष्ट्रीय अपराधी काम करते हैं।

॥. नहीं, संपन्न विदेशी पर्यटकों के ठहरने के लिए कोई जगह नहीं होगी।

A. केवल तर्क । प्रबल है।
B. केवल तर्क ॥ प्रबल है।
C. या तो । या ॥ प्रबल है।
D. न तो । और न ही ॥ प्रबल है।
E. । और ॥ दोनों प्रबल हैं।

Q.3 निर्देश: निम्नलिखित प्रश्न में एक कथन और उसके बाद दो तर्क । और ॥ दिए गए हैं। आपको यह तय करना है कि कौन सा तर्क एक प्रबल तर्क है और कौन सा कमजोर तर्क है।

कथन: क्या स्थानांतरित कृषि का अभ्यास किया जाना चाहिए?

तर्क:

।. नहीं, यह एक बेकार अभ्यास है।

॥. हाँ, खेती के आधुनिक तरीके बहुत महंगे हैं।

A. केवल तर्क । प्रबल है।
B. केवल तर्क ॥ प्रबल है।
C. या तो । या ॥ प्रबल है।
D. न तो । और न ही ॥ प्रबल है।
E. । और ॥ दोनों प्रबल हैं।

Q.4 निर्देश: निम्नलिखित प्रश्न में एक कथन और उसके बाद दो तर्क । और ॥ दिए गए हैं। आपको यह तय करना है कि कौन सा तर्क एक प्रबल तर्क है और कौन सा कमजोर तर्क है।

कथन: क्या हमारे देश को हमारे गलती करने वाले पड़ोसियों के प्रति उदार व्यवहार और सद्भावना का विस्तार करना चाहिए?

तर्क:

।. हाँ, सद्भावना हमेशा लाभांश का भुगतान करती है।

॥. नहीं, हमारा उदार व्यवहार और सद्भावना हमारी कमजोरी मानी जाएगी।

A. केवल तर्क । प्रबल है।
B. केवल तर्क ॥ प्रबल है।
C. या तो । या ॥ प्रबल है।
D. न तो । और न ही ॥ प्रबल है।
E. । और ॥ दोनों प्रबल हैं।

Q.5 निर्देश: निम्नलिखित प्रश्न में एक कथन और उसके बाद दो तर्क । और ॥ दिए गए हैं। आपको यह तय करना है कि कौन सा तर्क एक प्रबल तर्क है और कौन सा कमजोर तर्क है।

कथन: क्या कलम, तलवार से अधिक शक्तिशाली है?

तर्क:

।. हाँ, लेखक लोगों की सोच को प्रभावित करते हैं।

॥. नहीं, शारीरिक बल की सहायता से सभी पर विजय प्राप्त की जा सकती है।

A. केवल तर्क । प्रबल है।
B. केवल तर्क ॥ प्रबल है।
C. या तो । या ॥ प्रबल है।
D. न तो । और न ही ॥ प्रबल है।
E. । और ॥ दोनों प्रबल हैं।

Q.6 निर्देश: निम्नलिखित प्रश्न में एक कथन और उसके बाद दो तर्क । और ॥ दिए गए हैं। आपको यह तय करना है कि कौन सा तर्क एक प्रबल तर्क है और कौन सा कमजोर तर्क है।

कथन: क्या गर्भावस्था के दौरान लिंग निर्धारण परीक्षण पर पूरी तरह प्रतिबंध लगा देना चाहिए?

तर्क:

।. हाँ, यह अंधाधुंध कन्या भ्रूण हत्या की ओर ले जाता है और अंततः सामाजिक असंतुलन को जन्म देगा।

॥. नहीं, लोगों को अपने अजन्मे बच्चे के बारे में जानने का अधिकार है।

A. केवल तर्क । प्रबल है।
B. केवल तर्क ॥ प्रबल है।
C. या तो । या ॥ प्रबल है।
D. न तो । और न ही ॥ प्रबल है।
E. । और ॥ दोनों प्रबल हैं।

Q.7 निर्देश: निम्नलिखित प्रश्न में एक कथन और उसके बाद दो तर्क । और ॥ दिए गए हैं। आपको यह तय करना है कि कौन सा तर्क एक प्रबल तर्क है और कौन सा कमजोर तर्क है।

कथन: क्या अतीत में आपराधिक अपराधों के दोषी व्यक्तियों को भारत में चुनाव लड़ने की अनुमति दी जानी चाहिए?

तर्क:

।. नहीं, ऐसे व्यक्ति लोगों और देश की सेवा नहीं कर सकते।

॥. हाँ, यह लोकतंत्र है - लोगों को तय करने दें कि किसे वोट देना है।

A. केवल तर्क । प्रबल है।
B. केवल तर्क ॥ प्रबल है।
C. या तो । या ॥ प्रबल है।
D. न तो । और न ही ॥ प्रबल है।
E. । और ॥ दोनों प्रबल हैं।

Q.8 निर्देश: निम्नलिखित प्रश्न में एक कथन और उसके बाद दो तर्क । और ॥ दिए गए हैं। आपको यह तय करना है कि कौन सा तर्क एक प्रबल तर्क है और कौन सा कमजोर तर्क है।

कथन: क्या रिश्वत लेने वाले अधिकारियों को दंडित किया जाना चाहिए?

तर्क:

।. नहीं, कुछ परिस्थितियों ने उन्हें रिश्वत लेने के लिए मजबूर किया होगा।

II. हाँ, उन्हें जो काम सौंपा गया है, उसे ईमानदारी से करना चाहिए।

A. केवल तर्क I प्रबल है।
B. केवल तर्क II प्रबल है।
C. या तो I या II प्रबल है।
D. न तो I और न ही II प्रबल है।
E. I और II दोनों प्रबल हैं।

Q.9 निर्देश: निम्नलिखित प्रश्न में एक कथन और उसके बाद दो तर्क I और II दिए गए हैं। आपको यह तय करना है कि कौन सा तर्क एक प्रबल तर्क है और कौन सा कमजोर तर्क है।

कथन: क्या भारत में सभी प्रकार के रासायनिक कीटनाशकों के उपयोग पर पूर्ण प्रतिबंध होना चाहिए?

तर्क:

I. नहीं, कीट सभी फसलों को नष्ट कर देंगे और किसानों के पास फसल काटने के लिए कुछ भी नहीं होगा।

II. हाँ, कृषि में प्रयुक्त रासायनिक कीटनाशक भूमिगत जल को प्रदूषित करते हैं और यह स्वास्थ्य के लिए एक गंभीर खतरा बन गया है।

A. केवल तर्क I प्रबल है।
B. केवल तर्क II प्रबल है।
C. या तो I या II प्रबल है।
D. न तो I और न ही II प्रबल है।
E. I और II दोनों प्रबल हैं।

Q.10 निर्देश: निम्नलिखित प्रश्न में एक कथन और उसके बाद दो तर्क I और II दिए गए हैं। आपको यह तय करना है कि कौन सा तर्क एक प्रबल तर्क है और कौन सा कमजोर तर्क है।

कथन : क्या पेड़ों की कटाई पर पूर्ण रूप से प्रतिबंध लगा देना चाहिए?

तर्क:

I. हाँ, पारिस्थितिक संतुलन बहाल करने के लिए ऐसा करना बहुत जरूरी है।

II. नहीं, कुल प्रतिबंध से लकड़ी आधारित उद्योगों को नुकसान होगा।

A. केवल तर्क I प्रबल है।
B. केवल तर्क II प्रबल है।
C. या तो I या II प्रबल है।
D. न तो I और न ही II प्रबल है।
E. I और II दोनों प्रबल हैं।

Q.11 निर्देश: निम्नलिखित प्रश्न में एक कथन और उसके बाद दो तर्क I और II दिए गए हैं। आपको यह तय करना है कि कौन सा तर्क एक प्रबल तर्क है और कौन सा कमजोर तर्क है।

कथन: क्या किसी देश में अनधिकृत प्रवेश करने वाले सभी शरणार्थियों को अपने वतन वापस जाने के लिए मजबूर किया जाना चाहिए?

तर्क:

I. हाँ, वे अपनी कॉलोनियां बनाते हैं और काफी जमीन पर कब्जा करते हैं।

II. नहीं, वे भूख या किसी आतंक के कारण अपना घर छोड़ देते हैं और मानवीय आधार पर उन्हें वापस जाने के लिए मजबूर नहीं किया जाना चाहिए।

A. केवल तर्क I प्रबल है।
B. केवल तर्क II प्रबल है।
C. या तो I या II प्रबल है।
D. न तो I और न ही II प्रबल है।
E. I और II दोनों प्रबल हैं।

Q.12 निर्देश: निम्नलिखित प्रश्न में एक कथन और उसके बाद दो तर्क I और II दिए गए हैं। आपको यह तय करना है कि कौन सा तर्क एक प्रबल तर्क है और कौन सा कमजोर तर्क है।

कथन: क्या भारत को भविष्य में कठिन परिस्थितियों का सामना करने के लिए कुछ पश्चिमी देशों की तरह एक विशाल तेल भंडार बनाना चाहिए?

तर्क:

I. नहीं, बड़ी मात्रा में विदेशी मुद्रा को अवरुद्ध करने और धन को निष्क्रिय रखने की कोई आवश्यकता नहीं है।

II. हाँ, इससे भारत को अप्रत्याशित परिस्थितियों के कारण तेल की कीमतों में अचानक वृद्धि के झटकों का सामना करने में मदद मिलेगी।

A. केवल तर्क I प्रबल है।
B. केवल तर्क II प्रबल है।
C. या तो I या II प्रबल है।
D. न तो I और न ही II प्रबल है।
E. I और II दोनों प्रबल हैं।

Q.13 निर्देश: निम्नलिखित प्रश्न में एक कथन और उसके बाद दो तर्क I और II दिए गए हैं। आपको यह तय करना है कि कौन सा तर्क एक प्रबल तर्क है और कौन सा कमजोर तर्क है।

कथन: क्या भारत में प्रत्येक राज्य में एक से अधिक उच्च न्यायालय होने चाहिए?

तर्क :

I. नहीं, यह करदाताओं के पैसे की सरासर बर्बादी होगी।

II. हाँ, इससे लंबे समय से लंबित मामलों के बैकलॉग को कम करने में मदद मिलेगी।

A. केवल तर्क I प्रबल है।
B. केवल तर्क II प्रबल है।
C. या तो I या II प्रबल है।
D. न तो I और न ही II प्रबल है।
E. I और II दोनों प्रबल हैं।

Q.14 निर्देश: निम्नलिखित प्रश्न में एक कथन और उसके बाद दो तर्क I और II दिए गए हैं। आपको यह तय करना है कि कौन सा तर्क एक प्रबल तर्क है और कौन सा कमजोर तर्क है।

कथन: क्या न्यायपालिका को कार्यपालिका से स्वतंत्र होना चाहिए?

तर्क:

I. हाँ, इससे कार्यपालिका की गैर कानूनी गतिविधियों पर अंकुश लगाने में मदद मिलेगी।

II. नहीं, कार्यपालिका साहसिक कदम नहीं उठा पाएगी।

A. केवल तर्क I प्रबल है।
B. केवल तर्क II प्रबल है।
C. या तो I या II प्रबल है।
D. न तो I और न ही II प्रबल है।
E. I और II दोनों प्रबल हैं।

Q.15 निर्देश: निम्नलिखित प्रश्न में एक कथन और उसके बाद दो तर्क I और II दिए गए हैं। आपको यह तय करना है कि कौन सा तर्क एक प्रबल तर्क है और कौन सा कमजोर तर्क है।

कथन: क्या सभी अभ्यास करने वाले डॉक्टरों को सरकार के नियंत्रण में लाया जाना चाहिए ताकि वे सरकार से वेतन प्राप्त कर सकें और मरीजों का मुफ्त इलाज कर सकें?

तर्क:

I. नहीं, कोई देश ऐसा अलोकतांत्रिक काम कैसे कर सकता है?

II. हाँ, कई समस्याओं के बावजूद यह निश्चित रूप से अनैतिक चिकित्सा पद्धतियों को समाप्त नहीं तो कम करने में मदद करेगा।

A. केवल तर्क I प्रबल है।
B. केवल तर्क II प्रबल है।
C. या तो I या II प्रबल है।
D. न तो I और न ही II प्रबल है।
E. I और II दोनों प्रबल हैं।

Q.16 निर्देश: निम्नलिखित प्रश्न में एक कथन और उसके बाद दो तर्क I और II दिए गए हैं। आपको यह तय करना है कि कौन सा तर्क एक प्रबल तर्क है और कौन सा कमजोर तर्क है।

कथन: क्या छात्रों को राजनीति में भाग लेना चाहिए?

तर्क:

I. हाँ, यह उनमें नेतृत्व के गुण पैदा करता है।

II. नहीं, उन्हें पढ़ना चाहिए और अपना करियर बनाना चाहिए।

A. केवल तर्क I प्रबल है।
B. केवल तर्क II प्रबल है।
C. या तो I या II प्रबल है।
D. न तो I और न ही II प्रबल है।
E. I और II दोनों प्रबल हैं।

Q.17 निर्देश: निम्नलिखित प्रश्न में एक कथन और उसके बाद दो तर्क I और II दिए गए हैं। आपको यह तय करना है कि कौन सा तर्क एक प्रबल तर्क है और कौन सा कमजोर तर्क है।

कथन: क्या भारत में चुनावों पर प्रतिबंध लगाने से पहले ओपिनियन पोल चुनावों के परिणाम की भविष्यवाणी करते हैं?

तर्क:

I. हाँ, यह मतदाता के दिमाग को प्रभावित कर सकता है और परिणाम को प्रभावित कर सकता है।

II. नहीं, ऐसे चुनाव पूरी दुनिया में आयोजित किए जाते हैं।

A. केवल तर्क I प्रबल है।
B. केवल तर्क II प्रबल है।
C. या तो I या II प्रबल है।
D. न तो I और न ही II प्रबल है।
E. I और II दोनों प्रबल हैं।

Q.18 निर्देश: निम्नलिखित प्रश्न में एक कथन और उसके बाद दो तर्क I और II दिए गए हैं। आपको यह तय करना है कि कौन सा तर्क एक प्रबल तर्क है और कौन सा कमजोर तर्क है।

कथन: क्या राजनीतिक दलों पर प्रतिबंध लगाया जाना चाहिए?

तर्क:

I. हां, राजनेताओं को सबक सिखाना जरूरी है।

II. नहीं, इससे लोकतंत्र का अंत हो जाएगा।

A. केवल तर्क I प्रबल है।
B. केवल तर्क II प्रबल है।
C. या तो I या II प्रबल है।
D. न तो I और न ही II प्रबल है।
E. I और II दोनों प्रबल हैं।

Q.19 निर्देश: निम्नलिखित प्रश्न में एक कथन और उसके बाद दो तर्क I और II दिए गए हैं। आपको यह तय करना है कि कौन सा तर्क एक प्रबल तर्क है और कौन सा कमजोर तर्क है।

कथन: क्या भारत के सभी सरकारी कार्यालयों में केवल सरकारी कर्मचारियों के बच्चों को नौकरी देने की व्यवस्था शुरू की जानी चाहिए?

तर्क:

I. नहीं, यह कई योग्य व्यक्तियों को अवसर से वंचित करता है और सरकार लंबे समय में हार सकती है।

II. नहीं, यह समानता के सिद्धांत के खिलाफ है, क्या सरकार अपने सभी नागरिकों के प्रति अपनी जिम्मेदारी नहीं निभाती है?

A. केवल तर्क I प्रबल है।
B. केवल तर्क II प्रबल है।
C. या तो I या II प्रबल है।
D. न तो I और न ही II प्रबल है।
E. I और II दोनों प्रबल हैं।

Q.20 निर्देश: निम्नलिखित प्रश्न में एक कथन और उसके बाद दो तर्क I और II दिए गए हैं। आपको यह तय करना है कि कौन सा तर्क एक प्रबल तर्क है और कौन सा कमजोर तर्क है।

कथन: क्या भारत में महानगरों में 15 वर्ष से अधिक पुराने वाहनों को अस्वीकार कर दिया जाना चाहिए?

तर्क:

I. हाँ, यह महानगरों में प्रदूषण के स्तर को कम करने के लिए एक महत्वपूर्ण कदम है।

II. नहीं, वाहन मालिकों के लिए देश के अन्य हिस्सों में शिफ्ट होना बहुत मुश्किल होगा क्योंकि उन्हें अपने अस्तित्व के लिए उपयुक्त नौकरी नहीं मिलेगी।

A. केवल तर्क I प्रबल है।
B. केवल तर्क II प्रबल है।
C. या तो I या II प्रबल है।
D. न तो I और न ही II प्रबल है।
E. I और II दोनों प्रबल हैं।

Q.21 निर्देश: निम्नलिखित प्रश्न में एक कथन और उसके बाद दो तर्क I और II दिए गए हैं। आपको यह तय करना है कि कौन सा तर्क एक प्रबल तर्क है और कौन सा कमजोर तर्क है।

कथन: क्या सभी स्नातकोत्तर पाठ्यक्रमों में ट्यूशन फीस में काफी वृद्धि की जानी चाहिए?

तर्क:

I. हां, इससे छात्रों में कुछ गंभीरता आएगी और गुणवत्ता में सुधार होगा।

II. नहीं, यह मेधावी गरीब छात्रों को स्नातकोत्तर पाठ्यक्रमों से दूर रहने के लिए बाध्य करेगा।

A. केवल तर्क I प्रबल है।
B. केवल तर्क II प्रबल है।
C. या तो I या II प्रबल है।
D. न तो I और न ही II प्रबल है।
E. I और II दोनों प्रबल हैं।

Q.22 निर्देश: निम्नलिखित प्रश्न में एक कथन और उसके बाद दो तर्क I और II दिए गए हैं। आपको यह तय करना है कि कौन सा तर्क एक प्रबल तर्क है और कौन सा कमजोर तर्क है।

कथन: क्या 18 वर्ष से कम आयु के व्यक्तियों को सशस्त्र बलों में शामिल होने की अनुमति दी जानी चाहिए?

तर्क:

I. नहीं, 18 वर्ष से कम आयु का कोई भी व्यक्ति इस तरह के बोझ को उठाने के लिए शारीरिक और मानसिक दोनों तरह की परिपक्वता प्राप्त नहीं करता है।

II. हां, इससे देश को अपने सशस्त्र बलों को विकसित करने में मदद मिलेगी जो लंबे समय तक देश की सेवा करेंगे।

A. केवल तर्क I प्रबल है।
B. केवल तर्क II प्रबल है।
C. या तो I या II प्रबल है।
D. न तो I और न ही II प्रबल है।
E. I और II दोनों प्रबल हैं।

Q.23 निर्देश: निम्नलिखित प्रश्न में एक कथन और उसके बाद दो तर्क I और II दिए गए हैं। आपको यह तय करना है कि कौन सा तर्क एक प्रबल तर्क है और कौन सा कमजोर तर्क है।

कथन: क्या भारत में सभी ढांचागत विकास परियोजनाओं को निजी क्षेत्र को सौंप दिया जाना चाहिए?

तर्क:

I. नहीं, निजी क्षेत्र की संस्थाएं ऐसी परियोजनाओं को संभालने के लिए सुसज्जित नहीं हैं।

II. हाँ, ऐसी परियोजनाओं को विकसित देशों में निजी क्षेत्र द्वारा नियंत्रित किया जाता है।

A. केवल तर्क I प्रबल है।
B. केवल तर्क II प्रबल है।
C. या तो I या II प्रबल है।
D. न तो I और न ही II प्रबल है।
E. I और II दोनों प्रबल हैं।

Q.24 निर्देश: निम्नलिखित प्रश्न में एक कथन और उसके बाद दो तर्क I और II दिए गए हैं। आपको यह तय करना है कि कौन सा तर्क एक प्रबल तर्क है और कौन सा कमजोर तर्क है।

कथन: क्या भारत के सभी कॉलेजों को स्वरोजगार को बढ़ावा देने वाले व्यावसायिक पाठ्यक्रमों के लिए अपना कार्यक्रम और पाठ्यक्रम तैयार करने की अनुमति दी जानी चाहिए?

तर्क:

I. हाँ, रोजगार के अवसर पैदा करने की दिशा में यह एक महत्वपूर्ण कदम है।

II. नहीं, पाठ्यक्रम में एकरूपता नहीं होने से शिक्षा की गुणवत्ता प्रभावित होगी।

A. केवल तर्क I मजबूत है।
B. केवल तर्क II मजबूत है।
C. या तो I या II मजबूत है।
D. न तो I और न ही II मजबूत है।
E. I और II दोनों मजबूत हैं।

Ques (25-30):निर्देश: नीचे एक कथन और उसके बाद I और II से अंकित दो तर्क दिए गए हैं। आपको तय करना होगा कि कौन सा तर्क एक 'प्रबल ' तर्क है और कौन सा तर्क 'प्रबल ' तर्क नही है।

Q.25 कथन:

क्या रेलगाड़ियों में कोयले के इंजन को विद्युत इंजन से बदला जाना चाहिए?

तर्क:

I. हाँ, कोयले के इंजन बहुत अधिक प्रदूषण का कारण बनता है।

II. नहीं, भारत घरेलू जरूरतों को पूरा करने के लिए भी पर्याप्त बिजली का उत्पादन नहीं करता है।

A. केवल I प्रबल है
B. केवल II प्रबल है
C. या तो I या II प्रबल है
D. I और II दोनों प्रबल हैं
E. ना तो तर्क I ना ही II प्रबल है

Q.26 कथन:

क्या भारतीय शिक्षा प्रणाली में शारीरिक शिक्षा को अनिवार्य किया जाना चाहिए?

तर्क:

I. हाँ, यह छात्रों की फिटनेस में मदद करता है।

II. नहीं, छात्रों का ध्यान उनके अध्ययन से ध्यान हटाएगा।

A. केवल I प्रबल है
B. केवल II प्रबल है
C. या तो I या II प्रबल है
D. I और II दोनों प्रबल हैं
E. ना तो I ना ही II प्रबल है

Q.27 कथन:

क्या हमारे देश में मांसाहारी भोजन पर पूरी तरह प्रतिबंध लगा देना चाहिए?

तर्क:

I. हाँ, यह महंगा है और इसलिए यह हमारे देश में अधिकांश लोगों की पहुंच से परे है।

II. नहीं, हमारे जैसे लोकतांत्रिक देश में किसी भी प्रकार के भोजन पर प्रतिबंध नहीं लगाया जाना चाहिए।

A. केवल I प्रबल है
B. केवल II प्रबल है
C. ना तो I ना ही II प्रबल है
D. I और II दोनों प्रबल हैं
E. या तो I या II प्रबल है

Q.28 कथन:

क्या केंद्र और राज्य विधानसभाओं के चुनाव खर्च सरकार को करने चाहिए?

तर्क:

I. हाँ, यह राजनीतिक भ्रष्टाचार को खत्म कर देगा।

II. नहीं, यह किसी भी देश के लिए अच्छा नहीं है।

A. केवल I प्रबल है
B. केवल II प्रबल है
C. या तो I या II प्रबल है
D. और II दोनों प्रबल हैं
E. ना तो तर्क I ना ही II प्रबल है

Q.29 कथन:

क्या भारत में चीनी उत्पादों पर प्रतिबंध लगाया जाना चाहिए?

तर्क:

I. हाँ। आजकल हम पूरी तरह से चीनी उत्पादों पर निर्भर हैं और यह भारतीय हस्तनिर्मित उत्पादों के बाजार को प्रभावित करता है।

II. नहीं, चीनी उत्पाद सस्ते हैं और मध्यम वर्ग और गरीब लोग उन्हें खरीद सकते हैं।

A. केवल I प्रबल है
B. केवल II प्रबल है
C. या तो I या II प्रबल है
D. I और II दोनों प्रबल हैं
E. ना तो I ना ही II प्रबल है

Q.30 कथन:

क्या भारत को व्यापक परमाणउ परीक्षण निषेध संधि (CTBT) पर हस्ताक्षर करना चाहिए?

तर्क:

I. नहीं। यदि ऐसा हुआ तो भारत अपनी सीमा की रक्षा नहीं कर सकेगा।

II. हाँ। यह एशियाई उप-महाद्वीप में तनाव को कम करने का एकमात्र तरीका है।

A. केवल I प्रबल है
B. केवल II प्रबल है
C. या तो I या II प्रबल है
D. I और II दोनों प्रबल हैं
E. ना तो I ना ही II प्रबल है

// स्मार्ट उत्तर पुस्तिका //

सही उत्तर — उन छात्रों के प्रतिशत को इंगित करता है जिन्होंने प्रश्नों का सही उत्तर दिया था।

छोड़ दिया — उन छात्रों के प्रतिशत को इंगित करता है जिन्होंने प्रश्नों को छोड़ दिया था।

प्रश्न संख्या	उत्तर	सही उत्तर	छोड़ दिया
1	E	56.97 %	34.52 %
2	B	56.78 %	41.97 %
3	A	47.92 %	42.08 %
4	E	65.27 %	31.15 %
5	A	41.54 %	32.87 %
6	A	49.15 %	45.8 %
7	A	67.83 %	31.07 %
8	B	53.45 %	30.13 %
9	E	63.19 %	32.74 %
10	E	65.95 %	33.53 %
11	B	49.68 %	38.98 %
12	B	42.35 %	30.95 %
13	B	55.28 %	31.37 %
14	A	53.32 %	38.96 %
15	B	53.43 %	41.59 %
16	C	41.03 %	51.67 %
17	A	58.24 %	41.1 %
18	D	65.43 %	32.18 %
19	E	64.7 %	31.16 %
20	A	59.13 %	32.8 %
21	B	65.13 %	33.99 %
22	A	42.06 %	33.39 %
23	D	43.94 %	45.47 %
24	A	54.54 %	39.49 %
25	A	69.98 %	30.02 %
26	A	50.97 %	32.05 %
27	B	79.99 %	12.06 %
28	A	51.07 %	32.1 %
29	D	82.14 %	13.58 %
30	A	59.01 %	31.04 %

कार्य विश्लेषण	
औसत अंक (%)	60.0%
टॉपर्स स्कोर (%)	60.0%
आपका स्कोर	

//संकेत और समाधान//

1. स्पष्ट रूप से, यह विज्ञापन है जो ग्राहक को उत्पाद के गुणों से अवगत कराता है और उसे इसे खरीदने के लिए प्रेरित करता है। अत: तर्क । मान्य है। लेकिन साथ ही, आजकल विज्ञापन एक महंगा मामला बन गया है और इस पर होने वाला खर्च उत्पाद की कीमत में इजाफा करता है। तो, तर्क ॥ भी मजबूत है।

अत: विकल्प (E) सही है।

2. जाहिर है, लग्जरी होटल देश के मानक और समृद्ध विदेशी पर्यटकों के ठहरने के लिए एक जगह हैं। तो, तर्क ॥ मान्य है। तर्क । एक मजबूत कारण नहीं है क्योंकि होटलों पर प्रतिबंध अंतरराष्ट्रीय अपराधियों की गतिविधियों को दूर करने का एक तरीका नहीं है।

अत: विकल्प (B) सही है।

3. स्पष्ट रूप से, स्थानांतरण कृषि एक ऐसी प्रथा है जिसमें एक निश्चित फसल एक भूमि पर उगाई जाती है और जब वह बंजर हो जाती है तो उसे छोड़ दिया जाता है और भूमि का दूसरा टुकड़ा चुना जाता है। जाहिर है, यह एक बेकार अभ्यास है। केवल तर्क । प्रबल है।

अत: विकल्प (A) सही है।

4. स्पष्ट रूप से, एक अच्छा व्यवहार किसी समय आपसी चर्चा और लंबे समय में मुद्दों के शांतिपूर्ण समाधान का कारण बन सकता है। इसलिए, तर्क । प्रबल है। हालाँकि, इस तरह के व्यवहार को हमारी कमजोरी समझा जा सकता है और अगर दूसरा देश अपनी भयावह गतिविधियों को नहीं रोकता है तो इसे जारी रखना मुश्किल होगा। इसलिए, ॥ भी प्रबल है।

अत: विकल्प (E) सही है।

5. शारीरिक बल किसी कार्य को मजबूरी से पूरा कर सकता है, जबकि प्रभावशाली लेखन व्यक्ति की सोच को ढाल सकता है और कार्य को स्वेच्छा से पूरा करने में अपने विवेक को बदल सकता है। इसलिए, केवल तर्क । प्रबल है।

अत: विकल्प (A) सही है।

6. अपने अजन्मे बच्चे के लिंग निर्धारण में शामिल माता-पिता आमतौर पर ऐसा इसलिए करते हैं क्योंकि वे केवल एक लड़का चाहते हैं और एक लड़की को दूर कर देते हैं। तो, केवल तर्क । प्रबल है। साथ ही, लोगों को केवल बच्चे के जन्म से पहले उसके स्वास्थ्य, विकास और सामान्य भलाई के बारे में जानने का अधिकार है, न कि लिंग के बारे में। तो, तर्क ॥ प्रबल नहीं है।

अत: विकल्प (A) सही है।

7. स्पष्ट रूप से, आपराधिक पृष्ठभूमि वाले व्यक्ति आम लोगों के प्रतिनिधि के रूप में सेवा करने के लिए खड़े नहीं हो सकते। इसलिए उन्हें चुनाव लड़ने की अनुमति नहीं दी जानी चाहिए। इस प्रकार, केवल तर्क । प्रबल है, जबकि ॥ नहीं है।

अत: विकल्प (A) सही है।

8. जाहिर है, अधिकारियों को उनके द्वारा किए जाने वाले कार्यों के लिए उचित भुगतान किया जाता है। इसलिए उन्हें इसे ईमानदारी से करना चाहिए। इस प्रकार, केवल तर्क ॥ ही प्रबल है।

अत: विकल्प (B) सही है।

9. स्पष्ट रूप से, कीटनाशकों का उपयोग फसलों को हानिकारक कीटों से बचाने के लिए किया जाता है। लेकिन साथ ही ये पानी से धुल जाते हैं और भूजल को दूषित कर देते हैं। इस प्रकार, दोनों तर्क प्रबल हैं।

अत: विकल्प (E) सही है।

10. स्पष्ट रूप से, पेड़ पारिस्थितिक संतुलन बनाए रखने में महत्वपूर्ण भूमिका निभाते हैं और इसलिए इसे संरक्षित किया जाना चाहिए। तो, केवल तर्क । प्रबल है।। इसके अलावा, पेड़ लकड़ी का मूल स्रोत होते हैं और पेड़ों की कटाई पर पूर्ण प्रतिबंध लकड़ी आधारित उद्योगों को नुकसान पहुंचाएगा। इसलिए, पेड़ों की केवल नियंत्रित कटाई की अनुमति दी जानी चाहिए और अधिक पेड़ लगाकर नुकसान की भरपाई की जानी चाहिए। अत: तर्क ॥ भी प्रबल है।

अत: विकल्प (E) सही है।

11. स्पष्ट रूप से, शरणार्थी वे लोग होते हैं जिन्हें कुछ दुखों के कारण अपनी मातृभूमि से बाहर निकाल दिया जाता है और उन्हें आश्रय की सख्त आवश्यकता होती है। तो, तर्क ॥ प्रबल है। कथन के विरुद्ध तर्क । अस्पष्ट है।

अत: विकल्प (B) सही है।

12. तेल, एक आवश्यक वस्तु होने के नाते, हमारे देश को इसे रिजर्व में रखना चाहिए। तो, तर्क । अस्पष्ट है, जबकि तर्क ॥ के रूप में यह उसी के लिए एक पर्याप्त कारण प्रदान करता है।

अत: विकल्प (B) सही है।

13. जाहिर है, उच्च न्यायालयों की संख्या में वृद्धि से निश्चित रूप से काम में तेजी आएगी और लंबित मामलों को दूर करने में मदद मिलेगी। तो, तर्क ॥ प्रबल है। इसके आलोक में, किया गया व्यय 'उपयोग' होगा, न कि धन का 'अपव्यय'। तो, तर्क । प्रबल नहीं है।

अत: विकल्प (B) सही है।

14. स्पष्ट रूप से, निष्पक्ष निर्णय के लिए एक स्वतंत्र न्यायपालिका आवश्यक है ताकि कार्यपालिका गलत उपाय न करे इसलिए, केवल तर्क । ही प्रबल है।

अतः विकल्प (A) सही है।

15. एक मरीज का व्यक्तिगत इलाज करने वाला डॉक्टर मरीज को उसके निजी लाभ के लिए गलत और अनावश्यक इलाज के लिए गुमराह कर सकता है। इसलिए, तर्क ॥ प्रबल है इसके अलावा, आम लोगों के लिए लाभकारी नीति को 'अलोकतांत्रिक' नहीं कहा जा सकता है, केवल तर्क । प्रबल है।

अतः विकल्प (B) सही है।

16. जाहिर है, राजनीति में लिप्तता छात्रों को भविष्य के नेतृत्व के लिए प्रशिक्षित करती है लेकिन यह उन्हें पढ़ाई से दूर कर देती है। तो, या तो । या ॥ प्रबल है।

अतः विकल्प (C) सही है।

17. जनमत सर्वेक्षण किसी व्यक्ति की सोच को प्रभावित कर सकते हैं और इस प्रकार उसके दिमाग को उसकी मूल पसंद से हटा सकते हैं, इसलिए, केवल तर्क । प्रबल है। इसके अलावा, अन्य देशों द्वारा अनुसरण की जाने वाली नीति का आँख बंद करके अनुकरण करना कोई प्रासंगिकता नहीं है इसलिए, तर्क ॥ अस्पष्ट है।

अतः विकल्प (A) सही है।

18. जाहिर है, राजनीतिक दलों पर प्रतिबंध के साथ, उम्मीदवार स्वतंत्र रूप से चुनाव लड़ सकते हैं, इसलिए, यह लोकतंत्र को समाप्त नहीं करेगा। इस प्रकार, तर्क ॥ मान्य नहीं है। तर्क । एक प्रबल कारण नहीं देता।

अतः विकल्प (D) सही है।

19. योग्यता, निष्पक्ष चयन और सभी के लिए समान अवसर - इन तीन कारकों पर ध्यान दिया जाए, तो सरकार को सक्षम अधिकारियों की भर्ती में मदद मिल सकती है और संविधान के उद्देश्यों को भी पूरा कर सकते हैं, इस प्रकार, दोनों तर्क प्रबल हैं।

अतः विकल्प (E) सही है।

20. स्पष्ट रूप से, 15 वर्षीय वाहन यूरो के अनुरूप नहीं हैं और इसलिए हाल के वाहनों की तुलना में बहुत अधिक प्रदूषण का कारण बनते हैं। तो, तर्क । प्रबल करता है। तर्क ॥ अस्पष्ट है क्योंकि इन वाहनों के मालिकों को स्वयं को स्थानांतरित करने की आवश्यकता नहीं है। वे अपने वाहनों को बेच सकते हैं और नए खरीद सकते हैं - एक छोटी सी कीमत जो प्रत्येक नागरिक एक स्वस्थ वातावरण के लिए वहन कर सकता है।

अतः विकल्प (A) सही है।

21. फीस में वृद्धि छात्रों को पढ़ाई में अधिक गंभीर बनाने का कोई साधन नहीं है, इसलिए, तर्क। अस्पष्ट है हालांकि, फीस में वृद्धि के साथ, गरीब मेधावी छात्र स्नातकोत्तर अध्ययन करने में सक्षम नहीं होंगे, इसलिए तर्क ॥ प्रबल है।

अतः विकल्प (B) सही है।

22. रक्षा की उचित देखभाल करने के लिए सशस्त्र बलों में शारीरिक रूप से प्रबल और मानसिक रूप से परिपक्व व्यक्ति शामिल होने चाहिए इसलिए, तर्क । प्रबल है स्पष्ट रूप से, तर्क ॥ का कोई महत्व नहीं है।

अतः विकल्प (A) सही है।

23. स्पष्ट रूप से, ऐसी परियोजनाओं को यदि निजी क्षेत्र को सौंप दिया जाता है तो उन्हें एक सक्षम प्राधिकारी को दिया जाएगा, इसलिए, तर्क । अस्पष्ट है इसके अलावा, इस आधार पर नीति का अनुकरण करना कि यह अन्य देशों में सफलतापूर्वक काम करता है, कोई प्रासंगिकता नहीं रखता है। इस प्रकार, तर्क ॥ भी प्रबल नहीं है।

अतः विकल्प (D) सही है।

24. जाहिर है, अगर कॉलेजों को खुली छूट दी जाती है, तो व्यक्तिगत प्रयासों के माध्यम से अधिक छात्रों को आकर्षित करने के लिए नए, सक्षम पाठ्यक्रमों के साथ आएंगे। इससे रोजगार के नए रास्ते खुलेंगे। इसलिए, तर्क । प्रबल है। इसके विपरीत तर्क ॥ अस्पष्ट प्रतीत होता है।

अतः विकल्प (A) सही है।

25. I. हाँ, कोयले के इंजन बहुत अधिक प्रदूषण का कारण बनता है।

तर्क में कहा गया है कि कोयले के इंजन बहुत अधिक प्रदूषण का कारण है जो सच है और प्रबल भी है।

II. नहीं, भारत घरेलू जरूरतों को पूरा करने के लिए भी पर्याप्त बिजली का उत्पादन नहीं करता है।

भारत में, हमारे पास पहले से ही इलेक्ट्रिक ट्रेनें हैं और सरकार इलेक्ट्रिक ट्रेनों को बढ़ाने के लिए इस पर काम कर रही है। इसलिये यह प्रबल नही है।

अत: विकल्प (A) सही है।

26. जैसा कि हम जानते हैं कि छात्रों के लिए शारीरिक शिक्षा एक महत्वपूर्ण कारक है क्योंकि यह छात्रों को स्वस्थ रखने में मदद करता है। इसलिए, तर्क । प्रबल है।

शारीरिक शिक्षा छात्रों के अध्ययन को प्रभावित नहीं करती है यदि उनका समय ठीक से प्रबंधित किया जाता है। इसलिए, तर्क ॥ यहां प्रबल नही है।

अत: विकल्प (A) सही है।

27. I. जैसा कि तर्क । सही है कि मांसाहारी भोजन महंगा है और इसलिए यह हमारे देश में अधिकांश लोगों की पहुंच से परे है। लेकिन केवल इस कारण से, मांसाहारी भोजन पर प्रतिबंध वांछनीय नहीं है। इसलिए यह तर्क दुर्बल है।

II. यहाँ तर्क ॥ प्रबल है क्योंकि लोकतांत्रिक देशों में किसी भी विशेष भोजन पर प्रतिबंध नहीं लगाया जाना चाहिए।

अत: विकल्प (B) सही है।

28. यदि चुनाव खर्च सरकार द्वारा पूरा किया जाता है, तो यह राजनीतिक भ्रष्टाचार को समाप्त कर देगा और इस वजह से सरकार खर्चों का रिकॉर्ड रख सकती है।

लेकिन तर्क ॥ यहां कमजोर और अस्पष्ट है। इसलिए, केवल तर्क । यहां सबल है।

अत: विकल्प (A) सही है।

29. तर्क । कहता है कि हम पूरी तरह से चीनी उत्पाद पर निर्भर हैं और यह भारतीय हस्तनिर्मित उत्पादों के बाजार को प्रभावित करता है।

तर्क । कहता है कि भारतीय उत्पादों की तुलना में चीनी उत्पाद की कीमतें सस्ती हैं, इसलिए गरीब लोग और मध्यम वर्ग के लोग आसानी से उन्हें खरीद सकते हैं। कुल प्रतिबंध समाधान नहीं है और हमें भारतीय उत्पादों के उत्पादन और बाजार को बढ़ाने की कोशिश करनी चाहिए। इसलिए, यहां दोनों तर्क प्रबल हैं।

इसलिए, दोनों तर्क यहां प्रबल हैं।

अत: विकल्प (D) सही है।

30. यदि भारत व्यापक परमाणु परीक्षण निषेध संधि (CTBT) पर हस्ताक्षर करता है, तो भारत पड़ोसी देशों द्वारा आक्रमण किये जाने के खतरे में होगा, जिनके पास परमाणु बम, लंबी दूरी की मिसाइल आदि हैं।

CTBT के कारण एशियाई उप-महाद्वीप में कोई तनाव नहीं है।

इसलिए तर्क । प्रबल है और ॥ कमजोर है।

अत: विकल्प (A) सही है।

तर्कशक्ति अभियोग्यता टेस्ट 02

Ques (1-4):निर्देश: निम्नलिखित जानकारी का ध्यानपूर्वक अध्ययन करें और दिए गए प्रश्नों के उत्तर दीजिए।

एक निश्चित कूटभाषा में,

'Shagun knitted mat' को 'Xa Zc Yb' के रूप में लिखा जाता है।

'Children sat on mat' को 'Ax Zc By Dw' के रूप में लिखा जाता है।

'Shagun taught children' को 'Cx Xa Ax' के रूप में लिखा जाता है।

Q.1 दी गयी कूट भाषा में 'children' के लिए कूट क्या है?

A. By **B.** Zc **C.** Ax **D.** Yb
E. Dw

Q.2 यदि 'children on mat' को 'Zc Ax Dw' लिखते हैं, तब दी गयी कूट भाषा में 'By' का अर्थ क्या है?

A. sat **B.** on **C.** taught **D.** mat
E. knitted

Q.3 दी गयी कूट भाषा में 'taught' के लिए कूट क्या है?

A. By **B.** Zc **C.** Ax **D.** Cx
E. Dw

Q.4 दी गयी कूट भाषा में 'children knitted Shawl' के लिए संभव कूट क्या है?

A. Ax Yb Cx **B.** Ax Yb Sh
C. Zc Yb Cx **D.** Zc Xa Cx
E. Dw By Cx

Ques (5-8):निर्देश: निम्न जानकारी का ध्यानपूर्वक अध्ययन कीजिए और दिए गए प्रश्नों के उत्तर दीजिए।

एक निश्चित कूट भाषा में, 'bank is open today' को 'sd cb vi zn' के रूप में लिखा जाता है, 'winter is coming' को 'ri dm zn' के रूप में लिखा जाता है, 'today is bank holiday' को 'zn vi cb pq' के रूप में लिखा जाता है, और 'they are coming today' को 'dm vi ki rt' के रूप में लिखा जाता है।

Q.5 दी गई भाषा में 'vi znsdri' कूट निम्न में से कौन से वाक्य के लिए है?

A. Winter is bank holiday
B. Bank are close today
C. Winter is coming today
D. Today is open winter
E. Open holiday is coming

Q.6 दी गई भाषा में कूट 'pq' कौन से शब्द के लिए है?

A. Are **B.** Today **C.** Open **D.** Bank
E. Holiday

Q.7 'bank' का कूट क्या है?

A. cb **B.** sd **C.** vi **D.** zn
E. ki

Q.8 'They' को निम्न में से कौन से कूट द्वारा कूट किया गया है?

A. ki or dm **B.** an या ki **C.** ki या rt **D.** pq या rt
E. rt या vi

Ques (9-13):निर्देश: नीचे दी गई जानकारी को ध्यानपूर्वक पढ़ते हुए उस पर आधारित प्रश्न के उत्तर दीजिये।

एक निश्चित कूटभाषा में,

"love france ban fresh" को N2G D2P H4J H4G के रूप में लिखा जाता है।

"became risk chief put" को R2V T3M D3G E3H के रूप में लिखा जाता है।

"how given team threat" को V2O I3P J2Y V4V के रूप में लिखा जाता है।

"taken outfit too used" को V1Q Q3V V3P W2F के रूप में लिखा जाता है।

Q.9 "chief" की कूटभाषा क्या होगी?

A. T3M
B. R2V
C. E3H
D. निर्धारित नहीं किया जा सकता है।
E. इनमें से कोई नहीं

Q.10 कूट J2Y" क्या प्रदर्शित करता है?

A. How **B.** Given
C. Team **D.** Threat
E. इनमें से कोई नहीं

Q.11 "X4C" को किस कूटभाषा में लिखा जा सकता है?

A. Varia
B. Vellupura
C. Vadodara
D. निर्धारित नहीं किया जा सकता है
E. इनमें से कोई नहीं

Q.12 "love is blind" का कूट क्या होगा?

A. N2G K1U D4F **B.** K2G N1U F4D
C. F2D N4K K1U **D.** F1U NIK D4F
E. इनमें से कोई नहीं

Q.13 "fresh risk taken" का कूट क्या होगा?

A. T3M V2P J2Y **B.** V2P T3M E3H
C. Q3V H4J E3H **D.** H4J V3P T3M
E. इनमें से कोई नहीं

Q.14 एक निश्चित कोड भाषा में,

'**New-Year party kept today** ' को '**ge va ng na**' के रूप में लिखा गया है,

'**Today we kept Cheese pizza**' को '**ri uvva si na**' के रूप में लिखा गया है,

'**we will dress-up today**' को '**na ya go uv**' के रूप में लिखा गया है।

uv का क्या मतलब है?

A. will **B.** today
C. we **D.** या तो today या we
E. इनमें से कोई नहीं

Ques (15-17):

निर्देश: नीचे दिए गए प्रश्न का उत्तर देने के लिए दी गई जानकारी का अध्ययन करें।

एक निश्चित कोड भाषा में,

" Pharmacist is medicine" "J3R, N9D, Q11S" के रूप में कोडित है।

" Medicine are treatment " "U10S, B4D, N9D" के रूप में कोडित है।

" Doctor diagnose patient " को " E9D, Q8S, E7Q " के रूप में कोडित किया गया है।

Q.15 "Patient taking Medicine" के लिए किस कोड का उपयोग किया जाता है?

A. E9D, Q8S, E7Q
B. N9D, U7F, Q8S,
C. J3R, Q8S, U10S
D. Q7E, B5D, N9D
E. Q7A, M5D, N8D

Q.16 इस कोडित भाषा में " Laboratory" के लिए क्या कोडित किया जाएगा?

A. M11X **B.** X11M **C.** M15D **D.** M11D
E. X11D

Q.17 "T8Q" निम्नलिखित में से किस शब्द के लिए कोड हो सकता है?

A. Scissor
B. Sentence
C. Sudden
D. Spencer
E. (A) और (D) दोनों

Ques (18-21):निर्देश: निम्नलिखित जानकारी का ध्यानपूर्वक अध्ययन कीजिए और दिए गए प्रश्नों के उत्तर दीजिए।

किसी विशिष्ट कूट भाषा में,

'he si fi ka' का अर्थ 'his health is affected' है,

'si wi ni he' का अर्थ 'health is wealth indeed' है,

'pi si re fe' का अर्थ 'he is super fit' है,

'ka li hi wi ' का अर्थ 'his uncle has wealth' है।

Q.18 उसी कूट भाषा में, निम्नलिखित में से किसका अर्थ 'wealth' है?

A. si **B.** wi **C.** ni **D.** he
E. li

Q.19 दी गयी कूट भाषा में, कूट 'fi' किस शब्द के लिए है?

A. wealth **B.** health **C.** is **D.** affected
E. fit

Q.20 'his wealth is affected indeed' के लिए क्या कूट होना चाहिए?

A. ka wi si fi ni
B. hi wi fi si ni
C. ka he si fi ni
D. ka re fe ni wi
E. ka wi si pi re

Q.21 किसी विशिष्ट कूट भाषा में, 'uncle has health and wealth' को 'li hi he di wi' के रूप में कूटबद्ध किया गया है, तो 'and' के लिए क्या कूट होना चाहिए?

A. di **B.** wi **C.** he **D.** li
E. hi

Ques (22-26):निर्देश: नीचे दिए गए प्रत्येक प्रश्न में संख्याओं/प्रतीकों का एक समूह और उसके बाद अक्षर कोड के पांच संयोजन (A), (B), (C), (D) और (E) शामिल हैं। निम्नलिखित कोडिंग प्रणाली और शर्तों के आधार पर आपको ज्ञात करना है कि कौन सा संयोजन संख्याओं/प्रतीकों के समूह का सही ढंग से निरूपित करता है और उस संयोजन की संख्या को अपने उत्तर के रूप में दिखाना है:

संख्या / प्रतीक	*	>	!	^	$	#	+	7	2	{	5	3	8	1	4	)	6	0	9
अक्षर कोड	Z	Q	D	L	H	A	P	f	U	O	Y	B	J	y	R	G	w	I	X

शर्तें:

(1) यदि कोई संख्या किसी संख्या से ठीक पहले आती है और एक प्रतीक के ठीक बाद आती है, तो सभी प्रतीकों को 'y' के रूप में कोडबद्ध किया जाएगा।

(2) यदि दूसरा तत्व एक सम संख्या है और एक प्रतीक के ठीक बाद आती है तो उस सम संख्या को प्रतीक के कोड के रूप में कोडबद्ध किया जाएगा।

(3) यदि कोई विषम संख्याएँ नहीं हैं, तो दूसरे और अंतिम तत्व के कोड को परस्पर बदला जाएगा।

यदि एक से अधिक शर्तों का पालन किया जाता है, तो शर्त संख्या के बढ़ते क्रम में पूर्वता का क्रम होगा।

Q.22 *0{7+65^1 को कैसे कोडबद्ध किया जाएगा?

A. ZIOfPwYLy
B. ylyfywYyy
C. yFyyyyyyy
D. YfFWwHAYF
E. इनमें से कोई भी नहीं

Q.23 {2!>42^ के लिए क्या कोड होगा?

A. DQOUUIDQ
B. yyyyRLD
C. OLDQRUD
D. DDDQRODI
E. इनमें से कोई भी नहीं

Q.24 8)646+2 के लिए क्या कोड है?

A. JGwRwpU
B. jUrwFPT
C. JGWRWPU
D. YRPjwRg
E. JUwRwyy

Q.25 8>^$+26* को आप कैसे कोडित करेंगे?

A. JyyyyUwy
B. fUOyYYwW
C. HAPPYyuy
D. JUUyyAHA
E. JYBDLyyy

Q.26 ^4{>#${5 की कोडिंग करने के बाद क्या परिणाम होगा?

A. LrOQAHOY
B. LooQAHOY
C. LOOQAHOY
D. LROQAHOY
E. LOOQAOHY

Ques (27-30):निर्देश: निम्नलिखित जानकारी का ध्यानपूर्वक अध्ययन कीजिये और उस पर आधारित प्रश्नों के उत्तर दीजिये।

एक निश्चित कूट भाषा में:

'don't do that work' को 'fi di ti bi' के रूप में लिखा जाता है।

'this work is easy' को 'li ki si di' के रूप में लिखा जाता है।

'they should do that' को 'fi zi vi bi' के रूप में लिखा जाता है।

'should he do this' को 'fi vi si pi' के रूप में लिखा जाता है।

Q.27 इस भाषा में 'easy' के लिए क्या कूट है?

A. si **B.** li
C. ki **D.** di
E. या तो li या ki

Q.28 कूट 'vi' इस दी गई कूट भाषा में किस शब्द के लिए है?

A. Work **B.** Don't **C.** Should **D.** They
E. This

Q.29 इस कूट भाषा में 'They don't work this' के लिए क्या कूट होगा?

A. fi bi zi ti **B.** bi zi ti di
C. pi ti di si **D.** zi ti di si
E. vi di bi zi

Q.30 निम्नलिखित कूट भाषा में कूट 'pi vi fi si' किस वाक्य की कूट भाषा है?

A. He should do that **B.** He should do this
C. Don't do this work **D.** They should do that
E. They should do this

// स्मार्ट उत्तर पुस्तिका //

सही उत्तर उन छात्रों के प्रतिशत को इंगित करता है जिन्होंने प्रश्नों का सही उत्तर दिया था।

छोड़ दिया उन छात्रों के प्रतिशत को इंगित करता है जिन्होंने प्रश्नों को छोड़ दिया था।

प्रश्न संख्या	उत्तर	सही उत्तर	छोड़ दिया
1	C	42.7 %	46.54 %
2	A	42.07 %	55.32 %
3	D	45.32 %	42.72 %
4	B	45.45 %	41.72 %
5	D	80.36 %	15.75 %
6	E	78.11 %	18.27 %
7	A	83.86 %	15.64 %
8	C	79.5 %	13.54 %
9	C	83.54 %	12.83 %
10	A	83.44 %	10.19 %
11	C	83.47 %	13.29 %
12	A	82.04 %	11.28 %
13	D	77.48 %	19.85 %
14	C	84.16 %	13.64 %
15	B	63.37 %	30.07 %
16	A	49.65 %	31.2 %
17	E	67.53 %	32.19 %
18	B	52.91 %	41.69 %
19	D	62.19 %	35.97 %
20	A	69.12 %	30.59 %
21	A	69.64 %	30.32 %
22	B	40.11 %	37.39 %
23	B	56.71 %	32.24 %
24	E	64.76 %	33.5 %
25	A	56.64 %	38.23 %
26	C	64.3 %	30.68 %
27	E	67.11 %	32.39 %
28	C	68.26 %	31.53 %
29	D	53.61 %	42.3 %
30	B	54.96 %	38.29 %

कार्य विश्लेषण	
औसत अंक (%)	33.33%
टॉपर्स स्कोर (%)	63.33%
आपका स्कोर	

//संकेत और समाधान//

Ques (1-4):पहले शब्दों का कूटानुवाद करते हैं,

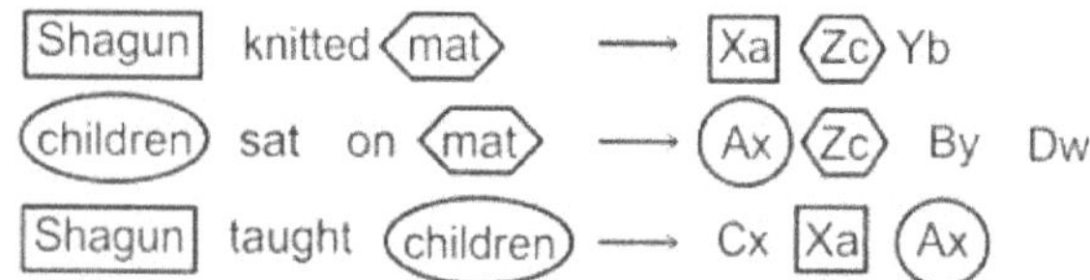

1. इसलिए, दी गयी कूट भाषा में 'children' के लिए कूट 'Ax' है।

अतः विकल्प (C) सही है।

2. इसलिए, यदि 'children on mat' को 'Zc Ax Dw' लिखते हैं, तब दी गयी कूट भाषा में 'By' का अर्थ 'sat' है।

अतः विकल्प (A) सही है।

3. इसलिए, दी गयी कूट भाषा में 'taught' के लिए कूट 'Cx' है।

अतः विकल्प (D) सही है।

4. इसलिए, दी गयी कूट भाषा में 'children knitted Shawl' के लिए संभव कूट 'Ax Yb Sh' है।

अतः विकल्प (B) सही है।

Ques (5-8):सबसे पहले, शब्दों का कूटानुवाद कीजिए,

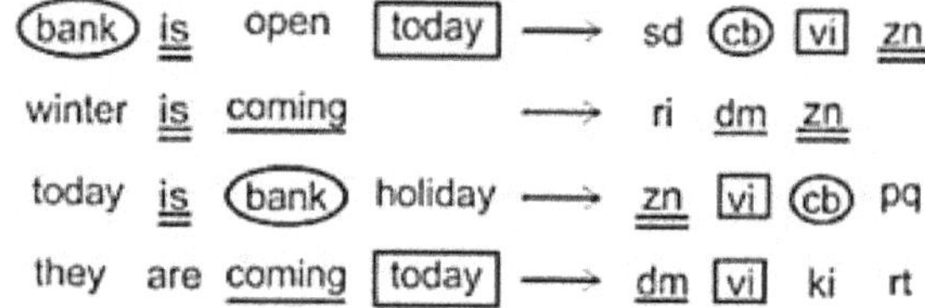

5. कूटानुवाद करने के बाद,

bank → cb

is → zn

open → sd

today → vi

winter → ri

coming → dm

holiday → pq

They → ki या rt

Are → ki या rt

इसलिए, 'vi znsdri' कूट 'today is open winter' के लिए है।

अतः विकल्प (D) सही है।

6. कूटानुवाद करने के बाद,

bank → cb

is → zn

open → sd

today → vi

winter → ri

coming → dm

holiday → pq

They → ki या rt

Are → ki या rt

इसलिए, "holiday" सही उत्तर है।

अतः विकल्प (E) सही है।

7. कूटानुवाद करने के बाद,

bank → cb

is → zn

open → sd

today → vi

winter → ri

coming → dm

holiday → pq

They → ki या rt

Are → ki या rt

इसलिए, "cb" सही उत्तर है।

अतः विकल्प (A) सही है।

8. कूटानुवाद करने के बाद,

bank → cb

is → zn

open → sd

today → vi

winter → ri

coming → dm

holiday → pq

They → ki या rt

Are → ki या rt

इसलिए, "ki या rt" सही उत्तर होगा।

अतः विकल्प (C) सही है।

Ques (9-13):तर्क:

प्रथम पद → शब्द का प्रथम अक्षर + 2 (अक्षरों की वर्णमाला के अनुक्रम के अनुसार)

द्वितीय पद → व्यंजनों की संख्या

तृतीय पद → शब्द का अंतिम अक्षर + 2 (अक्षरों की वर्णमाला के अनुक्रम के अनुसार)

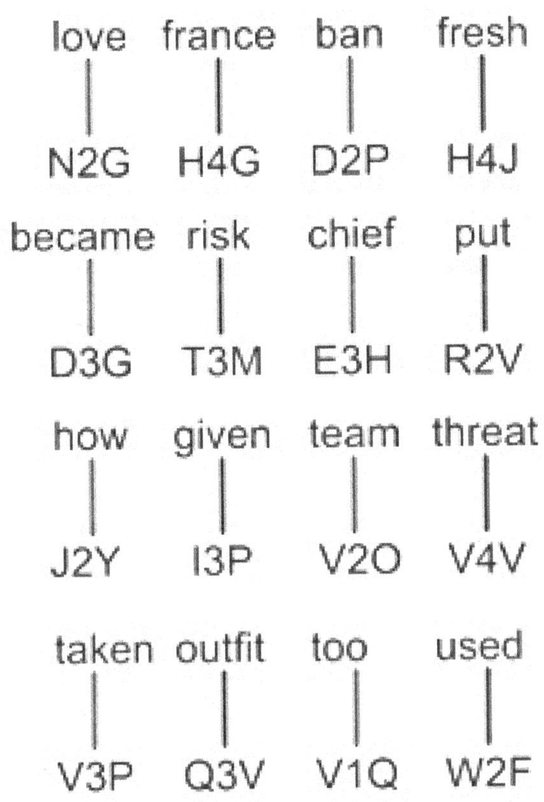

9. इसलिए, "chief" के लिए कूट "E3H" होगा।

अतः विकल्प (C) सही है।

10. इसलिए, कूट "J2Y", "How" को प्रदर्शित करता है।

अतः विकल्प (A) सही है।

11. दी गई कूटभाषा के अनुसार,

"X4C" के रूप में कूटित किया जाएगा,

प्रथम पद "X" है। इसलिए शब्द का प्रथम अक्षर X - 2 = V होगा।

द्वितीय पद "4" है। इसलिए शब्द में 4 व्यंजन होने चाहिए।

तृतीय पद "C" है। इसलिए शब्द का अंतिम अक्षर C - 2 = A होगा।

इसलिए, दिये गए विकल्पों में से "Vadodara" संभावित शब्द है।

अतः विकल्प (C) सही है।

12. तर्क:

प्रथम पद → शब्द का प्रथम अक्षर + 2 (अक्षरों की वर्णमाला के अनुक्रम के अनुसार)

द्वितीय पद → व्यंजनों की संख्या

तृतीय पद → शब्द का अंतिम अक्षर + 2 (अक्षरों की वर्णमाला के अनुक्रम के अनुसार)

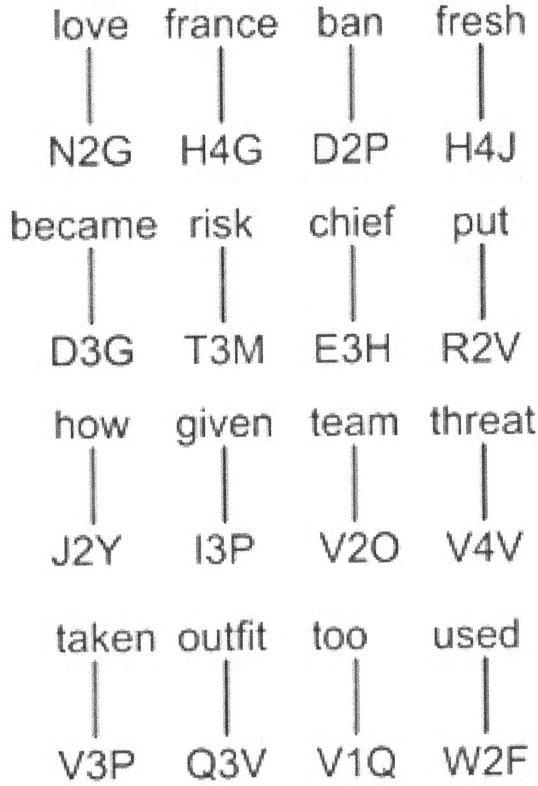

दी गई कूटभाषा के अनुसार,

"love" को "N2G", के रूप में कूटबद्ध किया जा सकता है।

"is" को "K1U", के रूप में कूटबद्ध किया जा सकता है।

"blind" को "D4F" के रूप में कूटबद्ध किया जा सकता है।

इसलिए, "love is blind" को "N2G K1U D4F" के रूप में कूटबद्ध किया जा सकता है।

अतः विकल्प (A) सही है।

13. दी गई कूटभाषा के अनुसार,

"fresh" को "H4J" के रूप में कूटबद्ध किया जा सकता है,

"risk" को "T3M", के रूप में कूटबद्ध किया जा सकता है,

"taken" को "V3P" के रूप में कूटबद्ध किया जा सकता है।

अतः विकल्प (D) सही है।

14. दी कोड भाषा:

New-Year party kept today → ge va ng na

Today we kept Cheese pizza → ri uv va si na

we will dress-up today → na ya go uv

today → na

we → uv

kept → va

यहाँ, 'uv' का अर्थ 'we' है।

अतः विकल्प (C) सही है।

Ques (15-17):दिए गए प्रश्न में सामान्य कोड को देखकर,

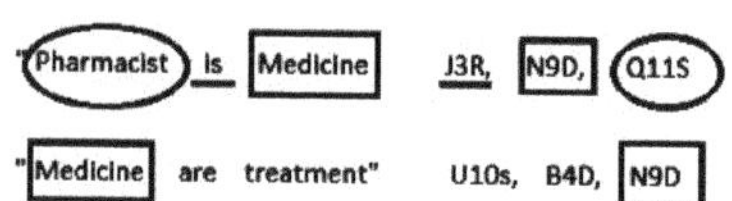

" Doctor diagnose patient" E9D, Q8S, E7Q

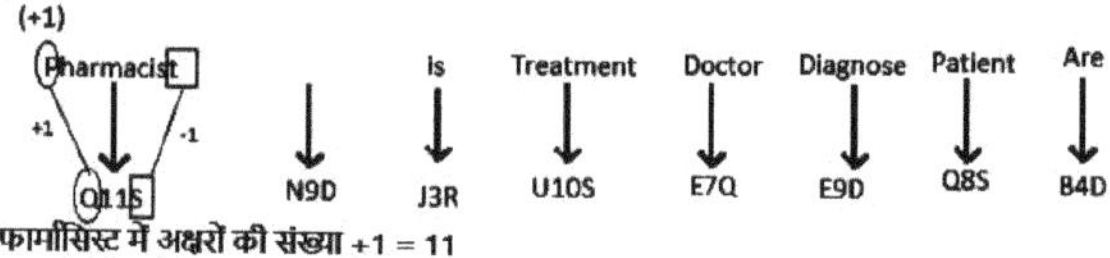

इसलिए,

लॉजिक: सभी कोड तीन अक्षर वाले कैपिटल शब्द हैं

1) कोड का पहला पद एक पत्र है जो शब्द के पहले अक्षर के तत्काल अगले अक्षर (पूंजी रूप में) का प्रतिनिधित्व करता है।

2) कोड का दूसरा पद एक संख्या है जो उस शब्द में अक्षर +1 की संख्या का प्रतिनिधित्व करता है।

3) कोड का तीसरा पद अक्षर है जो शब्द के अंतिम अक्षर के तत्काल पिछले अक्षर का प्रतिनिधित्व करता है।

15. उसी प्रकार,

- Patient → Q8S
- Taking → U7F
- Medicine → N9D
- इसलिए, " Patient taking Medicine " को " N9D, U7F, Q8S " के रूप में कोडित किया गया है।

अतः विकल्प (B) सही है।

16. उसी प्रकार

Laboratory→ M11X

इसलिए, सही M11X है।

अतः विकल्प (A) सही है।

17. इसलिए,

लॉजिक: सभी कोड तीन अक्षर वाले कैपिटल शब्द हैं।

1) कोड का पहला पद एक पत्र है जो शब्द के पहले अक्षर के तत्काल अगले अक्षर (पूंजी रूप में) का प्रतिनिधित्व करता है।

2) कोड का दूसरा पद एक संख्या है जो उस शब्द में अक्षर +1 की संख्या का प्रतिनिधित्व करता है।

3) कोड का तीसरा पद अक्षर है जो शब्द के अंतिम अक्षर के तत्काल पिछले अक्षर का प्रतिनिधित्व करता है।

उसी प्रकार

इसलिए, "T8Q:" Spencer "के साथ-साथ" Scissor "के लिए कोड भी होंगे, क्योंकि अक्षरों की संख्या, पहला अक्षर और उनमें तीसरा अक्षर समान नहीं हैं।

तो, उत्तर (A) और (D) दोनों है।

अतः विकल्प (E) सही है।

Ques (18-21):किसी विशिष्ट कूट भाषा में,

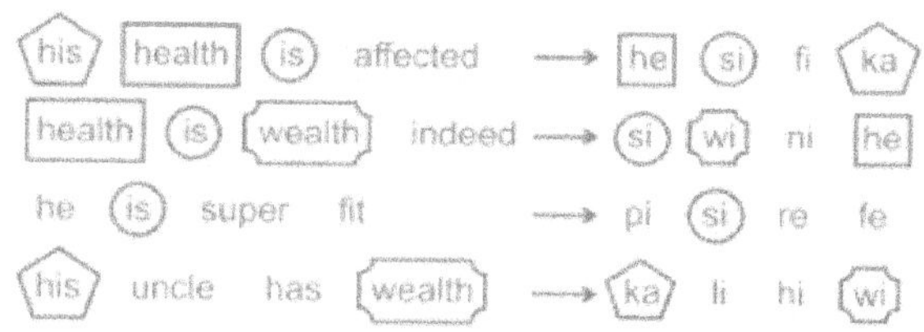

18. इसलिए, 'wealth' को 'wi' के रूप में कूटबद्ध किया है।

अतः विकल्प (B) सही है।

19. इसलिए, 'fi' कूट 'affected' के लिए है।

अतः विकल्प (D) सही है।

20. 'his' के लिए कूट 'ka' है,

'wealth' के लिए कूट 'wi' है,

'is' के लिए कूट 'si' है,

'affected' के लिए कूट 'fi' है,

'indeed' के लिए कूट 'ni' है।

इसलिए, संभावित उत्तर 'ka wi si fi ni' है।

अतः विकल्प (A) सही है।

21. 'uncle' के लिए कूट या तो 'li' या 'hi' है,

'has' के लिए कूट या तो 'li' या 'hi' है,

'health' के लिए कूट 'he' है,

'wealth' के लिए कूट 'wi' है,

इस प्रकार, 'and' के लिए कूट 'di' होना चाहिए।

अतः विकल्प (A) सही है।

Ques (22-26):दी गई तालिका:

संख्या / प्रतीक	*	>	!	^	$	#	+	7	2	{	5	3	8	1	4	)	6	0	9
अक्षर कोड	Z	Q	D	L	H	A	P	f	U	O	Y	B	J	y	R	G	w	I	X

दी गई शर्तों के अनुसार,

नियम संख्या	शर्तें	परिणाम
1	यदि कोई संख्या किसी संख्या से ठीक पहले आती है और एक प्रतीक के ठीक बाद आती है, तो	प्रतीकों को 'y' के रूप में कोडबद्ध किया जाएगा।
2	यदि दूसरा तत्व एक सम संख्या है और एक प्रतीक के ठीक बाद आती है तो	समसंख्या को प्रतीक के कोड के रूप में कोडबद्ध किया जाएगा
3	कोई विषम संख्याएं नही हैं तो	दूसरे और अंतिम तत्व

		के कोड को परस्पर बदला जाएगा

22. यहां, केवल पहला नियम लागू होता है। पहले नियम के अनुसार, एक संख्या ठीक एक से पहले आती है और एक प्रतीक के ठीक बाद आती है। इसलिए, प्रतीकों को 'y' के रूप में कोडबद्ध किया जाएगा।

इस प्रकार, *0{7+65^1 को ylyfywYyy के रूप में कोडबद्ध किया जाएगा।

अतः विकल्प (B) सही है।

23. यहाँ, पहला, दूसरा और तीसरा नियम लागू होता है। यदि कोई संख्या किसी संख्या से ठीक पहले आती है और एक प्रतीक के ठीक बाद आती है, प्रतीकों को 'y' के रूप में कोडबद्ध किया जाएगा 'yUyyRUL' तो दूसरे नियम के अनुसार, दूसरा तत्व एक सम संख्या है और एक प्रतीक के ठीक बाद आती है। इसलिए, सम संख्या को प्रतीक के कोड के रूप में कोडबद्ध किया जाएगा अर्थात yDyyRLy। तीसरे नियम के अनुसार, कोई विषम संख्या नहीं है। इसलिए दूसरे और अंतिम तत्व के कोड को परस्पर बदला जाएगा अर्थात yyyyRLD

इस प्रकार, {2!>42^ को yyyyRLD के रूप में कोडबद्ध किया जाएगा।

अतः विकल्प (B) सही है।

24. यहाँ, केवल तीसरा नियम लागू होता है। तीसरे नियम के अनुसार, कोई विषम संख्याएं नहीं है। इसलिए, दूसरे और अंतिम तत्व के कोड को परस्पर बदला जाएगा।

इस प्रकार, 8)646+2 को JUwRwyy के रूप में कोडबद्ध किया जाएगा।

अतः विकल्प (E) सही है।

25. यहाँ, पहला और तीसरा नियम लागू होता है। पहले नियम के अनुसार, कोई संख्या किसी संख्या से ठीक पहले आती है और एक प्रतीक के ठीक बाद आती है, इसलिए, प्रतीकों को 'y' के रूप में कोडबद्ध किया जाएगा अर्थात JyyyyUwy। तीसरे नियम के अनुसार, कोई विषम संख्या नहीं है। इसलिए, दूसरे और अंतिम तत्व के कोड को परस्पर बदला जाएगा अर्थात JyyyyUwy

इस प्रकार, 8>^$+26* को JyyyyUwy के रूप में कोडबद्ध किया जाएगा।

अतः विकल्प (A) सही है।

26. यहां केवल दूसरा नियम होता है। इसलिए दूसरे नियम के अनुसार, दूसरा तत्व एक सम संख्या है और एक प्रतीक के ठीक बाद आती है। तो, सम संख्या को प्रतीक के लिए कोड के रूप में कोडबद्ध किया जाएगा।

इस प्रकार, ^4{>#${5 को LOOQAHOY के रूप में कोडबद्ध किया जाएगा।

अतः विकल्प (C) सही है।

Ques (27-30):उपरोक्त डेटा से:

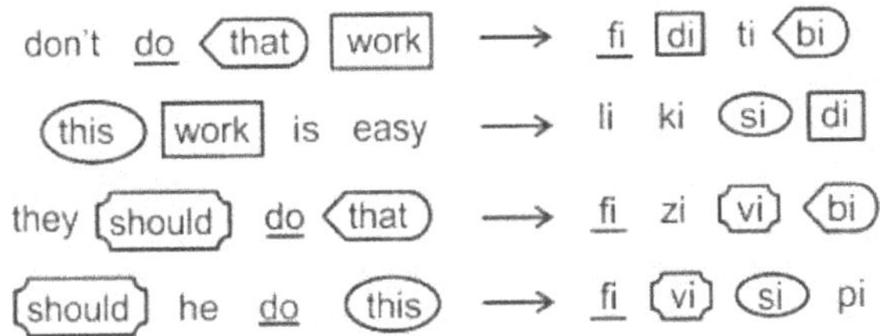

27. इसलिए, 'easy' के लिए कूट 'या तो li या ki' है।

अतः विकल्प (E) सही है।

28. इसलिए, 'vi' कूट 'should' शब्द के लिए है।

अतः विकल्प (C) सही है।

29. 'They' के लिए कूट 'zi' है।

'don't' के लिए कूट 'ti' है।

'Work' के लिए कूट 'di' है।

'This' के लिए कूट है 'si'

इसलिए, " They don't work this' " का कूट शब्द 'zi ti di si' है।

अतः विकल्प (D) सही है।

30. कूट 'pi', 'he' का प्रतिनिधित्व करता है।

Code 'vi', 'should' का प्रतिनिधित्व करता है।

Code 'fi', 'do' का प्रतिनिधित्व करता है।

Code 'si', 'this' का प्रतिनिधित्व करता है।

इसलिए, कूट 'pi vi fi si' वाक्य 'he should do this' की कूट भाषा है।

अतः विकल्प (B) सही है।

तर्कशक्ति अभियोग्यता टेस्ट 03

Ques (1-5):निर्देश: निम्नलिखित श्रृंखला का ध्यानपूर्वक अध्ययन करें और नीचे दिए गए प्रश्न का उत्तर दें।

Q.1 A @ D 1 5 % K & 6 I 9 # V 8 E 3 ¥ 7 M L 2 U € F S © 9 1 X Z
श्रृंखला में ऐसे कितने अक्षर हैं जिनमें से प्रत्येक एक प्रतीक से ठीक पहले और घन संख्या के ठीक बाद है?

A. एक **B.** दो **C.** तीन **D.** चार
E. कोई नहीं

Q.2 A @ D 1 5 % K & 6 I 9 # V 8 E 3 ¥ 7 M L 2 U € F S © 9 1 X Z
यदि उपर्युक्त व्यवस्था में से सभी संख्याओं को हटा दिया जाता है तो दाएं छोर से इनमें से कौन सा तत्व नौवां होगा?

A. ¥ **B.** U **C.** M **D.** V
E. #

Q.3 A @ D 1 5 % K & 6 I 9 # V 8 E 3 ¥ 7 M L 2 U € F S © 9 1 X Z
यदि किसी विशिष्ट तरीके में '@' का संबंध 'X' से है, '5' का संबंध '©' से है तो उसी तरीके से 'K' इनमें से किससे संबंधित है?

A. € **B.** F **C.** ¥ **D.** S
E. 8

Q.4 A @ D 1 5 % K & 6 I 9 # V 8 E 3 ¥ 7 M L 2 U € F S © 9 1 X Z
इनमे से कौन सा तत्व बाएं छोर से दसवें तत्व के बाएं से दूसरा है?

A. 2 **B.** € **C.** I **D.** #
E. &

Q.5 A @ D 1 5 % K & 6 I 9 # V 8 E 3 ¥ 7 M L 2 U € F S © 9 1 X Z
पांच में से चार दिए गए विकल्पों में से एक निश्चित तरीके से समान है। वह विकल्प चुनें जो दूसरों से अलग हो।

A. M7L **B.** %5K **C.** V#8 **D.** U2€
E. I96

Ques (6-10):निर्देश: निम्नलिखित व्यवस्था का ध्यानपूर्वक अध्ययन कीजिये और नीचे दिये गए प्रश्न का उत्तर दीजिये:

H % 1 P ! F S ? * X 7 C T 4 $ 9 3 > @ / 6 N Q 5

Q.6 दी गई व्यवस्था में, कितनी ऐसी संख्याएँ हैं, जिसके ठीक बाद प्रतीक हैं?

A. कोई भी नहीं **B.** एक
C. दो **D.** तीन
E. चार

Q.7 '*' और '>' पदों के बीच की संख्याओं का योग ज्ञात कीजिये।

A. 24 **B.** 17 **C.** 19 **D.** 23
E. 21

Q.8 यदि उपरोक्त व्यवस्था से सभी संख्याएं हटा दी जाएँ, तो दायें छोर से छठा पद क्या होगा?

A. 9 **B.** T **C.** 4 **D.** C
E. 7

Q.9 यदि हम उपरोक्त व्यवस्था से सभी संख्याओं को हटा दें, तो बाएँ छोर से चौथे स्थान के दायें से पाँचवाँ पद क्या होगा?

A. ? **B.** S **C.** * **D.** X
E. C

Q.10 ऐसे कितने अक्षर हैं जिनके ठीक पहले एक व्यंजन और ठीक बाद में एक प्रतीक आता है?

A. कोई भी नहीं **B.** एक
C. दो **D.** तीन
E. चार

Ques (11-15):निर्देश: संख्याओं, वर्णों और चिह्नों की निम्नलिखित व्यवस्था का ध्यान से अध्ययन करें और नीचे दिए गए प्रश्न का उत्तर दें:

R @ 2 9 T V A Y 5 © # J 1 P 8 Q $ E 3 * H % 6 W 4 I 8 U Z

Q.11 उपरोक्त व्यवस्था में क्रम के अनुसार, निम्नलिखित पाँच में से चार एक समान हैं और इसलिए एक समूह बनाते हैं। कौनसा विकल्प इस समूह से संबंधित नहीं है?

A. JP© **B.** EQ* **C.** WI% **D.** 9V@
E. 1#$

Q.12 निम्न में से कौन सा पद दाहिने छोर से उन्नीसवें पद के दाएँ ओर से पांचवां है?

A. P **B.** V
C. W **D.** 8
E. इनमे से कोई नहीं

Q.13 उपरोक्त व्यवस्था में कितने ऐसे अंक हैं, जिनमें से प्रत्येक के ठीक पहले व्यंजन है और ठीक बाद चिह्न है?

A. तीन **B.** एक
C. चार से अधिक **D.** चार
E. दो

Q.14 यदि उपरोक्त व्यवस्था में अंतिम अठारह पदों का स्थान उलट दिया जाता है, तो निम्न में से कौन सा बाएं छोर से सत्रहवाँ होगा?

A. E **B.** P
C. W **D.** 6
E. इनमें से कोई नहीं

Q.15 उपरोक्त व्यवस्था में कितने ऐसे स्वर हैं, जिनमें से प्रत्येक या तो ठीक चिह्न के बाद या ठीक चिह्न से पहले है?

A. एक **B.** दो
C. तीन **D.** चार
E. कोई भी नहीं

Ques (16-19):निर्देश: निम्नलिखित जानकारी का ध्यानपूर्वक अध्ययन करें और नीचे दिए गए प्रश्न का उत्तर दें:

X 7 Z W Q P @ 7 6 G C 5 & D % K F O ^ T U # 2 3 H B 9 Y * M $ 1 4

Q.16 यदि उपरोक्त व्यवस्था से सभी संख्याओं को हटा दिया जाता है, तो निम्नलिखित में से कौन सा तत्व दाईं ओर से बारहवां होगा?

A. U **B.** H
C. B **D.** F
E. इनमें से कोई नहीं

Q.17 दी गई व्यवस्था में निम्नलिखित में से कौन सा तत्व 4 के बाईं तेरहवें के दाईं ओर पांचवां है?

A. B **B.** 2
C. H **D.** 3

E. इनमें से कोई नहीं

Q.18 उपरोक्त व्यवस्था में ऐसे कितने प्रतीक हैं, जिसके तत्काल पहले और तत्काल बाद एक व्यंजन आता है?

A. 2 **B.** 3 **C.** 1 **D.** 4
E. कोई नहीं

Q.19 निम्नलिखित में से कौन सा तत्व दायें छोर से 9 वें तत्व के दाईं ओर 3 है?

A. B **B.** * **C.** 9 **D.** Y
E. M

Ques (20-22):निर्देश: यह सभी प्रश्न निम्नलिखित व्यवस्था पर आधारित हैं। इन प्रश्नों के उत्तर देने के लिए व्यवस्था का ध्यानपूर्वक अध्ययन कीजिए।

I 4 N 5 6 C 7 5 O 6 8 G 3 N 8 I 4 T O 8 M 5 O 3 D 3 4 6 E

Q.20 उपरोक्त श्रृंखला में कितने ऐसे अंक हैं, जिनमें से प्रत्येक के ठीक पहले एक स्वर और ठीक बाद में व्यंजन है?

A. 5 **B.** 3 **C.** 8 **D.** 4
E. 7

Q.21 सभी व्यंजनों को निकालने के बाद, कौन-सा अवयव दाईं ओर से तीसरे स्वर के बाईं ओर तीसरा होगा?

A. I **B.** N **C.** O **D.** 3
E. 8

Q.22 सभी संख्याओं को छोड़ने के बाद, बाएं छोर से छठे अक्षर के दाईं ओर दूसरा अक्षर कौन सा होगा?

A. I **B.** N **C.** O **D.** T
E. C

Ques (23-26):निर्देश: दिए गए प्रश्न का उत्तर देने के लिए निम्नलिखित जानकारी का ध्यानपूर्वक अध्ययन कीजिये।

M 1 E & D 2 G 9 $ F @ 4 N Z W © 8 C Y A * 6

Q.23 यदि उपरोक्त क्रम में सभी संख्याओं को छोड़ दिया जाता है, तो निम्नलिखित में से कौन दायें ओर से दसवां होगा?

A. $ **B.** D
C. F **D.** Z
E. इनमें से कोई नहीं

Q.24 निम्नलिखित पांच में से चार उपरोक्त क्रम में अपनी स्थिति के आधार पर एक निश्चित तरीके से एक जैसे हैं और इसलिए एक समूह बनाते हैं। वह कौन सा है जो उस समूह से संबंधित नहीं है?

A. ME2 **B.** G$4
C. NWC **D.** YA6
E. इनमें से कोई नहीं

Q.25 दी गई क्रम के दांये ओर से बाएं और ग्यारहवें तत्व से चौथे तत्व के बीच कितने अक्षर हैं?

A. कोई नहीं **B.** एक
C. दो **D.** तीन
E. तीन से अधिक

Q.26 निम्नलिखित में से उपरोक्त क्रम के दाईं ओर से ग्यारहवें तत्व के बाईं ओर कौन सा पांचवां है?

A. H **B.** G
C. % **D.** D
E. इनमें से कोई नहीं

Ques (27-30):निर्देश: निम्नलिखित व्यवस्था का ध्यानपूर्वक अध्ययन कीजिये और नीचे दिए गए प्रश्नों का उत्तर दीजिये:

G 3 ? 2 D I 9 P K 4 8 2 L @ % J ! P $ K * 8 1 4 I M W 5 7 F 5 9 @ & H 5 ! # H

Q.27 यदि सभी संख्याओं को व्यवस्था से हटा दिया जाता हैं, तो बारहवें तत्व के बाएं छोर से चौथा तत्व कौन सा होगा?

A. * **B.** @ **C.** K **D.** P
E. $

Q.28 इस व्यवस्था में ऐसे कितनी स्थिति हैं जिसमें एक अक्षर के ठीक पहले एक प्रतीक आता है?

A. एक **B.** दो
C. तीन **D.** चार
E. चार से अधिक

Q.29 उपरोक्त व्यवस्था के बाएं छोर से सत्रहवें तत्व के बाईं ओर निम्नलिखित में से कौन सा ग्यारहवां तत्व है?

A. I **B.** L **C.** 9 **D.** 4
E. D

Q.30 निम्नलिखित में से कौन सा उपरोक्त व्यवस्था में बाएं छोर से दसवें और दाएं छोर से चौदहवें के ठीक मध्य में है?

A. P **B.** K
C. $ **D.** @
E. इनमें से कोई नहीं

// स्मार्ट उत्तर पुस्तिका //

सही उत्तर — उन छात्रों के प्रतिशत को इंगित करता है जिन्होंने प्रश्नों का सही उत्तर दिया था।

छोड़ दिया — उन छात्रों के प्रतिशत को इंगित करता है जिन्होंने प्रश्नों को छोड़ दिया था।

प्रश्न संख्या	उत्तर	सही उत्तर	छोड़ दिया
1	B	44.62 %	43.19 %
2	C	52.25 %	38.96 %
3	B	61.15 %	30.41 %
4	E	60.23 %	32.2 %
5	E	50.02 %	43.63 %
6	C	81.58 %	16.9 %
7	D	83.14 %	10.61 %
8	A	76.98 %	14.57 %
9	D	82.58 %	17.11 %
10	B	87.74 %	11.55 %
11	E	60.58 %	38.21 %
12	E	69.24 %	30.25 %
13	B	44.12 %	33.68 %
14	C	54.26 %	43.22 %
15	A	50.64 %	36.07 %
16	D	20.4 %	72.28 %
17	C	50.23 %	37.73 %
18	A	56.58 %	39.94 %
19	D	87.38 %	10.15 %
20	D	83.83 %	16.03 %
21	E	82.82 %	14.37 %
22	D	87.74 %	11.6 %
23	C	88.95 %	10.9 %
24	D	79.3 %	15.27 %
25	D	80.34 %	14.17 %
26	B	87.38 %	12.56 %
27	B	42.52 %	41.29 %
28	E	64.76 %	32.75 %
29	A	50.65 %	46.86 %
30	A	62.74 %	32.49 %

कार्य विश्लेषण	
औसत अंक (%)	60.0%
टॉपर्स स्कोर (%)	70.0%
आपका स्कोर	

//संकेत और समाधान//

1. दी गई श्रृंखला: बायां पक्ष A @ D 1 5 % K & 6 I 9 # V 8 E 3 ¥ 7 M L 2 U € F S © 9 1 X Z दायां पक्ष

1) श्रृंखला में ऐसे अक्षर हैं, जिनमें से प्रत्येक एक प्रतीक से पहले और घन संख्या के बाद है।

A **@ D 1** 5 % K & 6 I 9 **# V 8** E 3 ¥ 7 M L 2 U € F S © 9 1 X Z

इसलिए, श्रृंखला में 'दो' अक्षर हैं जिनमें से प्रत्येक एक प्रतीक से पहले और घन संख्या के बाद है।

अतः विकल्प (B) सही है।

2. दी गई श्रृंखला: बायां पक्ष A @ D 1 5 % K & 6 I 9 # V 8 E 3 ¥ 7 M L 2 U € F S © 9 1 X Z दायां पक्ष

1) यदि उपर्युक्त व्यवस्था में से सभी संख्याओं को हटा दिया जाता है तो दाएं छोर से नौवां तत्व है:-

A @ D % K & I # V E ¥ **M** L U € F S © X Z

इसलिए, यदि उपर्युक्त व्यवस्था में से सभी संख्याओं को हटा दिया जाता है तो 'M' दाएं छोर से नौवां होता है।

अतः विकल्प (C) सही है।

3. दी गई श्रृंखला-

बायां पक्ष A @ D 1 5 % K & 6 I 9 # V 8 E 3 ¥ 7 M L 2 U € F S © 9 1 X Z दायां पक्ष

किसी विशिष्ट तरीके में '@' का संबंध 'X' से है, '5' का संबंध '©' से है।

1) बायां पक्ष से '@' दूसरा है, दायां पक्ष से 'X' दूसरा है।

2) बायां पक्ष से '5' पाचवां है, दायां पक्ष से '©' पाचवां है।

उसी प्रकार से, बायां पक्ष से 'K' सातवां है, दायां पक्ष से 'F' सातवां है।

इसलिए, 'K' संबंधित है 'F' से।

अतः विकल्प (B) सही है।

4. दी गई श्रृंखला: बायां पक्ष A @ D 1 5 % K & 6 I 9 # V 8 E 3 ¥ 7 M L 2 U € F S © 9 1 X Z दायां पक्ष

1) बाएं छोर से दसवें तत्व के बाएं से दूसरा तत्व

सबसे पहले, बाएं छोर से दसवां तत्व

A @ D 1 5 % K & 6 **I** 9 # V 8 E 3 ¥ 7 M L 2 U € F S © 9 1 X Z

अब, 'I' के बाएं से दूसरा तत्व

A @ D 1 5 % K **&** 6 I 9 # V 8 E 3 ¥ 7 M L 2 U € F S © 9 1 X Z

इसलिए, बाएं छोर से दसवें तत्व के बाएं से दूसरा तत्व '&' है।

अतः विकल्प (E) सही है।

5. दी गई श्रृंखला है-

A @ D 1 5 % K & 6 I 9 # V 8 E 3 ¥ 7 M L 2 U € F S © 9 1 X Z

विकल्प (A) से- M7L

श्रृंखला में, 7 (बाएं) और L (दाएं) के बीच M स्थित है।

विकल्प (B) से- %5K

श्रृंखला में, 5 (बाएं) और K (दाएं) के बीच % स्थित है।

विकल्प (C) से- V#8

श्रृंखला में, # (बाएं) और 8 (दाएं) के बीच V स्थित है।

विकल्प (D) से- U2€

श्रृंखला में, 2 (बाएं) और € (दाएं) के बीच U स्थित है।

विकल्प (E) से- I96

श्रृंखला में, 9 (दाएं) और 6 (बाएं) के बीच I स्थित है।

पहले चार विकल्पों में अनुसरण किया गया तर्क है- दूसरे तत्व (बाएं) और तीसरे तत्व (दाएं) के बीच पहला तत्व स्थित है।

पांचवें विकल्प में समान तर्क अनुसरण नहीं होता है।

इसलिए, I96 दूसरों से अलग है।

अतः विकल्प (E) सही है।

6. दी गई श्रृंखला : H % 1 P ! F S ? * X 7 C T 4 $ 9 3 > @ / 6 N Q 5

1) वे संख्याएँ, जिनके ठीक बाद प्रतीक हैं-

H % 1 P ! F S ? * X 7 C T **4 $** 9 **3 >** @ / 6 N Q 5

इसलिए, इस व्यवस्था में केवल दो ऐसी संख्याएँ हैं, जिनके ठीक बाद प्रतीक हैं- 4$ और 3>

अतः विकल्प (C) सही है।

7. दी गई श्रृंखला: H % 1 P ! F S ? * X 7 C T 4 $ 9 3 > @ / 6 N Q 5

1) '*' और '>' के बीच संख्या

H % 1 P ! F S ? * X 7 C T 4 $ 9 3> @ / 6 N Q 5

इसलिए, '*' और '>' के बीच की संख्याओं का योग = 7 + 4 + 9 + 3 = 23

अतः विकल्प (D) सही है।

8. दी गई श्रृंखला: H % 1 P ! F S ? * X 7 C T 4 $ 9 3 > @ / 6 N Q 5

1) उपरोक्त व्यवस्था से सभी संख्याओं को हटाने पर, व्यवस्था इस प्रकार होगी:

बाईं ओर H 1 P F S X 7 C T 49 3 6 N Q 5 दाईं ओर

2) वह पद, जो दायें छोर से छठा पद है।

बाईं ओर H 1 P F S X 7 C T 4 9 3 6 N Q 5 दाईं ओर

इसलिए, दायें छोर से छठा पद 9 है।

अतः विकल्प (A) सही है।

9. दी गई श्रृंखला: H % 1 P ! F S ? * X 7 C T 4 $ 9 3 > @ / 6 N Q 5

1) सभी संख्याओं को हटाने पर, व्यवस्था इस प्रकार होगी:

बाईं ओर H % P ! F S ? * X C T $ > @ / N Q दाईं ओर

दाईं ओर + बाईं ओर = बाईं ओर

दायें से पाँचवाँ + बाएँ से चौथा = बाएँ से नौवाँ

बाईं ओर H % P ! F S ? * X C T $ > @ / N Q दाईं ओर

इसलिए, बाएँ छोर से चौथे स्थान के दायें से पाँचवाँ पद X होगा।

अतः विकल्प (D) सही है।

10. दी गई श्रृंखला: H % 1 P ! F S ? * X 7 C T 4 $ 9 3 > @ / 6 N Q 5

1) वे अक्षर, जिसके ठीक पहले व्यंजन है और जिनके ठीक बाद प्रतीक है-

H % 1 P ! **F S ?** * X 7 C T 4 $ 9 3 > @ / 6 N Q 5

इसलिए, केवल एक ही ऐसा अक्षर है, जिसके ठीक पहले एक व्यंजन और इसके ठीक बाद में एक प्रतीक है - अर्थात FS?

अतः विकल्प (B) सही है।

11. दी गई श्रृंखला:

बाईं ओर R @ 2 9 T V A Y 5 © # J 1 P 8 Q $ E 3 * H % 6 W 4 I 8 U Z दाएँ ओर

निम्न स्वरुप का पालन किया गया है: (पहला पद ± 2 = दूसरा पद); (दूसरा पद ± 4 = तीसरा पद)

(E) 1#$ → 1 – 2 = #; # + 6 = $

(A) JP© → J + 2 = P; P – 4 = ©

(B) EQ* → E – 2 = Q; Q + 4 = *

(C) WI% → W + 2 = I; I – 4 = %

(D) 9V@ → 9 + 2 = V; V – 4 = @

यहां, विकल्प (E) को छोड़कर सभी स्वरूप का पालन करते हैं।

इसलिए, 1#$ दिए गए समूह से संबंधित नहीं है।

अतः विकल्प (E) सही है।

12. दी गई श्रृंखला:

बाईं ओर R @ 2 9 T V A Y 5 © # J 1 P 8 Q $ E 3 * H % 6 W 4 I 8 U Z दाएँ ओर

1) दाहिने छोर से उन्नीसवां पद # है।

2) दाहिने छोर से उन्नीसवें पद के दाएँ ओर से पांचवां पद अर्थात् # के दाएँ ओर से पांचवां पद: Q

R @ 2 9 T V A Y 5 © **#** J 1 P 8 **Q** $ E 3 * H % 6 W 4 I 8 U Z

इसलिए, उत्तर 'इनमें से कोई नहीं' है।

टिप्पणी: दायाँ छोर – दायाँ, उन्नीसवाँ – पाँचवाँ = दाएँ ओर से चौदहवाँ अर्थात् Q।

अतः विकल्प (E) सही है।

13. दी गई श्रृंखला:

बाईं ओर R @ 2 9 T V A Y 5 © # J 1 P 8 Q $ E 3 * H % 6 W 4 I 8 U Z दाएँ ओर.

वे अंक जिनके ठीक पहले व्यंजन है और ठीक बाद चिह्न हैं: **व्यंजन → अंक → चिह्न**

R @ 2 9 T V A **Y 5 ©** # J 1 P 8 Q $ E 3 * H % 6 W 4 I 8 U Z

स्पष्ट रूप से इस प्रकार का केवल एक ही अंक अर्थात् **Y 5 ©** है।

अतः विकल्प (B) सही है।

14. दी गई श्रृंखला:

बाईं ओर R @ 2 9 T V A Y 5 © # J 1 P 8 Q $ E 3 * H % 6 W 4 I 8 U Z दाएँ ओर

1) उपरोक्त व्यवस्था में अंतिम अठारह पदों का स्थान उलट दिया जाता है:

R @ 2 9 T V A Y 5 © # Z U 8 I 4 W 6 % H * 3 E $ Q 8 P 1 J

2) बाएं छोर से सत्रहवाँ पद:

R @ 2 9 T V A Y 5 © # Z U 8 I 4 **W** 6 % H * 3 E $ Q 8 P 1 J

इसलिए, आसानी से देखा जा सकता है कि इस व्यवस्था में बाएं से सत्रहवाँ पद W है।

अतः विकल्प (C) सही है।

15. दी गई श्रृंखला:

बाईं ओर R @ 2 9 T V A Y 5 © # J 1 P 8 Q $ E 3 * H % 6 W 4 I 8 U Z दाएँ ओर

स्वर जो ठीक चिह्न के बाद या ठीक चिह्न से पहले हैं: चिह्न → स्वर या स्वर → चिह्न

R @ 2 9 T V A Y 5 © # J 1 P 8 Q **$ E** 3 * H % 6 W 4 I 8 U Z

इसलिए, केवल एक स्वर ही है, जो ठीक चिह्न से पहले है।

अतः विकल्प (A) सही है।

16. व्यवस्था से सभी संख्याओं को हटाने के बाद, जो तत्व दाहिने छोर से बारहवां है:

X Z W Q P @ G C & D % K $\overset{12th}{F}$ O ^ T U # H B Y * M $

अतः विकल्प (D) सही है।

17. H दी गई व्यवस्था में 4 के बाईं ओर तेरहवें के दाईं ओर पांचवें स्थान पर है।
अतः विकल्प (C) सही है।

18. उपर्युक्त व्यवस्था में 2 प्रतीक हैं, जिनमें से प्रत्येक तुरंत पूर्ववर्ती है और इसके तुरंत बाद एक व्यंजन यानी (%) और (*)।
अतः विकल्प (A) सही है।

19. Y, दायें छोर से 9 वें तत्व के दाईं ओर 3 है।
अतः विकल्प (D) सही है।

20. दी गई श्रंखला: I 4 N 5 6 C 7 5 O 6 8 G 3 N 8 I 4 T O 8 M 5 O 3 D 3 4 6 E

हम जानते हैं, व्यंजन स्वरों के अलावा अन्य अक्षर हैं (A, E, I, O, U)

I 4 N 5 6 C 7 5 O 6 8 G 3 N 8 I 4 T O 8 M 5 O 3 D 3 4 6 E

यहां हमें चार अंक मिलते हैं, जिनमें से प्रत्येक के ठीक पहले एक स्वर और ठीक बाद में व्यंजन है।

अतः विकल्प (D) सही है।

21. दी गई श्रंखला: I 4 N 5 6 C 7 5 O 6 8 G 3 N 8 I 4 T O 8 M 5 O 3 D 3 4 6 E

नई श्रंखला: I 4 5 6 7 5 O 6 8 3 **8** I 4 **O** 8 5 O 3 3 4 6 E

यहाँ हमारे पास तीसरा स्वर O है और इसके बाईं ओर तीसरा अवयव 8 है।

अतः विकल्प (E) सही है।

22. दी गई श्रंखला: I 4 N 5 6 C 7 5 O 6 8 G 3 N 8 I 4 T O 8 M 5 O 3 D 3 4 6 E

नई श्रंखला: I N C O G N I **T** O M O D E

यदि हमारे पास बाएँ और दाएँ या दाएँ और बाएँ जैसे विभिन्न दिशाओं का संयोजन है तो हम अंतिम स्थिति खोजने के लिए संख्या को जोड़ते हैं।

इसलिए, 6 + 2 = 8

यहां हमें बाएं छोर से आठवें अक्षर के रूप में T मिलता है।

अतः विकल्प (D) सही है।

23. दी गई श्रृंखला:

बायी ओर M 1 E & D 2 G 9 $ F @ 4 N Z W © 8 C Y A * 6 दांयी ओर

यदि सभी संख्याओं को छोड़ दिया जाता है:

M E & D G $ F @ N Z W © C Y A *

दायें ओर से दसवाँ तत्व F है।

अत: विकल्प (C) सही है।

24. दी गई श्रृंखला:

बायी ओर M 1 E & D 2 G 9 $ F @ 4 N Z W © 8 C Y A * 6 दांयी ओर

यहाँ एक समूह का निर्माण होता है जिसमें दूसरा तत्व पहले तत्व से दूसरा है और

तीसरा तत्व दूसरे के निकट में, तीसरा है।

इसलिए, YA6 समूह से संबंधित नहीं है।

अत: विकल्प (D) सही है।

25. दी गई श्रृंखला:

बाएं ओर M 1 E & D 2 G 9 $ F @ 4 N Z W © 8 C Y A * 6 दांये ओर

1) बाएं ओर से 4 तत्व '&' है

2) दांये ओर से 11 वां तत्व 4 'है

& **D** 2 **G** 9 $ **F** @ 4

इसलिए, बाएं से चौथे तत्व और दांये ओर D, G और F से ग्यारहवें तत्व के बीच 3 अक्षर हैं।

अत: विकल्प (D) सही है।

26. दी गई श्रृंखला:

M 1 E & D 2 G 9 $ F @ 4 N Z W © 8 C Y A * 6

जैसा कि, दायें + बायें = दायें

दायें से 11 वाँ + बायें से 5 वाँ = दायें से 16 वाँ

स्पष्ट है, दायें से 16 वां G है।

अत: विकल्प (B) सही है।

27. दी गई व्यवस्था: (बायाँ) G 3 ? 2 D I 9 P K 4 8 2 L @ % J ! P $ K * 8 1 4 I M W 5 7 F 5 9 @ & H 5 ! # H (दायाँ)

व्यवस्था से सभी संख्याओं को हटाने के बाद, हमें प्राप्त होता हैं

(बायाँ) G ? D I P K L **@** % J **!** **P** $ K * I M W F @ & H ! # H (दायाँ)

बाएं छोर से बारहवें तत्व का चौथा = 12 – 4 = बाएं छोर से आठवाँ

बाएं छोर से आठवाँ @ है।

इसलिए, @ बारहवें तत्व का बाएं छोर से चौथा तत्व है।

अतः विकल्प (B) सही है।

28. दी गई व्यवस्था: G 3 ? 2 D I 9 P K 4 8 2 L @ % J ! P $ K * 8 1 4 I M W 5 7 F 5 9 @ & H 5 ! # H

व्यवस्था में प्रतीक से ठीक पहले आने वाले अक्षर: प्रतीक → अक्षर

G 3 ? 2 D I 9 P K 4 8 2 L @ <u>% J ! P $ K</u> * 8 1 4 I M W 5 7 F 5 9 @ <u>& H</u> 5 ! <u># H</u>

यहाँ इस प्रकार की पाँच स्थिति है अर्थात J, P, K, H और H - H व्यवस्था में दो बार दोहराया जाता है।

इसलिए, चार से अधिक सही उत्तर है।

अतः विकल्प (E) सही है।

29. दी गई व्यवस्था: G 3 ? 2 D I 9 P K 4 8 2 L @ % J ! P $ K * 8 1 4 I M W 5 7 F 5 9 @ & H 5 ! # H

जैसे, बायां - बायां = बायां

बाईं ओर से सत्रहवाँ = बाईं ओर से छठवां

स्पष्ट रूप से, बाईं ओर से छठवां I है।

इसलिए, उपरोक्त व्यवस्था के बाएं छोर से सत्रहवें तत्व के बाईं ओर 'I' ग्यारहवां है।

अतः विकल्प (A) सही है।

30. दी गई व्यवस्था: (बायाँ) G 3 ? 2 D I 9 P K 4 8 2 L @ % J ! P $ K * 8 1 4 I M W 5 7 F 5 9 @ & H 5 ! # H (दायाँ)

बाएं से दसवां 4 है

दाएं से चौदहवां M है

(बायाँ) G 3 ? 2 D I 9 P K **4** 8 2 L @ % J ! <u>P</u> $ K * 8 1 4 I **M** W 5 7 F 5 9 @ & H 5 ! # H (दायाँ)

4 और M के बीच के पद "8 2 L @ % J ! P $ K * 8 1 4 I" हैं और P उनके ठीक बीच में है।

इसलिए, **P**, उपरोक्त व्यवस्था में बाएं छोर से दसवें और दाएं छोर से चौदहवें के ठीक मध्य में है।

अतः विकल्प (A) सही है।

तर्कशक्ति अभियोग्यता टेस्ट 04

Ques (1-5):

निर्देश: निम्नलिखित प्रश्न नीचे दी गई तीन अंकों की संख्याओं पर आधारित हैं। जानकारी का ध्यानपूर्वक अध्ययन करें और प्रश्नों के उत्तर दीजिए।

952 216 352 702 853

Q.1 यदि प्रत्येक संख्या में पहले और तीसरे अंक को परस्पर बदल दिया जाता है, तो कितनी विषम संख्याएँ हैं?

A. एक **B.** दो **C.** तीन **D.** चार
E. पाँच

Q.2 यदि न्यूनतम संख्या में 157 जोड़ा जाता है और उच्चतम संख्या से 175 को घटाया जाता है, तो न्यूनतम संख्या से प्राप्त संख्या का पहला अंक और उच्चतम संख्या से प्राप्त संख्या का तीसरा अंक के योग से प्राप्त संख्या क्या होगी?

A. 10 **B.** 11 **C.** 14 **D.** 15
E. 20

Q.3 यदि प्रत्येक संख्या में 5 जोड़ा जाता है और उसके बाद प्रत्येक संख्या के सभी तीन अंकों को जोड़ा जाता है, तो निम्नलिखित परिणामी संख्या में से कौन एक अभाज्य संख्या होगी?

A. 952 **B.** 216 **C.** 352 **D.** 853
E. 702

Q.4 यदि प्रत्येक संख्या के सभी तीन अंकों को आरोही क्रम में व्यवस्थित किया जाए, तो निम्नलिखित में से दूसरी उच्चतम संख्या कौन-सी होगी?

A. 352 **B.** 853 **C.** 216 **D.** 952
E. 702

Q.5 यदि प्रत्येक संख्या के पहले और तीसरे अंक का गुणा किया जाए, तो परिणामी संख्या में से कौन-सी संख्या 6 से निश्चित रूप से विभाज्य नहीं होगी?

A. 216 **B.** 352 **C.** 702 **D.** 853
E. 952

Ques (6-10):

निर्देश: निम्नलिखित प्रश्न नीचे दी गई तीन अंकों की संख्याओं पर आधारित हैं। जानकारी का ध्यानपूर्वक अध्ययन करें और प्रश्नों के उत्तर दीजिए।

229 642 921 576 408

Q.6 यदि प्रत्येक संख्या में, अंकों को आरोही क्रम में व्यवस्थित किया जाता है, तो कितनी संख्या अपरिवर्तित रहेंगी?

A. एक **B.** दो **C.** तीन **D.** चार
E. कोई नहीं

Q.7 यदि, प्रत्येक संख्या में, अंकों को अवरोही क्रम में व्यवस्थित किया जाता है, और फिर प्रत्येक संख्याओं के मध्य अंकों को जोड़ा जाता है, इस प्रकार प्राप्त परिणामी संख्या क्या होगी?

A. 18 **B.** 15 **C.** 19 **D.** 16
E. 14

Q.8 यदि, प्रत्येक संख्या में, पहले और दूसरे अंकों को परस्पर बदला जाता है, तो दी गई श्रृंखला में कौन-सी संख्या दूसरी न्यूनतम संख्या होगी?

A. 229 **B.** 642 **C.** 921 **D.** 576
E. 408

Q.9 यदि प्रत्येक संख्या में, संख्या के अंतर्गत अंकों को अवरोही क्रम में व्यवस्थित किया जाता है, तो दी गई श्रृंखला में कौन-सी संख्या न्यूनतम संख्या होगी?

A. 229 **B.** 642 **C.** 921 **D.** 576
E. 408

Q.10 यदि प्रत्येक संख्या के दूसरे अंक में 2 जोड़ा जाता है, तो इस प्रकार गठित कितनी संख्याएं 3 से विभाज्य होगी?

A. एक **B.** दो **C.** तीन **D.** चार
E. कोई नहीं

Ques (11-15):निर्देश: निम्नलिखित प्रश्न नीचे दी गई तीन अंकों की संख्याओं पर आधारित हैं। जानकारी का ध्यानपूर्वक अध्ययन करें और प्रश्नों के उत्तर दीजिए।

315 584 926 427 154

Q.11 यदि प्रत्येक संख्या में तीन अंकों को अवरोही क्रम में व्यवस्थित किया जाता है तब निम्नलिखित में से कौन-सी संख्या न्यूनतम होगी?

A. 926 **B.** 427 **C.** 315 **D.** 154
E. 584

Q.12 यदि प्रत्येक संख्या में दूसरे और तीसरे अंक के स्थान को परस्पर बदल दिया जाता है तब इनमें कितनी सम संख्याएं हैं?

A. 4 **B.** 3 **C.** 5 **D.** 1
E. 2

Q.13 यदि प्रत्येक संख्या के अंदर पहले और दूसरे अंक के स्थान को परस्पर बदल दिया जाता है तब निम्नलिखित में से कौन-सी संख्या दूसरी सबसे बड़ी संख्या होगी?

A. 315 **B.** 154 **C.** 584 **D.** 427
E. 926

Q.14 यदि प्रत्येक संख्या के अंतिम अंक में 2 जोड़ दिया जाता है और उसके बाद पहले और तीसरे अंक के स्थानों को परस्पर बदल दिया जाता है, तब निम्नलिखित में से कौन-सी संख्या सबसे बड़ी संख्या होगी?

A. 584 **B.** 427 **C.** 154 **D.** 315
E. 926

Q.15 यदि प्रत्येक संख्या के दूसरे और तीसरे अंकों को जोड़ दिया जाता है, तब निम्नलिखित किस संख्या का योग 3 से पूर्णतः विभाजित नहीं होगा?

A. 154 **B.** 926 **C.** 584 **D.** 427
E. 315

Ques (16-20):निर्देश: निम्नलिखित प्रश्न नीचे दी गई तीन अंकों की संख्याओं पर आधारित हैं। जानकारी का ध्यानपूर्वक अध्ययन करें और प्रश्नों के उत्तर दीजिए।

947 384 718 673 952

Q.16 यदि दी गई संख्या के सभी विषम अंकों से 1 घटाया जाता है तो दूसरी न्यूनतम संख्या के अंकों का योग क्या है?

A. 10 **B.** 15 **C.** 18 **D.** 12
E. 14

Q.17 यदि दी गई संख्याओं के पहले और दूसरे अंक को आपस में बदल दिया जाता है और परिणामी संख्याओं को अवरोही क्रम में व्यवस्थित किया जाता है तो निम्नलिखित में से कौन सी संख्या बाएं से चौथी है?

A. 673 **B.** 947 **C.** 718 **D.** 952
E. 384

Q.18 यदि दी गई संख्याओं में सभी सम अंकों को जोड़ दिया जाता है, तो दी गई संख्याओं में से प्राप्त तीसरा उच्चतम मान क्या है?

A. 6 **B.** 12 **C.** 10 **D.** 2
E. 8

Q.19 दी गई संख्याओं में से प्रत्येक के अंकों को बाएं से दाएं तक आरोही क्रम में व्यवस्थित किया जाता है, तो निम्न में से तीसरी सबसे छोटी संख्या कौन सी है?

A. 673 **B.** 952 **C.** 384 **D.** 718
E. 947

Q.20 निम्नलिखित में से कौन सी संख्या उच्चतम संख्या प्राप्त करती है यदि दी गई प्रत्येक संख्या में उच्चतम और न्यूनतम अंकों का योग माना जाता है?

A. 718 **B.** 952 **C.** 384 **D.** 947
E. 673

Ques (21-25):निर्देश: निम्नलिखित प्रश्न नीचे दी गई तीन अंकों की संख्याओं पर आधारित हैं। जानकारी का ध्यानपूर्वक अध्ययन करें और प्रश्नों के उत्तर दीजिए।

483 396 625 834 967

Q.21 यदि न्यूनतम संख्या के तीसरे अंक को दूसरी उच्चतम संख्या के दूसरे अंक से गुणा किया जाता है, तो प्राप्त संख्या क्या होगी?

A. 20 **B.** 21 **C.** 14 **D.** 24
E. 18

Q.22 यदि प्रत्येक संख्या के पहले और तीसरे अंक को आपस में बदल दिया जाता है, तो कितनी सम संख्याएँ प्राप्त होंगी?

A. 3 **B.** 2 **C.** 4 **D.** 5
E. 1

Q.23 यदि प्रत्येक संख्या में 2 से गुणा किया जाता है, तो न्यूनतम संख्या के पहले अंक और उच्चतम संख्या के अंतिम अंक का गुणन क्या होगा?

A. 24 **B.** 30 **C.** 36 **D.** 28
E. 20

Q.24 यदि उपरोक्त संख्याओं के अंतिम अंक में 1 जोड़ा जाता है और पहले अंक में से 2 घटाया जाता है, तो अवरोही क्रम में व्यवस्थित करने पर कौन सी संख्या तीसरी होगी?

A. 396 **B.** 625 **C.** 967 **D.** 834
E. 483

Q.25 यदि प्रत्येक संख्या के अंतिम अंक में 2 जोड़ा जाता है और फिर पहले और दूसरे अंक आपस में बदल दिए जाते हैं, तो निम्न में से कौन-सी संख्या उच्चतम होगी?

A. 396 **B.** 625 **C.** 967 **D.** 834
E. 483

Ques (26-29):निर्देश: निम्नलिखित प्रश्न नीचे दी गई तीन अंकों की संख्याओं पर आधारित हैं। जानकारी का ध्यानपूर्वक अध्ययन करें और प्रश्नों के उत्तर दीजिए।

712 843 648 257 423

Q.26 यदि सभी संख्याओं के मध्य अंक से एक घटाया जाता है और फिर संख्याओं को आरोही क्रम में व्यवस्थित किया जाता है, तो निम्न में से कौन सी संख्या सबसे बड़ी है?

A. 712 **B.** 843 **C.** 648 **D.** 257
E. 423

Q.27 यदि पहले और दूसरी अंको को आपस में बदला जाए, तो निम्न में से कौन दूसरी सबसे बड़ी संख्या होगी?

A. 712 **B.** 843 **C.** 648 **D.** 257
E. 423

Q.28 यदि हम विषम संख्या से 1 और सम संख्या से 2 घटाते हैं, तो निम्नलिखित में से कौन दूसरी सबसे छोटी संख्या होगी?

A. 712 **B.** 843 **C.** 648 **D.** 257
E. 423

Q.29 यदि हम प्रत्येक संख्या के सभी अंकों को आरोही क्रम में व्यवस्थित करते हैं, तो निम्न में से कौन सी संख्या सबसे बड़ी होगी?

A. 712 **B.** 843 **C.** 648 **D.** 257
E. 423

Q.30 निर्देश: निम्नलिखित प्रश्न नीचे दी गई तीन अंकों की संख्याओं पर आधारित हैं। जानकारी का ध्यानपूर्वक अध्ययन करें और प्रश्नों के उत्तर दीजिए।

245 854 457 652 129

यदि प्रत्येक संख्या के सभी तीन अंकों को जोड़ दिया जाता है, तो इनमें से कौन सी संख्या एक पूर्ण वर्ग होगी?

A. 245 **B.** 854 **C.** 652 **D.** 129
E. 457

// स्मार्ट उत्तर पुस्तिका //

सही उत्तर — उन छात्रों के प्रतिशत को इंगित करता है जिन्होंने प्रश्नों का सही उत्तर दिया था।

छोड़ दिया — उन छात्रों के प्रतिशत को इंगित करता है जिन्होंने प्रश्नों को छोड़ दिया था।

प्रश्न संख्या	उत्तर	सही उत्तर	छोड़ दिया
1	C	86.98 %	12.25 %
2	A	88.73 %	10.52 %
3	B	19.6 %	72.74 %
4	D	85.64 %	13.76 %
5	C	41.85 %	49.39 %
6	A	89.51 %	10.36 %
7	A	84.52 %	11.65 %
8	A	76.76 %	18.28 %
9	B	84.04 %	11.73 %
10	A	56.53 %	31.01 %
11	C	89.31 %	10.62 %
12	B	53.27 %	44.38 %
13	B	46.26 %	39.7 %
14	B	11.95 %	81.75 %
15	B	19.33 %	68.98 %
16	E	45.58 %	30.96 %
17	B	30.02 %	69.58 %
18	A	41.0 %	47.72 %
19	C	67.36 %	30.18 %
20	D	59.0 %	33.62 %
21	E	63.95 %	32.43 %
22	A	82.14 %	11.78 %
23	D	14.4 %	76.55 %
24	B	21.37 %	72.55 %
25	A	62.54 %	30.51 %
26	B	81.61 %	12.14 %
27	B	66.23 %	32.57 %
28	E	52.33 %	34.03 %
29	C	67.81 %	30.02 %
30	E	11.82 %	80.48 %

कार्य विश्लेषण	
औसत अंक (%)	33.33%
टॉपर्स स्कोर (%)	53.33%
आपका स्कोर	

//संकेत और समाधान//

1. दी गई संख्या श्रृंखला: 952 216 352 702 853

पहले और तीसरे अंक को बदलने पर, हम प्राप्त करते हैं:

259 612 253 207 358

इसलिए, तीन (259, 253 और 207) विषम संख्याएँ हैं।

अत: विकल्प (C) सही है।

2. दी गई संख्या श्रृंखला: 952 216 352 702 853

न्यूनतम संख्या = 216

न्यूनतम संख्या में 157 जोड़ने पर = 216 + 157 = 373

उच्चतम संख्या = 952

उच्चतम संख्या में से 175 घटाने पर = 952 - 175 = 777

373 का प्रथम अंक = 3

777 का तीसरा अंक = 7

इसलिए, न्यूनतम संख्या से प्राप्त संख्या का पहला अंक और उच्चतम संख्या से प्राप्त संख्या के तीसरे अंक का योग = 3 + 7 = 10

अत: विकल्प (A) सही है।

3. दी गई संख्या श्रृंखला: 952 216 352 702 853

प्रत्येक संख्या में 5 जोड़ने पर, हमें प्राप्त होता है:

952 + 5 → 957 → 9 + 5 + 7 = 21

216 + 5 → 221 → 2 + 2 + 1 = 5

352 + 5 → 357 → 3 + 5 + 7 = 15

853 + 5 → 858 → 8 + 5 + 8 = 21

702 + 5 → 707 → 7 + 0 + 7 = 14

यहां, केवल 5 एक अभाज्य संख्या है जो 216 से प्राप्त हुई है।

अत: विकल्प (B) सही है।

4. दी गई संख्या श्रृंखला: 952 216 352 702 853

प्रत्येक संख्या के सभी तीन अंकों को आरोही क्रम में व्यवस्थित करने पर, हम प्राप्त करते हैं:

027, 126, 235, 259, 358

इसलिए, 259 दूसरी उच्चतम संख्या है जो 952 से प्राप्त हुई है।

अत: विकल्प (D) सही है।

5. दी गई संख्या श्रृंखला: 952 216 352 702 853

पहले और तीसरे अंक का गुणा करने पर, हम प्राप्त करते हैं:

216 = 2 × 6 = 12

352 = 3 × 2 = 6

702 = 7 × 2 = 14

853 = 8 × 3 = 24

952 = 9 × 2 = 18

यहाँ केवल 14, 6 से विभाज्य नहीं है जो 702 से प्राप्त है।

अत: विकल्प (C) सही है।

6. दी गई श्रृंखला: 229 642 921 576 408

यदि प्रत्येक संख्या में अंकों को आरोही क्रम में व्यवस्थित करने पर, हम प्राप्त करते हैं:

229 246 129 567 048

इसलिए, केवल 229 वह संख्या है जो अपरिवर्तित रहेगी।

अत: विकल्प (A) सही है।

7. दी गई संख्या श्रृंखला: 229 642 921 576 408

यदि प्रत्येक संख्या में अंकों को अवरोही क्रम में व्यवस्थित करने पर, हम प्राप्त करते हैं:

922 642 921 765 840

इसलिए, प्रत्येक संख्या के मध्य अंकों का योग = 2 + 4 + 2 + 6 + 4 = 18

अत: विकल्प (A) सही है।

8. दी गई संख्या श्रृंखला: 229 642 921 576 408

यदि पहले और दूसरे अंकों को परस्पर बदलने पर, हम प्राप्त करते हैं:

229 462 291 756 048

इसलिए, दूसरी न्यूनतम संख्या 229 है जो 229 से प्राप्त हुई है।

अत: विकल्प (A) सही है।

9. दी गई संख्या श्रृंखला: 229 642 921 576 408

यदि प्रत्येक संख्या में अंकों को अवरोही क्रम में व्यवस्थित करने पर, हम प्राप्त करते हैं:

922 642 921 765 840

इसलिए, न्यूनतम संख्या 642 है जो 642 से प्राप्त हुई है।

अत: विकल्प (B) सही है।

10. दी गई संख्या श्रृंखला: 229 642 921 576 408

यदि प्रत्येक संख्या के दूसरे अंक में 2 जोड़ने पर, हम प्राप्त करते हैं:

249 662 941 596 428

इसलिए, केवल 249, 3 से विभाज्य है।

अत: विकल्प (A) सही है।

11. दी गई संख्या श्रृंखला: 315 584 926 427 154

तीन अंकों की संख्या को अवरोही क्रम में व्यवस्थित करने पर, हम प्राप्त करते हैं:

962 854 742 541 531

531 सबसे छोटी संख्या है जो 315 से प्राप्त हुई है।

अत: विकल्प (C) सही है।

12. दी गई संख्या श्रृंखला: 315 584 926 427 154

प्रत्येक संख्या में दूसरे और तीसरे अंक के स्थान को परस्पर बदलने पर, हमें प्राप्त होता है:

351 548 962 472 145

इसलिए, श्रृंखला में तीन सम संख्याएं हैं।

अत: विकल्प (B) सही है।

13. दी गई संख्या श्रृंखला: 315 584 926 427 154

पहले और दूसरे अंक के स्थान को परस्पर बदलने पर, हम प्राप्त करते हैं:

135 854 296 247 514

इसलिए, 154 से प्राप्त दूसरी सबसे बड़ी संख्या 514 है।

अत: विकल्प (B) सही है।

14. दी गई संख्या श्रृंखला: : 315 584 926 427 154

अंतिम अंक में 2 जोड़ने पर, हम प्राप्त करते हैं:

317 586 928 429 156

पहले और तीसरे अंक के स्थानों को परस्पर बदलने पर, हम प्राप्त करते हैं:

713 685 829 924 651

इसलिए, 427 से सबसे बड़ी संख्या जो 924 से प्राप्त हुई है।

अत: विकल्प (B) सही है।

15. दी गई संख्या श्रृंखला: 315 584 926 427 154

दूसरे और तीसरे अंकों को जोड़ने पर, हम प्राप्त करते हैं:

315 → 1 + 5 = 6

584 → 8 + 4 = 12

926 → 2 + 6 = 8

427 → 2 + 4 = 9

154 → 5 + 4 = 9

स्पष्ट है कि 8, 3 से पूर्णतः विभाजित नहीं है जो 926 से प्राप्त होती है।

अत: विकल्प (B) सही है।

16. दी गई संख्या श्रृंखला: : 947 384 718 673 952

विषम अंकों में से 1 को घटाने पर, हम प्राप्त करते हैं:

846 284 608 662 842

दूसरी सबसे न्यूनतम संख्या 608 है।

इसलिए, दूसरी न्यूनतम संख्या का योग = 6 + 0 + 8 =14

अत: विकल्प (E) सही है।

17. दी गई संख्या श्रृंखला: 947 384 718 673 952

संख्याओं के पहले और दूसरे अंक को परस्पर बदलने पर,हम प्राप्त करते हैं:

947 → 497

384 → 834

718 → 178

673 → 763

952 → 592

अवरोही क्रम में संख्याओं को व्यवस्थित करने पर, हम प्राप्त करते हैं:

834 763 592 497 178

इसलिए, 497 बाएं से चौथी है जो 947 से प्राप्त हुई है।

अत: विकल्प (B) सही है।

18. दी गई संख्या श्रृंखला: 947 384 718 673 952

प्रत्येक संख्या के सम अंकों को जोड़ने पर, हम प्राप्त करते हैं:

947 = 4

384 = 8 + 4 = 12

718 = 8

673 = 6

952 = 2

इसलिए, 6 तीसरा उच्चतम मान है जो 673 से प्राप्त होता है।

अत: विकल्प (A) सही है।

19. दी गई संख्या श्रृंखला: 947 384 718 673 952

संख्या के अंकों को आरोही क्रम में व्यवस्थित करने पर, हम प्राप्त करते हैं:

479 348 178 367 259

इसलिए, 348 तीसरी सबसे छोटी संख्या है जो 384 से प्राप्त हुई है।

अत: विकल्प (C) सही है।

20. दी गई संख्या श्रृंखला: : 947 384 718 673 952

उच्चतम और निम्नतम संख्याओं का योग,

947 = 9 + 4 = 13

384 = 8 + 3 = 11

718 = 8 + 1 = 9

673 + 7 + 3 = 10

952 = 9 + 2 = 11

इसलिए, 947 से प्राप्त उच्चतम संख्या 13 है।

अत: विकल्प (D) सही है।

21. दी गई संख्या श्रृंखला: 483 396 625 834 967

सबसे छोटी संख्या = 396

396 (न्यूनतम संख्या) का तीसरा अंक = 6

दूसरी उच्चतम संख्या = 834

834 (दूसरी उच्चतम संख्या) का दूसरा अंक = 3

गुणा करने पर प्राप्त = 6 × 3 = 18

इसलिए, सबसे छोटी संख्या के तीसरे अंक को दूसरी सबसे बड़ी संख्या के दूसरे अंक से गुणा करने पर प्राप्त संख्या 18 है।

अत: विकल्प (E) सही है।

22. दी गई संख्या श्रृंखला: 483 396 625 834 967

प्रत्येक संख्या के पहले और तीसरे अंक आपस में बदलने पर, हम प्राप्त करते हैं:

384 693 526 438 769

इसलिए, श्रृंखला में तीन सम संख्याएँ हैं।

अत: विकल्प (A) सही है।

23. दी गई संख्या श्रृंखला: 483 396 625 834 967

श्रृंखला प्रत्येक संख्या को 2 से गुणा करने पर, हम प्राप्त करते हैं:

966 792 1250 1668 1934

न्यूनतम संख्या = 792

न्यूनतम संख्या का पहला अंक = 7

उच्चतम संख्या = 1934

उच्चतम संख्या का अंतिम अंक = 4

इसलिए, न्यूनतम संख्या के पहले अंक और उच्चतम संख्या के अंतिम अंक का गुणन = 7 × 4 = 28

अत: विकल्प (D) सही है।

24. दी गई संख्या श्रृंखला: 483 396 625 834 967

अंतिम अंक में 1 जोड़ने और पहले अंक से 2 घटाने पर, हम प्राप्त करते हैं:

284 197 426 635 768

अवरोही क्रम में श्रृंखला को व्यवस्थित करने पर, हमें प्राप्त होता है:

768 635 426 284 197

इसलिए, तीसरी संख्या 426 है, जो 625 से प्राप्त हुई है।

अत: विकल्प (B) सही है।

25. दी गई संख्या श्रृंखला: : 483 396 625 834 967

2 को अंतिम अंक में जोड़ने पर, हम प्राप्त करते हैं:

485 398 627 836 969

पहला और दूसरा अंक आपस में बदलने पर, हम प्राप्त करते हैं:

845 938 267 386 699

इसलिए, 938 उच्चतम संख्या है, जो 396 से प्राप्त हुई है।

अत: विकल्प (A) सही है।

26. दी गई संख्या श्रृंखला: 712 843 648 257 423

सभी संख्याओं के मध्य अंक में से एक घटाने पर, हम प्राप्त करते हैं:

702 833 638 247 413

आरोही क्रम में सभी संख्याओं को व्यवस्थित करने पर, हम प्राप्त करते हैं:

247 413 638 702 833

स्पष्ट है कि सबसे बड़ी संख्या 833 है जो 843 से प्राप्त हुई है।

अत: विकल्प (B) सही है।

27. दी गई संख्या श्रृंखला: 712 843 648 257 423

पहले और दूसरे अंकों को आपस में बदलने पर, हम प्राप्त करते हैं:

172 483 468 527 243

स्पष्ट है कि 483 दूसरी सबसे बड़ी संख्या है जो 843 से प्राप्त हुई है।

अत: विकल्प (B) सही है।

28. दी गई संख्या श्रृंखला: : 712 843 648 257 423

विषम संख्या से 1 और सम संख्या से 2 घटाने पर, हम प्राप्त करते हैं:

710 842 646 256 422

हम स्पष्ट रूप से देख सकते हैं कि 422 दूसरी सबसे छोटी संख्या है जो 423 से प्राप्त हुई है।

अत: विकल्प (E) सही है।

29. दी गई संख्या श्रृंखला: 712 843 648 257 423

आरोही क्रम में प्रत्येक संख्या के सभी अंकों को व्यवस्थित करने पर, हम प्राप्त करते हैं:

127 348 468 257 234

हम स्पष्ट रूप से देख सकते हैं कि 468 सबसे बड़ी संख्या है जो 648 से प्राप्त हुई है।

अत: विकल्प (C) सही है।

30. दी गई संख्या श्रृंखला: 245 854 457 652 129

अंको को जोड़ने पर, हम प्राप्त करते हैं:

245 → 2 + 4 + 5 = 11

854 → 8 + 5 + 4 = 17

652 → 6 + 5 + 2 = 13

129 → 1 + 2 + 9 = 12

457 → 4 + 5 + 7 = 16

इसलिए, 457 वह संख्या है जिसका योग एक पूर्ण वर्ग है।

अत: विकल्प (E) सही है।

तर्कशक्ति अभियोग्यता टेस्ट 05

Q.1 एक पंक्ति में जहां सभी उत्तर की ओर उन्मुख हैं, प्रिया बाएं छोर से 15वें स्थान पर है और गरिमा दाएं छोर से 19वें स्थान पर है। वे अपने स्थान आपस में बदल लेते हैं, और राम जो बाएं छोर से 24वें स्थान पर बैठता है, प्रिया के नए स्थान के बाएं से 5वें स्थान पर बैठता है। पंक्ति में कितने व्यक्ति थे?

A. 36 **B.** 42 **C.** 47 **D.** 56
E. 57

Q.2 एक पुरस्कार वितरण समारोह के दौरान विक्रम बाएं से नौवें जबकि जान्हवी आगे की पंक्ति में दाएं से आठवें स्थान पर थीं। यदि हरिओम बायें से तेरहवें स्थान पर था और एक ही पंक्ति में विक्रम और जान्हवी के ठीक मध्य में था, तो आगे की पंक्ति में लोगों की कुल संख्या कितनी थी?

A. 18 **B.** 19 **C.** 21 **D.** 24
E. 25

Q.3 एनसीसी कैडेटों की उत्तर-मुखी पंक्ति में, तृषा बाएं छोर से 9वें और टीना दाएं छोर से 12वें स्थान पर है। तृषा और तान्या के बीच 5 कैडेट हैं जो तान्या और टीना के बीच कैडेटों की संख्या के बराबर है। ज्ञात कीजिए कि पंक्ति में कितने कैडेट हैं?

A. 34
B. 32
C. 31
D. 33
E. निर्धारित नहीं किया जा सकता है

Q.4 उत्तर की ओर उन्मुख छात्रों की एक कतार में, आयशा और अनीशा क्रमशः बाएं और दाएं छोर से 10वें और 8वें स्थान पर खड़ी हैं। यदि एक अन्य छात्र अरिवा, जो बायें छोर से 12वीं है, आयशा और अनीशा के ठीक बीच में है, तो दायें छोर से आयशा का स्थान ज्ञात कीजिये?

A. 10 वीं
B. 12 वीं
C. 15 वीं
D. 8 वीं
E. निर्धारित नहीं किया जा सकता है

Q.5 35 छात्रों की एक कक्षा में, जिया को नीचे से 7वां स्थान दिया गया है जबकि सोफिया को ऊपर से 9वां स्थान दिया गया है। दोनों के बीच में शाहरुख को रखा गया है। शाहरुख से जिया की क्या स्थिति है?

A. 10 **B.** 15 **C.** 19 **D.** 21
E. 25

Q.6 एक कक्षा में 25 विद्यार्थी हैं और वे सभी एक पंक्ति में योग करने के लिए बैठे हैं। मीना ऊपर से 11वें और स्नेहा नीचे से छठे स्थान पर हैं। अनन्या और रीना के बीच दो विद्यार्थी बैठे हैं। ऊपर से रीना का स्थान क्या है?

A. 12 वीं
B. 13 वीं
C. 16 वीं
D. 14 वीं
E. निर्धारित नहीं किया जा सकता है

Q.7 राज्य स्तरीय नृत्य प्रतियोगिता में कुल 75 लोगों ने हिस्सा लिया। स्तुति ऊपर से 13वें और बरखा नीचे से 25वें स्थान पर रहीं। स्तुति और बरखा के बीच कुल कितने प्रतिभागी खड़े थे?

A. 42 **B.** 30 **C.** 45 **D.** 37
E. 50

Q.8 एक स्कूल में खेल दिवस पर 8 छात्रों ने एक दौड़ में भाग लिया। वे सभी एक सीधी रेखा में किये गए थे। सुमित दायें छोर से 5वें स्थान पर खड़ा था और सुमित और रितेश के बीच में 3 छात्र किये गए थे। पंक्ति के बाएं छोर से रितेश का स्थान क्या है?

A. 6वाँ **B.** दूसरा **C.** 8वाँ **D.** 9वाँ
E. 5वाँ

Q.9 लड़कियों की एक कतार में, यदि शिल्पा जो कि बाईं ओर से 8 वें स्थान पर है और रीना जो कि दाईं ओर से 17 वें स्थान पर है आपस में अपना स्थान अदल-बदल कर लेती हैं, तो शिल्पा बाई ओर से 14वें स्थान पर हो जाती है। बताएँ कि इस कतार में कुल कितनी लड़कियाँ हैं?

A. 38 **B.** 28 **C.** 30 **D.** 25
E. 35

Q.10 बच्चों की किसी कतार में दीपा बाएँ से 9वें स्थान पर है और विजय दाएँ से 13 वें स्थान पर है। जब ये दोनों आपस में अपना स्थान अदल-बदल कर लेते हैं, तो दीपा बाएँ से 17 वें स्थान पर आ जाती है। बताएँ कि दाएँ से विजय किस स्थान पर होगा?

A. 9वाँ **B.** 21वाँ **C.** 20वाँ **D.** 7वाँ
E. 14वाँ

Q.11 छात्रों की एक कतार में रमेश बाएँ से नौवें तथा सुमन दाएँ से छठे स्थान पर है। जब रमेश तथा सुमन अपने स्थान आपस में अदल-बदल कर लेते हैं, तो रमेश बाएँ से पन्द्रहवाँ हो जाता है। बताएँ कि परिवर्तन के बाद सुमन का दाएँ से कौन-सा स्थान होगा?

A. 6वाँ **B.** 13वाँ **C.** 15वाँ **D.** 12वाँ
E. 14वाँ

Q.12 निम्नलिखित जानकारी का अध्ययन कर इस पर आधारित प्रश्न का उत्तर दें।

(A) 'श्रीकांत', नीलिमा से नाटा है।
(B) 'प्रतिमा', श्रीकांत से लम्बी है।
(C) 'सुभाष', नीलिमा से लम्बा है, लेकिन हेम्ब्रम से नाटा है।
(D) 'नीलिमा', प्रतिमा से लम्बी है।

यदि इन सब को ऊँचाई के क्रम में कतार में खड़ा किया जाए, तो इनमें से कतार के ठीक मध्य में कौन होगा?

A. श्रीकांत **B.** नीलिमा **C.** प्रतिमा **D.** हेम्ब्रम
E. सुभाष

Q.13 'सुरेश, अनिल से भारी है लेकिन उतना भारी नहीं है जितना कि राजू है। 'अनिल', जयेश से भारी है। 'कृष्णा', सुरेश से भारी है लेकिन 'राजू' से हल्का है। इनमें से सबसे हल्का कौन है?

A. कृष्णा **B.** सुरेश **C.** जयेश **D.** राजू
E. अनिल

Q.14 साहिल और गौरव व्यक्तियों की एक पंक्ति में खड़े हैं। साहिल बाईं ओर से 12वें स्थान पर है और गौरव दाईं ओर से 18वें स्थान पर है। यदि वे आपस में अपना स्थान बदल लेते हैं तो साहिल बाएं से 25वें स्थान पर आ जाता है। पंक्ति में खड़े व्यक्तियों की कुल संख्या कितनी है?

A. 42 **B.** 52 **C.** 45 **D.** 46
E. 56

Q.15 एक स्कूल में 147 लोग हैं, लड़कियों का अनुपात: लड़कों का अनुपात 1:6 है। सौम्या एक लड़की है जो उस पंक्ति के शीर्ष से 15वें स्थान पर है और उसके सामने 7 लड़कियां हैं। उसके पीछे कितने लड़के हैं?

A. 100 **B.** 119 **C.** 110 **D.** 120
E. 125

Q.16 पांच छात्रों A, K, L, M और T की ऊंचाई की तुलना की जाती है। K की लम्बाई केवल दो विद्यार्थियों से अधिक है। M की ऊँचाई T से अधिक है और T की ऊँचाई K से अधिक है। कितने विद्यार्थी T से छोटे हैं?

A. 3 **B.** 4 **C.** 5 **D.** 1
E. 2

Q.17 A, B, C, D और E में से A, B की अपेक्षा लम्बा है, परन्तु C से छोटा है। B केवल E से लम्बा है। यदि C सबसे लम्बा नहीं है, तो उनको ऊँचाई के क्रम में रखने से बीच में कौन होगा?

A. A **B.** B **C.** C **D.** D
E. E

Q.18 60 विद्यार्थियों की किसी कक्षा में जिसमें लड़कियों की संख्या लड़कों की संख्या से दुगुनी है कमल का स्थान ऊपर से 17 वां है। यदि कमल से आगे 9 लड़कियाँ हैं तो रैंक में उससे पीछे कितने लड़के हैं?

A. 3 **B.** 7 **C.** 12 **D.** 23
E. 20

Q.19 लड़कियों की एक पंक्ति में कमल आगे से 11वीं है। लीला, सुनीता से 3 स्थान आगे है, जो आगे से 22वीं है। इस पंक्ति में कमल और लीला के बीच कितनी लड़कियाँ हैं?

A. 6
B. 8
C. 7
D. 9
E. निर्धारित नहीं किया जा सकता

Q.20 बच्चों की एक कतार में, कैलाश बायें से पाँचवा तथा मोना दायें से छठा है। जब वे अपना स्थान एक-दूसरे से बदल लेते हैं, तब कैलाश बायें से तेरहवां हो जाता है। दायें से मोना की स्थिति क्या होगी?

A. चौथी
B. चौदहवीं
C. आठवीं
D. पन्द्रहवीं
E. निर्धारित नहीं किया जा सकता

Q.21 35 बच्चों की एक कतार में M दायीं ओर से 15 वां है और M और R के बीच 10 बच्चे हैं। कतार में बायीं ओर से R का स्थान कौन सा है?

A. 15वां
B. 5वां
C. 30वां
D. 20वां
E. ज्ञात नही किया जा सकता है

Q.22 प्रत्येक अलग-अलग वजन वाले B, F, J, K और W में से, F केवल J से भारी है। B, F और W से भारी है किंतु K जितना नहीं, इनमें तीसरा सबसे भारी कौन है ?

A. B **B.** F **C.** K **D.** W
E. J

Q.23 A, B, C, D और E जिसमें से प्रत्येक की भार अलग-अलग है, D भारी है A और E से और B हल्का है C से। उनमे से सबसे अधिक भारी कौन है?

A. D **B.** B
C. C **D.** E
E. आंकड़ें अपर्याप्त

Q.24 40 छात्रा एक पंक्ति में है तथा उनके मुँह उत्तर की ओर हैं। सोनम से बाएं ओर छठवाँ कैलाश है। यदि सोनम पंक्ति के बाएं सिरे से 30वें स्थान पर है, तो कैलाश का पंक्ति के दांए सिरे से कौन सा स्थान है?

A. 17वां **B.** 16वां **C.** 15वां **D.** 26वां
E. 27वां

Q.25 मधु बाई ओर से 18वें क्रम में है तथा संधु दाई ओर से 11वें क्रम में है। यदि कक्षा में 40 लड़के हैं तो मधु और संधु के बीच में कितने लड़के हैं?

A. 10 **B.** 9 **C.** 12 **D.** 11
E. 13

Q.26 पांच मित्रों में महेश करण से लंबा है पर यश से नहीं। ऋतिक यश से लम्बा है पर अभिषेक से नहीं। यदि सभी ऊंचाई के अनुसार बढ़ते क्रम में एक पंक्ति में खड़े हो तो पहला व्यक्ति कौन होगा?

A. अभिषेक **B.** यश
C. करण **D.** ऋतिक
E. आंकड़ें अपर्याप्त

Q.27 M आयु में R से बड़ा है। Q, R एवं N से छोटा है। N, M जितना बड़ा नहीं है। M, N, R एवं Q में से सबसे बड़ा कौन है?

A. M **B.** R
C. M या R **D.** N
E. आंकड़ा अपर्याप्त

Q.28 मोहन प्रवीण से बडा है, सुरेश प्रवीण से छोटा है। मिहिर, सुरेश से बड़ा है परंतु प्रवीण से छोटा है। उन चारों में से सबसे छोटा कौन है?

A. प्रवीण **B.** मिहिर
C. मोहन **D.** सुरेश
E. आंकड़ा अपर्याप्त

Q.29 बच्चों की किसी कतार में दीपा बाएँ से 5 वें स्थान पर है और विजय दाएँ से 6 वें स्थान पर है। जब ये दोनों आपस में अपना स्थाना अदल-बदल कर लेते हैं, तो दीपा बाएँ से 13 वें स्थान पर आ जाती है। बताएँ कि दाएँ से विजय किस स्थान पर होगा?

A. 4वां **B.** 14वां **C.** 8वां **D.** 12वां
E. 11वां

Q.30 लड़कियों की एक पंक्ति में कमल आगे से 11 वीं है। लीला, सुनीता से 3 स्थान आगे है जो आगे से 22 वीं है। इस पंक्ति में कमल और लीला के बीच कितनी लड़कियां हैं?

A. 6
B. 8
C. 7
D. 9
E. निर्धारित नही किया जा सकता

// स्मार्ट उत्तर पुस्तिका //

सही उत्तर — उन छात्रों के प्रतिशत को इंगित करता है जिन्होंने प्रश्नों का सही उत्तर दिया था।

छोड़ दिया — उन छात्रों के प्रतिशत को इंगित करता है जिन्होंने प्रश्नों को छोड़ दिया था।

प्रश्न संख्या	उत्तर	सही उत्तर	छोड़ दिया
1	C	55.33 %	36.79 %
2	D	50.04 %	49.24 %
3	B	64.9 %	34.92 %
4	B	68.0 %	31.28 %
5	A	69.5 %	30.46 %
6	E	57.02 %	40.46 %
7	D	54.44 %	45.33 %
8	C	66.97 %	30.12 %
9	C	54.49 %	35.2 %
10	B	65.13 %	34.25 %
11	A	30.33 %	67.21 %
12	B	28.88 %	68.41 %
13	C	59.2 %	31.72 %
14	A	47.54 %	50.99 %
15	B	41.03 %	54.01 %
16	A	43.32 %	42.4 %
17	A	46.16 %	48.29 %
18	C	55.22 %	37.23 %
19	B	68.49 %	30.19 %
20	B	62.21 %	34.63 %
21	E	50.96 %	43.84 %
22	D	55.18 %	33.85 %
23	E	49.8 %	31.07 %
24	A	41.18 %	54.48 %
25	D	57.04 %	35.22 %
26	C	62.61 %	36.36 %
27	A	50.62 %	48.0 %
28	D	42.16 %	45.88 %
29	B	40.02 %	40.94 %
30	B	62.73 %	32.01 %

कार्य विश्लेषण	
औसत अंक (%)	30.0%
टॉपर्स स्कोर (%)	63.33%
आपका स्कोर	

//संकेत और समाधान//

1. दी गई जानकारी का उपयोग करके हम निम्नलिखित आकृति बना सकते हैं:

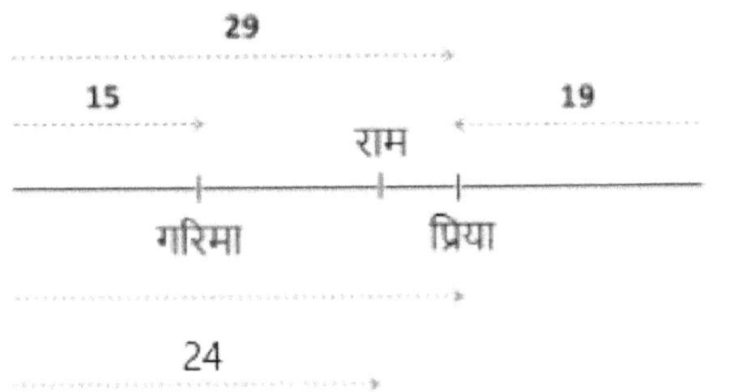

बाएं से राम की स्थिति = 24

राम के स्थिति से प्रिया की स्थिति = 5

बाएं से प्रिया की स्थिति = बाएं से राम की स्थिति + राम की स्थिति से प्रिया की स्थिति

= 24 + 5 = 29

पंक्ति में व्यक्तियों की कुल संख्या = [दाएं से प्रिया की स्थिति + बाएं से प्रिया की स्थिति] - 1

= (29 + 19 - 1) = 47

अतः विकल्प (C) सही है।

2. यहाँ, हम जानते हैं कि विक्रम बायें से नौवें जबकि हरिओम बायें से तेरहवें स्थान पर थे। इस प्रकार, हम कह सकते हैं कि विक्रम और हरिओम के बीच 3 व्यक्ति थे।

और, हम यह भी जानते हैं कि हरिओम विक्रम और जान्हवी के ठीक बीच में था इसलिए हरिओम और जान्हवी के बीच व्यक्तियों की संख्या भी 3 होगी।

इस बिंदु पर, दी गई जानकारी का उपयोग करके हम निम्नलिखित आकृति बना सकते हैं:

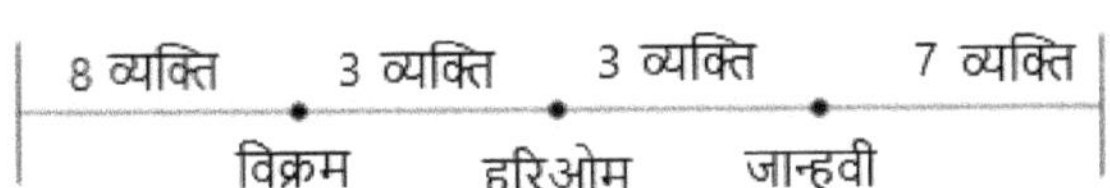

अब, पंक्ति में लोगों की कुल संख्या = (8 + विक्रम + 3 + हरिओम + 3 + जान्हवी + 7)

= (8 + 1 + 3 + 1 + 3 + 1 + 7) = 24

इस तरह पंक्ति में लगे लोगों की कुल संख्या 24 थी।

अतः विकल्प (D) सही है।

3. दी गई जानकारी से,

8 ← तृषा ←5→ तान्या ←5→ टीना → 11
(9वाँ) (12वाँ)
← बाएं छोर दाएं छोर →

उपरोक्त छवि में सभी व्यक्तियों को जोड़ने पर, हम प्राप्त करते हैं

8 + 1 (तृषा) + 5 + 1 (तान्या) + 5 + 1 (टीना) + 11 = 32

इस प्रकार पंक्ति में 32 कैडेट हैं।

अतः विकल्प (B) सही है।

4. दिया गया है,

उत्तर की ओर उन्मुख छात्रों की एक कतार में, आयशा और अनीशा क्रमशः बाएं और दाएं छोर से 10वें और 8वें स्थान पर खड़ी हैं।

दी गई छवि से यह स्पष्ट है कि आयशा दायें छोर से 12वें स्थान पर है।

10 वीं 12 वीं 8 वीं
9 आयशा 1 अरिवा 1 अनीशा 7
→ बाएं छोर ← दाएं छोर

आयशा का दायें छोर से स्थान = 7 + 1 (अनीशा) + 1 + 1 (अरिवा) +1 + 1 = 12

अतः विकल्प (B) सही है।

5. जैसा कि चित्र में देखा गया है, शाहरुख सोफिया और जिया के बीच है।

दिया गया है कि जिया नीचे से 7वें और सोफिया ऊपर से 9वें स्थान पर हैं।

अतः सोफिया और जिया के बीच व्यक्तियों की संख्या = 35 - (9 + 7) = 19

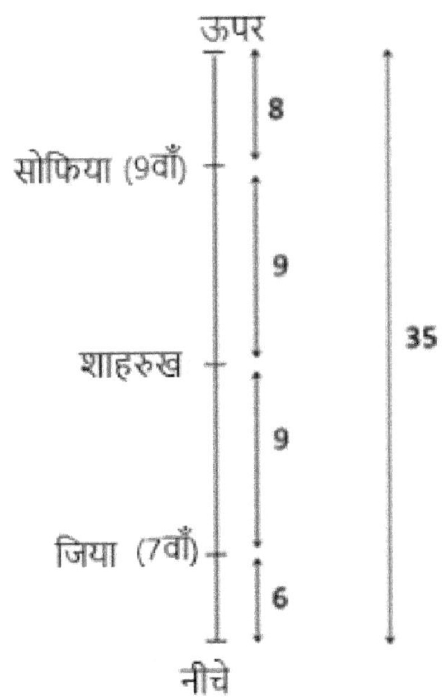

सोफिया और जिया के बीच शाहरुख की स्थिति = $\frac{19+1}{2}$ =10

इस तरह शाहरुख बीच में है अर्थात दोनों से 10वें स्थान पर है। इसलिए जिया शाहरुख से 10वें स्थान पर हैं।

अतः विकल्प (A) सही है।

6. दिया गया है,

एक कक्षा में 25 विद्यार्थी हैं और वे सभी एक पंक्ति में योग करने के लिए बैठे हैं। मीना ऊपर से 11वें और स्नेहा नीचे से छठे स्थान पर हैं। अनन्या और रीना के बीच दो विद्यार्थी बैठे हैं।

उपरोक्त जानकारी से, हम रीना की स्थिति के बारे में निश्चित नहीं हो सकते, क्योंकि हमारे पास अनन्या और रीना की स्थिति के बारे में पर्याप्त जानकारी नहीं है।

अतः विकल्प (E) सही है।

7. दिया गया है,

राज्य स्तरीय नृत्य प्रतियोगिता में कुल 75 लोगों ने हिस्सा लिया।

सोनू का स्थान = ऊपर से 13वां

बरखा का स्थान = नीचे से 25वां

तो, स्तुति के बाद रैंक करने वाले प्रतिभागियों की संख्या = 75-13 = 62

बरखा से पहले रैंक करने वाले प्रतिभागियों की संख्या = 75-25 = 50

अत: उन दोनों के बीच खड़े प्रतिभागियों की संख्या = 50-13 = 37

अतः विकल्प (D) सही है।

8. दिया गया,

एक स्कूल में खेल दिवस पर 8 छात्रों ने एक दौड़ में भाग लिया। वे सभी एक सीधी रेखा में किये गए थे। सुमित दायें छोर से 5वें स्थान पर खड़ा था और सुमित और रितेश के बीच में 3 छात्र किये गए थे।

जैसा कि हम देख सकते हैं,

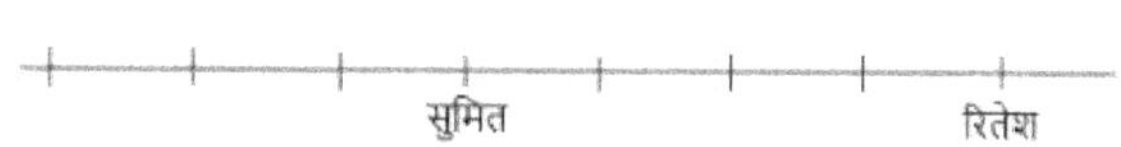

इस प्रकार, पंक्ति के बाएं छोर से रितेश का स्थान 8वां है।

अतः विकल्प (C) सही है।

9. दिया गया है,

लड़कियों की एक कतार में, यदि शिल्पा जो कि बाईं ओर से 8 वें स्थान पर है और रीना जो कि दाईं ओर से 17 वें स्थान पर है आपस में अपना स्थान अदल-बदल कर लेती हैं, तो शिल्पा बाई ओर से 14वें स्थान पर हो जाती है।

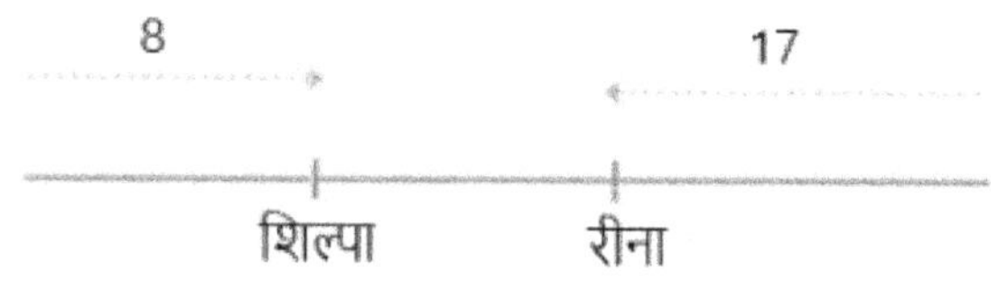

स्थानांतरण करने पर,

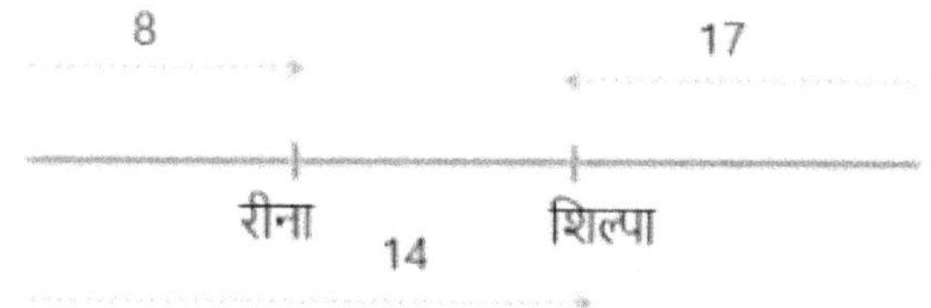

फिर,

शिल्पा की वर्तमान स्थिति = 14

रीना की पूर्व स्थिति = 17

कुल लड़कियों की संख्या = (शिल्पा की वर्तमान स्थिति + रीना की पूर्व स्थिति) -1

$$= (14 + 17) - 1 = 30$$

अतः विकल्प (C) सही है।

10. दिया गया है,

बच्चों की किसी कतार में दीपा बाएँ से 9वें स्थान पर है और विजय दाएँ से 13 वें स्थान पर है। जब ये दोनों आपस में अपना स्थान अदल-बदल कर लेते हैं, तो दीपा बाएँ से 17 वें स्थान पर आ जाती है।

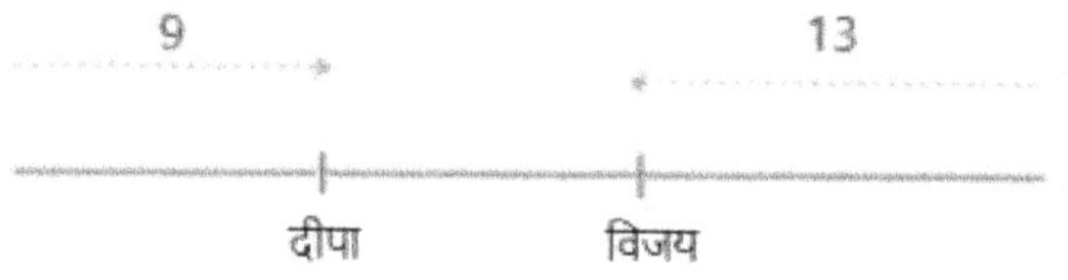

स्थानांतरण करने पर,

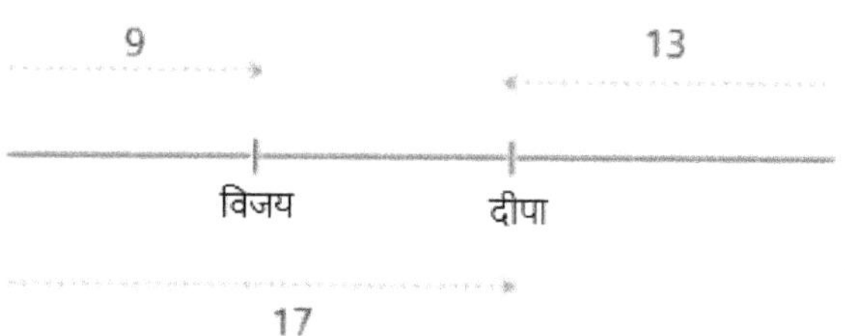

फिर,

दीपा की वर्तमान स्थिति = 17

दीपा की पूर्व स्थिति = 9

दीपा की वर्तमान एवं पूर्व स्थिति का अंतर = 17 - 9 = 8

विजय की पूर्व स्थिति = 13

विजय की वर्तमान स्थिति = दीपा की वर्तमान एवं पूर्व स्थिति का अंतर + विजय की पूर्व स्थिति

$$= (17 - 9) + 13 = 21 \text{ वाँ}$$

अतः विकल्प (B) सही है।

11. दिया गया है,

छात्रों की एक कतार में रमेश बाएँ से नौवें तथा सुमन दाएँ से छठे स्थान पर है। जब रमेश तथा सुमन अपने स्थान आपस में अदल-बदल कर लेते हैं, तो रमेश बाएँ से पन्द्रहवाँ हो जाता है।

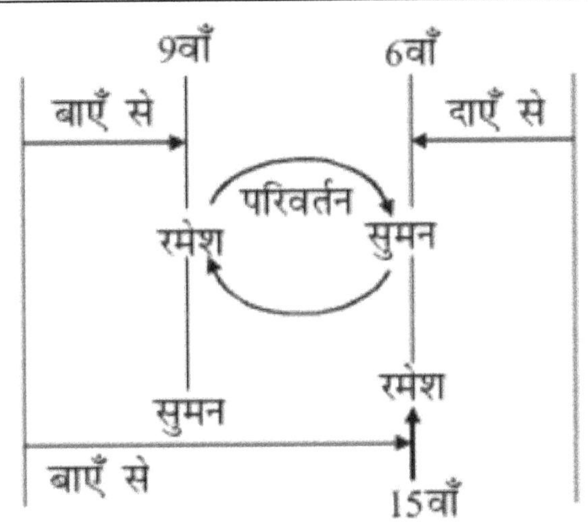

इस प्रकार सुमन का दाएँ से परिवर्तित स्थान $= 6 + 5 +$ सुमन

$= 6 + 5 + 1 = 12$

इस प्रकार सुमन दाएँ से 12 वें स्थान पर होगी।

अतः विकल्प (A) सही है।

12. दी गई जानकारी के अनुसार, कतार में ऊँचाई के क्रम में इनका क्रम निम्न प्रकार है-

श्रीकांत < नीलिमा = नीलिमा $>$ श्रीकांत ...(i)

प्रतिमा $>$ श्रीकांत ...(ii)

हेम्ब्रम > सुभाष > नीलिमा...(iii)

नीलिमा > प्रतिमा ...(iv)

यहाँ ' $>$ ' का अर्थ 'से लम्बा' और '<' का अर्थ 'से नाटा' निरूपित किया गया है।

समीकरण (i), (ii), (iii) और (iv) से इनका क्रम व्यवस्थित करने पर,

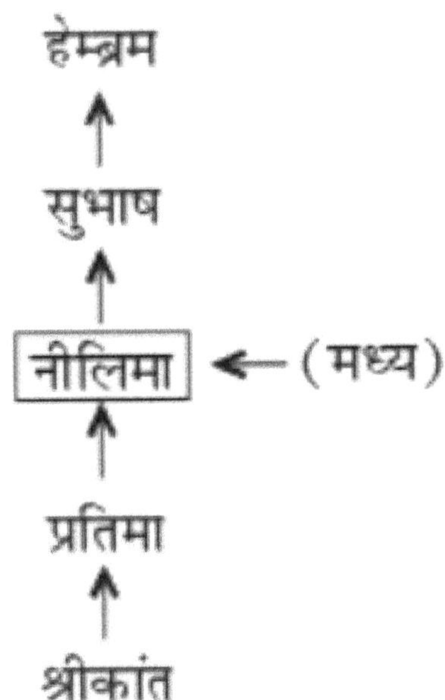

इस प्रकार, कतार के ठीक मध्य में नीलिमा होगी।

अतः विकल्प (B) सही है।

13. दिया गया है,

'सुरेश, अनिल से भारी है लेकिन उतना भारी नहीं है जितना कि राजू है। 'अनिल', जयेश से भारी है। 'कृष्णा', सुरेश से भारी है लेकिन 'राजू' से हल्का है।

क्रम निम्न प्रकार है,

राजू $>$ कृष्णा $>$ सुरेश $>$ अनिल $>$ जयेश

इस प्रकार सबसे हल्का 'जयेश' है।

अतः विकल्प (C) सही है।

14. दिया गया है,

साहिल और गौरव व्यक्तियों की एक पंक्ति में खड़े हैं। साहिल बाईं ओर से 12वें स्थान पर है और गौरव दाईं ओर से 18वें स्थान पर है।

बाएं से साहिल का स्थान = 25 (बदलने के बाद)

कुल व्यक्ति = बाएं से स्थिति + दाएं से स्थिति - 1

दायें से साहिल का स्थान = 18 (दायें छोर से साहिल की स्थिति वही है जो आपस में बदलने के बाद गौरव के समान है) -1

कुल व्यक्ति $= 25 + 18 - 1 = 42$

अत: पंक्ति में 42 व्यक्ति हैं।

अतः विकल्प (A) सही है।

15. दिया गया है,

एक स्कूल में 147 लोग हैं, लड़कियों का अनुपात: लड़कों का अनुपात 1:6 है। सौम्या एक लड़की है जो उस पंक्ति के शीर्ष से 15वें स्थान पर है और उसके सामने 7 लड़कियां हैं।

छात्रों की कुल संख्या $= 147$

लड़कियां : लड़के $= 1:6$

माना लड़कियों की संख्या x और लड़कों की संख्या $6x$ है।

फिर,

$x + 6x = 147$

$\Rightarrow 7x = 147$

$\Rightarrow x = 21$

तो लड़कियों की संख्या $= 21$

लड़कों की संख्या $= 6 \times 21 = 126$

अब सौम्या ऊपर से 15वें स्थान पर हैं और उनके सामने 7 लड़कियां हैं।

अब लड़के उसके आगे हैं $= 7$ क्योंकि उसके सामने कुल 14 छात्र हैं।

तो, उसके पीछे लड़कों की संख्या = $126 - 7 = 119$

अतः विकल्प (B) सही है।

16. दिया गया है,

पांच छात्रों A, K, L, M और T की ऊंचाई की तुलना की जाती है। K की लम्बाई केवल दो विद्यार्थियों से अधिक है। M की ऊँचाई T से अधिक है और T की ऊँचाई K से अधिक है।

पांच छात्रों-A, K, L, M और T की तुलना की जाती है।

1. K की ऊँचाई केवल दो विद्यार्थियों से अधिक है।

_ > _ > K > _ > _

2. M की ऊँचाई T से अधिक है और T की ऊँचाई K से अधिक है।

M > T > K

शर्त 1 और 2 से, हम प्राप्त करते हैं

M > T > K > _ > _

तो, 3 विद्यार्थी T से छोटे हैं।

अतः विकल्प (A) सही है।

17. दिया गया है,

A, B, C, D और E में से A, B की अपेक्षा लम्बा है, परन्तु C से छोटा है। B केवल E से लम्बा है। यदि C सबसे लम्बा नहीं है।

दी गई जानकारी के अनुसार,

D > C > A > B > E

A बीच में होगा यदि वे ऊंचाई के क्रम में खड़े हों।

अतः विकल्प (A) सही है।

18. माना लड़कों की संख्या x है।

फिर, लड़कियों की संख्या $= 2x$

प्रश्न के अनुसार,

$\therefore x + 2x = 60$

$\Rightarrow 3x = 60$

$\Rightarrow x = 20$

इसलिए, लड़कों की संख्या $= 20$

और लड़कियों की संख्या $= 40$

रैंक में कमल के पीछे छात्रों की संख्या $= (60 - 17) = 43$

रैंक में कमल से आगे लड़कियों की संख्या $= 9$

रैंक में कमल से पीछे लड़कियों की संख्या $= (40 - 9) = 31$

$\therefore$ रैंक में कमल से पीछे लड़कों की संख्या $= (43 - 31) = 12$

अतः विकल्प (C) सही है।

19. दिया गया है,

लड़कियों की एक पंक्ति में कमल आगे से 11वीं है। लीला, सुनीता से 3 स्थान आगे है, जो आगे से 22वीं है।

दी गई जानकारी के अनुसार,

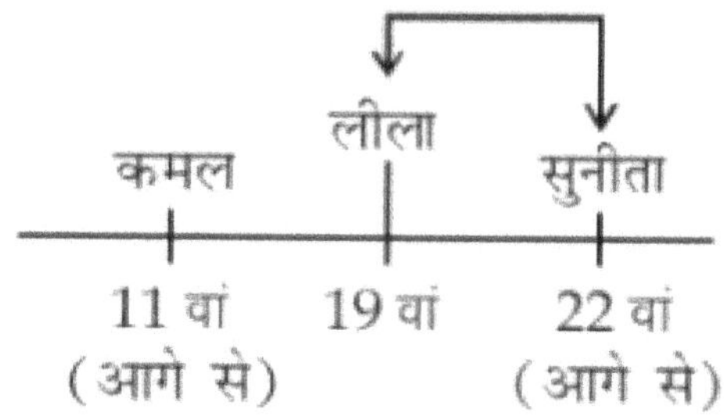

पंक्ति में कमल और लीला के बीच लड़कियाँ = 19 - 11 = 8

अतः विकल्प (B) सही है।

20. दिया गया है,

बच्चों की एक कतार में, कैलाश बायें से पाँचवा तथा मोना दायें से छठा है। जब वे अपना स्थान एक-दूसरे से बदल लेते हैं, तब कैलाश बायें से तेरहवां हो जाता है।

दी गई जानकारी के अनुसार,

कैलाश मोना

1 2 3 4 (5) 6 7 8 9 10 11 12 (13) 14 15 16 17 18

स्थिति बदलने के बाद,

1 2 3 4 (5) 6 7 8 9 10 11 12 (13) 14 15 16 17 18

मोना कैलाश

आरेख को देखकर हम कह सकते हैं कि मोना का स्थान दायें से चौदहवां होगी।

कैलाश की वर्तमान स्थिति = 13

कैलाश की पूर्व स्थिति = 5

कैलाश की वर्तमान एवं पूर्व स्थिति का अंतर = 13 - 5 = 8

मोना की पूर्व स्थिति = 6

मोना की वर्तमान स्थिति = कैलाश की वर्तमान एवं पूर्व स्थिति का अंतर + मोना की पूर्व स्थिति

= 8 + 6 = 14

अतः विकल्प (B) सही है।

21. दिया गया है,

35 बच्चों की एक कतार में M दायीं ओर से 15 वां है और M और R के बीच 10 बच्चे हैं।

दी गई जानकारी के अनुसार,

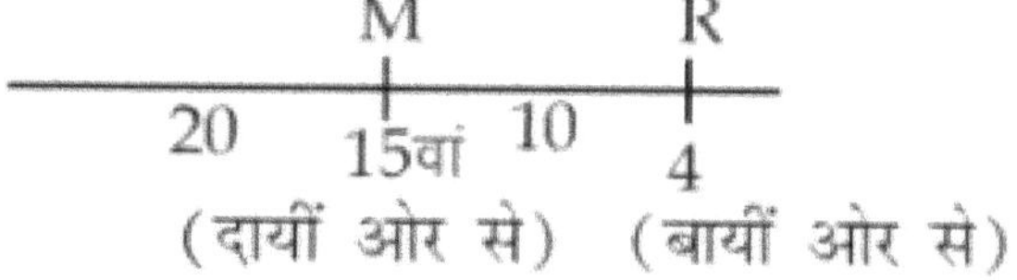

या

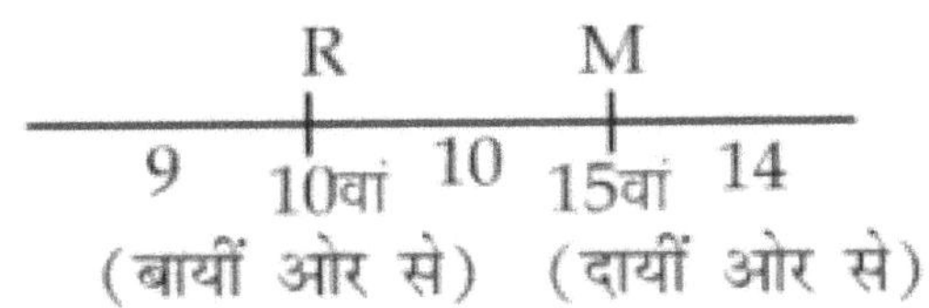

इस प्रकार R की स्थिति ज्ञात नही किया जा सकता है।

अतः विकल्प (E) सही है।

22. दिया गया है,

प्रत्येक अलग-अलग वजन वाले B, F, J, K और W में से, F केवल J से भारी है। B, F और W से भारी है किंतु K जितना नहीं।

दी गई जानकारी के अनुसार, भार का आरोही क्रम :

$J > F > W > B > K$

इस प्रकार, W तीसरा सबसे भारी है।

अतः विकल्प (D) सही है।

23. दिया गया है,

A, B, C, D और E जिसमें से प्रत्येक की भार अलग-अलग है, D भारी है A और E से और B हल्का है C से।

दी गई जानकारी के अनुसार,

$D > A, E$

और $B < C$

इनमें से सबसे भारी ज्ञात नहीं किया जा सकता है।

अतः विकल्प (E) सही है।

24. दिया गया है,

40 छात्रा एक पंक्ति में है तथा उनके मुँह उत्तर की ओर हैं। सोनम से बाएं ओर छठवाँ कैलाश है।

दी गई जानकारी के अनुसार,

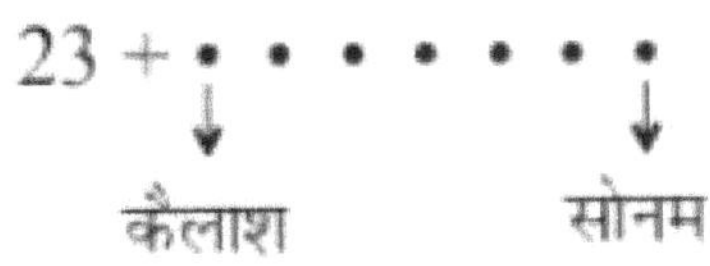

कैलाश का दाएं सिरे से स्थान $= 40 - 23 = 17$ वां

अतः विकल्प (A) सही है।

25. दिया गया है,

मधु बाई ओर से 18वें क्रम में है तथा संधु दाई ओर से 11वें क्रम में है। कक्षा में 40 लड़के हैं।

दी गई जानकारी के अनुसार,

17 + ● मधु ● + 10 संधु

∴ मधु और संधु के बीच लड़कों की संख्या $= 40 - 18 - 11 = 11$

अतः विकल्प (D) सही है।

26. दिया गया है,

पांच मित्रों में महेश करण से लंबा है पर यश से नहीं। ऋतिक यश से लम्बा है पर अभिषेक से नहीं।

दी गई जानकारी के अनुसार,

यश > महेश > करण ....(i)

अभिषेक > ऋतिक > यश ...(ii)

समीकरण (i) और (ii) से, हम प्राप्त करते हैं

करण < महेश < यश < ऋतिक < अभिषेक

अतः विकल्प (C) सही है।

27. दिया गया है,

M आयु में R से बड़ा है। Q, R एवं N से छोटा है। N, M जितना बड़ा नहीं है।

दी गई जानकारी के अनुसार,

$R < M$

$Q < R, N$

$N < M$

तब,

$M > N/R > Q$

अतः विकल्प (A) सही है।

28. दिया गया है,

मोहन प्रवीण से बडा है, सुरेश प्रवीण से छोटा है। मिहिर, सुरेश से बड़ा है परंतु प्रवीण से छोटा है।

दी गई जानकारी के अनुसार,

मोहन > प्रवीण > सुरेश

प्रवीण > मिहिर > सुरेश

तब हम कह सकते हैं,

मोहन > प्रवीण > मिहिर > सुरेश

इस प्रकार, उन चारों में से सबसे छोटा सुरेश है।

अतः विकल्प (D) सही है।

29. दिया गया है,

बच्चों की किसी कतार में दीपा बाएँ से 5 वें स्थान पर है और विजय दाएँ से 6 वें स्थान पर है। जब ये दोनों आपस में अपना स्थाना अदल-बदल कर लेते हैं, तो दीपा बाएँ से 13 वें स्थान पर आ जाती है।

दीपा की वर्तमान स्थिति = 13

दीपा की पूर्व स्थिति = 5

दीपा की वर्तमान एवं पूर्व स्थिति का अंतर = 13 - 5 = 8

विजय की पूर्व स्थिति = 6

विजय की वर्तमान स्थिति = दीपा की वर्तमान एवं पूर्व स्थिति का अंतर + विजय की पूर्व स्थिति

$= (13 - 5) + 6 = 14$वां

अतः विकल्प (B) सही है।

30. दिया गया है,

लड़कियों की एक पंक्ति में कमल आगे से 11 वीं है। लीला, सुनीता से 3 स्थान आगे है जो आगे से 22 वीं है।

दी गई जानकारी के अनुसार,

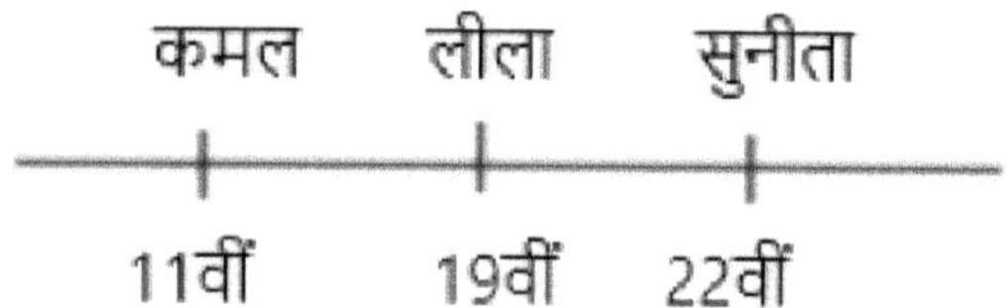

कमल और सुनीता के बीच लड़कियों की संख्या = 22 -11 = 11

इस पंक्ति में कमल और लीला के बीच लड़कियों की संख्या = 11 - 3 = 8

अतः विकल्प (B) सही है।

तर्कशक्ति अभियोग्यता टेस्ट 06

Ques (1-4):निर्देश: एक परिवार में सात सदस्य हैं अर्थात् A, B, C, D, E, F, और G। वे निम्नलिखित तरीके से एक दूसरे से संबंधित हैं।

F, A का इकलौता पुत्र है जिसके तीन बच्चे हैं। C, A से विवाहित है। E, B की मामी है जो D से विवाहित है। A और G समान लिंग के थे। या तो दोनों या माता-पिता में से कोई भी जीवित नहीं है।

Q.1 G, E से कैसे संबंधित है?

A. नीस **B.** नेफ़्यू
C. बहन **D.** ब्रदर-इन-लॉ
E. भाई

Q.2 D, A से कैसे संबंधित है?

A. बेटी **B.** बेटी
C. सन-इन-लॉ **D.** डॉटर-इन-लॉ
E. ब्रदर-इन-लॉ

Q.3 F, D से कैसे संबंधित है?

A. सिस्टर-इन-लॉ **B.** ब्रदर-इन-लॉ
C. नेफ़्यू **D.** बेटा
E. इनमें से कोई नहीं

Q.4 असंगत का चयन कीजिए।

[LIC AAO (Generalist), 2021]

A. E **B.** A **C.** G **D.** B
E. D

Ques (5-8):निर्देश: नीचे दी गई जानकारी का ध्यानपूर्वक अध्ययन कीजिये और प्रश्नों के उत्तर दीजिये।

एक परिवार में 7 सदस्य हैं। जिसमें से 2 विवाहित जोड़े हैं। R, H का पुत्र है। S, A की माता हैं। H, S का पुत्र है। Y और H विवाहित जोड़ा है। A, I की आंटी है, जो Y की बेटी है। I, J की सिस्टर-इन-लॉ है।

Q.5 A और R के बीच क्या संबंध है?

A. आंटी – नेफ्यू **B.** पिता - पुत्र
C. माँ - बेटी **D.** आंटी – नीस
E. भाई - बहन

Q.6 Y, J से किस प्रकार संबंधित है?

A. डॉटर – इन – लॉ **B.** अंकल
C. बेटी **D.** सास
E. बेटा

Q.7 H की बेटी कौन है?

A. S **B.** A **C.** J **D.** R
E. I

Q.8 S, I से किस प्रकार संबंधित है?

A. ग्रैंड - मदर **B.** पैतृक आंटी
C. बहन **D.** ग्रैंड - फादर
E. भाई

Ques (9-12):निर्देश: निम्नलिखित जानकारी को पढ़ते हुए उस पर आधारित प्रश्नो के उत्तर दीजिए।

P की माँ R की बहन है जो Q की पुत्री है। R के ब्रदर-इन-लॉ का केवल एक पुत्र है जिसके ग्रैन्ड्पेरेन्ट्स Q और S हैं, और जिनके केवल दो पुत्रियाँ हैं। A का पति B है जो Q का सं-इन-लॉ है।

Q.9 R की बहन कौन है?

A. P
B. Q
C. S
D. A
E. निर्धारित नहीं किया जा सकता

Q.10 B की मदर-इन-लॉ कौन है?

A. P
B. Q
C. S
D. B
E. निर्धारित नहीं किया जा सकता

Q.11 Q और A के बीच क्या संबंध है?

A. फादर-इन-लॉ और सन-इन-लॉ
B. पिता और पुत्री
C. पिता/माता और पुत्री
D. माँ और बेटी
E. निर्धारित नहीं किया जा सकता है।

Q.12 Q और S के कितने ग्रैंडसन हैं?

A. 1
B. 2
C. 3
D. या तो 1 या 2
E. निर्धारित नहीं किया जा सकता

Ques (13-17):निर्देश: नीचे दिए गए प्रश्नों के उत्तर देने के लिए निम्नलिखित जानकारी का ध्यानपूर्वक अध्ययन कीजिए:

M, N, O, P, Q, R, S, T और U एक परिवार के सदस्य हैं। वे किसी तरह एक दूसरे से संबंधित हैं। उनके रक्त समूह भिन्न अर्थात A+, A-, B+, B-, AB+, AB-, O+ तथा O- हैं।

दो सदस्यों के रक्त समूह समान हैं। महिला सदस्यों की तुलना में पुरुष सदस्य अधिक हैं।

S के माता-पिता का रक्त समूह पॉजिटिव है। परिवार में एक विवाहित जोड़ा एक पॉजिटिव दाता और पॉजिटिव प्राप्तकर्ता है। N की दो संतानें हैं जो दोनों प्रकार के सार्वभौमिक दाता हैं। R, U का फूफा है। N और उसके नाती T के रक्त समूह नेगेटिव हैं। P के दामाद का रक्त समूह A- है। Q का रक्त समूह पॉजिटिव है और उसकी शादी एक पॉजिटिव सार्वभौमिक दाता से हुई है। U, P का नाती है और उसका रक्त समूह A+ है। O की पुत्री एक नेगेटिव सार्वभौमिक प्राप्तकर्ता है।

Q.13 R, O से कैसे सम्बंधित है?

A. भाई **B.** बहन
C. जीजा/साला **D.** भाभी/ननद
E. इनमें से कोई नहीं

Q.14 S, T से कैसे सम्बंधित है?

A. भाई **B.** बहन

C. मौसेरा भाई D. मौसेरी बहन
E. इनमें से कोई नहीं

Q.15 U के पिता का रक्त समूह _______ है।
A. AB- **B.** B+ **C.** A+ **D.** O+
E. AB+

Q.16 P, S से कैसे सम्बंधित है?
A. नाना **B.** नानी
C. दादा **D.** दादी
E. इनमें से कोई नहीं

Q.17 परिवार में सार्वभौमिक प्राप्तकर्ता रक्त समूह _______ हैं।
A. Q तथा O **B.** M तथा Q
C. Q तथा S **D.** O तथा S
E. इनमें से कोई नहीं

Q.18 एक महिला की तस्वीर की ओर इशारा करते हुए, विशाल कहते हैं, "वह मेरे दादा की बेटी की बहन है।" तस्वीर में महिला विशाल से किस प्रकार संबंधित है?
A. निर्धारित नहीं किया जा सकता है
B. पैतृक चाची
C. बहन
D. मां
E. उपरोक्त में से कोई नहीं

Q.19 एक परिवार में एक आदमी, उसकी पत्नी, उसके तीन बेटे, उनकी पत्नियां और प्रत्येक बेटे के परिवार में तीन बच्चे शामिल थे। परिवार में कितने सदस्य हैं?
A. 12 **B.** 13
C. 15 **D.** 17
E. इनमें से कोई नहीं

Q.20 राजीव अरुण का भाई है। सोनिया सुनील की बहन हैं। अरुण सोनिया का बेटा है। राजीव सुनील से कैसे संबंधित है?
A. बेटा **B.** बेटा
C. पिता **D.** भतीजा
E. इनमें से कोई नहीं

Q.21 माया ने कहा, "मेरी माँ रंजीत के भाई की बहन है"। रंजीत का माया से क्या संबंध है?
नोट: (रंजीत एक पुरुष है)
A. चचेरा भाई **B.** मामा
C. चाचा **D.** साला
E. इनमें से कोई नहीं

Ques (22-25):निर्देश: निम्नलिखित जानकारी को ध्यानपूर्वक पढ़िए और नीचे दिए गए प्रश्नों के उत्तर दीजिए।

एक परिवार में छः सदस्य अर्थात् L, M, Q, R, S और G हैं, परिवार में तीन पीढ़ियाँ हैं। R की पत्नी S है। R की बहन Q है। Q का बेटा G है। Q का पिता M है और वह L से विवाहित है।

Q.22 L, R से कैसे संबंधित है?
A. बेटा **B.** माँ **C.** पिता **D.** बेटी
E. आंटी

Q.23 G, M से कैसे संबंधित है?
A. ग्रैंड फादर **B.** ग्रैंड मदर
C. पिता **D.** ग्रैंडसन
E. उपरोक्त में से कोई नहीं

Q.24 S, G से कैसे संबंधित है?
A. ग्रैंड मदर **B.** माँ
C. आंटी **D.** बहन
E. उपरोक्त में से कोई नहीं

Q.25 S, L से कैसे संबंधित है?
A. सन-इन-लॉ **B.** डॉटर-इन-लॉ
C. बेटी **D.** बेटा
E. उपरोक्त में से कोई नहीं

Ques (26-30):निर्देश: ये प्रश्न निम्नलिखित जानकारी पर आधारित हैं।

एक परिवार में, आठ सदस्य हैं, जिनमें से तीन जोड़े होते हैं। अयूब, भीम, चिंटू और दादा पुरुष हैं और उस परिवार में एलिना, फरीदा, गायत्री और हसीनी महिलाएं हैं। यह भी ज्ञात है कि

(i) हसीनी, फरीदा की बहन है।

(ii) गायत्री, भीम की पुत्री है।

(iii) चिंटू की शादी एलिना से हुई है।

(iv) फरीदा, अयूब की सास हैं।

(v) गायत्री का भाई चार पुरुषों में से एक है और वह विवाहित है।

(vi) हसीनी एक विधवा है और उसकी एक ही संतान है, जो अविवाहित है।

Q.26 एलिना का ससुर कौन है?
A. अयूब **B.** भीम
C. चिंटू **D.** दादा
E. जानकारी अपर्याप्त है।

Q.27 गायत्री का भाई कौन है?
A. अयूब **B.** भीम
C. चिंटू **D.** दादा
E. जानकारी अपर्याप्त है

Q.28 गायत्री का पति कौन है?
A. अयूब **B.** भीम
C. चिंटू **D.** दादा
E. जानकारी अपर्याप्त है

Q.29 दादा _____ के पुत्र हैं।
A. हसीनी **B.** भीम
C. फरीदा **D.** चिंटू
E. जानकारी अपर्याप्त है

Q.30 निम्नलिखित में से कौन सा गलत है?
A. गायत्री, एलिना की भाभी है।
B. भीम, फरीदा का पति है।
C. अयूब, चिंटू के बहनोई है।
D. हसीनी, दादा की चाची है।
E. इनमें से कोई नहीं

// स्मार्ट उत्तर पुस्तिका //

सही उत्तर उन छात्रों के प्रतिशत को इंगित करता है जिन्होंने प्रश्नों का सही उत्तर दिया था।

छोड़ दिया उन छात्रों के प्रतिशत को इंगित करता है जिन्होंने प्रश्नों को छोड़ दिया था।

प्रश्न संख्या	उत्तर	सही उत्तर	छोड़ दिया
1	A	60.11 %	37.47 %
2	C	55.4 %	38.12 %
3	B	56.52 %	33.61 %
4	E	63.33 %	34.54 %
5	A	56.51 %	35.37 %
6	D	41.11 %	36.24 %
7	E	44.57 %	44.11 %
8	A	47.51 %	30.94 %
9	D	19.27 %	70.64 %
10	E	43.4 %	34.79 %
11	C	42.65 %	48.1 %
12	A	48.21 %	49.75 %
13	C	23.33 %	71.48 %
14	D	64.73 %	32.2 %
15	E	40.67 %	46.39 %
16	B	63.83 %	34.24 %
17	C	51.01 %	44.41 %
18	A	66.54 %	31.71 %
19	D	11.48 %	77.57 %
20	D	48.32 %	49.91 %
21	B	89.29 %	10.48 %
22	B	62.64 %	31.46 %
23	D	52.26 %	44.04 %
24	C	58.91 %	33.06 %
25	B	44.46 %	32.85 %
26	B	84.67 %	14.24 %
27	C	88.64 %	10.87 %
28	A	43.83 %	35.64 %
29	A	79.62 %	14.29 %
30	D	42.27 %	46.83 %

कार्य विश्लेषण	
औसत अंक (%)	60.0%
टॉपर्स स्कोर (%)	70.0%
आपका स्कोर	

//संकेत और समाधान//

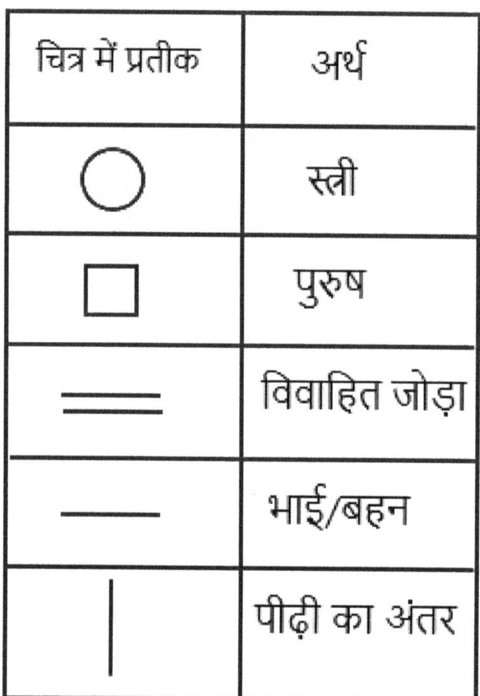

चित्र में प्रतीक	अर्थ
○	स्त्री
□	पुरुष
═	विवाहित जोड़ा
—	भाई/बहन
|	पीढ़ी का अंतर

Ques (1-4):

1. F, A का एकलौता पुत्र है, जिसके तीन बच्चे हैं। इसलिए अन्य दो बच्चे A की पुत्री हैं।

2. C, A से विवाहित है।

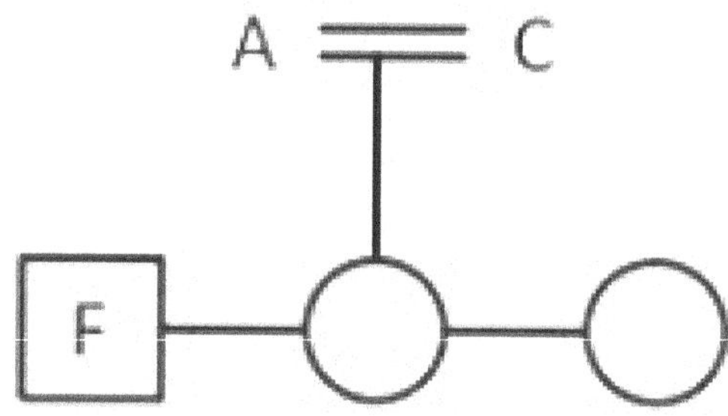

3. E, B की मैटरनल आंट है, जिसका विवाह D से हुआ है।

यहां तीन स्थिति उत्पन्न होती हैं,

स्थिति I: यहाँ, E को A की बेटियों में से एक है

चूंकि दोनों माता-पिता को जीवित है, इसलिए सभी व्यवस्था करने के बाद हम देखते हैं कि 8 सदस्य सामने आ रहे हैं जो प्रदान की गई जानकारी के विरुद्ध है।

चूंकि इस परिवार में 7 सदस्य हैं, इसलिए यह स्थिति रद्द हो जाती है।

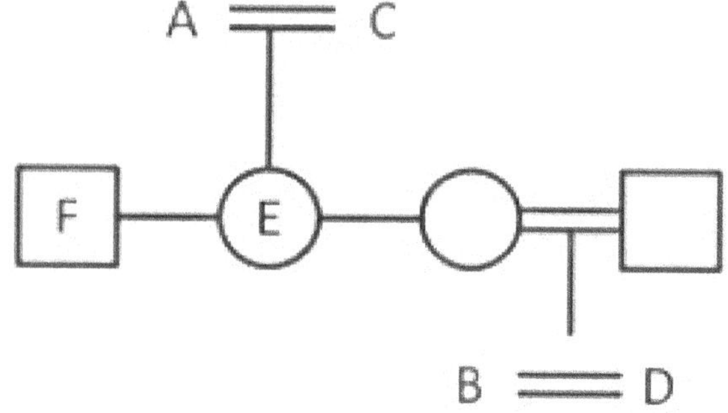

स्थिति II: यहाँ हम मानते हैं कि C, B की माँ है और E, C की बहन है

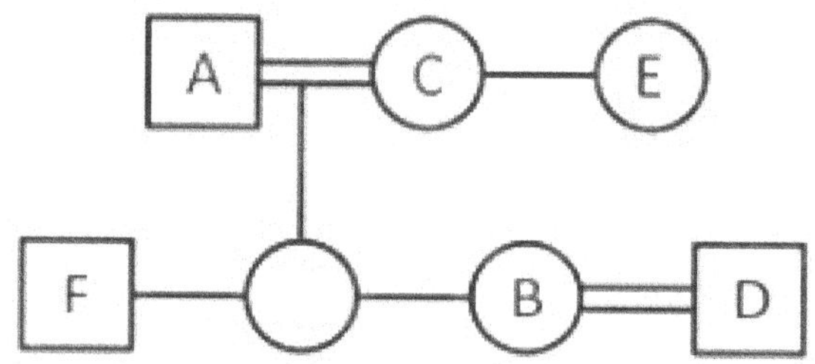

स्थिति III: यहां हम मानते हैं कि A, B की मां है और E, A की बहन है

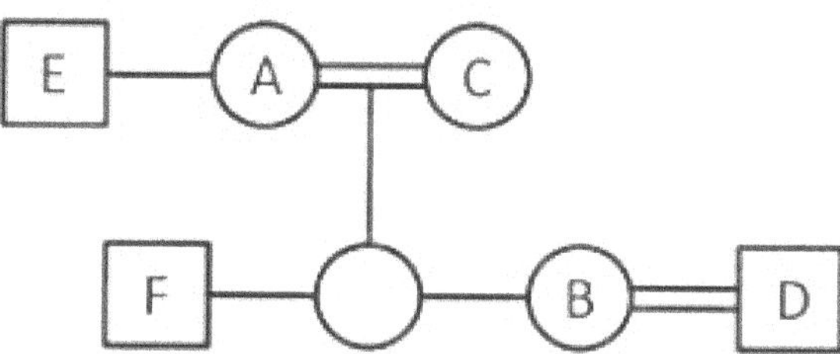

4. A और G का लिंग समान है।

इसलिए, दोनों स्थितियों 2 और 3 में केवल A और C की पुत्री के लिए एक ही स्थान रिक्त है, जो G द्वारा पूरित किया जाएगा

इसलिए, दी गयी जानकारी के अनुसार G महिला है और A भी महिला होगी, इस स्थिति में स्थिति II भी रद्द हो जाता है।

स्थिति III यहाँ अंतिम हल बन जाता है।

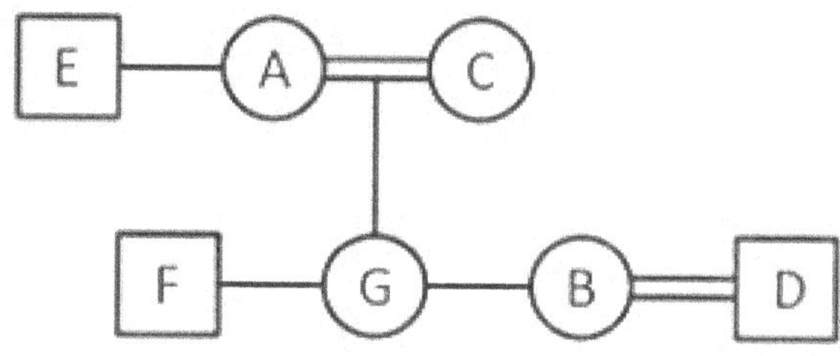

1. इसलिए, G, E की नीस है।

अतः विकल्प (A) सही है।

2. D, B का पति है, जो A की बेटी है, वह A का सन-इन-लॉ होगा।

अतः विकल्प (C) सही है।

3. यहाँ हम देख सकते हैं कि F, D का ब्रदर-इन-लॉ है।

अतः विकल्प (B) सही है।

4. दिए गए विकल्पों में से केवल D पुरुष है बाकी महिला हैं।

अतः विकल्प (E) सही है।

Ques (5-8):सदस्यों की संख्या: 7

परिवार में दो विवाहित जोड़े हैं।

निम्नलिखित प्रतीकों का उपयोग करके वंश वृक्ष तैयार करने पर:

आरेख में प्रतीक	अर्थ
○	महिला
□	पुरुष
═	शादीशुदा जोड़ा
—	भाई बहन
│	पीढ़ी का अंतर

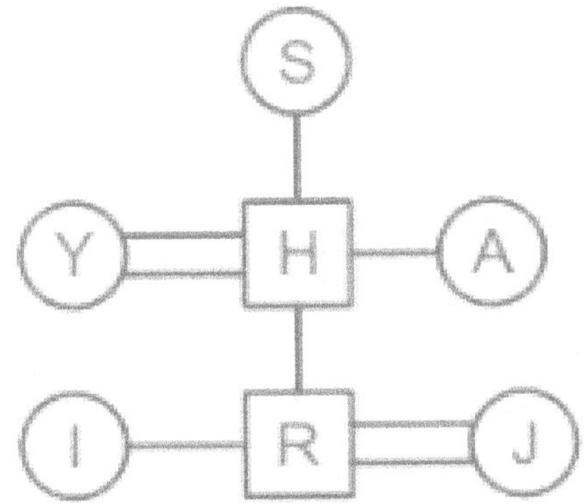

5. इसलिए, A और R के बीच आंटी – नेफ्यू का संबंध है।

अतः विकल्प (A) सही है।

6. इस प्रकार, Y, J की सास है।

अतः विकल्प (D) सही है।

7. इसलिए, I, H की बेटी है।

अतः विकल्प (E) सही है।

8. इस प्रकार, S, I की ग्रैंड - मदर हैं।

अतः विकल्प (A) सही है।

Ques (9-12):दी गई जानकारी के आधार पर,

चित्र में प्रतीक	अर्थ
○	स्त्री
□	पुरुष
═	विवाहित जोड़ा
—	भाई/बहन
│	पीढ़ी का अंतर

1) P की माँ R की बहन है।

2) R, Q की पुत्री है।

3) R के ब्रदर-इन-लॉ का केवल एक पुत्र है जिसके ग्रैन्ड्पेरन्ट्स Q और S हैं, और जिनके केवल दो पुत्रियाँ हैं।

4) A का पति B है।

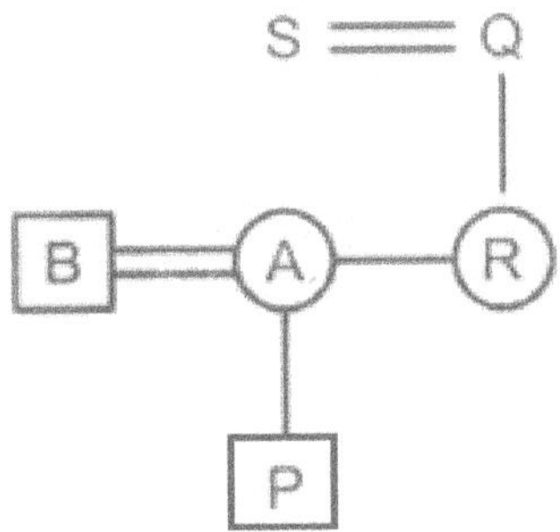

9. इसलिए, R की बहन A है।

अतः विकल्प (D) सही है।

10. क्योंकि यहाँ Q और S का लिंग निर्धारित नहीं है इसलिए हम B की मदर-इन-लॉ निर्धारित नहीं कर सकते हैं।

अतः विकल्प (E) सही है।

11. यहाँ Q का लिंग निश्चित नहीं है।

इसलिए Q, A की माता या पिता हो सकता है।

इसलिए, Q और A के बींच का संबंध माता/पिता और पुत्री का होगा।

अतः विकल्प (C) सही है।

12. इसलिए, S और Q के केवल एक ग्रैंडसन है।

अतः विकल्प (A) सही है।

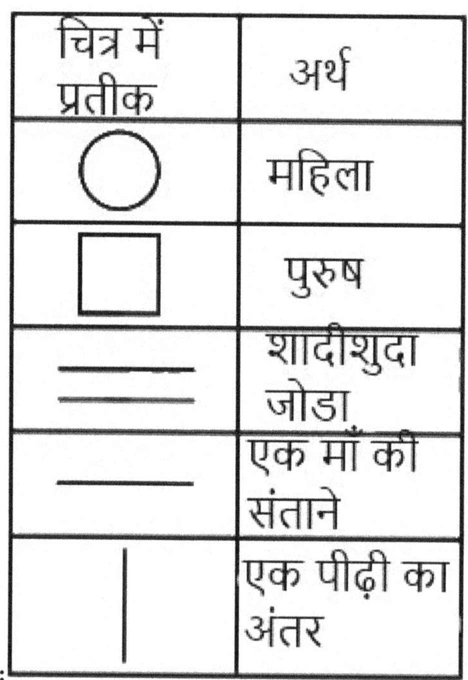

चित्र में प्रतीक	अर्थ
○	महिला
□	पुरुष
═══	शादीशुदा जोडा
───	एक मां की संताने
│	एक पीढ़ी का अंतर

Ques (13-17):

संकेत: दो सदस्यों के रक्त समूह समान हैं।

महिला सदस्यों की तुलना में पुरुष सदस्य अधिक हैं।

परिवार में एक विवाहित जोड़ा एक पॉजिटिव दाता और पॉजिटिव प्राप्तकर्ता है।

नोट: रक्त समूह O+ तथा O- सार्वभौमिक दाता हैं।

रक्त समूह AB+ तथा AB- सार्वभौमिक प्राप्तकर्ता हैं।

सदस्य: M, N, O, P, Q, R, S, T तथा U

रक्त समूह: A+, A-, B+, B-, AB+, AB-, O+ तथा O-

S के माता-पिता का रक्त समूह पॉजिटिव है। परिवार में एक विवाहित जोड़ा एक पॉजिटिव दाता और पॉजिटिव प्राप्तकर्ता है। N की दो संतान हैं जो दोनों प्रकार के सार्वभौमिक दाता हैं। R, U का फूफा है। N और उसके नाती T के रक्त समूह नेगेटिव हैं। P के दामाद का रक्त समूह A- है। Q का रक्त समूह पॉजिटिव है और उसकी शादी एक पॉजिटिव सार्वभौमिक दाता से हुई है। O की पुत्री एक नेगेटिव सार्वभौमिक प्राप्तकर्ता है।

1) N की दो संतान हैं जो दोनों प्रकार के सार्वभौमिक दाता हैं।

2) P के दामाद का रक्त समूह A- है।

3) Q का रक्त समूह पॉजिटिव है और उसकी शादी एक पॉजिटिव सार्वभौमिक दाता से हुई है।

4) R, U का फूफा है।

5) U, P का नाती है और उसका रक्त समूह A+ है।

6) S के माता-पिता का रक्त समूह पॉजिटिव है।

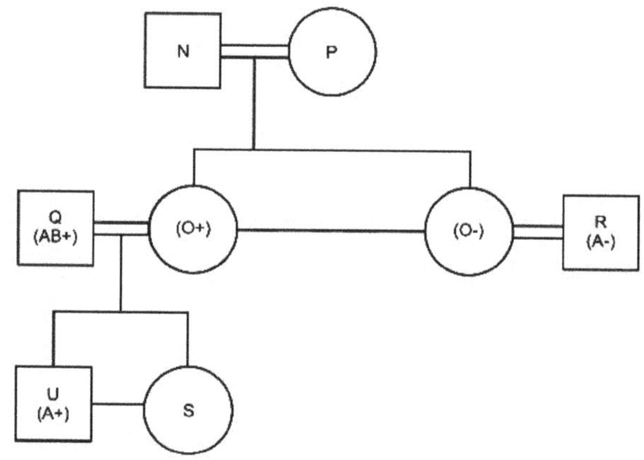

7) O की पुत्री एक नेगेटिव सार्वभौमिक प्राप्तकर्ता है।

8) N और उसके नाती T के रक्त समूह नेगेटिव हैं। (इसलिए एक मात्र रक्त समूह B- बचा है, और जैसा कि पहले ही वर्णित है कि दो सदस्यों के रक्त समूह समान हैं।)

(इसलिए, P का रक्त समूह पॉजिटिव है और M नेगेटिव सार्वभौमिक दाता है।)

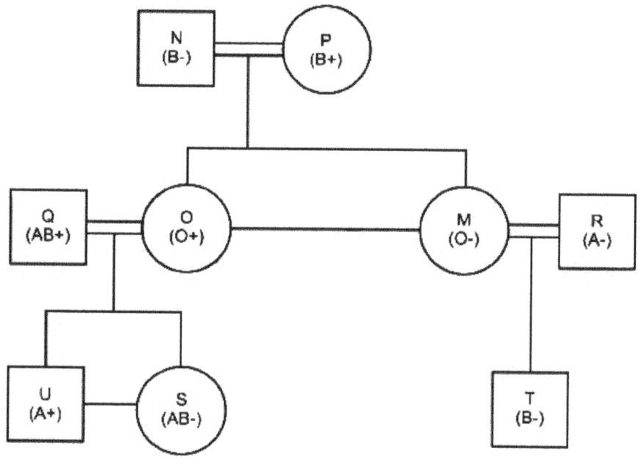

13. इसलिए, R, O का जीजा है।

अतः विकल्प (C) सही है।

14. इसलिए, S, T की मौसेरी बहन है।

अतः विकल्प (D) सही है।

15. इसलिए, U के पिता का रक्त समूह AB+ है।

अतः विकल्प (E) सही है।

16. इसलिए, P, S की नानी है।

अतः विकल्प (B) सही है।

17. इसलिए, Q और S परिवार में सार्वभौमिक प्राप्तकर्ता रक्त समूह हैं।

अतः विकल्प (C) सही है।

18. दादाजी की बेटी → विशाल की चाची,

विशाल की मौसी भाभी → चाची की पति या बहन या पति की पत्नी की पत्नी।

विशाल के महिला के साथ संबंध के बारे में कुछ भी स्पष्ट रूप से उल्लेख नहीं किया गया है, इसलिए यह निर्धारित नहीं किया जा सकता है।
अतः विकल्प (A) सही है।

19. आदमी और उसकी पत्नी = 2 सदस्य,

तीन बेटे और उनकी पत्नियाँ = 6 सदस्य,

तीन बच्चों में से प्रत्येक के तीन बच्चे = 3 × 3 = 9 सदस्य हैं,

सदस्यों की कुल संख्या = 2 + 6 + 9

= 17 सदस्य।
अतः विकल्प (D) सही है।

20. राजीव अरुण का भाई है और अरुण सोनिया का बेटा है, इसलिए राजीव सोनिया का बेटा है। सोनिया सुनील की बहन हैं। इसलिए सुनील राजीव का चाचा है या राजीव सुनील का भतीजा है।
अतः विकल्प (D) सही है।

21. माया ने कहा, "मेरी माँ रंजीत के भाई की बहन है"।

इसलिए माया की माँ रंजीत की बहन है।

तो, रंजीत माया का मामा होगा।

Ques (22-25):

आरेख में प्रतीक	अर्थ
○	महिला
□	पुरुष
═	शादीशुदा जोड़ा
—	भाई बहन
|	पीढ़ी का अंतर

संभावित वंश-वृक्ष इस प्रकार होगा,

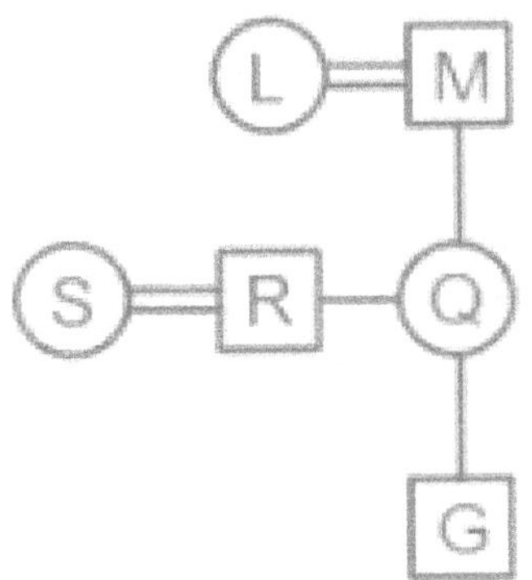

22. इस प्रकार, L, R की माँ है।

अतः विकल्प (B) सही है।

23. इस प्रकार, G, M का ग्रैंडसन है।

अतः विकल्प (D) सही है।

24. इस प्रकार, S, G की आंटी है।

अतः विकल्प (C) सही है।

25. इस प्रकार, S, L की डॉटर-इन-लॉ है।

अतः विकल्प (B) सही है।

Ques (26-30):(i) से, फरीदा, हसीनी की बहन है।

(ii) से, फरीदा, अयूब की सास हैं।

इसलिए अयूब की पत्नी और बच्चे होने चाहिए, भीम, हसीनी का पति नहीं हो सकता क्योंकि उनके केवल एक संतान है।

इसके अलावा अयूब की पत्नी फरीदा नहीं हो सकती, (वह उसकी सास है) हसीनी नहीं हो सकती (वह फरीदा की बहन है) और एलिना नहीं हो सकती (वह चेतन की पत्नी है)।

तो, अयूब की पत्नी गायत्री हो सकती है और फिर फरीदा का पति भीम होगा और गायत्री का विवाहित भाई चिंटू होगा। तो, हसीनी की एकलौती संतान दादा होगा।

यदि प्रत्येक व्यक्ति को उसके नाम के पहले अक्षर के साथ रखा जाता है, तो संबंध नीचे दर्शाये गए है।

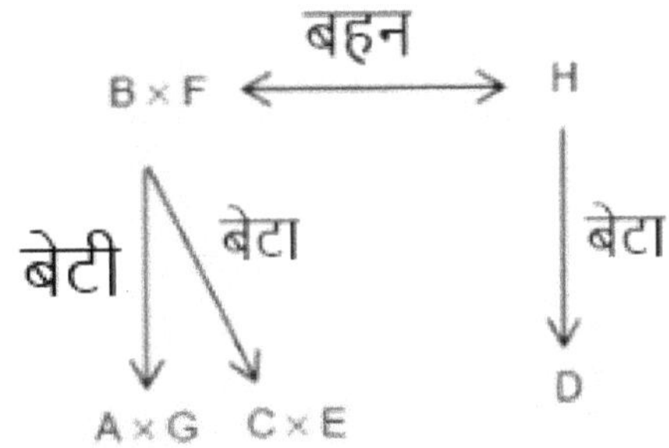

X- विवाहित जोड़ा

26. भीम, एलिना का ससुर है।

अत: विकल्प (B) सही है।

27. चिंटू, गायत्री का भाई है।

अत: विकल्प (C) सही है।

28. अयूब, गायत्री के पति हैं।

अत: विकल्प (A) सही है।

29. दादा, हसीनी का पुत्र है।

अत: विकल्प (A) सही है।

30. हसीनी, दादा की मां हैं।

अत: विकल्प (D) सही है।

तर्कशक्ति अभियोग्यता टेस्ट 07

Ques (1-4):निर्देश: निम्नलिखित प्रश्न का उत्तर देने के लिए दी गई जानकारी का अध्ययन करें।

एक राज्य में 10 शहर A, B, Z, Y, K, T, R, J, M और P हैं। शहर A, शहर K के उत्तर में 10 किमी है, जो शहर M के पश्चिम में 10 किमी है। शहर J, शहर M के दक्षिण में 5 किमी और शहर R, शहर J के पश्चिम में 5 किमी दूर है। शहर T, 5 किमी है। शहर K के दक्षिण में किमी। शहर B, शहर M के उत्तर में 15 किमी और शहर Y, शहर P के दक्षिण में 10 किमी है, जो शहर Z के दक्षिण में 5 किमी है, B जो शहर के पूर्व में 10 किमी है।

Q.1 T और R शहरों के बीच की दूरी क्या है?
A. 10 किमी **B.** 5 किमी
C. 15 किमी **D.** 20 किमी
E. इनमें से कोई नहीं

Q.2 M और Y शहरों के बीच की दूरी क्या है?
A. 15 किमी **B.** 20 किमी
C. 5 किमी **D.** 10 किमी
E. इनमें से कोई नहीं

Q.3 Z शहर के संबंध में M शहर की दिशा ज्ञात कीजिए।
A. दक्षिण **B.** दक्षिण पूर्व
C. दक्षिण-पश्चिम **D.** उत्तर-पूर्व
E. पश्चिम

Q.4 A और P शहरों के बीच की दूरी क्या है?
A. 10 किमी
B. 20 किमी
C. 15 किमी
D. इनमें से कोई नहीं
E. ज्ञात नहीं किया जा सकता है

Q.5 रतन अपने घर से उत्तर दिशा में 7 किमी पैदल चला, फिर वह बाईं ओर मुड़कर 4 किमी पैदल चला। फिर वह दाहिनी ओर मुड़कर 5 किमी चला। एक बार और दाहिने मुड़ने के बाद वह 4 किमी चला और अपने दोस्त के घर पहुंचा।
अपने दोस्त के घर से उसका घर कितना दूर और किस दिशा में है?
A. 15 किमी, उत्तर **B.** 8 किमी, दक्षिण-पूर्व
C. 12 किमी, दक्षिण **D.** 6 किमी, उत्तर-पश्चिम
E. 10 किमी, उत्तर-पश्चिम

Q.6 राहुल टैक्सी स्टैंड पहुंचने के लिए अपने घर से पूर्व दिशा में 6 किमी चले। वहाँ से उन्होंने एक टैक्सी ली और उत्तर दिशा में 3 किमी की दूरी तय की। फिर उसने एक दाहिना मोड़ लिया और 4 किमी की दूरी तय की। फिर से उसने एक दाहिना मोड़ लिया और 8 किमी की दूरी तय की। एक बार और दाहिने मुड़ने के बाद उन्होंने हवाई अड्डे तक पहुंचने के लिए 4 किमी की यात्रा की।
टैक्सी स्टैंड से एयरपोर्ट कितनी दूर और किस दिशा में है?
A. 5 किमी, उत्तर **B.** 8 किमी, दक्षिण-पूर्व
C. 5 किमी, दक्षिण **D.** 6 किमी, उत्तर-पश्चिम
E. 10 किमी, उत्तर-पश्चिम

Q.7 बोनी 30 मीटर दक्षिण की ओर बढ़ता है फिर अपने दाईं ओर मुड़ता है और तब तक सीधा चलना शुरू करता है जब तक वह एक और 30 मीटर पूरा नहीं कर लेता। फिर अपनी बाईं ओर मुड़कर वह 20 मीटर तक चलता है। वह फिर अपने बाईं ओर मुड़ता है और 30 मीटर तक चलता है। वह अपनी प्रारंभिक स्थिति से कितनी दूर है?
A. 30 मीटर **B.** 50 मीटर **C.** 10 मीटर **D.** 60 मीटर
E. 70 मीटर

Ques (8-10):निर्देश: निम्नलिखित जानकारी का ध्यानपूर्वक अध्ययन कीजिये और नीचे दिए गए प्रश्नों के उत्तर दीजिये।

A & B का अर्थ है कि A, B के पश्चिम में 4 किमी की दूरी पर है,

A + B का अर्थ है कि A, B के उत्तर में 4 किमी की दूरी पर है,

A # B का अर्थ है कि A, B के दक्षिण में 4 किमी की दूरी पर है,

A @ B का अर्थ है कि A, B के पूर्व में 4 किमी की दूरी पर है,

A % B का अर्थ है कि A, B के पूर्व में 1 किमी की दूरी पर है।

Q.8 यदि यह दिया गया है: U # T% Q; P & Q; U @ R % S, तो P और S के बीच की दूरी क्या है?
A. 1 किमी **B.** 2 किमी **C.** 3 किमी **D.** 4 किमी
E. 3.5 किमी

Q.9 यदि यह दिया गया है: A & F; C # F; C % E, तो E और A के बीच की न्यूनतम दूरी क्या है?
A. 3 किमी **B.** 4 किमी **C.** 5 किमी **D.** 6 किमी
E. 2 किमी

Q.10 यदि यह दिया गया है: A & B; F % B; C # D # F; E # C, तो E के संबंध में A की दिशा क्या है?
A. उत्तर-पूर्व **B.** उत्तर-पश्चिम
C. दक्षिण-पश्चिम **D.** दक्षिण-पूर्व
E. इनमें से कोई नहीं

Ques (11-13):निर्देश: निम्न प्रश्नों के उत्तर देने के लिए दी गई जानकारी का अध्ययन कीजिए:

एक लड़की ने बिंदु P से चलना शुरू किया और पूर्व की ओर 7 किमी चली और बिंदु Q पर रुक गई। अब, वह अपने बायें 60° पर मुड़ी और बिंदु R तक पहुँचने के लिए 5 किमी चली। अब, उसने 60° पर दायाँ मोड़ लिया और बिंदु S तक पहुँचने के लिए 5 किमी चली। फिर, वह अपने दायें 120° पर मुड़ी और बिंदु T तक पहुँचने के लिए 5 किमी चली। अंततः वह अपने बायें 30° पर मुड़ी और बिंदु U तक पहुँचने के लिए 5 किमी चली।

Q.11 बिंदु P और बिंदु U के बीच की दूरी क्या है?
A. 10 किमी **B.** 15 किमी
C. 13 किमी **D.** 12 किमी
E. अपर्याप्त डेटा

Q.12 बिंदु Q के सन्दर्भ में बिंदु S कौन सी दिशा में है?
A. उत्तर-पूर्व **B.** दक्षिण-पूर्व
C. उत्तर-पश्चिम **D.** पूर्व
E. उत्तर

Q.13 बिंदु Q और बिंदु T के बीच की दूरी क्या है?
A. 5 किमी **B.** 4 किमी **C.** 4.5 किमी **D.** 6 किमी
E. 7 किमी

Ques (14-18):

निर्देश: निम्नलिखित जानकारी का ध्यानपूर्वक अध्ययन कीजिये और नीचे दिए गए प्रश्नों के उत्तर दीजिये:

A & B का अर्थ है कि A, B के दक्षिण में 5 किमी की दूरी पर है।

A % B का अर्थ है कि A, B के पूर्व में 5 किमी की दूरी पर है।

A + B का अर्थ है कि A, B के दक्षिण में 1 किमी की दूरी पर है।

A - B का अर्थ है कि A, B के पूर्व में 1 किमी की दूरी पर है।

Q.14 यदि यह दिया गया है: C + B % A; D + E - B, तो C और D के बीच की दूरी क्या है?

A. 1 किमी **B.** 2 किमी **C.** 3 किमी **D.** 4 किमी
E. 5 किमी

Q.15 यदि यह दिया गया है: N % M; N - R - Q; O & Q; O + P, तो P और M के बीच की दूरी क्या है?

A. 4 किमी **B.** 5 किमी **C.** 6 किमी **D.** 8 किमी
E. 13 किमी

Q.16 यदि यह दिया गया है: X - Y & A; X + Z + W - V; W % U, तो U के संबंध में X की दिशा क्या है?

A. पूर्व
B. पश्चिम
C. उत्तर-पूर्व
D. दक्षिण-पश्चिम
E. दक्षिण-पूर्व

Q.17

यदि यह दिया गया है: C + B % A; C % D, तो A और D के बीच की दूरी क्या है?

A. 1 किमी **B.** 2 किमी **C.** 3 किमी **D.** 4 किमी
E. 5 किमी

Q.18 यदि यह दिया गया है: S & T - U; S % R + Q + P, तो P और U के बीच की दूरी क्या है?

A. 9 किमी **B.** 4 किमी **C.** 8 किमी **D.** 12 किमी
E. 5 किमी

Ques (19-21):निर्देश: नीचे दी गई जानकारी का ध्यानपूर्वक अध्ययन कीजिए और उन पर आधारित प्रश्न के उत्तर दीजिए।

एक लड़का बिंदु A से चलना शुरू करता है, बिंदु B तक पहुंचने के लिए दक्षिण-पूर्व दिशा की ओर 4 किमी चलता है। वह 135° दाएँ मुड़ता है और बिंदु C तक पहुंचने के लिए 6 किमी चलता है। वह 45° दाएँ मुड़ता है और बिंदु D तक पहुंचने के लिए 4 किमी चलता है। वह 135° दाएँ मुड़ता है और बिंदु E तक पहुंचने के लिए 8 किमी चलता है और वहाँ रुक जाता है।

Q.19 प्रारंभिक बिंदु और अंतिम बिंदु के बीच की दूरी क्या है?

A. 3 किमी
B. 4 किमी
C. 6 किमी
D. 2 किमी
E. निर्धारित नहीं किया जा सकता है

Q.20 बिंदु E की ओर मुड़ने से पहले जब लड़का बिंदु D पर हो, तो लड़का किस दिशा के सम्मुख है?

A. उत्तर-पूर्व
B. दक्षिण-पूर्व
C. दक्षिण-पश्चिम
D. उत्तर-पश्चिम
E. पश्चिम

Q.21 AE और AB के बीच कौन सा कोण है?

A. 180° **B.** 135° **C.** 120° **D.** 90°
E. 45°

Ques (22-24):निर्देश: निम्नलिखित जानकारी का ध्यानपूर्वक अध्ययन कीजिये और दिए गये प्रश्नों के उत्तर दीजिये।

राहुल उत्तर की ओर 10 मीटर चलता है। बाएं ओर मुड़कर, वह 20 मीटर चलता है और फिर अपने दाएं ओर चलता है। 20 मीटर की दूरी तय करने के बाद, वह अपनी बाएं ओर मुड़ता है और 20 मीटर चलता है, और फिर वह अपनी बाएं ओर मुड़ता है और 20 मीटर चलता है, और फिर वह अपनी बाएं ओर मुड़ता है और 10 मीटर चलता है। और अंत में, वह अपने दाएं ओर मुड़ता है और अपने घर तक पहुंचने के लिए 20 मीटर चलता है।

Q.22 राहुल द्वारा अपने घर तक पहुंचने के लिए कुल कितनी दूरी तय की गई है?

A. 110 **B.** 120 **C.** 115 **D.** 105
E. 100

Q.23 राहुल का घर उसके शुरुआती बिंदु से किस दिशा में है?

A. पूर्व
B. पश्चिम
C. दक्षिण-पश्चिम
D. दक्षिण-पूर्व
E. उत्तर-पश्चिम

Q.24 राहुल के घर और उसके शुरुआती बिंदु के बीच न्यूनतम दूरी क्या है?

A. $10\sqrt{10}$ मी
B. 10 मी
C. $10\sqrt{5}$ मी
D. 30 मी
E. इनमें से कोई नहीं

Ques (25-27):निर्देश: नीचे दी गई जानकारी को ध्यानपूर्वक पढ़िए और दिए गए प्रश्नों के उत्तर दीजिए।

एक समान शुरुआती बिंदु से, X और Y क्रमशः 5 किमी पूर्व और 5 किमी पश्चिम की ओर चलते हैं, X उत्तर की ओर 5 किमी चलता है और इसी तरह Y दक्षिण की ओर 5 किमी चलता है। फिर X पश्चिम की ओर 10 किमी और Y पूर्व की ओर 10 किमी चलता है।

Q.25 X और Y के अंतिम स्थान के बीच की सबसे लघुत्तम दूरी कितनी है?

A. 5 किमी
B. 25 मी
C. $10\sqrt{2}$ किमी
D. 20 मी
E. $20\sqrt{2}$ किमी

Q.26 X के अंतिम स्थान और शुरुआती बिंदु के बीच की सबसे लघुत्तम दूरी कितनी है?

A. $3\sqrt{2}$ किमी
B. $10\sqrt{2}$ किमी
C. $5\sqrt{2}$ किमी
D. 50 किमी
E. 25 किमी

Q.27 X के अंतिम स्थान के संदर्भ में Y के अंतिम स्थान की दिशा क्या है?

A. उत्तर **B.** पूर्व **C.** दक्षिण **D.** उत्तर-पूर्व
E. दक्षिण-पूर्व

Ques (28-30):निर्देश: प्रश्नों के उत्तर देने के लिए दी गयी जानकारी का अनुसरण कीजिए:

X, B के पश्चिम से 20 किमी की दूरी पर है जो R के उत्तर से 10 किमी की दूरी पर है। Z, T के दक्षिण से 10 किमी की दूरी पर है जो P के पश्चिम से 10 किमी की दूरी पर है। K, Z के पश्चिम से 30 किमी की दूरी पर है और R, T के पश्चिम से 10 किमी की दूरी पर है।

Q.28 स्थान K स्थान P की किस दिशा में है?

A. उत्तर-पश्चिम
B. दक्षिण-पश्चिम
C. दक्षिण
D. पश्चिम
E. इनमें से कोई नहीं

Q.29 स्थान X और स्थान K के बीच की दूरी क्या है?

A. 10 किमी

B. 15 किमी
C. 20 किमी
D. इनमें से कोई नहीं
E. निर्धारित नहीं किया जा सकता है

Q.30 स्थान X स्थान T की किस दिशा में है?

A. उत्तर-पश्चिम
B. दक्षिण-पश्चिम
C. पश्चिम
D. उत्तर
E. इनमें से कोई नहीं

// स्मार्ट उत्तर पुस्तिका //

सही उत्तर — उन छात्रों के प्रतिशत को इंगित करता है जिन्होंने प्रश्नों का सही उत्तर दिया था।

छोड़ दिया — उन छात्रों के प्रतिशत को इंगित करता है जिन्होंने प्रश्नों को छोड़ दिया था।

प्रश्न संख्या	उत्तर	सही उत्तर	छोड़ दिया
1	B	52.65 %	42.77 %
2	D	46.23 %	38.58 %
3	C	43.12 %	31.9 %
4	B	49.36 %	38.24 %
5	C	79.55 %	11.07 %
6	C	79.24 %	17.09 %
7	B	83.61 %	10.59 %
8	D	87.05 %	11.54 %
9	C	84.02 %	15.0 %
10	B	83.25 %	15.35 %
11	C	24.93 %	73.98 %
12	A	40.89 %	58.48 %
13	A	63.9 %	31.21 %
14	A	46.33 %	48.88 %
15	B	63.79 %	34.07 %
16	E	51.85 %	43.0 %
17	A	88.86 %	10.47 %
18	E	60.95 %	37.29 %
19	D	12.82 %	73.01 %
20	D	13.76 %	84.64 %
21	E	21.54 %	70.32 %
22	B	76.08 %	16.34 %
23	C	54.45 %	34.31 %
24	A	58.04 %	37.01 %
25	C	64.94 %	32.94 %
26	C	69.75 %	30.02 %
27	D	40.08 %	51.04 %
28	B	66.52 %	31.85 %
29	C	47.85 %	45.71 %
30	A	54.47 %	35.42 %

कार्य विश्लेषण	
औसत अंक (%)	63.33%
टॉपर्स स्कोर (%)	70.0%
आपका स्कोर	

//संकेत और समाधान//

Ques (1-4):शहर: A, B, Z, Y, K, T, R, J, M और P

1) A शहर, K शहर के उत्तर में 10 किमी दूर है, जो M शहर के पश्चिम में 10 किमी दूर है।

2) J शहर M शहर के दक्षिण में 5 किमी और R शहर J शहर के पश्चिम में 5 किमी दूर है।

3) B शहर M शहर के उत्तर में 15 किमी और Y शहर P शहर के दक्षिण में 10 किमी की दूरी पर स्थित है, जो Z शहर के दक्षिण में 5 किमी है, जो B शहर के पूर्व में 10 किमी की दूरी पर है।

4) T शहर K शहर के दक्षिण में 5 किमी दूर है।

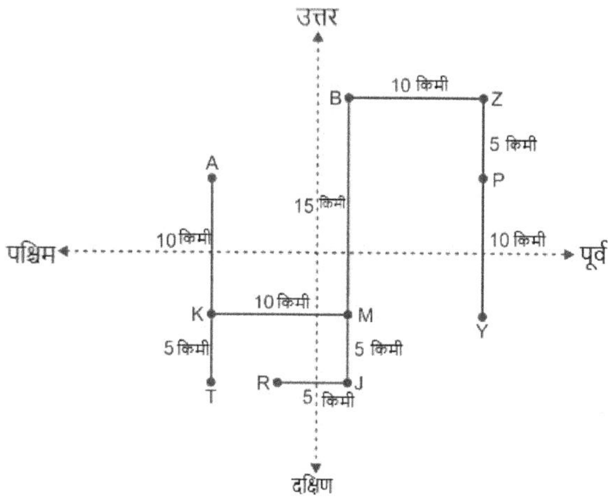

1. तो, T शहर और R शहर के बीच की दूरी 5 किमी है।

अतः विकल्प (B) सही है।

2. तो, M और Y शहरों के बीच की दूरी 10 किमी है।

अतः विकल्प (D) सही है।

3. तो, शहर M शहर Z से दक्षिण - पश्चिम दिशा में है।

अतः विकल्प (C) सही है।

4. तो, A शहर और P शहर के बीच की दूरी 20 किमी है।

अतः विकल्प (B) सही है।

5. निम्नलिखित छवि से यह स्पष्ट है कि उसका घर अपने दोस्त के घर से 12 किमी दक्षिण में है।

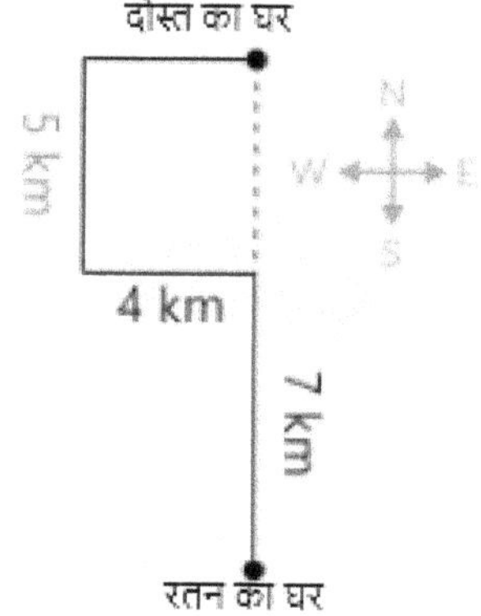

अत: विकल्प (C) सही है।

6. निम्नलिखित छवि से यह स्पष्ट है कि हवाई अड्डा टैक्सी स्टैंड से 5 किमी दक्षिण में है।

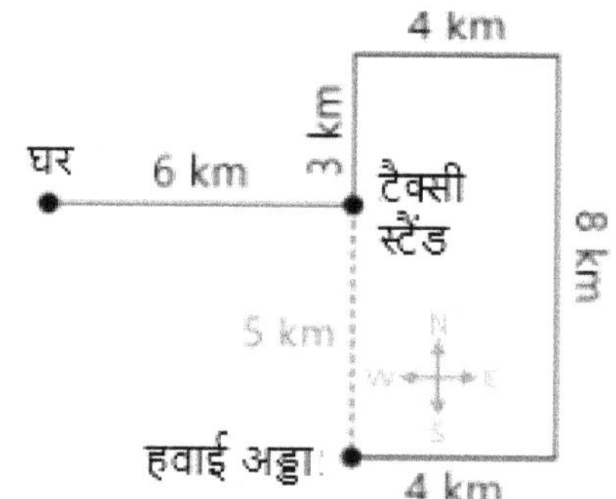

अत: विकल्प (C) सही है।

7.

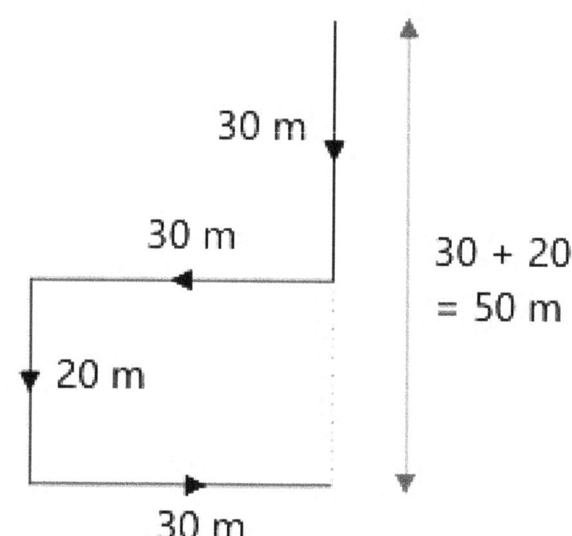

हम उपरोक्त आंकड़े से स्पष्ट रूप से देख सकते हैं कि, बोनी शुरुआती बिंदु से 50 मीटर दूर है।

अत: विकल्प (B) सही है।

8. उपरोक्त निर्देशों का अनुसरण करने पर हमें निम्न आरेख प्राप्त होगा,

U # T% Q → U, T के दक्षिण में 4 किमी की दूरी पर है, जो Q के पूर्व में 1 किमी की दूरी पर है,

P & Q → P, Q के पश्चिम में 4 किमी की दूरी पर है,

U @ R % S → U, R के पूर्व में 4 किमी की दूरी पर है जो S के पूर्व में 1 किमी की दूरी पर है,

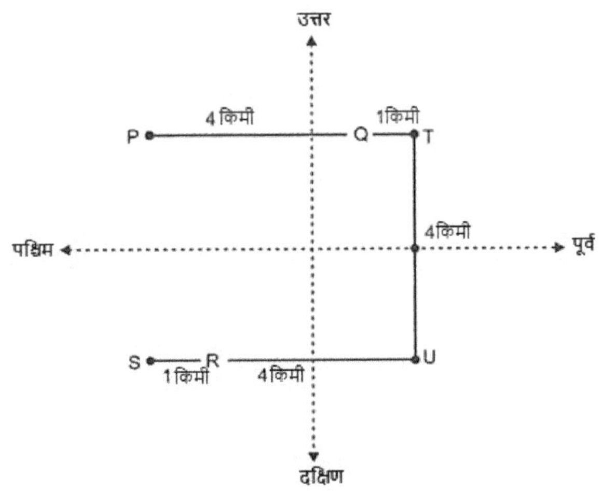

इसलिए, P और S के बीच की दूरी 4 किमी है।

अतः विकल्प (D) सही है।

9. उपरोक्त निर्देशों का अनुसरण करने पर निम्न आरेख प्राप्त होगा:

A & F → A, F के पश्चिम में 4 किमी की दूरी पर है,

C # F → C, F के दक्षिण में 4 किमी की दूरी पर है,

C % E → C, E के पूर्व में 1 किमी की दूरी पर है,

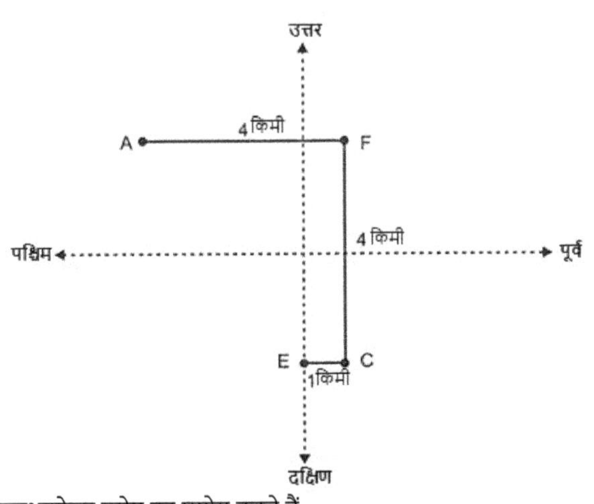

पाइथागोरस प्रमेय का प्रयोग करते हैं,

$AE^2 = 4^2 + 3^2$

$AE^2 = 2^5$

AE = 5

इसलिए, E और A के बीच की न्यूनतम दूरी 5 किमी है।

अतः विकल्प (C) सही है।

10. उपरोक्त निर्देशों का अनुसरण करने पर निम्न आरेख प्राप्त होगा:

A & B → A, B के पश्चिम में 4 किमी की दूरी पर है

F % B → F, B के पूर्व में 1 किमी की दूरी पर है

C # D # F → C, D के दक्षिण में 4 किमी की दूरी पर है, जो F के दक्षिण में 4 किमी की दूरी पर है

E # C → E, C के दक्षिण में 4 किमी की दूरी पर है

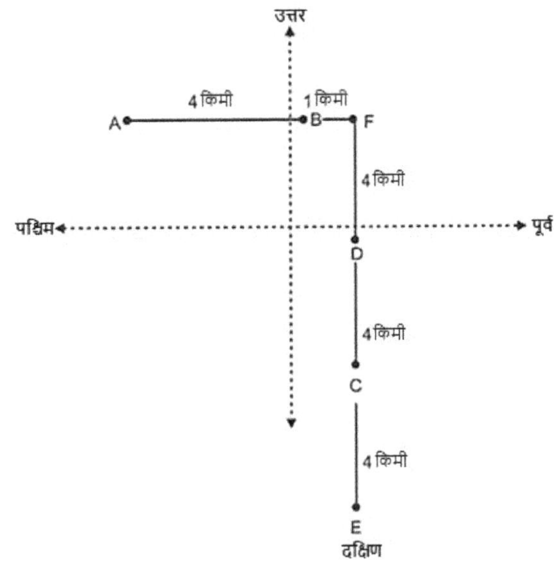

इसलिए, E के संबंध में A उत्तर-पश्चिम दिशा में है।

अतः विकल्प (B) सही है।

11.

उत्तर
R 60° 5 किमी S
120° 60° 120°
5किमी
5किमी
P 7 किमी Q 60° 5किमी 120° T
पूर्व
पश्चिम
30°
5किमी
13 किमी
U
दक्षिण

ΔPTU में

∠PTU = 90°

इसलिए, ΔPTU एक समकोण त्रिभुज है।

PT = PQ+QT = 7+5 = 12 किमी

और TU = 5 किमी

पाइथागोरस प्रमेय से,

$PU^2 = PT^2 + TU^2$

$= 12^2 + 5^2$

$= 144 + 25$

$= 169$

PU = $\sqrt{169}$ = 13 किमी

इसलिए, बिंदु P और बिंदु U के बीच की दूरी 13 किमी है।

अतः विकल्प (C) सही है।

12.

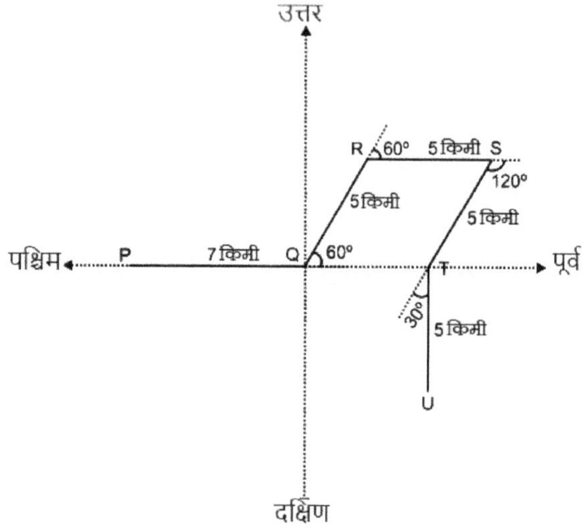

इसलिए, बिंदु Q के सन्दर्भ में बिंदु S उत्तर-पूर्व दिशा में है।

अतः विकल्प (A) सही है।

13.

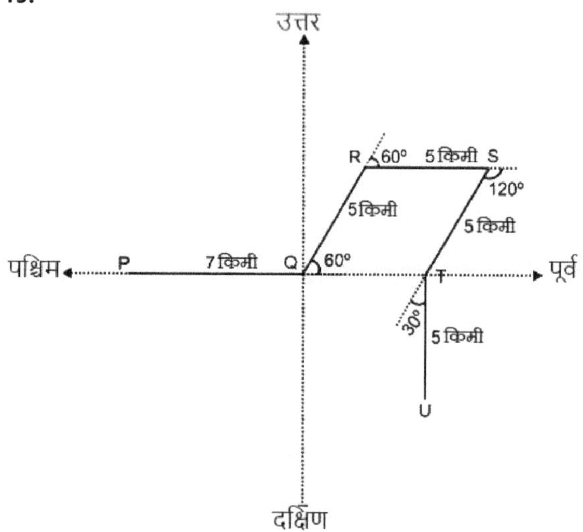

QRST एक समचतुर्भुज है इसलिए सभी दिशाएँ बराबर हैं।

इसलिए, बिंदु Q और बिंदु T के बीच की दूरी 5 किमी है।

अतः विकल्प (A) सही है।

14. उपरोक्त निर्देशों का अनुसरण करने पर निम्न आरेख प्राप्त होगा:

C + B % A → C, B के दक्षिण में 1 किमी की दूरी पर है जो A के पूर्व में 5 किमी की दूरी पर है।

D + E - B → D, E के दक्षिण में 1 किमी की दूरी पर है जो B के पूर्व में 1 किमी की दूरी पर है।

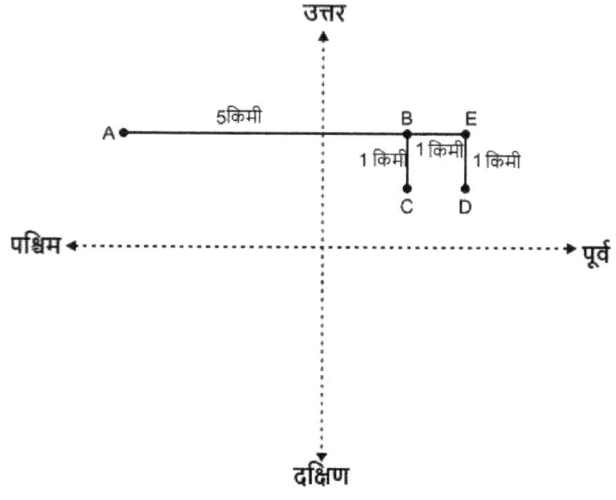

C और D के बीच की दूरी 1 किमी है।

अतः विकल्प (A) सही है।

15. उपरोक्त निर्देशों का अनुसरण करने पर निम्न आरेख प्राप्त होगा:

N % M → N, M के पूर्व में 5 किमी की दूरी पर है।

N - R - Q → N, R के पूर्व में 1 किमी की दूरी पर है जो Q के पूर्व में 1 किमी की दूरी पर है।

O & Q → O, Q के दक्षिण में 5 किमी की दूरी पर है।

O + P → O, P के दक्षिण में 1 किमी की दूरी पर है।

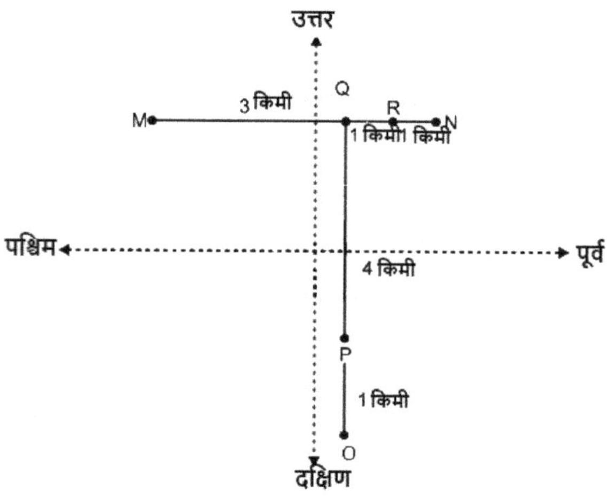

पाइथागोरस प्रमेय का उपयोग करके,

$PM^2 = 4^2 + 3^2$

$PM^2 = 25$

PM = 5

P और M के बीच की दूरी 5 किमी है।

अतः विकल्प (B) सही है।

16. उपरोक्त निर्देशों का अनुसरण करने पर निम्न आरेख प्राप्त होगा:

X - Y & A → X, Y के पूर्व में 1 किमी की दूरी पर है जो A के दक्षिण में 5 किमी की दूरी पर है।

X + Z + W - V → X, Z के दक्षिण में 1 किमी की दूरी पर है जो V के दक्षिण में 1 किमी की दूरी पर है।

W % U → W, U के पूर्व में 5 किमी की दूरी पर है।

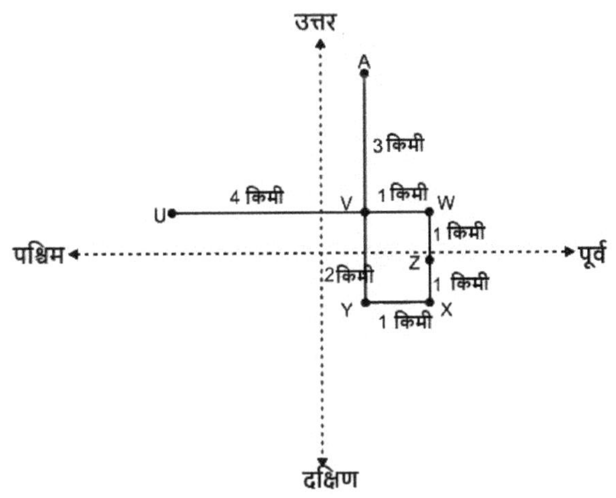

इसलिए, U के संबंध में X दक्षिण-पूर्व दिशा में है।

अतः विकल्प (E) सही है।

17. उपरोक्त निर्देशों का अनुसरण करने पर निम्न आरेख प्राप्त होगा:

C + B % A → C, B के दक्षिण में 1 किमी की दूरी पर है जो A के दक्षिण में 5 किमी की दूरी पर है।

C % D → C, D के पूर्व में 5 किमी की दूरी पर है।

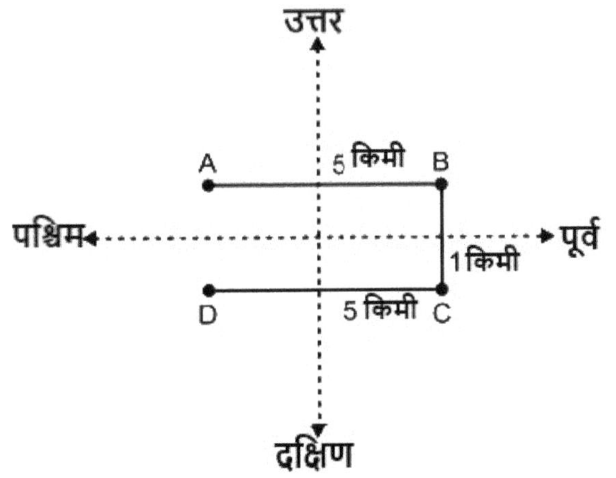

A और D के बीच की दूरी 1 किमी है।

अतः विकल्प (A) सही है |

18. उपरोक्त निर्देशों का अनुसरण करने पर निम्न आरेख प्राप्त होगा:

S & T - U → S, T के दक्षिण में 5 किमी की दूरी पर है जो U के पूर्व में 1 किमी की दूरी पर है।

S % R + Q + P → S, R के पूर्व में 5 किमी की दूरी पर है जो Q के दक्षिण में 1 किमी की दूरी पर है जो P के दक्षिण में 1 किमी की दूरी पर है।

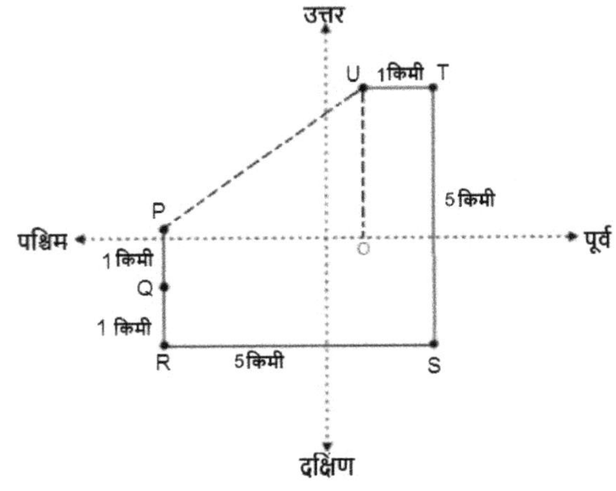

P और U के बीच की दूरी 5 किमी है।

दिया हुआ,

PQ + QR= PR

1 किमी+1 किमी= 2 किमी

TS = 5 किमी

इसलिए, TS - PR

= 5 - 2

= 3 किमी

तथा, RS - UT

=5 - 1 = 4 किमी, PO = 4 किमी

पाइथागोरस प्रमेय का उपयोग करके,

$PU^2=UO^2+PO^2$

$=3^2 + 4^2$

= 9 + 16

$PU^2 = 25$

=5 किमी

अतः विकल्प (E) सही है।

Ques (19-21):दी गई जानकारी के अनुसार,

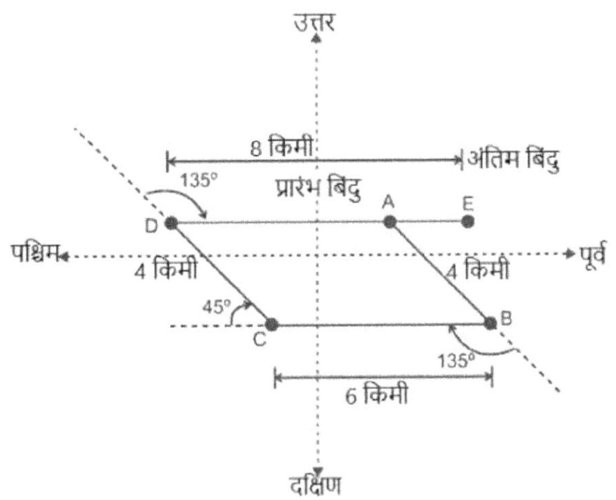

19. उपरोक्त आरेख से, DA और CB के बीच की दूरी बराबर है।

चूंकि एक समांतर चतुर्भुज के विपरीत या सामने वाले भुजा की लंबाई समान होती हैं और एक समांतर चतुर्भुज के विपरीत कोण समान माप के होते हैं।

इस प्रकार, प्रारंभिक बिंदु A और अंतिम बिंदु E के बीच की दूरी = DE – DA = 8 – 6 = 2 किमी

अतः विकल्प (D) सही है।

20. उपरोक्त आरेख से स्पष्ट है कि लड़का बिंदु D पर उत्तर-पश्चिम दिशा के सम्मुख है।

अतः विकल्प (D) सही है।

21. उपरोक्त आरेख से स्पष्ट है कि AE और AB के बीच का कोण 45° है।

चूंकि एक समांतर चतुर्भुज के विपरीत या सामने वाली भुजा की लंबाई समान होती हैं और एक समांतर चतुर्भुज के विपरीत कोण समान माप के होते हैं।

अतः विकल्प (E) सही है।

Ques (22-24):दी गई जानकारी के अनुसार,

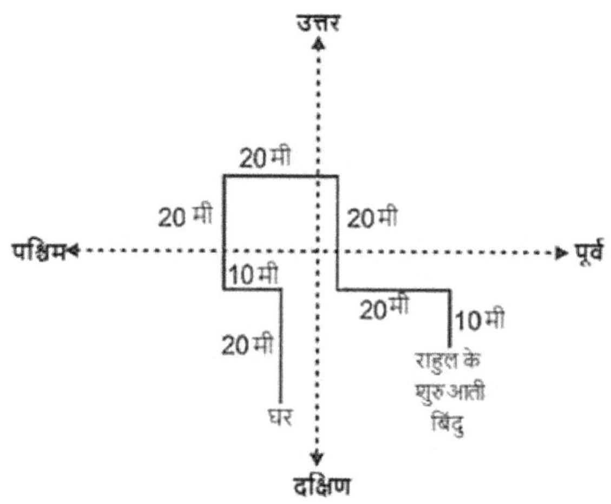

उपरोक्त आरेख से,

22. राहुल द्वारा तय की गई कुल दूरी = 10 + 20 + 20 + 20 + 20 + 10 + 20 = 120

अतः विकल्प (B) सही है।

23. राहुल का घर उसके शुरुआती बिंदु से दक्षिण-पश्चिम दिशा में है।

अतः विकल्प (C) सही है।

24. राहुल के शुरुआती बिंदु और राहुल के घर के बीच की दूरी;

(पाइथागोरस प्रमेय को लागू करके)

= $\sqrt{(30^2 + 10^2)}$

= $\sqrt{1000}$

= $10\sqrt{10}$ मी

अतः विकल्प (A) सही है।

Ques (25-27):प्रश्न में दी गई जानकारी के अनुसार आकृति इस प्रकार होगी:

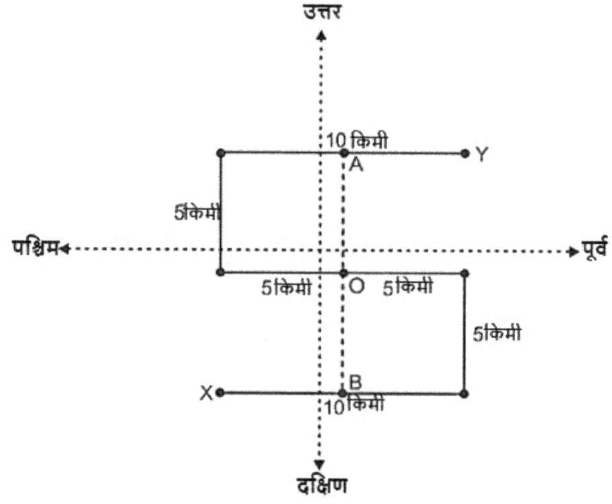

25. हम जानते हैं कि, XY = XO + OY जहां O शुरुआती बिंदु है।

पाइथागोरस प्रमेय के अनुसार,

$OY^2 = AO^2 + OY^2$

$OY^2 = 5^2 + 5^2 = 50$

इसी प्रकार $OX^2 = 50$

$\Rightarrow OX = OY = 5\sqrt{2}$

इसलिए , $XY = 2 \times 5\sqrt{2} = 10\sqrt{2}$

इसलिए, X और Y के अंतिम स्थान के बीच की सबसे लघुत्तम दूरी $10\sqrt{2}$ किमी है।

अतः विकल्प (C) सही है।

26. हम जानते हैं कि, $XY = XO + OY$ जहां O शुरुआती बिंदु है।

पाइथागोरस प्रमेय के अनुसार,

$$OX^2 = BO^2 + BX^2$$

$$OX^2 = 5^2 + 5^2 = 50$$

$$\Rightarrow OX = 5\sqrt{2}$$

इसलिए, Xके अंतिम स्थान और शुरुआती बिंदु के बीच की सबसे लघुत्तम दूरी $5\sqrt{2}$ किमी है।

अतः विकल्प (C) सही है।

27. इसलिए, X के संदर्भ में Y उत्तर-पूर्व दिशा में है।

अतः विकल्प (D) सही है।

Ques (28-30):X, B के पश्चिम से 20 किमी की दूरी पर है जो R के उत्तर से 10 किमी की दूरी पर है। R, T के पश्चिम से 10 किमी की दूरी पर है।

Z, T के दक्षिण से 10 किमी की दूरी पर है जो P के पश्चिम से 10 किमी की दूरी पर है। K, Z के पश्चिम से 40 किमी की दूरी पर है और R, T के पश्चिम से 10 किमी की दूरी पर है।

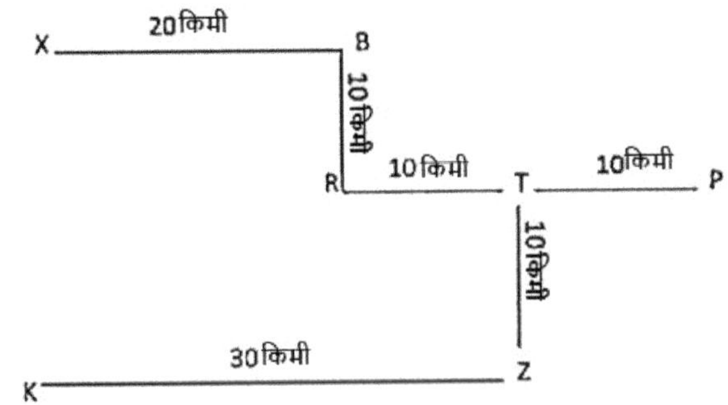

28. इसलिए, स्थान K स्थान P की दक्षिण-पश्चिम दिशा में है।

अतः विकल्प (B) सही है।

29. इसलिए, स्थान X और स्थान K के बीच की दूरी 20 किमी है।

अतः विकल्प (C) सही है।

30. इसलिए, स्थान X स्थान T की उत्तर-पश्चिम दिशा में है।

अतः विकल्प (A) सही है।

तर्कशक्ति अभियोग्यता टेस्ट 08

Ques (1-5):निर्देश: निम्नलिखित प्रश्न में तीन कथन और उसके बाद I, II और III से अंकित तीन निष्कर्ष दिए गए हैं। आपको दिए गए कथनों को सत्य मानना है भले ही वे ज्ञात तथ्यों से अलग प्रतीत होते हों। सभी निष्कर्षों को पढ़िए और निर्णय कीजिये कि सर्वमान्य तथ्यों को नजरंदाज करते हुए कौन से निष्कर्ष कथनों का तार्किक रूप से अनुसरण करते हैं।

Q.1 कथन:

सभी विद्यालय कॉलेज हैं।

कुछ विश्वविद्यालय, संस्थान हैं।

कोई विद्यालय विश्वविद्यालय नहीं हैं।

निष्कर्ष:

I. सभी कॉलेजों के विश्वविद्यालय होने की संभावना नहीं है।

II. किसी भी कॉलेज के विश्वविद्यालय नहीं होने की संभावना नहीं है।

III. कुछ संस्थानों के विद्यालय नहीं होने की संभावना नहीं है।

[IDBI Bank Executive, 2021]

A. केवल I अनुसरण करता है

B. केवल II अनुसरण करता है

C. केवल III अनुसरण करता है

D. सभी अनुसरण करते हैं

E. केवल I और III अनुसरण करते हैं

Q.2 कथन:

I. कुछ तकिये कुशन हैं।

II. सभी कुशन बिस्तर हैं।

निष्कर्ष:

I. सभी कुशन तकिया हैं।

II. कुछ कुशन तकिया हैं।

III. कुछ कुशन बिस्तर हैं।

A. या तो I या फिर III अनुसरण करता है

B. केवल I और II अनुसरण करते हैं

C. केवल II और III अनुसरण करते हैं

D. केवल II अनुसरण करता है

E. कोई भी अनुसरण नहीं करता है

Q.3 कथन:

कोई शतरंज बोर्ड नहीं है

केवल कुछ बोर्ड टेनिस है

प्रत्येक बोर्ड कैरम है

केवल कुछ बोर्ड क्रिकेट हैं

निष्कर्ष:

I. सभी क्रिकेट के कैरम होने की संभावना है।

II. कुछ कैरम बोर्ड हैं।

A. केवल II अनुसरण करता है

B. केवल I अनुसरण करता है

C. या तो I या II अनुसरण करता है

D. I और II दोनों अनुसरण करते हैं

E. कोई अनुसरण नहीं करता है

Q.4 कथन:

सभी कुत्ते मुर्गियाँ हैं

कुछ कुत्ते बिल्ली हैं

कुछ बिल्लियाँ पक्षी नहीं हैं

केवल कुछ पक्षी गौरेया हैं

निष्कर्ष:

I. सभी पक्षियों के बिल्ली होने की संभावना है

II. कुछ मुर्गियाँ बिल्ली हैं

A. केवल I अनुसरण करता है

B. केवल II अनुसरण करता है

C. या तो I या II अनुसरण करता है

D. न तो I और न ही II अनुसरण करता है

E. I और II दोनों अनुसरण करते हैं

Q.5 कथन:

कुछ स्थितियाँ ब्लर हैं।

केवल कुछ ही स्पष्ट कैप्चर हैं।

सभी ब्लर कैप्चर हैं।

निष्कर्ष:

I. कुछ स्पष्ट स्थितियाँ नहीं हैं।

II. कुछ ब्लर स्पष्ट नहीं हैं।

III. कुछ स्थितियां कैप्चर हैं।

A. यदि निष्कर्ष I अनुसरण करता है

B. यदि निष्कर्ष II अनुसरण करता है

C. यदि निष्कर्ष III अनुसरण करता है

D. यदि निष्कर्ष II और III अनुसरण करते हैं

E. यदि निष्कर्ष I और II अनुसरण करते हैं

Ques (6-10):निर्देश: प्रश्न में तीन कथन दिए गए हैं, जिसके बाद तीन निष्कर्ष दिए गए हैं। आपको कथनों को सत्य मानना है, भले ही वे सर्वज्ञात तथ्यों से भिन्न प्रतीत होते हों। आपको यह तय करना है कि दिए गए निष्कर्षों में से कौन सा निष्कर्ष, यदि कोई है, दिए गए कथनों का अनुसरण करता है और उपयुक्त विकल्प का चयन करें।

Q.6 कथन:

1. कुछ P, D हैं।
2. सभी C, A हैं।
3. कोई P, A नहीं है।

निष्कर्ष:

I. कोई C, P नहीं है।

II. कोई C, D नहीं है।

III. कुछ A निश्चित रूप से D हैं।

A. केवल I अनुसरण करता है।

B. केवल I, II, III अनुसरण करता है।

C. केवल II, III अनुसरण करता है।

D. केवल I, III अनुसरण करता है।

E. कोई निष्कर्ष नहीं है।

Q.7 कथन:

1. सभी C, X हैं।
2. सभी X, P हैं।
3. कोई Q, C नहीं है।

निष्कर्ष:

I. कुछ X, Q नहीं हैं।

II. कुछ Q, X और P दोनों हो सकते हैं।
III. कुछ P, Q नहीं हैं।
A. केवल I अनुसरण करता है।
B. केवल I, II, III अनुसरण करता है।
C. केवल II, III अनुसरण करता है।
D. केवल I, III अनुसरण करता है।
E. कोई निष्कर्ष नहीं है।

Q.8 कथन:
1. कोई F, E नहीं है।
2. कोई E, C नहीं है।
3. कोई Y, E नहीं है।
निष्कर्ष:
I. कुछ F, C हैं।
II. कुछ Y, F हैं।
III. कुछ C, Y हैं।
A. केवल I, II अनुसरण करता है।
B. केवल I, II, III अनुसरण करता है।
C. केवल II, III अनुसरण करता है।
D. केवल III अनुसरण करता है।
E. कोई निष्कर्ष नहीं है।

Q.9 कथन:
1. सभी P, T हैं।
2. कुछ T, J हैं।
3. कुछ X, J हैं।
निष्कर्ष:
I. कुछ X, P हो सकता है।
II. कोई J, P नहीं है।
III. कुछ X, J और T दोनों हो सकते हैं।
A. केवल I, III अनुसरण करता है।
B. केवल I, II, III अनुसरण करता है।
C. केवल II, III अनुसरण करता है।
D. केवल I, II अनुसरण करता है।
E. कोई निष्कर्ष नहीं है।

Q.10 कथन:
1. सभी H, E हैं।
2. सभी E, D हैं।
3. सभी D, M हैं।
निष्कर्ष:
I. कुछ M, H नहीं हैं।
II. कुछ D, H नहीं हैं।
III. कुछ E, M नहीं हैं।
A. केवल I, II अनुसरण करता है।
B. केवल III अनुसरण करता है।
C. केवल I, II, III अनुसरण करता है।
D. केवल II, III अनुसरण करता है।
E. कोई निष्कर्ष नहीं है।

Ques (11-15):निर्देश: नीचे दिए गए प्रत्येक प्रश्न में चार कथन तथा उनका अनुसरण करते हुए दो निष्कर्ष संख्याएं I और II दिये गए हैं। आपको दिए गए कथनों को सत्य मानना है, भले ही वे आमतौर पर ज्ञात तथ्यों से भिन्न हों। सभी निष्कर्षों को पढ़ें और निर्धारित करें कि दिए गए निष्कर्षों में से कौन-सा/से निष्कर्ष सामान्यतः ज्ञात तथ्यों की अवहेलना करते हुए तर्कसंगत रूप से दिए गए कथनों का अनुसरण करते हैं।

Q.11 कथन:
केवल भारतीय महान हैं।
कुछ दिग्गज, भारतीय हैं।
कुछ विजेता, दिग्गज हैं।
कोई भारतीय, लूजर नहीं है।
निष्कर्ष:
I. कई विजेता, लूजर हैं।
II. कई भारतीयों के विजेता होने की संभावना है।
A. यदि निष्कर्ष I अनुसरण करता है
B. यदि निष्कर्ष II अनुसरण करता है
C. या तो निष्कर्ष I या निष्कर्ष II अनुसरण करता है
D. न तो निष्कर्ष I न निष्कर्ष II अनुसरण करता है
E. दोनों निष्कर्ष अनुसरण करते हैं

Q.12 कथन:
केवल बर्फ आग हैं।
कुछ बर्फ बादल हैं।
कोई बादल, नीला नहीं है।
कुछ नीले, सफेद हैं।
निष्कर्ष:
I. केवल बर्फ, बादल हैं।
II. कुछ बादल के सफेद होने की संभावना है।
A. यदि निष्कर्ष I अनुसरण करता है
B. यदि निष्कर्ष II अनुसरण करता है
C. या तो निष्कर्ष I या निष्कर्ष II अनुसरण करता है
D. न तो निष्कर्ष I न निष्कर्ष II अनुसरण करता है
E. दोनों निष्कर्ष अनुसरण करते हैं

Q.13 कथन:
केवल सैनिक नायक हैं।
कुछ सैनिक महान हैं।
कोई अभिनेता नायक नहीं है।
कुछ नायक दिग्गज हैं।
निष्कर्ष:
I. कोई अभिनेता दिग्गज नहीं है।
II. कुछ अभिनेता महान हैं।
A. यदि निष्कर्ष I अनुसरण करता है
B. यदि निष्कर्ष II अनुसरण करता है
C. या तो निष्कर्ष I या निष्कर्ष II अनुसरण करता है
D. न तो निष्कर्ष I न निष्कर्ष II अनुसरण करता है
E. दोनों निष्कर्ष अनुसरण करते हैं

Q.14 कथन:
ज्यादातर विकेट बोल्ड हैं।
कुछ बोल्ड, आउट हैं।
कोई आउट एलबीडब्ल्यू नहीं है।
केवल एलबीडब्ल्यू डीआरएस है।
निष्कर्ष:
I. कुछ विकेट के एलबीडब्ल्यू होने की संभावना है।
II. कुछ बोल्ड के एलबीडब्ल्यू होने की संभावना है।
A. यदि निष्कर्ष I अनुसरण करता है
B. यदि निष्कर्ष II अनुसरण करता है
C. या तो निष्कर्ष I या निष्कर्ष II अनुसरण करता है
D. न तो निष्कर्ष I न निष्कर्ष II अनुसरण करता है

E. दोनों निष्कर्ष अनुसरण करते हैं

Q.15 कथन:
कुछ सख्त, शिक्षक हैं।
कुछ भाई, सख्त हैं।
केवल माता-पिता, शिक्षक हैं।
कोई शिक्षक, भाई नहीं है।
निष्कर्ष:
I. कुछ भाई माता-पिता हैं।
II. कई माता-पिता, सख्त नहीं हैं।
A. यदि निष्कर्ष I अनुसरण करता है
B. यदि निष्कर्ष II अनुसरण करता है
C. या तो निष्कर्ष I या निष्कर्ष II अनुसरण करता है
D. न तो निष्कर्ष I न निष्कर्ष II अनुसरण करता है
E. दोनों निष्कर्ष अनुसरण करते हैं

Ques (16-20):निर्देश: नीचे दिए गए प्रत्येक प्रश्न में दो कथनों के बाद कुछ निष्कर्ष दिए गए हैं। आपको दिए गये कथन को सत्य मानना है, भले ही वे ज्ञात तथ्यों से अलग प्रतीत होते हों। सभी निष्कर्षों को पढ़िए और फिर निर्णय कीजिए कि दिये गये निष्कर्षों में से कौन सा निष्कर्ष सामान्य ज्ञात तथ्यों को नज़रअंदाज करने पर दिए गए कथनों का तार्किक रूप से अनुसरण करता है। उत्तर दीजिये

Q.16 कथन:
केवल कुछ सात आठ हैं।
केवल आठ नौ हैं।
निष्कर्ष:
I. कुछ सात नौ हैं।
II. सभी नौ आठ हैं।
A. केवल I अनुसरण करता है
B. केवल II अनुसरण करता है
C. या तो I या II अनुसरण करता है
D. न तो I न ही II अनुसरण करता है
E. I और II दोनों अनुसरण करते हैं

Q.17 कथन:
केवल कुछ जीमेल याहू हैं।
कुछ याहू विंडोज़ हैं।
निष्कर्ष:
I. कुछ जीमेल विंडोज़ हैं।
II. कोई जीमेल विंडोज़ नहीं है।
A. केवल I अनुसरण करता है
B. केवल II अनुसरण करता है
C. या तो I या II अनुसरण करता है
D. न तो I न ही II अनुसरण करता है
E. I और II दोनों अनुसरण करते हैं

Q.18 कथन:
केवल कुछ महिलाएं आंटी हैं।
कोई आंटी बालक नहीं हैं।
निष्कर्ष:
I. कुछ बालक महिला हैं एक संभावना है।
II. कुछ महिलाएं आंटी नहीं है।
A. केवल I अनुसरण करता है
B. केवल II अनुसरण करता है
C. या तो I या II अनुसरण करता है
D. न तो I न ही II अनुसरण करता है
E. I और II दोनों अनुसरण करते हैं

Q.19 कथन:
सभी अध्ययनशील छात्र हैं।
कुछ अध्ययनशील शिक्षक हैं।
निष्कर्ष:
I. कुछ शिक्षक छात्र हैं।
II. कोई छात्र शिक्षक नहीं है।
A. केवल I अनुसरण करता है
B. केवल II अनुसरण करता है
C. या तो I या II अनुसरण करता है
D. न तो I न ही II अनुसरण करता है
E. I और II दोनों अनुसरण करते हैं

Q.20 कथन:
केवल कुछ स्पीकर स्पेशल हैं।
केवल स्पीकर स्पीर हैं।
निष्कर्ष:
I. कुछ स्पीर स्पेशल है, एक संभावना है।
II. केवल कुछ स्पीर स्पेशल है।
A. केवल I अनुसरण करता है
B. केवल II अनुसरण करता है
C. या तो I या II अनुसरण करता है
D. न तो I न ही II अनुसरण करता है
E. I और II दोनों अनुसरण करते हैं

Q.21 निर्देश: नीचे दिए गए प्रश्न में तीन कथन और उसके बाद I और II से अंकित दो निष्कर्ष दिए गए हैं। आपको दिए गए कथनों को सत्य मानना है, भले ही वे ज्ञात तथ्यों से भिन्न प्रतीत होते हों। सभी निष्कर्षों को पढ़िए और निर्णय कीजिए कि दिए गए निष्कर्षों में से कौन सा निष्कर्ष ज्ञात तथ्यों को नजरंदाज करने पर कथनों का तार्किक रूप से अनुसरण करता है।
कथन:
कुछ किताबें कागज हैं।
कुछ कागज टेबल हैं।
निष्कर्ष:
I. कुछ किताबें टेबल हैं।
II. कोई किताबें टेबल नहीं हैं।
A. केवल I अनुसरण करता है।
B. केवल II अनुसरण करता है।
C. I और II दोनों अनुसरण करते हैं।
D. या तो I या II अनुसरण करता है।
E. इनमें से कोई नहीं

Q.22 निर्देश: निम्न प्रश्न में दो कथन और उसके बाद I और II से अंकित दो निष्कर्ष दिए गये हैं। आपको दिए गये कथनों को सत्य मानना है, भले ही वे ज्ञात तथ्यों से अलग प्रतीत होते हों। सभी निष्कर्षों को पढ़िए और फिर निर्णय कीजिए कि दिये गये निष्कर्षों में से कौनसा/कौनसे निष्कर्ष ज्ञात तथ्यों को नजरअंदाज करने पर कथनों का तार्किक रूप से अनुसरण करता है/करते हैं।
कथन:
सभी मोबाइल कैमरे हैं।
सभी टेलीफोन कैमरे हैं।
निष्कर्ष:
I. कुछ मोबाइल टेलीफोन हैं।
II. कोई मोबाइल टेलीफोन नहीं है।

A. दोनों निष्कर्ष अनुसरण करते हैं।
B. एक भी निष्कर्ष अनुसरण नहीं करता है।
C. या तो निष्कर्ष I या फिर II अनुसरण करता है।
D. केवल निष्कर्ष II अनुसरण करता है।
E. केवल निष्कर्ष I अनुसरण करता है।

Q.23 निर्देश: नीचे दिए गए प्रश्न में तीन कथन और उसके बाद I और II से अंकित दो निष्कर्ष दिए गए हैं। आपको दिए गए कथनों को सत्य मानना है, भले ही वे ज्ञात तथ्यों से भिन्न प्रतीत होते हों। सभी निष्कर्षों को पढ़िए और निर्णय कीजिए कि दिए गए निष्कर्षों में से कौन सा निष्कर्ष ज्ञात तथ्यों को नजरंदाज करने पर कथनों का तार्किक रूप से अनुसरण करता है।

कथन:

सभी B, S हैं।

कुछ B, T हैं।

निष्कर्ष:

I. कुछ S, T हैं।

II. सभी T, B हैं।

A. केवल I अनुसरण करता है
B. केवल II अनुसरण करता है
C. I और II दोनों अनुसरण करते हैं
D. न तो I और न ही II अनुसरण करता है
E. कोई नहीं

Q.24 निर्देश: नीचे दिए गए प्रश्न में कुछ कथन और उसके बाद I और II से अंकित दो निष्कर्ष दिए गए है। सार्वभौमिक तथ्यों से परे प्रतीत होते हुए भी आपको इन कथनों को सत्य मानना है। सभी निष्कर्षों को ध्यान से पढ़िए और फिर यह निर्णय कीजिए की कौन सा निष्कर्ष सार्वभौमिक तथ्यों से परे दिए गये कथनों का तार्किक रूप से अनुसरण करता है।

कथन:

सभी शेर, भालू हैं।

सभी भालू, गाय हैं।

कुछ गाय, चिड़िया हैं।

निष्कर्ष:

I. कुछ शेर, गाय हैं।

II. कुछ गाय, भालू हैं।

A. केवल निष्कर्ष I अनुसरण करता है।
B. केवल निष्कर्ष II अनुसरण करता है।
C. या तो निष्कर्ष I या II अनुसरण करता है।
D. न तो निष्कर्ष I या निष्कर्ष II अनुसरण करता है।
E. निष्कर्ष I और II दोनों अनुसरण करते हैं।

Q.25 निर्देश: निम्नलिखित प्रश्न में दो कथन और उसके बाद I और II से अंकित दो निष्कर्ष दिए गये हैं। आपको दिए गये कथन को सत्य मानना है, भले ही वे ज्ञात तथ्यों से अलग प्रतीत होते हों। सभी निष्कर्षों को पढ़िए और फिर निर्णय कीजिए कि दिये गये निष्कर्षों में से कौन-सा निष्कर्ष ज्ञात तथ्यों को नजरंदाज करने पर कथनों का तार्किक रूप से अनुसरण करता है।

कथन:

केवल कुछ डॉग कैट हैं।

सभी कैट टाइगर हैं।

निष्कर्ष:

I. सभी डॉग टाइगर हैं।

II. कम से कम कुछ टाइगर डॉग हैं।

A. केवल II अनुसरण करता है।
B. केवल I अनुसरण करता है।
C. I और II दोनों अनुसरण करते हैं।
D. या तो I या II अनुसरण करता है।
E. न तो I और न ही II अनुसरण करता है।

Q.26 निर्देश: दो कथन दिए गए हैं जिसके बाद तीन निष्कर्ष I, II और III दिए गए हैं। कथनों को सत्य मानते हुए, यहां तक कि वे सामान्य रूप से ज्ञात तथ्यों के साथ विचरण करते प्रतीत होते हैं, जिसमें यह निर्णय लिया गया है कि कौन सा निष्कर्ष कथन से तार्किक रूप से अनुसरण करता है।

कथन:

कुछ बिल्लियाँ, कुत्ते हैं।

सभी कुत्ते, हिरण हैं।

निष्कर्ष:

कुछ हिरण, बिल्लियाँ हैं।

सभी हिरण, बिल्लियाँ हैं।

कोई हिरण, कुत्ता नहीं है।

A. केवल निष्कर्ष I अनुसरण करता है।
B. केवल निष्कर्ष III अनुसरण करता है।
C. केवल निष्कर्ष I और III अनुसरण करते हैं।
D. केवल निष्कर्ष II और II अनुसरण करते हैं।
E. इनमें से कोई नहीं

Q.27 निर्देश: दो कथन दिए गए हैं जिसके बाद तीन निष्कर्ष I, II और III दिए गए हैं। कथनों को सत्य मानते हुए, यहां तक कि वे सामान्य रूप से ज्ञात तथ्यों के साथ विचरण करते प्रतीत होते हैं, जिसमें यह निर्णय लिया गया है कि कौन सा निष्कर्ष कथन से तार्किक रूप से अनुसरण करता है।

कथन:

कुछ सब्जी, फल है।

कोई भी फल, आम नहीं है।

निष्कर्ष:

I. कुछ सब्जियां, आम है।

II. कुछ फल, सब्जी है।

III. कोई भी सब्जी, आम नहीं है।

A. केवल निष्कर्ष III अनुसरण करता है।
B. केवल निष्कर्ष II अनुसरण करता है।
C. केवल निष्कर्ष I और III अनुसरण करते हैं।
D. केवल निष्कर्ष I अनुसरण करता है।
E. इनमें से कोई नहीं

Q.28 निर्देश: निम्न प्रश्न में, विभिन्न तत्वों के बीच संबंध को कथन में दर्शाया गया है। कुछ निष्कर्षों के बाद कथनों का पालन किया जाता है।

कथन:

कुछ कवि, कविताएँ हैं।

कोई कविता, गीत नहीं है।

निष्कर्ष:

I. कुछ कविताएँ, गीत नहीं हैं।

II. कुछ गीत, कविताएँ हैं।

A. केवल निष्कर्ष I सत्य है।
B. केवल निष्कर्ष II सत्य है।
C. या तो निष्कर्ष I या II सत्य है।
D. न तो निष्कर्ष I और न ही II सत्य है।
E. इनमें से कोई नहीं

Q.29 निर्देश: आपको दिए गये कथन को सत्य मानना है, भले ही वे ज्ञात तथ्यों से अलग प्रतीत होते हों और निर्णय कीजिये कि कौन-सा निष्कर्ष कथनों का तार्किक रूप से अनुसरण करता है।

कथन:

कुछ गीत चलचित्र हैं।

कुछ चलचित्र वीडियो हैं।

निष्कर्ष:

I. कुछ गीत विडियो हैं।

II. सभी वीडियो चलचित्र हैं।

A. ना निष्कर्ष I और ना ही II अनुसरण करता है।
B. केवल निष्कर्ष II अनुसरण करता है।
C. दोनों निष्कर्ष I और II अनुसरण करते हैं।
D. केवल निष्कर्ष I अनुसरण करता है।
E. या तो निष्कर्ष I या तो निष्कर्ष II अनुसरण करता है।

Q.30 निर्देश: निम्न प्रश्न में दो कथन और उसके बाद I और II से अंकित दो निष्कर्ष दिए गये हैं। आपको दिए गये कथन को सत्य मानना है, भले ही वे ज्ञात तथ्यों से अलग प्रतीत होते हों। सभी निष्कर्षों को पढ़िए और फिर निर्णय कीजिए कि दिया गया कौन सा निष्कर्ष ज्ञात तथ्यों को नजरंदाज करने पर कथनों का तार्किक रूप से अनुसरण करता है।

कथन:

कुछ फाइलें डाटा हैं।

सभी डॉक्यूमेंट डाटा हैं।

निष्कर्ष:

I. कुछ फाइलें डॉक्यूमेंट हैं।

II. कुछ डाटा डॉक्यूमेंट हैं।

A. कोई भी निष्कर्ष अनुसरण नहीं करता है।
B. केवल निष्कर्ष I अनुसरण करता है।
C. केवल निष्कर्ष II अनुसरण करता है।
D. दोनों निष्कर्ष अनुसरण करते हैं।
E. या तो निष्कर्ष I या तो निष्कर्ष II अनुसरण करता है।

// स्मार्ट उत्तर पुस्तिका //

सही उत्तर — उन छात्रों के प्रतिशत को इंगित करता है जिन्होंने प्रश्नों का सही उत्तर दिया था।

छोड़ दिया — उन छात्रों के प्रतिशत को इंगित करता है जिन्होंने प्रश्नों को छोड़ दिया था।

प्रश्न संख्या	उत्तर	सही उत्तर	छोड़ दिया
1	E	49.11 %	48.18 %
2	C	47.01 %	44.28 %
3	D	58.52 %	40.45 %
4	E	51.0 %	31.19 %
5	C	47.34 %	31.27 %
6	A	54.02 %	43.96 %
7	B	65.98 %	30.31 %
8	E	42.63 %	50.68 %
9	A	53.49 %	39.52 %
10	E	46.65 %	35.44 %
11	B	64.09 %	34.79 %
12	B	66.86 %	30.87 %
13	D	56.7 %	39.17 %
14	E	57.27 %	37.96 %
15	D	45.48 %	30.59 %
16	B	59.05 %	37.72 %
17	B	48.73 %	32.65 %
18	E	40.71 %	55.43 %
19	A	49.0 %	31.5 %
20	D	53.62 %	33.81 %
21	D	85.46 %	12.48 %
22	C	82.34 %	14.46 %
23	A	84.41 %	13.7 %
24	E	89.2 %	10.01 %
25	A	88.53 %	10.27 %
26	A	66.72 %	31.33 %
27	B	66.23 %	32.74 %
28	B	44.51 %	45.27 %
29	A	21.32 %	73.64 %
30	C	56.13 %	41.51 %

कार्य विश्लेषण	
औसत अंक (%)	53.33%
टॉपर्स स्कोर (%)	66.67%
आपका स्कोर	

//संकेत और समाधान//

1. दिए गए कथनों के लिए न्यूनतम संभावित वेन आरेख निम्न प्रकार है। अब हम निष्कर्षों की जाँच कर सकते हैं।

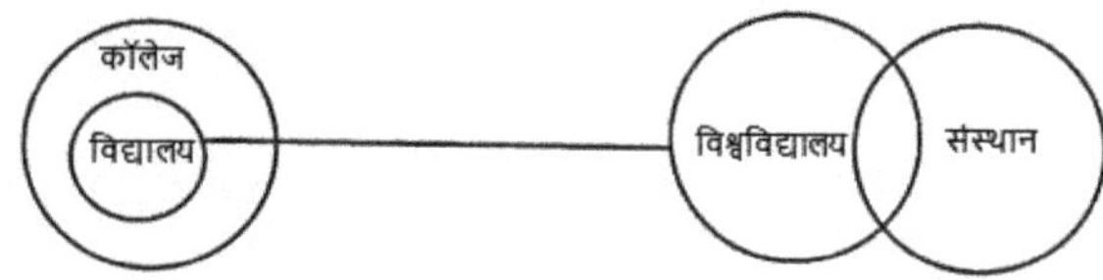

I. सभी कॉलेजों के विश्वविद्यालय होने की संभावना नहीं है → सत्य

II. किसी भी कॉलेज के विश्वविद्यालय नहीं होने की संभावना नहीं है → असत्य

III. कुछ संस्थानों के विद्यालय नहीं होने की संभावना नहीं है → सत्य (वे संस्थान जो विश्वविद्यालय हैं, विद्यालय नहीं हैं। इसलिए, निश्चित है कि कुछ संस्थान विद्यालय नहीं हैं। इसलिए कुछ संस्थानों के विद्यालय नहीं होने की सम्भावना असत्य है क्यूंकि निश्चित मामले में संभावना हमेशा गलत होती है। अतः उसी की नकारात्मक संभावना सत्य होगी)

इसलिए, केवल निष्कर्ष I और III अनुसरण करते हैं।

अतः विकल्प (E) सही है।

2. दिए गए कथनों के लिए न्यूनतम संभावित वेन आरेख निम्नानुसार है,

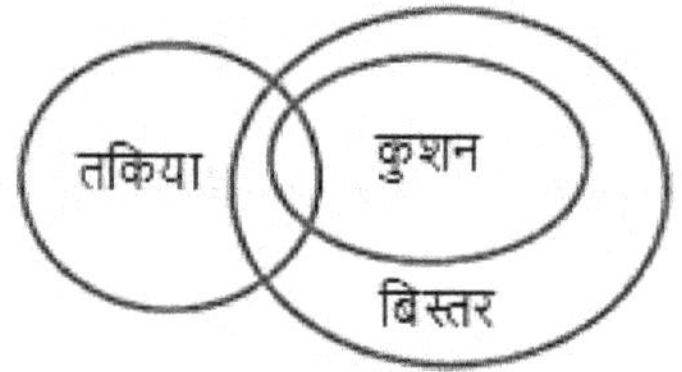

निष्कर्ष:

I. सभी कुशन तकिया हैं → अनुसरण नहीं करता है।

II. कुछ कुशन तकिया हैं → अनुसरण करता है।

III. कुछ कुशन बिस्तर हैं → अनुसरण करता है।

अतः केवल II और III अनुसरण करते हैं।

अतः विकल्प (C) सही है।

3. न्यूनतम संभावित वेन आरेख नीचे दर्शाया गया है:

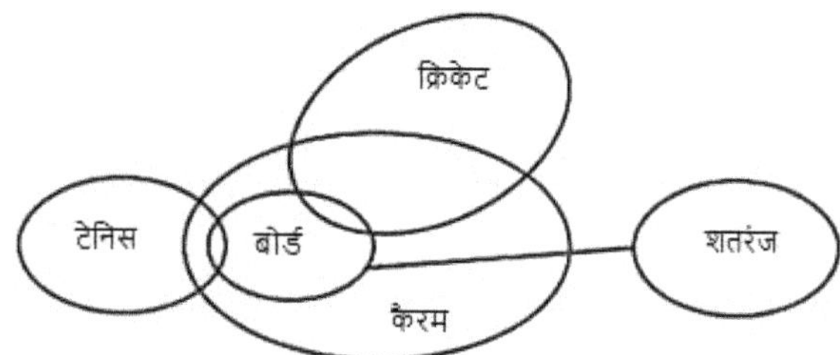

I. सभी क्रिकेट के कैरम होने की सम्भावना है → सत्य

II. कुछ कैरम बोर्ड हैं → सत्य

अत: I और II दोनों अनुसरण करते हैं।

अतः विकल्प (D) सही है।

4. न्यूनतम संभावित वेन आरेख नीचे दर्शाया गया है:

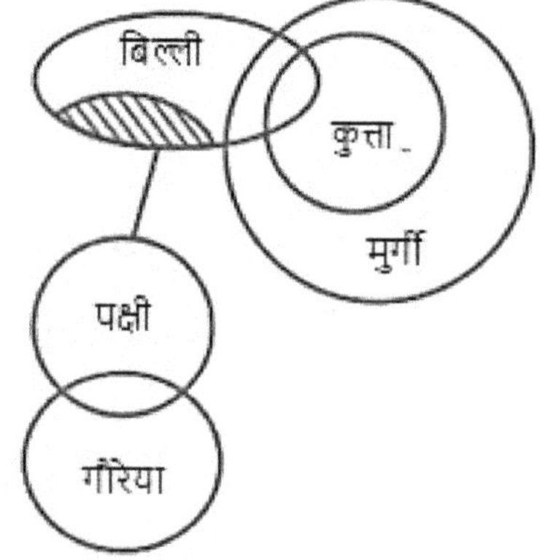

I. सभी पक्षियों के बिल्ली होने की संभावना है → सत्य

II. कुछ मुर्गियाँ बिल्लियाँ हैं → सत्य

इसलिए, 'I' और 'II' दोनों अनुसरण करते हैं।

अतः विकल्प (E) सही है।

5. दिए गए कथनों के लिए मात्र संभावित वेन आरेख निम्नानुसार है:

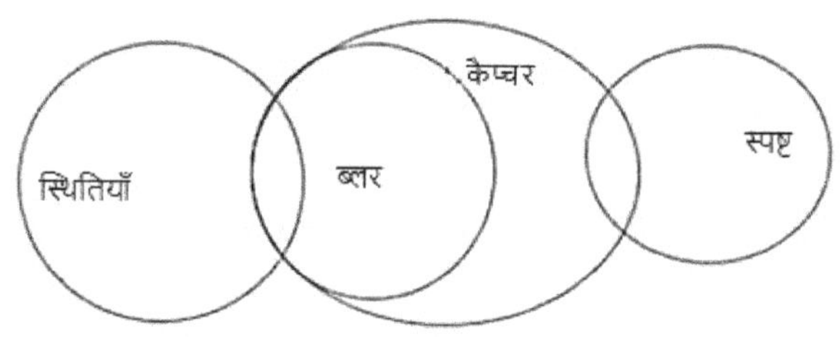

निष्कर्ष:

I. कुछ स्पष्ट स्थितियाँ नहीं हैं → अनुसरण नहीं करता है क्योंकि यह संभव है लेकिन निश्चित नहीं है

II. कुछ ब्लर स्पष्ट नहीं हैं → अनुसरण नहीं करता है क्योंकि यह संभव है लेकिन निश्चित नहीं है

III. कुछ स्थितियां कैप्चर हैं → अनुसरण करता है क्योंकि कुछ स्थितियां ब्लर हैं और केवल कैप्चर ब्लर हैं

अतः विकल्प (C) सही है।

6.

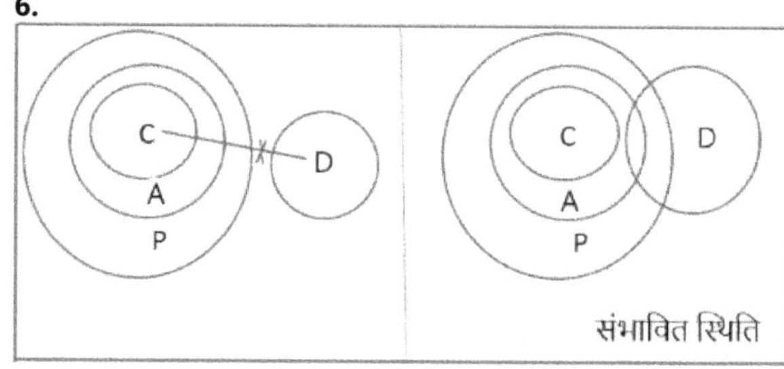

सभी आरेखों से हम देख सकते हैं कि सभी C, A हैं और कोई P, A नहीं है इसलिए कोई C, P नहीं है।

सभी आरेखों से हम देख सकते हैं कि कुछ C, D हो सकते हैं।

सभी आरेखों से हम देख सकते हैं कि कुछ A, D हो सकते हैं/नहीं भी हो सकता है।

इसलिए हम कह सकते हैं कि केवल निष्कर्ष I अनुसरण करता है।

अतः विकल्प (A) सही है।

7.

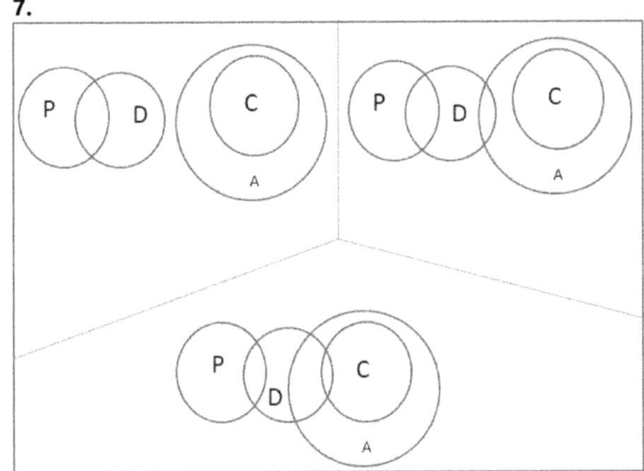

सभी आरेखों से हम देख सकते हैं कि सभी C, X और P का हिस्सा हैं कुछ X तथा P, Q नहीं हो सकता है इसलिए निष्कर्ष I, III अनुसरण करता है।

सभी आरेखों से हम देख सकते हैं कि कुछ Q, X और P दोनों हो सकते हैं।

इसलिए, हम कह सकते हैं कि केवल सभी I, II, III निष्कर्ष अनुसरण करता है।

अतः विकल्प (B) सही है।

8.

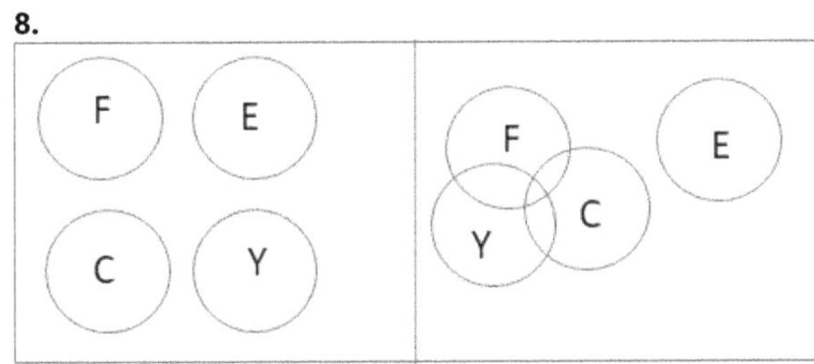

दोनों आरेखों से, हम देख सकते हैं कि कुछ F, C हो सकते हैं/नहीं हो सकते हैं।

दोनों आरेखों से, हम देख सकते हैं कि कुछ Y, F हो सकते हैं/हो सकता है।

दोनों आरेखों से, हम देख सकते हैं कि कुछ C, Y हो सकता है/नहीं हो सकता है।

इसलिए, हम कह सकते हैं कि कोई निष्कर्ष नहीं है।

अतः विकल्प (E) सही है।

9.

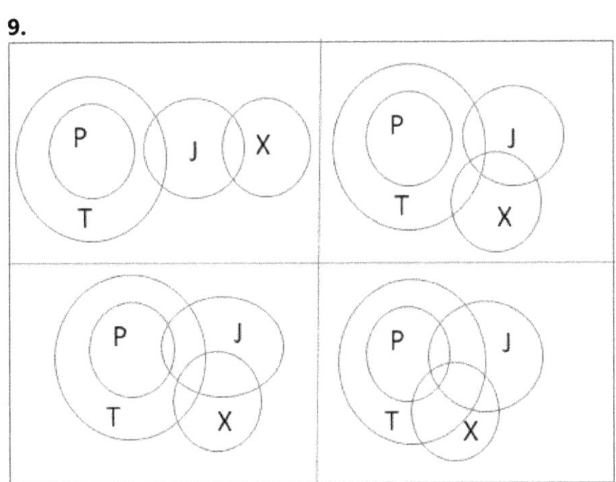

सभी आरेखों से हम देख सकते हैं कि कुछ X, P हो सकते हैं।

सभी आरेखों से हम देख सकते हैं कि कुछ J, P हो सकते हैं।

सभी आरेखों से हम देख सकते हैं कि कुछ X, J और T दोनों हो सकते हैं।

इसलिए, हम कह सकते हैं कि केवल निष्कर्ष I, III अनुसरण करता है।

अतः विकल्प (A) सही है।

10.

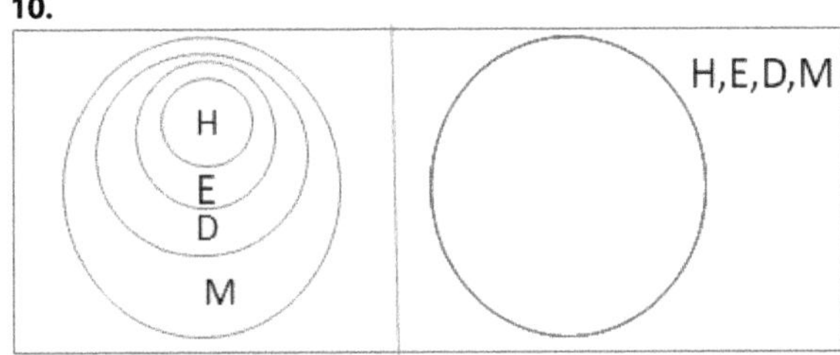

हम आरेख से देख सकते हैं कि जब सभी H, E, D, M एकरूप होते हैं तो कोई निष्कर्ष नहीं निकलता है।

अतः विकल्प (E) सही है।

11. दिए गए कथनों के लिए केवल संभव वेन आरेख इस प्रकार है:

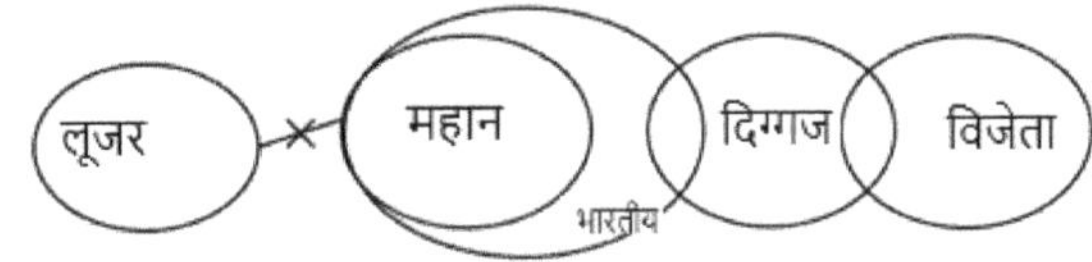

निष्कर्ष:

I. कई विजेता लूजर हैं → यह निश्चित नहीं है, इसलिए गलत है।

II. कई भारतीय विजेता हैं, यह एक संभावना है → यह सुनिश्चित है, इसलिए सही है।

अत: विकल्प (B) सही है।

12. दिए गए कथनों के लिए केवल संभव वेन आरेख इस प्रकार है:

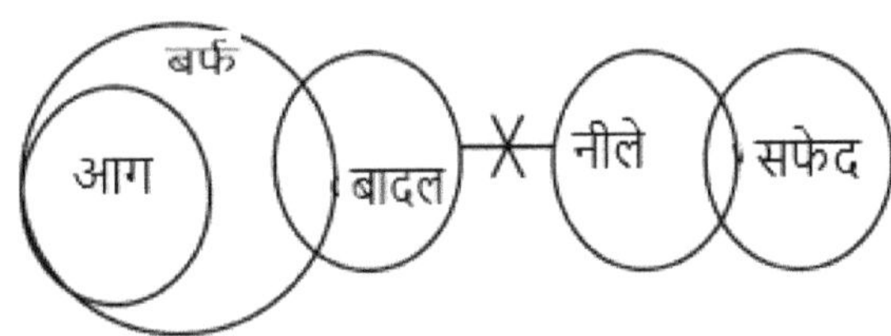

निष्कर्ष:

I. केवल बर्फ ही बादल हैं → यह संभव नहीं है, इसलिए गलत है।

II. कुछ बादलों का सफेद होना एक संभावना है → यह सुनिश्चित है, इसलिए सही है।

अत: विकल्प (B) सही है।

13. दिए गए कथनों के लिए केवल संभव वेन आरेख इस प्रकार है:

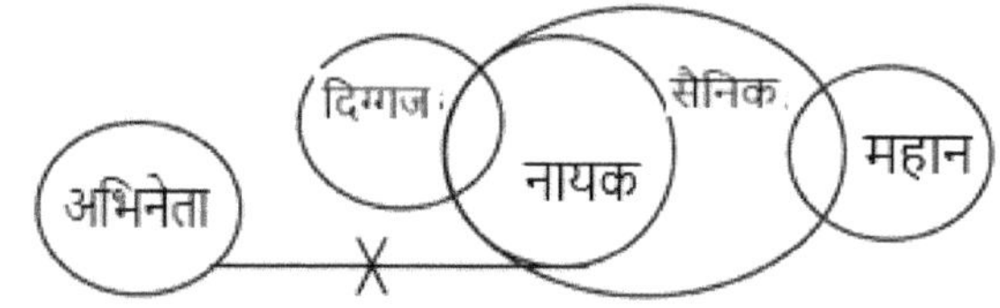

निष्कर्ष:

I. कोई भी अभिनेता दिग्गज नहीं है → यह निश्चित नहीं है, इसलिए गलत है।

II. कुछ अभिनेता महान हैं → यह निश्चित नहीं है, इसलिए गलत है।

अत: विकल्प (D) सही है।

14. दिए गए कथनों के लिए केवल संभव वेन आरेख इस प्रकार है:

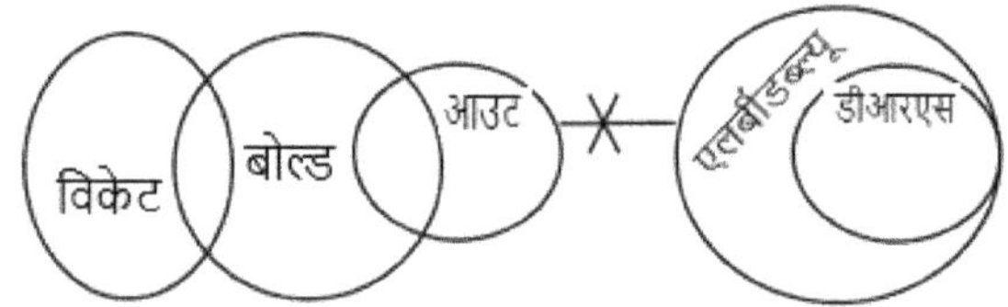

निष्कर्ष:

I. कुछ विकेट के एलबीडब्ल्यू होने की संभावना है → यह सुनिश्चित है, इसलिए सही है।

II. कुछ एलबीडब्ल्यू के बोल्ड होने की संभावना है → यह सुनिश्चित है, इसलिए सही है।

अत: विकल्प (E) सही है।

15. दिए गए कथनों के लिए केवल संभव वेन आरेख इस प्रकार है:

निष्कर्ष:

I. कुछ भाई माता-पिता हैं → यह निश्चित नहीं है, इसलिए गलत है।

II. कई माता-पिता सख्त नहीं हैं → यह निश्चित नहीं है, इसलिए गलत है।

अत: विकल्प (D) सही है।

16. न्यूनतम संभावित वेन आरेख निम्न प्रकार है -

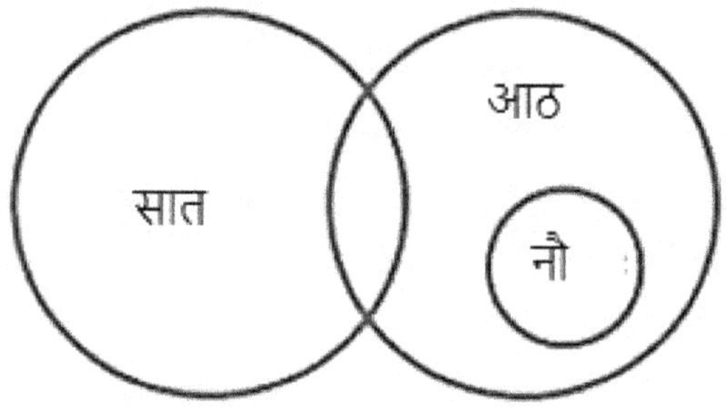

निष्कर्ष – I कुछ सात नौ हैं – असत्य है (यह संभव है किंतु निश्चित नहीं है)

निष्कर्ष – II सभी नौ आठ हैं – सत्य है (केवल आठ नौ है)

इसलिए , केवल II अनुसरण करता है।

अतः विकल्प (B) सही है।

17. न्यूनतम संभावित वेन आरेख निम्न प्रकार है -

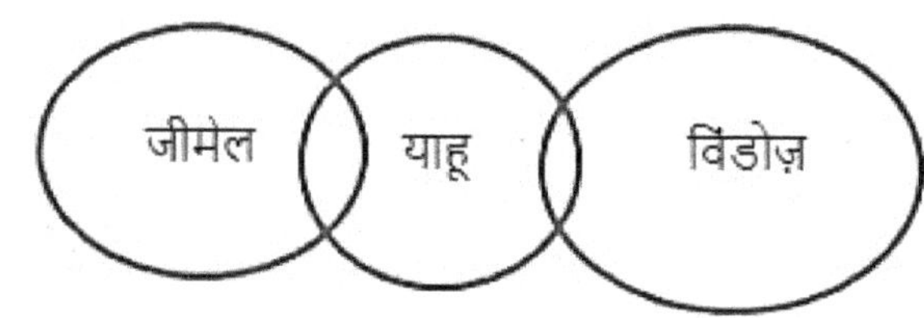

निष्कर्ष – I कुछ जीमेल विंडोज़ हैं – असत्य है

निष्कर्ष – II कोई जीमेल विंडोज़ नहीं है – सत्य है

इसलिए, केवल II अनुसरण करता है

अतः विकल्प (B) सही है।

18. न्यूनतम संभावित वेन आरेख निम्न प्रकार है -

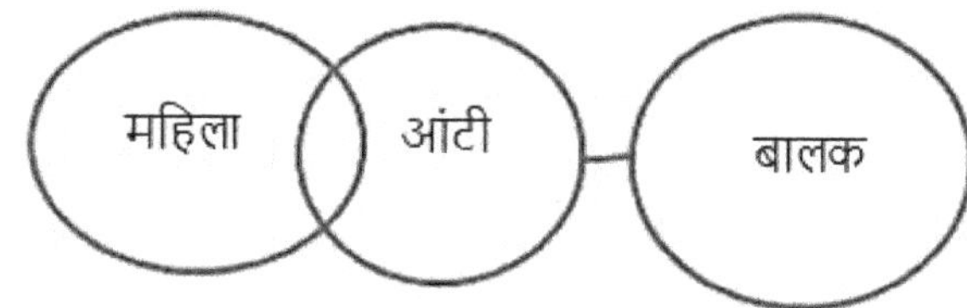

निष्कर्ष – I कुछ बालक महिला हैं एक संभावना है – सत्य है (यह संभव हो सकता है)

निष्कर्ष – II कुछ महिलाएं आंटी नहीं है – सत्य है (केवल कुछ महिलाएं आंटी हैं)

इसलिए , I और II दोनों अनुसरण करते हैं।

अतः विकल्प (E) सही है।

19. न्यूनतम संभावित वेन आरेख निम्न प्रकार है -

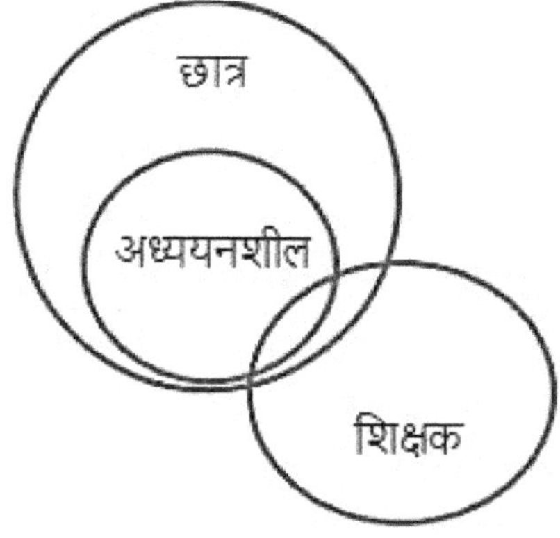

निष्कर्ष – I कुछ शिक्षक छात्र हैं – सत्य है (सभी अध्ययनशील छात्र हैं)

निष्कर्ष – II कोई छात्र शिक्षक नहीं है – असत्य है (सभी अध्ययनशील छात्र हैं)

इसलिए, केवल निष्कर्ष – I अनुसरण करता है।

अतः विकल्प (A) सही है।

20. न्यूनतम संभावित वेन आरेख निम्न प्रकार है-

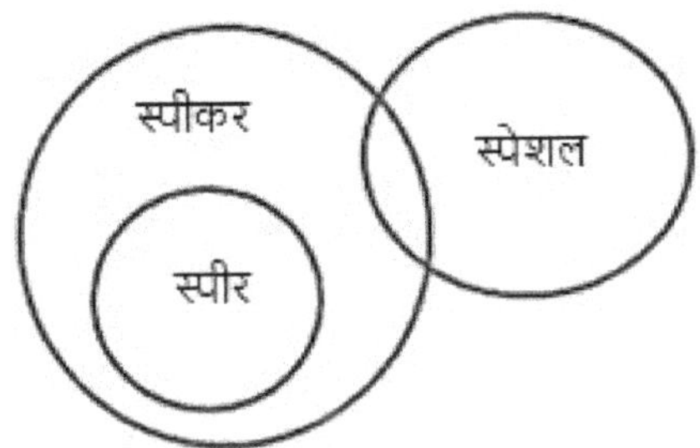

निष्कर्ष – I कुछ स्पीर स्पेशल है, एक संभावना है – सत्य है (जैसा कि केवल स्पीकर ही है, स्पीयर और स्पीकर के अलावा किसी अन्य के बीच कोई संबंध संभव नहीं है)

निष्कर्ष – II केवल कुछ स्पीर स्पेशल है – असत्य है (केवल कुछ स्पीकर स्पेशल हैं, केवल स्पीकर स्पीर हैं)

इसलिए , I और II दोनों अनुसरण करते हैं।

अतः विकल्प (D) सही है।

21. दिए गए कथनों के लिए न्यूनतम संभावित आरेख इस प्रकार है:

निष्कर्ष:

I. कुछ किताबें टेबल हैं → असत्य (यह संभव है लेकिन निश्चित नहीं है)

II. कोई किताबें टेबल नहीं हैं → असत्य (यह संभव है लेकिन निश्चित नहीं है)

निष्कर्ष I और II एक पूरक जोड़ी बनाते हैं।

इसलिए, I या II अनुसरण करता है।

अत: विकल्प (D) सही है।

22. दिए गए कथनों के लिए न्यूनतम संभावित वेन आरेख इस प्रकार है-

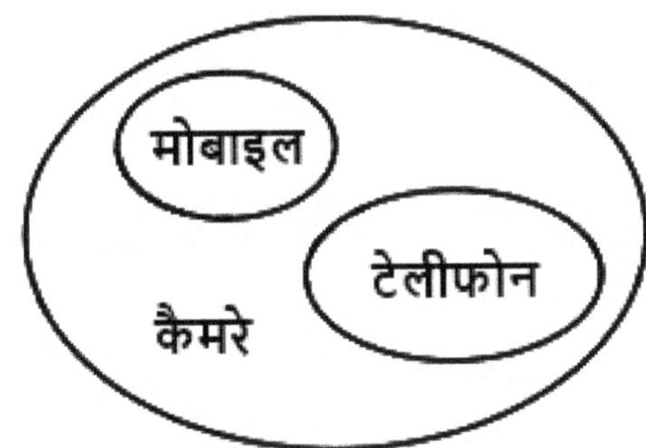

निष्कर्ष:

I. कुछ मोबाइल टेलीफोन हैं → असत्य (यह संभव है लेकिन निश्चित नहीं है।)

II. कोई मोबाइल टेलीफोन नहीं है → असत्य (यह संभव है लेकिन निश्चित नहीं है।)

दोनों निष्कर्ष एक पूरक जोड़ी बनाते हैं

अतः या तो निष्कर्ष I या फिर II अनुसरण करता है।

टिप्पणी: दो निष्कर्षों के एक समूह को एक पूरक जोड़ी कहा जाता है और इस प्रकार या, या फिर की स्थिति बनती है, जब वे निम्नलिखित शर्तों का अनुसरण करते हैं-

i) दोनों निष्कर्षों में वस्तुएं समान होनी चाहिए।

ii) दोनों निष्कर्ष व्यक्तिगत रूप से असत्य होने चाहिए।

पूरक जोड़ी की कुछ स्थितियां इस प्रकार हैं-

कुछ + नहीं और सभी + कुछ नहीं

याद रखिए कुछ + कुछ नहीं कभी भी एक पूरक जोड़ी नहीं है।

अत: विकल्प (C) सही है।

23. दिए गए कथनों के लिए न्यूनतम संभावित आरेख इस प्रकार है:

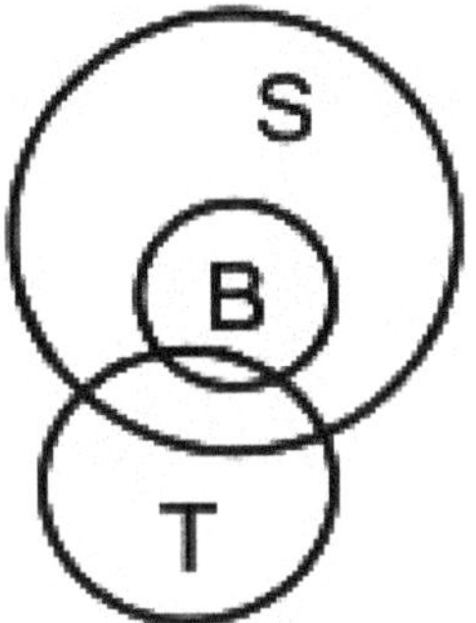

निष्कर्ष:

I. कुछ S, T हैं → सत्य (यह निश्चित है क्योंकि आरेख दिखाता है कि S और R के बीच एक निश्चित संबंध है)

II. सभी T, B हैं → असत्य (यह संभव है लेकिन निश्चित नहीं है)

इसलिए, केवल I अनुसरण करता है।

अत: विकल्प (A) सही है।

24. संभावित वेन-आरेख है:

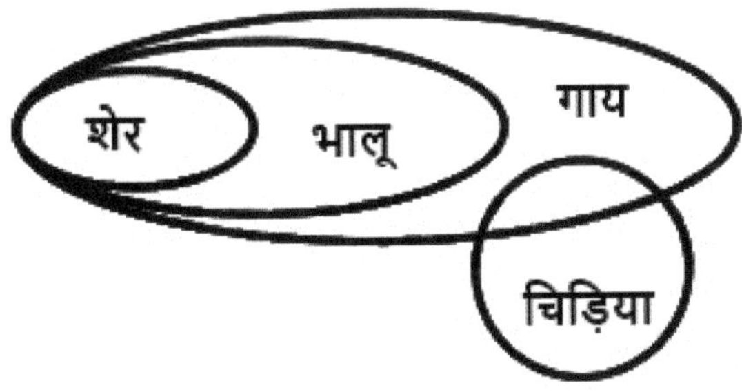

व्याख्या:

I. कुछ शेर, गाय हैं → यह निश्चित स्थिति है, इसलिए सत्य हैं।

II. कुछ गाय, भालू हैं → यह निश्चित स्थिति है, इसलिए सत्य हैं।

इसलिए, निष्कर्ष I और II दोनों अनुसरण करते हैं।

अत: विकल्प (E) सही है।

25. दिए गए कथनों के लिए न्यूनतम संभावित वेन आरेख निम्न प्रकार है,

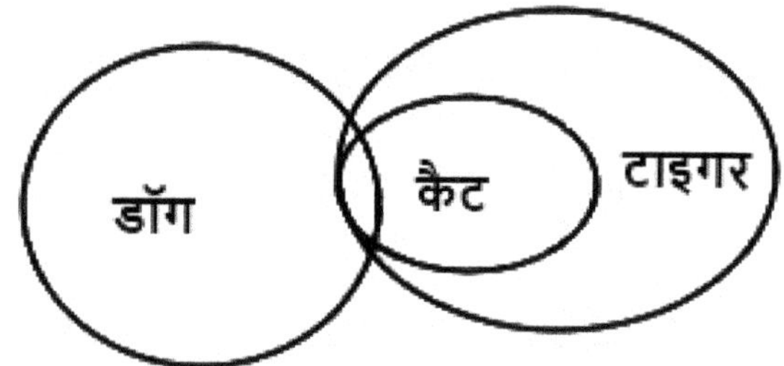

निष्कर्ष:

I. सभी डॉग टाइगर हैं → असत्य (यह संभव है लेकिन निश्चित नहीं है)

II. कम से कम कुछ टाइगर डॉग हैं → सत्य (टाइगर का कुछ हिस्सा जो कैट है वह डॉग हैं)

इस प्रकार, केवल निष्कर्ष II अनुसरण करता है।

अत: विकल्प (A) सही है।

26. दिए गए कथन में से सबसे कम संभव वेन आरेख इस प्रकार है:

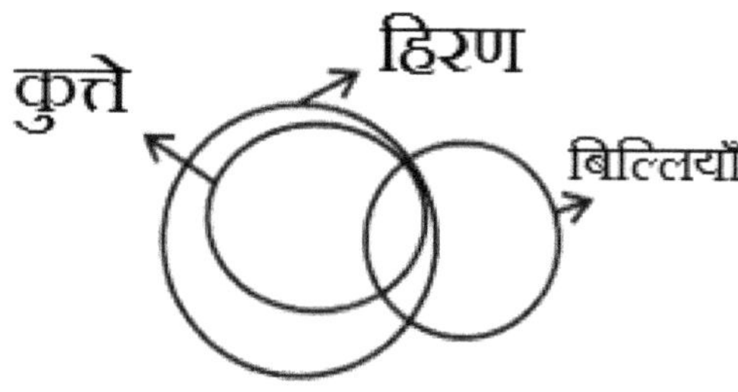

निष्कर्ष:

कुछ हिरण, बिल्लियाँ हैं। (सत्य) (यह संभव है क्योंकि कुछ हिरण, बिल्लियाँ हैं)

सभी हिरण, बिल्लियाँ हैं। (असत्य) (यह संभव नहीं है क्योंकि सभी हिरण, बिल्ली नहीं हैं)

कोई हिरण, कुत्ता नहीं है। (असत्य) (यह संभव नहीं है क्योंकि कुछ हिरण, कुत्ते हैं)

इसलिए, केवल निष्कर्ष I अनुसरण करता है।

अतः विकल्प (A) सही है।

27. दिए गए कथन में से सबसे कम संभव वेन आरेख इस प्रकार है:

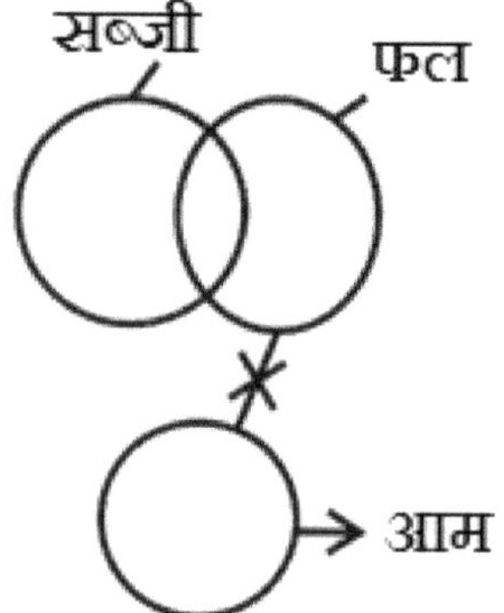

निष्कर्ष:

I. कुछ सब्जियां, आम हैं। (असत्य) (यह संभव नहीं है क्योंकि कोई भी सब्जी, आम नहीं है)

II. कुछ फल, सब्जियां हैं। (सत्य) (यह संभव है क्योंकि कुछ फल, सब्जियां भी हैं)

III. कोई भी सब्जी, आम नहीं है। (असत्य) (यह संभव नहीं है क्योंकि कोई भी सब्जी, आम नहीं है)

इसलिए, केवल निष्कर्ष II अनुसरण करता है।

अतः विकल्प (B) सही है।

28. निम्नलिखित कथन से हमारे पास ये आरेख हैं:

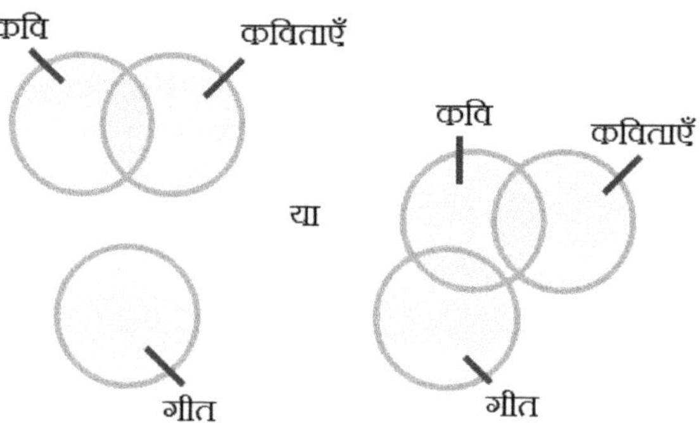

उपरोक्त आरेख से, हम यह निष्कर्ष निकाल सकते हैं कि केवल I निष्कर्ष सत्य है।

अतः विकल्प (B) सही है।

29. न्यूनतम संभावित वेन आरेख इस प्रकार है,

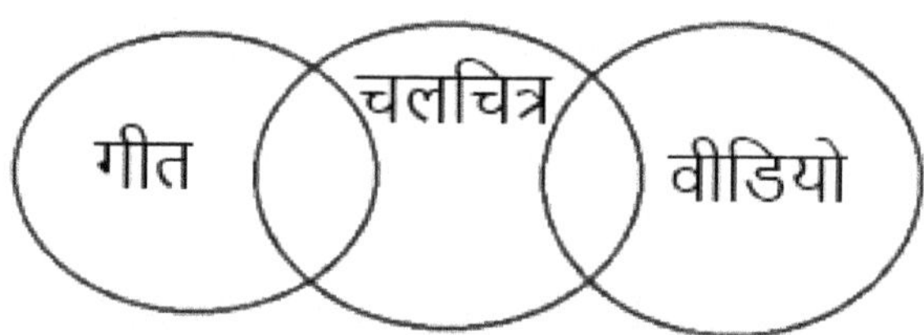

निष्कर्ष:

I. कुछ गीत वीडियो हैं → यह संभव है परन्तु निश्चित नहीं है, अतः यह असत्य है।

II. सभी वीडियो चलचित्र हैं → यह संभव है परन्तु निश्चित नहीं है, अतः यह असत्य है।

इस प्रकार ना निष्कर्ष I और ना ही II अनुसरण करता है।

अतः विकल्प (A) सही है।

30. दिए गए डेटा से,

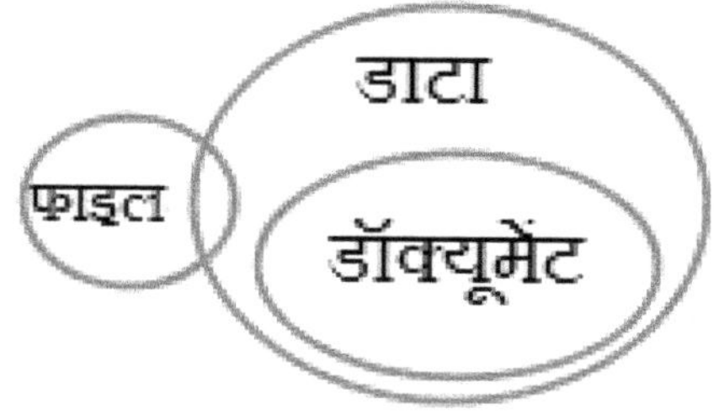

I. कुछ फाइलें डॉक्यूमेंट हैं → असत्य (क्योंकि यह संभव है परन्तु निश्चित नहीं है)

II. कुछ डाटा डॉक्यूमेंट है → सत्य (सभी डॉक्यूमेंट डाटा हैं जिससे यह अंतर्निहित होता है कि कुछ डाटा निश्चित रूप से डॉक्यूमेंट है।)

इस प्रकार, केवल निष्कर्ष II अनुसरण करता है।

अतः विकल्प (C) सही है।

तर्कशक्ति अभियोग्यता टेस्ट 09

Ques (1-5):निर्देश: निम्नलिखित प्रश्न में दिए गए कथनों को सत्य मानते हुए, ज्ञात कीजिए कि दिए गए निष्कर्षों में से कौन-सा/से निष्कर्ष निश्चित रूप से सत्य है/हैं और उसके अनुसार अपना उत्तर दीजिए।

Q.1 कथन: P = Q < R > S = T; A < T < B; C > T < D
निष्कर्ष:
I. C < A
II. D < A
A. कोई सत्य नहीं है
B. I और II दोनों सत्य हैं
C. केवल II सत्य है
D. केवल I सत्य है
E. या तो I या तो II सत्य है

Q.2 कथन: P = Q ≤ R ≤ S; S > A < B; C > D > A
निष्कर्ष:
I. P > A
II. R < C
A. कोई सत्य नहीं है
B. I और II दोनों सत्य हैं
C. केवल II सत्य है
D. केवल I सत्य है
E. या तो I या तो II सत्य है

Q.3 कथन: A < B = C; C ≤ D ≤ E; E > F < G; G = H
निष्कर्ष:
I. A < E
II. A < F
A. कोई सत्य नहीं है
B. I और II दोनों सत्य हैं
C. केवल II सत्य है
D. केवल I सत्य है
E. या तो I या तो II सत्य है

Q.4 कथन: P ≤ Q > R > S; S = T > U < V = W
निष्कर्ष:
I. U < Q
II. V > T
A. कोई सत्य नहीं है
B. I और II दोनों सत्य हैं
C. केवल II सत्य है
D. केवल I सत्य है
E. या तो I या तो II सत्य है

Q.5 कथन: A > B < C; C > D > E; D < F > C
निष्कर्ष:
I. C < F
II. C < E
A. कोई सत्य नहीं है
B. I और II दोनों सत्य हैं
C. केवल II सत्य है
D. केवल I सत्य है
E. या तो I या तो II सत्य है

Ques (6-10):निर्देश: निम्नलिखित प्रश्न में दिए गए कथनों को सत्य मानते हुए, यह ज्ञात कीजिये कि दिए गए निष्कर्षों में से कौन-सा/कौन-से निष्कर्ष निश्चित रूप से सत्य है/हैं और तदनुसार अपने उत्तर दीजिये।

Q.6 कथन:
F < D ≤ G, K > M > L ≥ G
निष्कर्ष:
I. M > D
II. M = D
A. केवल I सत्य है
B. केवल II सत्य है
C. I और II दोनों सत्य हैं
D. कोई भी सत्य नहीं है
E. या तो I या फिर II सत्य है

Q.7 कथन:
S > M ≥ O, O ≥ P ≥ N > K
निष्कर्ष:
I. O > N
II. N ≤ M
A. कोई भी सत्य नहीं है
B. केवल II सत्य है
C. I और II दोनों सत्य हैं
D. केवल I सत्य है
E. या तो I या II सत्य है

Q.8 कथन: X > Y ≥ Z ≥ W, W > V ≥ U
निष्कर्ष:
I. W < U
II. Y > W
A. केवल I सत्य है
B. केवल II सत्य है
C. I और II दोनों सत्य हैं
D. कोई भी सत्य नहीं है
E. या तो I या II सत्य है

Q.9 कथन: 1 < 2 ≤ 4, 3 > 5 ≥ 6 > 4
निष्कर्ष:
I. 1 = 6
II. 6 > 1
A. केवल I सत्य है
B. केवल II सत्य है
C. I और II दोनों सत्य हैं
D. कोई भी सत्य नहीं है
E. या तो I या II सत्य है

Q.10 कथन: P > M > Q ≥ R, S < N ≤ O ≤ T = R
निष्कर्ष:
I. M > N
II. Q ≤ T
A. कोई भी सत्य नहीं है
B. केवल II सत्य है
C. I और II दोनों सत्य हैं
D. केवल I सत्य है
E. या तो I या II सत्य है

Ques (11-15):निर्देश: इन प्रश्नों में, विभिन्न तत्वों के बीच संबंध कथनों में दर्शाया गया है। कथनों के बाद निष्कर्ष दिए गए हैं। दिए गए कथनों के

आधार पर निष्कर्षों का अध्ययन कीजिये और उपयुक्त उत्तर का चयन कीजिये।

Q.11 कथन:

F > Y ≥ X < Z, C ≤ X < W

निष्कर्ष:

I. Z > C

II. F > W

A. केवल I अनुसरण करता है
B. केवल II अनुसरण करता है
C. या तो I या II अनुसरण करता है
D. न तो I न ही II अनुसरण करता है
E. I और II दोनों अनुसरण करते हैं

Q.12 कथन:

S > E ≥ F < N, F > R ≤ I > T

निष्कर्ष:

I. N > R

II. E > T

A. केवल I अनुसरण करता है
B. केवल II अनुसरण करता है
C. या तो I या II अनुसरण करता है
D. न तो I न ही II अनुसरण करता है
E. I और II दोनों अनुसरण करते हैं

Q.13 कथन:

H < A ≥ V, A ≤ N < C

निष्कर्ष:

I. C > H

II. N ≥ V

A. केवल I अनुसरण करता है
B. केवल II अनुसरण करता है
C. या तो I या II अनुसरण करता है
D. न तो I न ही II अनुसरण करता है
E. I और II दोनों अनुसरण करते हैं

Q.14 कथन:

C > O ≤ M > I > N, G ≤ N < P

निष्कर्ष:

I. G > O

II. P > M

A. केवल I अनुसरण करता है
B. केवल II अनुसरण करता है
C. या तो I या II अनुसरण करता है
D. न तो I न ही II अनुसरण करता है
E. I और II दोनों अनुसरण करते हैं

Q.15 कथन:

H = A ≥ N ≤ D > S, N ≥ O = R

निष्कर्ष:

I. R > H

II.R = H

A. केवल I अनुसरण करता है
B. केवल II अनुसरण करता है
C. या तो I या II अनुसरण करता है
D. न तो I न ही II अनुसरण करता है
E. I और II दोनों अनुसरण करते हैं

Ques (16-20):निर्देश: निम्नलिखित प्रश्न में दिए गए कथनों को सत्य मानते हुए, यह ज्ञात कीजिये कि दिए गए निष्कर्षों में से कौन-सा/कौन-से निष्कर्ष निश्चित रूप से सत्य है/हैं और तदनुसार अपने उत्तर दीजिये।

Q.16 कथन: H ≥ M > Q; Z < K < Q

निष्कर्ष:

I. H > K

II. Z ≥ M

A. या तो निष्कर्ष I या II सत्य है
B. केवल निष्कर्ष II सत्य है
C. केवल निष्कर्ष I सत्य है
D. निष्कर्ष I और II दोनों सत्य हैं
E. कोई भी निष्कर्ष सत्य नहीं है

Q.17 कथन: Z ≤ X < P; B < A ≤ Z < C

निष्कर्ष:

I. C < P

II. A ≥ X

A. या तो निष्कर्ष I या II सत्य है
B. केवल निष्कर्ष II सत्य है
C. केवल निष्कर्ष I सत्य है
D. निष्कर्ष I और II दोनों सत्य हैं
E. कोई भी निष्कर्ष सत्य नहीं है

Q.18 कथन: R ≥ X > M; P ≤ N < M

निष्कर्ष:

I. R ≤ M

II. X > P

A. या तो निष्कर्ष I या II सत्य है
B. केवल निष्कर्ष II सत्य है
C. केवल निष्कर्ष I सत्य है
D. निष्कर्ष I और II दोनों सत्य हैं
E. कोई भी निष्कर्ष सत्य नहीं है

Q.19 कथन: L ≤ Z < P; L ≥ T > M

निष्कर्ष:

I. M < P

II. P > T

A. या तो निष्कर्ष I या II सत्य है
B. केवल निष्कर्ष II सत्य है
C. केवल निष्कर्ष I सत्य है
D. निष्कर्ष I और II दोनों सत्य हैं
E. कोई भी निष्कर्ष सत्य नहीं है

Q.20 कथन: K < O ≥ T; S = T > C > B

निष्कर्ष:

I. O > S

II. K < C

A. या तो निष्कर्ष I या II सत्य है
B. केवल निष्कर्ष II सत्य है
C. केवल निष्कर्ष I सत्य है
D. निष्कर्ष I और II दोनों सत्य हैं
E. कोई भी निष्कर्ष सत्य नहीं है

Ques (21-25):निर्देश: इस प्रश्न में कथनों में विभिन्न तत्वों के बीच संबंध को दर्शाया गया है। इन कथनों के बाद दो निष्कर्ष निकलते हैं।

Q.21 कथन: C ≥ M > F < A = B > S
निष्कर्ष:
I. C > B
II. F < S
A. केवल निष्कर्ष I सत्य है।
B. केवल निष्कर्ष II सत्य है।
C. या तो I या II निष्कर्ष सत्य है।
D. न तो I और न ही II निष्कर्ष सत्य है।
E. I और II दोनों निष्कर्ष सत्य है।

Q.22 कथन: H = M ≤ W; C ≥ W < S
निष्कर्ष:
I. C = M
II. C > M
A. केवल निष्कर्ष I सत्य है।
B. केवल निष्कर्ष II सत्य है।
C. या तो I या II निष्कर्ष सत्य है।
D. न तो I और न ही II निष्कर्ष सत्य है।
E. I और II दोनों निष्कर्ष सत्य है।

Q.23 कथन: H < Y, Y ≥ R, R > W
निष्कर्ष:
I. W < Y
II. R ≤ Y
A. केवल निष्कर्ष I सत्य है।
B. केवल निष्कर्ष II सत्य है।
C. या तो I या II निष्कर्ष सत्य है।
D. न तो I और न ही II निष्कर्ष सत्य है।
E. I और II दोनों निष्कर्ष सत्य है।

Q.24 कथन: A ≤ P > B; C > P; F ≤ B
निष्कर्ष:
I. C > A
II. F < P
A. केवल निष्कर्ष I सत्य है।
B. केवल निष्कर्ष II सत्य है।
C. या तो I या II निष्कर्ष सत्य है।
D. न तो I और न ही II निष्कर्ष सत्य है।
E. I और II दोनों निष्कर्ष सत्य है।

Q.25 कथन: A ≤ B < C; A ≥ E; C ≤ F
निष्कर्ष:
I. E < C
II. F ≥ E
A. केवल निष्कर्ष I सत्य है।
B. केवल निष्कर्ष II सत्य है।
C. या तो I या II निष्कर्ष सत्य है।
D. न तो I और न ही II निष्कर्ष सत्य है।
E. I और II दोनों निष्कर्ष सत्य है।

Ques (26-30):निर्देश: निम्नलिखित प्रश्न में दिए गए कथनों को सत्य मानते हुए, यह ज्ञात कीजिये कि दिए गए निष्कर्षों में से कौन-सा/कौन-से निष्कर्ष निश्चित रूप से सत्य है/हैं और तदनुसार अपने उत्तर दीजिये।

Q.26 कथन: Z > Y ≥ X ≥ K; K = L ≥ M;
निम्नलिखित में से कौन सा निश्चित रूप से सत्य है?
A. X > L
B. Z > L
C. K = Z
D. K < Y
E. उपरोक्त में से कोई नहीं

Q.27 कथन: M < N = O > P, Q > R < M, S ≤ P
निष्कर्ष:
I. Q > P
II. N > S
III. R < O
IV.R ≥ O
A. कोई भी सत्य नहीं है
B. केवल IV सत्य है
C. II और III दोनों सत्य हैं
D. या तो I या III और IV सत्य हैं
E. या तो I या III सत्य है

Q.28 कथन: T ≥ C ≥ F; E = A < D; X > T; D < F = T
निष्कर्ष:
I. F < E
II. C = F
III. A > T
A. केवल I सही है
B. केवल II सही है
C. केवल III सही है
D. केवल I और III सही हैं
E. कोई भी सत्य नहीं है

Q.29 कथन: Y < Z > X; W > D < R; Y > T = R; X > W
निष्कर्ष:
I. R < Z
II. X > D
III. T < W
A. केवल I सही है
B. केवल II सही है
C. केवल I और II सही हैं
D. केवल II और III सही हैं
E. केवल III और IV सही हैं

Q.30 कथन: E ≥ U = D; R < A < F; W ≤ D; W > F
निष्कर्ष:
I. U < R
II. E = W
III. E > W
A. केवल II सही है
B. केवल III सही है
C. केवल I और II सही हैं
D. या तो I या फिर II सही है
E. या तो II या फिर III सही है

// स्मार्ट उत्तर पुस्तिका //

सही उत्तर — उन छात्रों के प्रतिशत को इंगित करता है जिन्होंने प्रश्नों का सही उत्तर दिया था।

छोड़ दिया — उन छात्रों के प्रतिशत को इंगित करता है जिन्होंने प्रश्नों को छोड़ दिया था।

प्रश्न संख्या	उत्तर	सही उत्तर	छोड़ दिया
1	A	58.34 %	35.73 %
2	A	51.51 %	41.44 %
3	D	46.01 %	51.99 %
4	D	56.75 %	35.44 %
5	D	55.82 %	37.79 %
6	A	40.59 %	45.45 %
7	B	48.88 %	35.27 %
8	D	43.82 %	54.31 %
9	B	63.1 %	36.5 %
10	D	68.66 %	30.09 %
11	A	55.82 %	35.17 %
12	A	54.03 %	38.1 %
13	E	53.54 %	33.63 %
14	D	64.27 %	31.66 %
15	D	48.89 %	36.71 %
16	C	51.73 %	35.9 %
17	E	62.19 %	37.11 %
18	B	49.61 %	32.36 %
19	D	69.06 %	30.59 %
20	E	54.83 %	42.17 %
21	D	66.18 %	30.53 %
22	C	46.48 %	50.79 %
23	E	58.9 %	35.88 %
24	E	41.57 %	56.88 %
25	A	69.79 %	30.07 %
26	B	49.5 %	42.3 %
27	C	68.67 %	30.08 %
28	E	60.62 %	32.63 %
29	C	60.15 %	36.57 %
30	E	50.72 %	32.22 %

कार्य विश्लेषण	
औसत अंक (%)	30.0%
टॉपर्स स्कोर (%)	53.33%
आपका स्कोर	

//संकेत और समाधान//

1. दिए गए कथन: P = Q < R > S = T; A < T < B; C > T < D

संयोजन करने पर: P = Q < R > S = T < D, B; C > T > A

निष्कर्ष:

I. C < A → असत्य (चूँकि C > T > A)

II. D < A → असत्य (चूँकि D > T > A)

इस प्रकार, कोई सत्य नहीं है।

अतः विकल्प (A) सही है।

2. दिए गए कथन: P = Q ≤ R ≤ S; S > A < B; C > D > A

संयोजन करने पर: P = Q ≤ R ≤ S > A < B; A < D < C

निष्कर्ष:

I. P > A → असत्य (चूँकि P = Q ≤ R ≤ S > A → इसलिए हम P और A के बीच संबंध निर्धारित नहीं कर सकते हैं।)

II. R < C → असत्य (चूँकि P = Q ≤ R ≤ S > A < B; A < D < C → इसलिए हम R और C के बीच संबंध निर्धारित नहीं कर सकते हैं।)

इस प्रकार, कोई सत्य नहीं है।

अतः विकल्प (A) सही है।

3. दिया गया कथन: A < B = C; C ≤ D ≤ E; E > F < G; G = H

संयोजन करने पर: A < B = C ≤ D ≤ E > F < G = H

निष्कर्ष:

I. A < E → सत्य (चूँकि A < B = C ≤ D ≤ E)

II. A < F → असत्य (चूँकि A < B = C ≤ D ≤ E > F)

इस प्रकार, केवल I सत्य है।

अतः विकल्प (D) सही है।

4. दिए गए कथन: P ≤ Q > R > S; S = T > U < V = W

संयोजन करने पर: P ≤ Q > R > S = T > U < V = W

निष्कर्ष:

I. U < Q → सत्य (चूँकि Q > R > S = T > U)

II. V > T → असत्य (चूँकि T > U < V → इसलिए V और T के बीच संबंध निर्धारित नहीं किया जा सकता है)

इस प्रकार, केवल I सत्य है।

अतः विकल्प (D) सही है।

5. दिए गए कथन: A > B < C; C > D > E; E < F > C

संयोजन करने पर: A > B < C > D > E; C < F > E

निष्कर्ष:

I. C < F → सत्य (चूँकि C < F > E)

II. C < E → असत्य (चूँकि C < F > E)

इस प्रकार, केवल I सत्य है।

अतः विकल्प (D) सही है।

6. दिए गए कथन: F < D ≤ G, K > M > L ≥ G

संयोजन से: F < D ≤ G ≤ L < M < K

निष्कर्ष:

I. M > D → सत्य (चूँकि D ≤ G ≤ L < M → D < M)

II. M = D → असत्य (चूँकि D ≤ G ≤ L < M → D < M)

इस प्रकार, केवल I सत्य है।

अतः विकल्प (A) सही है।

7. दिए गए कथन: S > M ≥ O, O ≥ P ≥ N > K

संयोजन करने पर: S > M ≥ O ≥ P ≥ N > K

निष्कर्ष:

I. O > N → असत्य (चूँकि O ≥ P ≥ N → O ≥ N)

II. N ≤ M → सत्य (चूँकि M ≥ O ≥ P ≥ N → M ≥ N)

इस प्रकार, केवल II सत्य है।

अतः विकल्प (B) सही है।

8. दिए गए कथन: X > Y ≥ Z ≥ W, W > V ≥ U

संयोजित करने पर: X > Y ≥ Z ≥ W > V ≥ U

निष्कर्ष:

I. W < U → असत्य (चूंकि X > Y ≥ Z ≥ W > V ≥ U → W > U)

II. Y > W → असत्य (चूंकि Y ≥ Z ≥ W → Y ≥ W, यह संभव है लेकिन निश्चित नहीं है)

इसलिए, कोई भी सत्य नहीं है।

अतः विकल्प (D) सही है।

9. दिए गए कथन: 1 < 2 ≤ 4, 3 > 5 ≥ 6 > 4

संयोजित करने पर:1 < 2 ≤ 4 < 6 ≤ 5 < 3

निष्कर्ष:

I. 1 = 6 → असत्य (चूंकि 1 < 2 ≤ 4 < 6 → 1 < 6)

II. 6 > 1 → सत्य (चूंकि 1 < 2 ≤ 4 < 6 → 1 < 6)

इसलिए, केवल II सत्य है।

अतः विकल्प (B) सही है।

10. दिए गए कथन: P > M > Q ≥ R, S < N ≤ O ≤ T = R

संयोजित करने पर: P > M > Q ≥ R = T ≥ O ≥ N > S

निष्कर्ष:

I. M > N → सत्य (चूंकि M > Q ≥ R = T ≥ O ≥ N → M > N)

II. Q ≤ T → असत्य(चूंकि Q ≥ R = T → Q ≥ T)

इसलिए, केवल I सत्य है।

अतः विकल्प (D) सही है।

11. दिया गया कथन F > Y ≥ X < Z, C ≤ X < W

संयोजन करने पर – हमें F > Y ≥ X ≥ C और F > Y ≥ X < W मिलेगा

निष्कर्ष:

I. Z > C – सत्य है (Z > X ≥ C)

II. F > W – असत्य है (F और W के बीच सम्बन्ध निर्धारित नहीं किया जा सकता)

इसलिए, केवल निष्कर्ष I अनुसरण करता है।

अतः विकल्प (A) सही है।

12. दिया गया कथन S > E ≥ F < N, F > R ≤ I > T

संयोजन करने पर – हमें S > E ≥ F > R ≤ I > T और N > F > R ≤ I > T मिलेगा

निष्कर्ष:

I. N > R – सत्य है (N > F > R)

II. E > T असत्य है (E और T के बीच संबंध निर्धारित नहीं किया जा सकता)

इसलिए , केवल निष्कर्ष I अनुसरण करता है।

अतः विकल्प (A) सही है।

13. दिया गया कथन H < A ≥ V, A ≤ N < C

संयोजन करने पर – हमें C > N ≥ A > H और C > N ≥ A ≥ V मिलेगा

निष्कर्ष:

I. C > H – सत्य है (C > N ≥ A > H)

II. N ≥ V – सत्य है (C > N ≥ A ≥ V)

इसलिए, निष्कर्ष I और II दोनों अनुसरण करते हैं।

अतः विकल्प (E) सही है।

14. दिया गया कथन C > O ≤ M > I > N, G ≤ N < P

संयोजन करने पर – हमें P > N < I < M ≥ O < C और G ≤ N < I < M ≥ O < C मिलेगा

निष्कर्ष:

I. N > O – असत्य है (N और O के बीच संबंध निर्धारित नहीं किया जा सकता)

II. P > M – असत्य है (P और M के बीच संबंध निर्धारित नहीं किया जा सकता)

इसलिए, न तो निष्कर्ष I न ही II अनुसरण करता है।

अतः विकल्प (D) सही है।

15. दिया गया कथन H = A ≥ N ≤ D > S, N ≥ O = R

संयोजन करने पर – हमें H = A ≥ N ≥ O = R और S < D ≥ N ≥ O = R मिलेगा

निष्कर्ष:

I. R > H – असत्य है (R ≤ H)

II.R = H – असत्य है (R ≤ H)

इसलिए, न तो निष्कर्ष I न ही II अनुसरण करता है।

अतः विकल्प (D) सही है।

16. दिया गया कथन: H ≥ M > Q; Z < K < Q

संयोजन करने पर हमें प्राप्त होता है

H ≥ M > Q > K < Z

निष्कर्ष:

I. H > K → सत्य (क्योंकि H ≥ M > Q > K, तो, H > K)

II. Z ≥ M → असत्य (क्योंकि H ≥ M > Q > K < Z, Z और M के बीच संबंध निर्धारित नहीं किया जा सकता है)

इसलिए, केवल निष्कर्ष I सत्य है।

अतः विकल्प (C) सही है।

17. दिया गया कथन: Z ≤ X < P; B < A ≤ Z < C

संयोजन करने पर हमें प्राप्त होता है,

P > X ≥ Z ≥ A > B; P > X ≥ Z < C

निष्कर्ष:

I. C < P → असत्य (क्योंकि P > X ≥ Z < C, P और C के बीच संबंध निर्धारित नहीं किया जा सकता है)

II. A ≥ X असत्य (क्योंकि P > X ≥ Z ≥ A > B; तो, X ≥ A)

इसलिए, कोई भी निष्कर्ष सत्य नहीं है।

अतः विकल्प (E) सही है।

18. दिया गया कथन: R ≥ X > M; P ≤ N < M;

संयोजन करने पर हमें प्राप्त होता है

R ≥ X > M > N ≥ P

निष्कर्ष:

I. R ≤ M → असत्य (क्योंकि R ≥ X > M > N ≥ P)

II. X > P → सत्य (क्योंकि R ≥ X > M > N ≥ P)

इसलिए, केवल निष्कर्ष II सत्य है।

अतः विकल्प (B) सही है।

19. दिया गया कथन: L ≤ Z < P; L ≥ T > M

संयोजन करने पर हमें प्राप्त होता है

Z ≥ L ≥ T > M; P > Z ≥ L ≥ T > M

निष्कर्ष:

I. M < P → सत्य (क्योंकि P > Z ≥ L ≥ T > M, P > M)

II. P > T → सत्य (क्योंकि P > Z ≥ L ≥ T > M)

इसलिए, निष्कर्ष I और II दोनों सत्य हैं।

अतः विकल्प (D) सही है।

20. दिया गया कथन: K < O ≥ T; S = T > C > B

संयोजन करने पर हमें प्राप्त होता है,

O ≥ T > C > B; O ≥ T = S; K < O ≥ T > C

निष्कर्ष:

I. O > S → असत्य (क्योंकि, O ≥ T = S, तो, O ≥ S)

II. K < C → असत्य (क्योंकि, K < O ≥ T > C, K और C के बीच संबंध निर्धारित नहीं किया जा सकता है)

इसलिए , कोई भी निष्कर्ष सत्य नहीं है।

अतः विकल्प (E) सही है।

21. कथन: C ≥ M > F < A = B > S

निष्कर्ष:

I. C > B ⇒ यह सत्य नहीं है क्योंकि C > F और B > F इसलिए C और B के बीच कोई सीधा सम्बन्ध स्थापित नहीं हो सकता है।

II. F < S ⇒ यह सत्य नहीं है क्योंकि A > S और A > F इसलिए S और F के बीच कोई सीधा सम्बन्ध स्थापित नहीं हो सकता है।

इसलिए, न तो I और न ही II निष्कर्ष सत्य है।

अतः विकल्प (D) सही है।

22. दिया हुआ कथन है: H = M ≤ W; C ≥ W < S

पुनः व्यवस्थित करने पर: H = M ≤ W ≤ C; W < S

निष्कर्ष:

I. C = M (असत्य क्योंकि C ≥ M)

II. C > M (असत्य क्योंकि C ≥ M)

परंतु दोनों निष्कर्ष: मानार्थ जोड़ें हैं; इसलिए, या तो निष्कर्ष I या II सत्य है।

अतः विकल्प (C) सही है।

23. दिया हुआ कथन है: H < Y, Y ≥ R, R > W

जोड़ने पर: H < Y ≥ R > W

निष्कर्ष:

I. W < Y (सत्य)

II. R ≤ Y (सत्य)

इसलिए, दोनों निष्कर्ष I और II सत्य हैं।

अतः विकल्प (E) सही है।

24. कथन: A ≤ P > B; C > P; F ≤ B

⇒ A ≤ P > B ≥ F; C > P

निष्कर्ष:

I. C > A ⇒ सत्य है, क्योंकि C > P और A ≤ P ⇒ C > P ≥ A ⇒ C > A

II. F < P ⇒ सत्य है, क्योंकि P > B ≥ F ⇒ P > F

इसलिए, निष्कर्ष I और II दोनों सत्य है।

अतः विकल्प (E) सही है।

25. कथन: A ≤ B < C; A ≥ E; C ≤ F

जोड़ने पर: E ≤ A ≤ B < C ≤ F

निष्कर्ष:

I. E < C ⇒ सत्य है क्योंकि C > B और B ≥ E इसलिए C > E

II. F ≥ E ⇒ सत्य नहीं है क्योंकि F > B और B ≥ E इसलिए F > E

इसलिए, केवल निष्कर्ष I सत्य है।

अतः विकल्प (A) सही है।

26. दिए गए कथन: Z > Y ≥ X ≥ K; K = L ≥ M;

मिलाने पर: Z > Y ≥ X ≥ K = L ≥ M;

निष्कर्ष:

I. X > L → असत्य (जैसा कि X ≥ K और K = L का अर्थ है X ≥ L, इस प्रकार एक स्पष्ट संबंध निर्धारित नहीं किया जा सकता है)

II. Z > L → सत्य (जैसा कि Z > Y ≥ X ≥ K; K = L का अर्थ है Z > L)

III. K = Z → असत्य (जैसा कि Z > Y ≥ X ≥ K का अर्थ है K < Z)

IV. K < Y → असत्य (जैसा कि Z > Y ≥ X ≥ K का अर्थ है Y ≥ K, इस प्रकार एक स्पष्ट संबंध निर्धारित नहीं किया जा सकता है)

अतः विकल्प (B) सही है।

27. दिया गया कथन: M < N = O > P, Q > R < M, S ≤ P

संयोजित करने पर: M < N = O > P ≥ S, Q > R < M < N = O > P

निष्कर्ष:

I. Q > P → असत्य (क्योंकि Q > R < M < N = O > P → संबंध निर्धारित नहीं किया जा सकता)

II. N > S → सत्य (क्योंकि N = O > P ≥ S→N>S)

III. R < O → सत्य(क्योंकि R < M < N = O → R < O)

IV. R ≥ O → असत्य (क्योंकि R < M < N = O → R < O)

अतः विकल्प (C) सही है।

28. दिए गए कथन: T ≥ C ≥ F; E = A < D; X > T; D < F = T

संयोजन करके: E = A < D < F ≤ C ≤ T < X; F = T

निष्कर्ष:

I. F < E → गलत (क्योंकि E = A < D < F → E < F)

II. C = F → गलत (दी गयी जानकारी के अनुसार, F = T & T ≥ C ≥ F)

III. A > T → गलत (क्योंकि A < D < F ≤ C ≤ T → A < F ≤ C ≤ T → A < C ≤ T → A < T)

अतः विकल्प (E) सही है।

29. दिए गए कथन: Y < Z > X; W > D < R; Y > T = R; X > W

संयोजन करके: D < R = T < Y < Z > X > W > D

निष्कर्ष:

I. R < Z → सही (क्योंकि R = T < Y < Z → R < Z)

II. X > D → सही (क्योंकि X > W > D → X > D)

III. T < W → गलत (क्योंकि T < Y < Z > X > W → T < Z > W → इसलिए T और W के मध्य स्पष्ट सम्बंध निर्धारित नहीं किया जा सकत है)

अतः विकल्प (C) सही है।

30. दिए गए कथन: E ≥ U = D; R < A < F; W ≤ D; W > F

संयोजन करके: E ≥ U = D ≥ W > F > A > R

निष्कर्ष:

I. U < R → गलत (क्योंकि U = D ≥ W > F > A > R → U ≥ W > R → U > R)

II. E = W → गलत (क्योंकि E ≥ U = D ≥ W → E ≥ D ≥ W → E ≥ W)

III. E > W → गलत (क्योंकि E ≥ U = D ≥ W → E ≥ D ≥ W → E ≥ W)

चूँकि, निष्कर्ष II और III समपूरक जोड़ी बनते हैं और E ≥ W

अतः विकल्प (E) सही है।

तर्कशक्ति अभियोग्यता टेस्ट 10

Ques (1-5):निर्देश: निम्नलिखित जानकारी का ध्यानपूर्वक अध्ययन कीजिए और नीचे दिये गए प्रश्न के उत्तर दीजिए।

एक कपड़े की दुकान में, धागे के आठ ढेर एक दूसरे के ऊपर रखे जाते हैं। धागों को आरोही क्रम संख्या में 1 से 8 तक इस प्रकार अंकित किया गया है कि शीर्ष धागे की संख्या 8 है जबकि सबसे नीचे धागे की संख्या 1 है। प्रत्येक धागा - कपास, ऊन, रेशम, चमड़ा, रेयान, साटन, मखमल और डेनिम के मध्य एक अलग कपड़ा है, लेकिन समान क्रम में हो आवश्यक नहीं है।

तीन धागे चमड़े के धागे और साटन के धागे के मध्य रखे गए हैं। रेयान के धागे को शीर्ष से दूसरे स्थान पर रखा गया है। रेयान के ऊपर धागे की संख्या चमड़े के नीचे धागे की संख्या के समान है। रेशम के धागे को साटन के धागे या रेयान के धागे के नीचे नहीं रखा गया है। कपास के धागे को सबसे नीचे नहीं रखा गया है। ऊन के धागे को कपास के धागे के ऊपर रखा गया है लेकिन डेनिम के धागे के नीचे रखा गया है।

Q.1 यदि साटन के धागे को कपास के धागे के साथ बदल दिया गया है, तो कपास के धागे और ऊन के धागे के बीच कितने धागे रखे गए हैं?

A. तीन **B.** एक **C.** दो **D.** पाँच
E. चार

Q.2 निम्नलिखित में से कौन सा कथन सत्य है/हैं?

I. रेशम के धागे को डेनिम के धागे के नीचे रखा गया है।
II. चमड़े के धागे को मखमली के धागे के ठीक ऊपर रखा गया है।
III. रेयान के धागे और कपास के धागे के बीच तीन धागे हैं।

A. I और II
B. II और III
C. I और III
D. उपरोक्त सभी
E. निर्धारित नहीं किया जा सकता

Q.3 किस कपड़े के धागे को सबसे नीचे रखा गया है?

A. डेनिम **B.** मखमल **C.** रेशम **D.** ऊन
E. कपास

Q.4 डेनिम के धागे को किस स्थिति पर रखा गया है?

A. शीर्ष से तीसरा **B.** नीचे से चौथा
C. नीचे से तीसरा **D.** नीचे से दूसरा
E. शीर्ष से चौथा

Q.5 मखमल के धागे और ऊन के बीच कितने धागे रखे गए हैं?

A. 0 **B.** 3 **C.** 2 **D.** 1
E. 6

Ques (6-10):निर्देश: निम्नलिखित जानकारी का ध्यानपूर्वक अध्ययन कीजिए और नीचे दिये गए प्रश्न के उत्तर दीजिए।

आठ बॉक्स A, B, C, D, E, F, G और H को एक के ऊपर एक रखा जाता हैं लेकिन जरूरी नहीं कि क्रम में हो। प्रत्येक बॉक्स में 1 से 8 के बीच की संख्या लिखी हैं लेकिन जरूरी नहीं कि क्रम में हो।

बॉक्स को बढ़ते क्रम में इस प्रकार रखा जाता हैं कि सबसे छोटी संख्या वाला बॉक्स सबसे ऊपर और सबसे बड़ी संख्या वाले बॉक्स को सबसे नीचे रखा जाता है।

C को G के ठीक ऊपर रखा जाता है। G सबसे निचला बॉक्स हैं। D और G के बीच चार बॉक्स रखे जाते है। B और G के बीच दो बॉक्स रखे जाते है। A और G के बीच बॉक्स की संख्या उतनी ही हैं जितनी H और B के बीच है। H को B के ऊपर रखा जाता हैं। F और D के बीच दो बॉक्स रखे जाते हैं। E और B के बीच कम से कम दो बॉक्स रखे जाते हैं।

Q.6 कौन-सा बॉक्स सबसे ऊपर हैं?

A. A **B.** H **C.** E **D.** B
E. F

Q.7 E और F के बीच कितने बॉक्स रखे जाते हैं?

A. 1 **B.** 2 **C.** 3 **D.** 4
E. 5

Q.8 H और D के बीच कौन-से बॉक्स को रखा जाता हैं?

A. A **B.** E **C.** C **D.** B
E. F

Q.9 A के ठीक ऊपर कौन-सा बॉक्स रखा गया हैं?

A. D **B.** E **C.** C **D.** B
E. F

Q.10 F के ठीक नीचे कौन-सा बॉक्स रखा गया हैं?

A. D **B.** E **C.** C **D.** B
E. G

Ques (11-15):निर्देश: निम्नलिखित जानकारी का ध्यानपूर्वक अध्ययन कीजिए और नीचे दिये गए प्रश्न के उत्तर दीजिए।

आठ अलग-अलग बॉक्स को एक के ऊपर एक रखा जाता है, लेकिन आवश्यक नहीं समान क्रम में रखा जाए। प्रत्येक बॉक्स में अलग-अलग किताबें इतिहास, भूगोल, भौतिकी, रसायन विज्ञान, वनस्पति विज्ञान, जन्तु विज्ञान, गणित और कंप्यूटर शामिल हैं। बॉक्स को 1 से 8 के रूप में क्रमांकित किया गया है। सबसे निचले बॉक्स को 1 के रूप में क्रमांकित किया गया है और 1 से ऊपर के बॉक्स को 2 के रूप में क्रमांकित किया गया है और सबसे ऊपर वाले बॉक्स को 8 के रूप में क्रमांकित किया गया है। गणित को सबसे ऊपरी बॉक्स में रखा जाता है। केवल तीन बॉक्स भूगोल से नीचे रखे गए हैं। भौतिकी को इतिहास के ठीक ऊपर और कंप्यूटर के ठीक नीचे रखा जाता है। केवल दो बॉक्स भूगोल और इतिहास के बीच रखे जाते हैं। वनस्पति विज्ञान को जन्तु विज्ञान से ऊपर रखा गया है और रसायन विज्ञान से नीचे रखा गया है।

Q.11 जन्तु विज्ञान किस बॉक्स में रखी जाती है?

A. सातवीं **B.** छठी **C.** पांचवीं **D.** तीसरी
E. चौथी

Q.12 पाँच में से चार एक निश्चित तरीके से समान हैं जो निम्न में से उस समूह से संबंधित नहीं हैं?

A. कंप्यूटर **B.** रसायन विज्ञान
C. इतिहास **D.** भौतिकी
E. जन्तु विज्ञान

Q.13 जिस बॉक्स पर वनस्पति विज्ञान रखी जाती है, उसके ऊपर के बॉक्स की संख्या उस बॉक्स के नीचे के बॉक्स की संख्या के सामान है जिस पर ________ रखी जाती है।

A. भौतिकी **B.** भूगोल
C. जन्तु विज्ञान **D.** कंप्यूटर
E. इतिहास

Q.14 जिस बॉक्स पर रसायन विज्ञान रखा जाता है और जिस बॉक्स पर भूगोल रखा जाता है, उसके बीच कितने बॉक्स हैं?

A. दो B. तीन C. चार D. पांच
E. कोई नहीं

Q.15 निम्नलिखित में से कौन सी किताब सबसे नीचे वाले बॉक्स में रखी गई है?
A. वनस्पति विज्ञान B. इतिहास
C. भौतिक विज्ञान D. जन्तु विज्ञान
E. कंप्यूटर

Ques (16-20):निर्देश: निम्नलिखित जानकारी का ध्यानपूर्वक अध्ययन कीजिए और नीचे दिये गए प्रश्न के उत्तर दीजिए।

एक दुकान में विभिन्न नामों के सात डिब्बे रखे गए हैं। वे P, Q, R, S, T, U और V हैं। प्रत्येक डिब्बे पर 1 से 7 तक एक संख्या लिखी होती है लेकिन समान क्रम में होना आवश्यक नहीं है। डिब्बों को आरोही क्रम में एक ढेर में व्यवस्थित किया गया है जिसमें न्यूनतम संख्या का डिब्बा सबसे ऊपर रखा गया है।

डिब्बा Q डिब्बा T के ठीक ऊपर है। T को विषम संख्या पर रखा है। Q और S के मध्य दो डिब्बे रखे गए हैं। S और P के मध्य एक से अधिक डिब्बा नहीं रखा गया है, जिसमें S को P के ऊपर रखा गया है। T और R के मध्य दो डिब्बे रखे गए हैं। डिब्बा V को डिब्बा T के ठीक नीचे रखा गया है लेकिन डिब्बा U के ठीक ऊपर नहीं रखा गया है।

Q.16 निम्नलिखित में से कौन-सी स्थिति सही है?
A. R - आठवाँ B. U - पहला
C. V - छठा D. P - तीसरा
E. इनमें से कोई नहीं

Q.17 डिब्बा Q और R के मध्य कितने डिब्बे हैं?
A. 2 B. 5
C. 4 D. 3
E. इनमें से कोई नहीं

Q.18 कौन सा डिब्बा सबसे नीचे है?
A. P B. S
C. U D. T
E. इनमें से कोई नहीं

Q.19 डिब्बा V कौन-सी संख्या का डिब्बा है?
A. तीसरा B. छठा
C. चौथा D. पाँचवा
E. इनमें से कोई नहीं

Q.20 डिब्बा S और P के मध्य में कौन-सा डिब्बा रखा गया है?
A. V B. R
C. Q D. T
E. इनमें से कोई नहीं

Ques (21-25):निर्देश: निम्नलिखित जानकारी का ध्यानपूर्वक अध्ययन कीजिए और नीचे दिये गए प्रश्न के उत्तर दीजिए।

आठ चॉकलेट बॉक्स जैसे कि फाइवस्टार, डेयरी मिल्क, किटकैट, स्निकर, ट्विक्स, बॉर्नविले, कैडबरी और कैंडी एक के ऊपर एक रखे है लेकिन इसी क्रम में यह आवश्यक नहीं है। डेयरी मिल्क और स्निकर के बीच तीन चॉकलेट बॉक्स रखे गए हैं। दो बॉक्स ट्विक्स और डेयरी मिल्क के बीच में रखे हैं। ट्विक्स, डेयरी मिल्क के नीचे रखा है। चार बॉक्स ट्विक्स और कैडबरी के बीच में रखे गए हैं। कैडबरी के ऊपर रखे बॉक्स की संख्या कैंडी के नीचे के रखे बॉक्स की संख्या के समान है। बॉर्नविले को किटकैट के ऊपर लेकिन फाइवस्टार के नीचे रखा गया है। बॉर्नविले, किटकैट के ठीक ऊपर नहीं रखा है।

Q.21 इनमें से कौन सा चॉकलेट बॉक्स बॉर्नविले और फाइवस्टार के बीच में रखा गया है?
A. कैडबरी B. डेयरी मिल्क
C. कैंडी D. किटकैट
E. ट्विक्स

Q.22 इनमें से कौन सा बॉक्स को सबसे ऊपर रखा गया है?
A. फाइवस्टार B. कैडबरी
C. किटकैट D. ट्विक्स
E. स्निकर

Q.23 ट्विक्स और स्निकर के बीच कितने बॉक्स हैं?
A. कोई नहीं B. दो
C. तीन D. चार
E. चार से अधिक

Q.24 निम्नलिखित में से कौन सा बॉक्स कैंडी के बॉक्स के ठीक नीचे रखा गया है?
A. किटकैट B. डेयरी मिल्क
C. बॉर्नविले D. स्निकर
E. इनमें से कोई नहीं

Q.25 कैडबरी के ऊपर कितने बक्से रखे गए हैं?
A. कोई नहीं B. एक C. दो D. तीन
E. चार

Ques (26-30):निर्देश: निम्नलिखित जानकारी का ध्यानपूर्वक अध्ययन कीजिए और नीचे दिये गए प्रश्न के उत्तर दीजिए।

आठ डिब्बों को ढेर बनाने के लिए एक के ऊपर एक रखा गया है। सबसे ऊपर के डिब्बे को संख्या 8 से और सबसे नीचे के डिब्बे को संख्या 1 से अंकित किया जाता है। प्रत्येक डिब्बा विभिन्न रंगों से भरा होता है: नीला, पीला, काला, गुलाबी, हरा, लाल और बैंगनी, लेकिन समान क्रम में होना आवश्यक नहीं है। व्यवस्था में एक डिब्बा रिक्त है।

हरा रंग का डिब्बा लाल रंग के डिब्बे के ठीक ऊपर है। डिब्बा संख्या 5 के नीचे सम संख्या का लाल रंग का डिब्बा है। लाल रंग के डिब्बे और पीले रंग के डिब्बे के मध्य में तीन डिब्बे रखे गए हैं। गुलाबी रंग के डिब्बे और बैंगनी रंग के डिब्बे के बीच 2 डिब्बे रखे गए हैं। बैंगनी रंग के बॉक्स को सबसे ऊपर नहीं रखा जाता है। नीले रंग का डिब्बा गुलाबी रंग के डिब्बे के ठीक नीचे है। डिब्बा संख्या 5 के ऊपर के डिब्बों में से एक रिक्त है। काला रंग का डिब्बा एक विषम संख्या डिब्बा है।

Q.26 निम्नलिखित में से कौन-सी स्थिति सत्य है?
A. लाल - दूसरा B. पीला - आठवाँ
C. काला - चौथा D. बैंगनी - पाँचवा
E. इनमें से कोई नहीं

Q.27 पीले रंग के डिब्बे और गुलाबी रंग के डिब्बे के मध्य में कितने डिब्बे हैं?
A. 6 B. 3
C. 5 D. 4
E. इनमें से कोई नहीं

Q.28 कौन से रंग का डिब्बा सबसे नीचे है?
A. काला B. लाल
C. नीला D. गुलाबी
E. इनमें से कोई नहीं

Q.29 डिब्बा संख्या 5 में कौन-सा रंग भरा है?
A. बैंगनी B. गुलाबी
C. हरा D. नीला

E. इनमें से कोई नहीं

Q.30 किस संख्या का डिब्बा रिक्त है?

A. 8 **B.** 7

C. 6 **D.** 5

E. इनमें से कोई नहीं

// स्मार्ट उत्तर पुस्तिका //

सही उत्तर उन छात्रों के प्रतिशत को इंगित करता है जिन्होंने प्रश्नों का सही उत्तर दिया था।

छोड़ दिया उन छात्रों के प्रतिशत को इंगित करता है जिन्होंने प्रश्नों को छोड़ दिया था।

प्रश्न संख्या	उत्तर	सही उत्तर	छोड़ दिया
1	B	24.26 %	68.18 %
2	B	62.7 %	30.94 %
3	B	77.64 %	19.4 %
4	E	63.76 %	34.19 %
5	C	65.11 %	34.77 %
6	B	78.2 %	17.0 %
7	C	52.01 %	33.3 %
8	B	40.69 %	51.64 %
9	A	54.82 %	42.36 %
10	C	52.91 %	40.03 %
11	C	20.26 %	71.53 %
12	D	65.46 %	31.54 %
13	D	69.2 %	30.18 %
14	A	43.02 %	33.01 %
15	B	84.16 %	11.35 %
16	B	58.75 %	39.23 %
17	D	54.29 %	31.91 %
18	A	76.71 %	13.29 %
19	C	66.81 %	31.23 %
20	B	65.23 %	31.9 %
21	A	16.22 %	69.47 %
22	E	67.66 %	32.1 %
23	E	52.01 %	44.67 %
24	A	44.77 %	42.12 %
25	C	44.63 %	42.41 %
26	B	68.22 %	30.65 %
27	D	40.53 %	35.07 %
28	A	78.03 %	14.0 %
29	C	76.42 %	10.96 %
30	B	84.42 %	13.54 %

कार्य विश्लेषण	
औसत अंक (%)	30.0%
टॉपर्स स्कोर (%)	60.0%
आपका स्कोर	

//संकेत और समाधान//

Ques (1-5):कपड़ों के धागे: कपास, ऊन, रेशम, चमड़ा, रेयान, साटन, मखमल और डेनिम

1) रेयान के धागे को शीर्ष से दूसरे स्थान पर रखा गया है। रेयान के ऊपर धागे की संख्या चमड़े के नीचे धागे की संख्या के समान है। इस प्रकार, चमड़े के धागे के नीचे धागे की संख्या एक है।

इसलिए, चमड़े के धागे को दूसरे स्थान पर रखा गया है।

संख्या	कपड़े का धागा
8	
7	रेयान
6	
5	
4	
3	
2	चमड़ा
1	

2) तीन धागे चमड़े के धागे और साटन के धागे के मध्य रखे गए हैं।

संख्या	कपड़े का धागा
8	
7	रेयान
6	साटन
5	
4	
3	
2	चमड़ा
1	

3) रेशम के धागे को साटन के धागे या रेयान के धागे के नीचे नहीं रखा गया है।

संख्या	कपड़े का धागा
8	रेशम
7	रेयान
6	साटन
5	
4	
3	
2	चमड़ा
1	

4) कपास के धागे को सबसे नीचे नहीं रखा गया है। ऊन के धागे को कपास के धागे के ऊपर रखा गया है लेकिन डेनिम के धागे के नीचे रखा गया है। इस प्रकार, मखमल धागे को सबसे नीचे रखा जाएगा।
अंतिम व्यवस्था इस प्रकार होगी:

संख्या	कपड़े का धागा
8	रेशम
7	रेयान
6	साटन
5	डेनिम
4	ऊन
3	कपास
2	चमड़ा
1	मखमल

1. नई व्यवस्था निम्नानुसार होगी:

संख्या	कपड़े का धागा
8	रेशम
7	रेयान
6	साटन
5	डेनिम
4	ऊन
3	कपास
2	चमड़ा
1	मखमल

इसलिए, यदि साटन के धागे को कपास के धागे के साथ बदल दिया गया है, तो कपास के धागे और ऊन के धागे के मध्य 'एक' धागा रखा गया है।

अत: विकल्प (B) सही है।

2. I. रेशम के धागे को डेनिम के धागे के नीचे रखा गया है → असत्य (रेशम के धागे को सबसे ऊपर रखा गया है)

II. चमड़े के धागे को मखमली के धागे के ठीक ऊपर रखा गया है → सत्य

III. रेयान के धागे और कपास के धागे के बीच तीन धागे हैं → सत्य

अत: विकल्प (B) सही है।

3. इसलिए, 'मखमल' के धागे सबसे नीचे रखे गए है।

अत: विकल्प (B) सही है।

4. इसलिए, डेनिम के धागे को 'शीर्ष से चौथा' रखा गया है।

अत: विकल्प (E) सही है।

5. इसलिए, मखमल के धागे और ऊन के मध्य 'दो' धागे रखे गए हैं।

अत: विकल्प (C) सही है।

Ques (6-10):8 बॉक्स: A, B, C, D, E, F, G और H

1) C को G के ठीक ऊपर रखा जाता है। G सबसे निचला बॉक्स हैं। D और G के बीच चार बॉक्स रखे जाते है।

संख्या	बॉक्स
1	
2	
3	D
4	
5	
6	
7	C
8	G

2) B और G के बीच दो बॉक्स रखे जाते है। A और G के बीच बॉक्स की संख्या उतनी ही हैं जितनी H और B के बीच है। H को B के ठीक ऊपर रखा जाता हैं।

संख्या	बॉक्स
1	H
2	
3	D
4	A
5	B
6	
7	C
8	G

3) F और D के बीच दो बॉक्स रखे जाते हैं। E और B के बीच कम से कम दो बॉक्स रखे जाते हैं।

संख्या	बॉक्स
1	H
2	E
3	D
4	A
5	B
6	F
7	C
8	G

6. इसलिए, बॉक्स H सबसे ऊपर हैं।

अत: विकल्प (B) सही है।

7. इसलिए, E और F के बीच 3 बॉक्स रखे जाते हैं।

अत: विकल्प (C) सही है।

8. इसलिए, H और D के बीच E को रखा जाता हैं।

अत: विकल्प (B) सही है।

9. इसलिए, बॉक्स D को A के ठीक ऊपर रखा गया हैं।

अत: विकल्प (A) सही है।

10. इसलिए, बॉक्स C, F के ठीक नीचे रखा गया हैं।

अत: विकल्प (C) सही है।

Ques (11-15):आठ बॉक्स: 1 से 8

आठ पुस्तकें: इतिहास, भूगोल, भौतिक विज्ञान, रसायन विज्ञान, वनस्पति विज्ञान, जन्तु विज्ञान, गणित और कंप्यूटर

1) गणित को सबसे ऊपरी बॉक्स में रखा जाता है।

2) भूगोल के नीचे केवल तीन बॉक्स रखे गए हैं।

स्थिति 1	
बॉक्स	आइटम
8	गणित
7	
6	
5	
4	भूगोल
3	
2	
1	

3) भौतिकी को ठीक इतिहास से ऊपर रखा जाता है और कंप्यूटर के ठीक नीचे रखा गया है।

स्थिति 1	
बॉक्स	आइटम
8	गणित
7	
6	
5	
4	भूगोल
3	कंप्यूटर
2	भौतिकी
1	इतिहास

स्थिति 2	
बॉक्स	आइटम
8	गणित
7	कंप्यूटर
6	भौतकी
5	इतिहास
4	भूगोल
3	
2	
1	

4) भूगोल और इतिहास के बीच केवल दो बॉक्स रखे गए हैं। (यह स्थिति 2 को रद्द करता है)

5) वनस्पति विज्ञान को जन्तु विज्ञान से ऊपर रखा गया है और रसायन विज्ञान से नीचे रखा गया है।

स्थिति 1	
बॉक्स	आइटम
8	गणित
7	रसायन विज्ञान
6	वनस्पति विज्ञान
5	जन्तु विज्ञान
4	भूगोल
3	कंप्यूटर
2	भौतिक विज्ञान
1	इतिहास

11. इसलिए, जन्तु विज्ञान को बॉक्स संख्या 5 में रखा गया है।

अत: विकल्प (C) सही है।

12. सभी बॉक्सों को छोड़कर विषम संख्या वाले बॉक्स में भौतिकी रखा जाता है, जबकि भौतिकी को सम संख्या बॉक्स में रखा जाता है।

इसलिए, 'भौतिकी' उस समूह से संबंधित नहीं है।
अत: विकल्प (D) सही है।

13. जिस बॉक्स पर वनस्पति विज्ञान रखी जाती है उसके ऊपर के बॉक्स की संख्या 2 है और जिस बॉक्स पर कंप्यूटर रखा होता है उसके नीचे के बॉक्स की संख्या भी 2 है।

अत: विकल्प (D) सही है।

14. इसलिए, 'दो' बॉक्स उस बॉक्स के बीच में होते हैं जिस पर रसायन विज्ञान रखा जाता है और जिस बॉक्स पर भूगोल रखा जाता है।

अत: विकल्प (A) सही है।

15. इसलिए, 'इतिहास' को सबसे निचले बॉक्स में रखा गया है।

अत: विकल्प (B) सही है।

Ques (16-20):डिब्बे: आरोही क्रम में 1 से 7

डिब्बों के नाम: P, Q, R, S, T, U और V

1) डिब्बा Q डिब्बा T के ठीक ऊपर है।

2) T को विषम संख्या पर रखा है।

3) Q और S के मध्य दो डिब्बे रखे गए हैं।

डिब्बा	स्थिति 1	स्थिति 2	स्थिति 3	स्थिति 4
1			S	
2	Q			
3	T			S
4		Q	Q	
5	S	T	T	
6				Q
7		S		T

4) S और P के मध्य एक से अधिक डिब्बा नहीं रखा गया है, जिसमें S को P के ऊपर रखा गया है।

डिब्बा	स्थिति 1	स्थिति 2	स्थिति 3	स्थिति 4	स्थिति 5
1			S		P
2	Q				
3	T		P	S	S
4		Q	Q		
5	S	T	T	P	
6				Q	Q
7	P	S		T	T

चूँकि स्थिति 2 और 5 उपरोक्त स्थिति को पूरा नहीं करते है, इस प्रकार ख़ारिज हो जाती है।

5) T और R के मध्य दो डिब्बे रखे गए हैं।

6) डिब्बा V को डिब्बा T के ठीक नीचे रखा गया है लेकिन डिब्बा U के ठीक ऊपर नहीं रखा गया है।

डिब्बा	स्थिति 1	स्थिति 3	स्थिति 4
1	U	S	
2	Q	R	
3	T	P	S
4	V	Q	R
5	S	T	P
6	R	V	Q
7	P	U	T

चूँकि स्थिति 3 और 4 उपरोक्त स्थिति को पूरा नहीं करते है, इस प्रकार ख़ारिज हो जाती है।

अंतिम व्यवस्था होगी:

डिब्बा	नाम
1	U
2	Q
3	T
4	V
5	S
6	R
7	P

16. जैसा कि U संख्या 1 डिब्बा है।

इसलिए, स्थिति U - पहला सही है और अन्य स्थितियाँ असत्य हैं।

अत: विकल्प (B) सही है।

17. इसलिए, डिब्बा Q और R के मध्य 3 डिब्बे हैं।

अत: विकल्प (D) सही है।

18. इसलिए, डिब्बा P सबसे नीचे है।

अत: विकल्प (A) सही है।

19. इसलिए, डिब्बा V चौथी संख्या का डिब्बा है।

अत: विकल्प (C) सही है।

20. इसलिए, डिब्बा R को डिब्बा S और डिब्बा P के मध्य में रखा जाता है।

अत: विकल्प (B) सही है।

Ques (21-25):आठ चॉकलेट बॉक्स नामत: फाइवस्टार, डेयरी मिल्क, किटकैट, स्निकर, ट्विक्स, बॉर्नविले, कैडबरी और कैंडी।

1) डेयरी मिल्क और स्निकर के बीच तीन चॉकलेट बॉक्स रखे गए हैं।

2) दो बॉक्स ट्विक्स और डेयरी मिल्क के बीच में रखे गए हैं।

3) ट्विक्स, डेयरी मिल्क के नीचे रखा गया है।

स्थिति 1	स्थिति 2
स्निकर	डेयरी मिल्क
	ट्विक्स
डेयरी मिल्क	स्निकर
ट्विक्स	

4) चार बॉक्स ट्विक्स और कैडबरी के बीच में रखे गए हैं।5) कैडबरी के ऊपर के बॉक्स की संख्या कैंडी के नीचे रखे बॉक्स की संख्या के समान है।

स्थिति 1	स्थिति 2
स्निकर	कैडबरी
कैडबरी	डेयरी मिल्क
डेयरी मिल्क	
कैंडी	ट्विक्स
	स्निकर
ट्विक्स	कैंडी

6) बॉर्नविले को किटकैट के ऊपर लेकिन फाइवस्टार के नीचे रखा गया है।7) बॉर्नविले, किटकैट के ठीक ऊपर नहीं रखा है। (यह स्थिति 2 को समाप्त करता है)

स्थिति 1	स्थिति 2
स्निकर	कैडबरी
फाइवस्टार	फाइवस्टार
कैडबरी	डेयरी मिल्क
बॉर्नविले	बॉर्नविले
डेयरी मिल्क	किटकैट
कैंडी	ट्विक्स
किटकैट	स्निकर
ट्विक्स	कैंडी

अंतिम व्यवस्था:

स्थिति 1
स्निकर
फाइवस्टार
कैडबरी
बॉर्नविले
डेयरी मिल्क
कैंडी
किटकैट
ट्विक्स

21. इसलिए, कैडबरी, बॉर्नविले और फाइवस्टार के बीच में रखा गया है।

अत: विकल्प (A) सही है।

22. इसलिए, स्निकर को सबसे ऊपर रखा गया है।

अत: विकल्प (E) सही है।

23. ट्विक्स और स्निकर के बीच में छह बॉक्स रखे गए हैं।

इसलिए, ट्विक्स और स्निकर के बीच चार से अधिक बॉक्स रखे गए हैं, सही है।

अत: विकल्प (E) सही है।

24. इसलिए, किटकैट को कैंडी के ठीक नीचे रखा गया है।

अत: विकल्प (A) सही है।

25. इसलिए, कैडबरी के ऊपर 'दो' बॉक्स रखे हैं।

अत: विकल्प (C) सही है।

Ques (26-30):डिब्बे: अवरोही क्रम में 1 से 8

रंग: नीला, पीला, काला, गुलाबी, हरा, लाल और बैंगनी

1) हरा रंग का डिब्बा लाल रंग के डिब्बे के ठीक ऊपर है।

2) डिब्बे संख्या 5 के नीचे सम संख्या का लाल रंग का डिब्बा है।

3) लाल रंग के डिब्बे और पीले रंग के डिब्बे के मध्य में तीन डिब्बे रखे गए हैं।

डिब्बा	स्थिति 1	स्थिति 2
8	पीला	
7		
6		पीला
5	हरा	
4	लाल	
3		हरा
2		लाल
1		

4) गुलाबी रंग के डिब्बे और बैंगनी रंग के डिब्बे के बीच 2 डिब्बे रखे गए हैं।
5) नीले रंग का डिब्बा गुलाबी रंग के डिब्बे के ठीक नीचे है।

डिब्बा	स्थिति 1	स्थिति 2
8	पीला	गुलाबी
7		नीला
6	बैंगनी	पीला
5	हरा	बैंगनी
4	लाल	
3	गुलाबी	हरा
2	नीला	लाल
1		

6) डिब्बा संख्या 5 के ऊपर के डिब्बों में से एक रिक्त है।
7) काला रंग का डिब्बा एक विषम संख्या डिब्बा है।

डिब्बा	स्थिति 1	स्थिति 2
8	पीला	गुलाबी
7		नीला
6	बैंगनी	पीला
5	हरा	बैंगनी
4	लाल	
3	गुलाबी	हरा
2	नीला	लाल
1	काला	काला

चूँकि स्थिति 2 उपरोक्त स्थिति को पूरा नहीं करती है, इस प्रकार ख़ारिज हो जाती है।
अंतिम व्यवस्था इस प्रकार होगी:

डिब्बा	रंग
8	पीला
7	
6	बैंगनी
5	हरा
4	लाल
3	गुलाबी
2	नीला
1	काला

26. चूँकि डिब्बा संख्या 8 में पीला रंग भरा है।

इसलिए, स्थिति पीला - आठवाँ सत्य है और अन्य स्थितियाँ असत्य हैं।

अत: विकल्प (B) सही है।

27. इसलिए, पीला रंग के डिब्बे और गुलाबी रंग के डिब्बे के मध्य में 4 डिब्बे हैं।

अत: विकल्प (D) सही है।

28. इसलिए, काला रंग का डिब्बा सबसे नीचे है।

अत: विकल्प (A) सही है।

29. इसलिए, हरा रंग डिब्बा संख्या 5 में भरा है।

अत: विकल्प (C) सही है।

30. इसलिए, डिब्बा संख्या 7 रिक्त डिब्बा है।

अत: विकल्प (B) सही है।

तर्कशक्ति अभियोग्यता टेस्ट 11

Ques (1-5):निर्देश: निम्नलिखित जानकारी को ध्यानपूर्वक पढ़ें और नीचे दिए गए प्रश्नों के उत्तर दें:

10 अलग-अलग लोग - P, Q, R, S, T, U, V, W, X और Y एक 12-मंजिल की इमारत में रहते हैं। प्रत्येक व्यक्ति अलग-अलग मंजिल पर रहता है लेकिन जरूरी नहीं कि इसी क्रम में हो। दो मंजिलें खाली हैं। प्रत्येक मंजिल की संख्या क्रमशः नीचे से ऊपर तक 1 से 12 तक है। उनमें से प्रत्येक को अलग-अलग फिल्में पसंद हैं - हम, राज, कृष, एयरलिफ्ट, बेबी, बाहुबली, दृश्यम, पीके, किक और हॉलिडे। वह व्यक्ति जिसे बाहुबली पसंद है वह किसी एक मंजिल पर रहता है जो चौथी मंजिल के नीचे है। T और बाहुबली पसंद करने वाले व्यक्ति के मध्य तलों की संख्या बाहुबली पसंद करने वाले व्यक्ति के नीचे तलों की संख्या के समान है। पांच मंजिलों में से एक खाली है जो T की मंजिल और PK पसंद करने वाले व्यक्ति के फर्श के बीच है। P, PK पसंद करने वाले व्यक्ति के ऊपर दो मंजिल पर रहता है। वह व्यक्ति जिसे बेबी पसंद है वह एक पूर्ण वर्ग संख्या वाली मंजिल पर रहता है। W, एयरलिफ्ट पसंद करने वाले व्यक्ति से आठ मंजिल नीचे रहता है। W उस व्यक्ति के ठीक नीचे नहीं रहता है जिसे बेबी पसंद है। वह व्यक्ति जिसे एयरलिफ्ट पसंद है वह 12वीं मंजिल पर नहीं रहता है। X की मंजिल और एयरलिफ्ट पसंद करने वाले व्यक्ति की मंजिल के बीच चार मंजिल हैं। Y, Q की मंजिल से सात मंजिल ऊपर रहता है। Q को बाहुबली पसंद नहीं है। हम को पसंद करने वाला व्यक्ति Y के तल के ठीक नीचे रहता है। R एक सम संख्या वाली मंजिल पर रहता है। वह व्यक्ति जिसे दृश्यम पसंद है वह R के तल के ठीक नीचे रहता है। S के तल और दृश्यम पसंद करने वाले व्यक्ति के तल के बीच केवल एक मंजिल है। U, किक पसंद करने वाले व्यक्ति के तल से तीन मंजिल ऊपर रहता है। वह व्यक्ति जिसे राज पसंद है वह हॉलिडे पसंद करने वाले व्यक्ति के तल के नीचे रहता है लेकिन तत्काल नहीं। W को कृष पसंद नहीं है।

Q.1 इनमें से किसको बाहुबली पसंद है?

A. Q
B. U
C. V
D. W
E. W के तत्काल नीचे रहने वाला व्यक्ति

Q.2 इनमें से कौन सी दो मंज़िल खाली हैं?

A. पहली और 7वीं **B.** पहली और 5वीं
C. 5वीं और 12वीं **D.** 5वीं और 11वीं
E. 6वीं और 12वीं

Q.3 9वीं मंज़िल पर कौन रहता है?

A. हम पसंद करने वाले व्यक्ति की मंज़िल के तत्काल नीचे रहने वाला व्यक्ति
B. पीके पसंद करने वाले व्यक्ति की मंज़िल के तत्काल नीचे रहने वाला व्यक्ति
C. बेबी पसंद करने वाले व्यक्ति की मंज़िल के तत्काल ऊपर रहने वाला व्यक्ति
D. पीके पसंद करने वाला व्यक्ति
E. एयरलिफ्ट पसंद करने वाला व्यक्ति

Q.4 Q को कौन सी फिल्म पसंद है?

A. कृष **B.** किक **C.** हॉलिडे **D.** राज़
E. दृश्यम

Q.5 इनमें से कौन सा संयोजन सही नहीं है?

A. दूसरी मंज़िल – T – कृष
B. चौथी मंज़िल – W – राज़
C. 8वीं मंज़िल – R – पीके
D. 10वीं मंज़िल – P – हम
E. 11वीं मंज़िल – Y – एयरलिफ्ट

Ques (6-10):निर्देश: निम्नलिखित जानकारी का ध्यानपूर्वक अध्ययन कीजिये और नीचे दिए गए प्रश्नों के उत्तर दीजिये।

एक छः मंजिला इमारत में निचली मंजिल को एक से संख्यांकित किया जाता है, इसके ऊपर की मंजिल को दो से संख्यांकित किया जाता है और इस तरह शीर्षतम मंजिल को छः से संख्यांकित किया जाता है। छः व्यक्तियों अर्थात अदिति, रीमा, मयंक, त्रिशा, डेविड और गौरव में से प्रत्येक एक-एक मंजिल पर रहते हैं। मयंक और गौरव के बीच में कोई भी नहीं रहता है। उन मंजिलों के बीच में दो मंजिलें हैं जिन पर अदिति और त्रिशा रहती हैं। अदिति उस मंजिल के ऊपर रहती है जिस पर त्रिशा रहती है। डेविड विषम संख्या से क्रमांकित मंजिल पर रहता है। त्रिशा निचली मंजिल पर नहीं रहती है। रीमा, त्रिशा की मंजिल के ठीक ऊपर या ठीक नीचे नहीं रहती है।

Q.6 डेविड के ठीक ऊपर वाली मंजिल पर कौन रहता/रहती है?

A. अदिति **B.** त्रिशा
C. मयंक **D.** गौरव
E. इनमें से कोई नहीं

Q.7 अदिति और रीमा की मंजिलों के बीच में कुल कितने व्यक्ति रहते हैं?

A. चार **B.** तीन **C.** एक **D.** दो
E. कोई नहीं

Q.8 दी गयी जानकारी के संदर्भ में निम्न में से कौन-सा सत्य है?

A. त्रिशा निचली मंजिल पर रहती है।
B. रीमा उस मंजिल के ठीक ऊपर रहती है जिस पर अदिति रहती है।
C. अदिति शीर्षतम मंजिल पर रहती है।
D. मयंक और गौरव के बीच में दो व्यक्ति रहते हैं।
E. इनमें से कोई नहीं

Q.9 निम्नलिखित में से कौन मंजिल संख्या 3 पर रहता/रहती है?

A. या तो मयंक या गौरव
B. मयंक
C. डेविड
D. गौरव
E. निर्धारित नहीं किया जा सकता

Q.10 कौन-से व्यक्तियों की जोड़ी विषम संख्या से संख्यांकित मंजिल पर रहती है?

A. रीमा, गौरव **B.** मयंक, रीमा
C. डेविड, त्रिशा **D.** अदिति, डेविड
E. उपरोक्त में से कोई नहीं

Ques (11-15):निर्देश: निम्नलिखित जानकारी का ध्यानपूर्वक अध्ययन कीजिये और नीचे दिए गए प्रश्नों के उत्तर दीजिये।

आठ व्यक्ति अहमद, समीर, परवेज, नरगिस, नदीम, शिराजी, उस्मान और मीना चार अलग-अलग मंजिलों, मंजिल 1, मंजिल 2, मंजिल 3 और मंजिल 4 पर रहते हैं। प्रत्येक मंजिल पर बाएं से दाएं दो अलग-अलग फ्लैट अर्थात् फ्लैट 1 और फ्लैट 2, इस प्रकार से हैं कि चौथी मंजिल का फ्लैट 1 तीसरी मंजिल के फ्लैट 1 से ऊपर और तीसरी मंजिल का फ्लैट 1 है दूसरी मंजिल के फ्लैट 1 के ठीक ऊपर है और अन्य फ्लैट उसी प्रकार से स्थित हैं।

समीर परवेज की मंजिल से एक मंजिल ऊपर रहता है। शिराजी परवेज के साथ रहता है जो नरगिस से दो मंजिल नीचे रहता है। परवेज दूसरी मंजिल पर रहता है। नदीम पहली मंजिल के फ्लैट 2 में रहता है। उस्मान तीसरी मंजिल पर रहता है लेकिन फ्लैट 1 में नहीं रहता है। मीना चौथी मंजिल पर नहीं रहती लेकिन फ्लैट 1 में रहती है। परवेज सम संख्या से अंकित फ्लैट में भी रहता है। अहमद और समीर फ्लैट 1 में रहते हैं लेकिन अलग-अलग मंजिलों पर रहते हैं।

Q.11 चौथी मंजिल के फ्लैट 2 में कौन रहता है?

A. मीना **B.** समीर **C.** अहमद **D.** नदीम
E. नरगिस

Q.12 निम्नलिखित में से कौन सा युग्म अन्य से अलग है?

A. मीना और समीर
B. उस्मान और नदीम
C. समीर और शिराजी
D. अहमद और शिराजी
E. परवेज और नरगिस

Q.13 कौन एक ही मंजिल पर रहते हैं?

A. मीना और उस्मान
B. शिराजी और परवेज
C. समीर और परवेज
D. नदीम और नरगिस
E. इनमें से कोई नहीं

Q.14 उस्मान जिस मंजिल पर रहता है, उसके दो मंजिल नीचे उसी संख्या वाले फ्लैट में कौन रहता है?

A. अहमद
B. शिराजी
C. समीर
D. नदीम
E. इनमें से कोई नहीं

Q.15 कौन मंजिल 2 के फ्लैट 1 में रहता है?

A. परवेज **B.** समीर **C.** शिराजी **D.** अहमद
E. उस्मान

Ques (16-20):निर्देश: निम्नलिखित जानकारी का ध्यानपूर्वक अध्ययन कीजिये और नीचे दिए गए प्रश्नों के उत्तर दीजिये।

सात मित्र A, B, C, D, E, F और G एक इमारत की अलग-अलग मंजिल पर रहते हैं लेकिन जरूरी नहीं कि इसी क्रम में हों। भूतल की संख्या 1 है, पहली मंजिल की संख्या 2 है, और इसी तरह सबसे ऊपरी मंजिल की संख्या 7 है। A के ऊपर केवल दो लोग रहते हैं। जिस तल पर C रहता है, उसके ऊपर उतनी ही संख्या में लोग रहते हैं जितने जिस तल पर D रहता है उसके नीचे रहते हैं। A और C के बीच एक से अधिक व्यक्ति नहीं रहते हैं। F, E से तीन मंजिल ऊपर रहता है। F सबसे ऊपरी मंजिल पर नहीं रहता है। B या तो C या D के ठीक ऊपर नहीं रहता है।

Q.16 G के ठीक ऊपर कौन रहता है?

A. F **B.** E **C.** A **D.** C
E. कोई नहीं

Q.17 E निम्नलिखित में से किस मंजिल पर रहता है?

A. तीसरी **B.** पांचवी **C.** दूसरी **D.** चौथी
E. छठी

Q.18 निम्नलिखित में से कौन उन मंजिलों के बीच की मंजिल पर रहता है जिन पर C और B रहते हैं?

A. A
B. G
C. F
D. (A) और (C) दोनों
E. (A) और (B) दोनों

Q.19 यदि सभी व्यक्ति नीचे से ऊपर तक वर्णानुक्रम में रहते हैं, तो कितने व्यक्तियों की स्थिति अपरिवर्तित रहेगी?

A. दो **B.** चार **C.** तीन **D.** एक
E. कोई नहीं

Q.20 निम्नलिखित में से कौन A से तीन मंजिल नीचे रहता है?

A. C **B.** D **C.** G **D.** E
E. B

Ques (21-25):निर्देश: निम्नलिखित जानकारी को ध्यानपूर्वक पढिए और नीचे दिए गए प्रश्नों के उत्तर दीजिए।

आठ मित्र सुरूची, सुरभि, सुमन, सचिता, साक्षी, संगीता, सबिता और सृष्टि एक आठ- तला इमारत में रहते हैं। उनमें से प्रत्येक को अलग फ्लेवर के आइस-क्रीम स्ट्रॉबेरी, वैनिला, चॉकलेट एलमोंड, बटरस्कॉच, वैनिला एलमोंड, चॉकलेट मिंट, बनाना और चॉकलेट पसंद है, लेकिन आवश्यक नहीं कि इसी क्रम में हो। सबसे निचले तल की संख्या 1 है और सबसे ऊपरी तल की संख्या 8 है।

सुरभि, सुमन के ऊपर रहती है। साक्षी विषम संख्या वाले तल पर रहती है लेकिन सबसे नीचे नहीं रहती है। 3 से अधिक व्यक्ति साक्षी और वैनिला एलमोंड पसंद करने वाले के बीच रहते हैं। सचिता को बटरस्कॉच पसंद है। सुरूची सम संख्या वाले तल पर साक्षी के ऊपर रहती है और उसे चॉकलेट मिंट पसंद है। 3 व्यक्ति सुरूची और वैनिला पसंद करने वाले के बीच रहते हैं। 2 व्यक्ति चॉकलेट मिंट और चॉकलेट एलमोंड पसंद करने वाले व्यक्ति के बीच रहते हैं। सबिता को बनाना फ्लेवर पसंद हैं। वैनिला और बनाना फ्लेवर पसंद करने वाले व्यक्ति निकटतम तल पर रहते हैं। सचिता वैनिला पसंद करने वाले व्यक्ति के ऊपर वाले तल पर रहती है। सृष्टि को चॉकलेट पसंद है और सुरूची के नीचे लेकिन ठीक नीचे नहीं रहती है। सचिता, सृष्टि के निकटतम नहीं रहती है और न ही सबसे ऊपरी तल पर रहती है। सुमन को न तो वैनिला और न ही वैनिला एलमोंड पसंद है। संगीता और स्ट्रॉबेरी पसंद करने वाले के बीच केवल 2 व्यक्ति रहते हैं। सुरभि चॉकलेट पसंद करने वाले व्यक्ति के ऊपर रहती है।

Q.21 निम्नलिखित में विषम का चुनाव कीजिए।

A. सुरभि **B.** सुमन **C.** संगीता **D.** सचिता
E. सृष्टि

Q.22 निम्नलिखित में से कौन सा कथन सही है?

A. सचिता को चॉकलेट पसंद है।
B. संगीता तल संख्या 4 पर रहती है।
C. स्ट्रॉबेरी पसंद करने वाला व्यक्ति सुरूची के नीचे रहता है।
D. चॉकलेट और वेनिला पसंद करने वाले व्यक्ति एक-दूसरे से निकटतम हैं।
E. सुमन को बनाना पसंद है।

Q.23 संगीता कौन से तल पर रहती है?

A. 5 **B.** 4 **C.** 7 **D.** 3
E. 2

Q.24 संगीता कौन से तल पर रहती है?

A. सचिता **B.** सृष्टि **C.** सुमन **D.** सुरूची
E. साक्षी

Q.25 तल संख्या 4 पर कौन रहता है?

A. सुमन **B.** सुरभि **C.** सबिता **D.** सृष्टि
E. संगीता

Ques (26-30):निर्देश: निम्नलिखित जानकारी को ध्यानपूर्वक पढिए और नीचे दिए गए प्रश्नों के उत्तर दीजिए।

छह मंजिलों वाली इमारत में कुछ निश्चित संख्या में व्यक्ति रह रहे हैं। प्रत्येक मंजिल में दो फ्लैट हैं जैसे कि फ्लैट 2, फ्लैट 1 के पूर्व में है। सबसे नीचे की मंजिल को मंजिल 1 और सबसे ऊपर की मंजिल को मंजिल 6 के रूप में दर्शाया गया है। मंजिल 2 का फ्लैट 1, मंजिल 1 के फ्लैट 1 के ठीक ऊपर है और मंजिल 3 के फ्लैट 1 के ठीक नीचे है और इसी तरह आगे भी। केवल

जिन व्यक्तियों का उल्लेख नीचे किया गया है, वे इमारत में रहते हैं। प्रत्येक मंजिल पर अधिकतम 3 व्यक्ति रहते हैं।

जिस फ्लैट में E और U रहते हैं उनके बीच 5 फ्लैट का अंतर है। U और F समीपवर्ती फ्लैट में रहते हैं। M और P के बीच में दो व्यक्ति रहते हैं। जहाँ T और D रहते हैं उनमें 2 मंजिल का अंतर है और दोनों समान फ्लैट संख्या पर रहते हैं। E और O पड़ोसी नहीं हैं। कोई भी व्यक्ति उस मंजिल से ऊपर नहीं रहता है जहाँ D रहते हैं। K उस फ्लैट में रहता है जो D के फ्लैट के पश्चिम में है उसी तल पर। C, R से ऊपर वाली मंजिल पर रहता है लेकिन Q के नीचे रहता है समान फ्लैट संख्या पर। R सबसे नीचे वाली मंजिल पर नहीं रहता है। B अपने फ्लैट को किसी के साथ साझा नहीं करता है। S, B के ठीक ऊपर वाले फ्लैट संख्या 2 में रहता है और B सम संख्या वाली मंजिल पर रहता है। F एक विषम संख्या वाली मंजिल पर रहता है और अपने फ्लैट में अकेला रहता है। R और M के बीच 2 फ्लैट का अंतर है। O विषम संख्या वाली मंजिल पर रहता है। L और X अपने फ्लैट को साझा करते हैं लेकिन मंजिल संख्या 2 पर नहीं रहते हैं। E और K पड़ोसी हैं।

Q.26 Q कहाँ रहता है?

A. फ्लैट 2, मंजिल 5 **B.** फ्लैट 1, मंजिल 3
C. फ्लैट 1, मंजिल 2 **D.** फ्लैट 1, मंजिल 5
E. फ्लैट 2, मंजिल 4

Q.27 Q और R के बीच में कितने व्यक्ति रहते हैं?

A. 5 **B.** 6 **C.** 7 **D.** 4
E. 8

Q.28 विषम ज्ञात कीजिये।

A. T, P, M **B.** S, B, T **C.** K, Q, C **D.** C, F, L
E. D, O, B

Q.29 U के ऊपर वाली मंजिल पर कौन रहता है?

A. C और B दोनों **B.** C
C. B **D.** Q
E. B और Q दोनों

Q.30 इमारत में कुल कितने व्यक्ति रहते हैं?

A. 15 **B.** 18 **C.** 16 **D.** 27
E. 19

// स्मार्ट उत्तर पुस्तिका //

सही उत्तर — उन छात्रों के प्रतिशत को इंगित करता है जिन्होंने प्रश्नों का सही उत्तर दिया था।

छोड़ दिया — उन छात्रों के प्रतिशत को इंगित करता है जिन्होंने प्रश्नों को छोड़ दिया था।

प्रश्न संख्या	उत्तर	सही उत्तर / छोड़ दिया
1	C	22.77 % / 67.86 %
2	C	50.21 % / 40.26 %
3	A	24.97 % / 73.83 %
4	B	44.74 % / 41.49 %
5	B	88.36 % / 10.16 %
6	B	25.83 % / 69.67 %
7	E	27.14 % / 67.26 %
8	B	59.56 % / 37.41 %
9	A	82.63 % / 14.02 %
10	D	57.31 % / 35.53 %
11	E	27.39 % / 71.28 %
12	C	15.2 % / 69.24 %
13	B	63.88 % / 35.68 %
14	D	86.71 % / 10.9 %
15	C	67.2 % / 31.63 %
16	B	13.35 % / 69.24 %
17	A	67.79 % / 30.19 %
18	D	48.42 % / 50.45 %
19	D	77.92 % / 19.32 %
20	C	55.22 % / 37.25 %
21	A	44.57 % / 55.22 %
22	C	88.98 % / 10.58 %
23	E	48.23 % / 35.75 %
24	E	52.78 % / 39.51 %
25	D	48.01 % / 34.61 %
26	D	43.11 % / 45.75 %
27	C	16.21 % / 75.7 %
28	D	12.95 % / 70.96 %
29	A	40.88 % / 55.48 %
30	C	58.96 % / 32.0 %

कार्य विश्लेषण	
औसत अंक (%)	26.67%
टॉपर्स स्कोर (%)	53.33%
आपका स्कोर	

//संकेत और समाधान//

Ques (1-5):10 व्यक्ति: P, Q, R, S, T, U, V, W, X और Y

10 फिल्में: हम, राज़, कृष, एयरलिफ्ट, बेबी, बाहुबली, दृश्यम, पीके, किक और हॉलिडे

मंज़िल: 1 से 12

(1) बाहुबली पसंद करने वाला व्यक्ति चौथी मंज़िल से नीचे किसी एक मंज़िल पर रहता है।

संभावित विकल्प पहली, दूसरी और तीसरी मंज़िल हैं।

(2) T और बाहुबली पसंद करने वाले व्यक्ति के बीच की मंज़िलों की संख्या वही है जो बाहुबली पसंद करने वाले व्यक्ति के नीचे की मंज़िलों की संख्या है।

संभावित विकल्प 2, 1, 0 (इसका मतलब इनके बीच कोई भी मंज़िल नहीं) हैं।

(3) पाँच मंज़िलों में से एक खाली है जो कि T और पीके पसंद करने वाले व्यक्ति की मंज़िल के बीच है।

स्थिति 1:

मंज़िल (ऊपर से नीचे तक)	व्यक्ति	फिल्म
12		पीके
11		
10		
9		
8		
7		
6	T	
5		
4		
3		बाहुबली
2		
1		

स्थिति 2:

मंज़िल (ऊपर से नीचे तक)	व्यक्ति	फिल्म
12		
11		
10		पीके
9		
8		
7		
6		
5		
4	T	
3		
2		बाहुबली
1		

स्थिति 3:

मंज़िल (ऊपर से नीचे तक)	व्यक्ति	फिल्म
12		
11		
10		
9		
8		पीके
7		
6		
5		
4		
3		
2	T	
1		बाहुबली

(4) P, पीके पसंद करने वाले व्यक्ति से दो मंज़िल ऊपर रहता है।

इस प्रकार, स्थिति 1 हट जाती है।

स्थिति 2:

मंज़िल (ऊपर से नीचे तक)	व्यक्ति	फिल्म
12	P	
11		
10		पीके
9		
8		
7		
6		
5		
4	T	
3		
2		बाहुबली
1		

स्थिति 3:

मंज़िल (ऊपर से नीचे तक)	व्यक्ति	फिल्म
12		
11		
10	P	
9		
8		पीके
7		
6		
5		
4		
3		
2	T	
1		बाहुबली

(5) जिस व्यक्ति को बेबी पसंद है, वह एक पूर्ण वर्ग की संख्या वाली मंज़िल पर रहता है।

संभावित विकल्प चौथी और नौवीं मंज़िल हैं।

स्थिति 2(a):

मंज़िल (ऊपर से नीचे तक)	व्यक्ति	फिल्म
12	P	
11		
10		पीके
9		बेबी
8		
7		
6		
5		

4	T	
3		
2		बाहुबली
1		

स्थिति 2(b):

मंज़िल (ऊपर से नीचे तक)	व्यक्ति	फिल्म
12	P	
11		
10		पीके
9		
8		
7		
6		
5		
4	T	बेबी
3		
2		बाहुबली
1		

स्थिति 3(a):

मंज़िल (ऊपर से नीचे तक)	व्यक्ति	फिल्म
12		
11		
10	P	
9		बेबी
8		पीके
7		
6		
5		
4		
3		
2	T	
1		बाहुबली

स्थिति 3(b):

मंज़िल (ऊपर से नीचे तक)	व्यक्ति	फिल्म
12		
11		
10	P	
9		
8		पीके
7		
6		
5		
4		बेबी
3		
2	T	
1		बाहुबली

(6) W उस व्यक्ति से आठ मंज़िल नीचे रहता है जिसे एयरलिफ्ट पसंद है।

(7) W, उस व्यक्ति के तत्काल नीचे नहीं रहता है जिसे बेबी पसंद है।

(8) एयरलिफ्ट पसंद करने वाला व्यक्ति 12वीं मंज़िल पर नहीं रहता है।

स्थिति 2(a):

मंज़िल (ऊपर से नीचे तक)	व्यक्ति	फिल्म
12	P	
11		एयरलिफ्ट
10		पीके
9		बेबी
8		
7		
6		
5		
4	T	
3	W	
2		बाहुबली
1		

स्थिति 2(b):

मंज़िल (ऊपर से नीचे तक)	व्यक्ति	फिल्म
12	P	
11		
10		पीके
9		एयरलिफ्ट
8		
7		
6		
5		
4	T	बेबी
3		
2		बाहुबली
1	W	

स्थिति 3(a):

मंज़िल (ऊपर से नीचे तक)	व्यक्ति	फिल्म
12		
11		एयरलिफ्ट
10	P	
9		बेबी
8		पीके
7		
6		
5		
4		
3	W	
2	T	
1		बाहुबली

स्थिति 3(b):

मंज़िल (ऊपर से नीचे तक)	व्यक्ति	फिल्म
12		
11		
10	P	
9		एयरलिफ्ट
8		पीके
7		
6		
5		
4		बेबी

3		
2	T	
1	W	बाहुबली

(9) X और एयरलिफ्ट पसंद करने वाले व्यक्ति की मंज़िल के बीच चार मंज़िल हैं।

इस प्रकार, स्थिति 2(b) हट जाती है।

स्थिति 2(a):

मंज़िल (ऊपर से नीचे तक)	व्यक्ति	फिल्म
12	P	
11		एयरलिफ्ट
10		पीके
9		बेबी
8		
7		
6	X	
5		
4	T	
3	W	
2		बाहुबली
1		

स्थिति 3(a):

मंज़िल (ऊपर से नीचे तक)	व्यक्ति	फिल्म
12		
11		एयरलिफ्ट
10	P	
9		बेबी
8		पीके
7		
6	X	
5		
4		
3	W	
2	T	
1		बाहुबली

स्थिति 3(b):

मंज़िल (ऊपर से नीचे तक)	व्यक्ति	फिल्म
12		
11		
10	P	
9		एयरलिफ्ट
8		पीके
7		
6		
5		
4	X	बेबी
3		
2	T	
1	W	बाहुबली

(10) Y, Q से सात मंज़िल ऊपर रहता है।

(11) Q को बाहुबली पसंद नहीं है।

(12) हम पसंद करने वाला व्यक्ति Y की मंज़िल के तत्काल नीचे रहता है।

स्थिति 2(a):

मंज़िल (ऊपर से नीचे तक)	व्यक्ति	फिल्म
12	P	
11		एयरलिफ्ट
10		पीके
9		बेबी
8	Y	
7		हम
6	X	
5		
4	T	
3	W	
2		बाहुबली
1	Q	

स्थिति 3(a):

मंज़िल (ऊपर से नीचे तक)	व्यक्ति	फिल्म
12		
11	Y	एयरलिफ्ट
10	P	हम
9		बेबी
8		पीके
7		
6	X	
5		
4	Q	
3	W	
2	T	
1		बाहुबली

स्थिति 3(b):

मंज़िल (ऊपर से नीचे तक)	व्यक्ति	फिल्म
12	Y	
11		हम
10	P	
9		एयरलिफ्ट
8		पीके
7		
6		
5	Q	
4	X	बेबी
3		
2	T	
1	W	बाहुबली

स्थिति 2(a) में, हमारे पास एक खाली मंज़िल है जो कि गलत है इसलिए यह स्थिति हट जाएगी।

स्थिति 3(b) में, हमारे पास T और पीके पसंद करने वाले व्यक्ति के बीच दो खाली मंज़िल होंगी जो कि तीसरी बिन्दु के अनुसार गलत है इसलिए यह स्थिति भी हट जाएगी।

अब, हमारे पास केवल स्थिति 3(a) है।

(13) R सम संख्या वाली मंज़िल पर रहता है।

संभावित विकल्प 8वीं और 12वीं मंज़िल हैं।

(14) दृश्यम पसंद करने वाला व्यक्ति R की मंज़िल के तत्काल नीचे रहता है।

इसलिए, R 8वीं मंज़िल पर रहता है।

(15) S और दृश्यम पसंद करने वाले व्यक्ति की मंज़िल के बीच केवल एक मंज़िल है।

S 5वीं मंज़िल पर नहीं रह सकता है क्योंकि तीसरी बिन्दु के अनुसार केवल एक मंज़िल खाली है।

इसलिए, S 9वीं मंज़िल पर रहता है।

स्थिति 3(a):

मंज़िल (ऊपर से नीचे तक)	व्यक्ति	फिल्म
12		
11	Y	एयरलिफ्ट
10	P	हम
9	S	बेबी
8	R	पीके
7		दृश्यम
6	X	
5	खाली	
4	Q	
3	W	
2	T	
1		बाहुबली

इसलिए, हमें पता चलता है कि 12वीं मंज़िल भी खाली है।

(16) U, किक पसंद करने वाले व्यक्ति से तीन मंज़िल ऊपर रहता है।

इसलिए, U 7वीं मंज़िल पर रहता है और V पहली मंज़िल पर रहता है।

(17) राज़ पसंद करने वाला व्यक्ति हॉलिडे पसंद करने वाले व्यक्ति की मंज़िल के नीचे रहता है लेकिन तत्काल नीचे नहीं।

(18) W को कृष पसंद नहीं है।

इस प्रकार, अंतिम तालिका निम्न प्रकार है:

मंज़िल (ऊपर से नीचे तक)	व्यक्ति	फिल्म
12	खाली	
11	Y	एयरलिफ्ट
10	P	हम
9	S	बेबी
8	R	पीके
7	U	दृश्यम
6	X	हॉलिडे
5	खाली	
4	Q	किक
3	W	राज़
2	T	कृष
1	V	बाहुबली

1. इस प्रकार, V को बाहुबली पसंद है।

अत: विकल्प (C) सही है।

2. इस प्रकार, 5वीं और 12वीं मंज़िल खाली हैं।

अत: विकल्प (C) सही है।

3. इस प्रकार, हम पसंद करने वाले व्यक्ति की मंज़िल के तत्काल नीचे रहने वाला व्यक्ति 9वीं मंज़िल पर रहता है।

अत: विकल्प (A) सही है।

4. इस प्रकार, Q को किक पसंद है।

अत: विकल्प (B) सही है।

5. इस प्रकार, संयोजन 'चौथी मंज़िल – W – राज़' सही नहीं है।

अत: विकल्प (B) सही है।

Ques (6-10):मंजिलों की संख्या: 1, 2, 3, 4, 5 और 6

व्यक्तियों के नाम: अदिति, रीमा, मयंक, त्रिशा, डेविड और गौरव

(1) डेविड विषम संख्या से क्रमांकित मंजिल पर रहता है, इसलिए हमें स्थिति-1, स्थिति-2 और स्थिति-3 के रूप में तीन स्थितियाँ देखनी पड़ेंगी।

मंजिल	स्थिति-1	स्थिति-2	स्थिति-3
6			
5	डेविड		
4			
3		डेविड	
2			
1			डेविड

(2) अदिति और त्रिशा जिस मंजिल पर रहती हैं, उनके बीच दो मंजिलें हैं।

(3) त्रिशा निचली मंजिल पर नहीं रहती है।

(4) अदिति उस मंजिल के ऊपर रहती है जिस पर त्रिशा रहती है।

(5) रीमा, त्रिशा की मंजिल के ठीक ऊपर या ठीक नीचे नहीं रहती है।

मंजिल	स्थिति-1	स्थिति-2	स्थिति-3
6	रीमा	अदिति	रीमा
5	डेविड		अदिति
4	अदिति	त्रिशा	
3		डेविड	
2			त्रिशा
1	त्रिशा (x)	रीमा	डेविड

(6) यहाँ स्थिति-1 में, त्रिशा निचली मंजिल पर रहती है जो दी गयी शर्तों को पूरा नहीं करता है इसलिए स्थिति -1 ख़ारिज हुई।

(7) मयंक और गौरव के बीच में कोई नहीं रहता है।

मंज़िल	स्थिति-2	स्थिति-3
6	अदिति	रीमा
5		अदिति
4	त्रिशा	मयंक/गौरव
3	डेविड	गौरव/मयंक
2		त्रिशा
1	रीमा	डेविड

(8) यहाँ, केवल स्थिति-3 दी गयी शर्त को पूर्ण करता है जिसमें मयंक और गौरव के बीच में कोई नहीं रहता है। इसलिए, स्थिति-2 भी ख़ारिज हुई।

(9) इसलिए, मंजिलों की अंतिम व्यवस्था स्थिति-3 से संतुष्ट होगी जैसा कि नीचे दिखाया गया है:

मंजिल	स्थिति-3
6	रीमा
5	अदिति
4	मयंक/गौरव
3	गौरव/मयंक
2	त्रिशा

1	डेविड

6. स्पष्ट रूप से, त्रिशा उस मंजिल के ठीक ऊपर रहती है जिस पर डेविड रहता है।

अत: विकल्प (B) सही है।

7. स्पष्ट रूप से, अदिति और रीमा के बीच में कोई नहीं रहता है।

अत: विकल्प (E) सही है।

8. स्पष्ट रूप से, रीमा उस मंजिल के ठीक ऊपर रहती है जिस पर अदिति रहती है।

अत: विकल्प (B) सही है।

9. स्पष्ट रूप से, या तो मयंक या गौरव मंजिल संख्या 3 पर रहता है।

अत: विकल्प (A) सही है।

10. स्पष्ट रूप से, अदिति मंजिल 5 पर रहती है और डेविड मंजिल 1 पर रहता है, दोनों विषम संख्यांकित मंजिलों पर रहते हैं।

अत: विकल्प (D) सही है।

Ques (11-15):व्यक्ति: अहमद, समीर, परवेज, नरगिस, नदीम, शिराजी, उस्मान और मीना

मंजिल: 1 से 4, प्रत्येक में 2 फ्लैट

(1) परवेज दूसरी मंजिल पर रहता है।

(2) समीर परवेज की मंजिल से एक मंजिल ऊपर रहता है।

इसलिए, इसके लिए चार स्थितियां हैं।

मंजिल	स्थिति - 1		स्थिति - 2		स्थिति - 3		स्थिति - 4	
	फ्लैट 1	फ्लैट 2	फ्लैट 1	फ्लैट 2	फ्लैट 1	फ्लैट 2	फ्लैट 1	फ्लैट 2
4								
3	समीर			समीर	समीर			समीर
2	परवेज		परवेज			परवेज		परवेज
1								

(3) शिराजी परवेज के साथ रहता है जो नरगिस से दो मंजिल नीचे रहता है।

(4) नदीम पहली मंजिल के फ्लैट 2 में रहता है।

मंजिल	स्थिति - 1		स्थिति - 2		स्थिति - 3		स्थिति - 4	
	फ्लैट 1	फ्लैट 2	फ्लैट 1	फ्लैट 2	फ्लैट 1	फ्लैट 2	फ्लैट 1	फ्लैट 2
4								
3	समीर			समीर	समीर			समीर
2	परवेज	शिराजी	परवेज	शिराजी	शिराजी	परवेज	शिराजी	परवेज
1		नदीम		नदीम		नदीम		नदीम

(5) उस्मान तीसरी मंजिल पर रहता है लेकिन फ्लैट 1 में नहीं रहता है।

(6) परवेज सम संख्या से अंकित फ्लैट में भी रहता है।

इसलिए, स्थिति - 1, स्थिति - 2 और स्थिति - 4 समाप्त हो जाती है।

मंजिल	फ्लैट 1	फ्लैट 2
4		
3	समीर	उस्मान
2	शिराजी	परवेज
1		नदीम

(7) मीना चौथी मंजिल पर नहीं रहती लेकिन फ्लैट 1 में रहती है।

(8) अहमद और समीर फ्लैट 1 में रहते हैं लेकिन अलग-अलग मंजिलों पर रहते हैं।

मंजिल	फ्लैट 1	फ्लैट 2
4	अहमद	नरगिस
3	समीर	उस्मान
2	शिराजी	परवेज
1	मीना	नदीम

11. इस प्रकार, चौथी मंजिल के फ्लैट 2 में नरगिस रहती है।

अत: विकल्प (E) सही है।

12. केवल समीर और शिराजी के युग्म विषम और सम संख्या से अंकित मंजिल के हैं।

इस प्रकार, समीर और शिराजी अन्य से अलग हैं।

अत: विकल्प (C) सही है।

13. इस प्रकार, शिराजी और परवेज एक ही मंजिल पर रहते हैं।

अत: विकल्प (B) सही है।

14. इस प्रकार, उस्मान जिस मंजिल पर रहता है, उसके दो मंजिल नीचे उसी संख्या वाले फ्लैट में नदीम रहता है।

अत: विकल्प (D) सही है।

15. इस प्रकार, शिराजी मंजिल 2 के फ्लैट 1 में रहता है।

अत: विकल्प (C) सही है।

Ques (16-20):7 व्यक्ति: A, B, C, D, E, F और G

मंजिल: 7 (भूतल क्रमांक 1 और सबसे ऊपरी मंजिल संख्या 7)

(1) केवल दो व्यक्ति A के ऊपर रहते हैं।

(2) जिस तल पर C रहता है, उसके ऊपर उतनी ही संख्या में लोग रहते हैं जितने जिस तल पर D रहता है उसके नीचे रहते हैं।

(3) A और C के बीच एक से अधिक व्यक्ति नहीं रहते हैं।

	स्थिति I	स्थिति II
मंजिल	व्यक्ति	व्यक्ति
7	C	
6		C
5	A	A
4		
3		
2		D
1	D	

(4) F, E से तीन मंजिल ऊपर रहता है।

(5) F सबसे ऊपरी मंजिल पर नहीं रहता है।

	स्थिति I	स्थिति II
मंजिल	व्यक्ति	व्यक्ति
7	C	
6	F	C
5	A	A

4		F
3	E	
2		D
1	D	E

(6) B या तो C या D के ठीक ऊपर नहीं रहता है। इसलिए, यहां स्थिति II निरस्त हो जाती है।

इस प्रकार, अंतिम व्यवस्था निम्न प्रकार है:

	स्थिति I
मंजिल	व्यक्ति
7	C
6	F
5	A
4	B
3	E
2	G
1	D

16. इस प्रकार, E, G के ठीक ऊपर रहता है।

अत: विकल्प (B) सही है।

17. इस प्रकार, E तीसरी मंजिल पर रहता है।

अत: विकल्प (A) सही है।

18. हम देख सकते हैं कि F और A दोनों उन मंजिलों के बीच की मंजिल पर रहते हैं जिन पर C और B रहते हैं।

अत: विकल्प (D) सही है।

19. इस प्रकार, केवल F की स्थिति अपरिवर्तित रहती है।

अत: विकल्प (D) सही है।

20. इस प्रकार, G, A से तीन मंजिल नीचे रहता है।

अत: विकल्प (C) सही है।

Ques (21-25):(1) साक्षी विषम संख्या वाले तल पर रहती है लेकिन सबसे नीचे नहीं रहती है। इसलिए साक्षी के लिए 3 संभावित तल हैं अर्थात तल संख्या 3, 5 और 7

(2) 3 से अधिक व्यक्ति साक्षी और वैनिला एलमोंड पसंद करने वाले के बीच रहते हैं अर्थात साक्षी और वैनिला एलमोंड पसंद करने वाले व्यक्ति के बीच न्यूनतम 4 व्यक्ति बैठे होने चाहिए।

(3) तल संख्या 5 साक्षी को नहीं दी जा सकती है क्योंकि वैनिला एलमोंड पसंद करने वाले व्यक्ति को अपना स्थान या तो ऊपर या नीचे नहीं प्राप्त होगा। अब हमारे पास साक्षी और वैनिला एलमोंड पसंद करने वाले व्यक्ति के लिए 3 स्थिति हैं।

स्थिति I:

8		वैनिला एलमोंड
7		
6		
5		
4		
3	साक्षी	
2		
1		

स्थिति II:

8		
7	साक्षी	
6		
5		
4		
3		
2		वैनिला एलमोंड
1		

स्थिति III:

8		
7	साक्षी	
6		
5		
4		
3		
2		
1		वैनिला एलमोंड

(4) सुरूची सम संख्या वाले तल पर साक्षी के ऊपर रहती है और उसे चॉकलेट मिंट पसंद है।

(5) 3 व्यक्ति सुरूची और वैनिला पसंद करने वाले के बीच रहते हैं।

(6) 2 व्यक्ति चॉकलेट मिंट और चॉकलेट एलमोंड पसंद करने वाले व्यक्ति के बीच रहते हैं।

(7) वैनिला और बनाना फ्लेवर पसंद करने वाले व्यक्ति निकटतम तल पर रहते हैं।

(8) सबिता को बनाना फ्लेवर पसंद है।

स्थिति I:

सुरूची तल संख्या 4 या 6 पर रह सकती है। यदि वह तल संख्या 4 पर रहती है तो वैनिला पसंद करने वाले व्यक्ति को उसका स्थान नहीं मिलेगा क्योंकि 3 स्थान ऊपर के बाद वैनिला एलमोंड पसंद करने वाला व्यक्ति पहले से ही रह रहा है और 3 स्थान नीचे के बाद कोई तल उपलब्ध नहीं है। इसलिए सुरूची को तल संख्या 6 पर और वैनिला पसंद करने वाले व्यक्ति को तल संख्या 2 पर होना चाहिए।

8		वैनिला एलमोंड
7		
6	सुरूची	चॉकलेट मिंट
5		
4		
3	साक्षी	
2		वैनिला
1		

स्थिति II:

सुरूची तल संख्या 8 पर रहती है।

8	सुरूची	चॉकलेट मिंट
7	साक्षी	
6		
5		
4		वैनिला
3		
2		वैनिला एलमोंड
1		

स्थिति III:

8	सुरूची	चॉकलेट मिंट
7	साक्षी	
6		
5		
4		वैनिला
3		
2		
1		वैनिला एलमोंड

(9) 2 व्यक्ति चॉकलेट मिंट और चॉकलेट एलमोंड पसंद करने वाले व्यक्ति के बीच रहते हैं।

(10) वैनिला और बनाना फ्लेवर पसंद करने वाले व्यक्ति निकटतम तल पर रहते हैं।

(11) सबिता को बनाना पसंद है।

स्थिति I:

8		वैनिला एलमोंड
7		
6	सुरूची	चॉकलेट मिंट
5		
4		
3	साक्षी	चॉकलेट एलमोंड
2		वैनिला
1	सबिता	बनाना

स्थिति II:

8	सुरूची	चॉकलेट मिंट
7	साक्षी	
6		
5		चॉकलेट एलमोंड
4		वैनिला
3	सबिता	बनाना
2		वैनिला एलमोंड
1		

स्थिति III:

8	सुरूची	चॉकलेट मिंट
7	साक्षी	
6		
5		चॉकलेट एलमोंड
4		वैनिला
3	सबिता	बनाना
2		
1		वैनिला एलमोंड

(12) सृष्टि को चॉकलेट पसंद है और सुरूचि के नीचे लेकिन ठीक नीचे नहीं रहती है।

(13) सचिता को बटरस्कॉच पसंद है।

(14) सचिता, सृष्टि के निकटतम नहीं रहती है और न ही सबसे ऊपरी तल पर रहती है।

स्थिति I:

सृष्टि तल संख्या 4 पर रहती हैं और सचिता को तल संख्या पर रहना चाहिए क्योंकि वैनिला एलमोंड से अलग फ्लेवर पसंद करने वाले व्यक्ति के लिए केवल तल संख्या 7 रिक्त है।

8		वैनिला एलमोंड
7	सचिता	बटरस्कॉच
6	सुरूची	चॉकलेट मिंट
5		
4	सृष्टि	चॉकलेट
3	साक्षी	चॉकलेट एलमोंड
2		वैनिला
1	सबिता	बनाना

स्थिति II:

8	सुरूची	चॉकलेट मिंट
7	साक्षी	
6		
5		चॉकलेट एलमोंड
4		वैनिला
3	सबिता	बनाना
2		वैनिला एलमोंड
1		

स्थिति III:

8	सुरूची	चॉकलेट मिंट
7	साक्षी	
6		
5		चॉकलेट एलमोंड
4		वैनिला
3	सबिता	बनाना
2		
1		वैनिला एलमोंड

(15) संगीता और स्ट्रॉबेरी पसंद करने वाले के बीच केवल 2 व्यक्ति रहते हैं।

(16) सुमन को न तो वैनिला और न ही वैनिला एलमोंड पसंद है।

(17) सुरभि, सुमन के ऊपर वाले तल पर रहती है।

(18) सुरभि चॉकलेट पसंद करने वाले व्यक्ति के बीच रहती है।

(19) सृष्टि को चॉकलेट पसंद है और सुरूचि के नीचे लेकिन ठीक नीचे नहीं रहती है।

(20) सचिता, सृष्टि के निकटतम नहीं रहती है और न ही सबसे ऊपरी तल पर रहती है।

(21) साक्षी विषम संख्या वाली तल पर रहती है लेकिन सबसे निचले तल पर नहीं रहती है।

स्थिति I:

इस स्थिति में, हम कह सकते हैं कि स्ट्रॉबेरी पसंद करने वाला व्यक्ति तल संख्या 5 पर रहता है। सुमन को वैनिला पसंद नहीं है और सुरभि, सुमन के ऊपर वाले तल पर रहता हैं, इसलिए सुरभि तल संख्या 8 पर और सुमन तल संख्या 5 पर रहती है । संगीता तल संख्या 2 पर रहती हैं।

8	सुरभि	वैनिला एलमोंड
7	सचिता	बटरस्कॉच
6	सुरूची	चॉकलेट मिंट
5	सुमन	स्ट्राबेरी
4	सृष्टि	चॉकलेट
3	साक्षी	चॉकलेट एलमोंड
2	संगीता	वैनिला
1	सबिता	बनाना

स्थिति II:

सृष्टि को चॉकलेट पसंद है। सुरभि चॉकलेट पसंद करने वाले व्यक्ति के ऊपर रहती है। सृष्टि को तल संख्या 1 पर रहना चाहिए।

सचिता को बटरस्कॉच पसंद है।

संगीता और स्ट्रॉबेरी पसंद करने वाले के बीच केवल 2 व्यक्ति रहते हैं।

इसलिए स्ट्रॉबेरी पसंद करने वाले व्यक्ति को तल संख्या 7 और संगीता को तल संख्या 4 पर रहना चाहिए।

सुरभि सुमन के ऊपर रहता है।

8	सुरूची	चॉकलेट मिंट
7	साक्षी	स्ट्राबेरी
6	सचिता	बटरस्कॉच
5	सुरभि	चॉकलेट एलमोंड
4	संगीता	वैनिला
3	सबिता	बनाना
2	सुमन	वैनिला एलमोंड
1	सृष्टि	चॉकलेट

सुमन को न तो वैनिला पसंद है और ही वैनिला एलमोंड पसंद है लेकिन वह यहाँ तल संख्या 2 पर है और उसे वैनिला एलमोंड पसंद है।

इस प्रकार स्थिति II रद्ध हो जाता है।

स्थिति III:

सृष्टि को चॉकलेट पसंद है। सुरभि चॉकलेट पसंद करने वाले व्यक्ति के ऊपर रहती है। सृष्टि को अवश्य तल संख्या 2 पर होना चाहिए

सचिता को बटरस्कॉच पसंद है। इसलिए सचिता तल संख्या 6 पर रहती है

संगीता और स्ट्रॉबेरी पसंद करने वाले के बीच केवल 2 व्यक्ति रहते हैं।

इसलिए स्ट्रॉबेरी पसंद करने वाले व्यक्ति को तल संख्या 7 और संगीता को तल संख्या 4 पर अवश्य होना चाहिए।

सुरभि, सुमन के ऊपर रहती है। इसलिए सुरभि तल संख्या 5 और सुमन तल संख्या 1 पर होता है।

8	सुरूची	चॉकलेट मिंट
7	साक्षी	स्ट्राबेरी
6	सचिता	बटरस्कॉच
5	सुरभि	चॉकलेट एलमोंड
4	संगीता	वैनिला
3	सबिता	बनाना
2	सृष्टि	चॉकलेट
1	सुमन	वैनिला एलमोंड

सुमन को न तो वैनिला और न वैनिला एलमोंड पसंद है लेकिन वह यहां तल संख्या 1 पर सुमन को वैनिला एलमोंड पसंद है।

इस प्रकार, स्थिति III रद्द होता है।

अंतिम व्यवस्था निम्न प्रकार है:

8	सुरभि	वैनिला एलमोंड
7	सचिता	बटरस्कॉच
6	सुरूची	स्ट्राबेरी
4	सृष्टि	चॉकलेट एलमोंड
2	संगीता	वैनिला
1	सबिता	बनाना

21. इस प्रकार, सुरभि को छोड़कर सभी किसी न किसी मध्य तल पर रहते हैं।

अत: विकल्प (A) सही है।

22. इस प्रकार, स्ट्रॉबेरी पसंद करने वाला व्यक्ति सुरूचि के नीचे रहता है।

अत: विकल्प (C) सही है।

23. इस प्रकार, संगीता तल संख्या 2 पर रहती हें।

अत: विकल्प (E) सही है।

24. इस प्रकार, साक्षी को चॉकलेट एलमोंड पसंद है।

अत: विकल्प (E) सही है।

25. इस प्रकार, सृष्टि तल संख्या 4 पर रहती हें।

अत: विकल्प (D) सही है।

Ques (26-30):(1) जिस मंजिल पर D रहता है, उसके ऊपर कोई नहीं रहता है। इसका तात्पर्य है कि D मंजिल 6 पर रहता है।

(2) K एक फ्लैट में रहता है जो D के फ्लैट के पश्चिम में एक ही मंजिल पर है। इसका तात्पर्य है कि K, मंजिल 6 के फ्लैट 1 पर रहता है जो सबसे ऊपरी मंजिल है और D एक ही मंजिल पर फ्लैट 2 पर रहता है।

ध्यान दें, अब मंजिल 6 पर केवल 1 और व्यक्ति रह सकता है।

(3) 2-मंज़िल का फ़ासला है जहाँ T और D रहते हैं और दोनों एक ही फ्लैट नंबर पर रहते हैं। यहाँ T मंजिल 3 के फ्लैट 2 पर रहता है।

(4) E और K पड़ोसी हैं। इसलिए E को मंजिल 6 पर फ्लैट 2 में रहना चाहिए।

अब, मंजिल 6 पर व्यवस्था पूरी हो गई है।

(5) E और U के बीच में 5 फ़्लैट का फासला हैं। तो U मंजिल 3 पर फ्लैट 2 में T के साथ फ्लैट साझा करता है।

(6) F एक विषम संख्या वाली मंजिल पर रहता है और अपने फ्लैट में अकेला रहता है।

(7) U और F समीपवर्ती फ्लैट में रहते हैं। इसका मतलब F मंजिल 3 पर फ्लैट 1 में रहता है।

अब मंजिल 3 और 6 पर हमारी व्यवस्था पूरी हो गई है।

मंजिल	फ्लैट 1	फ्लैट 2
मंजिल 6	K	D, E
मंजिल 5		
मंजिल 4		
मंजिल 3	F	T, U
मंजिल 2		
मंजिल 1		

(8) C, R से ऊपर एक मंजिल पर रहता है लेकिन Q के नीचे समान फ्लैट संख्या पर रहता है। इसका अर्थ है कि C या तो मंजिल 2 या मंजिल 4 के फ्लैट पर रह सकता है।

(9) R भूतल पर नहीं रहता है। इसलिए R मंजिल 2 पर, C मंजिल 4 पर और Q मंजिल 5 पर रहता है। इन लोगों के फ्लैट अभी तक तय नहीं किए गए हैं।

(10) S, B के ठीक ऊपर वाले फ्लैट 2 में रहता है, जो सम संख्या वाली मंजिल पर रहता है।

तो सम मंजिल पर B के लिए एकमात्र स्थान, जिसमें एक ऊपर वाली मंजिल खाली है, मंजिल 4 है।

इसलिए, B, मंजिल 4 पर फ्लैट 2 में रहता है और S, मंजिल 5 पर फ्लैट 2 में रहता है।

(11) B अपने फ्लैट को किसी के साथ साझा नहीं करता है।

चूँकि C भी मंजिल 4 पर रहता है। इसलिए C, मंजिल 4 के फ्लैट 1 में रहता है। R और Q भी अपने संबंधित मंजिल 2 और 5 के फ्लैट 1 में रहते हैं।

मंजिल	फ्लैट 1	फ्लैट 2
मंजिल 6	K	D, E
मंजिल 5	Q	S
मंजिल 4	C	B
मंजिल 3	F	T, U
मंजिल 2	R	
मंजिल 1		

(12) R और M के बीच में 2 फ्लैट का अंतर है।

तो, M, मंजिल 1 पर फ्लैट 2 में रहता है, क्योंकि B मंजिल 4 पर फ्लैट 2 में अकेला रहता है।

(13) L और X अपने फ्लैट को साझा करते हैं लेकिन मंजिल 2 पर नहीं रहते हैं। इसका मतलब L और X मंजिल 1 पर फ्लैट 1 में रहते हैं।

चूँकि केवल मंजिल 2 को छोड़कर जो 2 लोगों L और X को समायोजित कर सकता है, मंजिल 1 है। एक मंजिल पर अधिकतम लोगों की संख्या 3 हैं।

(14) M और P के बीच में दो व्यक्ति रहते हैं। इसका मतलब है कि P मंजिल 1 पर फ्लैट 2 में रहता है।

(15) O एक विषम संख्या वाली मंजिल पर रहता है।

(16) E और O पड़ोसी नहीं हैं।

इसलिए, O मंजिल 5 के फ्लैट 2 में रहता है।

मंजिल	फ्लैट 1	फ्लैट 2
मंजिल 6	K	D, E
मंजिल 5	Q	S, O
मंजिल 4	C	B
मंजिल 3	F	T, U
मंजिल 2	R	P
मंजिल 1	L, X	M

26. इसलिए, Q मंजिल 5 के फ्लैट 1 में रहता है।

अत: विकल्प (D) सही है।

27. इसलिए, कुल 7 व्यक्ति Q और R के बीच में रहते हैं।

अत: विकल्प (C) सही है।

28. इसलिए, कुल 16 व्यक्ति इमारत में रहते हैं।

यहाँ C, F और L को छोड़कर सभी समीपवर्ती मंजिलों पर रहते हैं।

अत: विकल्प (D) सही है।

29. इस प्रकार, C और B दोनों U के ऊपर वाली मंजिल पर रहते हैं।

अत: विकल्प (A) सही है।

30. इस प्रकार, कुल 16 व्यक्ति इमारत में रहते हैं।

अत: विकल्प (C) सही है।

तर्कशक्ति अभियोग्यता टेस्ट 12

Ques (1-5):निर्देश: दी गई जानकारी को ध्यान से पढ़ें और दिए गए प्रश्न का उत्तर दें:

दस व्यक्ति प्रवीण, रानी, रमन, सीता, तुषार, उमेश, विनोथ, वहाब, ज़िमोन और यूसुफ दो समानांतर पंक्तियों में बैठे हुए हैं, जिनमें से प्रत्येक में पाँच लोग हैं, जो कि अलग-अलग व्यक्तियों के बीच समान दूरी है। पंक्ति-1 में बैठे लोग उत्तर दिशा की ओर मुंह करते हैं, जबकि पंक्ति-2 में बैठे लोग दक्षिण दिशा की ओर मुंह करते हैं। इस तरह पंक्ति-1 में बैठे लोग पंक्ति-2 में बैठे लोगों का सामना करते हैं। इनका जन्म जनवरी, मार्च, अप्रैल, मई, जून, जुलाई और अगस्त के महीनों में हुआ था। अप्रैल, मई और जून के महीने में ठीक दो व्यक्तियों का जन्म हुआ। उपरोक्त सभी जानकारी इसी क्रम में होना आवश्यक नहीं है।

सीता उत्तर की ओर मुख वाली पंक्ति के ठीक बीच में बैठती है। तुषार, ज़िमोन और वहाब के साथ और उमेश के विपरीत बैठता है। प्रवीण दक्षिण मुख वाली पंक्ति के दाहिने छोर पर बैठता है। अप्रैल में पैदा हुए दो व्यक्तियों के बीच केवल एक व्यक्ति बैठता है। रानी, रमन के सामने बैठती है और मई महीने में जन्मे व्यक्ति के निकटस्थ दाईं ओर बैठती है। रमन दक्षिण दिशा की ओर मुँह करके नहीं बैठा है। वहाब का जन्म अगस्त महीने में हुआ था। मार्च में जन्म लेने वाला व्यक्ति, यूसुफ के निकटस्थ दाईं ओर बैठता है और अप्रैल में जन्मे व्यक्ति के विपरीत बैठता है। जनवरी में जन्मा हुआ व्यक्ति, जुलाई में जन्मे व्यक्ति के दाईं ओर बैठता है, लेकिन वे किसी भी छोर पर नहीं बैठते हैं। मई में पैदा हुए दो व्यक्तियों के बीच केवल एक व्यक्ति बैठता है।

Q.1 उमेश के निकटस्थ दाईं ओर कौन बैठता है?

A. जून में जन्मा हुआ व्यक्ति
B. जुलाई में जन्मा हुआ व्यक्ति
C. मार्च में जन्मा हुआ व्यक्ति
D. मई में जन्मा हुआ व्यक्ति
E. इनमें से कोई नहीं

Q.2 निम्नलिखित में से कौन से जोड़े में एक ही महीने में जन्म लेते हैं?

A. यूसुफ और विनोथ
B. प्रवीण और रानी
C. रमन और तुषार
D. (A) और (B) दोनों
E. (A) और (C) दोनों

Q.3 ज़िमोन के विपरीत बैठे व्यक्ति का जन्म किस महीने में हुआ था?

A. जनवरी
B. जुलाई
C. मई
D. जून
E. इनमें से कोई नहीं

Q.4 निम्नलिखित पाँच में से चार एक निश्चित तरीके से एक जैसे हैं और इसलिए एक समूह बनाते हैं। निम्नलिखित में से कौन समूह से संबंधित नहीं है?

A. रमन-मार्च
B. तुषार-अप्रैल
C. उमेश-जनवरी
D. विनोथ-जून
E. यूसुफ-जुलाई

Q.5 निम्नलिखित में से कौन सा कथन निश्चित रूप से सत्य है?

A. प्रवीण और ज़िमोन के बीच केवल दो व्यक्ति बैठे हैं।
B. जून महीने में जन्मे व्यक्ति अलग-अलग पंक्तियों में बैठे हैं।
C. मार्च में जन्मा हुआ व्यक्ति, उमेश के बाईं ओर तीसरे स्थान पर बैठता है।
D. अगस्त महीने में जन्मा हुआ व्यक्ति और मार्च महीने में जन्मा हुआ व्यक्ति, एक दूसरे के विपरीत बैठे हैं।
E. इनमें से कोई नहीं

Ques (6-10):निर्देश: निम्नलिखित जानकारी का ध्यानपूर्वक अध्ययन करें और नीचे दिए गए प्रश्न का उत्तर दें:

बारह व्यक्ति A, B, C, D, E, F, U, V, W, X, Y और Z दो समानांतर पंक्तियों में बैठे हैं। A, B, C, D, E और F पंक्ति-1 में दक्षिण दिशा की ओर मुख करके बैठे हैं और U, V, W, X, Y और Z पंक्ति-2 में उत्तर दिशा की ओर इस प्रकार बैठे हैं कि पंक्ति-1 में बैठा प्रत्येक व्यक्ति पंक्ति-2 में बैठे व्यक्ति की ओर उन्मुख है।

U और W के मध्य केवल एक व्यक्ति बैठा है जो पंक्ति के अंतिम बाएं छोर पर बैठा है। B, जो अंतिम बाएं छोर पर बैठा है, A के बाएं से दूसरे स्थान पर बैठा है। C का मुख उस व्यक्ति की ओर है जो U का निकटतम पड़ोसी है। V का मुख D की ओर है। E, जो पंक्ति के किसी एक अंतिम छोर पर बैठा है, Z की ओर उन्मुख व्यक्ति के दायें ओर तीसरे स्थान पर बैठा है। X का मुख उस व्यक्ति की ओर है जो A के बाएं से दूसरे स्थान पर बैठा है।

Q.6 निम्नलिखित में से कौन C की ओर उन्मुख है?

A. W
B. X
C. Y
D. Z
E. इनमें से कोई नहीं

Q.7 निम्नलिखित में से कौन Z की ओर उन्मुख है?

A. A
B. B
C. E
D. F
E. इनमें से कोई नहीं

Q.8 यदि दूसरी पंक्ति में बैठे सभी व्यक्तियों के नामों को वर्णानुक्रम में व्यवस्थित किया जाता है (दूसरी पंक्ति के दायें छोर से शुरू करते हुए) तो निम्नलिखित में से किसका मुख F की ओर होगा?

A. W
B. U
C. Y
D. X
E. इनमें से कोई नहीं

Q.9 निम्नलिखित में से कौन उस व्यक्ति के दायें से तीसरे स्थान पर बैठा है, जो E के बायें से दूसरे स्थान पर बैठे व्यक्ति की ओर उन्मुख है?

A. U
B. V
C. X
D. Z
E. इनमें से कोई नहीं

Q.10 निम्नलिखित में से कौन W के निकटतम पड़ोसी की ओर उन्मुख है?

A. A
B. D
C. F
D. C
E. इनमें से कोई नहीं

Ques (11-15):निर्देश: दिए गए प्रश्न का उत्तर देने के लिए निम्नलिखित जानकारी का ध्यानपूर्वक अध्ययन करें:

विभिन्न बैंकों से आठ व्यक्ति अर्थात यूको बैंक, सिंडिकेट बैंक, केनरा बैंक, पीएनबी, देना बैंक, ओरिएंटल बैंक ऑफ कॉमर्स, इंडियन बैंक और बैंक ऑफ महाराष्ट्र दो समानांतर पंक्तियों में बैठे हैं, जिनमें प्रत्येक में चार लोग हैं, इस प्रकार आसन्न व्यक्तियों के बीच समान दूरी है। पंक्ति 1 में: A, B, C और D बैठे हैं और उन सभी का मुख दक्षिण की ओर है। पंक्ति 2 में: P, Q, R और S बैठे हैं और उन सभी का मुख उत्तर की ओर है। इसलिए, दी गई बैठने की व्यवस्था में एक पंक्ति में बैठे प्रत्येक सदस्य का मुख दूसरी पंक्ति के अन्य सदस्य की ओर है। (उपरोक्त सभी जानकारी आवश्यक रूप से अंतिम व्यवस्था के अनुसार बैठने के क्रम का प्रतिनिधित्व नहीं करती है)।

- C, बैंक ऑफ महाराष्ट्र के व्यक्ति के दायें से दूसरे स्थान पर बैठा है। R उस व्यक्ति का निकटतम पड़ोसी है जिसका मुख बैंक ऑफ महाराष्ट्र के व्यक्ति की ओर है।
- पीएनबी बैंक से सम्बंधित व्यक्ति और R के बीच केवल एक व्यक्ति बैठा है। पीएनबी से संबंधित व्यक्ति के निकटतम पडोसी का मुख केनरा बैंक के व्यक्ति के सामने है.
- यूको बैंक के व्यक्ति का मुख ओरिएंटल बैंक ऑफ कॉमर्स के व्यक्ति की ओर है। R ओरिएंटल बैंक ऑफ कॉमर्स से नहीं है। P, पीएनबी से नहीं है। P का मुख बैंक ऑफ महाराष्ट्र के व्यक्ति के सामने नहीं है
- Q, देना बैंक के व्यक्ति की ओर उन्मुख है। वह व्यक्ति जिसका मुख S की ओर है, A के ठीक बायें बैठा है।
- B पंक्ति के किसी भी अंतिम छोर पर नहीं बैठा है। बैंक ऑफ महाराष्ट्र के व्यक्ति का मुख सिंडिकेट बैंक के व्यक्ति के सामने नहीं है।

Q.11 निम्नलिखित पांच में से चार दी गई बैठने की व्यवस्था के आधार पर एक निश्चित तरीके से समान हैं और इस प्रकार एक समूह से, वह कौन सा है जो उस समूह से संबंधित नहीं है?

A. केनरा बैंक
B. R
C. सिंडिकेट बैंक
D. Q
E. ओरिएंटल बैंक ऑफ कॉमर्स

Q.12 P, देना बैंक से उसी प्रकार संबंधित है जिस प्रकार B दी गई व्यवस्था के आधार पर पीएनबी से संबंधित है। निम्नलिखित में से किससे D समान पैटर्न का अनुसरण करने से संबंधित है?

A. सिंडिकेट बैंक
B. केनरा बैंक
C. बैंक ऑफ महाराष्ट्र
D. इंडियन बैंक
E. ओरिएंटल बैंक ऑफ कॉमर्स

Q.13 निम्नलिखित में से कौन पंक्तियों के अंतिम छोर पर बैठा है?

A. D और पीएनबी का व्यक्ति
B. भारतीय बैंक और यूको बैंक का व्यक्ति
C. देना बैंक का व्यक्ति और P
D. सिंडिकेट बैंक का व्यक्ति और P
E. C, Q

Q.14 R और पीएनबी से संबंधित व्यक्ति के बीच में कौन बैठा है?

A. ओरिएंटल बैंक ऑफ कॉमर्स का व्यक्ति
B. P
C. Q
D. सिंडिकेट बैंक का व्यक्ति
E. S

Q.15 A के संबंध में निम्नलिखित में से कौन सा सत्य है?

A. यूको बैंक के व्यक्ति का मुख A की ओर है
B. बैंक ऑफ महाराष्ट्र का व्यक्ति A का निकटतम पड़ोसी है
C. A का मुख उस व्यक्ति की ओर है जो R के दायें से दूसरे स्थान पर बैठा है
D. A ओरिएंटल बैंक ऑफ कॉमर्स से है
E. A पंक्ति के किसी एक अंतिम छोर पर बैठा है

Ques (16-20):निर्देश: दिए गए प्रश्न का उत्तर देने के लिए निम्नलिखित जानकारी का अध्ययन करें:

आठ व्यक्ति दो समानांतर पंक्तियों में प्रत्येक में चार व्यक्ति इस प्रकार बैठे हैं कि बैठे व्यक्तियों के बीच समान दूरी है। पंक्ति-1 में, आशा, भीम, चेल्सी और दीप बैठे हैं (लेकिन जरूरी नहीं कि इसी क्रम में हों) और उन सभी का मुख दक्षिण की ओर है। पंक्ति-2 में, प्रीत, कुरैशी, रौनीत और सना बैठे हैं (लेकिन जरूरी नहीं कि इसी क्रम में हों) और उन सभी का मुख उत्तर की ओर है। इसलिए, दी गई बैठक व्यवस्था में एक पंक्ति में बैठे प्रत्येक सदस्य का मुख दूसरी पंक्ति के अन्य सदस्य की ओर है। रौनीत उस व्यक्ति के बाएं से दूसरे स्थान पर बैठा है जिसका मुख आशा की ओर है। सना रौनीत की निकटतम पडोसी है। आशा और दीप के बीच केवल एक व्यक्ति बैठा है। चेल्सी के निकटतम पड़ोसियों में से एक का मुख कुरैशी के सामने है। भीम रेखा के किसी भी अंतिम छोर पर नहीं बैठा है।

Q.16 निम्नलिखित में से किसका मुख भीम की ओर है?

A. प्रीत
B. कुरैशी
C. रौनीत
D. सना
E. निर्धारित नहीं किया जा सकता है

Q.17 निम्नलिखित में से किसका मुख रौनीत की ओर है?

A. आशा
B. भीम
C. चेल्सी
D. दीप
E. निर्धारित नहीं किया जा सकता है

Q.18 चेल्सी के बारे में निम्नलिखित में से कौन सा सत्य है?

A. चेल्सी, दीप के दायें से दूसरे स्थान पर बैठी है
B. आशा चेल्सी के ठीक दायें बैठी है
C. सना का मुख चेल्सी की ओर है
D. दीप, चेल्सी का निकटतम पड़ोसी है
E. वह व्यक्ति जिसका मुख चेल्सी की ओर है, रौनीत का निकटतम पड़ोसी है

Q.19 दी गई बैठने की व्यवस्था के आधार पर निम्नलिखित पांच में से चार निश्चित रूप से एक जैसे हैं और इस प्रकार एक समूह बनाते हैं। वह कौन है जो समूह से संबंधित नहीं है?

A. चेल्सी **B.** रौनीत **C.** कुरैशी **D.** प्रीत
E. दीप

Q.20 निम्नलिखित में से कौन प्रीत की ओर उन्मुख व्यक्ति के दायें से दूसरे स्थान पर बैठा है?

A. आशा
B. भीम
C. चेल्सी
D. दीप
E. निर्धारित नहीं किया जा सकता है

Ques (21-25):निर्देश: बिष्टुपुर मार्केट में ठीक दस स्टोर हैं और सीध मे कोई अन्य स्टोर नहीं है। सड़क के उत्तर की ओर, पश्चिम से पूर्व की ओर, स्टोर 1, 3, 5, 7 और 9 हैं; सड़क के दक्षिणी किनारे पर, पश्चिम से पूर्व की ओर, स्टोर 2, 4, 6, 8 और 10 हैं। इस प्रकार स्टोर 1 और 2; 3 और 4; 5 और 6; 7 और 8; 9 और 10 है। प्रत्येक स्टोर को हरा, लाल और पीला निम्नलिखित रंगों में से एक में रोशनी से सजाया गया है: स्टोर को निम्नलिखित शर्तों के अनुसार रोशनी से सजाया गया है:

1. किसी भी स्टोर को उसी रंग की रोशनी से नहीं सजाया जाता है, जिस रंग से उससे सटे स्टोर को सजाया जाता है।

2. किसी भी स्टोर को उसी रंग की रोशनी से नहीं सजाया जाता है, जिस रंग से स्टोर के सामने सड़क पार वाले स्टोर को सजाया गया हैं।
3. सड़क के प्रत्येक किनारे पर ठीक एक स्टोर को पीली रोशनी से सजाया जाता हैं।
4. स्टोर 4 को लाल रोशनी से सजाया जाता है।
5. स्टोर 5 को पीली रोशनी से सजाया जाता है।

Q.21 कितने स्टोर को लाल रंग की रोशनी से सजाया जाता है?

A. 1
B. 2
C. 3
D. 4
E. निर्धारित नहीं किया जा सकता है

Q.22 मान लीजिए कि सड़क के दक्षिण की ओर दो स्टोर और उत्तर की ओर एक स्टोर को पीली रोशनी से सजाया जाता है यदि अन्य सभी शर्तें समान रहती हैं, तो निम्नलिखित में से कौन सा कथन सत्य है:

A. स्टोर 1 को हरी रोशनी से सजाया जाता है
B. स्टोर 7 को लाल रोशनी से सजाया जाता है
C. स्टोर 10 को लाल रोशनी से सजाया जाता है
D. स्टोर 2 को पीली रोशनी से सजाया जाता है
E. स्टोर 8 को पीली रोशनी से सजाया जाता है

Q.23 निम्नलिखित में से कौन सा कथन सत्य होना चाहिए?

A. स्टोर 1 को हरी रोशनी से सजाया जाता है
B. स्टोर 10 को हरी रोशनी से सजाया जाता है
C. स्टोर 8 को लाल रोशनी से सजाया जाता है
D. स्टोर 10 को पीली रोशनी से सजाया जाता है
E. स्टोर 8 को पीली रोशनी से सजाया जाता है

Q.24 यदि स्टोर 7 को हरी रोशनी से सजाया जाता है, तो इनमे से कौन सा कथन सत्य होगा:

A. स्टोर 2 को हरी रोशनी से सजाया जाता है
B. स्टोर 10 को हरी रोशनी से सजाया जाता है
C. स्टोर 8 को लाल रोशनी से सजाया जाता है
D. स्टोर 2 को पीली रोशनी से सजाया जाता है
E. स्टोर 9 को लाल रोशनी से सजाया जाता है

Q.25 स्टोर 2, 4, 6, 8 और 10 को सजाने वाली रोशनी के रंगों की निम्नलिखित में से कौन-सी सटीक सूची हो सकती है?

A. हरा, लाल, हरा, लाल, हरा
B. हरा, लाल, हरा, पीला, लाल
C. हरा, लाल, पीला, लाल, हरा
D. पीला, हरा, लाल, हरा, लाल
E. पीला, लाल, हरा, लाल, पीला

Ques (26-30):

निर्देश: निम्नलिखित जानकारी का ध्यानपूर्वक अध्ययन करें और दिए गए प्रश्न का उत्तर दें।

आठ व्यक्ति दो समानांतर पंक्तियों में बैठे हैं, जिनमें से प्रत्येक पंक्ति में चार व्यक्ति बैठे हैं, पंक्ति-1 में A, B, C और D बैठे हैं और ये सभी दक्षिण की ओर उन्मुख हैं जबकि पंक्ति-2 में P, Q, R और S बैठे हैं और ये सभी उत्तर की ओर उन्मुख हैं।

इसलिए, दी गई बैठक व्यवस्था में एक पंक्ति में बैठे प्रत्येक सदस्य, दूसरी पंक्ति के अन्य सदस्य की ओर उन्मुख है। उन सभी को अलग-अलग रंग पसंद हैं।

B, पीला रंग पसंद करने वाले व्यक्ति के दायें से दूसरे स्थान पर बैठा है। C, संतरी रंग पसंद करने वाले व्यक्ति के विपरीत बैठा है, जो S के बाएं से दूसरे स्थान पर बैठा है। Q, काला रंग पसंद करने वाले व्यक्ति के ठीक बाएं बैठा है। A, ग्रे रंग पसंद करने वाले व्यक्ति के ठीक दायें बैठा है। वह व्यक्ति जिसे सफ़ेद रंग पसंद है वह B के विपरीत बैठा है। P उस व्यक्ति के विपरीत बैठा है जिसे हरा रंग पसंद है लेकिन अंत में नहीं बैठा है। C को न तो ओलिव रंग और न ही नीला रंग पसंद है। वह व्यक्ति जिसे नीला रंग पसंद है वह दक्षिण की ओर उन्मुख है।

Q.26 A और नीला रंग पसंद करने वाले व्यक्ति के मध्य कौन बैठा है?

A. B
B. C
C. D
D. काला रंग पसंद करने वाला
E. ग्रे रंग पसंद करने वाला

Q.27 निम्नलिखित में से कौन पंक्तियों के अंतिम छोर पर बैठा है?

A. Q और वह व्यक्ति जो सफेद पसंद करता है
B. R और वह व्यक्ति जो ओलिव पसंद करता है
C. S और वह व्यक्ति जिसे संतरी रंग पसंद है
D. D और वह व्यक्ति जो नीला पसंद करता है
E. A और वह व्यक्ति जिसे हरा पसंद है

Q.28 निम्नलिखित में से कौन सा व्यक्ति ओलिव पसंद करने वाले व्यक्ति की ओर उन्मुख है?

A. वह व्यक्ति जिसे हरा रंग पसंद है
B. वह व्यक्ति जिसे नीला रंग पसंद है
C. वह व्यक्ति जिसे ग्रे रंग पसंद है
D. वह व्यक्ति जिसे पीला रंग पसंद है
E. D

Q.29 निम्नलिखित में से किसे नीला रंग पसंद है?

A. B
B. C
C. D
D. A
E. निर्धारित नहीं किया जा सकता है

Q.30 निम्नलिखित में से किसे सफ़ेद रंग पसंद है?

A. R
B. C
C. D
D. A
E. निर्धारित नहीं किया जा सकता है

// स्मार्ट उत्तर पुस्तिका //

सही उत्तर उन छात्रों के प्रतिशत को इंगित करता है जिन्होंने प्रश्नों का सही उत्तर दिया था।

छोड़ दिया उन छात्रों के प्रतिशत को इंगित करता है जिन्होंने प्रश्नों को छोड़ दिया था।

प्रश्न संख्या	उत्तर	सही उत्तर	छोड़ दिया
1	A	32.67 %	67.13 %
2	A	26.94 %	70.37 %
3	B	10.86 %	85.36 %
4	E	24.94 %	67.73 %
5	E	29.59 %	67.8 %
6	C	32.09 %	67.54 %

प्रश्न संख्या	उत्तर	सही उत्तर	छोड़ दिया
7	A	49.82 %	30.74 %
8	D	47.07 %	48.33 %
9	C	63.43 %	31.21 %
10	D	10.16 %	86.21 %
11	D	51.9 %	44.61 %
12	D	58.41 %	30.68 %

प्रश्न संख्या	उत्तर	सही उत्तर	छोड़ दिया
13	D	66.22 %	31.32 %
14	E	54.57 %	30.89 %
15	B	44.13 %	31.07 %
16	D	64.58 %	31.23 %
17	D	60.92 %	32.5 %
18	B	41.34 %	45.86 %

प्रश्न संख्या	उत्तर	सही उत्तर	छोड़ दिया
19	C	41.75 %	51.54 %
20	B	66.87 %	31.19 %
21	E	18.69 %	68.97 %
22	D	31.82 %	67.54 %
23	A	66.99 %	32.81 %
24	E	46.08 %	52.05 %

प्रश्न संख्या	उत्तर	सही उत्तर	छोड़ दिया
25	B	20.19 %	72.76 %
26	B	25.08 %	74.78 %
27	D	10.66 %	85.35 %
28	D	56.02 %	42.75 %
29	A	41.48 %	44.54 %
30	A	57.02 %	38.94 %

कार्य विश्लेषण	
औसत अंक (%)	43.33%
टॉपर्स स्कोर (%)	53.33%
आपका स्कोर	

//संकेत और समाधान//

Ques (1-5):प्रश्न से दी गई जानकारी के अनुसार:

सीता पंक्ति-1 के ठीक मध्य में बैठी है और उसका मुख उत्तर दिशा की ओर है। सीता उत्तर मुखी पंक्ति के ठीक मध्य में बैठी है। प्रवीण दक्षिण की ओर उन्मुख पंक्ति के अंतिम दायें छोर पर बैठा है। वहाब का जन्म अगस्त महीने में हुआ था। तुषार ज़िमोन और वहाब के साथ और उमेश के सामने बैठता है। मई में पैदा हुए दो व्यक्तियों के बीच केवल एक व्यक्ति बैठता है। रमन का मुख उत्तर दिशा की ओर है और वह रानी के विपरीत बैठा है। रानी का मुख दक्षिण दिशा की ओर है और वह उस व्यक्ति के ठीक दायें बैठी है, जिसका जन्म मई महीने में हुआ है। ठीक दो व्यक्तियों का जन्म अप्रैल, मई और जून के प्रत्येक महीने में हुआ था।

इन सभी शर्तों का पालन करने वाली केवल एक ही संभावित व्यवस्था है:

माह (दक्षिण)	मई	अप्रैल	मई	अप्रैल	अगस्त
व्यक्ति (पंक्ति-2)	प्रवीण	रानी	ज़िमोन	तुषार	वहाब
व्यक्ति (पंक्ति-1)	यूसुफ	रमन	सीता	उमेश	विनोथ
माह (उत्तर)	जून	मार्च	जुलाई	जनवरी	जून

1. उपरोक्त दस व्यक्तियों के बैठने की व्यवस्था के अनुसार विनोथ का जन्म जून महीने में हुआ था और वह उमेश के ठीक दायें बैठा है।

अतः विकल्प (A) सही है।

2. उपरोक्त दस व्यक्तियों के बैठने की व्यवस्था के अनुसार, "यूसुफ और विनोथ जून महीने में जन्मे थे"।

अतः विकल्प (A) सही है।

3. उपरोक्त दस व्यक्तियों के बैठने की व्यवस्था के अनुसार ज़िमोन सीता के विपरीत बैठा है और सीता का जन्म जुलाई महीने में हुआ था।

अतः विकल्प (B) सही है।

4. उपरोक्त दस व्यक्तियों के बैठने की व्यवस्था के अनुसार "यूसुफ - जुलाई, गलत है क्योंकि यूसुफ का जन्म जून महीने में हुआ था"। शेष विकल्पों का जोड़ा सही है।

अतः विकल्प (E) सही है।

5. उपरोक्त दस व्यक्तियों के बैठने की व्यवस्था के अनुसार सभी कथन असत्य हैं।

अतः विकल्प (E) सही है।

Ques (6-10):दी गई जानकारी के अनुसार,

- U और W के मध्य केवल एक व्यक्ति बैठा है, जो पंक्ति के अंतिम बाएं छोर पर बैठा है।
- B, जो अपनी पंक्ति के सन्दर्भ में सबसे बायें छोर पर बैठा है, A के बायें से दूसरे स्थान पर बैठा है।
- X का मुख उस व्यक्ति के सामने है जो A के बाएं से दूसरे स्थान पर बैठा है।

दिए गए संकेतों का उपयोग करके हम उनकी संबंधित पंक्तियों में A, B, W, U और X की स्थिति निर्धारित कर सकते हैं।

पंक्ति-1 दक्षिण की ओर मुख				A		B

← दायां छोर बायां छोर →

पंक्ति-2 उत्तर की ओर मुख	W		U			X

← बायां छोर दायां छोर →

- C का मुख उस व्यक्ति की ओर है जो U का निकटतम पडोसी है।
- V का मुख D की ओर है।
- E, जो पंक्ति के किसी एक अंतिम छोर पर बैठा है, Z की ओर उन्मुख व्यक्ति के दायें से तीसरे स्थान पर बैठा है।

पंक्ति-1 दक्षिण की ओर मुख	E	C		A	D	B

← दायां छोर बायां छोर →

पंक्ति-2 उत्तर की ओर मुख	W		U	Z	V	X

← बायां छोर दायां छोर →

इसमें हम Y और F की स्थिति को उनकी संबंधित पंक्तियों में भी आसानी से रख कर सकते हैं।

पंक्ति-1 दक्षिण की ओर मुख	E	C	F	A	D	B

← दायां छोर बायां छोर →

पंक्ति-2 उत्तर की ओर मुख	W	Y	U	Z	V	X

← बायां छोर दायां छोर →

6. अंतिम बैठक व्यवस्था के बाद, हम कह सकते हैं कि Y का मुख C की ओर है।

अतः विकल्प (C) सही है।

7. अंतिम बैठक व्यवस्था के बाद, हम कह सकते हैं कि A का मुख Z की ओर है।

अतः विकल्प (A) सही है।

8. अंतिम बैठक व्यवस्था के बाद हम कह सकते हैं कि यदि दूसरी पंक्ति में बैठे सभी व्यक्तियों के नामों को वर्णानुक्रम में व्यवस्थित किया जाए (दूसरी पंक्ति के दायें छोर से शुरू) तो X का मुख F की ओर होगा।

अतः विकल्प (D) सही है।

9. अंतिम बैठक व्यवस्था के बाद हम कह सकते हैं कि X उस व्यक्ति के दायें से तीसरे स्थान पर बैठा है, जो E के बायें से दूसरे स्थान पर बैठे व्यक्ति की ओर उन्मुख है।

अतः विकल्प (C) सही है।

10. अंतिम बैठक व्यवस्था के बाद हम कह सकते हैं कि C का मुख W के निकटतम पड़ोसी की ओर है।

अतः विकल्प (D) सही है।

Ques (11-15):पंक्ति 1 में: A, B, C और D बेठे हैं और उन सभी का मुख दक्षिण की ओर है।

पंक्ति 2 में: P, Q, R और S बैठे हैं और उन सभी का मुख उत्तर की ओर है।

1) C, बैंक ऑफ महाराष्ट्र के व्यक्ति के दायें से दूसरे स्थान पर बैठा है।

2) R उस व्यक्ति का निकटतम पडोसी है जिसका मुख बैंक ऑफ महाराष्ट्र के व्यक्ति की ओर है।

स्थिति 1

उत्तर

दायां छोर	C		बैंक ऑफ महाराष्ट्र		बायां छोर
बायां छोर		R			दायां छोर

दक्षिण

स्थिति 2

उत्तर

दायां छोर		C		बैंक ऑफ महाराष्ट्र	बायां छोर
बायां छोर			R		दायां छोर

दक्षिण

स्थिति 3

उत्तर

दायां छोर	C		बैंक ऑफ महाराष्ट्र		बायां छोर
बायां छोर				R	दायां छोर

दक्षिण

3) केवल एक व्यक्ति R और PNB के व्यक्ति के बीच बैठता है।

4) पीएनबी के व्यक्ति के निकटतम पड़ोसी का मुख केनरा बैंक के व्यक्ति के सामने है।

तो, स्थिति 1 संभव नहीं है।

स्थिति 2

उत्तर

दायां छोर		C / केनरा बैंक		बैंक ऑफ महाराष्ट्र	बायां छोर
बायां छोर	पीएनबी		R		दायां छोर

दक्षिण

स्थिति 3

उत्तर

दायां छोर	C / केनरा बैंक		बैंक ऑफ महाराष्ट्र		बायां छोर
बायां छोर		पीएनबी		R	दायां छोर

दक्षिण

5) यूको बैंक के व्यक्ति का मुख ओरिएंटल बैंक ऑफ कॉमर्स के व्यक्ति की ओर है।

6) R ओरिएंटल बैंक ऑफ कॉमर्स से नहीं है।

स्थिति 2

उत्तर

दायां छोर		C / केनरा बैंक	ओरिएंटल बैंक ऑफ कॉमर्स	बैंक ऑफ महाराष्ट्र	बायां छोर
बायां छोर	पीएनबी		R / यूको बैंक		दायां छोर

दक्षिण

स्थिति 3

उत्तर

दायां छोर	C / केनरा बैंक		बैंक ऑफ महाराष्ट्र	ओरिएंटल बैंक ऑफ कॉमर्स	बायां छोर
बायां छोर		पीएनबी		R / यूको बैंक	दायां छोर

दक्षिण

7) P, PNB से नहीं है।

8) P का मुख बैंक ऑफ महाराष्ट्र वाले व्यक्ति की ओर नहीं है।

स्थिति 2

उत्तर

दायां छोर		C / केनरा बैंक	ओरिएंटल बैंक ऑफ कॉमर्स	बैंक ऑफ महाराष्ट्र	बायां छोर
बायां छोर	पीएनबी	P	R / यूको बैंक		दायां छोर

दक्षिण

स्थिति 3

उत्तर

दायां छोर	C / केनरा बैंक		बैंक ऑफ महाराष्ट्र	ओरिएंटल बैंक ऑफ कॉमर्स	बायां छोर
बायां छोर	P	पीएनबी		R / यूको बैंक	दायां छोर

दक्षिण

9) Q, देना बैंक के व्यक्ति की ओर उन्मुख है।

स्थिति 2

उत्तर

दायां छोर	देना बैंक	C / केनरा बैंक	ओरिएंटल बैंक ऑफ कॉमर्स	बैंक ऑफ महाराष्ट्र	बायां छोर
बायां छोर	Q / पीएनबी	P	R / यूको बैंक		दायां छोर

दक्षिण

स्थिति 3

उत्तर

दायां छोर	C / केनरा बैंक	देना बैंक	बैंक ऑफ महाराष्ट्र	ओरिएंटल बैंक ऑफ कॉमर्स	बायां छोर
बायां छोर	P	Q / पीएनबी		R / यूको बैंक	दायां छोर

दक्षिण

10) वह जो S की ओर उन्मुख है वह A के ठीक बायें बैठा है।

11) B पंक्ति के किसी भी अंतिम छोर पर नहीं बैठा है।

तो, स्थिति 2 संभव नहीं है।

स्थिति 3

उत्तर

दायां छोर	C / केनरा बैंक	A / देना बैंक	B / बैंक ऑफ महाराष्ट्र	D / ओरिएंटल बैंक ऑफ कॉमर्स	बायां छोर
बायां छोर	P	Q / पीएनबी	S	R / यूको बैंक	दायां छोर

दक्षिण

12) बैंक ऑफ महाराष्ट्र के व्यक्ति का मुख सिंडिकेट बैंक के व्यक्ति के सामने नहीं है।

इस प्रकार S भारतीय बैंक से है।

तो हमें अंतिम व्यवस्था मिलती है।

स्थिति 3

उत्तर

दायां छोर	C / केनरा बैंक	A / देना बैंक	B / बैंक ऑफ महाराष्ट्र	D / ओरिएंटल बैंक ऑफ कॉमर्स	बायां छोर
बायां छोर	P / सिंडिकेट बैंक	Q / पीएनबी	S / इंडियन बैंक	R / यूको बैंक	दायां छोर

दक्षिण

11. उपरोक्त बैठक व्यवस्था के अनुसार सभी व्यक्ति पंक्तियों के अंतिम छोर पर बैठे हैं और उनके बैंक इस समूह से संबंधित हैं। Q इस समूह से संबंधित नहीं है।

अतः विकल्प (D) सही है।

12. उपरोक्त बैठने की व्यवस्था के अनुसार P, देना बैंक के व्यक्ति की ओर उन्मुख व्यक्ति के बायीं ओर बैठा है। पीएनबी के व्यक्ति की स्थिति भी इसी पैटर्न के अनुसार है।

तो, समान पैटर्न का अनुसरण करते हुए, हम पाते हैं कि इंडियन बैंक का व्यक्ति D की ओर उन्मुख व्यक्ति के बाईं ओर बैठा है।

अतः विकल्प (D) सही है।

13. उपरोक्त बैठक व्यवस्था के अनुसार केनरा बैंक से C, ओरिएंटल बैंक ऑफ कॉमर्स से D, सिंडिकेट बैंक से P और यूको बैंक से R अंतिम छोर पर बैठे हैं।

अतः विकल्प (D) सही है।

14. उपरोक्त बैठने की व्यवस्था के अनुसार S, पीएनबी से संबंधित व्यक्ति R और Q के बीच में बैठा है।

अतः विकल्प (E) सही है।

15. उपरोक्त बैठक व्यवस्था के अनुसार:

(A) यूको बैंक के व्यक्ति का मुख A की ओर है → असत्य

(B) बैंक ऑफ महाराष्ट्र का व्यक्ति A का निकटतम पडोसी है → सत्य

(C) A का मुख उस व्यक्ति की ओर है जो R के दायें से दूसरे स्थान पर बैठा है → असत्य

(D) A ओरिएंटल बैंक ऑफ कॉमर्स से है → असत्य

(E) A पंक्ति के किसी एक अंतिम छोर पर बैठा है → असत्य

इसलिए, 'बैंक ऑफ महाराष्ट्र का व्यक्ति A का निकटतम पड़ोसी है' एकमात्र सही विकल्प है।

अतः विकल्प (B) सही है।

Ques (16-20):प्रश्न में दी गई जानकारी के अनुसार, हम निष्कर्ष निकालते हैं कि सना रौनीत का निकटतम पड़ोसी है और रौनीत उस व्यक्ति के बाएं से दूसरे स्थान पर बैठा है जिसका मुख आशा की ओर है। सना भी रौनीत के दायीं ओर बैठ सकती है आशा और दीप के बीच केवल एक व्यक्ति बैठता है। चेल्सी के निकटतम पड़ोसियों में से एक का मुख कुरैशी के सामने है।

तो तीन स्थिति संभव हैं:

स्थिति-I

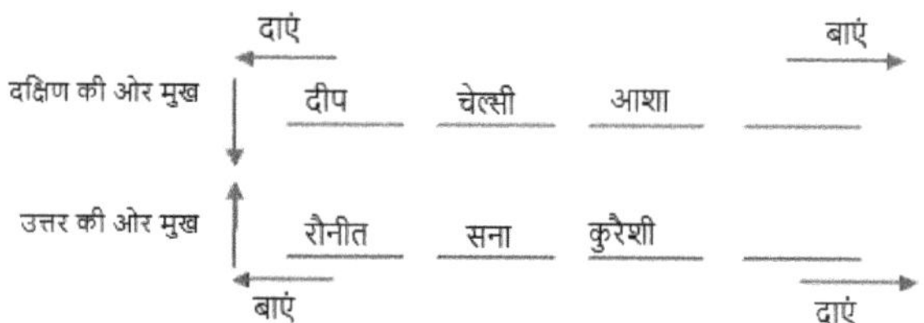

स्थिति-II

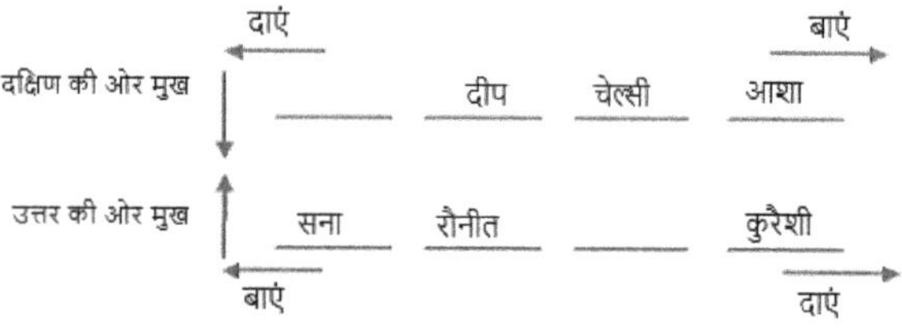

स्थिति-III

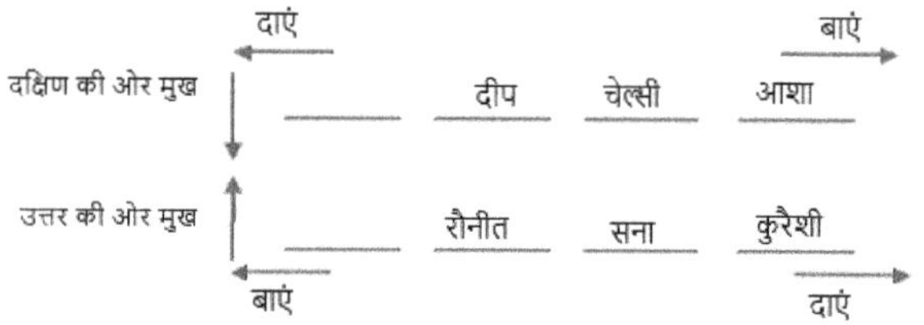

यदि स्थिति-1, चेल्सी भी आशा के बायीं ओर बैठ सकता है तो फिर से एक स्थिति है:

स्थिति-IV

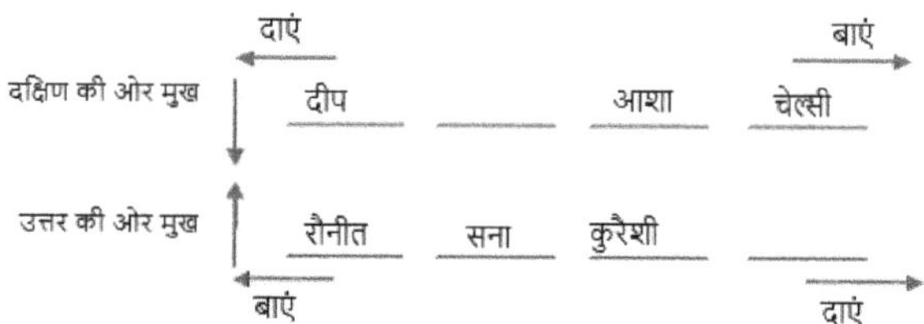

भीम रेखा के किसी भी अंतिम छोर पर नहीं बैठा है।

स्थिति I, II, III को विफल कर देंगे, क्योंकि इन तीनों स्थिति में अंतिम शेष स्थान अंतिम छोर पर ही है तो स्थिति IV लेते हुए,

स्थिति-IV

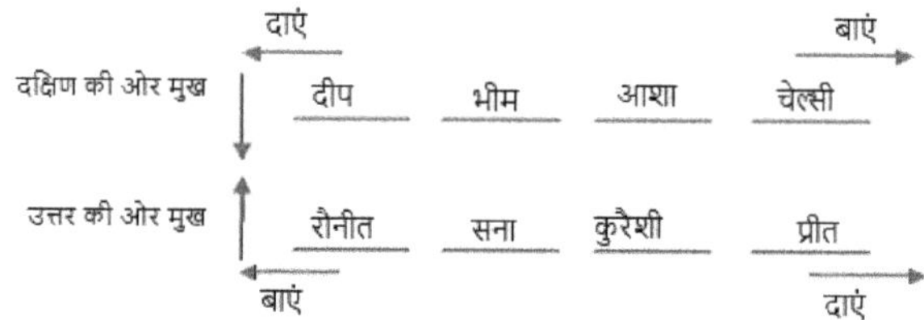

यह अंतिम व्यवस्था है।

16. स्पष्ट रूप से, सना का का मुख भीम की ओर है।

अतः विकल्प (D) सही है।

17. तो, दीप का मुख रौनीत की ओर है।

अतः विकल्प (D) सही है।

18. हम देख सकते हैं कि विकल्पों में से, आशा चेल्सी के ठीक दायें बैठी है, सत्य है।

अतः विकल्प (B) सही है।

19. चेल्सी, रौनीत, प्रीत, दीप अंतिम छोर पर बैठते हैं जबकि कुरैशी नहीं।

इसलिए, वह समूह से संबंधित नहीं है।

अतः विकल्प (C) सही है।

20. तो, भीम उस व्यक्ति के दाएं से दूसरे स्थान पर बैठा है जो प्रीत की ओर उन्मुख है।

अतः विकल्प (B) सही है।

Ques (21-25):प्रश्न में दी गई जानकारी के अनुसार, हम निष्कर्ष निकालते हैं:

1. किन्हीं दो और विपरीत स्टोर में समान प्रकाश नहीं है।
2. सड़क के प्रत्येक किनारे पर ठीक एक स्टोर को पीली रोशनी से सजाया जाता हैं।
3. स्टोर 4 को लाल रोशनी से सजाया जाता है।
4. स्टोर 5 को पीली रोशनी से सजाया जाता है।

तो, स्टोर 6 और स्टोर 3 को दी गई शर्तों के अनुसार हरे रंग से सजाया गया है। और इसलिए, स्टोर 1 को लाल रंग से सजाया जाना चाहिए।

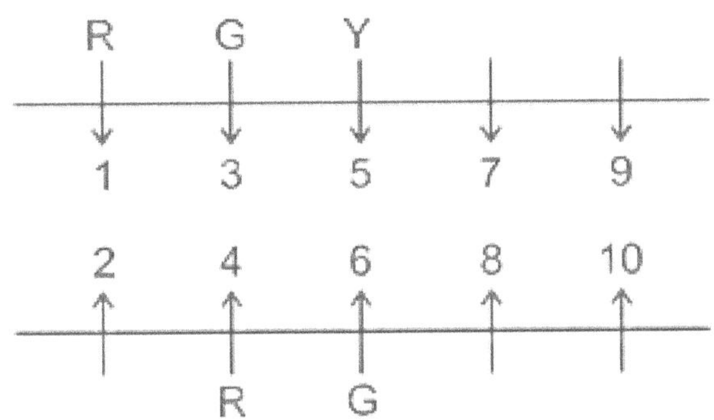

अब, दक्षिण पंक्ति में ठीक एक स्टोर होना चाहिए जो पीली रोशनी से सजाया गया हो। स्टोर 2, 4 या 6 में से किसी भी स्टोर को पीली रोशनी से सजाया जा सकता है।

स्थिति 1:

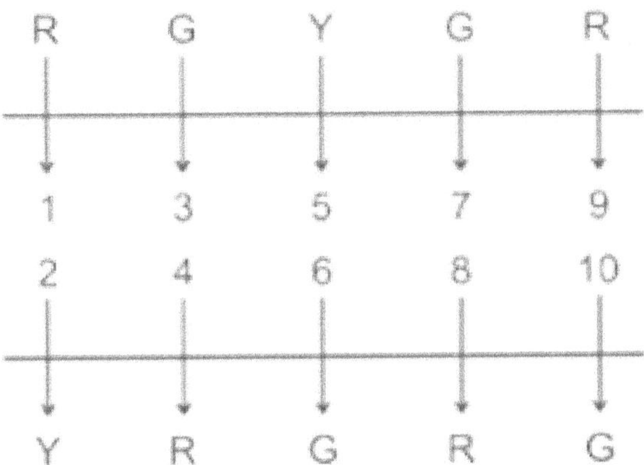

स्थिति 1 में, स्टोर 4 को लाल रोशनी से सजाया गया है।

स्थिति 2:

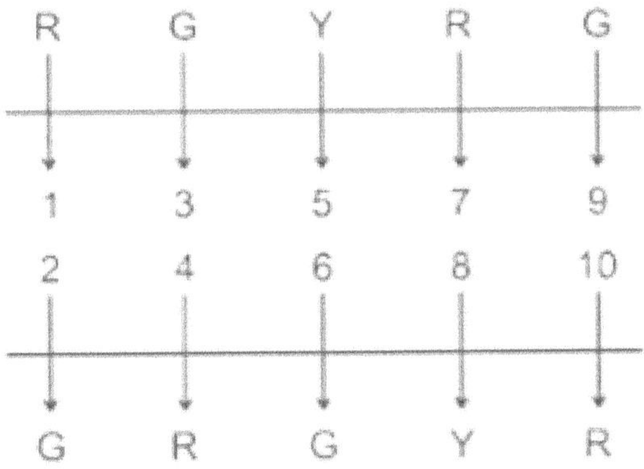

स्थिति 2 में, स्टोर 4 को लाल रोशनी से सजाया गया है।

स्थिति-3

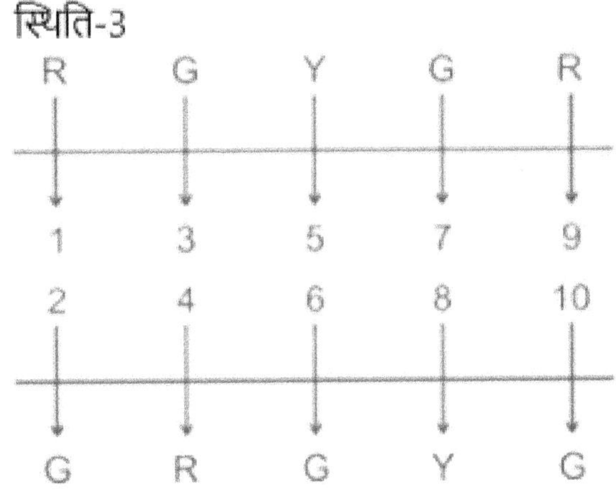

स्थिति 3 में स्टोर 3 को लाल रोशनी से सजाया गया है।

स्थिति-4

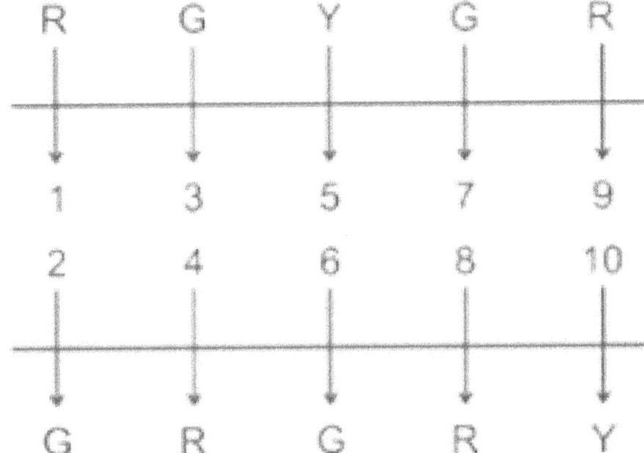

स्थिति 4 में, फिर से स्टोर 4 को लाल रोशनी से सजाया जाता है।

21. स्पष्ट है, लाल रोशनी से सजाए गए स्टोर की संख्या अलग-अलग स्थितियों में अलग-अलग है।

अतः विकल्प (E) सही है।

22. उपरोक्त स्थितियों से, विकल्पों का मूल्यांकन करने पर:

(A). लाल रोशनी स्टोर 7 को सजाती है $\Rightarrow$ असत्य

(B). लाल रोशनी स्टोर 7 को सजाती है $\Rightarrow$ असत्य

(C). लाल रोशनी स्टोर 10 को सजाती है $\Rightarrow$ यह संभव है लेकिन निश्चित नहीं

(D). पीली रोशनी स्टोर 2 को सजाती है $\Rightarrow$ सत्य

(E). पीली रोशनी स्टोर 8 को सजाती है $\Rightarrow$ यह संभव है लेकिन निश्चित नहीं

अतः विकल्प (D) सही है।

23. उपरोक्त स्थितियों से, विकल्पों का मूल्यांकन करने पर:

(A). स्टोर 1 को हरी रोशनी से सजाया जाता है $\Rightarrow$ यह निश्चित रूप से संभव है।

(B). स्टोर 10 को हरी रोशनी से सजाया जाता है $\Rightarrow$ यह संभव है लेकिन निश्चित नहीं

(C). स्टोर 8 को लाल रोशनी से सजाया जाता है ⇒ यह संभव है लेकिन निश्चित नहीं

(D). स्टोर 10 को पीली रोशनी से सजाया जाता है ⇒ यह संभव है लेकिन निश्चित नहीं

(E). स्टोर 8 को पीली रोशनी से सजाया जाता है ⇒ यह संभव है लेकिन निश्चित नहीं

अतः विकल्प (A) सही है।

24. (A). स्टोर 2 को हरी रोशनी से सजाया जाता है ⇒ यह संभव है लेकिन निश्चित नहीं

(B). स्टोर 10 को हरी रोशनी से सजाया जाता है ⇒ यह संभव है लेकिन निश्चित नहीं

(C). स्टोर 8 को लाल रोशनी से सजाया जाता है ⇒ यह संभव है लेकिन निश्चित नहीं

(D). स्टोर 2 को पीली रोशनी से सजाया जाता है ⇒ यह संभव है लेकिन निश्चित नहीं

(E). स्टोर 9 को लाल रोशनी से सजाया जाता है ⇒ यह निश्चित रूप से संभव है।

अतः विकल्प (E) सही है।

25. तो, हरा, लाल, हरा, पीला, लाल सूची सही है।

अतः विकल्प (B) सही है।

Ques (26-30):दी गई जानकारी के अनुसार,

सबसे पहले B, पीला रंग पसंद करने वाले व्यक्ति, C तथा संतरी रंग पसंद करने वाले व्यक्ति के स्थान को निर्धारित करेंगे। जो S के बाएं से दूसरे स्थान पर बैठा है। यहाँ पर 'जो' शब्द संतरी रंग पसंद करने वाले व्यक्ति के लिए प्रयोग हुआ है-

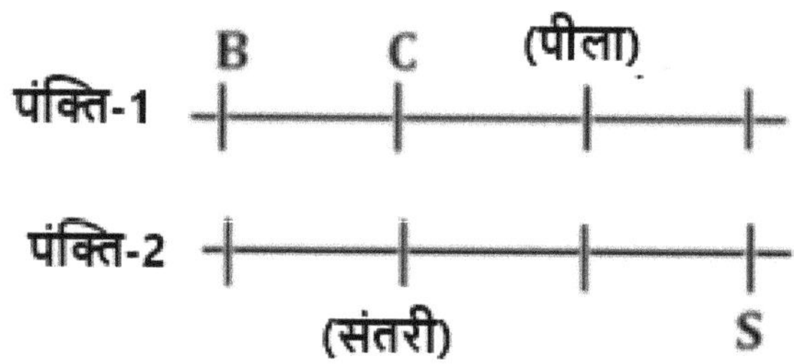

P हरा पसंद करने वाले व्यक्ति के विपरीत है, और वह अंत में भी नहीं बैठा है, इसी प्रकार C को ओलिव रंग नहीं पसंद व वो भी अंत में नहीं है तो इन्हीं आधार पर हम अंतिम बैठक व्यवस्था इस प्रकार निर्धारित कर सकते है-

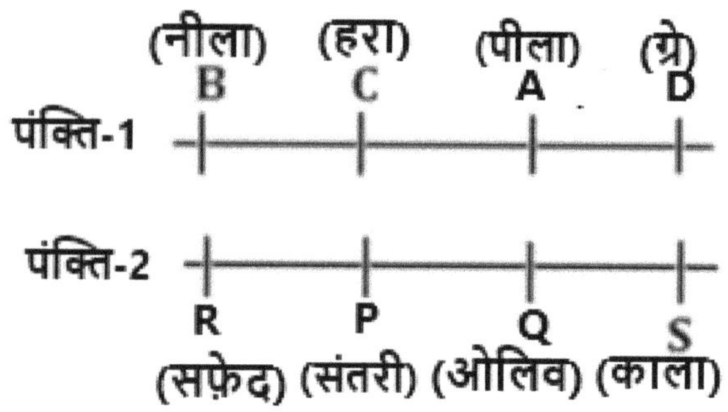

26. उपरोक्त बैठक व्यवस्था के अनुसार A और नीला रंग पसंद करने वाले व्यक्ति के मध्य C बैठा है।

अतः विकल्प (B) सही है।

27. उपरोक्त बैठक व्यवस्था के अनुसार D और वह व्यक्ति जो नीला पसंद करता है, अंतिम छोर पर बैठे हुए है।

अतः विकल्प (D) सही है।

28. उपरोक्त बैठक व्यवस्था के अनुसार वह व्यक्ति जिसे पीला रंग पसंद है, ओलिव पसंद करने वाले व्यक्ति की ओर उन्मुख है।

अतः विकल्प (D) सही है।

29. उपरोक्त बैठक व्यवस्था के अनुसार निम्नलिखित में से B को नीला रंग पसंद है।

अतः विकल्प (A) सही है।

30. उपरोक्त बैठक व्यवस्था के अनुसार R को सफ़ेद रंग पसंद है।

अतः विकल्प (A) सही है।

तर्कशक्ति अभियोग्यता टेस्ट 13

Ques (1-5):निर्देश: निम्नलिखित जानकारी को ध्यानपूर्वक पढ़ें और दिए गए प्रश्नों के उत्तर दें:

दस व्यक्ति M, N, O, P, Q, R, S, T, U और V दो समानांतर रेखाओं में एक-दूसरे की ओर मुख करके बैठे हैं लेकिन आवश्यक नहीं कि इसी क्रम में हों। प्रत्येक पंक्ति में प्रत्येक में पाँच व्यक्ति होते हैं। पंक्ति 1 में बैठे व्यक्तियों का मुख दक्षिण दिशा की ओर है और पंक्ति 2 में बैठे व्यक्तियों का मुख उत्तर दिशा की ओर है। उनमें से प्रत्येक को अलग-अलग फिल्में पसंद हैं अर्थात। ZNMD, वेलकम, जय हो, पाइरेट्स, आयरनमैन, स्पाइडरमैन, रेस, एवेंजर्स, सिंड्रेला और गोलमाल, लेकिन जरूरी नहीं कि इसी क्रम में हों।

वह व्यक्ति जिसे रेस पसंद है वह दक्षिण की ओर उन्मुख होकर U के दायें से दूसरे स्थान पर बैठा है। N, S के ठीक बायें बैठा है, जिसे बदला लेने वाला पसंद है। T दक्षिण की ओर मुख करके रेखा के अंतिम छोर पर बैठा है और उसे रेस पसंद नहीं है। R के बाईं ओर बैठे व्यक्तियों की संख्या ZNMD पसंद करने वाले व्यक्ति के दाईं ओर बैठे व्यक्तियों की संख्या के बराबर है। Q को स्पाइडरमैन पसंद है और वह उस व्यक्ति के ठीक बायें बैठा है जो रेस पसंद करने वाले व्यक्ति की ओर उन्मुख है। Q और N के बीच केवल एक व्यक्ति बैठा है। P उस व्यक्ति के ठीक दायें बैठा है जो एवेंजर्स पसंद करने वाले व्यक्ति की ओर उन्मुख है। O, V के बायें से तीसरे स्थान पर बैठा है। आयरनमैन और गोलमाल पसंद करने वाले व्यक्तियों का मुख उत्तर की ओर नहीं है। N का मुख उस व्यक्ति की ओर है जो गोलमाल पसंद करता है और ZNMD और वेलकम पसंद नहीं करता है। वह व्यक्ति जिसे समुद्री डाकू पसंद है, वेलकम के तिरछे विपरीत बैठा है। सिंड्रेला का सामना करने वाला व्यक्ति पाइरेट्स और गोलमाल पसंद नहीं करता है। M उस व्यक्ति के तिरछे विपरीत बैठा है जिसे वेलकम पसंद है।

Q.1 पांच में से चार एक निश्चित तरीके से सामान हैं इसलिए एक समूह बनाते हैं। निम्नलिखित में से कौन समूह से संबंधित नहीं है?

A. रेस
B. एवेंजर्स
C. गोलमाल
D. ज़िन्दगी न मिलेगी दोबारा
E. आयरनमैन

Q.2 यदि, O और T अपनी स्थिति को बदल देते हैं, तो T के दाएं कौन बैठा है?

A. S **B.** N **C.** V **D.** U
E. R

Q.3 सही जोड़ी चुनें:

A. T, ज़िन्दगी न मिलेगी दोबारा
B. P, एवेंजर्स
C. Q, वेलकम
D. U, स्पाइडरमैन
E. N, जय हो

Q.4 निम्नलिखित में से कौन सी फिल्म R पसंद करने वाले व्यक्ति द्वारा पसंद की जाती है?

A. वेलकम
B. स्पाइडरमैन
C. जय हो
D. ज़िन्दगी न मिलेगी दोबारा
E. सिंड्रेला

Q.5 निम्नलिखित में से कौन सी फिल्म N द्वारा पसंद की जाती है?

A. वेलकम
B. आयरनमैन
C. ज़िन्दगी न मिलेगी दोबारा
D. जय हो
E. सिंड्रेला

Ques (6-10):निर्देश: निम्नलिखित जानकारी को ध्यानपूर्वक पढ़िए और दिए गए प्रश्नों के उत्तर दीजिये:

दस छात्र एक सीधी रेखा में बैठे हैं। उनमें से कुछ उत्तर दिशा के सम्मुख है जबकि उनमें से कुछ दक्षिण दिशा के सम्मुख हैं। वे सभी अलग-अलग विषयों को पसंद करते हैं जैसे हिंदी, अंग्रेज़ी, गणित, भौतिक विज्ञान, जीव विज्ञान, इतिहास, भूगोल, कंप्यूटर, वाणिज्य और लेखा लेकिन ज़रूरी नहीं कि इसी क्रम में हो। कंप्यूटर पसंद करने वाला छात्र A किसी एक छोर से तीसरे स्थान पर बैठा है। A, C की तरह समान दिशा के सम्मुख है। तीन छात्र A और H, जिसे गणित पसंद है, के बीच में बैठे हैं। G, H के दाएँ से दूसरे स्थान पर बैठा है, जो दक्षिण दिशा के सम्मुख नहीं है। G, J के बाएँ से तीसरे स्थान पर है और दोनों एक ही दिशा के सम्मुख हैं। इतिहास पसंद करने वाला व्यक्ति, न तो गणित पसंद करने वाले व्यक्ति का और न ही A का निकटतम पड़ोसी है। B इतिहास पसंद करता है और वह F के दाएँ से तीसरे स्थान पर बैठा है, जो वाणिज्य पसंद करता है। न तो B और न ही F किसी छोर पर बैठे हैं। जीवविज्ञान पसंद करने वाला व्यक्ति और लेखा पसंद करने वाला व्यक्ति एक दूसरे के निकटतम पड़ोसी हैं। किसी एक छोर पर बैठे छात्र विपरीत दिशा के सम्मुख हैं।

जितने छात्र C और अंग्रेज़ी पसंद करने वाले छात्र के बीच में बैठे हैं, उतने ही छात्र D और अंग्रेज़ी पसंद करने वाले छात्र के बीच में बैठे हैं। C को लेखा पसंद नहीं है। B और F समान दिशा के सम्मुख हैं (समान दिशा का अर्थ है यदि B उत्तर दिशा के सम्मुख है तो F भी उत्तर दिशा के सम्मुख है और इसके विपरीतयाः)। भूगोल पसंद करने वाला व्यक्ति E का निकटतम पड़ोसी नहीं है। E और I, D की तरह समान दिशा के सम्मुख हैं, जो B के विपरीत दिशा के सम्मुख है। भौतिकी पसंद करने वाला व्यक्ति हिंदी पसंद करने वाले व्यक्ति के बाएँ से तीसरे स्थान पर बैठा है।

Q.6 निम्नलिखित में से चार एक निश्चित तरीके से समान हैं और इस प्रकार एक समूह बनाते हैं। इनमें से कौन उस समूह से संबंधित नहीं है?

A. A **B.** I **C.** H **D.** D
E. E

Q.7 इनमें से कौन सा कथन J के बारे में सही नहीं है?

A. J अंग्रेज़ी पसंद करता है
B. J दक्षिण दिशा के सम्मुख है।
C. J, B के तत्काल दाएँ स्थान पर बैठा है।
D. केवल एक छात्र J और F के बीच में है।
E. सभी कथन सत्य हैं।

Q.8 E इनमें से कौन सा विषय पसंद करता है?

A. भूगोल **B.** भौतिकी **C.** हिंदी **D.** लेखा
E. जीवविज्ञान

Q.9 इनमें से कौन सा छात्र भौतिकी पसंद करता है?

A. D **B.** I **C.** E **D.** C
E. G

Q.10 कितने छात्र दक्षिण दिशा के सम्मुख हैं?

A. दो **B.** तीन **C.** चार **D.** पाँच
E. छह

Ques (11-15):निर्देश: निम्नलिखित जानकारी को ध्यानपूर्वक पढ़िए और दिए गए प्रश्नों के उत्तर दीजिये:

छह व्यक्ति P, Q, R, S, T और U एक पंक्ति में बैठे हैं। R पंक्ति के किसी एक छोर पर बैठता है। S दाएँ छोर से तीसरे स्थान पर बैठता है। P और U के बीच में केवल एक व्यक्ति बैठता है, जहाँ U, P के दाएँ ओर है। ना तो P और ना ही U, R का पड़ोसी है। T एक छोर पर नहीं बैठता है।

Q.11 व्यक्तियों को अंग्रेजी वर्णमाला में उनके बाएँ से दाएँ क्रम में व्यवस्थित करने पर कितने व्यक्ति अपना स्थान नहीं बदलेंगे?

A. एक **B.** दो
C. तीन **D.** चार
E. एक भी नहीं

Q.12 निम्नलिखित में से कौन छोर पर बैठता है?

A. S **B.** T **C.** P **D.** U
E. Q

Q.13 T और U के बीच में कितने व्यक्ति बैठते हैं?

A. एक भी नहीं **B.** एक
C. दो **D.** तीन
E. चार

Q.14 Q का निकटतम पड़ोसी कौन है?

A. P **B.** S **C.** R **D.** U
E. T

Q.15 बाएँ छोर से दूसरे स्थान पर कौन बैठता है?

A. R **B.** T **C.** P **D.** S
E. U

Ques (16-20):निर्देश: निम्नलिखित जानकारी को ध्यानपूर्वक पढ़िए और दिए गए प्रश्नों के उत्तर दीजिये:

नौ व्यक्ति A, B, C, D, E, F, G, H, और I एक सीधी पंक्ति में दक्षिण दिशा के सम्मुख बैठे हैं लेकिन समान क्रम में होना आवश्यक नहीं है।

D और C अंतिम छोरों पर बैठे हैं। A, C के दाएं दूसरे स्थान पर बैठा है। E, G के दाएं तीसरे स्थान पर बैठा है। F और C के बीच दो व्यक्ति बैठे हैं लेकिन उनमें से कोई भी E और G नहीं हैं। C और I पड़ोसी नहीं हैं। D, H के दाएं तीसरे स्थान पर बैठा है।

Q.16 दी गई व्यवस्था के संबंध में निम्नलिखित में से कौन-सा कथन सही है?

A. E किसी एक छोर पर बैठा है।
B. F, A और G का निकटतम पड़ोसी है।
C. F, A और G का निकटतम पड़ोसी है।
D. I के बाएं दो व्यक्ति बैठे हैं।
E. इनमें से कोई नहीं।

Q.17 H और B के बीच कितने व्यक्ति बैठे हैं?

A. 5 **B.** 4 **C.** 3 **D.** 2
E. 1

Q.18 निम्नलिखित में से कौन एक दूसरे के निकटतम पड़ोसी हैं?

A. G, F **B.** D, I **C.** A, C **D.** B, H
E. E, C

Q.19 F के सन्दर्भ में I की स्थिति क्या है?

A. बाएं से तीसरी **B.** दाएं से चौथी
C. दाएं से दूसरी **D.** बाएं से दूसरी
E. दाएं से तीसरी

Q.20 G और A के बीच निम्नलिखित में से कौन बैठा है?

A. B **B.** H **C.** I **D.** E
E. F

Ques (21-25):निर्देश: निम्नलिखित जानकारी को ध्यानपूर्वक पढ़िए और दिए गए प्रश्नों के उत्तर दीजिये:

आठ व्यक्ति B, C, M, N, P, V, X और Z हैं। वे सभी एक पंक्ति में बैठे हैं लेकिन जरूरी नहीं कि वे उसी क्रम में हों। उनमें से कुछ का मुँह उत्तर की ओर है और उनमें से कुछ का मुँह दक्षिण की ओर है। एक दूसरे के पास बैठे लोगो का मुँह विपरीत दिशा की ओर है (इसका अर्थ है कि यदि किसी व्यक्ति का मुँह उत्तर की ओर है तो इस व्यक्ति के पड़ोसी का मुँह दक्षिण दिशा की ओर होगा)। Z एक कोने पर बैठा है और X के दायें से तीसरा, जिसका मुँह दक्षिण दिशा की ओर मुंह है। V, N के बाएं से तीसरे स्थान पर बैठा है, जिसका मुँह उत्तर दिशा की ओर है। V, Z का एकमात्र पड़ोसी है। C, B के दाईं ओर दूसरा बैठा है। P, B के पास नहीं है।

Q.21 V और M के बीच कितने लोग बैठे हैं?

A. एक **B.** दो **C.** तीन **D.** चार
E. पांच

Q.22 P का पड़ोसी कौन है?

A. Z और V **B.** X और N **C.** N और V **D.** C और N
E. V और X

Q.23 C के दाएं दूसरा कौन बैठा है?

A. N **B.** X **C.** P **D.** V
E. Z

Q.24 दिए गए में से कौन एक कोने पर बैठा है?

A. V **B.** P **C.** C **D.** B
E. M

Q.25 P के दायें तीसरा कौन बैठा है?

A. X **B.** N **C.** C **D.** M
E. B

Ques (26-30):निर्देश: निम्नलिखित जानकारी को ध्यानपूर्वक पढ़िए और दिए गए प्रश्नों के उत्तर दीजिये:

एक पंक्ति में निश्चित संख्या में व्यक्ति उत्तर और दक्षिण दोनों दिशाओं के सम्मुख एक दूसरे से समान दूरी पर बैठे हैं। उनमें से कुछ व्यक्तियों को अलग-अलग फल पसंद हैं।

वह व्यक्ति जिसे केला पसंद है सेब पसंद करने वाले व्यक्ति के बाएं से दूसरे स्थान पर बैठा है और K की समान दिशा के सम्मुख है। M जो उत्तर दिशा के सम्मुख है, L और K के बीच बैठा है लेकिन K के बाईं ओर नहीं। कोई भी व्यक्ति P के दाईं ओर नहीं बैठा है जिसे आम पसंद है और वह L का निकटतम पड़ोसी है। केवल एक व्यक्ति N और संतरा पसंद करने वाले व्यक्ति के बीच बैठा है। L उस व्यक्ति का निकटतम पड़ोसी है जिसे संतरा पसंद है। सेब पसंद करने वाला व्यक्ति, आम पसंद करने वाले व्यक्ति के विपरीत दिशा के सम्मुख है। केवल दो व्यक्ति M और उस व्यक्ति के बीच बैठे हैं जिसे सेब पसंद है। S, M के समान दिशा के सम्मुख है और संतरा पसंद करने वाले व्यक्ति के बाईं ओर चौथे स्थान पर बैठा है। Z दक्षिण दिशा के सम्मुख है और उसके बाईं ओर केवल दो व्यक्ति बैठे हैं। वह व्यक्ति जिसे सेब पसंद है Z के निकटतम दाईं ओर बैठा है। K, L के दायें से चौथे स्थान पर बैठा है।

Q.26 L और Z के ठीक बीच में कौन बैठा है?

A. P
B. वह व्यक्ति जिसे सेब पसंद है
C. M
D. K
E. वह व्यक्ति जिसे केला पसंद है

Q.27 S के बायें तीसरे स्थान पर कौन बैठा है?

A. M **B.** L **C.** K **D.** P
E. Z

Q.28 किसे केला पसंद है?

A. P **B.** L **C.** M **D.** N
E. K

Q.29 K के बाईं ओर कितने व्यक्ति बैठे हैं?

A. 3
B. 4
C. 5
D. 6
E. निर्धारित नहीं किया जा सकता

Q.30 पंक्ति में कुल कितने व्यक्ति बैठे हैं?

A. 6 **B.** 7 **C.** 10 **D.** 8
E. 9

// स्मार्ट उत्तर पुस्तिका //

सही उत्तर — उन छात्रों के प्रतिशत को इंगित करता है जिन्होंने प्रश्नों का सही उत्तर दिया था।

छोड़ दिया — उन छात्रों के प्रतिशत को इंगित करता है जिन्होंने प्रश्नों को छोड़ दिया था।

प्रश्न संख्या	उत्तर	सही उत्तर	छोड़ दिया
1	C	27.56 %	67.91 %
2	C	68.68 %	30.12 %
3	E	77.82 %	10.24 %
4	D	23.51 %	69.25 %
5	D	60.02 %	32.73 %
6	A	22.57 %	75.73 %
7	C	60.69 %	30.22 %
8	C	76.27 %	15.29 %
9	B	59.37 %	33.86 %
10	E	51.34 %	33.13 %
11	A	19.85 %	71.8 %
12	E	58.49 %	32.81 %
13	C	27.45 %	67.16 %
14	D	54.24 %	33.71 %
15	B	79.67 %	11.99 %
16	B	32.18 %	67.27 %
17	C	16.98 %	70.51 %
18	A	66.74 %	32.44 %
19	E	89.51 %	10.28 %
20	E	45.61 %	40.68 %
21	D	20.89 %	74.96 %
22	E	47.26 %	46.61 %
23	B	30.66 %	67.42 %
24	D	85.27 %	10.26 %
25	C	58.13 %	36.57 %
26	E	11.13 %	84.55 %
27	A	53.64 %	33.68 %
28	D	85.49 %	10.42 %
29	B	58.43 %	41.05 %
30	C	89.44 %	10.11 %

कार्य विश्लेषण	
औसत अंक (%)	60.0%
टॉपर्स स्कोर (%)	60.0%
आपका स्कोर	

//संकेत और समाधान//

Ques (1-5):आठ व्यक्ति: M, N, O, P, Q, R, S, T, U और V

आठ फिल्में: ज़िन्दगी न मिलेगी दोबारा, वेलकम, जय हो, पाइरेट्स, आयरनमैन, स्पाइडरमैन, रेस, एवेंजर्स, सिंड्रेला और गोलमाल

1. T दक्षिण सम्मुख रेखा के अंतिम छोर पर बैठा है और उसे रेस पसंद नहीं है।

2. जो व्यक्ति रेस पसंद करता है, वह दक्षिण के सम्मुख U के सामने बैठता है।

3. Q स्पाइडरमैन को पसंद करता है और उस व्यक्ति के ठीक बाए बैठा है जो उस व्यक्ति के सम्मुख है जिसे रेस पसंद है।

इन तीन वाक्यों के संयोजन पर, हमें तीन संभावित स्थितियां मिलती हैं:

स्थिति 1a : जब T दाएं से रेखा के अंतिम छोर पर बैठा हो।

U, बाएं से रेखा के अंतिम छोर पर बैठा है।

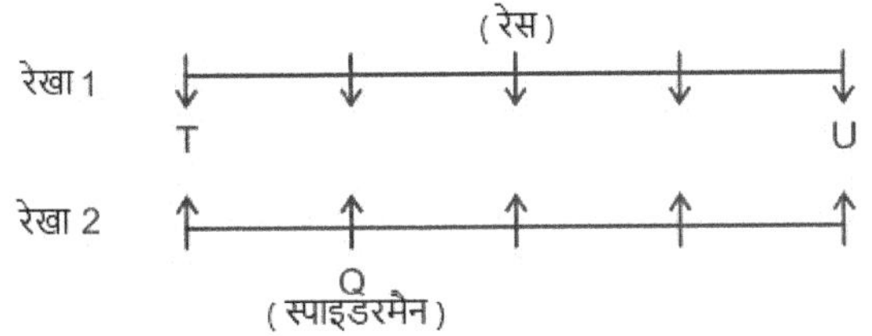

स्थिति 1b: जब T दाएं से रेखा के अंतिम छोर पर बैठा हो।

U बाएं से दूसरे स्थान पर बैठा है।

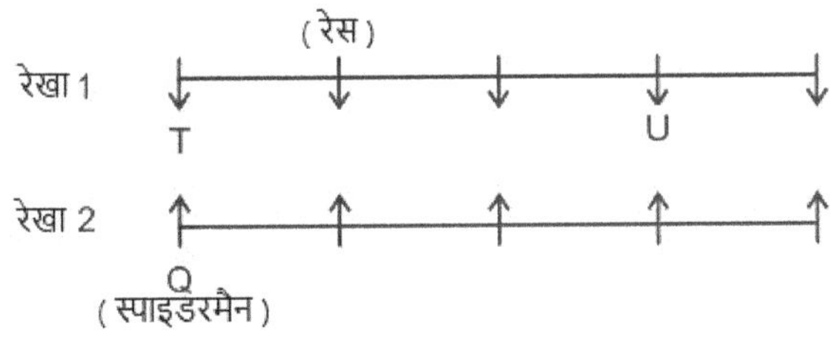

स्थिति 2: जब T बाएं से रेखा के अंतिम छोर पर बैठा हो।

U बाएं से दूसरे स्थान पर बैठा है।

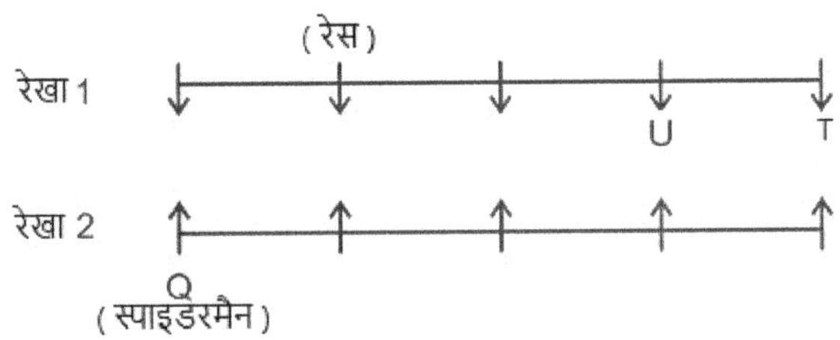

4. Q और N के बीच केवल एक व्यक्ति बैठा है।

5. N, S के ठीक बाएं बैठा है जो एवेंजर्स को पसंद करता है

स्थिति 1a:

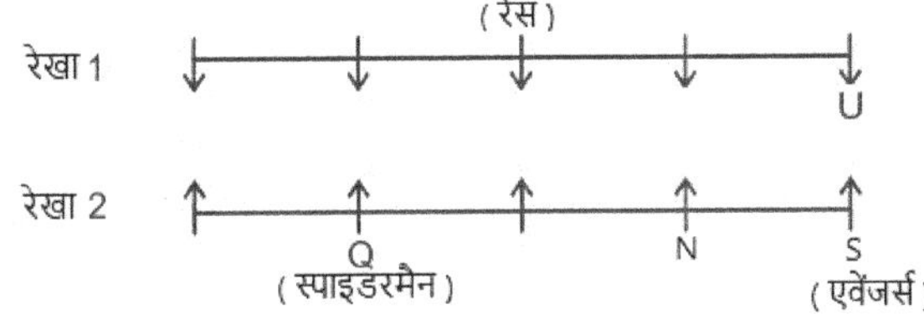

स्थिति 1b:

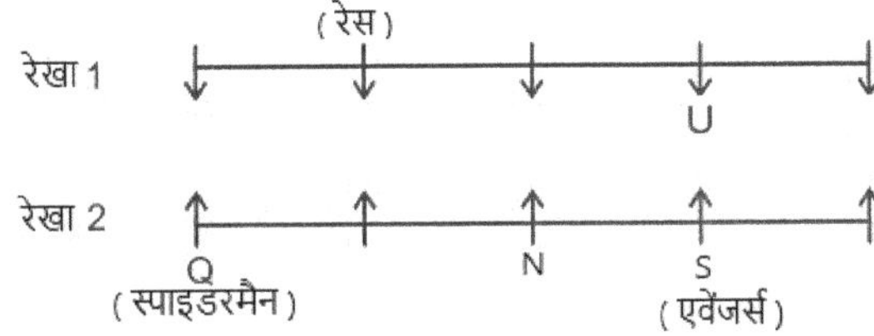

स्थिति 2:

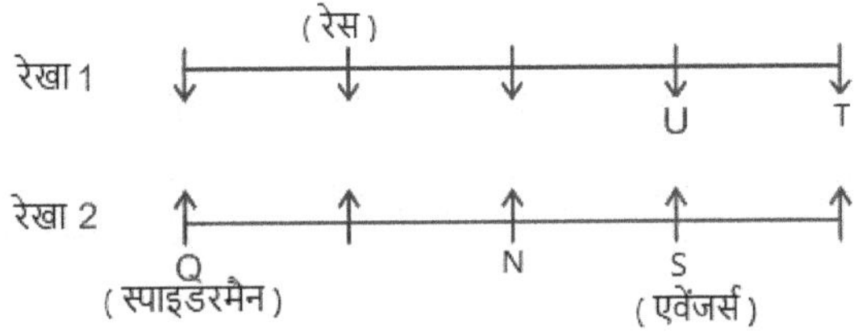

6. P उस व्यक्ति के ठीक दाएं बैठा है जो एवेंजर्स को पसंद करने वाले व्यक्ति के सम्मुख है।

7. N उस व्यक्ति के सम्मुख है जो गोलमाल को पसंद करता है और ज़िन्दगी न मिलेगी दोबारा और वेलकम पसंद नहीं करता है।

8. पाइरेट्स को पसंद करने वाला व्यक्ति वेलकम के विपरीत तिरछे बैठा है।

इन तीन वाक्यों को मिलाने पर,

स्थिति 1a: इस स्थिति में P गोलमाल को पसंद करेगा, क्योंकि वह उस व्यक्ति के ठीक दाएं बैठा है जो एवेंजर्स को पसंद करने वाले व्यक्ति के सम्मुख है, अर्थात S।

जिस व्यक्ति को पाइरेट्स और वेलकम पसंद है, वह पंक्ति के बाएं से रेखा के अंतिम छोर पर बैठेगा।

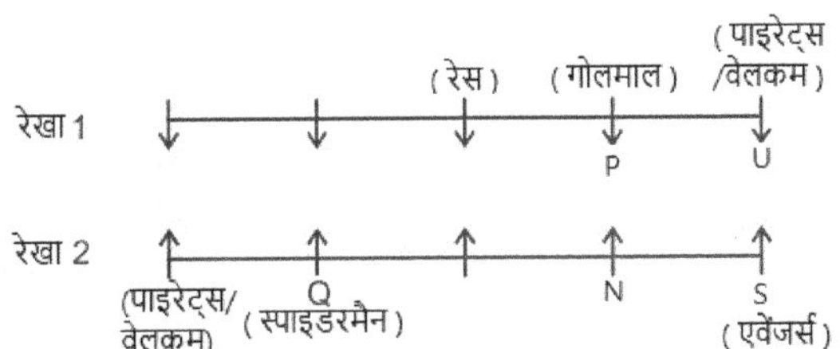

स्थिति 1b: इस स्थिति में P गोलमाल को पसंद करेगा, क्योंकि वह उस व्यक्ति के ठीक दाएं बैठा है जो एवेंजर्स को पसंद करने वाले व्यक्ति के सम्मुख है, अर्थात S।

जिस व्यक्ति को पाइरेट्स और वेलकम पसंद है, वह पंक्ति के दाहिने से रेखा के अंतिम छोर पर बैठेगा।

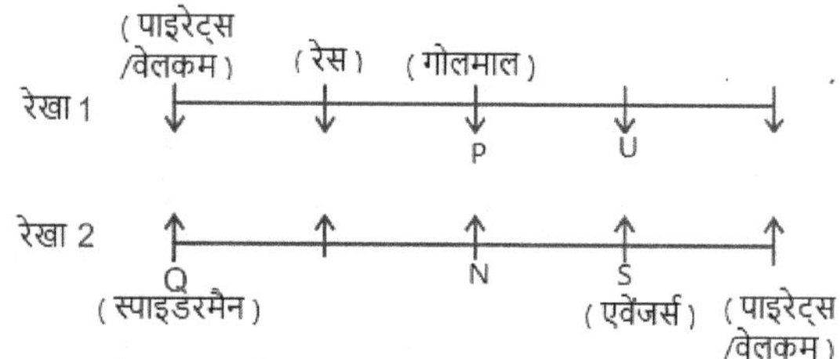

स्थिति 2: इस स्थिति में P गोलमाल को पसंद करेगा, क्योंकि वह उस व्यक्ति के तत्काल दाएं बैठा है जो एवेंजर्स को पसंद करने वाले व्यक्तिके सम्मुख है, अर्थात S।

जिस व्यक्ति को पाइरेट्स और वेलकम पसंद है, वह पंक्ति के दाहिने छोर से लाइन के चरम छोर पर बैठेगा।

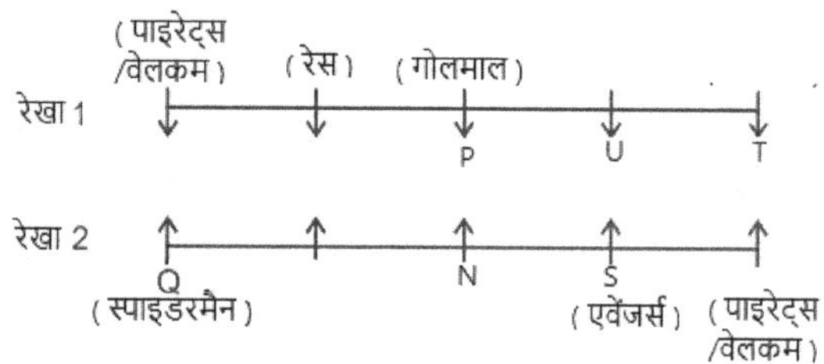

9. O, V के तीसरे बाएं बैठा है।

10. R के बाईं ओर बैठे व्यक्तियों की संख्या ज़िन्दगी न मिलेगी दोबारा को पसंद करने वाले व्यक्ति के दाएं बैठे व्यक्तियों की संख्या के बराबर है।

इन दो वाक्यों को मिलाने पर,

स्थिति 1a को रद्द कर दिया गया है, क्योंकि प्रश्न के अनुसार O और V के बैठने के लिए कोई जगह नहीं बची है।

और 9 से | O और V की स्थिति के लिए हमारे पास फिर से तीन स्थिति हैं।

स्थिति 1b (1): जब V दक्षिण के सम्मुख दाएं से दूसरा बैठता है।

केवल इस स्थिति में जब R, उत्तर की ओर दाहिने से रेखा के अंतिम छोर पर बैठता है, और O को ज़िन्दगी न मिलेगी दोबारा पसंद है, तो यह स्थिति संभव है, क्योंकि इस स्थिति को संतुष्ट करने के लिए कोई अन्य स्थान उपलब्ध नहीं है।

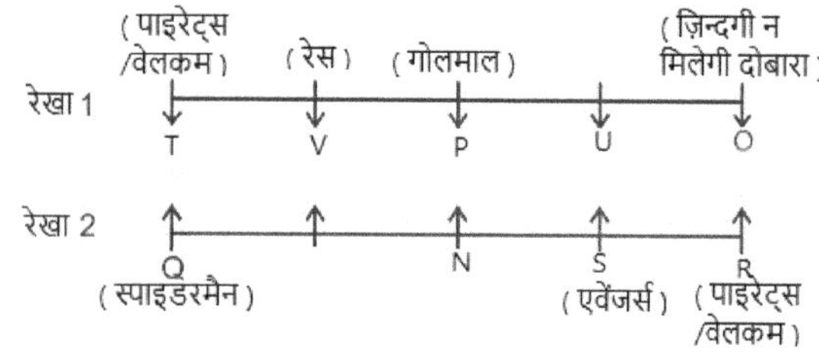

स्थिति 1b (2): जब V उत्तर के सम्मुख रेखा के दाहिने से अंतिम छोर पर बैठता है।

इस स्थिति में R को रेस फ़िल्म पसंद है और O को ज़िन्दगी न मिलेगी दोबारा पसंद है, और वे एक-दूसरे के सम्मुख हैं, केवल तभी R के बाएं समान संख्या में व्यक्ति होंगे और ज़िन्दगी न मिलेगी दोबारा को पसंद करने वाले व्यक्ति के दाएं मान संख्या में व्यक्ति होंगे अर्थात O सम्भव है।

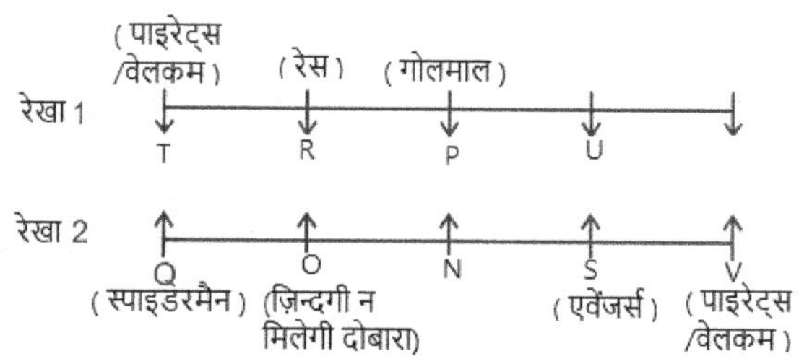

स्थिति 2: जब V उत्तर के सम्मुख रेखा दाहिने से अंतिम छोर पर बैठता है।

इस स्थिति में R को रेस फ़िल्म पसंद है और O को ज़िन्दगी न मिलेगी दोबारा पसंद है, और वे एक-दूसरे के सम्मुख बैठे हैं, केवल तभी R के बाएं समान संख्या में व्यक्ति होंगे और ज़िन्दगी न मिलेगी दोबारा को पसंद करने वाले व्यक्ति के दाएं मान संख्या में व्यक्ति होंगे अर्थात O सम्भव है।

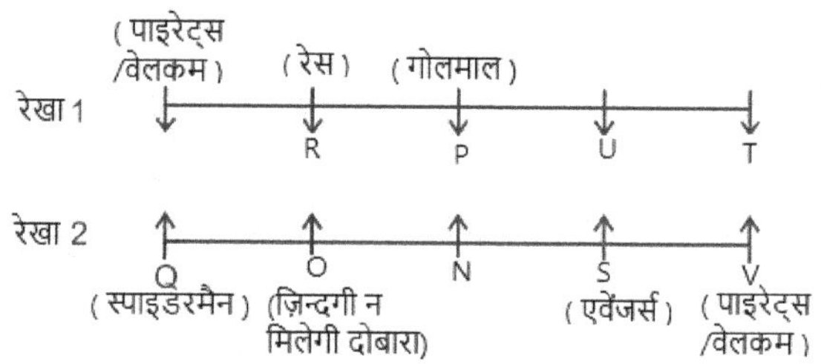

11. M, उस व्यक्ति के विपरीत तिरछे बैठा है जो वेलकम पसंद करता है।

12. सिंड्रेला के सम्मुख करने वाला व्यक्ति पाइरेट्स और गोलमाल को पसंद नहीं करता है।

13. जिन व्यक्तियों को आयरनमैन और गोलमाल पसंद हैं, वे उत्तर के सम्मुख नहीं बैठते हैं।

इन तीन वाक्यों के संयोजन पर,

स्थिति 1b (1) को रद्द कर दिया जाता है, क्योंकि इस स्थिति में M के बैठने के लिए कोई जगह नहीं बची है, और इस प्रश्न में उल्लेख किया गया है कि M तिरछे विपरीत बैठता है।

स्थिति 1b (2) को रद्द कर दिया जाता है, क्योंकि इस स्थिति में M उस व्यक्ति के विपरीत तिरछे बैठते हैं जो स्पाइडरमैन को पसंद करता है जो संभव नहीं है।

अब, स्थिति 2 में, M दक्षिण के दाएं से पंक्ति के अंतिम छोर पर बैठेगा, इस से V को वेलकम फ़िल्म पसंद है , और T को पाइरेट्स फ़िल्म पसंद है।

T, सिंड्रेला को पसंद करेगा, यह उस व्यक्ति के सम्मुख है जिसे वेलकम फिल्म पसंद है जो V है।

U आयरनमैन को पसंद करेंगे, यह उल्लेख किया गया है कि जो व्यक्ति आयरनमैन को पसंद करता है, वह उत्तर के सम्मुख नहीं करता है, इसलिए स्वचालित रूप से U आयरनमैन को पसंद करता है।

अब, केवल N को छूट गया है और केवल एक फिल्म छूट गई है अर्थात जय हो, इसलिए N को जय हो पसंद है।

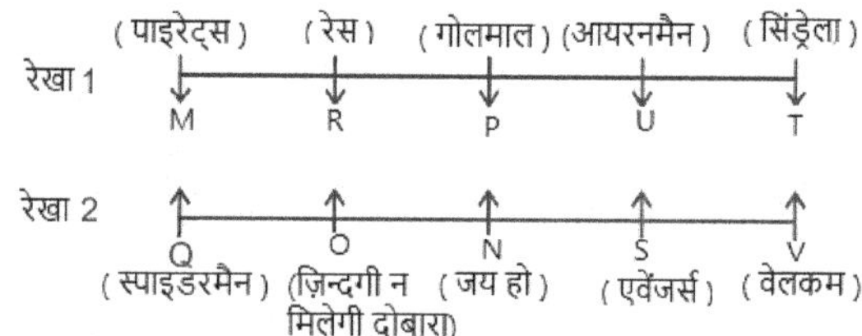

अंतिम व्यवस्था इस प्रकार है:

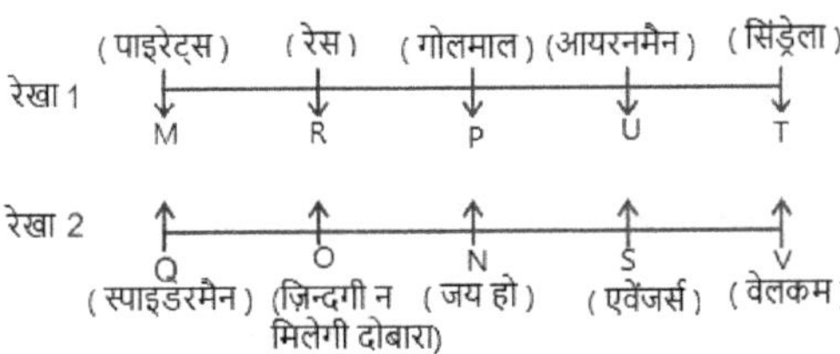

1. सिवाय, गोलमाल के सभी चार फिल्में उन व्यक्तियों द्वारा पसंद की जाती हैं जो रेखा के अंतिम छोर पर बैठे हैं।

इसलिए, गोलमाल समूह से संबंधित नहीं है।

अत: विकल्प (C) सही है।

2. इसलिए, V, T के दायें से तीसरे स्थान पर बैठता है, यदि O और T अपनी स्थिति को बदल देते हैं।

अत: विकल्प (C) सही है।

3. इसलिए, N-जय हो सही है।

अत: विकल्प (E) सही है।

4. O, R के सम्मुख है।

O को ज़िन्दगी न मिलेगी दोबारा फ़िल्म पसंद है।

इसलिए, ज़िन्दगी न मिलेगी दोबारा वह फिल्म है जो उस व्यक्ति द्वारा पसंद की जाती है जो R का के सम्मुख है।

अत: विकल्प (D) सही है।

5. इसलिए, N को जय हो फिल्म पसंद है।

अत: विकल्प (D) सही है।

Ques (6-10):(1) कंप्यूटर पसंद करने वाला छात्र A किसी एक छोर से तीसरे स्थान पर बैठा है।

(2) तीन छात्र A और H, जिसे गणित पसंद है, के बीच में बैठे हैं।

(3) G, H के दाएँ से दूसरे स्थान पर बैठा है, जो दक्षिण दिशा के सम्मुख नहीं है।

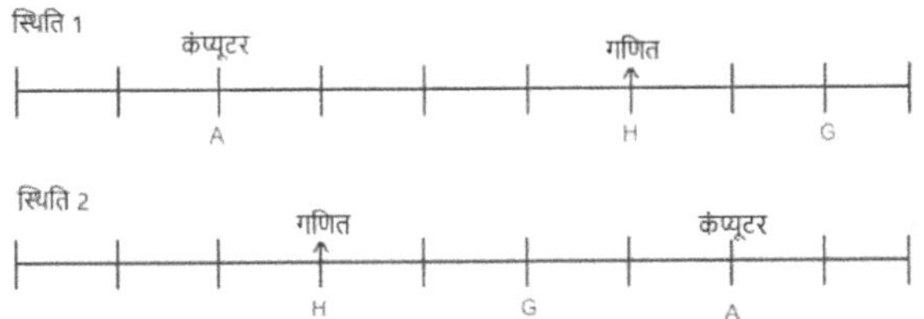

(4) G, J के बाएँ से तीसरे स्थान पर है और दोनों एक ही दिशा के सम्मुख हैं। (यह स्थिति 2 में एक अतिरिक्त स्थिति उत्पन्न करता है इस प्रकार हम इसे स्थिति 3 कहते हैं)

(5) इतिहास पसंद करने वाला व्यक्ति, न तो गणित पसंद करने वाले व्यक्ति का और न ही A का निकटतम पड़ोसी है।

(6) B इतिहास पसंद करता है और वह F के दाएँ से तीसरे स्थान पर बैठा है, जो वाणिज्य पसंद करता है। (यहाँ फिर से, स्थिति 1 के साथ एक और स्थिति होती है क्योंकि स्थिति 1 में F, B के दोनों ओर हो सकता है। हम उस स्थिति को स्थिति 4 नाम देते हैं)

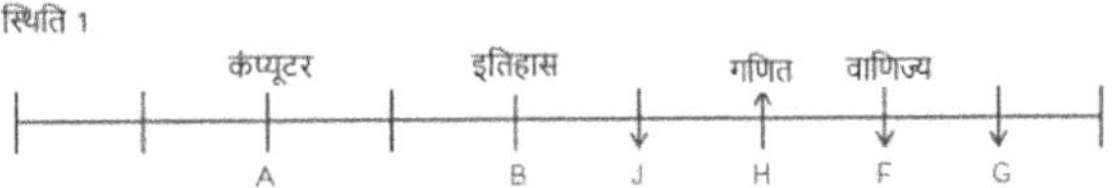

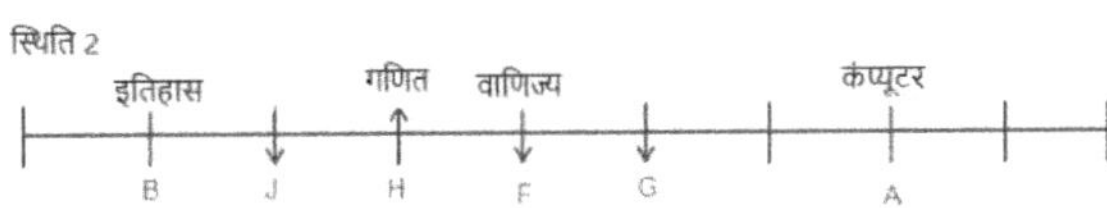

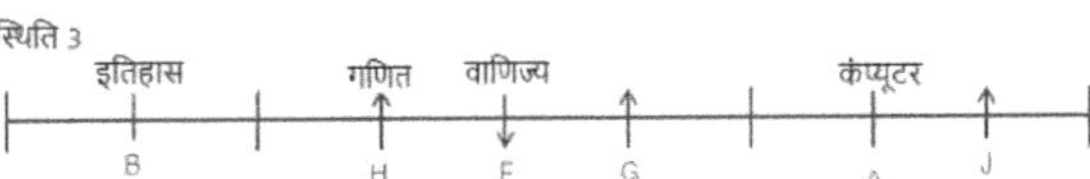

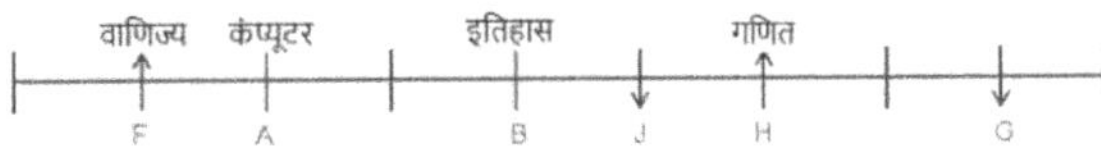

(7) जितने छात्र C और अंग्रेज़ी पसंद करने वाले छात्र के बीच में बैठे हैं, उतने ही छात्र D और अंग्रेज़ी पसंद करने वाले छात्र के बीच में बैठे हैं। (यह स्थिति 2 और स्थिति 3 को समाप्त करता है)

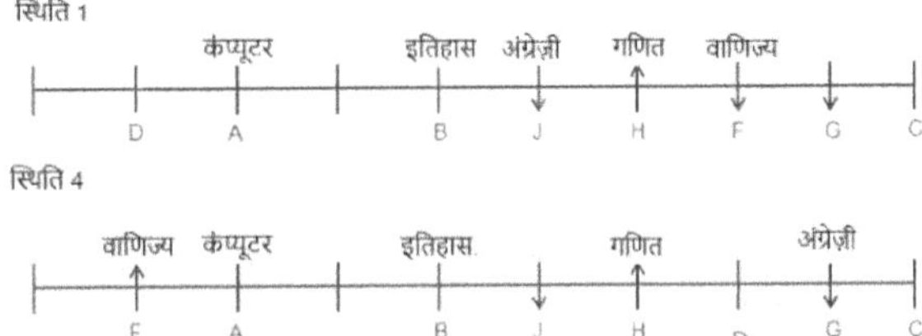

(8) जीवविज्ञान पसंद करने वाला व्यक्ति और लेखा पसंद करने वाला व्यक्ति एक दूसरे के निकटतम पड़ोसी हैं। (यह स्थिति 4 समाप्त करता है)

(9) C को लेखा पसंद नहीं है।

(10) B और F समान दिशा के सम्मुख हैं

(11) E और I, D की तरह समान दिशा के सम्मुख हैं, जो B के विपरीत दिशा के सम्मुख है।

(12) भौतिकी पसंद करने वाला व्यक्ति हिंदी पसंद करने वाले व्यक्ति के बाएँ से तीसरे स्थान पर बैठा है।

(13) भूगोल पसंद करने वाला व्यक्ति E का निकटतम पड़ोसी नहीं है।

(14) किसी एक छोर पर बैठे छात्र विपरीत दिशा के सम्मुख हैं।

(15) A, C की तरह समान दिशा के सम्मुख है।

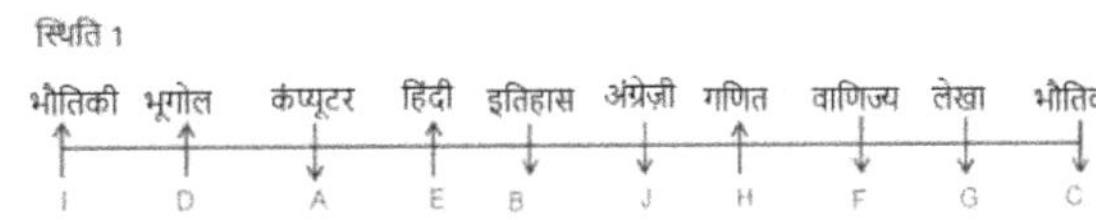

6. A को छोड़कर सभी उत्तर दिशा के सम्मुख हैं।

इसलिये, A उस समूह से संबंधित नहीं है।

अत: विकल्प (A) सही है।

7. स्पष्ट तौर पर, J, B के तत्काल दाएँ स्थान पर बैठा है

अत: विकल्प (C) सही है।

8. इसलिये, A उस समूह से संबंधित नहीं है।

अत: विकल्प (C) सही है।

9. इसलिये, I भौतिकी पसंद करता है।

अत: विकल्प (B) सही है।

10. स्पष्ट तौर पर, छह छात्र दक्षिण दिशा के सम्मुख हैं।

अत: विकल्प (E) सही है।

Ques (11-15):छह व्यक्ति: P, Q, R, S, T और U

1. R पंक्ति के किसी एक छोर पर बैठता है।

2. S दाएँ छोर से तीसरे स्थान पर बैठता है।

हमें निम्नलिखित संभावनाएं प्राप्त होती हैं,

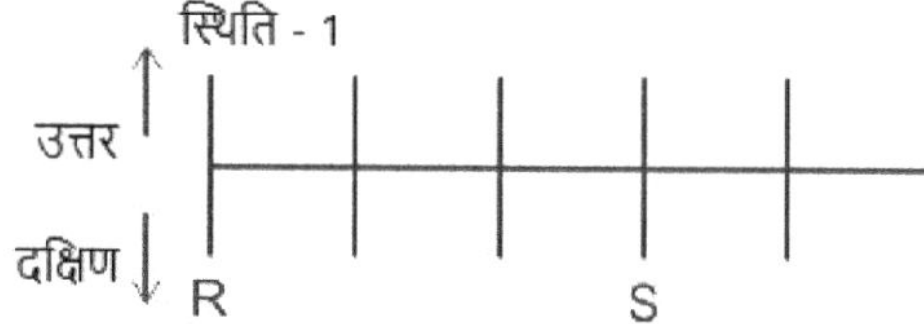

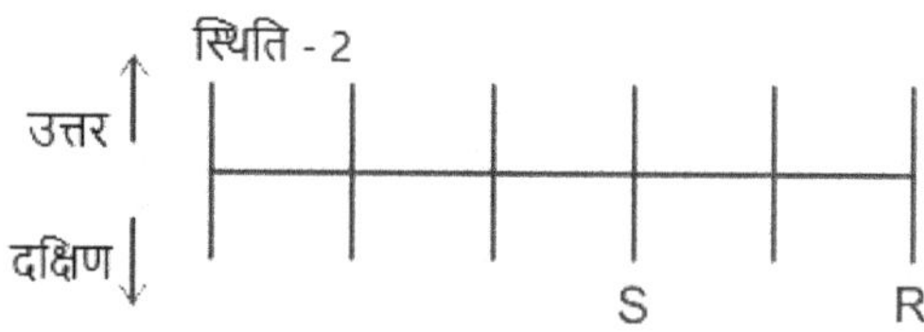

3. P और U के बीच में केवल एक व्यक्ति बैठता है।

4. ना तो P और ना ही U, R का पड़ोसी है, जहाँ U, P के दाएँ ओर है।

5. Q के बाएँ ओर व्यक्तियों की संख्या, R के दाएँ ओर व्यक्तियों की संख्या के बराबर है।

6. T एक छोर पर नहीं बैठता है।

यहाँ, यह कथन स्थिति II में उल्लंघित है। इस प्रकार यह ख़ारिज हो जाता है और अंतिम व्यवस्था इस प्रकार है:

11. इसलिए, एक व्यक्ति अपना स्थान नहीं बदलेगा।

अत: विकल्प (A) सही है।

12. इसलिए, Q छोर पर बैठता है।

अत: विकल्प (E) सही है।

13. इसलिए, T और U के बीच में दो व्यक्ति बैठते हैं।

अत: विकल्प (C) सही है।

14. इसलिए, U, Q का निकटतम पड़ोसी है।

अत: विकल्प (D) सही है।

15. इसलिए, T बाएँ छोर से दूसरे स्थान पर बैठता है।

अत: विकल्प (B) सही है।

Ques (16-20):व्यक्ति: A, B, C, D, E, F, G, H, और I

I. D और C अंतिम छोरों पर बैठे हैं।

II. A, C के दाएं दूसरे स्थान पर बैठा है।

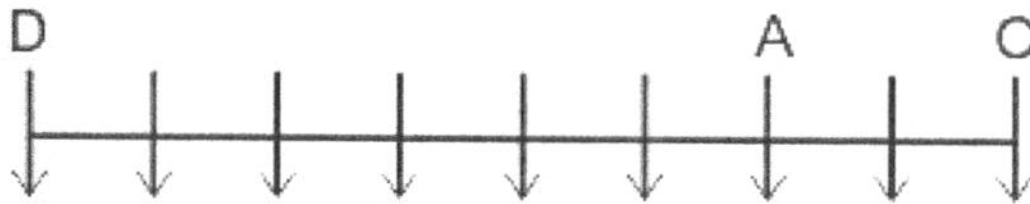

III. F और C के बीच दो व्यक्ति बैठे हैं लेकिन उनमें से कोई भी E और G नहीं हैं।

IV. E, G के दाएं तीसरे स्थान पर बैठा है।

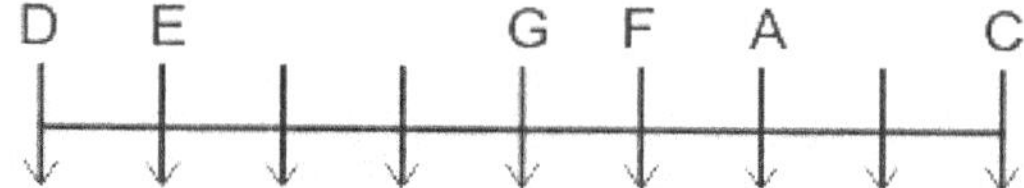

V. C और I पड़ोसी नहीं हैं।

VI. D, H के दाएं तीसरे स्थान पर बैठा है।

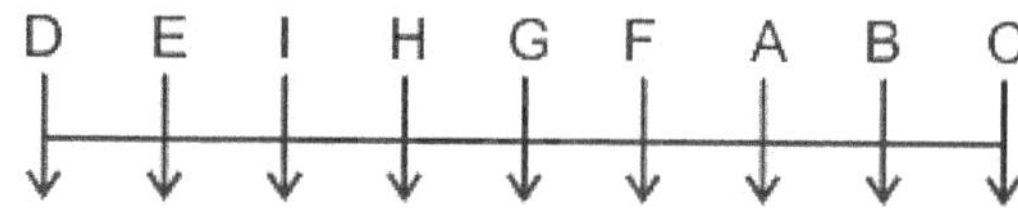

16. इसलिए, F, A और G का निकटतम पड़ोसी है, सत्य कथन है।

अत: विकल्प (B) सही है।

17. इसलिए, H और B के बीच 3 व्यक्ति बैठे हैं।

अत: विकल्प (C) सही है।

18. इसलिए, G, F एक दूसरे के निकटतम पड़ोसी हैं।

अत: विकल्प (A) सही है।

19. इसलिए, I, F के दाएं तीसरे स्थान पर बैठा है।

अत: विकल्प (E) सही है।

20. इसलिए, F, A और G के बीच में बैठा है।

अत: विकल्प (E) सही है।

Ques (21-25):दी गई जानकारी से,

(I) Z एक कोने पर बैठा है और वह X के दाईं ओर से तीसरे स्थान पर बैठा है, जिसका मुँह दक्षिण दिशा की ओर है, केवल वही स्थिति होगी जिसके द्वारा हम X और Z दोनों को रख सकते हैं।

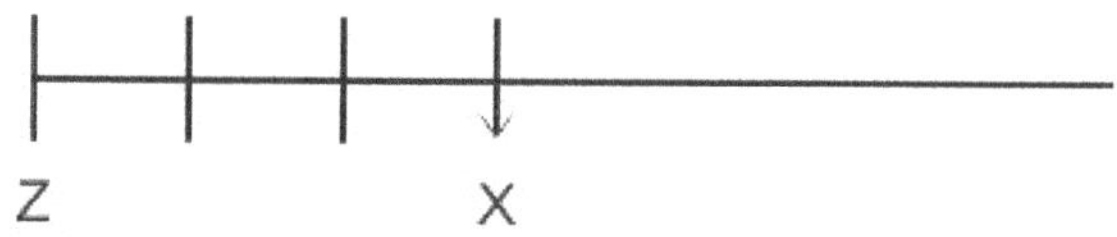

(II) V, Z का पड़ोसी है और V, N के बाएं से तीसरे स्थान पर बैठा है, जिसका मुँह उत्तर दिशा की ओर है। तो दी गई शर्त के अनुसार N, X के ठीक बायीं ओर बैठा होगा, क्योंकि वहां से V केवल N के बायें से तीसरा होगा।

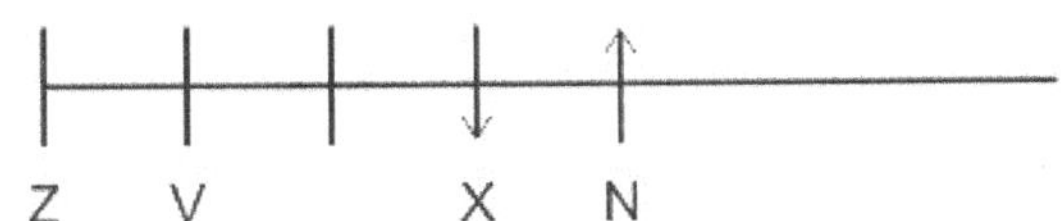

(III) C, B के दाएं से दूसरे स्थान पर बैठा है। इसलिए पंक्ति में केवल B और C के लिए जगह है क्योंकि कोई भी अन्य स्थान B और C की स्थिति को पूरा नहीं करता है। यहाँ B का मुँह दक्षिण दिशा की ओर है क्योंकि यदि B का मुँह उत्तर की ओर है तो यह शर्त को पूरा नहीं करेगा कि C की स्थिति B के दूसरे दाएं पर है क्योंकि इस स्थिति में B, N के पास होगा जिसका मुँह पहले से ही उत्तर की ओर है। यह पड़ोसी के विपरीत दिशा की ओर मुँह की दी गई शर्त का विरोध करेगा।

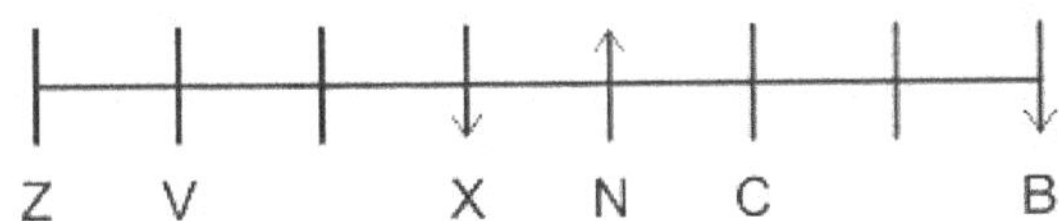

(IV) P, B के पास नहीं है इसलिए P, V और X के बीच बैठेगा। शेष एक व्यक्ति M, C और B के बीच में बैठेगा।

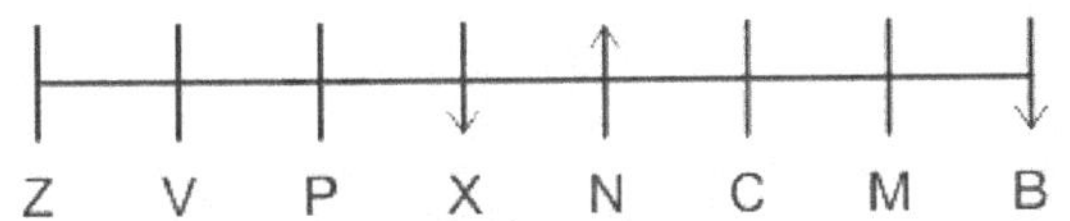

(V) सभी लोगों को पंक्ति में रखा गया है अब हमने दी गई शर्त के अनुसार उनकी दिशा तय की है जो यह है कि एक दूसरे के पास बैठे लोगों का मुँह विपरीत दिशा में है।

(VI) यहाँ M का मुँह B के विपरीत होगा, इसलिए M उत्तर में होगा तो C का मुँह, M के विपरीत होगा, इसलिए C दक्षिण दिशा में होगा।

(VII) P का मुँह X के विपरीत होगा इसलिए P, उत्तर दिशा में होगा जैसा V, P के विपरीत होगा, तब V का मुँह दक्षिण दिशा की ओर और अंतिम Z का मुँह V के विपरीत होगा, इसलिए Z का मुँह उत्तर दिशा की ओर होगा।

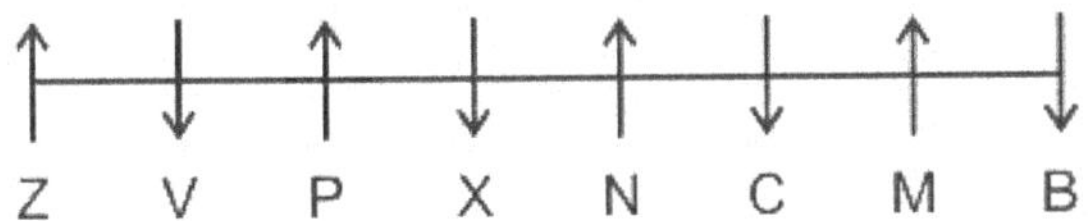

यह अंतिम क्रम है।

21. इसलिए, V और M के बीच चार लोग बैठे हैं।

अत: विकल्प (D) सही है।

22. इसलिए, V और X, P के पड़ोसी हैं।

अत: विकल्प (E) सही है।

23. इसलिए, X, C के दाएं से दूसरे स्थान पर बैठा है।

अत: विकल्प (B) सही है।

24. इसलिए, दिए गए में से, B एक कोने पर बैठा है।

अत: विकल्प (D) सही है।

25. इसलिए, C, P के दाईं ओर तीसरे स्थान पर बैठा है।

अत: विकल्प (C) सही है।

Ques (26-30):(1) Z दक्षिण दिशा के सम्मुख है और उसके बाईं ओर केवल दो व्यक्ति बैठे हैं।

(2) वह व्यक्ति जिसे सेब पसंद है Z के निकटतम दाईं ओर बैठा है।

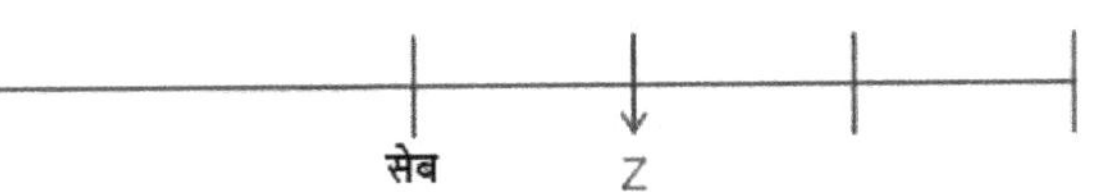

(3) कोई भी व्यक्ति P के दाईं ओर नहीं बैठा है जिसे आम पसंद है और वह L का निकटतम पड़ोसी है।

यहाँ दो स्थितियां संभव हैं।

(4) सेब पसंद करने वाला व्यक्ति, आम पसंद करने वाले व्यक्ति के विपरीत दिशा के सम्मुख है।

(5) L उस व्यक्ति का निकटतम पड़ोसी है जिसे संतरा पसंद है।

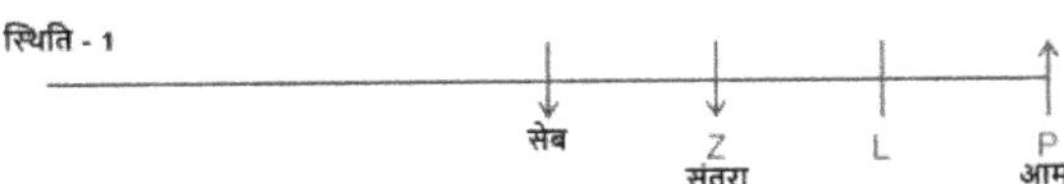

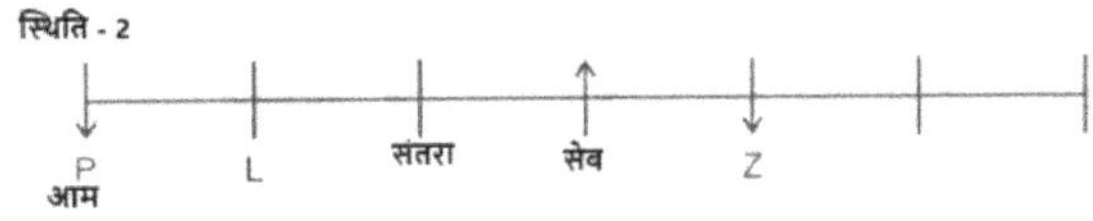

(6) K, L के दायें से चौथे स्थान पर बैठा है।

(7) M जो उत्तर दिशा के सम्मुख है, L और K के बीच बैठा है लेकिन K के बाईं ओर नहीं।

(8) केवल दो व्यक्ति M और उस व्यक्ति के बीच बैठे हैं जिसे सेब पसंद है।

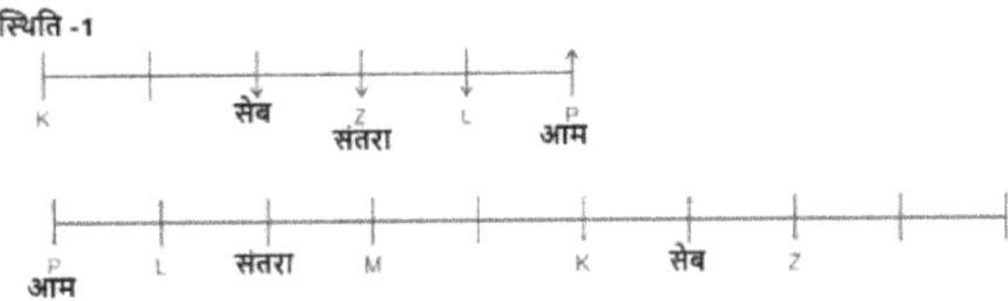

यहाँ स्थिति 1 रद्द हो जाती है क्योंकि M के लिए कोई स्थान नहीं है।

(9) केवल एक व्यक्ति N और संतरा पसंद करने वाले व्यक्ति के बीच बैठा है।

(10) वह व्यक्ति जिसे केला पसंद है सेब पसंद करने वाले व्यक्ति के बाएं से दूसरे स्थान पर बैठा है और K की समान दिशा के सम्मुख है।

(11) S, M के समान दिशा के सम्मुख है और संतरा पसंद करने वाले व्यक्ति के बाईं ओर चौथे स्थान पर बैठा है।

अंतिम व्यवस्था इस प्रकार है-

26. इसलिए, वह व्यक्ति जिसे केला पसंद है L और Z के बीच बैठा है।

अत: विकल्प (E) सही है।

27. इसलिए, S के बायें तीसरे स्थान पर M बैठा है।

अत: विकल्प (A) सही है।

28. इसलिए, N को केला पसंद है।

अत: विकल्प (D) सही है।

29. इसलिए, K के बाईं ओर 4 व्यक्ति बैठे हैं।

अत: विकल्प (B) सही है।

30. इसलिए, पंक्ति में 10 व्यक्ति बैठे हैं।

अत: विकल्प (C) सही है।

तर्कशक्ति अभियोग्यता टेस्ट 14

Ques (1-5):निर्देश: निम्नलिखित जानकारी का ध्यानपूर्वक अध्ययन कीजिए और प्रश्नों के उत्तर दीजिए।

आठ व्यक्ति E, F, G, H, I, J, K और M जिनके अलग-अलग व्यवसाय हैं वे एक वृत्ताकार मेज के चारों तरफ बैठे हैं। उनमें से कुछ केंद्र के सम्मुख हैं और कुछ केंद्र से विमुख हैं। F, K के बाएं दूसरे स्थान पर बैठा है, जो केंद्र के सम्मुख है। संगीतकार, K और F का निकटतम पड़ोसी है। संगीतकार और E के बीच में केवल तीन व्यक्ति बैठे हैं। शिल्पकार और E के बीच में केवल एक व्यक्ति बैठा है। डॉक्टर, शिल्पकार के निकटतम दाएं बैठा है, जो केंद्र के सम्मुख है। M, K के दाएं दूसरा है। H संगीतकार है। G और J एक-दूसरे के निकटतम पड़ोसी हैं। पायलट, F के निकटतम दाएं बैठा है। वकील, डॉक्टर के बाएं दूसरा है। वैज्ञानिक, शिल्पकार का निकटतम पड़ोसी है। G, E के बाएं दूसरा है, जो प्रोफेसर है। उनमें से एक इंजीनियर है।

Q.1 संगीतकार के दाएं से तीसरे स्थान पर कौन बैठा है?

A. E
B. पायलट
C. J
D. वकील
E. निर्धारित नहीं किया जा सकता

Q.2 वैज्ञानिक कौन है?

A. J **B.** K **C.** F **D.** G
E. E

Q.3 निम्न पाँच में से चार एक निश्चित रूप से एक समान हैं इसलिए एक समूह बनाते हैं। कौन उस समूह से संबंधित नहीं है?

A. डॉक्टर-M **B.** पायलट-G
C. शिल्पकार-H **D.** वकील-J
E. वैज्ञानिक-K

Q.4 निम्न में से कौन सा कथन निश्चित तौर पर असत्य है?

A. इंजीनियर, वकील के बाएं दूसरा है
B. पाँच व्यक्ति केंद्र के सम्मुख हैं
C. H, इंजीनियर और वैज्ञानिक के बीच में बैठा है
D. पायलट और शिल्पकार के बीच में तीन व्यक्ति हैं
E. वैज्ञानिक और डॉक्टर एक दूसरे के निकटतम दाएं हैं

Q.5 शिल्पकार कौन है?

A. J **B.** G **C.** E **D.** M
E. I

Ques (6-10):निर्देश: निम्नलिखित जानकारी का ध्यानपूर्वक अध्ययन कीजिए और प्रश्नों के उत्तर दीजिए।

आठ छात्र M, N, O, P, Q, R, S और T एक वृत्ताकार मेज के चारों ओर इस प्रकार बैठे हैं कि 3 छात्र केंद्र के सम्मुख हैं और शेष छात्र केंद्र के विपरीत सम्मुख हैं लेकिन आवश्यक नहीं इसी क्रम में हों।

O और T के बीच दो छात्रों का अंतराल है और दोनों विपरीत दिशा के सम्मुख हैं। P, O के दायीं ओर से तीसरे स्थान पर बैठा है। Q, T के विपरीत बैठा है और T के समान दिशा के सम्मुख है। M ना तो T और ना ही P का पड़ोसी है। M और P के बीच तीन छात्रों का अंतराल है और दोनों एक-दूसरे के विपरीत दिशा के सम्मुख हैं। M उस दिशा के विपरीत दिशा के सम्मुख है जिस दिशा के सम्मुख Q है। N और S के बीच तीन छात्रों का अंतराल है और दोनों केंद्र से विपरीत सम्मुख हैं। R, N के दायीं ओर से दूसरे स्थान पर बैठा है और R के दोनों पड़ोसी R के विपरीत दिशा के सम्मुख हैं। R केंद्र के सम्मुख है।

Q.6 N के दायीं ओर से तीसरे स्थान पर कौन बैठा है?

A. R **B.** P
C. T **D.** Q
E. इनमें से कोई नहीं

Q.7 Q, T के किस दिशा में बैठा है?

A. दायीं ओर से चौथे स्थान पर
B. बायीं ओर से चौथे स्थान पर
C. दायीं ओर से तीसरे स्थान पर
D. बायीं ओर से तीसरे स्थान पर
E. (A) और (B) दोनों

Q.8 यदि N, R से उसी तरीके से संबंधित है जिस तरीके से T, P से संबंधित है, तो Q निम्न में से किस व्यक्ति से संबंधित है?

A. P **B.** N
C. M **D.** S
E. इनमें से कोई नहीं

Q.9 M के बायीं ओर से दूसरे स्थान पर कौन बैठा है?

A. Q **B.** O
C. R **D.** T
E. इनमें से कोई नहीं

Q.10 O के विपरीत कौन बैठा है?

A. R **B.** S
C. T **D.** Q
E. इनमें से कोई नहीं

Ques (11-15):निर्देश: निम्नलिखित जानकारी का ध्यानपूर्वक अध्ययन कीजिए और प्रश्नों के उत्तर दीजिए।

आठ व्यक्ति अमर, ब्रिजेश, पिंकी, दीप, ईश्वर, नैंसी, गुरकमल और हर्ष एक वृत्ताकार मेज के चारों ओर बैठे हैं। सभी केंद्र के सम्मुख बैठे हैं लेकिन आवश्यक नहीं इसी क्रम में हो।

नैंसी, पिंकी के दायीं ओर से तीसरे स्थान पर और हर्ष के बायीं ओर से दूसरे स्थान पर बैठी है। दीप, पिंकी अथवा हर्ष का निकतटम पड़ोसी नहीं है। ईश्वर, अमर के ठीक दायीं ओर है जो कि गुरकमल के दायीं ओर से दूसरा है।

Q.11 पिंकी के बायीं ओर से दूसरा कौन है?

A. अमर **B.** ईश्वर
C. ब्रिजेश **D.** दीप
E. अमर अथवा दीप

Q.12 पिंकी के ठीक दायीं ओर कौन है?

A. अमर **B.** ब्रिजेश
C. ब्रिजेश अथवा दीप **D.** दीप
E. ईश्वर

Q.13 निम्न में से कौनसी जोड़ी में पहला व्यक्ति, दूसरे व्यक्ति के दायीं ओर बैठा है?

A. पिंकी और ब्रिजेश **B.** अमर और ईश्वर
C. नैंसी और गुरकमल **D.** हर्ष और अमर

E. दीप और ब्रिजेश

Q.14 गुरकमल और दीप के मध्य कौन बैठा है?

A. हर्ष **B.** दीप
C. नैंसी **D.** ब्रिजेश
E. इनमें से कोई नहीं

Q.15 हर्ष के संदर्भ में ब्रिजेश का सही स्थान निम्न में से कौनसा है?

I. दायीं ओर से दूसरा
II. दायीं ओर से चौथा
III. बायीं ओर से चौथा
IV. बायीं ओर से दूसरा

A. केवल I **B.** केवल II
C. केवल III **D.** II और III दोनों
E. इनमें से कोई नहीं

Ques (16-20):निर्देश: निम्नलिखित जानकारी का ध्यानपूर्वक अध्ययन कीजिए और प्रश्नों के उत्तर दीजिए।

एक रीयूनियन पार्टी में, आठ दोस्त A, B, C, D, E, F, G और H एक वृताकार मेज के चारों ओर केंद्र के सम्मुख बैठे हैं। यह दिलचस्पी की बात है कि आठों दोस्त विभिन्न विषयों जैसे गणित, अर्थशास्त्र, अंग्रेज़ी, इतिहास, भौतिक विज्ञान, रसायन शास्त्र, समाजशास्त्र और हिंदी में स्नातक की डिग्री ले रहे हैं। यह आवश्यक नहीं है कि वे उल्लिखित क्रम में ही बैठे हों। A, D के आसन्न बैठा है जो कि अर्थशास्त्र का अध्ययन कर रहा है। B इतिहास का अध्ययन कर रहा है और वह C या D के आसन्न नहीं बैठा है। F, A के बायीं ओर से पांचवें स्थान पर बैठा है और वह भौतिक विज्ञान का अध्ययन कर रहा है। जो व्यक्ति रसायन शास्त्र का अध्ययन कर रहा है वह F के बायीं ओर बैठा है। G, A के विपरीत बैठता है। न तो H और न ही E, G का निकटतम पड़ोसी है। जो व्यक्ति हिंदी का अध्ययन कर रहा है वह G के बायीं ओर से पांचवें स्थान पर बैठता है, जो कि समाजशास्त्र का अध्ययन कर रहा है। C रसायन शास्त्र का अध्ययन नहीं करता है। E अंग्रेज़ी का अध्ययन कर रहा है और वह उस व्यक्ति के बगल में बैठा है जो हिंदी का अध्ययन कर रहा है।

Q.16 जो व्यक्ति C के बायीं ओर से तीसरे स्थान पर बैठा है वह व्यक्ति किसका अध्ययन करता है?

A. गणित **B.** भौतिक विज्ञान
C. समाजशास्त्र **D.** इतिहास
E. इनमें से कोई नहीं

Q.17 B के तिरछे विपरीत कौन बैठा है?

A. D **B.** A **C.** H **D.** F
E. G

Q.18 A और E के बीच में कौन बैठा है?

A. D **B.** H **C.** C **D.** B
E. F

Q.19 A कौन से विषय का अध्ययन कर रहा है?

A. समाजशास्त्र **B.** अंग्रेजी
C. रसायन शास्त्र **D.** इतिहास
E. गणित

Q.20 कौन रसायन शास्त्र का अध्ययन कर रहा है?

A. A **B.** B
C. F **D.** H
E. इनमें से कोई नहीं

Ques (21-25):निर्देश: निम्नलिखित जानकारी का ध्यानपूर्वक अध्ययन कीजिए और प्रश्नों के उत्तर दीजिए।

आठ व्यक्ति, A, B, C, D, E, F, G, और H एक वृत्ताकार मेज के चारों ओर बैठे हैं। इन आठ व्यक्तियों में से चार केंद्र (आंतरिक दिशा) की ओर देख रहे हैं जबकि उनमें से दूसरे चार व्यक्ति केंद्र से विपरीत (बाहरी दिशा) देख रहे हैं। लगातार तीन व्यक्ति एक ही दिशा की ओर नहीं देख रहे हैं।

D, G के दायीं ओर से दूसरे स्थान पर बैठा है। C, B के दायीं ओर से दूसरे स्थान पर बैठा है। H और E दोनों एक ही दिशा की ओर देख रहे हैं। F, D के दायीं ओर से दूसरे स्थान पर बैठा है और वे अलग अलग दिशाओं की ओर देख रहे हैं। B, E का निकटतम पड़ोसी नहीं है। G, केंद्र की ओर देख रहा है। H, E के दायीं ओर से तीसरे स्थान पर बैठा है। F, H का निकटतम पड़ोसी है। G और E के बीच केवल एक व्यक्ति बैठा है।

Q.21 A के दायीं ओर तीसरे स्थान पर कौन बैठा है?

A. F **B.** C **C.** G **D.** H
E. D

Q.22 C के बायीं ओर से तीसरे स्थान पर कौन बैठा है?

A. G **B.** A **C.** E **D.** F
E. D

Q.23 D की स्थिति के संबंध में H की स्थिति क्या है?

A. बायीं ओर से दूसरा **B.** निकटतम दायीं ओर
C. निकटतम बायीं ओर **D.** बायीं ओर से तीसरा
E. दायीं ओर से तीसरा

Q.24 निम्नलिखित पाँच में से चार किसी प्रकार से समान हैं और इस प्रकार एक समूह बनाते हैं। निम्नलिखित में से कौन समूह से संबंधित नहीं है?

A. A **B.** G **C.** F **D.** D
E. C

Q.25 B के निकटतम पड़ोसी कौन हैं?

A. D, H **B.** D, A **C.** C, G **D.** G, D
E. A, F

Ques (26-30):निर्देश: निम्नलिखित जानकारी का ध्यानपूर्वक अध्ययन कीजिए और प्रश्नों के उत्तर दीजिए।

आठ व्यक्ति A, B, C, D, E, F, G, और H एक वृताकार मेज के चारों ओर बैठे हैं जो केंद्र के सम्मुख है लेकिन जरूरी नहीं कि उसी क्रम में हों। उनमें से प्रत्येक को एक भिन्न भिन्न रंग पसंद है अर्थात् बैंगनी, गुलाबी, लाल, हरा, नीला, काला, पीला और नारंगी लेकिन आवश्यक नहीं समान क्रम में हो।

जो लाल रंग पसंद करता है वह काले रंग को पसंद करने वाले व्यक्ति के निकटतम बाएं बैठा है। D को पीला रंग पसंद नहीं है। F, A के बायें से तीसरे स्थान पर बैठा है, जो बैंगनी रंग पसंद करता है और वह व्यक्ति जो बैंगनी रंग पसंद करता है, G के निकटतम बायें बैठा है। C, E के निकटतम दायें बैठा है और दोनों में से कोई भी नीला रंग नहीं पसंद करता है। हरे रंग को पसंद करने वाले और B के बीच में दो व्यक्ति बैठे हैं। C, F, और G, इनमें से कोई भी हरे रंग को पसंद नहीं करता है। F और जिस व्यक्ति को नीला रंग पसंद है, उनके बीच में एक व्यक्ति है। D, H के दाएं से दूसरे स्थान पर बैठा है। E, उस व्यक्ति के विपरीत बैठा है जो पीला रंग पसंद करता है और जो व्यक्ति पीले रंग को पसंद करता है, वह नारंगी पसंद करने वाले व्यक्ति के निकटतम बैठा है।

Q.26 D पसंद करने वाले के दायें से तीसरे स्थान पर कौन सा रंग बैठा है?

A. नीला **B.** लाल **C.** गुलाबी **D.** नारंगी
E. बैंगनी

Q.27 निम्नलिखित में से किसे काला रंग पसंद है?

A. D **B.** H **C.** C **D.** F
E. G

Q.28 निम्नलिखित पाँच में से चार एक निश्चित तरीके से समान हैं और इसलिए एक समूह बनाते हैं। वह कौन सा है जो उस समूह से संबंधित नहीं है?

A. नीला, D **B.** पीला, B **C.** गुलाबी, A **D.** काला, C
E. नारंगी, H

Q.29 नारंगी पसंद करने वाले और C के बीच कितने व्यक्ति बैठे हैं, जब C के दाएं से गिना जाता है?

A. एक **B.** दो
C. तीन **D.** चार
E. चार से अधिक

Q.30 निम्नलिखित में से कौन लाल रंग पसंद करने वाले का निकटतम पड़ोसी है?

A. D **B.** C **C.** E **D.** F
E. H

// स्मार्ट उत्तर पुस्तिका //

सही उत्तर उन छात्रों के प्रतिशत को इंगित करता है जिन्होंने प्रश्नों का सही उत्तर दिया था।

छोड़ दिया उन छात्रों के प्रतिशत को इंगित करता है जिन्होंने प्रश्नों को छोड़ दिया था।

प्रश्न संख्या	उत्तर	सही उत्तर	छोड़ दिया
1	E	31.27 %	68.18 %
2	B	83.46 %	12.38 %
3	C	65.26 %	33.02 %
4	E	28.92 %	68.63 %
5	E	78.14 %	15.17 %
6	B	59.68 %	34.3 %
7	E	67.57 %	30.06 %
8	C	67.69 %	31.7 %
9	D	64.49 %	34.99 %
10	A	44.41 %	43.06 %
11	A	65.39 %	32.03 %
12	B	82.07 %	16.83 %
13	E	63.8 %	30.81 %
14	C	80.14 %	14.98 %
15	D	68.99 %	30.89 %
16	C	22.78 %	73.04 %
17	A	46.31 %	47.98 %
18	C	78.82 %	15.6 %
19	E	56.29 %	41.02 %
20	D	81.04 %	16.05 %
21	C	41.67 %	51.82 %
22	D	46.92 %	48.97 %
23	B	56.12 %	36.66 %
24	C	76.35 %	16.97 %
25	D	42.22 %	38.88 %
26	C	45.68 %	53.75 %
27	D	51.27 %	36.51 %
28	D	55.71 %	41.29 %
29	A	79.13 %	17.09 %
30	D	48.53 %	49.54 %

कार्य विश्लेषण	
औसत अंक (%)	30.0%
टॉपर्स स्कोर (%)	63.33%
आपका स्कोर	

//संकेत और समाधान//

Ques (1-5): आठ व्यक्ति: E, F, G, H, I, J, K और M

1) F, K के बाएं दूसरे स्थान पर बैठा है, जो केंद्र के सम्मुख है।

2) संगीतकार, K और F का निकटतम पड़ोसी है।

इसलिए, संगीतकार, F और K के बीच में बैठेगा।

3) संगीतकार और E के बीच में केवल तीन व्यक्ति बैठे हैं अर्थात संगीतकार E के विपरीत बैठा है।

4) H संगीतकार है।

5) M, K के दाएं दूसरा है।

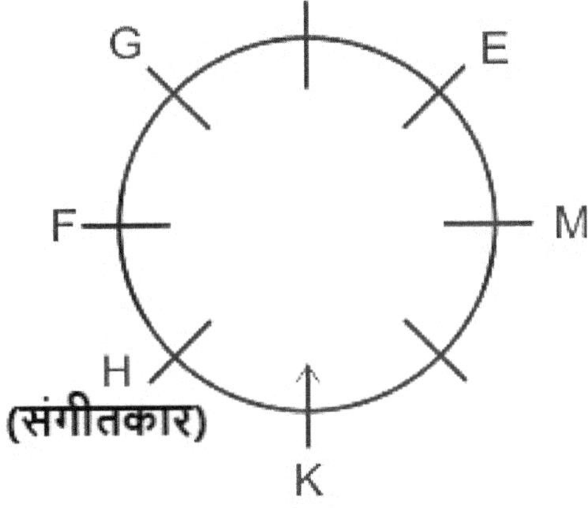

6) G और J एक दूसरे के निकटतम पड़ोसी हैं।

7) G, E के बाएं दूसरा है, जो प्रोफेसर है।

इसलिए, E बाहर के सम्मुख होगा इस प्रकार। एकमात्र बची हुई अर्थात M और K के बीच में सीट पर बैठेगा।

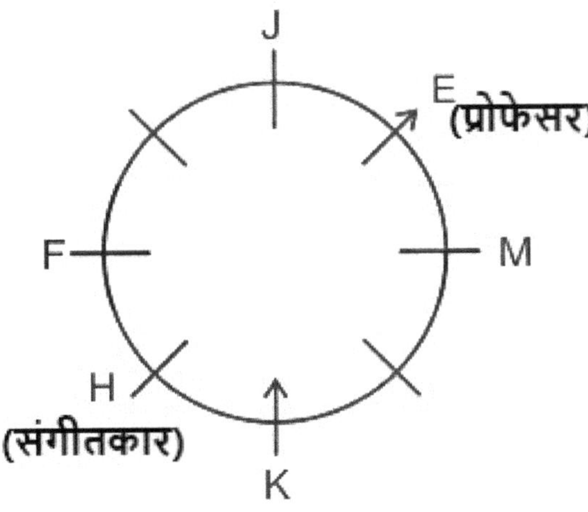

8) पायलट, F के निकटतम दाएं है।

इसलिए, F बाहर के सम्मुख है, और G पायलट है।

9) शिल्पकार और E के बीच में केवल एक व्यक्ति बैठा है।

इसलिए, I शिल्पकार है।

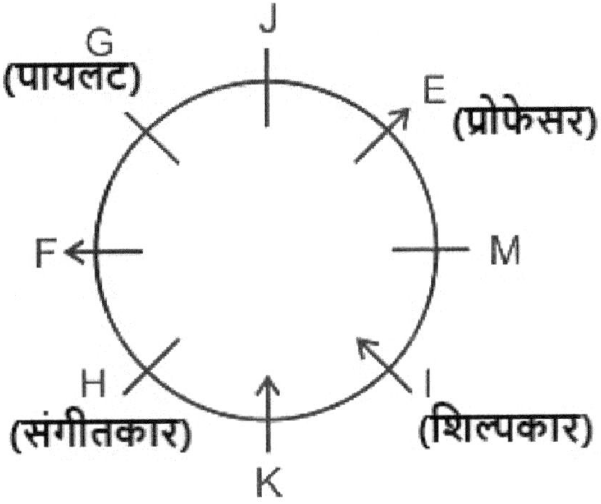

क्योंकि शिल्पकार केंद्र के सम्मुख है और डॉक्टर शिल्पकार के निकटतम दाएं हैं, M डॉक्टर होना चाहिए।

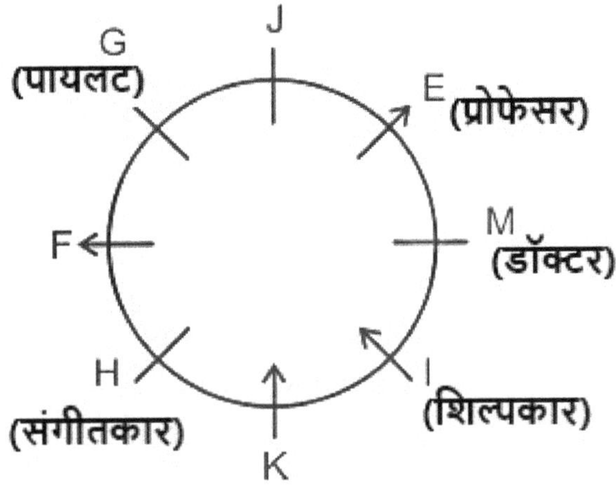

10) वैज्ञानिक, शिल्पकार का निकटतम पड़ोसी है।

इसलिए, K वैज्ञानिक होना चाहिए।

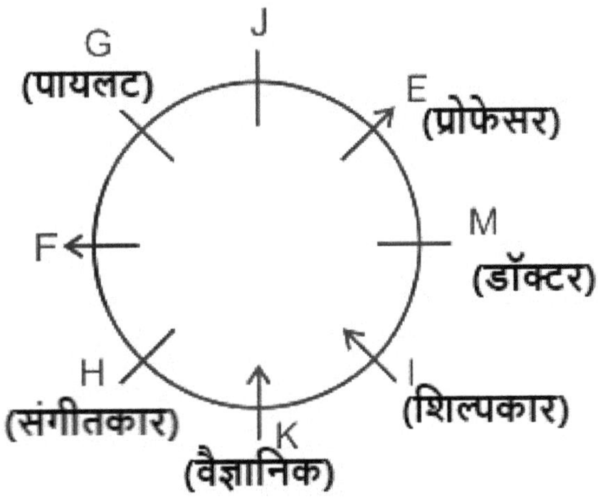

11) वकील, डॉक्टर के बाएं दूसरा है।

इसलिए M बाहर के सम्मुख है और J, वकील है।

12) उनमें से एक इंजीनियर है।

इसलिए, अंतिम व्यवस्था इस प्रकार है:

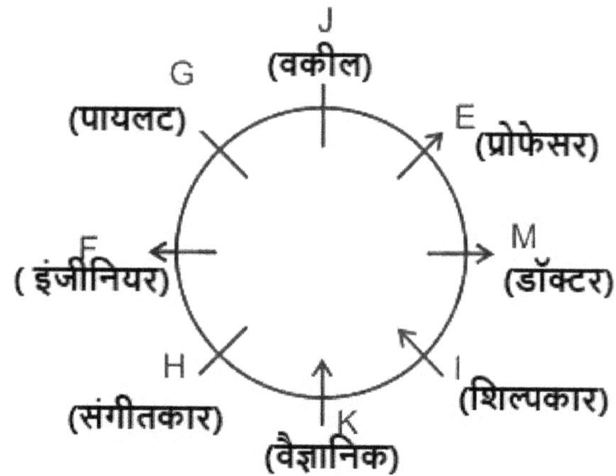

1. H, G और J की दिशा ज्ञात नहीं की जा सकती है। इस प्रकार, M या J संगीतकार (H) के दाएं से तीसरे स्थान पर हो सकते हैं।

अत: विकल्प (E) सही है।

2. इसलिए, K वैज्ञानिक है।

अत: विकल्प (B) सही है।

3. इसलिए, H – शिल्पकार गलत है क्योंकि H संगीतकर है।

अत: विकल्प (C) सही है।

4. 1) इंजीनियर वकील के बाएं दूसरा है → असत्य (संभावना सत्य है)

2) पाँच व्यक्ति केंद्र के सम्मुख हैं → असत्य (संभावना सत्य है)

3) H, इंजीनियर और वैज्ञानिक के बीच में बैठा है → सत्य

4) पायलट और शिल्पकार के बीच में तीन व्यक्ति हैं → सत्य

5) वैज्ञानिक और डॉक्टर एक दूसरे के निकटतम दाएं हैं → निश्चित तौर पर असत्य (क्योंकि वैज्ञानिक और डॉक्टर एक दूसरे के दाएं दूसरे हैं)

अत: विकल्प (E) सही है।

5. इसलिए, I शिल्पकार है।

अत: विकल्प (E) सही है।

Ques (6-10):व्यक्ति: M, N, O, P, Q, R, S और T

5: केंद्र के विपरीत सम्मुख

3: केंद्र के सम्मुख

1) O और T के बीच दो छात्रों का अंतराल है और दोनों विपरीत दिशा के सम्मुख हैं।

2) P, O के दायीं ओर से तीसरे स्थान पर बैठा है।

3) Q, T के विपरीत बैठा है और T के समान दिशा के सम्मुख है।

स्थिति 1

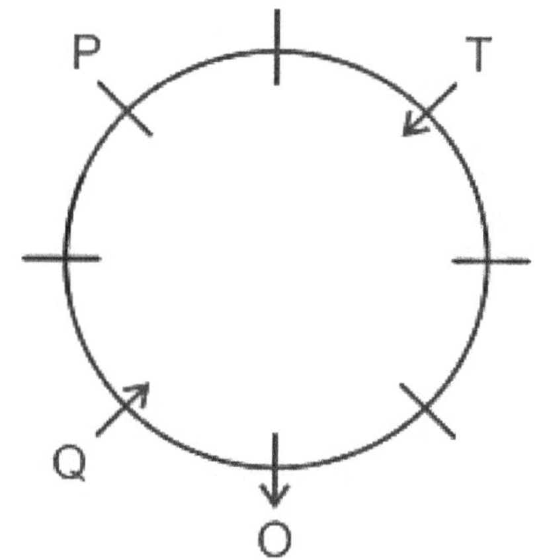

स्थिति 2

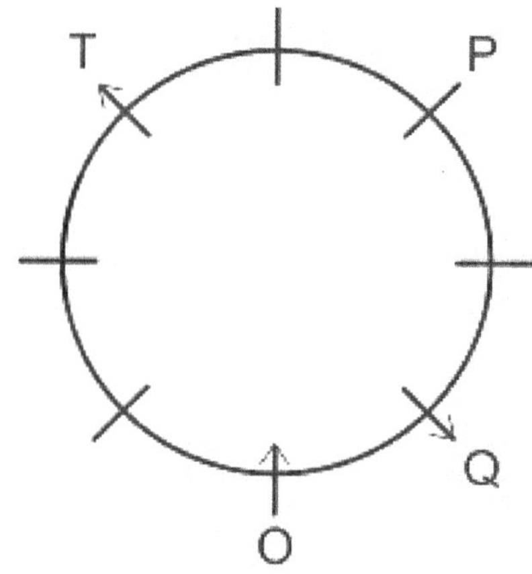

स्थिति-1 में P O के दायीं ओर से तीसरे स्थान पर बैठा है, यदि O केंद्र के सम्मुख है, तो हम P को O के दायीं ओर से तीसरे स्थान पर नहीं बैठा सकते हैं। उसी प्रकार स्थिति-2 में यदि O केंद्र के विपरीत सम्मुख है, तो हम P को O के दायीं ओर से तीसरे स्थान पर नहीं बैठा सकते हैं।

4) M ना तो T और ना ही P का पड़ोसी है।

5) M और P के बीच तीन छात्रों का अंतराल है और दोनों एक-दूसरे के विपरीत दिशा के सम्मुख हैं।

6) M उस दिशा के विपरीत दिशा के सम्मुख है जिस दिशा के सम्मुख Q है।

स्थिति 1

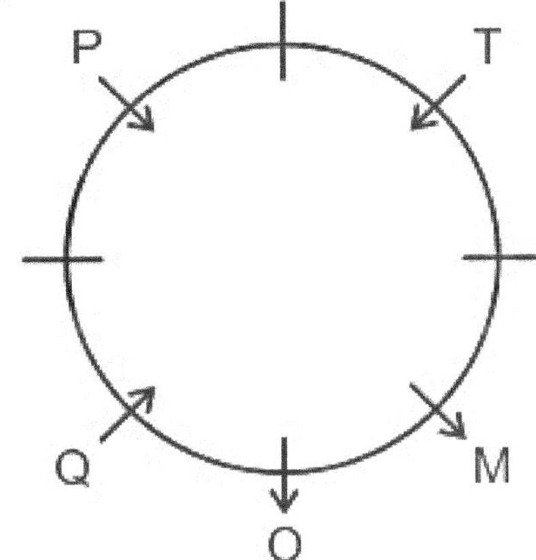

स्थिति 2

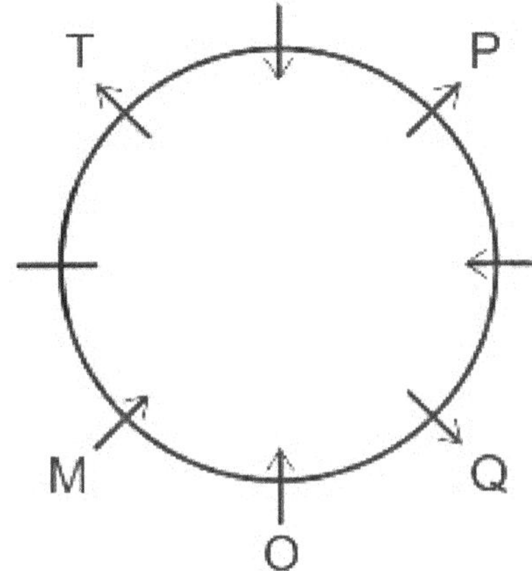

7) N और S के बीच तीन छात्रों का अंतराल है और दोनों केंद्र से विपरीत सम्मुख हैं।

8) R, N के दायीं ओर से दूसरे स्थान पर बैठा है और R के दोनों पड़ोसी R के विपरीत दिशा के सम्मुख हैं।

9) R केंद्र के सम्मुख है।

स्थिति 1

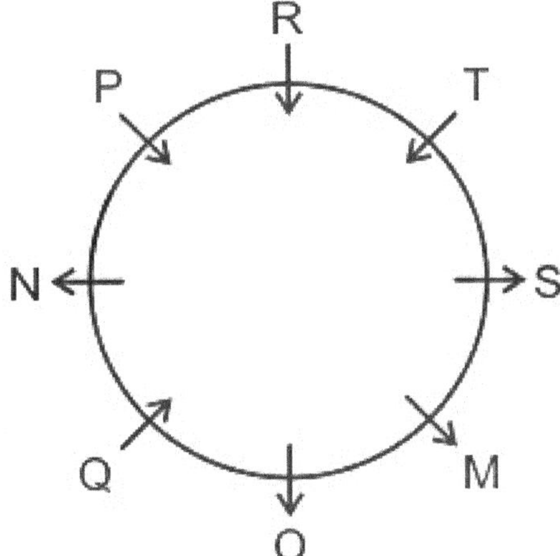

स्थिति 2

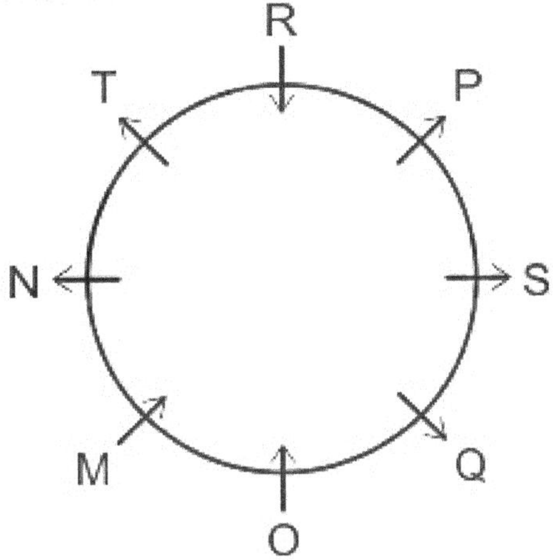

यहाँ स्थिति-1 रद्द हो जाती है क्योंकि यह स्पष्ट रूप से दिया गया है कि 3 व्यक्ति केंद्र के सम्मुख हैं और 5 केंद्र के विपरीत सम्मुख हैं, लेकिन स्थिति-1 में यदि R केंद्र के सम्मुख है, तो 4 व्यक्ति केंद्र के सम्मुख हैं, यह संभव नहीं है।

इसलिए, अंतिम आरेख नीचे दिया गया है:

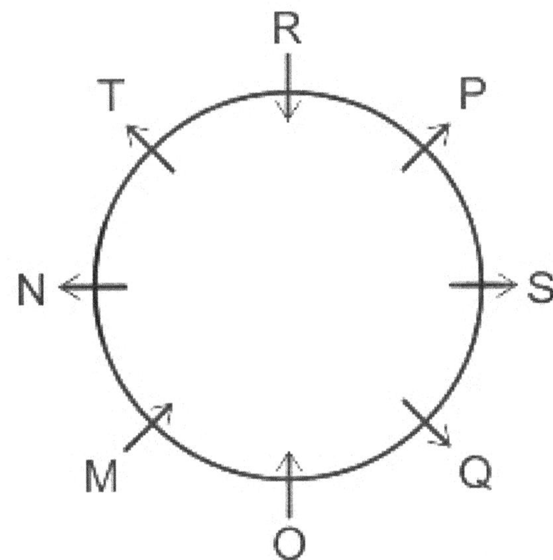

6. इसलिए, P, N के दायीं ओर से तीसरे स्थान पर बैठा है।

अत: विकल्प (B) सही है।

7. इसलिए, Q, T के बायीं ओर से चौथे और T के दायीं ओर से भी चौथे स्थान पर बैठा है।

अत: विकल्प (E) सही है।

8. N, R के दायें से दूसरे स्थान पर है।

P, T के दायें से दूसरे स्थान पर है।

उसी प्रकार,

M, Q के दायीं ओर से दूसरे स्थान पर बैठा है।

अत: विकल्प (C) सही है।

9. इसलिए, T, M के बायीं ओर से दूसरे स्थान पर बैठा है।

अत: विकल्प (D) सही है।

10. इसलिए, O, R के विपरीत बैठा है।

अत: विकल्प (A) सही है।

Ques (11-15):व्यक्ति: अमर, ब्रिजेश, पिंकी, दीप, ईश्वर, नैंसी, गुरकमल और हर्ष

1) नैंसी, पिंकी के दायीं ओर से तीसरे स्थान पर और हर्ष के बायीं ओर से दूसरे स्थान पर है।

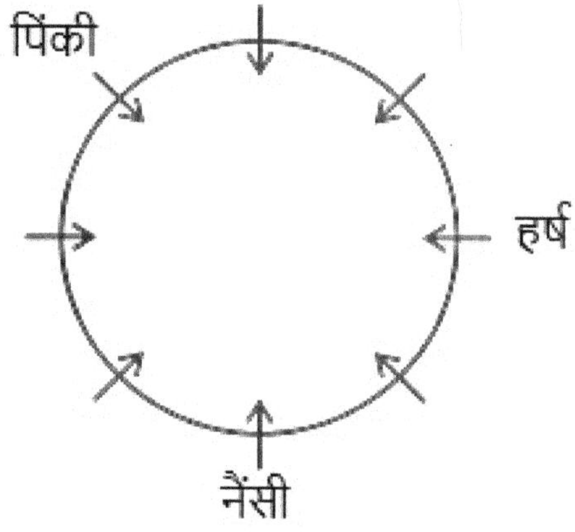

2) दीप, पिंकी अथवा हर्ष का निकतटम पड़ोसी नहीं है।

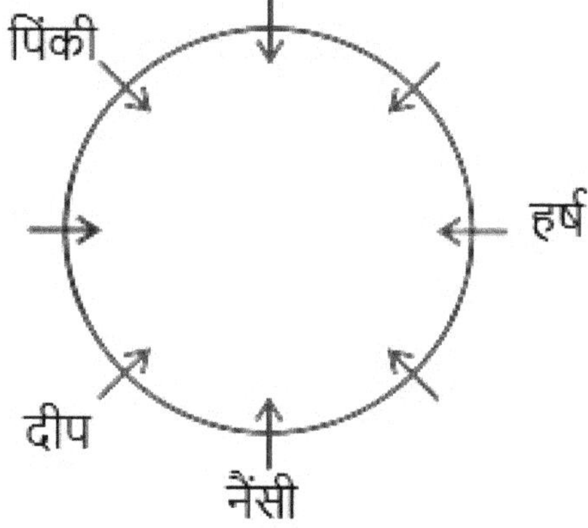

3) ईश्वर, अमर के ठीक दायीं ओर है जो कि गुरकमल के दायीं ओर से दूसरा है।

यहाँ अमन के लिए एकमात्र संभव स्थान हर्ष के ठीक दायीं ओर है।

इसलिए, रिक्त स्थान पर ब्रिजेश बैठा है।

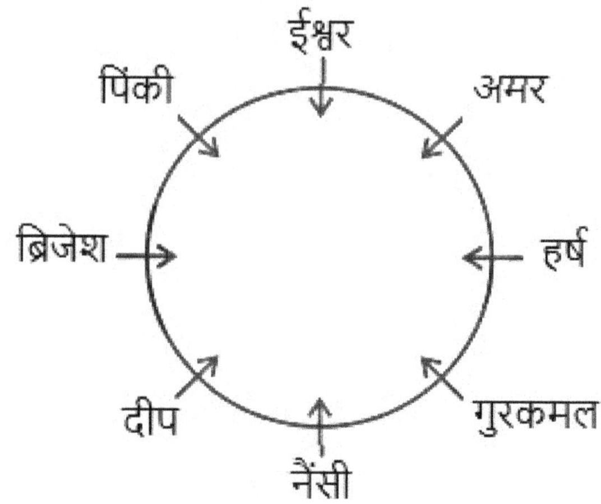

11. इसलिए, अमर, पिंकी के बायीं ओर से दूसरा है।

अत: विकल्प (A) सही है।

12. इसलिए, ब्रिजेश, पिंकी के ठीक दायीं ओर है।

अत: विकल्प (B) सही है।

13. यहाँ दीप, ब्रिजेश के दायीं ओर बैठा है। इसलिए दीप और ब्रिजेश सही जोड़ी है।

अत: विकल्प (E) सही है।

14. इसलिए, गुरकमल और दीप के मध्य नैंसी बैठी है।

अत: विकल्प (C) सही है।

15. ब्रिजेश, हर्ष के सामने बैठा है, इसलिए ब्रिजेश हर्ष के दायीं और बायीं दोनों ओर से चौथे स्थान पर है।

अत: विकल्प (D) सही है।

Ques (16-20):व्यक्ति: A, B, C, D, E, F, G और H

विषय: गणित, अर्थशास्त्र, अंग्रेज़ी, इतिहास, भौतिक विज्ञान, रसायन शास्त्र, समाजशास्त्र और हिंदी

1) A, D के आसन्न बैठा है जो कि अर्थशास्त्र का अध्ययन कर रहा है।

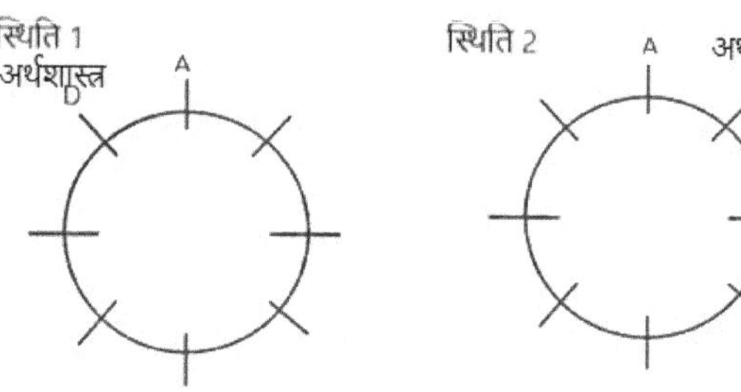

2) F, A के बायीं ओर से पांचवें स्थान पर बैठा है और वह भौतिक विज्ञान का अध्ययन कर रहा है।

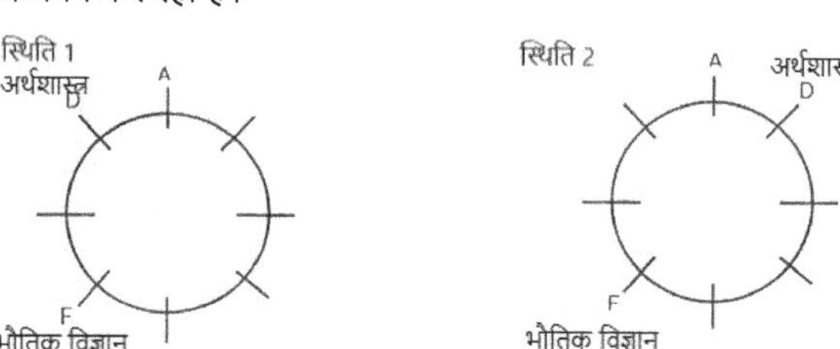

3) जो व्यक्ति रसायन शास्त्र का अध्ययन कर रहा है वह F के बायीं ओर बैठा है।

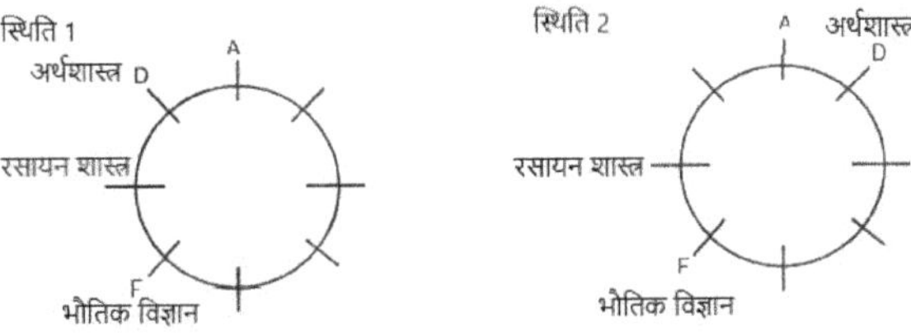

4) G, A के विपरीत बैठता है।

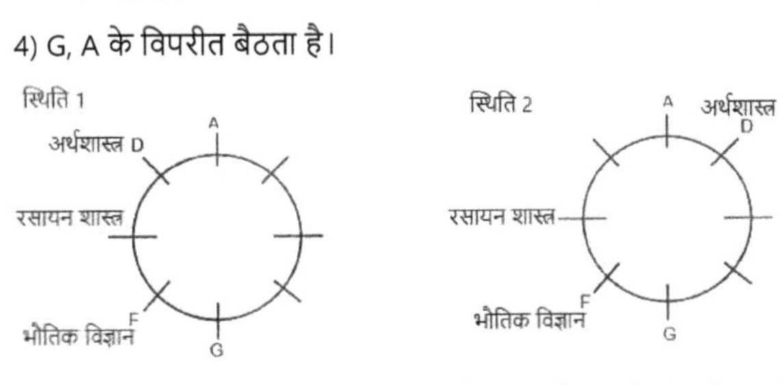

5) जो व्यक्ति हिंदी का अध्ययन कर रहा है वह G के बायीं ओर से पांचवें स्थान पर बैठता है, जो कि समाजशास्त्र का अध्ययन कर रहा है।

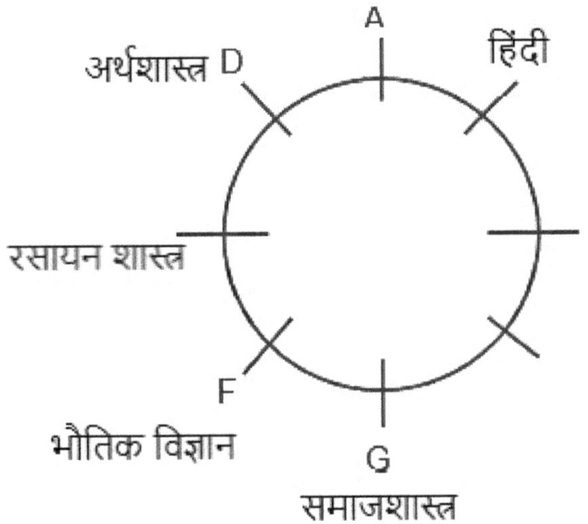

इस प्रकार, स्थिति 2 रद्द हो जाएगी।

6) E अंग्रेज़ी का अध्ययन कर रहा है और वह उस व्यक्ति के बगल में बैठा है जो हिंदी का अध्ययन कर रहा है।

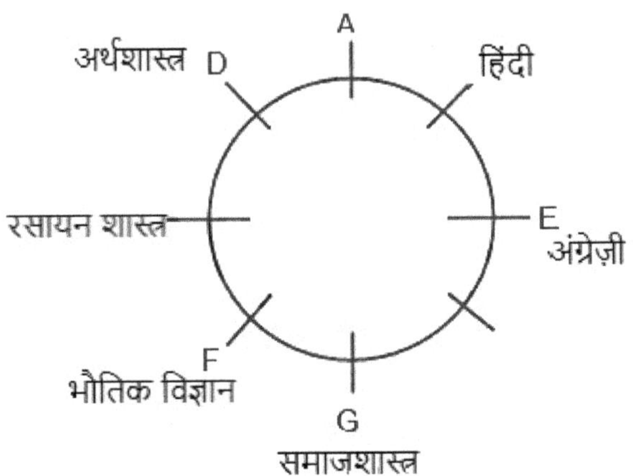

7) B इतिहास का अध्ययन कर रहा है और वह C या D के आसन्न नहीं बैठा है। न तो H और न ही E, G का निकटतम पड़ोसी है।

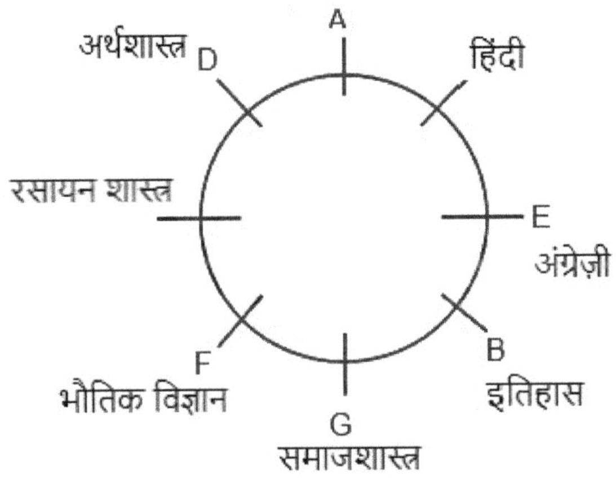

8) C रसायन शास्त्र का अध्ययन नहीं करता है।

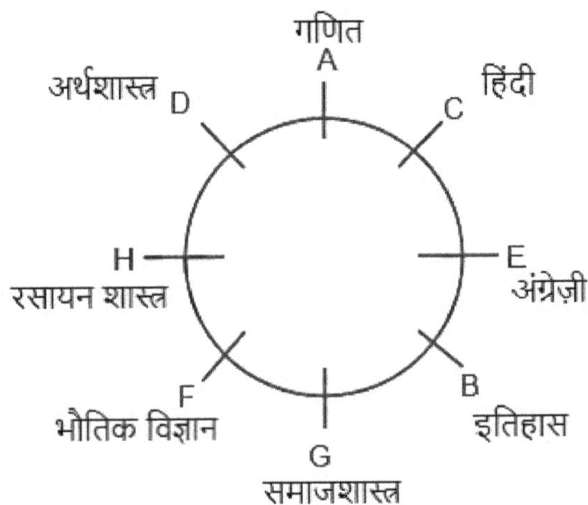

16. इस प्रकार, G, C के बायीं ओर से तीसरे स्थान पर बैठा है और वह समाजशास्त्र का अध्ययन कर रहा है।

अत: विकल्प (C) सही है।

17. इस प्रकार, D, B के तिरछे विपरीत बैठा है।

अत: विकल्प (A) सही है।

18. इस प्रकार, A और E के बीच में C बैठा है।

अत: विकल्प (C) सही है।

19. इस प्रकार, A गणित का अध्ययन कर रहा है।

अत: विकल्प (E) सही है।

20. इस प्रकार, H रसायन शास्त्र का अध्ययन कर रहा है।

अत: विकल्प (D) सही है।

Ques (21-25):आठ व्यक्ति: A, B, C, D, E, F, G, और H

1) H, E के दायीं ओर से तीसरे स्थान पर बैठा है।

2) H और E दोनों एक ही दिशा की ओर देख रहे हैं।

(जैसा की यह एक वृत्ताकार क्रम है, हम E के लिये कोई भी एक स्थान निर्धारित करके H को E की दिशा के अनुसार रख सकते हैं।)

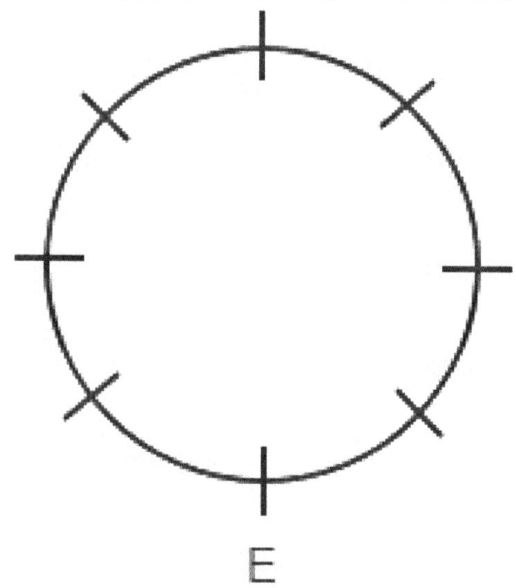

3) G केंद्र की ओर देख रहा है।

4) G और E के बीच केवल एक व्यक्ति बैठा है।

5) D, G के दायीं ओर से दूसरे स्थान पर बैठा है।

(यह तभी संभव होगा यदि हम E को G के बायीं ओर से दूसरे स्थान पर रखते हैं, तभी हम D को G के दायीं ओर से दूसरे स्थान पर रख सकते हैं।)

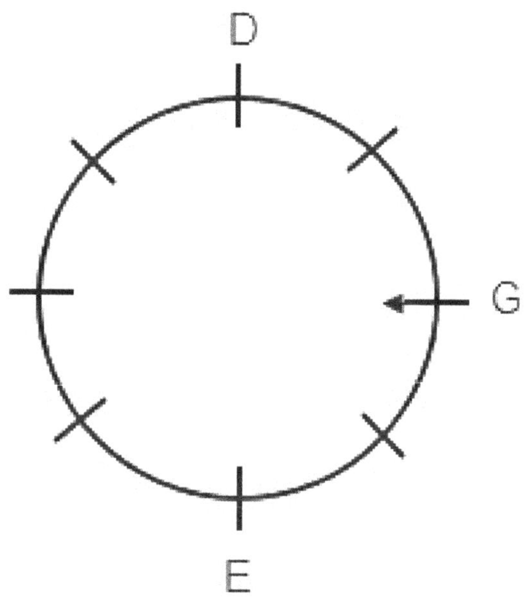

6) यदि हम D और G के बीच H को रखते हैं, तो इसका अर्थ होगा कि A केंद्र की ओर देख रहा है, उस स्थिति में, F H का निकटतम पडोसी नहीं होगा। इसलिए, दोनों E और H केंद्र से विपरीत (बाहरी दिशा) देख रहे हैं।

7) H, E के दायीं ओर से तीसरे स्थान पर बैठा है F का निकटतम पडोसी है। (अर्थात F, H के निकटतम बायीं ओर बैठा है क्योंकि यह एकमात्र संभावना है।)

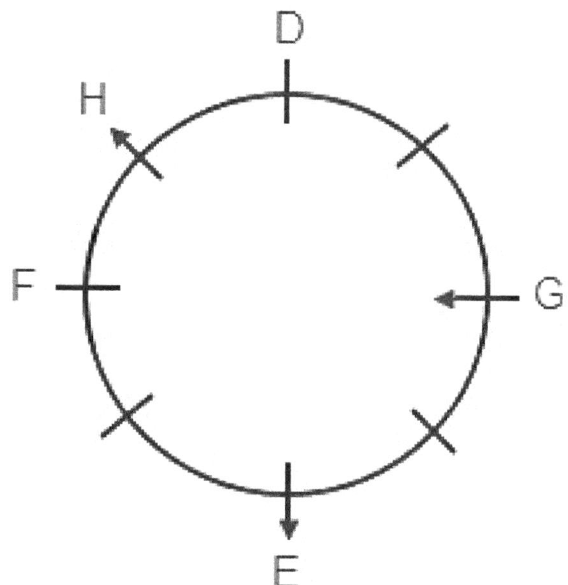

8) F, D के दायीं ओर से दूसरे स्थान पर बैठा है और वे अलग-अलग दिशाओं की ओर देख रहे हैं।

(यह केवल तभी संभव है यदि D केंद्र की ओर, और F केंद्र से विपरीत (बाहरी दिशा) देख रहा है। इसके अतिरिक्त, जैसा कि लगातार तीन लोग एक ही दिशा की ओर नहीं देख रहे हैं, अर्थात, F के निकटतम बायीं ओर बैठा व्यक्ति केंद्र की ओर देख रहा है।)

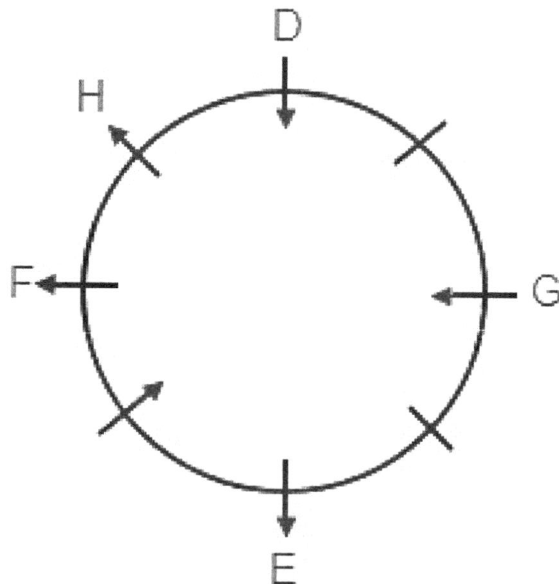

9) B, E का निकटतम पड़ोसी नहीं है।

(अर्थात B, D और G के बीच में बैठा है। यह एकमात्र संभावना है।)

10) C, B के दायीं ओर से दूसरे स्थान पर बैठा है।

(यह केवल तभी संभव है यदि B केंद्र से विपरीत (बाहरी दिशा) देख रहा हो। इसके अतिरिक्त, जब हमने चार व्यक्ति पता कर लिए हैं जो केंद्र से विपरीत (बाहरी दिशा) देख रहे हैं, तो हम कह सकते हैं कि अन्य चार केंद्र की ओर देख रहे हैं। इसलिए, C केंद्र की ओर देख रहा है। इसके अतिरिक्त, अब केवल A को रखना शेष है, अर्थात A, F के निकटतम बायीं ओर बैठा है।)

इस प्रकार, अंतिम व्यवस्था है:

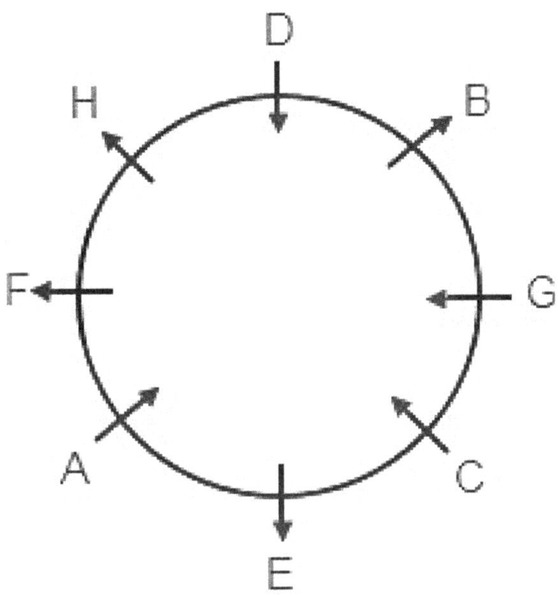

21. स्पष्टतः, A के दायीं ओर तीसरे स्थान पर G बैठा है।

अत: विकल्प (C) सही है।

22. स्पष्टतः F, C के बायीं ओर से तीसरे स्थान पर बैठा है।

अत: विकल्प (D) सही है।

23. स्पष्टतः H, D के निकटतम दायीं ओर बैठा है।

अत: विकल्प (B) सही है।

24. F को छोड़कर, सभी केंद्र की ओर देख रहे हैं।

इसलिए, F समूह से संबंधित नहीं है।

अत: विकल्प (C) सही है।

25. स्पष्टतः G और D, B के निकटतम पड़ोसी हैं।

अत: विकल्प (D) सही है।

Ques (26-30):आठ व्यक्ति A, B, C, D, E, F, G, और H

आठ रंग: बैंगनी, गुलाबी, लाल, हरा, नीला, काला, पीला और नारंगी

1) F, A के बायें से तीसरे स्थान पर बैठा है, जो बैंगनी पसंद करता है, और जो व्यक्ति बैंगनी पसंद करता है, वह G के निकटतम बाएं बैठा है।

2) F और जिस व्यक्ति को नीला पसंद है, उनके बीच में एक व्यक्ति है।

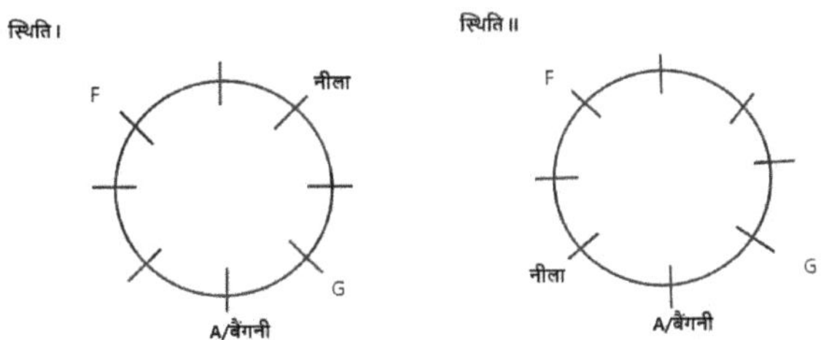

3) C, E के ठीक दायें बैठा है और दोनों में से कोई भी नीला रंग नहीं पसंद करता है।

4) E उस व्यक्ति के विपरीत बैठा है जो पीला रंग पसंद करता है और जो व्यक्ति पीले रंग को पसंद करता है वह नारंगी पसंद करने वाले व्यक्ति के ठीक निकटतम बैठा है।

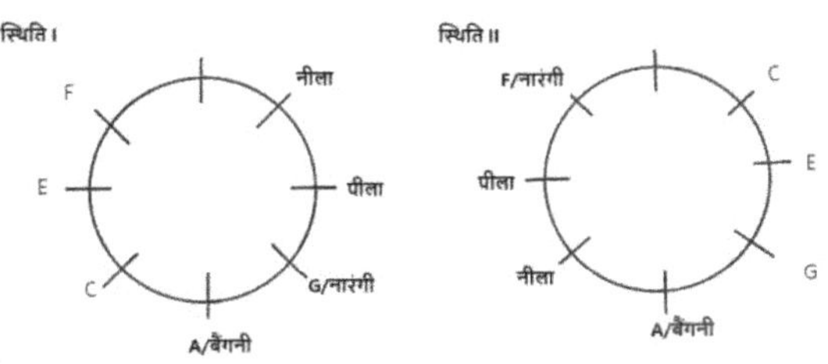

5) जो हरे रंग को पसंद करता है और B, उनके बीच में दो व्यक्ति बैठे हैं।

6) C, F, और G, इनमें में से कोई भी हरे रंग को पसंद नहीं करता है।

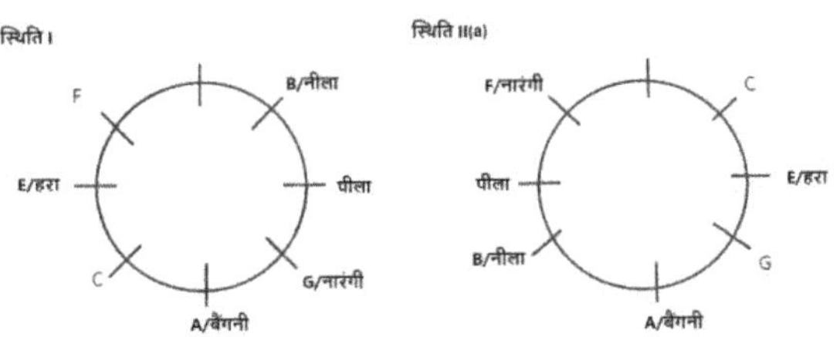

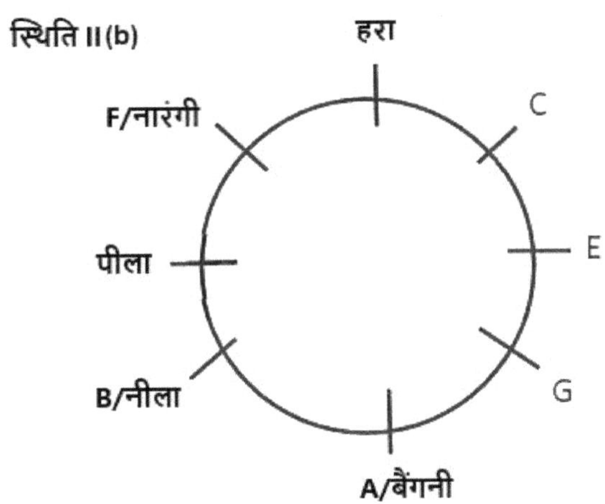

7) D, H के दायें से दूसरे स्थान पर बैठा है।

8) D को पीला रंग पसंद नहीं है।

II(a) और II(b) के स्थितियों में यह संभव नहीं है, इसलिए दोनों स्थितियों को रद्द किया जाता हैं।

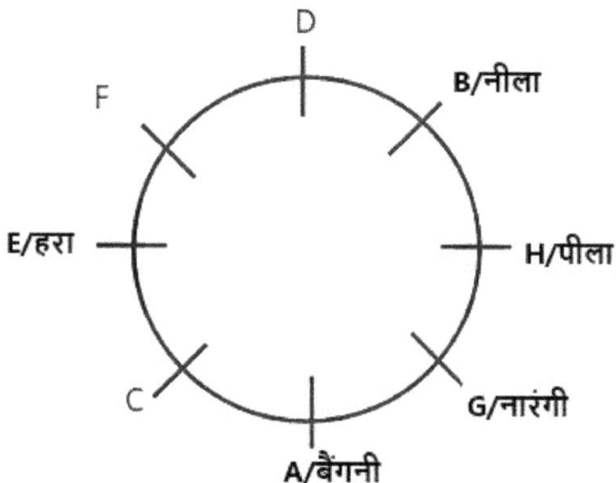

9) जो लाल रंग पसंद करता है, वह काले रंग को पसंद करने वाले के निकटतम बायें बैठा है।

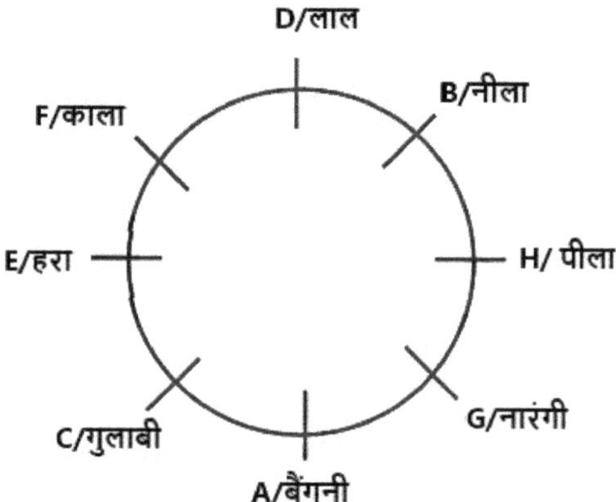

26. स्पष्ट रूप से, D के दायें से तीसरे स्थान पर बैठा व्यक्ति गुलाबी रंग पसंद करता है।

अत: विकल्प (C) सही है।

27. स्पष्ट रूप से, F को काला रंग पसंद है।

अत: विकल्प (D) सही है।

28. स्पष्ट रूप से, "काला और C" समूह से संबंधित नहीं है क्योंकि अन्य सभी जोड़े एक दूसरे से आसन्न हैं।

अत: विकल्प (D) सही है।

29. स्पष्ट रूप से, नारंगी पसंद करने वाले और C के बीच केवल एक व्यक्ति बैठा है, जब C के दायें से गिना जाता है।

अत: विकल्प (A) सही है।

30. स्पष्ट रूप से, F लाल रंग पसंद करने वाले व्यक्ति का निकटतम पड़ोसी है।

अत: विकल्प (D) सही है।

तर्कशक्ति अभियोग्यता टेस्ट 15

Ques (1-5):निर्देश: निम्नलिखित जानकारी का ध्यानपूर्वक अध्ययन कीजिए और नीचे दिए गए प्रश्न का उत्तर दीजिए।

संख्या को व्यवस्थित करने वाले एक मशीन में जब एक विशेष इनपुट दिया जाता है, तो यह एक विशेष नियम का पालन करते हुए इन्हें पुनर्व्यवस्थित करती है। निम्नलिखित इनपुट का और पुनर्व्यवस्था के चरण का वर्णन है।

इनपुट: 39 121 49 19 66 102 10 52 54 98

चरण I: 10 39 121 49 19 66 102 52 54 98

चरण II: 10 39 49 19 66 102 52 54 98 121

चरण III: 10 19 39 49 66 102 52 54 98 121

चरण IV: 10 19 39 49 66 52 54 98 102 121

चरण V: 10 19 39 49 52 66 54 98 102 121

चरण VI: 10 19 39 49 52 54 66 98 102 121

और चरण VI इस चरण का अंतिम चरण है। ऊपर दिए गए चरणों में अनुसरण किये गए शर्तों के आधार पर, निम्नलिखित में से प्रश्न में दिए गए इनपुट के लिए उपयुक्त चरण ज्ञात कीजिये।

Q.1 निम्नलिखित इनपुट के लिए चरण III क्या होगा?
इनपुट: 55 176 29 82 119 36 11 49

A. 11 29 55 119 82 36 49 176
B. 11 29 55 82 119 36 49 176
C. 11 55 29 82 119 36 49 176
D. यहाँ ऐसा कोई चरण नहीं होगा
E. इनमें से कोई नहीं

Q.2 निम्नलिखित इनपुट के लिए चरण III क्या होगा?
इनपुट: 55 176 29 82 119 36 11 49

A. 11 29 55 119 82 36 49 176
B. 11 29 55 82 119 36 49 176
C. 11 55 29 82 119 36 49 176
D. ऐसा कोई चरण नहीं होगा
E. इनमें से कोई नहीं

Q.3 निम्नलिखित इनपुट के लिए अंतिम चरण क्या होगा?
इनपुट: 132 53 39 83 79 112 22 66

A. 22 39 53 66 79 83 112 132
B. 22 39 66 53 79 83 112 132
C. 22 39 53 56 83 79 112 13
D. निर्धारित नहीं किया जा सकता है
E. इनमें से कोई नहीं

Q.4 निम्नलिखित इनपुट का अंतिम आउटपुट प्राप्त करने के लिए कितने चरण आवश्यक होंगे?
इनपुट: 116 85 66 50 73 39 146 25 112 79

A. पांच **B.** छह
C. सात **D.** आठ
E. उपरोक्त में से कोई नहीं

Q.5 अंतिम से पहले चरण में निम्नलिखित में से कौन-सा दायीं ओर से छठे स्थान में होगा?
इनपुट: 17 32 43 82 69 93 49 56 99 106

A. 69 **B.** 93
C. 17 **D.** 56
E. उपरोक्त में से कोई नहीं

Ques (6-10):निर्देश: निम्नलिखित जानकारी का ध्यानपूर्वक अध्ययन कीजिए तथा दिए गए प्रश्न का उत्तर दीजिये।

एक शब्द और संख्या व्यवस्था यंत्र को इनपुट दिया जाता है, तब वह इस इनपुट को निम्नलिखित आधार पर पुन:व्यवस्थित कर देता है। नीचे इसका एक उदाहरण दिया गया है| (सभी संख्याएं दो अंकीय संख्याएँ हैं)।

इनपुट: 76 toy high 12 wish 98 10 flag link dig 54 87 58

चरण I: dig 76 toy high 12 wish 98 flag link 54 87 58 10

चरण II: flag dig 76 toy high wish 98 link 54 87 58 12 10

चरण III: high flag dig 76 toy wish 98 link 87 58 54 12 10

चरण IV: link high flag dig toy wish 98 87 76 58 54 12 10

चरण V: toy link high flag dig wish 98 87 76 58 54 12 10

चरण VI: wish toy link high flag dig 98 87 76 58 54 12 10

और चरण VI ऊपर दिए गए इनपुट का अंतिम चरण है, इस प्रकार वांछित व्यवस्था प्राप्त की जाती है।

उपरोक्त चरणों में जिस तरह से नियमों का अनुसरण किया गया है, दिए गए इनपुट के लिए निम्न प्रश्न में से उपयुक्त चरण ज्ञात कीजिये (सभी संख्याएं दो अंकीय संख्याएँ हैं)।

इनपुट: height math 23 98 11 ugly and 54 owl 20 67 queen fish 32

Q.6 चरण V में "height" का क्या स्थान है?

A. दायीं ओर से चौथा **B.** दायीं ओर से तीसरा
C. दायीं ओर से बाहरवां **D.** दायीं ओर से दसवां
E. इनमें से कोई नहीं

Q.7 सभी व्यवस्थाओं के बाद अंतिम चरण कौन सा है?

A. V **B.** VII **C.** IX **D.** VIII
E. IV

Q.8 तीसरे चरण में 98 का कौन सा स्थान होगा?

A. बाईं ओर से पांचवा **B.** दाईं ओर से पांचवा
C. दाईं ओर से सातवां **D.** बाईं ओर से आठवां
E. इनमें से कोई नहीं

Q.9 चरण IV कौन सा होगा?

A. math height fish and 98 ugly owl 67 queen 54 32 23 20 11
B. queen owl math height fish and ugly 98 67 54 32 23 20 11
C. ugly queen owl math height fish and 98 67 54 32 23 20 11
D. height fish and math 98 ugly 54 owl 67 queen 32 23 20 11
E. owl math height fish and 98 ugly queen 67 54 32 23 20 11

Q.10 अंतिम चरण में "fish" का क्या स्थान है?

A. दाईं ओर से आठवां **B.** बाईं ओर से पांचवां
C. बाईं ओर से छठवां **D.** दाईं ओर से सातवां

E. इनमें से कोई नहीं

Ques (11-15):निर्देश: दी गयी जानकारी का ध्यानपूर्वक अध्ययन कीजिये और निम्न प्रश्न का उत्तर दीजिये।

एक शब्द व्यवस्था मशीन में जब शब्दों का एक इनपुट दिया जाता है, तो यह प्रत्येक चरण में एक विशिष्ट नियम का पालन करते हुए उन्हें पुनर्व्यवस्थित करती है। नीचे इनपुट और पुनर्व्यवस्था के चरणों का उदाहरण दिया गया है।

इनपुट: Bowl Tongs Whisks Couch Lamp Rags

चरण I: Whisks Bowl Tongs Couch Lamp Rags

चरण II: Whisks Tongs Bowl Couch Lamp Rags

चरण III: Whisks Tongs Rags Bowl Couch Lamp

चरण IV: Whisks Tongs Rags Lamp Bowl Couch

चरण V: Whisks Tongs Rags Lamp Couch Bowl

यह अंतिम व्यवस्था है और चरण 5 अंतिम चरण है।

दिए गए चरणों में अनुसरण किये गए नियमों के अनुसार, निम्न इनपुट के लिए नीचे दिए गए प्रश्न का उत्तर दीजिये।

इनपुट: Broom Windex Detergent Towel Napkin Curd

Q.11 निम्न इनपुट का दूसरा चरण क्या होगा?

A. Windex Broom Detergent Towel Napkin Curd
B. Windex Towel Broom Detergent Napkin Curd
C. Windex Towel Napkin Broom Detergent Curd
D. Windex Towel Napkin Detergent Broom Curd
E. Windex Towel Napkin Broom Curd Detergent

Q.12 अंतिम से ठीक पहले वाले चरण में "Towel" और "Detergent" के बीच कितने शब्द हैं?

A. 1 **B.** 2
C. 3 **D.** 4
E. या तो 2 या 4

Q.13 अंतिम से दूसरे चरण में "Napkin" और "Broom" के ठीक बीच कौन सा शब्द आता है?

A. Curd
B. Windex
C. Detergent
D. Either Curd या Towel
E. इनमे से कोई भी नहीं

Q.14 अंतिम चरण में दायें से पांचवां पद कौन सा है?

A. Windex **B.** Curd **C.** Broom **D.** Towel
E. Napkin

Q.15 दिए गए इनपुट का अंतिम आउटपुट क्या होगा?

A. Windex Broom Detergent Towel Napkin Curd
B. Windex Towel Napkin Detergent Curd Broom
C. Windex Towel Napkin Broom Detergent Curd
D. Windex Towel Napkin Detergent Broom Curd
E. Windex Towel Napkin Broom Curd Detergent

Ques (16-20):

निर्देश: निम्नलिखित जानकारी का ध्यानपूर्वक अध्ययन कीजिए और दिए गए प्रश्न का उत्तर दीजिए।

शब्द और संख्या को व्यवस्थित करने वाले एक मशीन में जब इनपुट के रूप में शब्दों और संख्याओं की एक श्रृंखला दी जाती है तो प्रत्येक चरण में यह एक विशेष प्रतिरूप का अनुसरण करते हुए उन्हें पुनर्व्यवस्थित करती है। निम्नलिखित उदाहरण एक इनपुट और पुनर्व्यवस्था का है।

इनपुट: Harsha made kannauj his Capital

चरण I: Capital Harsha his kannauj made

चरण II: 14A3 12A8 6I8 14A11 8A13

चरण III: 17C 20C 14K 25C 21C

चरण IV: QC TC NK YC UC

चरण V: N Q C V R

चरण V उपरोक्त व्यवस्था का अंतिम चरण है, क्योंकि वांछित व्यवस्था प्राप्त की जा चुकी है।

ऊपर दिए गए चरणों में अनुसरण किये गए शर्तो के आधार पर, निम्नलिखित प्रश्न में दिए गए इनपुट के लिए उपयुक्त चरण ज्ञात कीजिये।

इनपुट: Clean clams crammed in clean cans.

Q.16
विकल्पों में से दिए गए पदों में से कौन-सा पद चरण III में मौजूद है?

A. 13L **B.** 17R **C.** 14N **D.** 17T
E. 11A

Q.17
निम्नलिखित विकल्पों में से कौन-से विकल्प में QT और MN एकसाथ आते हैं?

A. चरण II **B.** चरण III
C. चरण V **D.** चरण I
E. उपरोक्त में से कोई नहीं

Q.18
दिए गए विकल्पों में से कौन-सा विकल्प चरण IV का अंतिम पद है?

A. KA **B.** 4N9 **C.** 13N **D.** QR
E. MP

Q.19
दिए गए विकल्पों में से कौन-सा विकल्प दिए गए इनपुट का अंतिम चरण है?

A. H I A B I A **B.** A H A H H H
C. H A A A C C **D.** A A A A H A
E. H A H H A H

Q.20
दिए गए विकल्पों में से कौन-सा विकल्प चरण III के दाएँ छोर से दूसरे स्थान पर है?

A. 10L3 **B.** 14R3 **C.** 11A **D.** 13L
E. 17T

Ques (21-25):निर्देश: निम्नलिखित जानकारी का ध्यानपूर्वक अध्ययन कीजिए तथा दिए गए प्रश्न का उत्तर दीजिये।

एक शब्द और संख्या व्यवस्था मशीन को जब शब्दों और संख्या की पंक्ति का एक इनपुट दिया जाता है, तो वह प्रत्येक चरण में एक विशेष नियम का अनुसरण करते हुए उन्हें पुनर्व्यवस्थित कर देती है। नीचे इनपुट और चरणों की पुनर्व्यवस्था का एक उदाहरण है।

इनपुट: 23 Quality Tractor Popular 57 38 93 Handle

चरण 1: Handl Qualit Tracto Popula 57 38 93 23

चरण 2: Handl 23 Qualit Tracto Popula 57 38 93

चरण 3: Hand 23 Popul 38 Quali Tract 57 93

चरण 4: Han 23 Popu 38 Trac 57 Qual 93

चरण 5: Ha 23 Pop 38 Tra 57 Qua 93

चरण 6: H 23 Po 38 Tr 57 Qu 93

और चरण 6 पुनर्व्यवस्था का अंतिम चरण है।

उपरोक्त चरणों में अनुसरण किये गए नियमों के अनुसार, निम्नलिखित प्रश्न में दिए गए इनपुट के लिए उपयुक्त चरण ज्ञात कीजिये।

इनपुट: 20 Rational Trader Particle 41 29 87 Helmet

Q.21 चरण 5 में 'He' का स्थान क्या होगा?

A. दायें छोर से पांचवां
B. दायें छोर से नौवां
C. बाएं छोर से छठा
D. दायें छोर से छठा
E. इनमें से कोई नहीं

Q.22 निम्न में से, चरण 4 में दायें छोर से चौथे के दायें से दूसरे स्थान पर है?

A. Part
B. Ratio
C. Hel
D. Tra
E. इनमे से कोई भी नहीं

Q.23 चरण 4 में यदि एक निश्चित तरीके से 'Hel', 'Parti' से संबंधित है, 'Ratio', 'Tar' से संबंधित है, तो निम्न में से कौन-सा विकल्प '41' से सम्बंधित होगा?

A. 87
B. Part
C. Rati
D. निर्धारित नहीं किया जा सकता है।
E. इनमे से कोई भी नहीं

Q.24 निम्नलिखित में से पुनर्व्यवस्था का अंतिम चरण क्या होगा?

A. 4
B. 6
C. 7
D. 5
E. इनमे से कोई भी नहीं

Q.25 निम्नलिखित में से कौन-सा विकल्प पुनर्व्यवस्था का चरण 3 होगा?

A. Helm 20 Part 41 Ration 29 Trade 87
B. Helm 20 Ratio 29 Trad Partic 41 87
C. Helm 20 Partic 29 Ration Trad 41 87
D. Helm 29 Partic 20 Ration Trad 41 87
E. Helm 20 Ration 29 Trade Partic 41 87

Ques (26-30):निर्देश: निम्नलिखित जानकारी का ध्यानपूर्वक अध्ययन कीजिये और दिए गए प्रश्न का उत्तर दीजिये।

जब शब्द को व्यवस्थित करने वाली एक मशीन शब्दों और संख्याओं की इनपुट लाइन दिए जाने पर, तो यह एक विशेष नियम और विशेष शर्तों का पालन करते हुए, उन्हें व्यवस्थित करती है | इनपुट और पुनर्व्यवस्था का उदाहरण दिया गया है |

निम्नलिखित जानकारी को पढ़िये और उसके बाद प्रश्न का उत्तर दीजिये।

इनपुट: Eye Cover Hen An Back Lenovo Package Quantity

चरण 1: Quantity Eye Cover Hen An Back Lenovo Package

चरण 2: Quantity An Eye Cover Hen Back Lenovo Package

चरण 3: Quantity An Package Eye Cover Hen Back Lenovo

चरण 4: Quantity An Package Back Eye Cover Hen Lenovo

चरण 5: Quantity An Package Back Lenovo Eye Cover Hen

चरण 6: Quantity An Package Back Lenovo Cover Eye Hen

चरण 7: Quantity An Package Back Lenovo Cover Hen Eye

चरण 7 अंतिम चरण है। उपरोक्त चरणों में अनुसरित नियमो के अनुसार दिए गए इनपुट के लिए उपयुक्त चरण पता लगाइए |

इनपुट: Jack Mango Cat All Nose Base Use Zoo

Q.26 दिए गए इनपुट के चरण 3 में 'Jack' और 'Cat' के ठीक बीच कौन सा तत्व आता है?

A. Mango
B. Zoo
C. Use
D. All
E. Nose

Q.27 दिए गए इनपुट का अंतिम चरण क्या है?

A. Zoo Jack Mango Cat All Nose Base Use
B. Zoo All Use Base Nose Jack Mango Cat
C. Zoo All Use Base Nose Cat Mango Jack
D. Zoo All Jack Mango Cat Nose Base Jack
E. इनमें से कोई नहीं

Q.28 निम्न में से कौन सा चरण 4 के दाएं छोर से चौथा तत्व है?

A. All
B. Zoo
C. Jack
D. Nose
E. इनमें से कोई नहीं

Q.29 निम्नलिखित आउटपुट किस चरण संख्या में होगा?

Zoo All Use Base Nose Cat Jack Mango

A. चरण 3
B. चरण 6
C. चरण 7
D. चरण 4
E. चरण 1

Q.30 निम्नलिखित में से कौन सा कथन सही है?

A. 'Mango' चरण 6 में दाएं से दूसरा है।
B. दिए गए इनपुट के लिए केवल 9 चरण हैं।
C. चरण 5 में 'base', 'use' और 'nose' के ठीक बीच में है।
D. चरण 4 में 'jack' बाएँ छोर से चौथा है।
E. इनमें से कोई नहीं

// स्मार्ट उत्तर पुस्तिका //

सही उत्तर — उन छात्रों के प्रतिशत को इंगित करता है जिन्होंने प्रश्नों का सही उत्तर दिया था।

छोड़ दिया — उन छात्रों के प्रतिशत को इंगित करता है जिन्होंने प्रश्नों को छोड़ दिया था।

प्रश्न संख्या	उत्तर	सही उत्तर	छोड़ दिया
1	B	12.42 %	78.26 %
2	B	18.19 %	76.6 %
3	A	21.25 %	69.09 %
4	D	27.66 %	67.52 %
5	D	17.19 %	68.89 %
6	C	22.01 %	69.78 %
7	B	64.39 %	32.44 %
8	A	49.96 %	49.53 %
9	A	20.92 %	69.15 %
10	C	49.33 %	36.12 %
11	B	45.56 %	45.76 %
12	A	63.42 %	34.68 %
13	C	66.45 %	31.39 %
14	D	44.34 %	42.7 %
15	B	46.87 %	39.99 %
16	D	10.26 %	86.53 %
17	E	27.79 %	67.14 %
18	E	27.1 %	69.44 %
19	C	32.0 %	67.82 %
20	E	24.79 %	68.55 %
21	E	28.94 %	70.14 %
22	D	65.42 %	30.11 %
23	A	68.35 %	31.55 %
24	B	47.14 %	38.77 %
25	C	69.84 %	30.09 %
26	A	68.24 %	31.26 %
27	C	43.41 %	35.3 %
28	C	68.36 %	31.36 %
29	B	65.84 %	32.27 %
30	C	46.39 %	31.05 %

कार्य विश्लेषण	
औसत अंक (%)	60.0%
टॉपर्स स्कोर (%)	60.0%
आपका स्कोर	

//संकेत और समाधान//

Ques (1-5):तर्क:

दिए गए प्रश्न में निम्न स्वरुप का पालन किया गया है:

चरण I: सबसे छोटी संख्या को अनुक्रम में चरम बाएँ स्थान से पहले स्थान पर व्यवस्थित किया गया है।

चरण II: अधिकतम संख्या को अनुक्रम में चरम दाएँ स्थान से अंतिम स्थान तक आगे बढ़ा दिया गया है।

उसी प्रकार, न्यूनतम संख्याओं को दाएँ सिरे पर व्यवस्थित किया गया है और अधिकतम संख्याओं को बाएँ सिरे पर व्यवस्थित किया गया है।

1. अंतिम स्थिति वह स्थिति है जिसमें सभी संख्याओं को आरोही क्रम में व्यवस्थित किया गया है।

अब दिया गया इनपुट 55 176 29 82 119 36 11 49 है।

चरण I: 11 55 176 29 82 119 36 49

चरण II: 11 55 29 82 119 36 49 176

चरण III: 11 29 55 82 119 36 49 176

इसलिए, '11 29 55 82 119 36 49 176' सही अनुक्रम है।

अतः विकल्प (B) सही है।

2. अंतिम स्थिति वह स्थिति है जिसमें सभी संख्याओं को आरोही क्रम में व्यवस्थित किया गया है।

अब दिया गया इनपुट 55 176 29 82 119 36 11 49 है।

चरण I: 11 55 176 29 82 119 36 49

चरण II: 11 55 29 82 119 36 49 176

चरण III: 11 29 55 82 119 36 49 176

इस प्रकार, '11 29 55 82 119 36 49 176' सही अनुक्रम है।

अत: सही विकल्प (B) है।

3. अंतिम स्थिति वह स्थिति है जिसमें सभी संख्याओं को आरोही क्रम में व्यवस्थित किया गया है।

अतः विकल्प (A) सही है।

4. अंतिम स्थिति वह स्थिति है जिसमें सभी संख्याओं को आरोही क्रम में व्यवस्थित किया गया है।

अब दिया गया इनपुट 116 85 66 50 73 39 146 25 112 79 है।

चरण 1: 25 116 85 66 50 73 39 146 112 79

चरण 2: 25 116 85 66 50 73 39 112 79 146

चरण 3: 25 39 116 85 66 50 73 112 79 146

चरण 4: 25 39 85 66 50 73 112 79 116 146

चरण 5: 25 39 50 85 66 73 112 79 116 146

चरण 6: 25 39 50 85 66 73 79 112 116 146

चरण 7: 25 39 50 66 85 73 79 112 116 146

चरण 8: 25 39 50 66 73 79 85 112 116 146

इसलिए, अंतिम व्यवस्था के लिए आठ चरण आवश्यक हैं।

अतः विकल्प (D) सही है।

5. अंतिम स्थिति वह स्थिति है जिसमें सभी संख्याओं को आरोही क्रम में व्यवस्थित किया गया है।

अब दिया गया इनपुट 17 32 43 82 69 93 49 56 99 106 है।

चरण 1: 17 32 43 49 82 69 93 56 99 106

चरण 2: 17 32 43 49 82 69 56 93 99 106

चरण 3: 17 32 43 49 56 82 69 93 99 106

चरण 4: 17 32 43 49 56 69 82 93 99 106

इसलिए, संख्या 56 दाएँ सिरे से छठे स्थान पर है।

अतः विकल्प (D) सही है।

Ques (6-10):दिए गए उदाहरण में-

एक शब्द और संख्या एक साथ व्यवस्थित है।

सभी शब्द बाईं ओर व्यवस्थित हैं अर्थात् शुरुआत में और संख्याएं दाईं ओर व्यवस्थित हैं अर्थात् अंत में।

i. शब्दकोश के अनुसार पहला शब्द पहले चरण में व्यवस्थित है अर्थात् पंक्ति की शुरुआत में (बायें छोर पर) न्यूनतम संख्या दाईं छोर पर व्यवस्थित है अर्थात् पंक्ति के अंत में।

ii. शब्दकोश के अनुसार अगले शब्द को पिछले व्यवस्थित शब्द से पहले व्यवस्थित किया जाता है अर्थात् बाएं छोर पर और निम्नतम संख्या को पिछले व्यवस्थित शब्द के बाएं व्यवस्थित किया आता है अर्थात् अंत से दूसरा।

iii. इसी प्रक्रिया का पालन करना है।

इनपुट: height math 23 98 11 ugly and 54 owl 20 67 queen fish 32

चरण I: and height math 23 98 ugly 54 owl 20 67 queen fish 32 11

चरण II: fish and height math 23 98 ugly 54 owl 67 queen 32 20 11

चरण III: height fish and math 98 ugly 54 owl 67 queen 32 23 20 11

चरण IV: math height fish and 98 ugly owl 67 queen 54 32 23 20 11

चरण V: owl math height fish and 98 ugly queen 67 54 32 23 20 11

चरण VI: queen owl math height fish and ugly 98 67 54 32 23 20 11

चरण VII: ugly queen owl math height fish and 98 67 54 32 23 20 11

6. तो, चरण VII अंतिम चरण है।

इसलिए, चरण V में "height" का स्थान दायीं ओर से बाहरवां है।

अतः विकल्प (C) सही है।

7. तो, चरण VII अंतिम चरण है।

अतः विकल्प (B) सही है।

8. तो, चरण VII अंतिम चरण है।

इसलिए, चरण III में "98" का स्थान बाईं ओर से पांचवा है।

अतः विकल्प (A) सही है।

9. तो, चरण VII अंतिम चरण है।

इसलिए, "math height fish and 98 ugly owl 67 queen 54 32 23 20 11" चौथा चरण है।

अतः विकल्प (A) सही है।

10. तो, चरण VII अंतिम चरण है।

तो, अंतिम चरण में fish बाईं ओर से छठवां है।

अतः विकल्प (C) सही है।

Ques (11-15):यहाँ अनुसरण तर्क निम्न प्रकार है,

1) पुनर्व्यवस्था बाएं से दायीं ओर होती है।

2) शब्दों को विपरीत वर्णमाला क्रम में व्यवस्थित किया जाता है।

3) प्रत्येक चरण में अगले शब्द को पिछले व्यवस्थित शब्द के बाद रखा जाता है।

इनपुट: Broom Windex Detergent Towel Napkin Curd

चरण 1: Windex Broom Detergent Towel Napkin Curd

चरण 2: Windex Towel Broom Detergent Napkin Curd

चरण 3: Windex Towel Napkin Broom Detergent Curd

चरण 4: Windex Towel Napkin Detergent Broom Curd

चरण 5: Windex Towel Napkin Detergent Curd Broom

11. इसलिए, 'Windex Towel Broom Detergent Napkin Curd' दूसरा चरण है।

अतः विकल्प (B) सही है।

12. इसलिए, अंतिम से ठीक पहले वाले चरण में "Towel" और "Detergent" के बीच एक शब्द है।

अतः विकल्प (A) सही है।

13. इसलिए, अंतिम से दूसरे चरण में "Napkin" और "Broom" के ठीक बीच में "Detergent" आता है।

अतः विकल्प (C) सही है।

14. इसलिए, अंतिम चरण में दायें से पांचवां पद "Towel" है।

अतः विकल्प (D) सही है।

15. इसलिए, दिए गए इनपुट का अंतिम आउटपुट "Windex Towel Napkin Detergent Curd Broom" है।

अतः विकल्प (B) सही है।

Ques (16-20):दिए गए उदाहरण में:

1) चरण I में बाएँ से दाएँ अंग्रेजी वर्णमाला श्रृंखला के अनुसार सभी शब्दों को आरोही क्रम में व्यवस्थित किया गया है।

2) चरण II में शब्द नीचे दर्शाये गए प्रारूप के अनुसार परिवर्तित होते हैं।

a) (अक्षरों की संख्या) 2 से गुणा किया गया → पहली संख्या

b) बाएँ छोर से दूसरा अक्षर → मध्य संख्या

c) पहले अक्षर का स्थानीय मान → अंतिम संख्या

3) चरण III में दो संख्याओं को जोड़ा गया है और अक्षर को दो से बढ़ाया गया है।

4) चरण IV में पहला अक्षर वह अक्षर है जो अंग्रेजी वर्णमाला श्रृंखला में उसी स्थान पर है जितने चरण III में संख्या हैं।

5) चरण IV में अक्षरों के बीच अंतर लिया गया है और प्राप्त संख्या को अंग्रेजी वर्णमाला श्रृंखला के अनुसार वर्णमाला अक्षर निर्दिष्ट किया गया है।

समान चरण का अनुसरण दिए गए इनपुट के लिए किया गया है;

INPUT: Clean clams crammed in clean cans.

Step I: Cans Clams Clean Clean Crammed In

Step II: 8A3 10L3 10L3 10L3 14R3 4N9

Step III: 11C 13N 13N 13N 17T 13P

Step IV: KC MN MN MN QT MP

Step V: H A A A C C

चरण V अंतिम चरण है।

16. इस प्रकार, पद '17T' चरण III में मौजूद है।

अतः विकल्प (D) सही है।

17. चरण IV में QT और MN एक साथ आते हैं।

इस प्रकार, "उपरोक्त में से कोई नहीं" सही उत्तर है।

अतः विकल्प (E) सही है।

18. इस प्रकार, चरण IV का अंतिम पद "MP" है।

अतः विकल्प (E) सही है।

19. उपरोक्त चरणों से दिए गए इनपुट का अंतिम चरण "H A A A C C" है।

अतः विकल्प (C) सही है।

20. इस प्रकार, वह पद जो चरण III में दाएँ छोर से दूसरे स्थान पर है, "17T" है।

अतः विकल्प (E) सही है।

Ques (21-25):दिए गए उदाहरण में,

चरण 1 में: हम बाएं छोर से वर्णमाला क्रम के अनुसार सबसे छोटे शब्द और दायें छोर से सबसे छोटी संख्या की व्यवस्था करते हैं। सभी शब्दों से एक एक अक्षर हटाकर शब्द लिखे गए हैं।

चरण 2 में, हम वर्णमाला के क्रम के अनुसार सबसे छोटे शब्द के जोड़े की व्यवस्था करते हैं, जिसके बाद सबसे छोटी संख्या बाएं से दाएं होती है

चरण 3 में, पहले से व्यवस्थित जोड़ी के दाईं ओर वर्णमाला के क्रम के अनुसार सबसे छोटे शब्द की अगली जोड़ी उसके बाद अगली छोटी संख्या व्यवस्थित की जाती है। प्रत्येक शब्द से एक अक्षर हटा दिया जाता है।

चरण 4 में, चरण 3 को तब तक दोहराया जाता है जब तक एक अक्षर शब्द नहीं पहुंच जाता।

अब दिया गया इनपुट है:

इनपुट: 20 Rational Trader Particle 41 29 87 Helmet

चरण 1: Helme Rationa Trade Particl 41 29 87 20

चरण 2: Helme 20 Rationa Trade Particl 41 29 87

चरण 3: Helm 20 Partic 29 Ration Trad 41 87

चरण 4: Hel 20 Parti 29 Ratio 41 Tra 87

चरण 5: He 20 Part 29 Rati 41 Tr 87

चरण 6: H 20 Par 29 Rat 41 T 87

21. इसलिए, 'He' चरण 5 में व्यवस्था में बाएं छोर पर है।

अतः विकल्प (E) सही है।

22. चरण 4 में दायें छोर से चौथा 'Ratio' और 'Ratio' के दायें दूसरे स्थान पर 'Tra' है।

अतः विकल्प (D) सही है।

23. इसलिए, समान तरीके का अनुसरण करते हुए, 41, 87 से संबंधित होगा।

अतः विकल्प (A) सही है।

24. इसलिए, चरण 6 पुनर्व्यवस्था का अंतिम चरण है।

अतः विकल्प (B) सही है।

25. इसलिए, "Helm 20 Partic 29 Ration Trad 41 87" पुनर्व्यवस्था का चरण 3 है।

अतः विकल्प (C) सही है।

Ques (26-30):निम्नलिखित तर्क निम्नानुसार है,

चरण 1 में वर्ण को उल्टे क्रम में (Z → A) बाएँ छोर पर व्यवस्थित किया जाता है, फिर चरण II में सबसे निचले अक्षर से शुरू होने वाले शब्द A → Z को पिछले चरण में व्यवस्थित किए गए शब्द के दाएं व्यवस्थित किया जाता है और इस प्रक्रिया को अंत तक दोहराया जाता है ।

दिए गए इनपुट पर समान नियम लागू करने पर हम प्राप्त करते हैं,

इनपुट: Jack Mango Cat All Nose Base Use Zoo

चरण 1: Zoo Jack Mango Cat All Nose Base Use

चरण 2: Zoo All Jack Mango Cat Nose Base Use

चरण 3: Zoo All Use Jack Mango Cat Nose Base

चरण 4: Zoo All Use Base Jack Mango Cat Nose

चरण 5: Zoo All Use Base Nose Jack Mango Cat

चरण 6: Zoo All Use Base Nose Cat Jack Mango

चरण 7: Zoo All Use Base Nose Cat Mango Jack

26. 'Mango' शब्द दिए गए इनपुट के चरण 3 में 'Jack' और 'Cat' शब्द के बीच में है।

अतः विकल्प (A) सही है।

27. दिए गए इनपुट का चरण 3 'Zoo All Use Jack Mango Cat Nose Base' है।

अतः विकल्प (C) सही है।

28. चरण 4 के दाएं छोर से चौथा तत्व Jack है।

अतः विकल्प (C) सही है।

29. चरण 6 दिए गए इनपुट का सही आउटपुट है।

अतः विकल्प (B) सही है।

30. चरण 5 में, 'base', 'use' और 'nose' के ठीक बीच में है।

अतः विकल्प (C) सही है।

तर्कशक्ति अभियोग्यता टेस्ट 16

Ques (1-21):निर्देश: निम्नलिखित प्रत्येक प्रश्न में एक प्रश्न के नीचे दो कथन क्रमांक I और II दिए गए हैं। आपको निर्धारित करना है कि कथनों में दिया गया डेटा प्रश्न का उत्तर देने के लिए पर्याप्त है या नहीं।

Q.1 एक 7 अक्षर का अर्थपूर्ण अंग्रेजी शब्द कहीं लिखा है। उस शब्द का ठीक मध्य का अक्षर ज्ञात कीजिए?

कथन I: शब्द में तीन अलग-अलग स्वर हैं और शब्द का तीसरा और सातवां अक्षर समान है। शब्द 'N' के साथ समाप्त होता है। T किसी एक स्वर के निकट है।

कथन II: शब्द 'C' से शुरू होता है। प्रयुक्त स्वरों में से एक 'O' है और बाएं छोर से दूसरे स्थान पर रखा गया है। T, A के निकट है।

A. यदि केवल कथन I में दिया गया डेटा प्रश्न का उत्तर देने के लिए पर्याप्त है, जबकि केवल कथन II में दिया गया डेटा प्रश्न का उत्तर देने के लिए पर्याप्त नहीं है।

B. यदि केवल कथन II में दिया गया डेटा प्रश्न का उत्तर देने के लिए पर्याप्त है, जबकि केवल कथन I में दिया गया डेटा प्रश्न का उत्तर देने के लिए पर्याप्त नहीं है।

C. यदि केवल कथन I या केवल कथन II प्रश्न का उत्तर देने के लिए पर्याप्त है।

D. यदि कथन I और II दोनों का डेटा एक साथ प्रश्न का उत्तर देने के लिए पर्याप्त नहीं है।

E. यदि कथन I और II दोनों का डेटा एक साथ प्रश्न का उत्तर देने के लिए पर्याप्त है।

Q.2 पांच व्यक्ति - माही, कोना, रामू, देवा और जीत, प्रत्येक का अलग-अलग वजन है। इन व्यक्तियों में से सबसे भारी कौन है?

कथन I: कोना से केवल दो व्यक्ति भारी हैं जो जीत और देवा से भारी हैं।

कथन II: रामू, जो सबसे हल्का नहीं है, कोना और देवा से भारी है, लेकिन माही से नहीं।

A. यदि केवल कथन I में दिया गया डेटा प्रश्न का उत्तर देने के लिए पर्याप्त है, जबकि केवल कथन II में दिया गया डेटा प्रश्न का उत्तर देने के लिए पर्याप्त नहीं है।

B. यदि केवल कथन II में दिया गया डेटा प्रश्न का उत्तर देने के लिए पर्याप्त है, जबकि केवल कथन I में दिया गया डेटा प्रश्न का उत्तर देने के लिए पर्याप्त नहीं है।

C. यदि केवल कथन I या केवल कथन II प्रश्न का उत्तर देने के लिए पर्याप्त है।

D. यदि कथन I और II दोनों का डेटा एक साथ प्रश्न का उत्तर देने के लिए पर्याप्त नहीं है।

E. यदि कथन I और II दोनों का डेटा प्रश्न का उत्तर देने के लिए पर्याप्त हैं।

Q.3 चार व्यक्ति - अर्नव, अब्दुल, अफजल और आजम, एक सीधी रेखा में दक्षिण की ओर मुख करके बैठे हैं, तो अर्नव के आसन्न कौन बैठा है?

कथन I: अर्नव, आजम के बगल में नहीं बैठा है, जो अंतिम दायें नहीं बैठा है।

कथन II: अर्नव के दायीं ओर और अब्दुल के बायीं ओर कोई नहीं बैठा है, जबकि अफजल और अब्दुल के बीच केवल एक व्यक्ति बैठा है।

A. यदि केवल कथन I में दिया गया डेटा प्रश्न का उत्तर देने के लिए पर्याप्त है, जबकि केवल कथन II में दिया गया डेटा प्रश्न का उत्तर देने के लिए पर्याप्त नहीं है।

B. यदि केवल कथन II में दिया गया डेटा प्रश्न का उत्तर देने के लिए पर्याप्त है, जबकि केवल कथन I में दिया गया डेटा प्रश्न का उत्तर देने के लिए पर्याप्त नहीं है।

C. यदि केवल कथन I या केवल कथन II प्रश्न का उत्तर देने के लिए पर्याप्त है।

D. यदि कथन I और II दोनों का डेटा एक साथ प्रश्न का उत्तर देने के लिए पर्याप्त नहीं है।

E. यदि कथन I और II दोनों का डेटा प्रश्न का उत्तर देने के लिए पर्याप्त हैं।

Q.4 छह व्यक्ति - P, Q, R, S, T और U, प्रत्येक अलग-अलग राशि अर्जित करता है। सबसे ज्यादा कौन कमाता है?

कथन I: R केवल दो व्यक्तियों से अधिक कमाता है। Q, P से अधिक कमाता है लेकिन अधिकतम नहीं। T केवल U से अधिक कमाता है।

कथन II: P केवल दो व्यक्तियों से कम कमाता है। T, U से अधिक लेकिन R से कम कमाता है। R, P से कम कमाता है। Q, S से कम कमाता है।

A. यदि केवल कथन I में दिया गया डेटा प्रश्न का उत्तर देने के लिए पर्याप्त है, जबकि केवल कथन II में दिया गया डेटा प्रश्न का उत्तर देने के लिए पर्याप्त नहीं है।

B. यदि केवल कथन II में दिया गया डेटा प्रश्न का उत्तर देने के लिए पर्याप्त है, जबकि केवल कथन I में दिया गया डेटा प्रश्न का उत्तर देने के लिए पर्याप्त नहीं है।

C. यदि केवल कथन I या केवल कथन II प्रश्न का उत्तर देने के लिए पर्याप्त है।

D. यदि कथन I और II दोनों का डेटा एक साथ प्रश्न का उत्तर देने के लिए पर्याप्त नहीं है।

E. यदि कथन I और II दोनों का डेटा प्रश्न का उत्तर देने के लिए पर्याप्त हैं।

Q.5 उत्तर की ओर उन्मुख पच्चीस व्यक्तियों की एक सीधी रेखा में देव और हान के बीच कितने व्यक्ति बैठे हैं?

कथन I: एना पंक्ति के अंतिम बाएं छोर पर बैठी है। एना और हान के बीच केवल छह व्यक्ति बैठे हैं। हान और पाल के बीच केवल दस व्यक्ति बैठे हैं। पाल और देव के बीच केवल चार व्यक्ति बैठे हैं।

कथन II: मिया पंक्ति के ठीक बीच में बैठी है। राम और मिया के बीच केवल तीन व्यक्ति बैठे हैं। राम और देव के बीच केवल छह व्यक्ति बैठे हैं। राम देव के बाएं बैठा है। हान, मिया के बाएं से चौथे स्थान पर बैठा है।

A. यदि केवल कथन I में दिया गया डेटा प्रश्न का उत्तर देने के लिए पर्याप्त है, जबकि केवल कथन II में दिया गया डेटा प्रश्न का उत्तर देने के लिए पर्याप्त नहीं है।

B. यदि केवल कथन II में दिया गया डेटा प्रश्न का उत्तर देने के लिए पर्याप्त है, जबकि केवल कथन I में दिया गया डेटा प्रश्न का उत्तर देने के लिए पर्याप्त नहीं है।

C. यदि केवल कथन I या केवल कथन II प्रश्न का उत्तर देने के लिए पर्याप्त है।

D. यदि कथन I और II दोनों का डेटा एक साथ प्रश्न का उत्तर देने के लिए पर्याप्त नहीं है।

E. यदि कथन I और II दोनों का डेटा प्रश्न का उत्तर देने के लिए पर्याप्त हैं।

Q.6 मोना, शेट्टी से कैसे संबंधित है?

कथन I: मोना, जय की माँ है। बाबू की शादी एलन से हुई है। शेट्टी बाबू की बेटी हैं। एलन, जय का भाई है।

कथन II: मोना की शादी विदा से हुई है। विदा, जय का पिता है। जय की शादी कालू से हुई है। जय, शेट्टी के चाचा हैं।

A. यदि केवल कथन I में दिया गया डेटा प्रश्न का उत्तर देने के लिए पर्याप्त है, जबकि केवल कथन II में दिया गया डेटा प्रश्न का उत्तर देने के लिए पर्याप्त नहीं है।

B. यदि केवल कथन II में दिया गया डेटा प्रश्न का उत्तर देने के लिए पर्याप्त है, जबकि केवल कथन I में दिया गया डेटा प्रश्न का उत्तर देने के लिए पर्याप्त नहीं है।

C. यदि केवल कथन I या केवल कथन II प्रश्न का उत्तर देने के लिए पर्याप्त है।

D. यदि कथन I और II दोनों का डेटा एक साथ प्रश्न का उत्तर देने के लिए पर्याप्त नहीं है।

E. यदि कथन I और II दोनों का डेटा प्रश्न का उत्तर देने के लिए पर्याप्त हैं।

Q.7 पांच व्यक्ति - अंकित, अनंत, अंकुर, अनूप और अनवर, प्रत्येक अलग-अलग राशि कमाता है। इनमें से कौन दूसरा सबसे ज्यादा कमाता है?

कथन I: केवल अंकुर, अनंत से अधिक कमाता है।

कथन II: अनूप और अनवर अंकित से कम कमाते हैं।

A. यदि केवल कथन I में दिया गया डेटा प्रश्न का उत्तर देने के लिए पर्याप्त है, जबकि केवल कथन II में दिया गया डेटा प्रश्न का उत्तर देने के लिए पर्याप्त नहीं है।
B. यदि केवल कथन II में दिया गया डेटा प्रश्न का उत्तर देने के लिए पर्याप्त है, जबकि केवल कथन I में दिया गया डेटा प्रश्न का उत्तर देने के लिए पर्याप्त नहीं है।
C. यदि केवल कथन I या केवल कथन II प्रश्न का उत्तर देने के लिए पर्याप्त है।
D. यदि कथन I और II दोनों का डेटा एक साथ प्रश्न का उत्तर देने के लिए पर्याप्त नहीं है।
E. यदि कथन I और II दोनों का डेटा प्रश्न का उत्तर देने के लिए पर्याप्त हैं।

Q.8 एक निश्चित संख्या में व्यक्ति उत्तर की ओर मुख करके एक पंक्ति में बैठे हैं, तो पंक्ति में कितने व्यक्ति हैं?

कथन I: मनोज पंक्ति के बाएं छोर से 10वें और दीपक के बाएं छोर से छठे स्थान पर है।

कथन II: प्रकाश पंक्ति के दाएं छोर से 14वां और दीपक के दाएं से 8वां है।

A. यदि केवल कथन I में दिया गया डेटा प्रश्न का उत्तर देने के लिए पर्याप्त है, जबकि केवल कथन II में दिया गया डेटा प्रश्न का उत्तर देने के लिए पर्याप्त नहीं है।
B. यदि केवल कथन II में दिया गया डेटा प्रश्न का उत्तर देने के लिए पर्याप्त है, जबकि केवल कथन I में दिया गया डेटा प्रश्न का उत्तर देने के लिए पर्याप्त नहीं है।
C. यदि केवल कथन I या केवल कथन II प्रश्न का उत्तर देने के लिए पर्याप्त है।
D. यदि कथन I और II दोनों का डेटा एक साथ प्रश्न का उत्तर देने के लिए पर्याप्त नहीं है।
E. यदि कथन I और II दोनों का डेटा प्रश्न का उत्तर देने के लिए पर्याप्त हैं।

Q.9 दी गई कूट भाषा में 'party' का कूट क्या है?

कथन I: उसी कूट भाषा में 'party was great' को 'ar jv cu' के रूप में और 'that was great' को 'dt jv cu' के रूप में कोडित किया गया है।

कथन II: उसी कूट भाषा में 'how was the party' को 'ft pd ar lv' और 'when did party start' को 'kl aj rc ar' के रूप में कोडित किया गया है।

A. यदि केवल कथन I में दिया गया डेटा प्रश्न का उत्तर देने के लिए पर्याप्त है, जबकि केवल कथन II में दिया गया डेटा प्रश्न का उत्तर देने के लिए पर्याप्त नहीं है।
B. यदि केवल कथन II में दिया गया डेटा प्रश्न का उत्तर देने के लिए पर्याप्त है, जबकि केवल कथन I में दिया गया डेटा प्रश्न का उत्तर देने के लिए पर्याप्त नहीं है।
C. यदि केवल कथन I या केवल कथन II प्रश्न का उत्तर देने के लिए पर्याप्त है।
D. यदि कथन I और II दोनों का डेटा एक साथ प्रश्न का उत्तर देने के लिए पर्याप्त नहीं है।
E. यदि कथन I और II दोनों का डेटा प्रश्न का उत्तर देने के लिए पर्याप्त हैं।

Q.10 टीना, अनु से किस प्रकार संबंधित है?

कथन I: अनु, जय की पत्नी है। अनु और विनी, देव की इकलौती संतान हैं। पाल, जय की इकलौती पुत्री है। टीना, देव की पोती है।

कथन II: पाल का विवाह सिया से हुआ है। अनु, सिया की सास है। अनु, देव और रॉय की इकलौती बेटी है। टीना, देव की पोती हैं।

A. यदि केवल कथन I में दिया गया डेटा प्रश्न का उत्तर देने के लिए पर्याप्त है, जबकि केवल कथन II में दिया गया डेटा प्रश्न का उत्तर देने के लिए पर्याप्त नहीं है।
B. यदि केवल कथन II में दिया गया डेटा प्रश्न का उत्तर देने के लिए पर्याप्त है, जबकि केवल कथन I में दिया गया डेटा प्रश्न का उत्तर देने के लिए पर्याप्त नहीं है।
C. यदि केवल कथन I या केवल कथन II प्रश्न का उत्तर देने के लिए पर्याप्त है।
D. यदि कथन I और II दोनों का डेटा एक साथ प्रश्न का उत्तर देने के लिए पर्याप्त नहीं है।
E. यदि कथन I और II दोनों का डेटा प्रश्न का उत्तर देने के लिए पर्याप्त हैं।

Q.11 छह व्यक्तियों - J, K, L, M, N और O ने एक परीक्षा में अलग-अलग अंक प्राप्त किए। इनमें से किस व्यक्ति ने उच्चतम अंक प्राप्त किए?

कथन I: M ने J और O से अधिक लेकिन K से कम अंक प्राप्त किए। N ने M से अधिक अंक प्राप्त किए लेकिन उच्चतम अंक नहीं प्राप्त किए। K ने उच्चतम अंक नहीं प्राप्त किए।

कथन II: K ने केवल 2 व्यक्तियों से कम अंक प्राप्त किए। J ने M और K से कम लेकिन O से अधिक अंक प्राप्त किए। N ने J से अधिक अंक प्राप्त किए।

A. यदि केवल कथन I में दिया गया डेटा प्रश्न का उत्तर देने के लिए पर्याप्त है, जबकि केवल कथन II में दिया गया डेटा प्रश्न का उत्तर देने के लिए पर्याप्त नहीं है।
B. यदि केवल कथन II में दिया गया डेटा प्रश्न का उत्तर देने के लिए पर्याप्त है, जबकि केवल कथन I में दिया गया डेटा प्रश्न का उत्तर देने के लिए पर्याप्त नहीं है।
C. यदि केवल कथन I या केवल कथन II प्रश्न का उत्तर देने के लिए पर्याप्त है।
D. यदि कथन I और II दोनों का डेटा एक साथ प्रश्न का उत्तर देने के लिए पर्याप्त नहीं है।
E. यदि कथन I और II दोनों का डेटा प्रश्न का उत्तर देने के लिए पर्याप्त हैं।

Q.12 मोना की माँ की जन्मतिथि क्या है?

कथन I: मोना के पिता को याद है कि उनकी पत्नी का जन्मदिन 20 फरवरी के बाद और 23 फरवरी से पहले है।

कथन II: मोना के भाई को याद है कि उसकी माँ का जन्मदिन 21 के बाद लेकिन 25 फरवरी से पहले है।

A. यदि केवल कथन I में दिया गया डेटा प्रश्न का उत्तर देने के लिए पर्याप्त है, जबकि केवल कथन II में दिया गया डेटा प्रश्न का उत्तर देने के लिए पर्याप्त नहीं है।
B. यदि केवल कथन II में दिया गया डेटा प्रश्न का उत्तर देने के लिए पर्याप्त है, जबकि केवल कथन I में दिया गया डेटा प्रश्न का उत्तर देने के लिए पर्याप्त नहीं है।
C. यदि केवल कथन I या केवल कथन II प्रश्न का उत्तर देने के लिए पर्याप्त है।
D. यदि कथन I और II दोनों का डेटा एक साथ प्रश्न का उत्तर देने के लिए पर्याप्त नहीं है।
E. यदि कथन I और II दोनों का डेटा प्रश्न का उत्तर देने के लिए पर्याप्त हैं।

Q.13 P, K, J, R, S और T में सबसे बड़ा कौन है?

कथन I: R, P और J से बड़ा है। R, K से छोटा है। S, केवल T से बड़ा है।

कथन II: S, J से बड़ा है लेकिन P से छोटा है। T केवल R से बड़ा है। P सबसे बड़ा नहीं है।

A. यदि केवल कथन I में दिया गया डेटा प्रश्न का उत्तर देने के लिए पर्याप्त है, जबकि केवल कथन II में दिया गया डेटा प्रश्न का उत्तर देने के लिए पर्याप्त नहीं है।
B. यदि केवल कथन II में दिया गया डेटा प्रश्न का उत्तर देने के लिए पर्याप्त है, जबकि केवल कथन I में दिया गया डेटा प्रश्न का उत्तर देने के लिए पर्याप्त नहीं है।
C. यदि केवल कथन I या केवल कथन II प्रश्न का उत्तर देने के लिए पर्याप्त है।
D. यदि कथन I और II दोनों का डेटा एक साथ प्रश्न का उत्तर देने के लिए पर्याप्त नहीं है।
E. यदि कथन I और II दोनों का डेटा प्रश्न का उत्तर देने के लिए पर्याप्त हैं।

Q.14 एक कोड भाषा में 'pant' को कैसे लिखा जाता है?

कथन I: 'red pant shirt' को 'ke ne que' और 'shirt pant black' को 'ke joi ne' लिखा जाता है।

कथन II: 'red is play' को 'que yo pa' लिखा जाता है और 'red is pant play' को 'ke que pa yo' लिखा जाता है।

A. यदि केवल कथन I में दिया गया डेटा प्रश्न का उत्तर देने के लिए पर्याप्त है, जबकि केवल कथन II में दिया गया डेटा प्रश्न का उत्तर देने के लिए पर्याप्त नहीं है।

B. यदि केवल कथन II में दिया गया डेटा प्रश्न का उत्तर देने के लिए पर्याप्त है, जबकि केवल कथन I में दिया गया डेटा प्रश्न का उत्तर देने के लिए पर्याप्त नहीं है।

C. यदि केवल कथन I या केवल कथन II प्रश्न का उत्तर देने के लिए पर्याप्त है।

D. यदि कथन I और II दोनों का डेटा एक साथ प्रश्न का उत्तर देने के लिए पर्याप्त नहीं है।

E. यदि कथन I और II दोनों का डेटा प्रश्न का उत्तर देने के लिए पर्याप्त हैं।

Q.15 एक परिवार में सात सदस्य हैं - A, B, C, D, X, Y और Z इस तरह कि परिवार में तीन पीढ़ियां हैं और दो विवाहित जोड़े हैं। D, B से किस प्रकार संबंधित है?

कथन I: D, A का पोता है। Y, C की बहू है। B, C का पुत्र है, लेकिन Y से विवाहित नहीं है।

कथन II: Y, D का पिता है और C का पुत्र है। B, X का भाई है, जो A की पुत्री है।

A. यदि केवल कथन I में दिया गया डेटा प्रश्न का उत्तर देने के लिए पर्याप्त है, जबकि केवल कथन II में दिया गया डेटा प्रश्न का उत्तर देने के लिए पर्याप्त नहीं है।

B. यदि केवल कथन II में दिया गया डेटा प्रश्न का उत्तर देने के लिए पर्याप्त है, जबकि केवल कथन I में दिया गया डेटा प्रश्न का उत्तर देने के लिए पर्याप्त नहीं है।

C. यदि केवल कथन I या केवल कथन II प्रश्न का उत्तर देने के लिए पर्याप्त है।

D. यदि कथन I और II दोनों का डेटा एक साथ प्रश्न का उत्तर देने के लिए पर्याप्त नहीं है।

E. यदि कथन I और II दोनों का डेटा प्रश्न का उत्तर देने के लिए पर्याप्त हैं।

Q.16 छह मित्र - टीपू, तनु, तारा, टीना, तेजा और टीटू एक वृताकार मेज के चारो ओर केंद्र की ओर मुख करके बैठे हैं। तनु और टीना के बीच कितने व्यक्ति बैठे हैं?

कथन I: टीपू, तनु के दायें से तीसरे स्थान पर बैठा है। तारा, टीना के बायें से तीसरे स्थान पर बैठी है। तारा, टीपू के बगल में नहीं बैठी है।

कथन II: टीना के पास टीपू और टीटू उसके निकटतम पड़ोसी हैं। तारा, टीपू या टीटू का निकटतम पड़ोसी नहीं है।

A. यदि केवल कथन I में दिया गया डेटा प्रश्न का उत्तर देने के लिए पर्याप्त है, जबकि केवल कथन II में दिया गया डेटा प्रश्न का उत्तर देने के लिए पर्याप्त नहीं है।

B. यदि केवल कथन II में दिया गया डेटा प्रश्न का उत्तर देने के लिए पर्याप्त है, जबकि केवल कथन I में दिया गया डेटा प्रश्न का उत्तर देने के लिए पर्याप्त नहीं है।

C. यदि केवल कथन I या केवल कथन II प्रश्न का उत्तर देने के लिए पर्याप्त है।

D. यदि कथन I और II दोनों का डेटा एक साथ प्रश्न का उत्तर देने के लिए पर्याप्त नहीं है।

E. यदि कथन I और II दोनों का डेटा प्रश्न का उत्तर देने के लिए पर्याप्त हैं।

Q.17 पांच व्यक्तियों - A, B, C, D और E में से प्रत्येक की लंबाई अलग-अलग है, सबसे लंबा कौन है?

कथन I: B, C और D से लंबा है लेकिन E से छोटा है जो सबसे लंबा नहीं है।

कथन II: E, B और C से लंबा है लेकिन A से छोटा है।

A. यदि केवल कथन I में दिया गया डेटा प्रश्न का उत्तर देने के लिए पर्याप्त है, जबकि केवल कथन II में दिया गया डेटा प्रश्न का उत्तर देने के लिए पर्याप्त नहीं है।

B. यदि केवल कथन II में दिया गया डेटा प्रश्न का उत्तर देने के लिए पर्याप्त है, जबकि केवल कथन I में दिया गया डेटा प्रश्न का उत्तर देने के लिए पर्याप्त नहीं है।

C. यदि केवल कथन I या केवल कथन II प्रश्न का उत्तर देने के लिए पर्याप्त है।

D. यदि कथन I और II दोनों का डेटा एक साथ प्रश्न का उत्तर देने के लिए पर्याप्त नहीं है।

E. यदि कथन I और II दोनों का डेटा प्रश्न का उत्तर देने के लिए पर्याप्त हैं।

Q.18 पांच व्यक्ति - P, Q, X, Y और Z एक वृत्ताकार मेज के चारों ओर केंद्र की ओर उन्मुख होकर बैठे हैं। Q के ठीक बायें कौन बैठा है?

कथन I: P, Q के दायें से तीसरे स्थान पर बैठा है। X, P के दायें से तीसरे स्थान पर बैठा है।

कथन II: Q, X के ठीक बायें बैठा है, जो P के बायें से दूसरे स्थान पर बैठा है। Y, Q के आसन्न नहीं बैठा है।

A. यदि केवल कथन I में दिया गया डेटा प्रश्न का उत्तर देने के लिए पर्याप्त है, जबकि केवल कथन II में दिया गया डेटा प्रश्न का उत्तर देने के लिए पर्याप्त नहीं है।

B. यदि केवल कथन II में दिया गया डेटा प्रश्न का उत्तर देने के लिए पर्याप्त है, जबकि केवल कथन I में दिया गया डेटा प्रश्न का उत्तर देने के लिए पर्याप्त नहीं है।

C. यदि केवल कथन I या केवल कथन II प्रश्न का उत्तर देने के लिए पर्याप्त है।

D. यदि कथन I और II दोनों का डेटा एक साथ प्रश्न का उत्तर देने के लिए पर्याप्त नहीं है।

E. यदि कथन I और II दोनों का डेटा प्रश्न का उत्तर देने के लिए पर्याप्त हैं।

Q.19 5 मंजिला अपार्टमेंट में C की मंजिल संख्या क्या है?

कथन I: A की मंजिल, जो C के निकट है, E के ठीक नीचे है जो पाँचवीं मंजिल है।

कथन II: C की मंजिल, F की मंजिल के ठीक ऊपर है, जिसकी मंजिल, B के ठीक ऊपर है, जो कि पहली मंजिल है।

A. यदि केवल कथन I में दिया गया डेटा प्रश्न का उत्तर देने के लिए पर्याप्त है, जबकि केवल कथन II में दिया गया डेटा प्रश्न का उत्तर देने के लिए पर्याप्त नहीं है।

B. यदि केवल कथन II में दिया गया डेटा प्रश्न का उत्तर देने के लिए पर्याप्त है, जबकि केवल कथन I में दिया गया डेटा प्रश्न का उत्तर देने के लिए पर्याप्त नहीं है।

C. यदि केवल कथन I या केवल कथन II प्रश्न का उत्तर देने के लिए पर्याप्त है।

D. यदि कथन I और II दोनों का डेटा एक साथ प्रश्न का उत्तर देने के लिए पर्याप्त नहीं है।

E. यदि कथन I और II दोनों का डेटा प्रश्न का उत्तर देने के लिए पर्याप्त हैं।

Q.20 मीना किस दिन गोवा जाती है?

कथन I: मीना की बहन के अनुसार मीना मंगलवार के बाद और रविवार से पहले गोवा जाती है लेकिन वह गुरुवार को गोवा नहीं गई।

कथन II: मीना के पिता के अनुसार मीना सोमवार के बाद और शनिवार से पहले गोवा जाती है।

A. यदि केवल कथन I में दिया गया डेटा प्रश्न का उत्तर देने के लिए पर्याप्त है, जबकि केवल कथन II में दिया गया डेटा प्रश्न का उत्तर देने के लिए पर्याप्त नहीं है।

B. यदि केवल कथन II में दिया गया डेटा प्रश्न का उत्तर देने के लिए पर्याप्त है, जबकि केवल कथन I में दिया गया डेटा प्रश्न का उत्तर देने के लिए पर्याप्त नहीं है।

C. यदि केवल कथन I या केवल कथन II प्रश्न का उत्तर देने के लिए पर्याप्त है।

D. यदि कथन I और II दोनों का डेटा एक साथ प्रश्न का उत्तर देने के लिए पर्याप्त नहीं है।

E. यदि कथन I और II दोनों का डेटा प्रश्न का उत्तर देने के लिए पर्याप्त हैं।

Q.21 पंक्ति में कितने व्यक्ति हैं यदि उन सभी का मुख उत्तर की ओर है?

कथन I: P जो बाएं छोर से दसवां है, Q के बाएं से पांचवां है जो दाएं छोर से सोलहवां है।

कथन II: R, S के बाएं से सातवें स्थान पर है, जो दाएं छोर से ग्यारहवां और बाएं छोर से उन्नीसवां है।

A. यदि केवल कथन I में दिया गया डेटा प्रश्न का उत्तर देने के लिए पर्याप्त है, जबकि केवल कथन II में दिया गया डेटा प्रश्न का उत्तर देने के लिए पर्याप्त नहीं है।
B. यदि केवल कथन II में दिया गया डेटा प्रश्न का उत्तर देने के लिए पर्याप्त है, जबकि केवल कथन I में दिया गया डेटा प्रश्न का उत्तर देने के लिए पर्याप्त नहीं है।
C. यदि केवल कथन I या केवल कथन II प्रश्न का उत्तर देने के लिए पर्याप्त है।
D. यदि कथन I और II दोनों का डेटा एक साथ प्रश्न का उत्तर देने के लिए पर्याप्त नहीं है।
E. यदि कथन I और II दोनों का डेटा प्रश्न का उत्तर देने के लिए पर्याप्त हैं।

Ques (22-30):निर्देश: निम्नलिखित में एक प्रश्न और उसके नीचे दो कथन क्रमांक I और II दिए गए हैं। आपको यह तय करना है कि कथनों में दिया गया डेटा प्रश्न का उत्तर देने के लिए पर्याप्त है या नहीं।

Q.22 पुस्तक 1, पुस्तक 2, पुस्तक 3, पुस्तक 4, पुस्तक 5, पुस्तक 6 और पुस्तक 7 नामक 7 पुस्तकें अलग-अलग भार की हैं। दूसरी सबसे हल्की पुस्तक बताइये?

कथन I: पुस्तक 1, पुस्तक 4 से भारी है, जो पुस्तक 3 से हल्की है। पुस्तक 2 सबसे हल्की नहीं है। पुस्तक 5 पुस्तक 3 से भारी है।

कथन II: पुस्तक 3 केवल दो पुस्तकों से भारी है। पुस्तक 7, पुस्तक 1 से भारी है, जो पुस्तक 4 से भारी है। पुस्तक 4, पुस्तक 3 से हल्की है।

A. यदि केवल कथन I में दिया गया डेटा प्रश्न का उत्तर देने के लिए पर्याप्त है।
B. यदि केवल कथन II में दिया गया डेटा प्रश्न का उत्तर देने के लिए पर्याप्त है।
C. यदि केवल कथन I या केवल कथन II प्रश्न का उत्तर देने के लिए पर्याप्त है।
D. यदि कथन I और कथन II दोनों का डेटा प्रश्न का उत्तर देने के लिए पर्याप्त है।
E. यदि न तो कथन I और न ही कथन II में दिया गया डेटा प्रश्न का उत्तर देने के लिए पर्याप्त है।

Q.23 A से H तक के आठ व्यक्ति एक वृताकार मेज के चारो ओर केंद्र की ओर मुख करके बैठे हैं। B के सन्दर्भ में F का स्थान क्या है?

कथन I: E का मुख A की ओर है, जो D के बाएं से दूसरे स्थान पर है। G और B, A के निकटतम पड़ोसी हैं। F, H के आसन्न नहीं बैठा है।

कथन II: B और D आसन्न नहीं हैं। C, D के ठीक दाएं बैठा है। F, C से दो व्यक्तियों के अंतर पर बैठा है। H, B के बाएं से दूसरे स्थान पर है।

A. यदि केवल कथन I में दिया गया डेटा प्रश्न का उत्तर देने के लिए पर्याप्त है।
B. यदि केवल कथन II में दिया गया डेटा प्रश्न का उत्तर देने के लिए पर्याप्त है।
C. यदि केवल कथन I या केवल कथन II प्रश्न का उत्तर देने के लिए पर्याप्त है।
D. यदि कथन I और कथन II दोनों का डेटा प्रश्न का उत्तर देने के लिए पर्याप्त है।
E. यदि न तो कथन I और न ही कथन II में दिया गया डेटा प्रश्न का उत्तर देने के लिए पर्याप्त है।

Q.24 बिंदु D का पता लगाएं, बिंदु A से किस दिशा में है?

कथन I: बिंदु A, बिंदु B के पश्चिम में है, जो बिंदु D के उत्तर-पूर्व में है। बिंदु C, बिंदु D और बिंदु A के उत्तर में है। बिंदु A, बिंदु E और बिंदु C के मध्य में है।

कथन II: बिंदु B, बिंदु F के उत्तर में है, जो बिंदु E के पूर्व में है। बिंदु D, बिंदु B के पश्चिम में है। बिंदु A, बिंदु E के उत्तर में है।

A. यदि केवल कथन I में दिया गया डेटा प्रश्न का उत्तर देने के लिए पर्याप्त है।
B. यदि केवल कथन II में दिया गया डेटा प्रश्न का उत्तर देने के लिए पर्याप्त है।
C. यदि केवल कथन I या केवल कथन II प्रश्न का उत्तर देने के लिए पर्याप्त है।
D. यदि कथन I और कथन II दोनों का डेटा प्रश्न का उत्तर देने के लिए पर्याप्त है।
E. यदि न तो कथन I और न ही कथन II में दिया गया डेटा प्रश्न का उत्तर देने के लिए पर्याप्त है।

Q.25 एक कोड भाषा में कुछ शब्दों को निम्नलिखित तरीके से कोडित किया जाता है। "thick tree" के लिए कोड ज्ञात कीजिए?

कथन I : "tree old stem"को '26 84 15' के रूप में कोडित किया गया है और "stem stand thick" को '10 26 45' के रूप में कोड किया गया है।

कथन II: "thick old wine" को '13 84 10' के रूप में कोडित किया गया है और "tree old stand" को '15 45 84' के रूप में कोडित किया गया है।

A. यदि केवल कथन I में दिया गया डेटा प्रश्न का उत्तर देने के लिए पर्याप्त है।
B. यदि केवल कथन II में दिया गया डेटा प्रश्न का उत्तर देने के लिए पर्याप्त है।
C. यदि केवल कथन I या केवल कथन II प्रश्न का उत्तर देने के लिए पर्याप्त है।
D. यदि कथन I और कथन II दोनों का डेटा प्रश्न का उत्तर देने के लिए पर्याप्त है।
E. यदि न तो कथन I और न ही कथन II में दिया गया डेटा प्रश्न का उत्तर देने के लिए पर्याप्त है।

Q.26 एक शिक्षक ने ब्लैक बोर्ड पर अंग्रेजी का एक अर्थपूर्ण शब्द लिखा। 5 अक्षर वाले शब्द का ठीक मध्य का अक्षर ज्ञात कीजिए?

कथन I: शब्द का पहला और अंतिम अक्षर 'E' है। शब्द के दूसरे और चौथे अक्षर अंग्रेजी वर्णमाला श्रृंखला में क्रमागत अक्षर हैं। R, A के निकट है।

कथन II: पहला और अंतिम स्वर समान है। A और E के बीच केवल एक अक्षर रखा गया है। S, R के बाद लिखा गया है। स्वर विषम संख्या वाले स्थानों पर रखे गए हैं।

A. यदि केवल कथन I में दिया गया डेटा प्रश्न का उत्तर देने के लिए पर्याप्त है।
B. यदि केवल कथन II में दिया गया डेटा प्रश्न का उत्तर देने के लिए पर्याप्त है।
C. यदि केवल कथन I या केवल कथन II प्रश्न का उत्तर देने के लिए पर्याप्त है।
D. यदि कथन I और कथन II दोनों का डेटा प्रश्न का उत्तर देने के लिए पर्याप्त है।
E. यदि न तो कथन I और न ही कथन II में दिया गया डेटा प्रश्न का उत्तर देने के लिए पर्याप्त है।

Q.27 'season' शब्द को किस प्रकार कोडित किया गया है?

कथन I: 'season change by nature' को '4 8 12 9' के रूप में कोडित किया गया है और 'Change is law nature' को '5 12 24 4' के रूप में कोडित किया गया है।

कथन II: 'New season came today' को '7 9 51 35' के रूप में कोडित किया गया है और 'Today change came tomorrow' को '21 35 12 19' के रूप में कोडित किया गया है।

A. यदि केवल कथन I में दिया गया डेटा प्रश्न का उत्तर देने के लिए पर्याप्त है।
B. यदि केवल कथन II में दिया गया डेटा प्रश्न का उत्तर देने के लिए पर्याप्त है।
C. यदि कथन I और II में दिया गया डेटा प्रश्न का उत्तर देने के लिए पर्याप्त

है।

D. यदि कथन I और II में दिया गया डेटा प्रश्न का उत्तर देने के लिए पर्याप्त नहीं है।

E. यदि केवल कथन I या केवल कथन II प्रश्न का उत्तर देने के लिए पर्याप्त है।

Q.28 8 व्यक्ति अर्थात B, D, K, F, H, J, L और N एक रेखीय पंक्ति में उत्तर की ओर मुख करके खड़े हैं। यदि H और E के बीच व्यक्तियों की संख्या 2 है, तो दाएं छोर से H का स्थान क्या है?

कथन I : F, G के बाएं से दूसरे स्थान पर है, जो H के ठीक दाएं है। कोई भी व्यक्ति J और B के बीच में नहीं खड़ा है। B, E के बाएं दूसरा है।

कथन II: E, B के दाएं से तीसरे स्थान पर है। J, L का निकटतम पड़ोसी नहीं है। F और L आसन्न नहीं हैं। H, F के ठीक दाएं बैठा है।

A. यदि केवल कथन I में दिया गया डेटा प्रश्न का उत्तर देने के लिए पर्याप्त है।

B. यदि केवल कथन II में दिया गया डेटा प्रश्न का उत्तर देने के लिए पर्याप्त है।

C. यदि कथन I और II में दिया गया डेटा प्रश्न का उत्तर देने के लिए पर्याप्त है।

D. यदि कथन I और II में दिया गया डेटा प्रश्न का उत्तर देने के लिए पर्याप्त नहीं है।

E. यदि केवल कथन I या केवल कथन II प्रश्न का उत्तर देने के लिए पर्याप्त है।

Q.29 एक 7 मंजिल इमारत में जहां सबसे निचले मंजिल की संख्या 1 है और सबसे ऊपरी मंजिल की संख्या 7 है, मंजिल संख्या 5 पर कोई नहीं रहता है। A, B, C, D, E और F में से केवल एक व्यक्ति एक मंजिल पर रहता है। D की मंजिल संख्या और D और B की मंजिल संख्या के बीच का अंतर क्या है?

कथन I: D, C से दो मंजिलों के अंतर पर रहता है। B और E आसन्न मंजिलों पर रहते हैं जहां E, B के ऊपर है। केवल A, F के ऊपर रहता है, जो एक सम संख्या वाली मंजिल पर है।

कथन II: E रिक्त मंजिल से दो मंजिल नीचे रहता है। D और B की मंजिलों के बीच केवल एक मंजिल है। A, F के ठीक ऊपर रहता है। B, E के आसन्न है।

A. यदि केवल कथन I में दिया गया डेटा प्रश्न का उत्तर देने के लिए पर्याप्त है।

B. यदि केवल कथन II में दिया गया डेटा प्रश्न का उत्तर देने के लिए पर्याप्त है।

C. यदि कथन I और II में दिया गया डेटा प्रश्न का उत्तर देने के लिए पर्याप्त है।

D. यदि कथन I और II में दिया गया डेटा प्रश्न का उत्तर देने के लिए पर्याप्त नहीं है।

E. यदि केवल कथन I या केवल कथन II प्रश्न का उत्तर देने के लिए पर्याप्त है।

Q.30 A से G तक के 7 बॉक्स को उत्तर दिशा की ओर मुख करके एक रैखिक पंक्ति में (जरूरी नहीं कि इसी क्रम में) रखा गया है। इन बॉक्स में बॉल, पेन, पेपर और कैप जैसे वस्तुएँ होते हैं जैसे कि एक प्रकार की वस्तु दो बॉक्स में होती है। वस्तुओं में से केवल एक ही वस्तु बॉक्स में रख सकते है। यदि कैप वाले बॉक्स को पंक्ति के ठीक बीच में रखा जाता है तो बॉल वाले दोनों बॉक्स के बीच कितने बॉक्स रखे जाते हैं?

कथन I: बॉक्स C, जिसमें पेन है, बॉक्स F के दाएं से दूसरे स्थान पर रखा गया है। बॉक्स B में बॉल है और दाएं छोर से तीसरे स्थान पर है। बॉक्स E में न तो पेन है और न ही बॉक्स A के आसन्न रखा गया है, जिसमें कैप है। किसी अन्य बॉक्स में कैप नहीं है। बॉक्स G, उस बॉक्स के ठीक बाएं है जिसमें बॉल है।

कथन II: बॉक्स E उस बॉक्स के दाएं तीसरा है जिसमें कैप है। केवल बॉक्स A में कैप है। बॉक्स D, बॉक्स F के निकट है, जिसमें पेपर है। बॉक्स G को दाएं छोर से दूसरे स्थान पर रखा गया है और वह उस बॉक्स के निकट है जिसमें बॉल है। पेन वाला बॉक्स, कैप वाले बॉक्स के निकट है।

A. यदि केवल कथन I में दिया गया डेटा प्रश्न का उत्तर देने के लिए पर्याप्त है।

B. यदि केवल कथन II में दिया गया डेटा प्रश्न का उत्तर देने के लिए पर्याप्त है।

C. यदि कथन I और II में दिया गया डेटा प्रश्न का उत्तर देने के लिए आवश्यक है।

D. यदि कथन I और II में दिया गया डेटा प्रश्न का उत्तर देने के लिए पर्याप्त नहीं है।

E. यदि केवल कथन I या केवल कथन II प्रश्न का उत्तर देने के लिए पर्याप्त है।

// स्मार्ट उत्तर पुस्तिका //

सही उत्तर — उन छात्रों के प्रतिशत को इंगित करता है जिन्होंने प्रश्नों का सही उत्तर दिया था।

छोड़ दिया — उन छात्रों के प्रतिशत को इंगित करता है जिन्होंने प्रश्नों को छोड़ दिया था।

प्रश्न संख्या	उत्तर	सही उत्तर	छोड़ दिया
1	E	66.9 %	31.59 %
2	E	61.84 %	37.83 %
3	B	55.26 %	35.19 %
4	C	68.65 %	30.11 %
5	B	30.86 %	68.83 %
6	C	45.02 %	47.84 %
7	A	60.57 %	35.35 %
8	E	46.91 %	31.07 %
9	C	80.87 %	10.58 %
10	A	57.79 %	39.53 %
11	A	50.26 %	33.67 %
12	E	13.72 %	77.68 %
13	C	51.47 %	40.94 %
14	B	41.53 %	40.33 %
15	A	61.08 %	37.85 %
16	C	10.41 %	76.9 %
17	A	49.59 %	36.79 %
18	B	47.63 %	34.63 %
19	C	46.97 %	31.59 %
20	D	59.91 %	30.96 %
21	C	62.21 %	36.9 %
22	D	61.19 %	33.92 %
23	D	40.14 %	34.59 %
24	A	54.82 %	31.82 %
25	D	86.45 %	12.36 %
26	C	52.51 %	42.09 %
27	C	77.54 %	13.82 %
28	D	50.31 %	39.0 %
29	C	49.33 %	31.26 %
30	A	23.07 %	75.01 %

कार्य विश्लेषण	
औसत अंक (%)	53.33%
टॉपर्स स्कोर (%)	56.67%
आपका स्कोर	

//संकेत और समाधान//

1. कथन I से:

कथन I में दिए गए डेटा से, हम शब्द का केवल तीसरा और अंतिम अक्षर 'N' प्राप्त कर सकते हैं, लेकिन पूरा शब्द नहीं।

इस प्रकार, केवल कथन I में दिया गया डेटा प्रश्न का उत्तर देने के लिए पर्याप्त नहीं है।

कथन II से:

कथन II में दिए गए डेटा से हम निम्नलिखित निष्कर्ष प्राप्त कर सकते हैं:

C O _ _ _ _ _

इस प्रकार, केवल कथन II में दिया गया डेटा प्रश्न का उत्तर देने के लिए पर्याप्त नहीं है।

I और II दोनों कथनों से:

कथन II से हम पहले दो अक्षर प्राप्त कर सकते हैं। और कथन I से हम शब्द के तीसरे और अंतिम अक्षर प्राप्त सकते हैं, अब हम अन्य संबंधित संकेतों की जाँच करते हैं।

C O N _ _ _ N

T, A के निकट है, इसका उपयोग करके इस प्रकार शब्द प्राप्त किया जा सकता है:

C O N T A _ N

या

C O N _ T A N

या

C O N A T _ N

या

C O N _ A T N

लेकिन यह एक अर्थपूर्ण अंग्रेजी शब्द होना चाहिए, इस प्रकार अक्षर I और U में से, केवल स्वर 'I' रिक्त स्थान के लिए उपयुक्त है और अर्थपूर्ण अंग्रेजी शब्द "CONTAIN" है।

इस प्रकार, कथन I और II दोनों का डेटा एक साथ प्रश्न का उत्तर देने के लिए पर्याप्त है।

अतः विकल्प (E) सही है।

2. कथन I से:

संदर्भ:

कोना से केवल दो व्यक्ति भारी हैं, जो जीत और देवा से भारी हैं।

अनुमान:

उपरोक्त संदर्भों का उपयोग करने के बाद, हमारे पास है:

वजन का क्रम:

___ > ___ > कोना > जीत/देवा > देवा/जीत

इस प्रकार, माही या रामू में से कोई एक ही व्यक्ति हो सकता है जो सबसे भारी है।

स्पष्ट रूप से, केवल कथन I में दिया गया डेटा प्रश्न का उत्तर देने के लिए पर्याप्त नहीं है।

कथन II से:

संदर्भ:

रामू, जो सबसे हल्का नहीं है, कोना और देवा से भारी है लेकिन माही से नहीं।

अनुमान:

उपरोक्त संदर्भों का उपयोग करने के बाद, हमारे पास है:

वजन का क्रम:

माही > रामू > कोना > देवा

इस प्रकार, हमें जीत के वजन के बारे में कोई जानकारी नहीं है।

स्पष्ट रूप से, केवल कथन II में दिया गया डेटा प्रश्न का उत्तर देने के लिए पर्याप्त नहीं है।

कथन II और III दोनों से एक साथ:

संदर्भ 1:

कोना से केवल दो व्यक्ति भारी हैं जो जीत और देवा से भारी हैं।

अनुमान 1:

वजन का क्रम:

___ > ___ > कोना > जीत/देवा > देवा/जीत

संदर्भ 2:

रामू, जो सबसे हल्का नहीं है, कोना और देवा से भारी है लेकिन माही से नहीं।

अनुमान 2:

उपरोक्त संदर्भों को अनुमान 1 के साथ मिलाने पर, हम प्राप्त करते हैं:

वजन का क्रम:

माही > रामू > कोना > जीत/देव > देवा/जीत

इस प्रकार, हम कह सकते हैं कि माही इन लोगों में सबसे भारी हैं।

स्पष्ट रूप से, कथन I और II दोनों का डेटा प्रश्न का उत्तर देने के लिए पर्याप्त हैं।

अतः विकल्प (E) सही है।

3. कथन I से:

संदर्भ:

अर्नव, आजम के बगल में नहीं बैठा है, जो अंतिम दायें नहीं बैठा है।

अनुमान:

इस प्रकार, हमें पंक्ति में इनमें से किसी भी व्यक्ति की स्थिति के बारे में कोई निश्चित जानकारी नहीं है।

स्पष्ट रूप से, केवल कथन I में दिया गया डेटा प्रश्न का उत्तर देने के लिए पर्याप्त है।

कथन II से:

संदर्भ:

अर्नव के दायें और अब्दुल के बायें कोई नहीं बैठा है, जबकि अफजल और अब्दुल के बीच केवल एक व्यक्ति बैठा है।

अनुमान:

उपरोक्त संदर्भों का उपयोग करने के बाद, हम निम्नलिखित रैखिक क्रम बना सकते हैं:

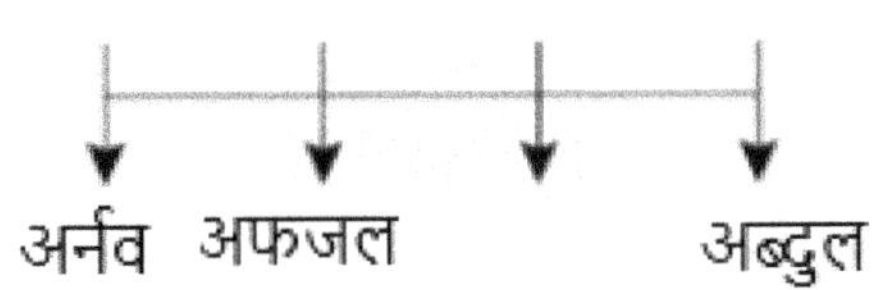

इस प्रकार, हम कह सकते हैं कि अफजल, अर्नव के निकट बैठा है।

इसलिए, केवल कथन II में दिया गया डेटा प्रश्न का उत्तर देने के लिए पर्याप्त है।

अतः विकल्प (B) सही है।

4. कथन I से:

संदर्भ:

R केवल दो व्यक्तियों से अधिक कमाता है।

T केवल U से अधिक कमाता है।

Q, P से अधिक कमाता है लेकिन अधिकतम नहीं।

अनुमान:

उपरोक्त संदर्भों का उपयोग करने के बाद, हमारे पास है:

कमाई का क्रम:

__ > Q > P > R > T > U

इस प्रकार, हम कह सकते हैं कि S अधिकतम कमाता है।

कमाई का क्रम:

S > Q > P > R > T > U

स्पष्ट रूप से, केवल कथन I में दिया गया डेटा प्रश्न का उत्तर देने के लिए पर्याप्त है।

कथन II से:

संदर्भ:

T, U से अधिक लेकिन R से कम कमाता है।

R, P से कम कमाता है।

P केवल दो व्यक्तियों से कम कमाता है।

Q, S से कम कमाता है।

अनुमान:

उपरोक्त संदर्भों का उपयोग करने के बाद, हमारे पास है:

कमाई का क्रम:

S > Q > P > R > T > U

इस प्रकार, हम कह सकते हैं कि S अधिकतम कमाता है।

स्पष्ट रूप से, कथन II अकेले प्रश्न का उत्तर देने के लिए पर्याप्त है।

इसलिए, केवल कथन I या केवल कथन II प्रश्न का उत्तर देने के लिए पर्याप्त है।

अतः विकल्प (C) सही है।

5. कथन I से:

संदर्भ 1:

एना पंक्ति के अंतिम बाएं छोर पर बैठी है। एना और हान के बीच केवल छह व्यक्ति बैठे हैं।

अनुमान 1:

उपरोक्त संदर्भों का उपयोग करने के बाद, हमारे पास है:

पंक्ति में व्यक्तियों का क्रम = एना + 6 व्यक्ति + हान + 17 व्यक्ति

संदर्भ 2:

हान और पाल के बीच केवल दस व्यक्ति बैठे हैं। पाल और देव के बीच केवल चार व्यक्ति बैठे हैं।

अनुमान 2:

इस प्रकार, हमारे पास दो संभावित परिदृश्य हैं जिनमें उपरोक्त संदर्भों का उपयोग किया जा सकता है।

केस 1:

पंक्ति में व्यक्तियों का क्रम = एना + 6 व्यक्ति + हान + 10 व्यक्ति + पाल + 4 व्यक्ति + देव + 1 व्यक्ति

केस 2:

पंक्ति में व्यक्तियों का क्रम = एना + 6 व्यक्ति + हान + 5 व्यक्ति + देव + 4 व्यक्ति + पाल + 6 व्यक्ति

इस प्रकार, हम निश्चित रूप से यह नहीं कह सकते कि देव और हान के बीच कितने व्यक्ति बैठे हैं।

स्पष्ट रूप से, केवल कथन I में दिया गया डेटा प्रश्न का उत्तर देने के लिए पर्याप्त नहीं है।

कथन II से:

संदर्भ 1:

मिया पंक्ति के ठीक बीच में बैठी है। राम और मिया के बीच केवल तीन व्यक्ति बैठे हैं। हान, मिया के बाएं से चौथे स्थान पर बैठा है।

अनुमान 1:

उपरोक्त संदर्भों का उपयोग करने के बाद, हमारे पास है:

पंक्ति में व्यक्तियों का क्रम = 8 व्यक्ति + हान + 3 व्यक्ति + मिया + 3 व्यक्ति + राम + 8 व्यक्ति

संदर्भ 2:

राम और देव के बीच केवल छह व्यक्ति बैठे हैं। राम, देव के बाएं बैठा है।

अनुमान 2:

उपरोक्त संदर्भों का उपयोग करने के बाद, हमारे पास है:

पंक्ति में व्यक्तियों का क्रम = 8 व्यक्ति + हान + 3 व्यक्ति + मिया + 3 व्यक्ति + राम + 6 व्यक्ति + देव + 1 व्यक्ति

इस प्रकार, हम कह सकते हैं कि हान और देव के बीच 14 व्यक्ति बैठे हैं।

स्पष्ट रूप से, केवल कथन II में दिया गया डेटा प्रश्न का उत्तर देने के लिए पर्याप्त है।

इसलिए, केवल कथन II में दिया गया डेटा प्रश्न का उत्तर देने के लिए पर्याप्त है।

अतः विकल्प (B) सही है।

6. कथन I से:

संदर्भ:

मोना, जय की माँ है।

बाबू की शादी एलन से हुई है।

शेट्टी, बाबू की बेटी हैं।

एलन, जय का भाई है।

अनुमान:

उपरोक्त संदर्भों का उपयोग करने के बाद, हम निम्नलिखित चार्ट बना सकते हैं:

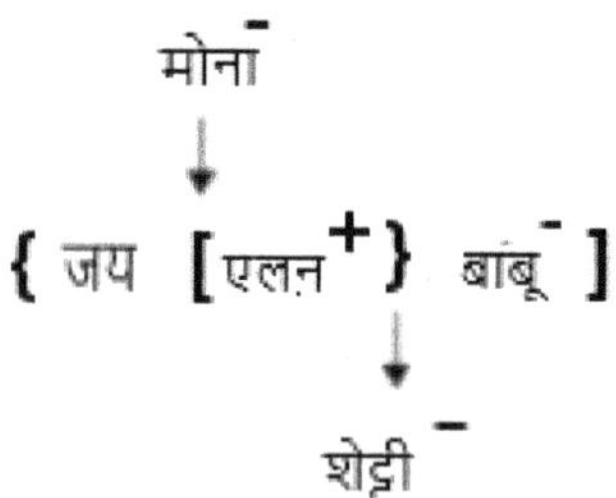

स्पष्ट रूप से, केवल कथन II में दिया गया डेटा प्रश्न का उत्तर देने के लिए पर्याप्त है।

कथन II से:

संदर्भ:

मोना की शादी विदा से हुई है।

विदा, जय का पिता है।

जय की शादी कालू से हुई है।

जय, शेट्टी के चाचा हैं।

अनुमान:

उपरोक्त संदर्भों का उपयोग करने के बाद, हम निम्नलिखित चार्ट बना सकते हैं:

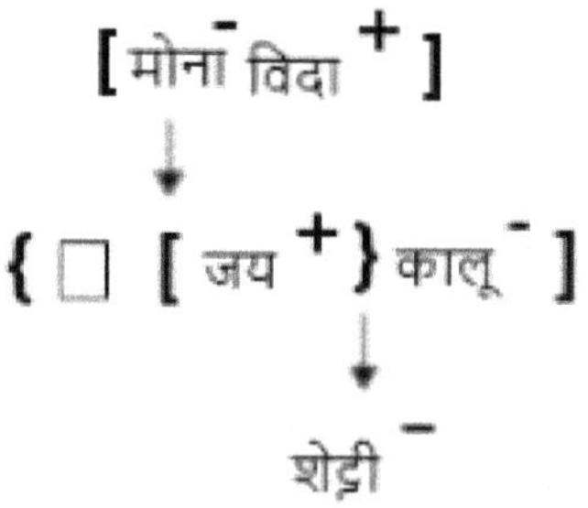

इस प्रकार, हम कह सकते हैं कि मोना, शेट्टी की दादी हैं।

स्पष्ट रूप से, केवल कथन II में दिया गया डेटा प्रश्न का उत्तर देने के लिए पर्याप्त है।

इसलिए, केवल कथन I या केवल कथन II प्रश्न का उत्तर देने के लिए पर्याप्त है।

अतः विकल्प (C) सही है।

7. कथन I से:

संदर्भ:

केवल अंकुर, अनंत से अधिक कमाता है।

अनुमान:

उपरोक्त संदर्भों का उपयोग करने के बाद, हमारे पास है:

कमाई का क्रम:

अंकुर > अनंत > ___ > ___ > ___

इस प्रकार, हम कह सकते हैं कि अनंत दूसरा व्यक्ति है, जो सबसे ज्यादा कमाता है।

स्पष्ट रूप से, केवल कथन I में दिया गया डेटा प्रश्न का उत्तर देने के लिए पर्याप्त है।

कथन II से:

संदर्भ:

अनूप और अनवर अंकित से कम कमाते हैं।

अनुमान:

उपरोक्त संदर्भों का उपयोग करने के बाद, हमारे पास है:

कमाई का क्रम:

अंकित > अनूप/अनवर

इस प्रकार, हमें इनमें से किसी भी व्यक्ति की कमाई के बारे में कोई निश्चित जानकारी नहीं है।

स्पष्ट रूप से, केवल कथन II में दिया गया डेटा प्रश्न का उत्तर देने के लिए पर्याप्त नहीं है।

इसलिए, केवल कथन I में दिया गया डेटा प्रश्न का उत्तर देने के लिए पर्याप्त है।

अतः विकल्प (A) सही है।

8. कथन I से:

संदर्भ:

मनोज पंक्ति के बाएं छोर से 10वें और दीपक के बाएं से छठे स्थान पर है।

अनुमान:

इस प्रकार, हमें इनमें से किसी के बारे में दाएं छोर से कोई जानकारी नहीं है, इसलिए हम पंक्ति में बैठे व्यक्तियों की कुल संख्या का पता नहीं लगा सकते हैं।

स्पष्ट रूप से, केवल कथन I में दिया गया डेटा प्रश्न का उत्तर देने के लिए पर्याप्त नहीं है।

कथन II से:

संदर्भ:

प्रकाश पंक्ति के दाएं छोर से 14वां और दीपक के दाएं से 8वां है।

अनुमान:

इस प्रकार, हमें इनमें से किसी के बारे में दाएं छोर से कोई जानकारी नहीं है, इसलिए हम पंक्ति में बैठे व्यक्तियों की कुल संख्या का पता नहीं लगा सकते हैं।

स्पष्ट रूप से, केवल कथन II में दिया गया डेटा प्रश्न का उत्तर देने के लिए पर्याप्त है।

दोनों कथन I और II से एक साथ:

संदर्भ:

मनोज पंक्ति के बाएं छोर से 10वें और दीपक के बाएं से छठे स्थान पर है।

प्रकाश पंक्ति के दाएं छोर से 14वां और दीपक के दाएं से 8वां है।

अनुमान:

उपरोक्त संदर्भों का उपयोग करने के बाद, हमारे पास है:

पंक्ति में व्यक्तियों का क्रम = 9 व्यक्ति + मनोज + 5 व्यक्ति + दीपक + 7 व्यक्ति + प्रकाश + 13 व्यक्ति

पंक्ति में व्यक्तियों की कुल संख्या = (9 + 1 + 5 + 1 + 7 + 1 + 13) व्यक्ति = 37 व्यक्ति

स्पष्ट रूप से, कथन I और II दोनों का डेटा प्रश्न का उत्तर देने के लिए पर्याप्त हैं।

अतः विकल्प (E) सही है।

9. कथन I से:

संदर्भ:

party was great → ar jv cu

that was great → dt jv cu

अनुमान:

उपरोक्त संदर्भों का उपयोग करने के बाद, हमारे पास है:

party → ar

इस प्रकार, हम कह सकते हैं कि 'party' का कूट 'ar' है।

स्पष्ट रूप से, केवल कथन I में दिया गया डेटा प्रश्न का उत्तर देने के लिए पर्याप्त है।

कथन II से:

संदर्भ:

how was the party → ft pd ar lv

when did party started → kl aj rc ar

अनुमान:

उपरोक्त संदर्भों का उपयोग करने के बाद, हमारे पास है:

party → ar

इस प्रकार, हम कह सकते हैं कि 'party' का कूट 'ar' है।

स्पष्ट रूप से, केवल कथन II में दिया गया डेटा प्रश्न का उत्तर देने के लिए पर्याप्त है।

इसलिए, केवल कथन I या केवल कथन II प्रश्न का उत्तर देने के लिए पर्याप्त है।

अतः विकल्प (C) सही है।

10. कथन I से:

संदर्भ:

अनु, जय की पत्नी है। अनु और विनी देव की इकलौती संतान हैं।

पाल, जय की इकलौती पुत्री है।

टीना देव की पोती है।

अनुमान:

उपरोक्त संदर्भों का उपयोग करने के बाद, हमारे पास है

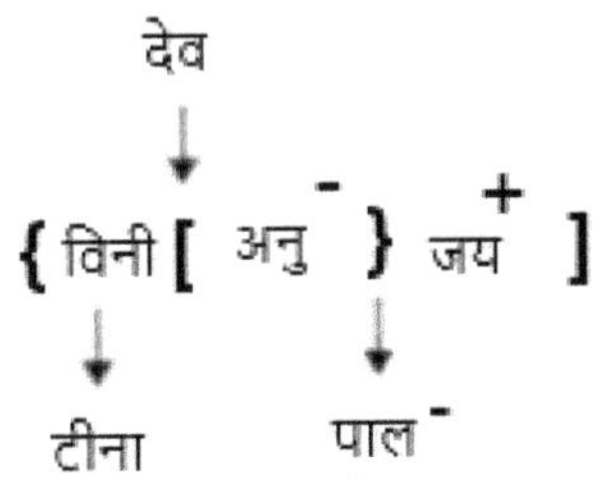

इस प्रकार, हम कह सकते हैं कि टीना अनु की भतीजी है।

स्पष्ट रूप से, केवल कथन I में दिया गया डेटा प्रश्न का उत्तर देने के लिए पर्याप्त है।

कथन II से:

संदर्भ:

पाल की शादी सिया से हुई है।

अनु सिया की सास है।

अनु देव और रॉय की इकलौती बेटी है।

टीना देव की पोती हैं।

अनुमान:

उपरोक्त संदर्भों का उपयोग करने के बाद, हमारे पास है:

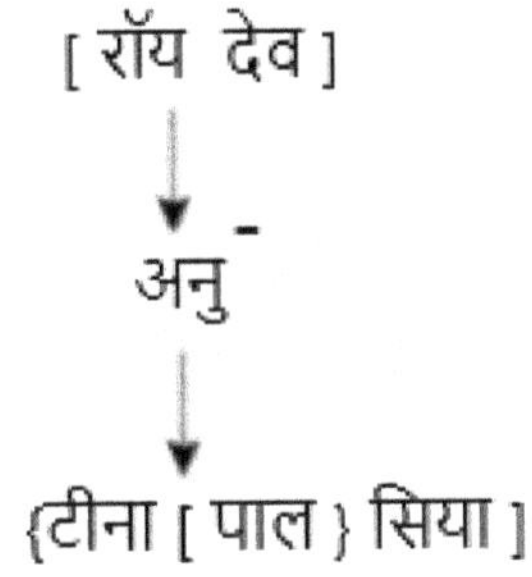

इस प्रकार, हमें टीना के लिंग के बारे में कोई जानकारी नहीं है इसलिए हम अनु और टीना के संबंध का पता नहीं लगा सकते हैं।

स्पष्ट रूप से, केवल कथन II में दिया गया डेटा प्रश्न का उत्तर देने के लिए पर्याप्त नहीं है।

इसलिए, केवल कथन I में दिया गया डेटा प्रश्न का उत्तर देने के लिए पर्याप्त है।

अतः विकल्प (A) सही है।

11. कथन I से:

संदर्भ:

M ने J और O से अधिक लेकिन K से कम अंक प्राप्त किए।

N ने M से अधिक अंक प्राप्त किए लेकिन सबसे अधिक अंक प्राप्त करने वाला नहीं।

K ने उच्चतम अंक नहीं प्राप्त किए।

अनुमान:

उपरोक्त संदर्भों का उपयोग करने के बाद, हमारे पास है:

प्राप्त अंकों का क्रम:

___ > N/K > K/N > M > J/O > O/J

इस प्रकार, हम कह सकते हैं कि L ने उच्चतम अंक प्राप्त किए।

प्राप्त अंकों का क्रम:

L > N/K > K/N > M > J/O > O/J

स्पष्ट रूप से, केवल कथन I में दिया गया डेटा प्रश्न का उत्तर देने के लिए पर्याप्त है।

कथन II से:

संदर्भ:

K ने केवल 2 व्यक्तियों से कम अंक प्राप्त किए।

J ने M और K से कम लेकिन O से अधिक अंक प्राप्त किए।

N ने J से अधिक अंक प्राप्त किए।

अनुमान:

उपरोक्त संदर्भों का उपयोग करने के बाद, हमारे पास है:

प्राप्त अंकों का क्रम:

___ > ___> K > M /N> J > O

इस प्रकार, हम निश्चित रूप से उच्चतम अंक प्राप्त करने वाले के बारे में कुछ नहीं कह सकते।

स्पष्ट रूप से, केवल कथन II में दिया गया डेटा प्रश्न का उत्तर देने के लिए पर्याप्त नहीं है।

इसलिए, केवल कथन I में दिया गया डेटा प्रश्न का उत्तर देने के लिए पर्याप्त है।

अतः विकल्प (A) सही है।

12. कथन I से:

संदर्भ:

मोना के पिता को याद है कि उनकी पत्नी का जन्मदिन 20 फरवरी के बाद और 23 फरवरी से पहले है।

अनुमान:

इस कथन में मोना की माँ का जन्मदिन या तो 21 या 22 फरवरी को होता है।

स्पष्ट रूप से, केवल कथन I में दिया गया डेटा प्रश्न का उत्तर देने के लिए पर्याप्त नहीं है।

कथन II से:

संदर्भ:

मोना के भाई को याद है कि उसकी माँ का जन्मदिन 21 फरवरी के बाद लेकिन 25 फरवरी से पहले है।

अनुमान:

इस कथन में मोना की माँ का जन्मदिन 22 या 23 या 24 फरवरी को होता है।

स्पष्ट रूप से, केवल कथन II में दिया गया डेटा प्रश्न का उत्तर देने के लिए पर्याप्त नहीं है।

दोनों कथन I और II से एक साथ:

संदर्भ:

मोना के पिता को याद है कि उनकी पत्नी का जन्मदिन 20 फरवरी के बाद और 23 फरवरी से पहले है।

मोना के भाई को याद है कि उसकी माँ का जन्मदिन 21 फरवरी के बाद लेकिन 25 फरवरी से पहले है।

अनुमान:

उपरोक्त संदर्भों का उपयोग करने के बाद हम कह सकते हैं कि मोना की माँ का जन्मदिन 22 फरवरी को है।

स्पष्ट रूप से, कथन I और II दोनों का डेटा प्रश्न का उत्तर देने के लिए पर्याप्त हैं।

अतः विकल्प (E) सही है।

13. कथन I से:

संदर्भ:

R, P और J से बड़ा है। R, K से छोटा है। S, केवल T से बड़ा है।

अनुमान:

इस कथन में:

K > R > P, J और S केवल T से बड़ा है।

आयु का क्रम:

K > R > P/J > S > T

इस प्रकार, हम कह सकते हैं कि K सबसे बड़ा है।

स्पष्ट रूप से, केवल कथन I में दिया गया डेटा प्रश्न का उत्तर देने के लिए पर्याप्त है।

कथन II से:

संदर्भ I:

T केवल R से बड़ा है।

अनुमान I:

उपरोक्त संदर्भों का उपयोग करने के बाद, हमारे पास है:

आयु का क्रम:

__ > __ > __ > __ > T > R

संदर्भ II:

S, J से बड़ा है लेकिन P से छोटा है।

P सबसे बड़ा नहीं है।

अनुमान II:

उपरोक्त संदर्भों का उपयोग करने के बाद, हमारे पास है:

आयु का क्रम:

K > P > S > J > T > R

इस प्रकार, हम कह सकते हैं कि K सबसे बड़ा है।

स्पष्ट रूप से, केवल कथन II में दिया गया डेटा प्रश्न का उत्तर देने के लिए पर्याप्त है।

इसलिए, केवल कथन I या केवल कथन II प्रश्न का उत्तर देने के लिए पर्याप्त है।

अतः विकल्प (C) सही है।

14. कथन I से:

संदर्भ:

red pant shirt → ke ne que

shirt pant black → ke joi ne

अनुमान:

इस कथन में, 'shirt' और 'pant' कूट के लिए 'ke' या 'ne' है।

स्पष्ट रूप से, केवल कथन I में दिया गया डेटा प्रश्न का उत्तर देने के लिए पर्याप्त नहीं है।

कथन II से:

संदर्भ:

red is play → que yo pa

red is pant play → ke que pa yo

अनुमान:

उपरोक्त संदर्भों का उपयोग करने के बाद, हमारे पास है:

pant → ke

स्पष्ट है कि केवल कथन II में दिया गया डेटा प्रश्न का उत्तर देने के लिए पर्याप्त है।

अतः विकल्प (B) सही है।

15. कथन I से:

संदर्भ I:

D, A का पोता है।

अनुमान I:

जैसा कि हम जानते हैं कि दो विवाहित जोड़े हैं और एक बच्चे के माता-पिता दोनों में से कोई भी जीवित नहीं है। फिर,

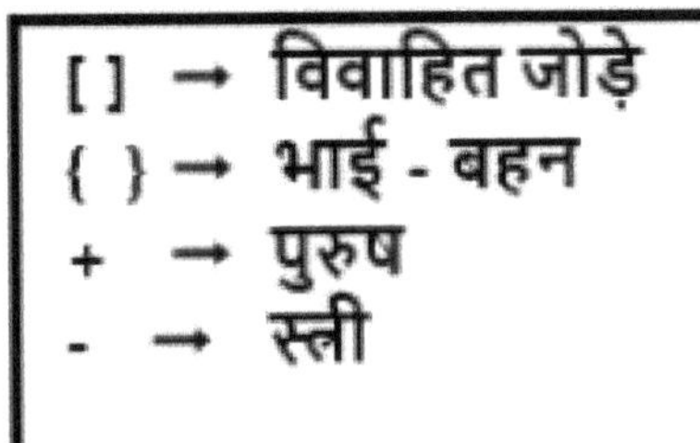

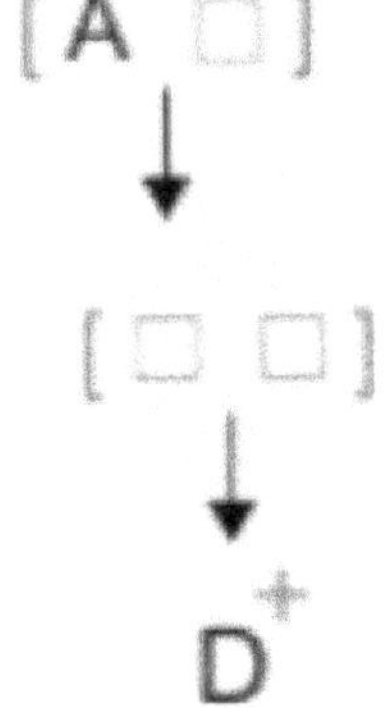

संदर्भ II:

Y, C की बहू है। B, C का पुत्र है लेकिन Y से विवाहित नहीं है।

अनुमान II:

उपरोक्त संदर्भों का उपयोग करते हुए, हमारे पास है:

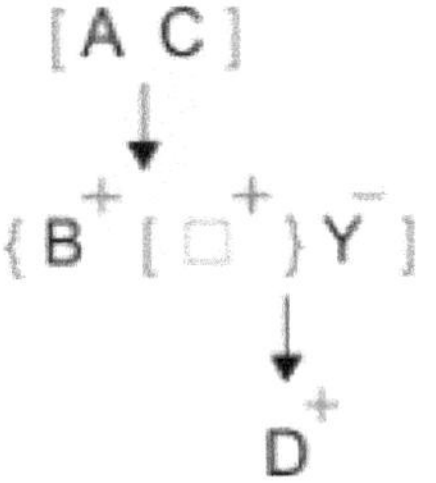

इस प्रकार, हम निश्चित रूप से कह सकते हैं कि D, B का भतीजा है।

स्पष्ट रूप से, केवल कथन I में दिया गया डेटा प्रश्न का उत्तर देने के लिए पर्याप्त है।

कथन II से:

संदर्भ I:

Y, D का पिता है और C का पुत्र है।

अनुमान I:

उपरोक्त संदर्भों का उपयोग करने के बाद, हमारे पास है:

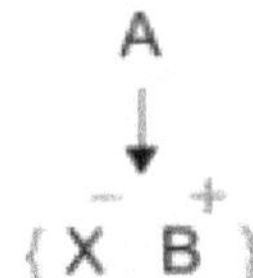

संदर्भ II:

B, X का भाई है जो A की पुत्री है।

अनुमान II:

उपरोक्त संकेतों का उपयोग करने के बाद, हमारे पास है:

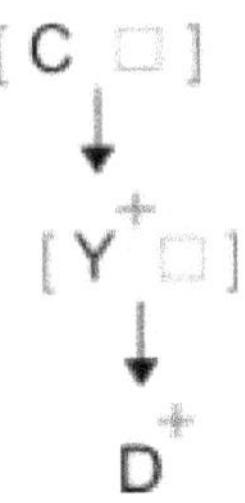

इस प्रकार, हमारे पास इन व्यक्तियों के संबंध के बारे में और कोई नहीं है इसलिए हम B और D के संबंध का पता नहीं लगा सकते हैं।

स्पष्ट रूप से, केवल कथन II में दिया गया डेटा प्रश्न का उत्तर देने के लिए पर्याप्त नहीं है।

इसलिए, केवल कथन I में दिया गया डेटा प्रश्न का उत्तर देने के लिए पर्याप्त है।

अतः विकल्प (A) सही है।

16. कथन I से:

संदर्भ I:

टीपू, तनु के दायें से तीसरे स्थान पर बैठा है।

तारा, टीपू के बगल में नहीं बैठी है।

अनुमान I:

इस प्रकार, हमारे पास दो संभावित केस हैं, जिनमें हम उपरोक्त संदर्भों का उपयोग कर सकते हैं:

केस I:

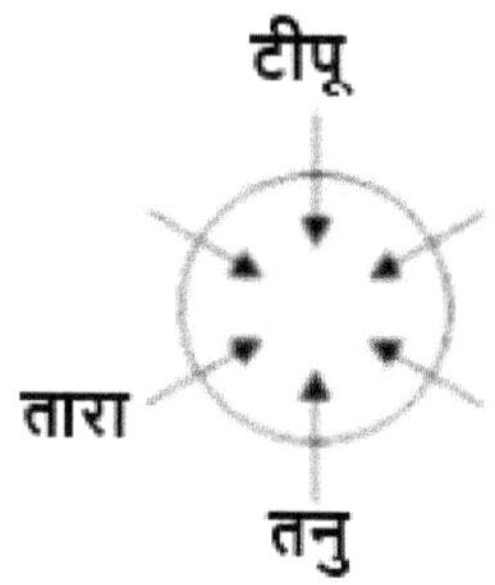

केस II:

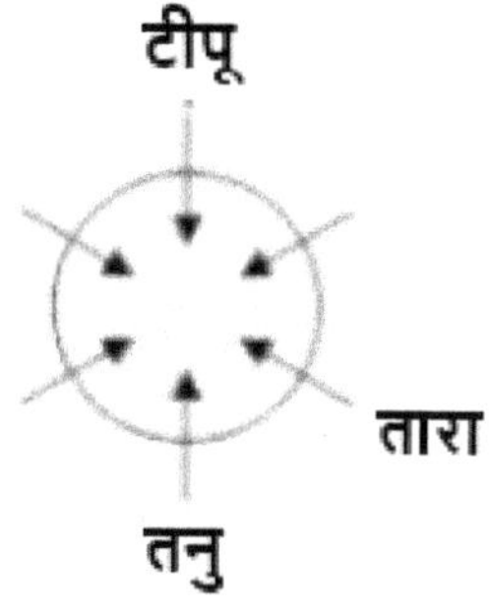

संदर्भ II:

तारा, टीना के बायें से तीसरे स्थान पर बैठी है।

अनुमान II:

उपरोक्त संदर्भों का उपयोग करते हुए, हमारे पास है:

केस I:

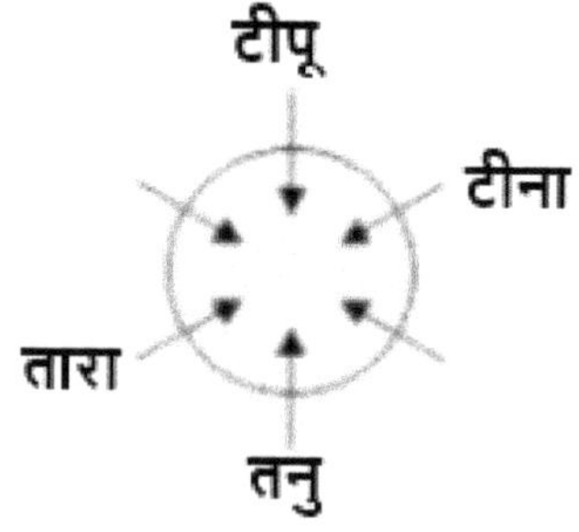

केस II:

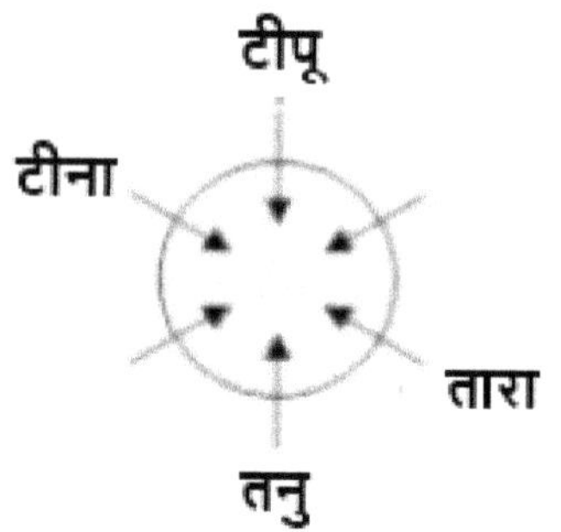

इस प्रकार, दोनों ही केसों में टीना और तनु के बीच केवल एक व्यक्ति बैठा है।

इसलिए, हम कह सकते हैं कि टीना और तनु के बीच केवल एक व्यक्ति बैठा है।

स्पष्ट रूप से, केवल कथन I में दिया गया डेटा प्रश्न का उत्तर देने के लिए पर्याप्त है।

कथन II से:

संदर्भ I:

टीना के पास टीपू और टीटू उसके निकटतम पड़ोसी हैं।

अनुमान I:

इस प्रकार, हमारे पास दो संभावित केस हैं, जिनमें हम उपरोक्त संदर्भों का उपयोग कर सकते हैं:

केस A:

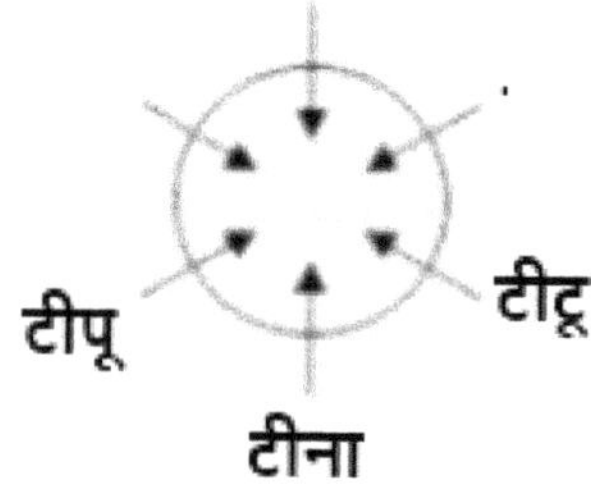

केस B:

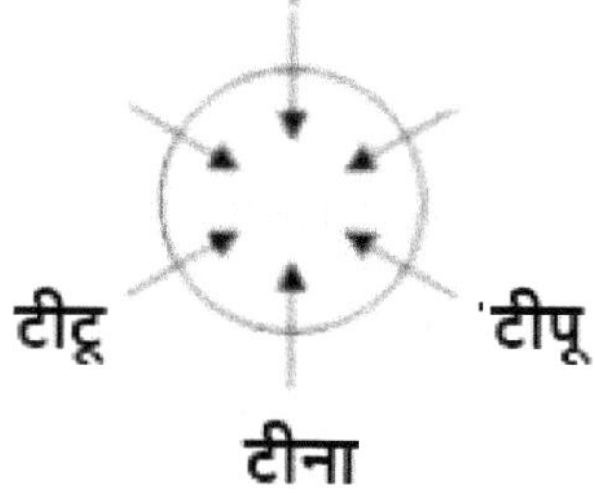

संदर्भ II:

तारा टीपू या टीटू का निकटतम पड़ोसी नहीं है।

अनुमान II:

उपरोक्त संकेतों का उपयोग करने के बाद, हमारे पास है:

केस A:

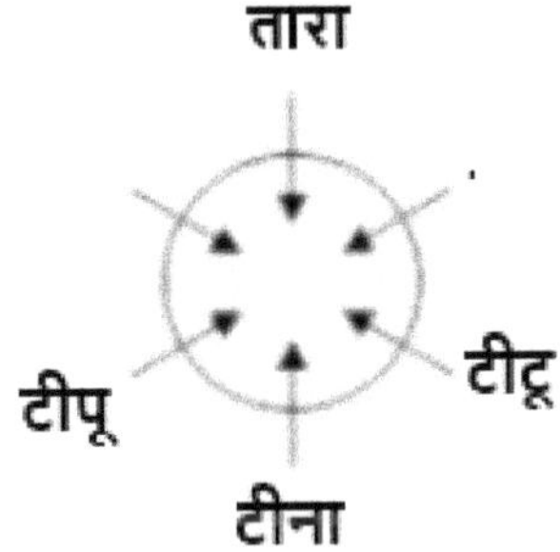

केस B:

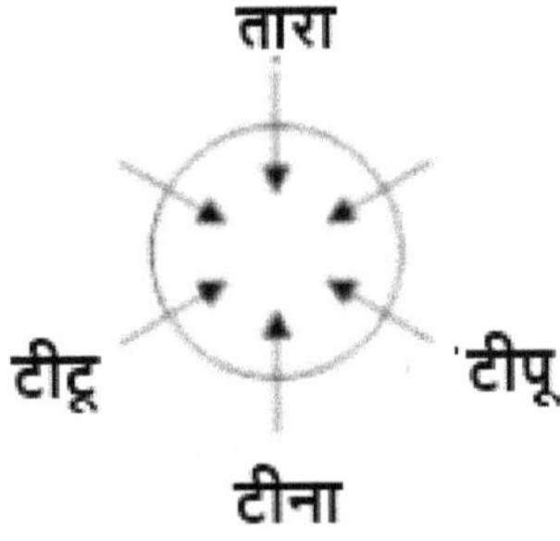

यहां, हम केस A और B में तनु और तेजा की स्थिति को इस प्रकार तय कर सकते हैं:

केस A-1:

केस A-2:

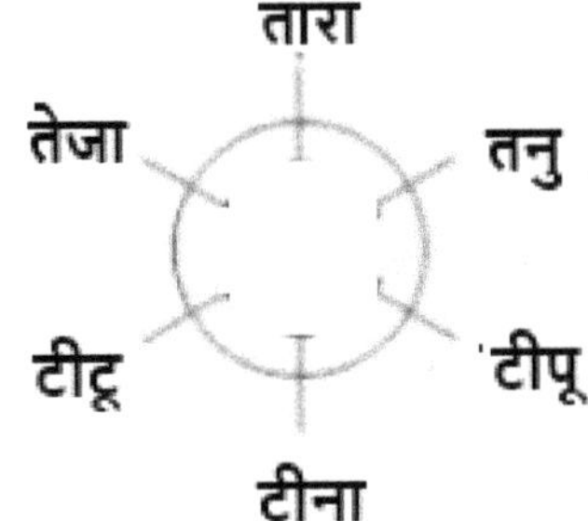

केस B-1:

केस B-2:

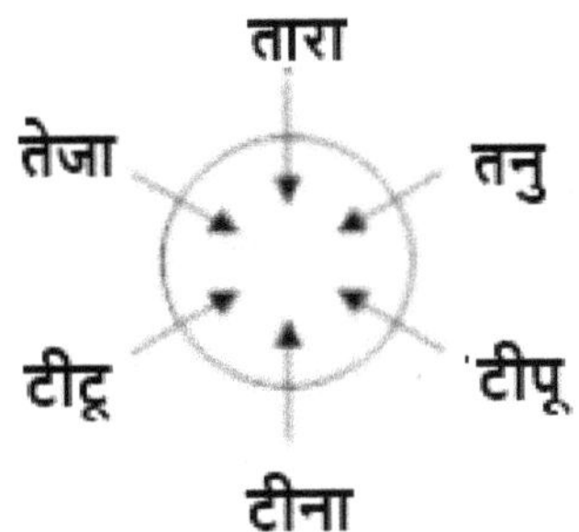

इस प्रकार, चारों मामलों में टीना और तनु के बीच केवल एक व्यक्ति बैठा है।

इसलिए, हम कह सकते हैं कि टीना और तनु के बीच केवल एक व्यक्ति बैठा है।

स्पष्ट रूप से, केवल कथन II में दिया गया डेटा प्रश्न का उत्तर देने के लिए पर्याप्त है।

इसलिए, केवल कथन I या केवल कथन II प्रश्न का उत्तर देने के लिए पर्याप्त है।

अतः विकल्प (C) सही है।

17. कथन I से:

संदर्भ:

B, C और D से लंबा है लेकिन E से छोटा है जो सबसे लंबा नहीं है।

अनुमान:

दी गई जानकारी का उपयोग करके हम इन व्यक्तियों को उनकी लम्बाई के घटते क्रम में व्यवस्थित कर सकते हैं।

लम्बाई का घटता क्रम → A > E > B > C/D > D/C

इस प्रकार, उपरोक्त क्रम में, यह स्पष्ट है कि A सबसे लंबा है।

इसलिए, केवल कथन I में दिया गया डेटा प्रश्न का उत्तर देने के लिए पर्याप्त है।

कथन II से:

संदर्भ:

E, B और C से लंबा है लेकिन A से छोटा है।

अनुमान:

दी गई जानकारी का उपयोग करके हम इन व्यक्तियों को उनकी लम्बाई के घटते क्रम में व्यवस्थित कर सकते हैं।

लम्बाई का घटता क्रम → A > E > B/C > C/B

इस प्रकार, उपरोक्त क्रम में हमें D के बारे में कोई जानकारी नहीं है।

इस प्रकार, केवल कथन II में दिया गया डेटा प्रश्न का उत्तर देने के लिए पर्याप्त नहीं है।

इसलिए, केवल कथन I में दिया गया डेटा प्रश्न का उत्तर देने के लिए पर्याप्त है।

अतः विकल्प (A) सही है।

18. कथन I से:

संदर्भ:

P, Q के दायें से तीसरे स्थान पर बैठा है। X, P के दायें से तीसरे स्थान पर बैठा है।

अनुमान:

दी गई जानकारी का उपयोग करके हम निम्नलिखित क्रम तैयार किया जा सकता है:

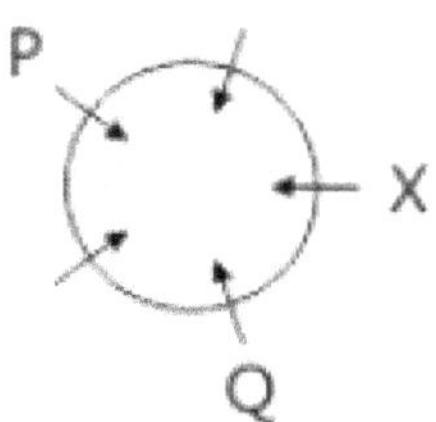

इस प्रकार, उपरोक्त वृत्ताकार क्रम में या तो Y या Z, Q के ठीक बायीं ओर बैठ सकते हैं।

इसलिए, केवल कथन I में दिया गया डेटा प्रश्न का उत्तर देने के लिए पर्याप्त नहीं है।

कथन II से:

संदर्भ:

Q, X के ठीक बायें बैठा है, जो P के बायें से दूसरे स्थान पर बैठा है। Y, Q के आसन्न नहीं बैठा है।

अनुमान:

दी गई जानकारी का उपयोग करके हम निम्नलिखित क्रम तैयार किया जा सकता है:

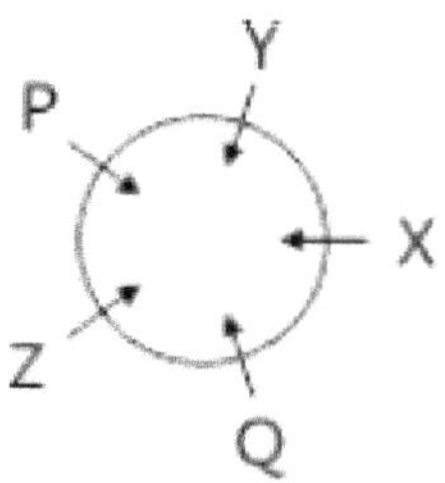

इस प्रकार, उपरोक्त वृत्ताकार क्रम में, यह स्पष्ट है कि Z, Q के ठीक बायें बैठा है।

इसलिए, केवल कथन II में दिया गया डेटा प्रश्न का उत्तर देने के लिए पर्याप्त है।

इसलिए, केवल कथन II में दिया गया डेटा प्रश्न का उत्तर देने के लिए पर्याप्त है।

अतः विकल्प (B) सही है।

19. कथन I से:

संदर्भ:

A की मंजिल, जो C के निकट है, E के ठीक नीचे है, जो पाँचवीं मंजिल है।

अनुमान:

दी गई जानकारी का उपयोग करके हम इन व्यक्तियों का एक मंजिल चार्ट बना सकते हैं।

मंजिल	व्यक्ति
5	E
4	A
3	C
2	
1	

इस प्रकार, यह स्पष्ट है कि C तीसरी मंजिल पर रहता है।

इसलिए, केवल कथन I में दिया गया डेटा प्रश्न का उत्तर देने के लिए पर्याप्त है।

कथन II से:

संदर्भ:

C की मंजिल, F की मंजिल के ठीक ऊपर है, जिसकी मंजिल, B के ठीक ऊपर है, जो कि पहली मंजिल है।

अनुमान:

दी गई जानकारी का उपयोग करके हम इन व्यक्तियों का एक मंजिल चार्ट बना सकते हैं।

मंजिल	व्यक्ति
5	
4	
3	C
2	F
1	B

यह स्पष्ट है कि C तीसरी मंजिल पर रहता है।

इस प्रकार, केवल कथन II में दिया गया डेटा प्रश्न का उत्तर देने के लिए पर्याप्त है।

इसलिए, केवल कथन I या केवल कथन II प्रश्न का उत्तर देने के लिए पर्याप्त है।

अतः विकल्प (C) सही है।

20. कथन I से:

संदर्भ:

मीना की बहन के अनुसार मीना मंगलवार के बाद और रविवार से पहले गोवा जाती है लेकिन वह गुरुवार को गोवा नहीं गई।

अनुमान:

दी गई जानकारी का उपयोग करके हम कह सकते हैं कि मीना बुधवार, शुक्रवार और शनिवार में से किसी एक दिन यात्रा पर जाती है।

इसलिए, केवल कथन I में दिया गया डेटा प्रश्न का उत्तर देने के लिए पर्याप्त नहीं है।

कथन II से:

संदर्भ:

मीना के पिता के अनुसार मीना सोमवार के बाद और शनिवार से पहले गोवा जाती है।

अनुमान:

दी गई जानकारी का उपयोग करके हम कह सकते हैं कि मीना मंगलवार, बुधवार, गुरुवार और शुक्रवार में से किसी भी दिन यात्रा पर जा सकती है।

इसलिए, केवल कथन II में दिया गया डेटा प्रश्न का उत्तर देने के लिए पर्याप्त नहीं है।

कथन I और II का संयोजन:

कथन I से, हम देख सकते हैं कि मीना बुधवार, शुक्रवार और शनिवार में से किसी एक दिन यात्रा पर जाती है।

कथन II से, हम देख सकते हैं कि मीना मंगलवार, बुधवार, गुरुवार और शुक्रवार में से किसी भी दिन यात्रा पर जा सकती है।

उपरोक्त जानकारी को संकलित करने के बाद हम कह सकते हैं कि मीना बुधवार या शुक्रवार को गोवा जाती है।

इस प्रकार, दोनों कथनों I और II में डेटा एक साथ पर्याप्त नहीं हैं।

इसलिए, कथन I और II दोनों का डेटा एक साथ प्रश्न का उत्तर देने के लिए पर्याप्त नहीं है।

अतः विकल्प (D) सही है।

21. कथन I से:

संदर्भ:

P जो बाएं छोर से दसवां है, Q के बाएं से पांचवां है जो दाएं छोर से सोलहवां है।

अनुमान:

दी गई जानकारी का उपयोग करके हम कह सकते हैं कि पंक्ति में कुल व्यक्ति = 9 व्यक्ति + P + 4 व्यक्ति + Q + 15 व्यक्ति

पंक्ति में व्यक्तियों की कुल संख्या = 9 + 1 + 4 + 1 + 15 = 30

इस प्रकार, केवल कथन I में दिया गया डेटा प्रश्न का उत्तर देने के लिए पर्याप्त है।

कथन II से:

संदर्भ:

R, S के बाएं से सातवें स्थान पर है, जो दाएं छोर से ग्यारहवां और बाएं छोर से उन्नीसवां है।

अनुमान:

दी गई जानकारी का उपयोग करके हम कह सकते हैं कि पंक्ति में कुल व्यक्ति = 11 व्यक्ति + R + 6 व्यक्ति + S + 10 व्यक्ति

पंक्ति में व्यक्तियों की कुल संख्या = 11 + 1 + 6 + 1 + 10 = 29

इस प्रकार, केवल कथन II में दिया गया डेटा प्रश्न का उत्तर देने के लिए पर्याप्त है।

इसलिए, केवल कथन I या केवल कथन II प्रश्न का उत्तर देने के लिए पर्याप्त है।

अतः विकल्प (C) सही है।

22. कथन I से:

दिए गए संकेतों के साथ निम्नलिखित क्रम तैयार किया जा सकता है:

पुस्तक 1 > पुस्तक 5 > पुस्तक 3 > पुस्तक 4

लेकिन हमें दूसरी सबसे हल्की पुस्तक नहीं मिल रही है क्योंकि हमारे पास सभी पुस्तकों की जानकारी नहीं है।

इस प्रकार, केवल कथन I में दिया गया डेटा प्रश्न का उत्तर देने के लिए पर्याप्त नहीं है।

कथन II से:

दिए गए संकेतों के साथ निम्नलिखित क्रम तैयार किया जा सकता है:

पुस्तक 3> पुस्तक 4> __ या पुस्तक 3> __> पुस्तक 4

इस प्रकार, पुस्तक 4 दूसरी सबसे हल्की पुस्तक हो भी सकती है और नहीं भी।

इसलिए, केवल कथन II में दिया गया डेटा प्रश्न का उत्तर देने के लिए पर्याप्त नहीं है।

कथन I और II से:

पुस्तक 1 > पुस्तक 5 > पुस्तक 3 > पुस्तक 4

पुस्तक 3> पुस्तक 4> __ या पुस्तक 3> __> पुस्तक 4

इस प्रकार, हम पुस्तक 4 को दूसरी सबसे हल्की पुस्तक के रूप में निर्धारित कर सकते हैं, क्योंकि दोनों कथनो से हमें पूरी जानकारी प्राप्त हो जाती है।

इसलिए, कथन I और कथन II दोनों का डेटा प्रश्न का उत्तर देने के लिए पर्याप्त है।

अतः विकल्प (D) सही है।

23. कथन I से:

दिए गए संकेतों के साथ निम्नलिखित क्रम तैयार किया जा सकता है:

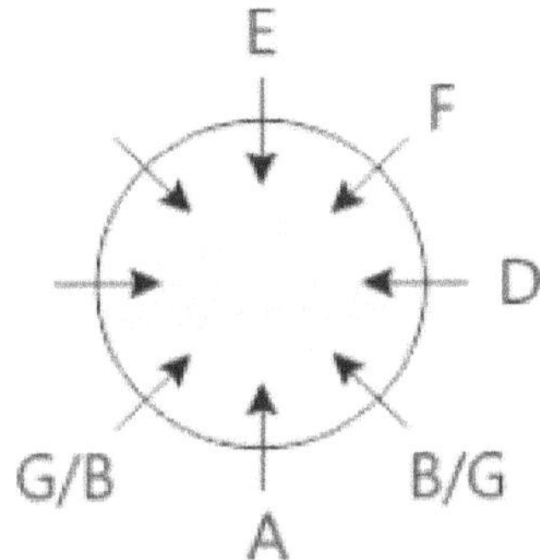

चूँकि B की स्थिति स्पष्ट नहीं है, इसलिए हम B के सन्दर्भ में F की स्थिति का निर्धारण नहीं कर सकते।

इस प्रकार, केवल कथन II में दिया गया डेटा प्रश्न का उत्तर देने के लिए पर्याप्त नहीं है।

कथन II से:

दिए गए संकेतों के साथ निम्नलिखित क्रम तैयार किया जा सकता है:

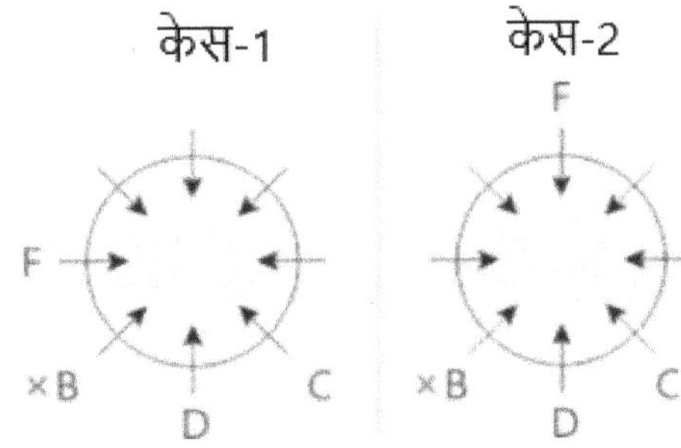

चूँकि B की स्थिति स्पष्ट नहीं है, इसलिए हम B के सन्दर्भ में F की स्थिति का निर्धारण नहीं कर सकते।

इस प्रकार, केवल कथन II में दिया गया डेटा प्रश्न का उत्तर देने के लिए पर्याप्त नहीं है।

कथन I और II से:

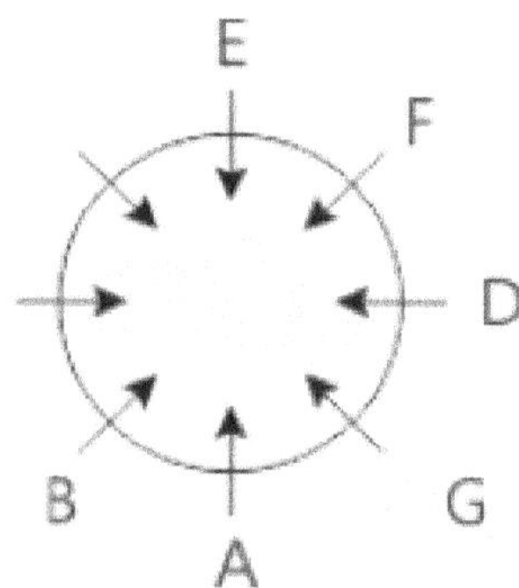

नोट- हम अन्य संकेतों का उपयोग नहीं कर रहे हैं क्योंकि ऐसा करने से कुछ संकेत एक ही समय में एक दूसरे के साथ आ जाएंगे और एक भी क्रम तैयार नहीं किया जा सकता है।

इस प्रकार, F, B के दाएं/बाएं से चौथा है।

इसलिए, कथन I और कथन II दोनों का डेटा प्रश्न का उत्तर देने के लिए पर्याप्त है।

अतः विकल्प (D) सही है।

24. कथन I से:

कथन I से: निम्नलिखित दो केस तैयार किए जा सकते हैं।

केस-1		केस-2	
• C		• C	
• A	• B	• A	• B
• D		• E	
• E		• D	

दोनों ही केस में बिंदु D, बिंदु A के दक्षिण में है।

इस प्रकार, कथन I में दिया गया डेटा प्रश्न का उत्तर देने के लिए पर्याप्त है।

कथन II से:

कथन II से निम्नलिखित केस तैयार किए जा सकते हैं।

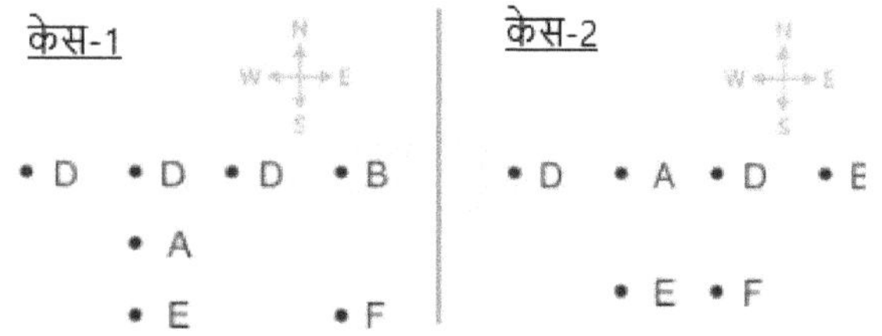

इस प्रकार, हम बिंदु A के संबंध में बिंदु D की दिशा निर्धारित नहीं कर सकते, क्योंकि यहां कई संभावनाएं उत्पन्न होती हैं।

इसलिए, कथन II में दिया गया डेटा प्रश्न का उत्तर देने के लिए पर्याप्त नहीं है।

अतः विकल्प (A) सही है।

25. कथन I से:

'thick and tree' के लिए कोड नहीं प्राप्त किये जा सकते है।

इस प्रकार, कथन I में दिया गया डेटा प्रश्न का उत्तर देने के लिए पर्याप्त नहीं है।

कथन II से:

'thick and tree' के लिए कोड नहीं प्राप्त किये जा सकते है।

इस प्रकार, कथन II में दिया गया डेटा प्रश्न का उत्तर देने के लिए पर्याप्त नहीं है।

कथन I और II से:

'thick' के लिए कोड 10 है और 'tree' के लिए कोड 15 है।

इस प्रकार, कथन I और कथन II दोनों का डेटा प्रश्न का उत्तर देने के लिए पर्याप्त है।

अतः विकल्प (D) सही है।

26. कथन I से:

E _ _ _ E

क्रमागत अक्षर A-B या R-S या Q-R हो सकते हैं।

यदि हम A-B रखें तो हमें कोई अर्थपूर्ण अंग्रेजी शब्द नहीं मिलता है।

EBRAE , EARBE

यदि हम R-S लगाते हैं, तो हमें एक अर्थपूर्ण अंग्रेजी शब्द मिलता है।

ERASE

यदि हम R-Q रखें, तो हमें कोई अर्थपूर्ण अंग्रेजी शब्द नहीं मिलता है।

ERAQE, EQARE

इस प्रकार A को ठीक बीच में रखा गया है।

इसलिए केवल कथन I में दिया गया डेटा प्रश्न का उत्तर देने के लिए पर्याप्त है।

कथन II से:

निम्नलिखित दो केस हो सकते हैं।

केस -1: यदि अक्षर 'A' स्वर से शुरू और समाप्त होता है।

A R E S A

केस-2: यदि अक्षर 'E' से शुरू और समाप्त होता है।

ERASE

ERASE एक अर्थपूर्ण अंग्रेजी शब्द है। इस प्रकार ठीक मध्य अक्षर 'A' है।

इस प्रकार, कथन II में दिया गया डेटा उत्तर देने के लिए पर्याप्त है।

इस प्रकार, केवल कथन I या केवल कथन II प्रश्न का उत्तर देने के लिए पर्याप्त है।

अतः विकल्प (C) सही है।

27. कथन I से:

इसके प्रयोग से 'season' शब्द के लिए कोड प्राप्त नहीं किया जा सकता है, क्योकि 'season' दिए गए दोनों संकेतो में उभयनिष्ठ नहीं है।

इस प्रकार, केवल कथन I में दिया गया डेटा प्रश्न का उत्तर देने के लिए पर्याप्त नहीं है।

कथन II से:

इसके प्रयोग से भी 'season' के लिए कोड प्राप्त नहीं किया जा सकता है, क्योकि 'season' दिए गए दोनों संकेतो में उभयनिष्ठ नहीं है।

इस प्रकार, केवल कथन II में दिया गया डेटा प्रश्न का उत्तर देने के लिए पर्याप्त नहीं है।

कथन I और II से:

दोनों कथनों का प्रयोग करके हम कह सकते हैं कि 'season' के लिए कोड '9' है।

इसलिए, कथन I और II में दिया गया डेटा प्रश्न का उत्तर देने के लिए पर्याप्त है।

अतः विकल्प (C) सही है।

28. कथन I से:

केस-1

व्यक्ति	J	B	J	E		F	H	G

केस-2

व्यक्ति	B	J	E		F	H	G	

इस प्रकार, हम यह निर्धारित नहीं कर सकते कि H दाएं छोर से तीसरा है या दूसरा।

इसलिए, केवल कथन I में दिया गया डेटा प्रश्न का उत्तर देने के लिए पर्याप्त है।

कथन II से:

केस-1

व्यक्ति	B			E		F	H	

केस-2

व्यक्ति		B				E	F	H

इस प्रकार, हम यह निर्धारित नहीं कर सकते कि H दाएं छोर से पहले या दूसरे स्थान पर है।

इसलिए, केवल कथन II में दिया गया डेटा प्रश्न का उत्तर देने के लिए पर्याप्त है।

दोनों कथनों से:

संकेत: "E, B के दाएं से तीसरे स्थान पर है" और "B, E के बाएं से दूसरे स्थान पर है" दोनों एक ही समय में एक-दूसरे के स्थान पर आते हैं, इस प्रकार, दोनों कथनों का उपयोग करके क्रम प्राप्त नहीं किया जा सकता है।

इसलिए, कथन I और II में दिया गया डेटा प्रश्न का उत्तर देने के लिए पर्याप्त नहीं है।

अतः विकल्प (D) सही है।

29. कथन I से:

मंजिल संख्या	**व्यक्ति**
7	A
6	F
5	रिक्त
4	D/C
3	E
2	B
1	C/D

हम D की मंजिल संख्या निर्धारित नहीं कर सकते हैं, इस प्रकार आवश्यक अंतर का पता नहीं लगाया जा सकता है।

इस प्रकार, केवल कथन I में दिया गया डेटा प्रश्न का उत्तर देने के लिए पर्याप्त नहीं है।

कथन II से:

दिए गए संकेतों के साथ निम्नलिखित तीन केस संभव हैं।

मंजिल संख्या	**केस-1**	**केस-2**	**केस-3**
	व्यक्ति	व्यक्ति	व्यक्ति
7	A		A
6	F	D	F
5	रिक्त	रिक्त	रिक्त
4	D	B	B
3	E	E	E
2	B	A	D
1		F	

इस प्रकार, केवल कथन II में दिया गया डेटा प्रश्न का उत्तर देने के लिए पर्याप्त नहीं है।

कथन I और II से:

मंजिल संख्या	**व्यक्ति**
7	A
6	F
5	रिक्त
4	D
3	E
2	B
1	C

इस प्रकार, B और D की मंजिलों की संख्या के बीच का अंतर 2 है।

इसलिए, कथन I और II में दिया गया डेटा प्रश्न का उत्तर देने के लिए पर्याप्त है।

अतः विकल्प (C) सही है।

30. कथन I से:

दिए गए संकेतों के अनुसार, बॉक्स E में या तो पेपर या बॉल हो सकती है और निश्चित रूप से बाएं छोर से तीसरे स्थान पर नहीं है।

बॉक्स A को छोड़कर किसी अन्य बॉक्स में कैप नहीं है, इस प्रकार पेन, पेपर और बॉल दो बॉक्स में रखे जाते हैं।

बॉल वाले बॉक्स में से एक बॉक्स B है, लेकिन बॉक्स G को इसके बाएं नहीं रखा जा सकता है।

बॉक्स			पेन	कैप	बॉल		बॉल
वस्तु	F	E	C	A	B	G	E

इस प्रकार, बॉल वाले दो बॉक्स के बीच केवल एक बॉक्स रखा गया है।

इसलिए, केवल कथन I में दिया गया डेटा प्रश्न का उत्तर देने के लिए पर्याप्त है।

कथन II से:

दिए गए संकेतों के अनुसार, यह स्पष्ट है कि केवल एक बॉक्स यानी बॉक्स A में कैप है, इस प्रकार इसे पंक्ति के ठीक बीच में रखा जाएगा।

बॉक्स			पेन	पेन/कैप	बॉल		बॉल
वस्तु			C		B	G	E

इस प्रकार, हम दूसरे बॉक्स को निर्धारित नहीं कर सकते हैं जिसमें बॉल है।

इसलिए, केवल कथन II में दिया गया डेटा प्रश्न का उत्तर देने के लिए पर्याप्त नहीं है।

अतः विकल्प (A) सही है।

तर्कशक्ति अभियोग्यता टेस्ट 17

Ques (1-28):निर्देश: नीचे दिए गए प्रश्न में एक कथन दिया गया है जिसके बाद दो क्रियाविधियाँ I और II दी गई हैं। कथन में दी गई जानकारी के आधार पर तय करें कि दी गई क्रियाविधियों में से कौन सी तार्किक रूप से अनुसरण करती है।

Q.1 कथन: बैंकों की गैर-निष्पादित परिसंपत्तियों के बढ़ते अनुभवों से सीखकर बुरे ऋणों की पुनरावृत्ति को रोकने के लिए उपयुक्त उपायों को अपनाना आवश्यक है।

क्रियाविधियाँ:

I. ग्राहकों को ऋण देने से पहले ऋण के लिए उनकी योग्यता का मूल्यांकन दृढ़ता से किया जाना चाहिए।

II. ऋण की किस्तों का भुगतान सुनिश्चित करने के लिए, जिस काम के लिए ऋण दिया गया था, उसकी नियमित आधार पर निगरानी की जानी चाहिए।

A. केवल I अनुसरण करती है
B. केवल II अनुसरण करती है
C. या तो I या II अनुसरण करती है
D. ना तो I और ना ही II अनुसरण करती है
E. I और II दोनों अनुसरण करती हैं

Q.2 कथन: एक वरिष्ठ प्रबंधक कंपनी प्रोटोकॉल का पालन नहीं करता है जबकि वह अधीनस्थों को ऐसा करने का निर्देश देता है।

क्रियाविधियाँ:

I. प्रबंधक को फटकार का एक पत्र भेजा जाना चाहिए।

II. वरिष्ठ प्रबंधक के साथ स्वस्थ चर्चा की जानी चाहिए।

A. केवल I अनुसरण करती है
B. केवल II अनुसरण करती है
C. या तो I या II अनुसरण करती है
D. न तो I और न ही II अनुसरण करती है
E. I और II दोनों अनुसरण करती हैं

Q.3 कथन: हाल ही में मादक पदार्थों पर नियंत्रण ब्यूरो के नेतृत्व में जांच ने भारतीय फिल्म उद्योग की एक भयावह तस्वीर का खुलासा किया है।

क्रियाविधियाँ:

I. दोषी पाए जाने वालों को उनकी स्थिति की परवाह किए बिना दंडित किया जाना चाहिए।

II. ड्रग से निपटने में शामिल लोगों को दंडित करने के लिए ड्रग के साथ जुड़े खतरों के बारे में परामर्श और मार्गदर्शन किया जाना चाहिए।

A. केवल I अनुसरण करती है
B. केवल II अनुसरण करती है
C. या तो I या II अनुसरण करती है
D. न तो I और न ही II अनुसरण करती है
E. I और II दोनों अनुसरण करती हैं

Q.4 कथन: भारत और चीन के बीच पिछले कुछ महीनों से संबंध बिगड़ रहे हैं और दोनों राष्ट्र एक-दूसरे के खिलाफ हिमालय क्षेत्र में विवादित सीमा पर आमने सामने हैं।

क्रियाविधियाँ:

(I) भारत को भारतीय बुनियादी ढांचे में चीनी भागीदारी को सीमित करना चाहिए और अंततः इसे शामिल नहीं करना चाहिए।

(II) भारत को तब तक कोई समझौता नहीं करना चाहिए जब तक कि यथास्थिति बहाल न हो जाए।

A. केवल (I) अनुसरण करती है
B. केवल (II) अनुसरण करती है
C. या तो (I) या (II) अनुसरण करती है
D. ना तो (I) और ना ही (II) अनुसरण करती है
E. (I) और (II) दोनों अनुसरण करती हैं

Q.5 कथन: अपर्याप्त वर्षा के कारण इस मानसून में खाद्यान्न उत्पादन में भारी गिरावट आई है।

क्रियाविधियाँ:

I. सरकार को किसानों को समर्थन देने के लिए खाद्यान्नों के खरीद मूल्य में वृद्धि करनी चाहिए।

II. सरकार को अगले मौसम के लिए बीज और उर्वरकों की कीमतों में सब्सिडी बढ़ा देनी चाहिए।

A. केवल I अनुसरण करती है
B. केवल II अनुसरण करती है
C. या तो I या II अनुसरण करती है
D. न तो I और न ही II अनुसरण करती है
E. I और II दोनों अनुसरण करती हैं

Q.6 कथन: सभी के लिए गुणवत्तापूर्ण शिक्षा गरीबी को कम करने में मदद कर सकती है।

क्रियाविधियाँ:

I. शिक्षा की गुणवत्ता में सुधार लाने के लिए शिक्षकों की भर्ती, प्रशिक्षण और सहायता पर ध्यान केंद्रित किया जाना चाहिए।

II. सरकार को सभी लड़कियों को मुफ्त शिक्षा प्रदान करनी चाहिए।

A. केवल I अनुसरण करती है
B. केवल II अनुसरण करती है
C. या तो I या II अनुसरण करती है
D. न तो I और न ही II अनुसरण करती है
E. I और II दोनों अनुसरण करती हैं

Q.7 कथन: विश्व बैंक का अनुमान है कि भारत कुपोषण से पीड़ित बच्चों की संख्या के मामले में दुनिया के सर्वोच्च रैंकिंग वाले देशों में से एक है।

क्रियाविधियाँ:

I. सरकार, लोग और विभिन्न गैर-सरकारी संगठनों को एक साथ आना चाहिए और समस्या को मिटाने की कोशिश करनी चाहिए।

II. सरकार को इस समस्या के उन्मूलन के लिए विदेशों से वित्तीय मदद लेनी चाहिए।

A. केवल I अनुसरण करती है
B. केवल II अनुसरण करती है
C. या तो I या II अनुसरण करती है
D. न तो I और न ही II अनुसरण करती है
E. I और II दोनों अनुसरण करती हैं

Q.8 कथन: फरदीन विद्यालय का सर्वश्रेष्ठ बास्केटबाल खिलाड़ी बनना चाहता है।

क्रियाविधियाँ:

I. फरदीन को नियमित तौर पर अभ्यास करना और प्रशिक्षण लेना चाहिए।

II. फरदीन को सप्ताहांत पर छुट्टी को पढ़ने के बजाय खेलने में लगाना चाहिए।

A. केवल I अनुसरण करती है
B. केवल II अनुसरण करती है
C. या तो I या II अनुसरण करती है
D. न तो I और न ही II अनुसरण करती है

E. I और II दोनों अनुसरण करती हैं

Q.9 कथन: एक अध्ययन में दर्शाया गया कि फोन पर बहुत अधिक समय व्यतीत करना आपके ध्यान केन्द्रित करने की शक्ति और मानसिक स्वास्थ्य के लिए खराब होता है।

क्रियाविधियाँ:

I. अधिकतम पुश नोटिफिकेशनों को बंद कर देना चाहिए।

II. लोगों को अलार्म घड़ियों का उपयोग करना चाहिए और मोबाइलों को बिस्तर पर ले जाने से बचना चाहिए।

A. केवल I अनुसरण करती है
B. केवल II अनुसरण करती है
C. या तो I या II अनुसरण करती है
D. न तो I और न ही II अनुसरण करती है
E. I और II दोनों अनुसरण करती हैं

Q.10 कथन: हाई स्कूल में सहपाठियों का दबाव हानिकारक है क्योंकि इससे किशोरों में अवसाद, उच्च-तनाव का स्तर और नकारात्मक व्यवहार के मुद्दे पैदा हो सकते हैं।

क्रियाविधियाँ:

I. छात्रों को हाई स्कूल में दोस्त बनाने से बचना चाहिए।

II. छात्रों को अपनी पढ़ाई पर ध्यान देना चाहिए।

A. केवल I अनुसरण करती है
B. केवल II अनुसरण करती है
C. या तो I या II अनुसरण करती है
D. न तो I और न ही II अनुसरण करती है
E. I और II दोनों अनुसरण करती हैं

Q.11 कथन: सामान्य जेलों में महिलाएँ पुरुष कर्मचारियों द्वारा हिरासत में यातना, स्वास्थ्य सेवाओं से वंचित और स्वच्छ जल और भोजन की कमी के अधीन हैं।

क्रियाविधियाँ:

I. सरकार को महिला कर्मचारियों के साथ महिलाओं के लिए अलग जेल उपलब्ध कराना चाहिए।

II. जेलों को ईंटों से बनाया जाना चाहिए।

A. केवल I अनुसरण करती है
B. केवल II अनुसरण करती है
C. या तो I या II अनुसरण करती है
D. न तो I और न ही II अनुसरण करती है
E. I और II दोनों अनुसरण करती हैं

Q.12 कथन: यह बताया गया है कि सब्जियों और फलों में विटामिन और खनिज मानव शरीर के लिए फायदेमंद होते हैं। दवाओं का मानव शरीर पर समान प्रभाव नहीं होता है।

क्रियाविधियाँ:

I. मानव शरीर की विटामिन और खनिजों की आवश्यकता को पूरा करने के लिए लोगों को ताजे फल और सब्जियां लेने के लिए प्रोत्साहित किया जाना चाहिए।

II. विटामिन और खनिज की दवाओं की बिक्री पर रोक लगनी चाहिए।

A. केवल I अनुसरण करती है
B. केवल II अनुसरण करती है
C. या तो I या II अनुसरण करती है
D. न तो I और न ही II अनुसरण करती है
E. और II दोनों अनुसरण करती हैं

Q.13 कथन: केंद्रीय जांच ब्यूरो (CBI) को, एक अधिकारी द्वारा काम करनें के लिए, रिश्वत लेने की शिकायत मिलती है जो उसे करना चाहिए है।

क्रियाविधियाँ:

I. सीबीआई को अधिकारी को रंगे हाथों पकड़ने की कोशिश करनी चाहिए और फिर उसके खिलाफ सख्त कार्रवाई करनी चाहिए।

II. मामले के बारे में सुनिश्चित करने के लिए सीबीआई को अधिकारी के बारे में कुछ और शिकायतों की प्रतीक्षा करनी चाहिए।

A. केवल I अनुसरण करती है
B. केवल II अनुसरण करती है
C. या तो I या II अनुसरण करती है
D. न तो I और न ही II अनुसरण करती है
E. I और II दोनों अनुसरण करती हैं

Q.14 कथन: वित्तीय तंगी ने एक कंपनी को इस वर्ष लॉकडाउन के बाद से अपने कर्मचारियों को वेतन देने में बाधा डाली है।

क्रियाविधियाँ:

I. कंपनी को तुरंत कर्मचारियों की संख्या में कम से कम 30% की कटौती करनी चाहिए।

II. कंपनी को फिजूलखर्ची को कम करना चाहिए और अपने कर्मचारियों के वेतन का भुगतान करने की व्यवस्था करनी चाहिए।

A. केवल I अनुसरण करती है
B. केवल II अनुसरण करती है
C. या तो I या फिर II अनुसरण करती है
D. ना तो I और ना ही II अनुसरण करती है
E. I और II दोनों अनुसरण करती हैं

Q.15 कथन: स्थानीय स्कूलों में कई स्कूली बच्चे स्कूल प्राधिकरण द्वारा प्रदान किए गए उनके सब्सिडी वाले टिफिन के सेवन के बाद बीमार पड़ गए हैं।

क्रियाविधियाँ:

I. सभी स्कूलों की टिफिन सुविधा तत्काल प्रभाव से बंद कर दी जाए।

II. सरकार को स्कूल द्वारा उपलब्ध कराए जाने वाले टिफिन की गुणवत्ता को प्रमाणित करने के लिए एक प्रणाली लागू करनी चाहिए।

A. केवल I अनुसरण करती है
B. केवल II अनुसरण करती है
C. या तो I या II अनुसरण करती है
D. न तो I और न ही II अनुसरण करती है
E. I और II दोनों अनुसरण करती हैं

Q.16 कथन: शॉर्ट सर्किट के कारण शहर के स्थानीय बाजार का एक बड़ा हिस्सा जलकर खाक हो गया, जिससे माल और संपत्ति को व्यापक नुकसान हुआ।

क्रियाविधियाँ:

I. सरकार को सभी प्रतिष्ठानों के लिए विद्युत फिटिंग करना और रखरखाव के संबंध में सख्त दिशानिर्देश जारी करना चाहिए।

II. सरकार को सभी बाजारों को शहर के बाहरी इलाके में स्थानांतरित करना चाहिए।

A. केवल I अनुसरण करती है
B. केवल II अनुसरण करती है
C. या तो I या फिर II अनुसरण करती है
D. ना तो I और ना ही II अनुसरण करती है
E. I और II दोनों अनुसरण करती हैं

Q.17 कथन: समाचार के अनुसार, कुछ आतंकवादी दिल्ली में एक पुरानी इमारत के अंदर छिपे हुए हैं।

क्रियाविधियाँ:

I. सरकार को सैन्य बलों को दिल्ली भेजना चाहिए।

II. सरकार को उन्हें दिल्ली के बाहरी इलाके में स्थानांतरित करने का प्रस्ताव रखना चाहिए।

A. केवल I अनुसरण करती है

B. केवल II अनुसरण करती है
C. या तो I या II अनुसरण करती है
D. न तो I और न ही II अनुसरण करती है
E. I और II दोनों अनुसरण करती हैं

Q.18 कथन: पानी आपूर्ति करने वाले पाइप में रिसाव की वजह से, पानी की कमी के कारण शहर के कई हिस्सों में पेयजल आपूर्ति बाधित हो गई है।

क्रियाविधियाँ:

I. सरकार को मामले की जांच का आदेश देना चाहिए।

II. नुकसान का आकलन करने और प्रभावी कदम उठाने के लिए नागरिक निकाय को एक तथ्य खोजने वाली टीम का गठन करना चाहिए।

A. केवल I अनुसरण करती है
B. केवल II अनुसरण करती है
C. या तो I या फिर II अनुसरण करती है
D. ना तो I और ना ही II अनुसरण करती है
E. I और II दोनों अनुसरण करती हैं

Q.19 कथन: यद्यपि भारतीय अर्थव्यवस्था अभी भी कृषि पर बहुत अधिक निर्भर है, वैश्विक कृषि व्यापार में इसका हिस्सा कुल निर्यात, कृषि निर्यात के हिस्से से कम है।

क्रियाविधियाँ:

I. अपने कृषि उत्पादन को बढ़ाने के प्रयास किए जाने चाहिए।

II. गैर-कृषि वस्तुओं के निर्यात को कम किया जाना चाहिए।

A. केवल I अनुसरण करती है
B. केवल II अनुसरण करती है
C. या तो I या फिर II अनुसरण करती है
D. ना तो I और ना ही II अनुसरण करती है
E. I और II दोनों अनुसरण करती हैं

Q.20 कथन: एक यात्री ट्रेन अपनी पटरी से उतर गई और कई कोचों में आग लग गई।

क्रियाविधियाँ:

I. दुर्घटनास्थल पर तत्काल चिकित्सा सहायता भेजी जानी चाहिए।

II. आग को रोकने के लिए दमकल को दुर्घटनास्थल पर भेजा जाना चाहिए।

A. केवल I अनुसरण करती है
B. केवल II अनुसरण करती है
C. या तो I या II अनुसरण करती है
D. न तो I और न ही II अनुसरण करती है
E. I और II दोनों अनुसरण करती हैं

Q.21 कथन: भारत में शिक्षक अभी भी पारंपरिक तरीकों का उपयोग करके पढ़ाते हैं और शिक्षण के आधुनिक तरीकों से अवगत नहीं हैं।

क्रियाविधियाँ:

I. शिक्षकों की शिक्षण पद्धति को बदलने के लिए अभिविन्यास कार्यक्रम आयोजित किए जाने चाहिए।

II. आधुनिक तरीकों का उपयोग करने वाले अध्यापकों के लिए वेतन वृद्धि होनी चाहिए।

A. केवल I अनुसरण करती है
B. केवल II अनुसरण करती है
C. या तो I या II अनुसरण करती है
D. न तो I और न ही II अनुसरण करती है
E. I और II दोनों अनुसरण करती हैं

Q.22 कथन: अध्यक्ष ने शिक्षा प्रणाली को और अधिक लचीला बनाने की आवश्यकता पर बल दिया और खेद व्यक्त किया कि हो रहे परिवर्तनों की गति को ध्यान में रखते हुए पाठ्यक्रम को संशोधित नहीं किया गया है।

क्रियाविधियाँ:

I. पाठ्यक्रम की समय-समय पर समीक्षा और संशोधन किया जाना चाहिए।

II. शिक्षा प्रणाली को और अधिक लचीला बनाया जाना चाहिए।

A. केवल I अनुसरण करती है
B. केवल II अनुसरण करती है
C. या तो I या फिर II अनुसरण करती है
D. ना तो I और ना ही II अनुसरण करती है
E. I और II दोनों अनुसरण करती हैं

Q.23 कथन: हर वर्ष, मानसून की शुरुआत या अंत में, हमारे पास नेत्रश्लेष्मलाशोथ के कुछ मामले होते हैं, लेकिन इस वर्ष, यह लगभग चार वर्षों के बाद देखी गई एक बड़ी महामारी प्रतीत होती है।

क्रियाविधियाँ:

I. महामारी की जांच के लिए हर चार वर्षों के बाद एहतियाती उपाय किए जाने चाहिए।

II. लोगों को मानसून के मौसम में उबला हुआ पानी पीने की सलाह दी जानी चाहिए।

A. केवल I अनुसरण करती है
B. केवल II अनुसरण करती है
C. या तो I या फिर II अनुसरण करती है
D. ना तो I और ना ही II अनुसरण करती है
E. I और II दोनों अनुसरण करती हैं

Q.24 कथन: 7वें वेतन आयोग को लागू नहीं करने के कारण केंद्र सरकार के सभी कर्मचारी हड़ताल पर चले गए।

क्रियाविधियाँ:

I. 7वें वेतन आयोग को तत्काल लागू किया जाना चाहिए।

II. केंद्र सरकार के सभी कर्मचारियों को निलंबित कर दिया जाना चाहिए।

A. केवल I अनुसरण करती है
B. केवल II अनुसरण करती है
C. या तो I या II अनुसरण करती है
D. न तो I और न ही II अनुसरण करती है
E. I और II दोनों अनुसरण करती हैं

Q.25 कथन: प्राकृतिक आपदाओं के दौरान, कई विभाग इन विभागों के अतिव्यापी कार्यों के कारण किसी भी गलत काम के लिए एक-दूसरे को दोषी ठहराते हैं।

क्रियाविधियाँ:

I. प्राकृतिक आपदाओं के दौरान कार्यभार संभालने के लिए केवल एक विभाग होना चाहिए।

II. सभी विभागों को गलत कामों में जिम्मेदार ठहराया जाना चाहिए और दंड दिया जाना चाहिए।

A. केवल I अनुसरण करती है
B. केवल II अनुसरण करती है
C. या तो I या II अनुसरण करती है
D. न तो I और न ही II अनुसरण करती है
E. I और II दोनों अनुसरण करती हैं

Q.26 कथन: हाल ही के एक अध्ययन से पता चलता है कि विकासशील देशों के शहरों में पांच वर्ष से कम आयु के बच्चों की मुख्य रूप से दस्त और परजीवी आंतों के कीड़े के कारण मृत्यु हो जाती हैं।

क्रियाविधियाँ:

I. विकासशील देशों की सरकार को शहरों में स्वच्छता की स्थिति में सुधार के लिए पर्याप्त उपाय करने चाहिए।

II. विकासशील देशों के शहरों में पांच वर्ष से कम आयु के बच्चों को लगातार दवा के तहत रखने की आवश्यकता है।

A. केवल I अनुसरण करती है
B. केवल II अनुसरण करती है

C. या तो I या फिर II अनुसरण करती है
D. ना तो I और ना ही II अनुसरण करती है
E. I और II दोनों अनुसरण करती हैं

Q.27 कथन: भाखड़ा बांध के गोबिंद सागर जलाशय में प्रवाह में तेज और निरंतर गिरावट की रिपोर्ट, उत्तर में ताप विद्युत संयंत्रों के साथ भाप कोयले के घटते स्टॉक के साथ, इस क्षेत्र में एक गंभीर बिजली संकट पैदा कर सकता है।
क्रियाविधियाँ:
I. ताप विद्युत संयंत्रों को भाप कोयले की आपूर्ति को सरकार द्वारा तत्काल बढ़ाने की आवश्यकता है।
II. सरकार को क्षेत्र की अन्य नदियों पर हाइड्रोलिक पावर प्लांट स्थापित करने चाहिए।
A. केवल I अनुसरण करती है
B. केवल II अनुसरण करती है
C. या तो I या फिर II अनुसरण करती है
D. ना तो I और ना ही II अनुसरण करती है
E. I और II दोनों अनुसरण करती हैं

Q.28 कथन: यातायात नियमों को लागू के बावजूद शहर में नियमित यातायात का उल्लंघन देखा जाता है।
क्रियाविधियाँ:
I. नियम उल्लंघन के लिए जुर्माना राशि को अधिक किया जाना चाहिए।
II. नागरिकों को शामिल करने के लिए उपायों को अपनाया जाना चाहिए, जहां उन्हें उल्लंघन की रिपोर्ट करने के लिए पुरस्कृत किया जाता है।
A. केवल I अनुसरण करती है
B. केवल II अनुसरण करती है
C. या तो I या II अनुसरण करती है
D. न तो I और न ही II अनुसरण करती है
E. I और II दोनों अनुसरण करती हैं

Ques (29-30):निर्देश: नीचे दिए गए प्रश्न में एक कथन दिया गया है जिसके बाद दो क्रियाविधियाँ I और II दी गई हैं। कथन में दी गई जानकारी के आधार पर तय करें कि दी गई क्रियाविधियों में से कौन सी तार्किक रूप से अनुसरण करती है।

Q.29 कथन: ऐसे लोग हैं जो अभी भी गीला और सूखा कचरा अलग नहीं करते हैं।
क्रियाविधियाँ:
(I) अपशिष्ट संग्रहकर्ताओं को इनका कचरा इकट्ठा नहीं करना चाहिए।
(II) लोगों को कचरा पृथक्करण के महत्व से अवगत कराया जाना चाहिए।
A. केवल (I) अनुसरण करती है
B. केवल (II) अनुसरण करती है
C. या तो (I) या (II) अनुसरण करती है
D. ना तो (I) और ना ही (II) अनुसरण करती है
E. (I) और (II) दोनों अनुसरण करती हैं

Q.30 कथन: पिछले 2 वर्षों में मुद्रास्फीति की दर में काफी कमी आई है और देश की अर्थव्यवस्था में तेजी के साथ-साथ वृद्धि के संकेत भी दिखाई दे रहे हैं।
क्रियाविधियाँ:
I. वित्त मंत्रालय को देश की आर्थिक प्रणाली की जांच करनी चाहिए और इसमें संशोधन करना चाहिए।
II. देश की आर्थिक व्यवस्था को जारी रखा जाना चाहिए क्योंकि यह पिछले 2 वर्षों से है।
A. केवल I अनुसरण करती है
B. केवल II अनुसरण करती है
C. या तो I या II अनुसरण करती है
D. ना तो I और ना ही II अनुसरण करती है
E. I और II दोनों अनुसरण करती हैं

// स्मार्ट उत्तर पुस्तिका //

सही उत्तर — उन छात्रों के प्रतिशत को इंगित करता है जिन्होंने प्रश्नों का सही उत्तर दिया था।

छोड़ दिया — उन छात्रों के प्रतिशत को इंगित करता है जिन्होंने प्रश्नों को छोड़ दिया था।

प्रश्न संख्या	उत्तर	सही उत्तर	छोड़ दिया
1	A	84.04 %	13.34 %
2	E	88.48 %	10.28 %
3	A	46.18 %	38.11 %
4	E	57.78 %	36.85 %
5	E	82.84 %	15.22 %
6	D	10.9 %	80.3 %
7	A	48.4 %	48.07 %
8	A	82.22 %	13.73 %
9	E	42.16 %	43.14 %
10	D	83.2 %	14.94 %
11	A	81.87 %	11.89 %
12	A	50.46 %	32.36 %
13	A	84.17 %	11.99 %
14	B	14.74 %	75.99 %
15	B	62.78 %	33.9 %
16	A	44.26 %	46.85 %
17	A	40.37 %	54.67 %
18	B	42.73 %	51.13 %
19	A	76.01 %	22.61 %
20	E	77.56 %	12.33 %
21	A	80.1 %	10.38 %
22	E	41.44 %	49.8 %
23	B	41.46 %	41.57 %
24	D	48.79 %	39.83 %
25	D	40.01 %	36.56 %
26	E	83.37 %	16.31 %
27	A	24.84 %	67.64 %
28	E	57.01 %	30.81 %
29	B	87.26 %	10.12 %
30	B	84.15 %	12.14 %

कार्य विश्लेषण	
औसत अंक (%)	26.67%
टॉपर्स स्कोर (%)	56.67%
आपका स्कोर	

//संकेत और समाधान//

1. क्रियाविधि I उचित है क्योंकि यह बकाएदारों की संख्या को कम कर देगा और यह निवारक उपाय के रूप में कार्य करेगा। क्रियाविधि II इसका अनुसरण नहीं करती है क्योंकि बैंक संभावित रूप से उस तरीके के लिए पर्यवेक्षण नहीं कर सकता जिसके लिए ऋण दिया जाता है। इस प्रकार केवल क्रियाविधि I अनुसरण करती है।

अत: विकल्प (A) सही है।

2. कथन एक वरिष्ठ प्रबंधक के बारे में कंपनी की नीतियों का पालन नहीं करने की बात करता है जबकि ऐसा करने का निर्देश दिया गया है। यदि यह ज्ञात है, तो शीर्ष अधिकारी उसे एक मेल भेज सकते हैं जहाँ उसे उसके व्यवहार के लिए डाँटा जाता है। इसलिए, क्रियाविधि I अनुसरण करती है। शीर्ष अधिकारी स्वीकार्य तरीके से तालिका के पार प्रबंधक के साथ इस मामले पर चर्चा कर सकते हैं। इसलिए, क्रियाविधि II अनुसरण करती है।

अत: विकल्प (E) सही है।

3. कथन एक केंद्रीय एजेंसी की कार्रवाई के बारे में बात करता है जिसने ड्रग्स से संबंधित एक गहरी सांठगांठ के कारण बॉलीवुड में उथल-पुथल मचा दी है। सेलेब्रिटी समाज के प्रतीक हैं इसलिए जो लोग ड्रग्स के अवैध सेवन/सौदे में शामिल हैं, उन्हें उनकी स्थिति और पद की परवाह किए बिना सजा दी जानी चाहिए या बाकियों के लिए एक उदाहरण निर्धारित करना चाहिए। इसलिए, क्रियाविधि I अनुसरण करती है। परामर्श और उनका मार्गदर्शन करना प्रासंगिक होगा लेकिन गैरकानूनी दवा सौदों में लगे लोगों को दंडित किया जाना चाहिए ताकि वे सबक सीखें और भविष्य में फिर ऐसा न करें। इसलिए, क्रियाविधि II अनुसरण नहीं करती है।

अत: विकल्प (A) सही है।

4. कथन में सीमा पार तनाव के कारण भारत और चीन के बीच संघर्ष की स्थिति के बारे में बात की गई है। भारत को चीन के साथ व्यापार संबंधों में कटौती करने की कोशिश करनी चाहिए जब तक कि तनाव को हल नहीं किया जाता है, साथ ही सुरक्षा कारणों से चीन को बुनियादी ढाँचे से बाहर रखा जाना चाहिए। इसलिए, क्रियाविधि (I) अनुसरण करती है। मई की शुरुआत में जब तक मूल स्थिति बहाल नहीं हो जाती, तब तक भारत को किसी भी तरह का समझौता नहीं करना चाहिए। इसलिए, क्रियाविधि (II) अनुसरण करती है।

अत: विकल्प (E) सही है।

5. क्रियाविधि I उचित है क्योंकि यह किसानों की वित्तीय स्थिति को प्रभावित करेगी। क्रियाविधि II उचित है क्योंकि बीजों और उर्वरकों की कीमत में और अधिक सब्सिडी देने से क्षतिपूर्ति के रूप में काम करेगी।

अत: विकल्प (E) सही है।

6. क्रियाविधि I अनुसरण नहीं करती है क्योंकि उच्च गुणवत्ता वाले प्रशिक्षित शिक्षक निश्चित रूप से शिक्षा की गुणवत्ता में सुधार करते हैं, लेकिन केवल शिक्षा में सुधार गरीबी को कम करने में मदद नहीं कर सकता है। बेहतर शिक्षा गरीबी को कम करने में उस समय मदद करती है जब यह सभी स्तरों के लोगों के लिए उपलब्ध होगी। यह क्रियाविधि अनुसरण कर सकती थी यदि यह शिक्षा की गुणवत्ता में सुधार लाने के लिए शिक्षकों की भर्ती, प्रशिक्षण और सहायता पर ध्यान केंद्रित करती। क्रियाविधि II भी अनुसरण नहीं करती है क्योंकि केवल लड़कियों को मुफ्त शिक्षा प्रदान करना गरीबी का समाधान नहीं है। लिंग पर ध्यान दिए बिना सभी जरूरतमंद लोगों के लिए मुफ्त शिक्षा उपलब्ध होनी चाहिए।

अत: विकल्प (D) सही है।

7. जैसा कि हम कथन को देखते हैं, यह कुपोषण से पीड़ित बच्चों की संख्या के मामले में दुनिया में भारत की रैंकिंग के बारे में बात करता है। क्रियाविधि I उचित है, क्योंकि इस समस्या को हल करने के लिए लोग, सरकार और गैर-सरकारी संगठन इन सभी को एक साथ आना चाहिए और समन्वित तरीके से काम करना चाहिए। क्रियाविधि II यहां मान्य नहीं है क्योंकि भारत जैसे देश में, ऐसी समस्याओं को हल करने के लिए विदेशों से वित्तीय सहायता प्राप्त करने की कोई आवश्यकता नहीं है। एक उचित बजट और योजना इस समस्या को हल कर सकती है।

अत: विकल्प (A) सही है।

8. क्रियाविधि I अनुसरण करती हैं अभ्यास किसी के कौशल को बढ़ाने में मदद करता है। इस प्रकार, क्रियाविधि I दिए गए कथन के अनुसार उठाया जाने वाला सही कदम है। इसलिए, क्रियाविधि I अनुसरण करती है। वहीं दूसरी ओर, किसी भी समय पढ़ाई की तुलना में खेल को अधिक प्राथमिकता देने को परामर्श देने के योग्य नहीं माना जा सकता है। इसलिए, क्रियाविधि II अनुसरण नही करती है।

अत: विकल्प (A) सही है।

9. क्रियाविधि I अनुसरण करती है क्योंकि यह कथन इस तथ्य को बताता है कि फोन पर बहुत अधिक समय व्यतीत करना आपके ध्यान केन्द्रित करने की शक्ति और मानसिक स्वास्थ्य के लिए खराब होता है। इस प्रकार, क्रियाविधि I हमें नोटिफिकेशन को बंद करने का हल प्रदान करती है, ताकि हम फोन का अनावश्यक प्रयोग करने से बच सकें। इसलिए, क्रियाविधि I अनुसरण करती है। वहीं, बहुत से लोगों का कहना है कि वे बिस्तर पर मोबाइल इसलिए ले जाते हैं क्योंकि उन्हें अलार्म की आवश्यकता होती है। क्रियाविधि II में यह सुझाव दिया गया है कि लोगों को अलार्म घड़ियों का उपयोग करना चाहिए और मोबाइलों को बिस्तर पर ले जाने से बचना चाहिए। यह फोन के उपयोग को कम करने का एक तरीका हो सकता है। इसलिए, क्रियाविधियाँ I और II अनुसरण करती हैं।

अत: विकल्प (E) सही है।

10. उपरोक्त कथन से, हम एक हाई स्कूल के छात्र पर सहपाठियों के दबाव के नकारात्मक प्रभावों को समझते हैं। लेकिन I में सुझाई गई क्रियाविधि संभव नहीं है। इसलिए, क्रियाविधि I अनुसरण नहीं करती है। इसी तरह, सहपाठियों के दबाव से बचने के लिए पढ़ाई पर ध्यान केंद्रित करना व्यवहार्य क्रियाविधि नहीं है। इसलिए, क्रियाविधि II अनुसरण नहीं करती है।

अत: विकल्प (D) सही है।

11. उपरोक्त कथन से, हमें जेलों में महिला कैदियों से गलत व्यवहार के बारे में सूचित किया गया है। इसलिए, इसे रोकने के लिए, सरकार को महिला कर्मचारियों के साथ महिलाओं के लिए अलग जेल प्रदान करना चाहिए। इसलिए, क्रियाविधि I अनुसरण करती है। दूसरी ओर, जेलों का पुनर्निर्माण व्यवहार्य क्रियाविधि नहीं है। इसलिए, क्रियाविधि II अनुसरण नहीं करती है।

अत: विकल्प (A) सही है।

12. चूँकि कथन मानव शरीर के लिए सब्जियां और फल लेने के लाभों के बारे में बात करता है। यह उन दवाओं की बिक्री के बारे में बात नहीं कर रहा है जिन पर प्रतिबंध लगाया जाना चाहिए। बस इतना कहा जाता है कि दवाओं का मानव शरीर पर समान प्रभाव नहीं होता है। क्रियाविधि I से लोगों को सब्जियों और फलों का लाभ मिलेगा। इसलिए, क्रियाविधि I अनुसरण करती है। क्रियाविधि II कथन से सीधे संबंधित नहीं है। इसलिए, क्रियाविधि II अनुसरण नहीं करती है।

अत: विकल्प (A) सही है।

13. चूंकि शिकायत उनके एक अधिकारी के लिए (सीबीआई) को पहले ही मिल चुकी है। गलत कार्यों के लिए एक शिकायत जैसे रिश्वत लेना ही काफी है। दोषी को रंगे हाथों पकड़कर इसकी पुष्टि की जानी चाहिए और फिर उसके खिलाफ कड़ी कार्रवाई की जानी चाहिए। इसलिए, केवल क्रियाविधि I अनुसरण करती है। चूंकि शिकायत पहले से ही मिल चुकी है, इसलिए ऐसी प्रतिष्ठित संस्था के लिए अधिक शिकायतों की प्रतीक्षा करना अच्छी क्रियाविधि नहीं है। इसलिए, क्रियाविधि II अनुसरण नहीं करती है।

अत: विकल्प (A) सही है।

14. जैसा कि कथन में कहा गया है कि वित्तीय तंगी के कारण एक कंपनी इस वर्ष लॉकडाउन के बाद से अपने कर्मचारियों को वेतन देने में असमर्थ है। कर्मचारियों की संख्या कम करना सही समाधान नहीं है। क्रियाविधि में कोई चरम सीमा शामिल नहीं होनी चाहिए। इसलिए, क्रियाविधि I अनुसरण नहीं करती है। फिजूलखर्ची पर अंकुश लगाना, लंबित वेतन के विरुद्ध धन के वितरण का प्रावधान करने की दिशा में सही कदम है। इसलिए, क्रियाविधि II अनुसरण करती है।

अत: विकल्प (B) सही है।

15. चूँकि कथन स्कूल प्राधिकरण द्वारा प्रदान किए गए सब्सिडी वाले टिफिन के दुष्प्रभावों के बारे में बात करता है जिसके कारण कई बच्चे बीमार पड़ गए हैं।क्रियाविधि के दौरान कोई चरम सीमा शामिल नहीं होनी चाहिए। इससे समस्या का समाधान नहीं होगा। इसलिए, क्रियाविधि I अनुसरण नहीं करती है। क्रियाविधि II समस्या को हल करने के लिए एक अच्छा उपाय है जो गुणवत्ता के मुद्दों को हल करेगा। इसलिए केवल क्रियाविधि II अनुसरण करती है।

अत: विकल्प (B) सही है।

16. जैसा कि कथन में शहर में स्थानीय बाजार के बारे में बात की गई है जो शॉर्ट सर्किट के कारण नष्ट हो गया था जिससे माल और संपत्ति को व्यापक नुकसान हुआ था। क्रियाविधि I भविष्य में और दुर्घटनाओं को रोकने के लिए उठाए जाने वाले एहतियाती उपाय के रूप में अनुसरण करती है। क्रियाविधि II समस्या का समाधान नहीं करेगी और खराब विद्युत फिटिंग बाजार में कहीं भी कहर बरपा देगी। इसलिए, क्रियाविधि II अनुसरण नहीं करती है।

अत: विकल्प (A) सही है।

17. इस बात को जानने के बाद कि आतंकवादी एक निश्चित स्थान पर छिपे हुए हैं, सरकार को सशस्त्र बलों को भेजना चाहिए क्योंकि यह एक राष्ट्रीय मुद्दा है। इस प्रकार, क्रियाविधि I अनुसरण करती है। दूसरी ओर, क्रियाविधि II अस्पष्ट और पूरी तरह से अवास्तविक है। ऐसी क्रियाविधि व्यावहारिक रूप से संभव नहीं है। इस प्रकार, उन्हें कहीं ओर स्थानांतरित करने का प्रस्ताव रखना पूर्ण रूप से प्रश्न के बाहर है। इस प्रकार, क्रियाविधि II अनुसरण नहीं करती है।

अत: विकल्प (A) सही है।

18. जैसा कि कथन में पानी आपूर्ति करने वाले पाइप में रिसाव के कारण पेयजल आपूर्ति में व्यवधान के बारे में बात की गई है। क्रियाविधि I समस्या का वैध समाधान नहीं है। समस्या इतनी बड़ी नहीं है कि इस मामले की जांच के लिए एक सरकारी जांच का गठन किया जाए। इसलिए, क्रियाविधि I अनुसरण नहीं करती है। क्रियाविधि II पर्याप्त है कि नागरिक निकाय कार्रवाई करे और क्षति का आकलन करे और आवश्यक कदम उठाए। इसलिए, क्रियाविधि II अनुसरण करती है।

अत: विकल्प (B) सही है।

19. जैसा कि कथन में भारतीय अर्थव्यवस्था के लाभ के बारे में बात की गई है जो अभी भी कृषि पर बहुत अधिक निर्भर है लेकिन वैश्विक कृषि व्यापार में इसका हिस्सा कुल निर्यात, कृषि निर्यात के हिस्से से कम है। केवल अपने कृषि उत्पादन को बढ़ाकर ही हम अंतर्राष्ट्रीय कृषि व्यापार में बेहतर स्थिति प्राप्त कर सकते हैं। इसलिए, क्रियाविधि I अनुसरण करती है। गैर-कृषि वस्तुओं में कमी से हमारी स्थिति और खराब होगी। इसलिए, क्रियाविधि II अनुसरण नहीं करती है।

अत: विकल्प (A) सही है।

20. यदि एक यात्री ट्रेन अपनी पटरी से उतर जाती है तो पहला कदम लोगों के जीवन को बचाने के लिए होगा। यहां दुर्घटनास्थल पर चिकित्सा सहायता और दमकल भेजना आवश्यक होगा। इसलिए, क्रियाविधियाँ I और II दोनों अनुसरण करती हैं।

अत: विकल्प (E) सही है।

21. भारत में शिक्षकों को शिक्षण के आधुनिक तरीकों से अवगत कराने के लिए, उन्हें विभिन्न पद्धति सिखाने के लिए अभिविन्यास कार्यक्रम आयोजित किए जाने चाहिए, जिसके माध्यम से वे अपनी शिक्षण क्षमता में सुधार कर सकें। इसलिए, क्रियाविधि I अनुसरण करती है। आधुनिक तरीकों का उपयोग करके पढ़ाने वाले शिक्षकों को अधिक भुगतान करना उचित क्रियाविधि नहीं हो सकती है क्योंकि मौजूद शिक्षकों को भी नए मानकों तक लाने की आवश्यकता है। इस प्रकार, क्रियाविधि II अनुसरण नहीं करती है।

अत: विकल्प (A) सही है।

22. जैसा कि कथन शिक्षा प्रणाली की समस्या के बारे में बात की गई है और अध्यक्ष ने इसे और अधिक लचीला बनाने पर जोर दिया और खेद व्यक्त किया कि परिवर्तन की गति को ध्यान में रखते हुए पाठ्यक्रम को संशोधित नहीं किया गया है। कथन शिक्षा प्रणाली की अपर्याप्तता की बात करता है और लचीलेपन और संशोधन की आवश्यकता पर जोर देता है। इसलिए क्रियाविधियाँ I और II पाठ्यक्रम को अद्यतन करने के लिए सही क्रियाविधियाँ हैं।

अत: विकल्प (E) सही है।

23. जैसा कि कथन में मानसून की शुरुआत या अंत में नेत्रश्लेष्मलाशोथ के कुछ मामलों के बारे में बात की गई है, लेकिन इस वर्ष, यह लगभग चार वर्षों बाद देखी गई एक बड़ी महामारी प्रतीत होती है। यह आवश्यक नहीं है कि ऐसी महामारी हर चार वर्षों के बाद आए। इसलिए, क्रियाविधि I अनुसरण नहीं करती है। मानसून के मौसम में बचाव नेत्रश्लेष्मलाशोथ की समस्या से निपटने के लिए सही कदम है। इसलिए, क्रियाविधि II अनुसरण करती है।

अत: विकल्प (B) सही है।

24. यहां कथन कहता है कि, 7वें वेतन आयोग को लागू नहीं करने के कारण केंद्र सरकार के सभी कर्मचारी हड़ताल पर चले गए। क्रियाविधि I अनुसरण नहीं करती है क्योंकि 7वें वेतन आयोग को तुरंत लागू नहीं किया जा सकता है, क्योंकि समिति बनाने के लिए आपको समय लगेगा और इसे लागू करने के लिए बहुत सारे कानूनी कागज़ी कार्य करने होंगे। दूसरी तरफ, क्रियाविधि II भी अनुसरण नहीं करती है क्योंकि आप केंद्र सरकार के सभी अधिकारियों को केवल इसलिए निलंबित नहीं कर सकते क्योंकि वे हड़ताल पर चले गए।

अत: विकल्प (D) सही है।

25. प्राकृतिक आपदाओं के दौरान, सभी विभागों को एक साथ कार्य करना चाहिए। केवल एक विभाग पूरी स्थिति की जिम्मेदारी नहीं ले सकता। इसलिए, क्रियाविधि I अनुसरण नहीं करती है। सभी विभागों को गलत काम के लिए जिम्मेदार नहीं ठहराया जा सकता है क्योंकि यह उन लोगों के लिए अनुचित होगा जिन्होंने ईमानदारी से काम किया है। केवल ऐसे विभाग जो गलत कामों के लिए जिम्मेदार हैं, उन्हें दंड दिया जाना चाहिए। इसलिए, क्रियाविधि II भी अनुसरण नहीं करती है।

अत: विकल्प (D) सही है।

26. यदि सरकार शहरों में स्वच्छता की स्थिति में सुधार पर ध्यान केंद्रित करती है, तो निश्चित रूप से समस्या के प्रभाव को कम कर सकती है। इसलिए, क्रियाविधि I अनुसरण करती है। एक निरंतर दवा एक और व्यावहारिक व्यवहार्य कदम है, जो दस्त और आंतों के कीड़ों से होने वाली मृत्यु के मामलों को कम करने में मदद करेगा। इसलिए, क्रियाविधि II भी अनुसरण करती है।

अत: विकल्प (E) सही है।

27. कथन विद्युत संयंत्रों के सामने आने वाले संकट की ओर इशारा करती है और संकट में से एक उत्तर में ताप विद्युत संयंत्रों के साथ भाप कोयले के भंडार की कमी है। इसलिए, थर्मल पावर प्लांटों को भाप कोयले की आपूर्ति करना सही कदम है। इसलिए, क्रियाविधि I अनुसरण करती है। दूसरे, चूंकि गोबिंद सागर में पानी का प्रवाह कम हो गया है, इसलिए एक और हाइड्रोलिक पावर प्लांट स्थापित करना व्यर्थ होगा। इसलिए, क्रियाविधि II अनुसरण नहीं करती है।

अत: विकल्प (A) सही है।

28. कथन में कहा गया है कि यातायात नियमों को लागू करने के बावजूद शहर में नियमित यातायात का उल्लंघन देखा जाता है। क्रियाविधि I सुझाव देती है कि

मौद्रिक जुर्माना बढ़ाया जाना चाहिए। चूंकि धन का नुकसान होता है और इससे लोगों को गंभीरता हासिल करने में मदद मिलेगी। इसलिए, क्रियाविधि I तार्किक है और इसका अनुसरण करती है। क्रियाविधि II सुझाव देती है कि रिपोर्ट किए गए किसी भी उल्लंघन पर उन्हें पुरस्कृत करके नागरिकों की सक्रिय भागीदारी मांगी जानी चाहिए। यह एक महत्वपूर्ण प्रभाव डालेगा। इसलिए क्रियाविधि II तार्किक है और इसका अनुसरण करती है।

अत: विकल्प (E) सही है।

29. कथन में कहा गया है कि लोग अभी भी गीला और सूखा कचरा अलग नहीं करते हैं। इसलिए कचरे को नहीं लेना, दी गई समस्या का समाधान नहीं है। इसलिए, क्रियाविधि (I) अनुसरण नहीं करती है। लोगों को यदि इस बात से अवगत कराया जाए कि क्यों गीला और सूखा कचरा अलग करना महत्वपूर्ण है, तो इससे भविष्य में उनके तरीके बदल सकते हैं। इसलिए, क्रियाविधि (II) अनुसरण करती है।

अत: विकल्प (B) सही है।

30. चूंकि मुद्रास्फीति की दर कम हो गई है और आर्थिक स्थिरता बढ़ गई है, इसका अर्थ है कि देश की आर्थिक प्रणाली पिछले 2 वर्षों से कुशलता से काम कर रही है। इसलिए, क्रियाविधि I अनुसरण नही करती है और क्रियाविधि II अनुसरण करती है।

अत: विकल्प (B) सही है।

तर्कशक्ति अभियोग्यता टेस्ट 18

Ques (1-25):निर्देश: दिए गये प्रश्न में, एक कथन और उसके बाद I और II से अंकित दो धारणाएं दी गई हैं। धारणा एक मानी गई बात होती है। आपको दिए गये कथन और उनके बाद दिए गये धारणाओं के आधार पर तय करना है कि कथन में निम्न में से कौन-सी धारणा निहित है।

Q.1 कथन: एक कलम तलवार से अधिक शक्तिशाली होती है।
धारणाएं:
I. तलवार बनाने के लिए इस्तेमाल किये गये धातु की तुलना में, पेन अधिक कठोर धातु से बना है।
II. मानसिक शक्ति, शारीरिक शक्ति की तुलना में अधिक प्रभावी है।
A. सिर्फ धारणा I निहित है।
B. सिर्फ धारणा II निहित है।
C. धारणा I या धारणा II में से कोई एक निहित है।
D. धारणा I या धारणा II इनमें से कोई भी निहित नहीं है।
E. दोनों धारणाएं निहित है।

Q.2 कथन: जो लोग विडियो गेम खेलते हैं, वे लोग इस प्रकार के खेल न खेलने वाले लेगों से अधिक निपुण होते हैं।
धारणाएं:
I. विडियो गेम खेलने से निपुणता विकसित होती है।
II. पियानोवादक अक्सर विडियो गेम खेलने के लिए जाने जाते हैं।
A. केवल धारणा I निहित है।
B. केवल धारणा II निहित है।
C. या तो धारणा I या II निहित है।
D. ना तो धारणा I ना ही II निहित है।
E. I और II दोनों धारणाएं निहित हैं।

Q.3 कथन: ज्यादातर लोग जिन्होंने शराब पीना बंद कर दिया, उनका वजन बढ़ गया।
धारणाएं:
I. यदि कोई शराब पियेगा, तो उसका वजन घट जायेगा।
II. यदि किसी ने शराब पीना नहीं छोड़ा, तो उसका वजन नहीं बढ़ेगा।
A. केवल धारणा I निहित है।
B. केवल धारणा II निहित है।
C. या तो धारणा I या II निहित है।
D. ना तो धारणा I ना ही II निहित है।
E. I और II दोनों धारणाएं निहित हैं।

Q.4 कथन: "कई शिकायतों के बावजूद भी मुझे नौ महीनों का बिजली बिल नहीं मिला" – एक दिल्ली निवासी का दैनिक संपादक को पत्र।
धारणाएं:
I. सभी ग्राहकों का अधिकार है कि बिजली विभाग से उन्हें नियमित रुप से बिल मिले।
II ग्राहक की शिकायत सेवाओं की कमी को संकेतित कर रहा है जिन्हें सही किया जाना चाहिए।
A. केवल धारणा I निहित है।
B. केवल धारणा II निहित है।
C. या तो धारणा I या II निहित है।
D. ना तो धारणा I ना ही II निहित है।
E. I और II दोनों धारणाएं निहित हैं।

Q.5 कथन: सरकार ने फैसला लिया है कि भूकंप में मारे गये लोगों के परिवार वालो को 1 लाख रुपये का मुआवजा दिया जायेगा।
धारणाएं:
I. सरकार के पास मुआवजा के लिए पर्याप्त धन है।
II. भविष्य में भूकंप के कारण होने वाले मौत की घटनाओं में कमी हो सकती है।
A. केवल धारणा I निहित है।
B. केवल धारणा II निहित है।
C. या तो धारणा I या II निहित है।
D. ना तो धारणा I ना ही धारणा II निहित है।
E. धारणा I और II दोनों निहित हैं।

Q.6 कथन: यदि आपकों कोई भी समस्या है, तो शिक्षक से सलाह लीजिये।
धारणाएं:
I. आपको कुछ समस्या है।
II. शिक्षक कोई भी समस्या हल कर सकते हैं।
A. केवल धारणा I निहित है।
B. केवल धारणा II निहित है।
C. या तो धारणा I या II निहित है।
D. न तो धारणा I न ही धारणा II निहित है।
E. धारणा I और II दोनों निहित हैं।

Q.7 कथन: सभी कर्मचारी संगठन से असंतुष्ट हैं।
धारणाएं:
I: संगठन कर्मचारियों को सम्मान नहीं देता और उन्हें सुविधाएं नहीं देता है।
II: कर्मचारी मतलबी और लालची हैं तथा दूसरे संगठन में जाने के लिए तरीकों की तलाश में हैं।
A. केवल धारणा I निहित है।
B. केवल धारणा II निहित है।
C. या तो धारणा I या II निहित है।
D. ना तो धारणा I ना ही II निहित है।
E. धारणा I और II दोनों निहित हैं।

Q.8 कथन: भारत में निर्माण कंपनियों में सुरक्षा और स्वास्थ्य की स्थिति बहुत खराब है।
धारणाएं:
I: निर्माण कंपनियों के अलावा अन्य क्षेत्रों में सुरक्षा और स्वास्थ्य प्रबंधन बेहतर है।
II: अन्य देशों में निर्माण कंपनियां अपने कर्मचारियों को बेहतर सुरक्षा प्रदान करती हैं।
A. केवल I धारणा निहित है।
B. केवल II धारणा निहित है।
C. या तो धारणा I या II निहित है।
D. न तो I न ही II निहित है।
E. I और II दोनों निहित हैं।

Q.9 कथन: मार्सेलो की कार टूट गई और उसका फोन पूरी तरह डिस्चार्ज हो गया और जब वह सोचने लगा कि उसके बाल ख़राब हो रहे हैं, तब ही उसे एक आशा की किरण दिखाई दी।
धारणाएं:
I: उस दिन पर मार्सेलो के साथ सब कुछ गलत हो रहा था।
II: मार्सेलो का दिन उसके गंदे बालों के कारण खराब रहा था (बैड हेयर डे)।
A. सिर्फ धारणा I निहित है।
B. सिर्फ धारणा II निहित है।

C. या तो धारणा I या धारणा II निहित है।
D. न तो धारणा I न ही धारणा II निहित है।
E. धारणा I और धारणा II दोनों निहित हैं।

Q.10 कथन: पुलिस द्वारा संभावित आतंकवादी हमले की चेतावनी दी जाने के तुरंत बाद एक इमारत को खाली कर दिया गया था।
धारणाएं:
I: पुलिस ने कुछ महत्वपूर्ण जानकारी के आधार पर इमारत के अधिकारियों को चेतावनी दी।
II: उस इमारत पर हमला करने वाले आतंकवादियों ने पुलिस अधिकारियों को धमकी दी थी।
A. सिर्फ धारणा I निहित है।
B. सिर्फ धारणा II निहित है।
C. या तो धारणा I या फिर II निहित है।
D. न तो धारणा I न ही धारणा II निहित है।
E. धारणा I और धारणा II दोनों निहित हैं।

Q.11 कथन: बूढ़ी महिला के कमरे में घटना के बाद इमारत की सुरक्षा बढ़ा दी गई थी।
धारणाएं:
I: बूढ़ी महिला के कमरे में कुछ खतरनाक हुआ।
II: बुढ़िया आसान निशाना थी।
A. केवल धारणा I निहित है।
B. केवल धारणा II निहित है।
C. धारणा I और II दोनों निहित हैं।
D. कोई भी धारणा निहित नहीं है।
E. या तो I या II निहित है।

Q.12 कथन: देश X के एक गांव में खुदाई प्रक्रिया के दौरान, एक बड़ा तेल रिजर्व पाया गया। देश X में वर्तमान में उनकी तेल मांगों को पूरा करने में कमी है और तेल का प्रमुख हिस्सा उनके द्वारा आयात किया जाता है।
धारणाएं:
I. नया तेल रिजर्व देश की अर्थव्यवस्था को बढ़ावा देने में मदद करेगा।
II. तेल रिजर्व की खोज के बाद तेल की कीमत में कमी हो सकती है।
A. केवल धारणा I निहित है।
B. केवल धारणा II निहित है।
C. या तो धारणा I या II निहित है।
D. ना तो धारणा I ना ही II निहित है।
E. I और II दोनों धारणाएं निहित हैं।

Q.13 कथन: हाई फ्लाई एयरलाइन ने उड़ान टिकट की कीमत बढ़ाने का फैसला किया।
धारणाएं:
I. हाई फ्लाई एयरलाइंस से यात्रा करने वाले यात्रियों की संख्या दिन-प्रतिदिन बढ़ती जा रही है।
II. वे अधिक लाभ कमाना चाहते हैं।
A. यदि केवल धारणा I निहित है।
B. यदि केवल धारणा II निहित है।
C. यदि या तो धारणा I या फिर II निहित है।
D. यदि न तो धारणा I और न ही II निहित है।
E. यदि दोनों धारणा I और II निहित हैं।

Q.14 कथन: ऑपरेशन के बाद रोगी की स्थिति में सुधार होगा।
धारणाएं:
I. रोगी का उसकी स्थिति में ऑपरेशन किया जा सकता है।
II. रोगी का उसकी स्थिति में ऑपरेशन नहीं किया जा सकता है।
A. यदि केवल धारणा I निहित है।
B. यदि केवल धारणा II निहित है।
C. यदि या तो धारणा I या फिर II निहित है।
D. यदि न तो धारणा I और न ही II निहित है।
E. यदि दोनों धारणा I और II निहित हैं।

Q.15 कथन: HIV के बारे में भ्रांतियों को हमारे समाज से दूर नहीं किया जा सकता है। हमें इसके लिए एक जागरूकता टीम बनाने की जरूरत है।
धारणाएं:
I. जागरूकता टीम बनाना असंभव है।
II. HIV के बारे में लोगों को पता नहीं है।
A. केवल धारणा I निहित है।
B. केवल धारणा II निहित है।
C. धारणा I और II दोनों निहित हैं।
D. कोई भी धारणा निहित नहीं है।
E. या तो I या II निहित है।

Q.16 कथन: शहर में निजी बस सेवा के कर्मचारियों के चल रहे हड़ताल की वजह से सेवा ठप्प हो गई।
धारणाएं:
I. हड़ताल पर जाना हर कर्मचारी का अधिकार बन चुका है।
II। लोगों को निजी बस चालकों की सेवाओं की आवश्यकता नहीं है।
A. यदि केवल धारणा I निहित है।
B. यदि केवल धारणा II निहित है।
C. यदि या तो धारणा I या धारणा II निहित है।
D. यदि न तो धारणा I न ही धारणा II निहित है।
E. धारणा I और धारणा II दोनों निहित हैं।

Q.17 कथन: "बस के दरवाजे से बाहर न झुकें।" - स्कूल बस में चेतावनी।
धारणाएं:
I. चलती बस से बाहर झुकना खतरनाक है।
II. बच्चे ऐसी चेतावनियों पर कोई ध्यान नहीं देते हैं।
A. केवल धारणा I निहित है।
B. केवल धारणा II निहित है।
C. या तो I या II निहित है।
D. न तो I और न ही II निहित है।
E. I और II दोनों निहित हैं।

Q.18 कथन: "यदि आप एक मैकेनिकल इंजीनियर हैं, तो हम आपको अपने पर्यवेक्षक के रूप में चाहते हैं।" - कंपनी एक्स द्वारा एक विज्ञापन।
धारणाएं:
I. कंपनी X द्वारा मैकेनिकल इंजीनियरों से बेहतर प्रदर्शन की उम्मीद की जाती है।
II. कंपनी X को पर्यवेक्षकों की जरूरत है।
A. केवल धारणा I निहित है।
B. केवल धारणा II निहित है।
C. या तो I या II निहित है।
D. न तो I और न ही II निहित है।
E. I और II दोनों निहित हैं।

Q.19 कथन: विजयी होकर भी विनम्र रहें।
धारणाएं:
I. बहुत से लोग विजयी होने के बाद विनम्र होते हैं।
II. आम तौर पर लोग विनम्र नहीं होते हैं।
A. केवल धारणा I निहित है।
B. केवल धारणा II निहित है।
C. या तो I या II निहित है।

D. न तो । और न ही ॥ निहित है।
E. । और ॥ दोनों निहित हैं।

Q.20 कथन: लिखित परीक्षा के लिए बुलाए गए उम्मीदवारों को पत्र में एक वाक्य होता है - 'यात्रा आदि पर आपको अपना खर्च वहन करना होगा।'
धारणाएं:
I. यदि स्पष्ट नहीं किया गया है, तो सभी उम्मीदवार खर्चों की प्रतिपूर्ति का दावा कर सकते हैं।
II. कई संगठन लिखित परीक्षा के लिए बुलाए गए उम्मीदवारों की यात्रा पर खर्च की प्रतिपूर्ति करते हैं।
A. केवल धारणा । निहित है।
B. केवल धारणा ॥ निहित है।
C. या तो । या ॥ निहित है।
D. न तो । और न ही ॥ निहित है।
E. । और ॥ दोनों निहित हैं।

Q.21 कथन: विपक्षी नेताओं में से एक ने कहा कि समान विचारधारा वाले विपक्षी दलों को एकजुट होने और भ्रष्ट सरकार को हटाने का समय आ गया है।
धारणाएं:
I. समान विचारधारा वाले विपक्षी दलों को तभी एकजुट होना चाहिए जब एक भ्रष्ट सरकार को हटाना हो।
II. विपक्षी दल भ्रष्ट नहीं हैं।
A. केवल धारणा । निहित है।
B. केवल धारणा ॥ निहित है।
C. या तो । या ॥ निहित है।
D. न तो । और न ही ॥ निहित है।
E. । और ॥ दोनों निहित हैं।

Q.22 कथन: घाटे को पूरा करने के लिए डाक दरों में वृद्धि की गई है।
धारणाएं:
I. वर्तमान दरें बहुत कम हैं।
II. अगर रेट नहीं बढ़ाए गए तो घाटे को पूरा नहीं किया जा सकता है।
A. केवल धारणा । निहित है।
B. केवल धारणा ॥ निहित है।
C. या तो । या ॥ निहित है।
D. न तो । और न ही ॥ निहित है।
E. । और ॥ दोनों निहित हैं।

Q.23 कथन: यदि डिग्रियों को नौकरियों से अलग कर दिया जाता है, तो लड़के कॉलेज में शामिल होने से पहले दो बार सोचेंगे।
धारणाएं:
I. लड़के नौकरी पाने के लिए कॉलेज की शिक्षा ग्रहण करते हैं।
II. नौकरी पाने के लिए डिग्री का कोई फायदा नहीं।
A. केवल धारणा । निहित है।
B. केवल धारणा ॥ निहित है।
C. या तो । या ॥ निहित है।
D. न तो । और न ही ॥ निहित है।
E. । और ॥ दोनों निहित हैं।

Q.24 कथन: "वर्तमान में शिक्षा चरमरा रही है और देश कुत्तों के पास जा रहा है।"
धारणाएं:
I. एक राष्ट्र की भलाई के लिए एक अच्छी शिक्षा प्रणाली आवश्यक है।
II. एक अच्छी शिक्षा ही किसी राष्ट्र की भलाई के लिए पर्याप्त है।
A. केवल धारणा । निहित है।
B. केवल धारणा ॥ निहित है।
C. या तो । या ॥ निहित है।
D. न तो । और न ही ॥ निहित है।
E. यदि । और ॥ दोनों निहित हैं।

Q.25 कथन: "कंप्यूटर शिक्षा स्कूलों में ही शुरू होनी चाहिए।"
धारणाएं:
I. कंप्यूटर सीखना आसान है।
II. कंप्यूटर शिक्षा से आसानी से रोजगार मिल जाता है।
A. केवल धारणा । निहित है।
B. केवल धारणा ॥ निहित है।
C. या तो । या ॥ निहित है
D. न तो । और न ही ॥ निहित है।
E. । और ॥ दोनों निहित हैं।

Ques (26-30):निर्देश: दिए गये प्रश्न में, एक कथन और उसके बाद । और ॥ से अंकित दो धारणाएं दी गई हैं। धारणा एक मानी गई बात होती है। आपको दिए गये कथन और उनके बाद दी गई धारणाओं के आधार पर तय करना है कि कथन में निम्न में से कौन-सी धारणा निहित है।

Q.26 कथन: आज के आर्थिक आपातकाल में, सीमित परिवार और शिक्षा के क्षेत्र में कठिन परिश्रम का ध्येय ही समृद्धि की दिशा में भारत का नेतृत्व कर सकते हैं।
धारणाएं:
I. सीमित परिवार और शिक्षा के क्षेत्र में कठिन परिश्रम का ध्येय भारत की समृद्धि के साथ सहसंबद्ध है।
II. एक बड़े परिवार को शिक्षा पर खर्च के लिए कठिनाई का सामना करना पड़ता है।
A. सिर्फ धारणा । निहित है।
B. सिर्फ धारणा ॥ निहित है।
C. धारणा । या धारणा ॥ में से कोई एक निहित है।
D. धारणा । या धारणा ॥ इनमें से कोई भी निहित नहीं है।
E. दोनों धारणाएँ । और ॥ निहित है।

Q.27 कथन: युवा लड़कों को कॉलेजों में प्रवेश लेने से पहले कई बार सोचना होगा कि, डिग्री के अलावा रोजगार भी मिल रहा है या नहीं।
धारणाएं:
I. लडकियाँ रोजगार की तलाश नहीं करती।
II. डिग्री मूलतः रोजगार से संबंधित नहीं है।
A. सिर्फ धारणा । निहित है।
B. सिर्फ धारणा ॥ निहित है।
C. या तो धारणा । या धारणा ॥ निहित है।
D. ना तो धारणा । और ना ही धारणा ॥ निहित है।
E. धारणा । और धारणा ॥ दोनों निहित है।

Q.28 कथन:
"पड़ोसी की ईर्ष्या और मालिक की शान" - टेलीविजन पर एक विज्ञापन।
धारणाएं:
I. लोग पड़ोसी की अच्छी चीजों की ईर्ष्या करते हैं।
II. लोग अपने पड़ोसी के ईर्ष्या उत्तेजित करना चाहते हैं।
A. सिर्फ धारणा । निहित है।
B. सिर्फ धारणा ॥ निहित है।
C. धारणा । और धारणा ॥ इन दोनों में से कोई एक निहित है।
D. ना तो धारणा । और ना ही धारणा ॥ निहित है।
E. धारणा । और धारणा ॥ दोनों निहित है।

Q.29 कथन: हमें परीक्षा में सफलता के लिए कड़ी मेहनत करनी चाहिए।
धारणाएं:
I. परीक्षा में सफल होना वांछनीय है।

II. सफलता का फल वही विद्यार्थी चखते हैं, जिन्होंने कड़ी मेहनत की है।

A. सिर्फ धारणा I निहित है।
B. सिर्फ धारणा II निहित है।
C. या तो धारणा I या धारणा II निहित है।
D. ना तो धारणा I और ना ही धारणा II निहित है।
E. धारणा I और धारणा II दोनों निहित है।

Q.30 कथन: "ट्रेन रोकने के लिए चेन को खींचिए। उचित और पर्याप्त कारण के बिना उपयोग के लिए 1000 रुपये तक का जुर्माना और / या एक साल तक के कारावास की सजा सुनाई जा सकती है।"

धारणाएं:

I. कुछ लोग शरारती हैं।

II. ट्रेन में यात्रा करने वाले लोग आपात स्थिति में चलती गाड़ी को रोकना चाहते हैं।

A. सिर्फ धारणा I निहित है।
B. सिर्फ धारणा II निहित है।
C. या तो धारणा I या धारणा II निहित है।
D. ना तो धारणा I और ना ही धारणा II निहित है।
E. धारणा I और धारणा II दोनों निहित है।

// स्मार्ट उत्तर पुस्तिका //

सही उत्तर — उन छात्रों के प्रतिशत को इंगित करता है जिन्होंने प्रश्नों का सही उत्तर दिया था।

छोड़ दिया — उन छात्रों के प्रतिशत को इंगित करता है जिन्होंने प्रश्नों को छोड़ दिया था।

प्रश्न संख्या	उत्तर	सही उत्तर	छोड़ दिया
1	B	44.66 %	53.98 %
2	A	53.25 %	36.08 %
3	D	11.04 %	86.82 %
4	E	87.74 %	10.12 %
5	A	41.57 %	49.37 %
6	D	78.17 %	10.33 %
7	A	69.91 %	30.03 %
8	D	52.91 %	43.7 %
9	A	76.05 %	21.97 %
10	A	44.51 %	43.04 %
11	A	76.62 %	14.12 %
12	E	57.59 %	33.46 %
13	E	22.27 %	74.91 %
14	A	56.29 %	35.4 %
15	B	62.57 %	33.1 %
16	D	53.32 %	43.27 %
17	A	86.29 %	10.81 %
18	B	31.31 %	67.2 %
19	D	41.92 %	53.95 %
20	E	81.65 %	16.77 %
21	D	59.01 %	31.35 %
22	B	15.64 %	68.22 %
23	A	60.18 %	39.39 %
24	A	86.41 %	12.95 %
25	A	57.25 %	31.66 %
26	A	53.45 %	35.18 %
27	B	50.07 %	45.02 %
28	E	41.58 %	37.87 %
29	E	89.93 %	10.07 %
30	E	52.79 %	40.97 %

कार्य विश्लेषण	
औसत अंक (%)	40.0%
टॉपर्स स्कोर (%)	60.0%
आपका स्कोर	

//संकेत और समाधान//

1. यहाँ, प्रत्यक्ष अर्थ नहीं लेना चाहिए| यहाँ माना गया है कि, मानसिक शक्ति, शारीरिक शक्ति की तुलना में अधिक प्रभावी है और इन दोनों की तुलना क्रमशः कलम और तलवार से की गई है, क्योंकि कलम शक्तिशाली विचारों को लिखने का माध्यम है, जबकि तलवार अपनी शारीरिक शक्ति दिखाने का माध्यम है।

अत: विकल्प (B) सही है।

2. कथन में चर्चा की गई है कि किस प्रकार से विडियो गेम खेलने वाले लोगों का हाथ विडियो गेम ना खेलने वाले लोगों से ज्यादा फुर्तीला होता है। इसलिए, धारणा I सही है। फिर से, अच्छे से पियानो बजाने के लिए पियानोवादक की उँगलियों का फुर्तीला होना आवश्यक हैं। लेकिन हम अनुमान नही लगा सकते हैं कि ज्यादातर पियानोवादक अच्छा विडियो गेम खेलते होंगे, क्यूंकि यह कथन में नही बोला गया है। इसलिए, II सही नही है।

अत: विकल्प (A) सही है।

3. दिये गये कथन में 'ज्यादातर लोगों' का उल्लेख किया गया है। धारणा I और II जैसे कथन नहीं किये जा सकते, क्योंकि एक निश्चित कथन सर्वव्यापी नहीं हो सकता है। इसके अलावा, दिये गये कथन में शराब छोड़ देने के बाद के प्रभाव के बारे में चर्चा की गई है। इसलिए, शराब पीने के प्रभाव का अनुमान लगाना थोड़ा मुश्किल है। इसलिए, I निहित नहीं है। साथ ही, दिये गये कथन से यह अनुमान नहीं लगाया जा सकता है कि सिर्फ शराब पीने की आदत को बंद करना ही वजन बढ़ने का लक्षण है। साथ ही, दिया गया कथन इस बारे में नहीं है कि यदि कोई शराब पीना बंद ना करे, तो क्या होगा। इसलिए, इस संबंध में कोई भी धारणा नहीं की जा सकती है। इसलिए, II भी निहित नहीं है।

अत: विकल्प (D) सही है।

4. ग्राहक बिजली का बिल नहीं मिलने से चिंतित है, इस तथ्य से कोई भी अनुमान लगा सकता है कि सभी ग्राहकों को अधिकार है कि उन्हें नियमित रुप से बिजली बिल मिले। इसलिए, I निहित है। साथ ही II भी निहित है, क्योंकि ग्राहक ने इस बारे में एक दैनिक अखबार के संपादक को पत्र लिख कर इस घटना को सार्वजनिक किया। इससे पता चलता है कि बिजली विभाग से हुई लापरवाही के कारण इस स्थिति को सुधारना चाहिए। इसलिए, I और II दोनों धारणाएं निहित हैं।

अत: विकल्प (E) सही है।

5. जब तक सरकार के पास खर्च वहन करने के लिए पर्याप्त धन ना हो सरकार मुआवज़े के लिए राशि तय नहीं कर सकती है। इसलिए, धारणा I निहित है। धारणा II निहित नहीं है क्योंकि कथन में भूकंप के कारण होने वाले मौत की घटनाओं में कमी के बारे में उल्लेख नहीं किया गया है। इसके अलावा, यह सुनिश्चित नहीं किया जा सकता है कि भविष्य में आने वाला भूकंप मौत का कारण नहीं होगा।

अत: विकल्प (A) सही है।

6. शब्द 'यदि' दर्शाता है कि जरुरी नहीं है कि 'आपकों' कोई समस्या हो लेकिन यदि किसी स्थिति में उसे कोई समस्या है तो वह अपने शिक्षक से सलाह ले सकता है/सकती है। इसलिए, धारणा I निहित नहीं है। धारणा II निहित नहीं है क्योंकि धारणा में यह कहीं नहीं कहा गया है कि किसी भी समस्या का शिक्षक के द्वारा समाधान किया जाएगा। यदि किसी स्थिति में कहीं समस्या है तो इसमें केवल शिक्षक से सलाह लेने को कहा गया है। इसलिए, धारणा II निहित नहीं है।

अत: विकल्प (D) सही है।

7. दिये गए कथन से यह अनुमान लगाया जा सकता है कि इस तथ्य के कारण कि कर्मचारियों को उनकी वांछित सुविधाएं और सम्मान नहीं मिलता है, वे संगठन से संतुष्ट नहीं हैं। दूसरी ओर धारणा II अस्पष्ट है और दिए गए कथन के संबंध में ठोस धारणा नहीं देता है।

अत: विकल्प (A) सही है।

8. कथन में भारत और अन्य देशों या निर्माण क्षेत्र और अन्य क्षेत्रों के बीच कोई तुलना नहीं की गई है।

इसलिए, न तो I न ही II निहित है।

अत: विकल्प (D) सही है।

9. धारणा I और II दोनों को एक साथ देखने पर, बाल गंदे होना का एक कारण हो सकता है लेकिन यह एकमात्र उसका दिन बुरा होने का कारण नहीं था।

इसलिए, केवल धारणा I निहित है।

अत: विकल्प (A) सही है।

10. यह स्पष्ट है कि पुलिस ने कुछ जानकारी मिलने के बाद ही इमारत के अधिकारियों को सूचित किया होगा। इसलिए, धारणा I निहित है।

लेकिन हम यह नहीं मान सकते कि आतंकवादियों द्वारा उनको खतरा था। इसलिए, धारणा II निहित नहीं है।

उपरोक्त स्पष्टीकरण का विश्लेषण करने पर हम कह सकते हैं कि केवल धारणा I ही निहित है।

अत: विकल्प (A) सही है।

11. सुरक्षा में वृद्धि से पता चलता है कि बूढ़ी महिला के कमरे में एक अपराध हुआ था। इसलिए, धारणा I निहित है। वृद्धा के रहन-सहन के बारे में कुछ भी नहीं बताया गया है। इसलिए, धारणा II निहित नहीं है।

अत: विकल्प (A) सही है।

12. हम इस बारे में निश्चित नहीं हैं कि नया तेल रिजर्व उनकी मांगों को पूरा करने में पर्याप्त होगा या नहीं होगा। लेकिन यह स्पष्ट है कि इससे उनकी अर्थव्यवस्था में वृद्धि होगी क्योंकि अब तेल का आयात घट जाएगा। चूँकि अब उन्हें तेल का एक अतिरिक्त स्रोत मिला है, तेल की कीमत कम हो सकती है। इसलिए, दोनों धारणाएं I और II निहित हैं।

अत: विकल्प (E) सही है।

13. जैसा कि हम कथन में देखते हैं, यह उड़ान टिकट की कीमत में वृद्धि के बारे में बात करता है। धारणा I निहित है क्योंकि जैसा कि हम जानते हैं कि अगर मांग बढ़ती है, तो आपूर्ति बढ़ती है और यह कीमत को भी प्रभावित करती है। तो, एयरलाइन के साथ यात्रा करने वाले यात्रियों की संख्या बढ़ रही है, जो एयरलाइन के लिए भी लाभदायक है। इसलिए, वे अधिक लाभ कमाना चाहते हैं। इसलिए, धारणा II भी यहाँ निहित है।

अत: विकल्प (E) सही है।

14. जैसा कि हम कथन में देखते हैं, रोगी को अपनी स्थिति में सुधार के लिए ऑपरेशन की आवश्यकता है। तथ्य यह है कि ऑपरेशन के बाद रोगी की स्थिति में सुधार होगा, यह स्पष्ट रूप से पता चलता है कि रोगी का उसकी स्थिति में ऑपरेशन किया जा सकता है। इसलिए, धारणा I निहित है। धारणा II धारणा I के विपरीत है और इसलिए निहित नहीं है।

अत: विकल्प (A) सही है।

15. धारणा I निहित नहीं है क्योंकि कथन का अर्थ यह नहीं है कि जागरूकता टीम बनाना असंभव है। धारणा II निहित है क्योंकि समाज HIV के बारे में ज्यादा नहीं जानता है और इसके बारे में गलत धारणाएं हैं।

अत: विकल्प (B) सही है।

16. यह कथन निजी बस सेवाओं की हड़ताल के बारे में बात करता है। धारणा I निहित नहीं है क्योंकि सिर्फ इसलिए कि निजी बस कर्मचारी हड़ताल पर गए हैं, इसका मतलब यह नहीं है कि हर कर्मचारी को हड़ताल पर जाने का

अधिकार है। अनुमान ॥ पूरी तरह से अप्रासंगिक है क्योंकि ऐसा कभी नहीं होता है कि लोगों को बस सेवाओं की आवश्यकता नहीं है, इसलिए कर्मचारी हड़ताल करते हो।

अत: विकल्प (D) सही है।

17. चलती बस से बाहर झुकना खतरनाक होगा, नहीं तो चेतावनी न होती। इसलिए । निहित है। लेकिन ॥ निहित नहीं है। अगर अधिकारियों ने यह मान लिया होता कि बच्चे इस तरह की चेतावनी पर कोई ध्यान नहीं देते हैं, तो वे इसे वहाँ नहीं लगाते।

अत: विकल्प (A) सही है।

18. । निहित नहीं है। कंपनी मैकेनिकल इंजीनियर चाहती है। एक कारण यह हो सकता है कि कंपनी मैकेनिकल इंजीनियरों से अच्छा प्रदर्शन करने की उम्मीद करती है, जैसा कि । सुझाता है। लेकिन एक और कारण हो सकता है; उदाहरण के लिए, कंपनी का पर्यवेक्षी कार्य ऐसा हो सकता है कि केवल एक यांत्रिक इंजीनियर ही इसे निष्पादित कर सके। लेकिन एक बात निश्चित है। विज्ञापन पर्यवेक्षकों के लिए था; इसका मतलब है कि पर्यवेक्षकों की जरूरत है। तो, ॥ निहित है।

अत: विकल्प (B) सही है।

19. यह कथन मनुष्य को विजयी होकर भी विनम्र रहने को कहता है। इसका मतलब है कि जीत के बाद लोग आमतौर पर विनम्र नहीं होते हैं। । इसके ठीक विपरीत है। ॥ निहित नहीं है क्योंकि यह कथन का सामान्यीकरण करता है। आम तौर पर, लोग विनम्र हो सकते हैं; बात यह है कि जीत के बाद वे विनम्र हैं या नहीं।

अत: विकल्प (D) सही है।

20. यदि पत्र में उम्मीदवारों द्वारा वहन किए जाने वाले खर्चों का उल्लेख है, तो पत्र भेजने वालों ने यह मान लिया होगा कि यदि उन्हें बिंदु स्पष्ट नहीं किया गया तो उम्मीदवार प्रतिपूर्ति की मांग कर सकते हैं। इसके अलावा, उम्मीदवार प्रतिपूर्ति की मांग नहीं करेंगे यदि यह प्रचलित प्रथा नहीं थी। तो । और ॥ दोनों निहित हैं।

अत: विकल्प (E) सही है।

21. एकता के आह्वान का वर्तमान उद्देश्य भ्रष्ट सरकार को हटाना बताया गया है। लेकिन इसका मतलब यह नहीं है कि यही एकमात्र उद्देश्य है। इसलिए । निहित नहीं है। इसके अलावा, नेता समान विचारधारा वाले दलों को सरकार के खिलाफ एकजुट होने के लिए कहते हैं न कि पूरे विपक्ष को। इसलिए, हम यह सामान्यीकरण नहीं कर सकते कि (सभी) विपक्षी दल गैर-भ्रष्ट हैं। तो, ॥ निहित नहीं है।

अत: विकल्प (D) सही है।

22. डाक दरों में वृद्धि की गई है। कारण: घाटे को पूरा करने के लिए। इसका मतलब यह नहीं है कि वर्तमान दरें कम हैं। यदि माल की कीमत बढ़ती है, तो यह जरूरी नहीं है कि पहले की कीमत कम थी। लेकिन बयान का लहजा स्पष्ट रूप से यह दर्शाता है कि मजबूरी से डाक दरों में वृद्धि की गई है: इसलिए ॥ निहित है।

अत: विकल्प (B) सही है।

23. कथन में कहा गया है कि अगर डिग्री को नौकरियों से अलग कर दिया जाता है, तो लड़के कॉलेजों में शामिल नहीं होंगे। इसका तात्पर्य यह है कि उनके लिए कॉलेज में शामिल होने के लिए नौकरी एक प्रमुख कारण है। तो, । निहित है। अब, यदि । निहित है, तो ॥ इसलिए नहीं है क्योंकि ॥, । के ठीक विपरीत है।

अत: विकल्प (A) सही है।

24. कथन में एक ऐसे लहजे का इस्तेमाल किया गया है, जिसका मतलब है कि अगर शिक्षा की हालत खराब है, तो देश बिगड़ता है। इसका मतलब है कि एक राष्ट्र की भलाई के लिए एक अच्छी शिक्षा की आवश्यकता है। लेकिन इसका मतलब यह नहीं है कि इसके लिए केवल एक अच्छी शिक्षा ही पर्याप्त है। तो, । निहित है लेकिन ॥ नहीं है।

अत: विकल्प (A) सही है।

25. यदि कोई कहता है कि स्कूलों में कंप्यूटर पढ़ाया जाना चाहिए, तो उसने माना होगा कि यह एक आसान विषय है, क्योंकि स्कूल प्रारंभिक शिक्षा का स्थान हैं; कॉलेजों में कठिन चीजें सिखाई जाती हैं। लेकिन कथन नौकरियों के बारे में कुछ नहीं कहता है। तो । निहित है, ॥ नहीं है।

अत: विकल्प (A) सही है।

26. यहाँ, अगर कथन राष्ट्र की समृद्धि के बारे में बात करता है, तो यह धारणा है कि, केवल उपरोक्त दो कारकों का उल्लेख समृद्धि का कारण बन सकता है। इसलिए, धारणा । निहित है। लेकिन, बड़े परिवारों के समृद्धि में बाधा के बारे में कुछ भी नहीं कहा गया है| हालांकि यह आम धारणा है, कि एक बड़े परिवार को शिक्षा पर खर्च में कठिनाई का सामना करना पड़ता है, लेकिन यह दिए गए कथन में निहित नहीं है।

अत: विकल्प (A) सही है।

27. यहाँ, कथन में सिर्फ लड़कों का जिक्र किया गया है और लड़कियों की सोच के बारे में कोई जानकारी नहीं दी गई है, इसलिए हम उनके बारे में कोई धारणा नहीं तय कर सकते| इसलिए, धारणा । निहित नहीं है। कथन के अनुसार, डिग्री और रोजगार को अलग रखा जाता है, इसलिए हम वैसा मान सकते हैं। इसलिए हम यह भी मान सकते हैं कि, डिग्री और रोजगार में कोई मूल संबंध नहीं है। इसलिए, धारणा ॥ निहित है।

अत: विकल्प (B) सही है।

28. 'पड़ोसी की ईर्ष्या' और 'मालिक की शान' इस टीवी विज्ञापन के दो तत्व हैं। विज्ञापन लोगों की पड़ोसी की अच्छी चीजों की ईर्ष्या पर आधारित है। इसलिए, स्पष्ट रूप से इस धारणा । निहित है। इसके अलावा, अगर सिर्फ अच्छी चीजों पर गर्व करना पर्याप्त होता तो, विज्ञापन में सिर्फ 'मालिक की शान' कहा गया होता। यह विज्ञापन उन लोगों के लिए है, जो अपने पड़ोसी की ईर्ष्या उत्तेजित करना चाहते हैं। यही स्पष्ट रूप से इस धारणा ॥ में कहा गया है।

इस प्रकार, धारणा ॥ भी निहित है।

अत: विकल्प (E) सही है।

29. कथन के अनुसार, हमें सफलता के लिए कड़ी मेहनत करनी चाहिए। यदि सफलता के लिए कड़ी मेहनत करना अनिवार्य है, परीक्षा में सफल होना वांछनीय होगा। दूसरे कथन के अनुसार, सफलता का फल वही विद्यार्थी चखते हैं, जिन्होंने कड़ी मेहनत की है। यह धारणा भी स्पष्ट रूप से निहित है, क्योंकि अगर कड़ी मेहनत कर के सफलता का इनाम नहीं मिलेगा, तो कड़ी मेहनत करने के लिए कोई प्रोत्साहन नहीं होगा। इसलिए, स्पष्ट रूप से धारणा । और धारणा ॥ दोनों निहित है।

अत: विकल्प (E) सही है।

30. पहली धारणा को देखते हैं। उसमें 'उचित और पर्याप्त कारण के लिए प्रयोग' करने के लिए कहा गया है| इससे प्रतीत होता है कि, कुछ लोग शरारती हैं और ये लोग बिना वजह के चेन खींच सकते हैं। इसके अलावा, चेन को आपात स्थिति में ट्रेन रोकने के लिए बनाया गया है, इसका अर्थ है कि हर कोई आपात स्थिति में गाड़ी रोकना चाहेगा।

अत: विकल्प (E) सही है।

तर्कशक्ति अभियोग्यता टेस्ट 19

Q.1 कुछ लोग गाने को डाउनलोड कर के सुनने के बजाय अभी भी रेडियो सुनते हैं| जाहिर है, वे अचानक से किसी ऐसे गीत को सुनने के रोमांच को खोना नहीं चाहते हैं जिनको सुनने की उन्होंने उम्मीद नहीं की थी।

निम्न में से कौन सा अनुमान दिए गए बयान में कहे गए तथ्यों से लगाया जा सकता है?

A. गानों को रेडियो से डाउनलोड नहीं किया सकता है।
B. अचानक ऐसे गाने जिनकी उम्मीद न हो वह आसानी से याद रह जाते हैं।
C. कोई भी जब डाउनलोड कर रहा हो तब वे गानो को नहीं खोज निकल सकते।
D. डाउनलोड करना खर्चीला है।
E. गाने रेडियो से सुनना बेहतर हैं।

Q.2 निम्न दो वाक्यों से क्या अनुमान लगाया जा सकता है?

I. हाइब्रिड पौधे, कवक के लिए प्रतिरोधी होते हैं।
II. कवक संक्रमण, पौधों की जीवन अवधि घटाता है।

A. कवक, हाइब्रिड पौधों पर आक्रमण करते हैं।
B. हाइब्रिड पौधों की उपज अधिक होती है।
C. सभी पौधे हाइब्रिड हैं।
D. लम्बी जीवन अवधि पाने के लिए हाइब्रिड पौधे लगाइए।
E. इनमें से कोई नहीं

Q.3 अध्ययन ये दिखाता है कि विश्व की हर तीसरी महिला टोक्सोप्लास्मा गोंदी – एक विषाणु से संक्रमित है, जो आम तौर पर बिल्लियों या चूहों के संपर्क और बिना धुली हुई सब्जियों के उपभोग से फैलता है। परजीवी परिचारक के बिना जाने ही उसके शरीर में घर बनाने में सफल होता है। ये उनका बहुत कम उपयोग करता है और अपने छोटे से जीवन के अधिकाँश भाग में अप्रकट रूप से रहता है। किन्तु कभी-कभी परजीवी गंभीर समस्या पैदा करते हैं – जिनमें सबसे बुरा गर्भावस्था के दौरान प्राक्गर्भाक्षेपक है।

निम्नलिखित में से कौन एक व्यवधान है, जो उपरोक्त दिए गए अनुच्छेद के द्वारा निकाल जा सकता है?

A. टोक्सोप्लास्मा गोंदी एक सौम्य परजीवी है।
B. टोक्सोप्लास्मा गोंदी आमतौर पर अलक्ष्नात्मक है।
C. टोक्सोप्लास्मा गोंदी बिना धुली सब्जी के उपभोग से फैलता है।
D. टोक्सोप्लास्मा गोंदी को बनठन का खेल पसंद है।
E. टोक्सोप्लास्मा गोंदी गर्भावस्था के दौरान प्राक्गर्भाक्षेपक का मुख्य कारण है।

Q.4 "यदि एक व्यक्ति अमीर है, उसका प्रभाव बहुत ज्यादा होता है।" आप इस बयान से क्या अनुमान लगा सकते हैं?

A. गरीब लोगों का प्रभाव नहीं होता है।
B. राम का बहुत प्रभाव है, इसलिए वह अमीर है।
C. गोविंद अमीर नहीं है, इसलिए उसका प्रभाव नहीं है।
D. कमला अमीर है, इसलिए उसका बहुत प्रभाव है।
E. इनमें से कोई नहीं

Q.5 हाल ही के सर्वेक्षण के अनुसार शहरी क्षेत्रों में बाल मजदूरी बढ़ गई है| इन बच्चों का नाज़ूक उम्र में शोषण किया जाता है और छोटे मोटे काम करने के लिए मजबूर किया जाता है।

निम्न में से कौन सा कथन ऊपर दिए गए कथन से अनुमानित किया जा सकता है?

A. बड़े शहरों में प्रवास की जाँच की जानी चाहिए।
B. बाल मजदूरी शहरों कि एक समस्या है।
C. शोषण की अवस्था की ठीक से जांच की जानी चाहिए।
D. इनमें से कोई नहीं
E. ऊपर के सभी

Q.6 न्यूयॉर्क शहर को भूमिगत मार्ग से बनाया गया है। किसी अन्य लोक निर्माण कार्यक्रम या नगर निगम के परियोजना की तुलना में भूमिगत मार्ग के कार्य से अधिक शहर का विकास हो रहा है और उसने पिछले 100 वर्षों में अपनी वैश्विक प्रतिस्पर्धा कायम रखी है। ब्रूकलिन ब्रिज और रॉबर्ट मूसा के राजमार्ग नेटवर्क के रूप में, शहर के विकास में भूमिगत मार्ग का गहरा प्रभाव रहा है शहर के अन्य विशेष रूप से सराही संरचना परियोजनाओं से बढ़कर है। 20वीं सदी की अभिनव पारगमन प्रणाली अब भी 21वीं सदी के महानगरों में अच्छी तरह से कार्य करती है - यह दूरदर्शी योजना और उन्नत इंजीनियरिंग डिजाइन का उत्तम उदाहरण है। अक्टूबर 2004 में भूमिगत मार्ग के निर्माण को सौ वर्ष पूरे हुए, जिस समारोह में लोगों को न्यूयॉर्क शहर के निर्माण को देखने का मौका मिला।

उपरोक्त परिच्छेद में दिये गये तथ्यों से निम्नलिखित में से क्या अनुमान लगाया जा सकता है?

A. न्यूयॉर्क की भूमिगत मार्ग प्रणाली 100 वर्ष से अधिक पुरानी हैं।
B. न्यूयॉर्क की भूमिगत मार्ग प्रणाली केवल बाहरी क्षेत्रों को मुख्य क्षेत्रों से जोड़ने के लिए आवश्यक था।
C. न्यूयॉर्क की भूमिगत मार्ग प्रणाली अच्छी तरह से आयोजित और उन्नत थी। भले ही वह पुरानी है, लेकिन न्यूयॉर्क शहर के विकास के लिए व्यवहार्य परिवहन का साधन है।
D. न्यूयॉर्क शहर की भूमिगत मार्ग प्रणाली 100 वर्षों के सेवा के बाद बंद कर दी गई थी, क्योंकि न्यूयॉर्क शहर के विकास और शहर के स्थिरता के लिए व्यवहार्य नहीं था।
E. भूमिगत मार्ग प्रणाली का विस्तार बढ़ती जनसंख्या के कारण किया गया था।

Q.7 1970 के दशक तक, झीलों को काफी हद तक नाचीज समझा जाता था, पारिस्थितिक तंत्र के रूप में यह अस्वीकृत था और इसका अवहेलना किया जाता था और इसे केवल भृद्दश्य के रूप में देखा जाता था। मानव संदर्भ में, इसे कम या बिना मान का माना जाता था, जो मच्छरों जैसे किड़ों के लिए प्रजनन का स्थान होता था, थलचर और जल परिवहन में बाधा डालता था, फसल के लिए मौजूद भूमि की कटौती करता था और बस्तियों के विकास में बाधा डालता था। इसलिए इन्हे मानवों द्वारा प्रयोग में नहीं लाया जाता था। तभी से विमर्शी और निर्धारित लॉबी इनके संरक्षण के लिए विवेचना कर रहे हैं।

उपरोक्त परिच्छेद में दिये गये तथ्यों से निम्नलिखित में से क्या अनुमान लगाया जा सकता है?

A. यहां तक कि 21वीं सदी में झीलों को बंजर भूमि माना जाता है और केवल भृद्दश्य के रुप में देखा जाता है।
B. संरक्षणवादी झीलों और मानव विकास में इसके महत्व को समझाने के लिए अधिक जागरुकता उत्पन्न करने की कोशिश कर रहें हैं।
C. मच्छरें झीलों को प्रजनन के लिए आदर्श स्थान मानते हैं।
D. अक्सर झीलों में अन्य क्षेत्रों से लाये गये किचड़ और रेत को भरकर इसे मानव उपयोग के लिए पुनर्निर्मित किया जाता है।
E. मानव जाति के सतत विकास के लिए झीलों का संरक्षण करना आवश्यक है।

Q.8 कोलकाता महानगर क्षेत्र के लिए मुख्य जल का स्त्रोत हुगली नदी है। गाद और प्रवाह में कमी की स्थिति महानगरीय क्षेत्र और कोलकाता पोर्ट के नागरिक जीवन के लिए समस्या है। भूमि-जल भी एक भरोसेमंद स्त्रोत नहीं है क्योंकि इसके गुणवत्ता और मात्रा में कमी होती रहती है। भारत में वर्षा काल, समतल स्थालाकृति में बाढ़ का कारण बनता है, जहां छिट-पुट और अनियोजित शहरीकरण बस रही है। पर्यावरण और पारिस्थितिक स्थिरता के

लिए जल संसाधन के एक सुनियोजित, संयोजित और कुशल प्रबंधन और अपशिष्ट निपटान की आवश्यकता है।

उपरोक्त परिच्छेद में दिये गये तथ्यों से निम्नलिखित में से क्या अनुमान लगाया जा सकता है?

A. कोलकाता के पास एक उचित कुशल जल संसाधन प्रबंधन प्रणाली होनी चाहिए यदि यह आने वाले भविष्य में सतत होना चाहता है।
B. कोलकाता महानगर क्षेत्र के मुख्य जल का स्त्रोत हुगली नदी और भूमिगत जल के अन्य स्त्रोत हैं।
C. किसी भी मुख्य शहरी क्षेत्र के सतत विकास के लिए कुशल जल प्रबंधन के साथ उचित अपशिष्ट निपटान की आवश्यकता है।
D. हुगली नदी में भारी गाद के कारण कोलकाता बंदरगाह को काफी समस्याओं का सामना करना पड़ता है।
E. शहरीकरण आमतौर पर आसानी से उपलब्ध होने वाले जल के संसाधनों की आपूर्ति के साथ समतल स्थलाकृति पर होता है।

Q.9 अंतरराष्ट्रीय इंजीनियरिंग और प्रौद्योगिकी परिषद (ICET) ने चार साल (2002 से 2005 तक) की अवधि में अपनी कार्रवाई के प्राथमिक क्षेत्र के रुप में, बड़े शहरों के अनियंत्रित विकास, विशेष रुप से विकासशील देशों में, की पहचान की है। परिषद ने निर्णय लिया है कि इस अवधि के दौरान वह अपनी गतिविधियों की परिणिति के रुप में, कई अंतःसरकार और अंतरराष्ट्रीय गैर सरकारी संगठनों के सहयोग से मार्च 2005 में भविष्य के बड़े शहरों पर एक वर्ल्ड कांग्रेस का आयोजन करेगा। इस कांग्रेस की विशिष्टता यह होगी कि यह केवल इंजीनियरों और तकनीकी विशेषज्ञों तक सीमित नहीं होगी बल्कि बड़े शहरों से संबंधित सभी श्रेणियों, वैज्ञानिक विषयों (प्राकृतिक और सामाजिक विज्ञान) को शामिल करने के दृष्टिकोण से ध्यान केंद्रित करने के प्रयास के लिए पहला वर्ल्ड कांग्रेस होगा और सभी हितधारकों का प्रतिनिधि होगा।

उपरोक्त परिच्छेद के तथ्यों से निम्नलिखित में से कौन सा अनुमान लगाया जा सकता है?

A. बड़े शहरों का विकास केवल इंजीनियरों और तकनीकी विशेषज्ञों पर निर्भर नहीं करता है, इसके लिए प्राकृतिक और सामाजिक विज्ञान के विशेषज्ञों को शामिल करने की भी आवश्यकता है।
B. बड़े शहरों का विकास पूरी तरह से इंजीनियरों और तकनीकी विशेषज्ञों पर निर्भर करता है।
C. पिछले दशक में बड़े शहरों का विकास अनियंत्रित ढंग से बढ़ रहा है और कांग्रेस को दुनिया की बेहतरी के लिए इसकी वृद्धि की नीतियों और कानूनों की एक रूपरेखा बनानी चाहिए।
D. मार्च 2005 में भविष्य के बड़े शहरों पर एक वर्ल्ड कांग्रेस का आयोजन किया जा रहा है।
E. अंतःसरकारी और अंतरराष्ट्रीय गैर सरकारी संगठन मार्च 2005 के विश्व कांग्रेस में भाग लेंगे।

Q.10 देश के विभिन्न संगठनों के कई मुख्य कार्यकारी अधिकारियों ने अपने उत्पादन इकाइयों में निवेश बढ़ाने की सोच रहे हैं। साथ ही उन्होंने कर्मचारियों की संख्या बढ़ाने और इस प्रकार से उत्पादन के स्तर में वृद्धि करने का निर्णय लिया है। इस प्रकार के संगठनों द्वारा इस समय की अवधि में कई अध्ययन किए गए हैं जिससे उन्होंने ऐसे कदम उठाये हैं।

इनमें से कौन सा अनुमान दिया जा सकता है जिससे दिये गये अनुच्छेद को रेखांकित किया जा सकता है?

A. जीडीपी में लगभग 8 - 9 % के सकल वृद्धि होगी।
B. संगठन बड़े नुकसान के जोखिम में है।
C. मौजूदा कर्मचारियों ने इसे असंतोषजनक पाया होगा।
D. अगले कुछ सालों में जीडीपी में सकल वृद्धि होगी।
E. प्रबंधन से पहले इस प्रबंधन को लागू करना प्रभावी नहीं था।

Q.11 प्रभुत्वशाली आधुनिक विश्वास यह है कि शांति की सबसे अच्छी नींव सार्वभौमिक समृद्धि होगी। ऐतिहासिक सबूतों के लिए कोई व्यर्थ के रुप में देख सकता है कि अमीर नियमित रुप से गरीबों से अधिक शांतिपूर्ण रहते लेकिन यह तर्क दिया जा सकता है कि गरीबों के विरुद्ध वे कभी भी सुरक्षित महसूस नहीं किया करते थे, उनकी आक्रामकता डर से उत्पन्न हुई है; और सभी कि स्थिति काफी भिन्न रही होगी जब सभी अमीर थे।

उपरोक्त अनुच्छेद से यह अनुमान लगाया जा सकता है कि:

A. विश्व में अधिक आक्रामकता स्वयं के पास जो है उसके विरुद्ध जो नहीं है उसे बचाने की इच्छा से उत्पन्न होती है।
B. शांति के निर्विवाद उपाय के रुप में सार्वभौमिक समृद्धि अब और स्वीकार नहीं की जा सकती।
C. शांति केवल सार्वभौमिक समृद्धि के माध्यम से प्राप्त नहीं की जा सकती।
D. (A) और (B) दोनों
E. (B) और (C) दोनों

Q.12 हम हर वर्ष नेताजी की जयंती मनाते हैं, लेकिन हमें उनके गायब होने के बारे में पता नहीं है। यह एक शोकपूर्ण घटना है। उनकी मृत्यु के बारे में सच जानने के लिए जांच शुरू की जानी चाहिए।

उपरोक्त अनुच्छेद के आधार पर निम्न में से कौन सा निष्कर्ष हो सकता है?

A. हमारा देश नेताजी को पर्याप्त सम्मान देने में विफल रहा है।
B. नेताजी की मृत्यु एक रहस्यमय घटना है, जिसके बारे में हर कोई अनजान है।
C. हमें नेताजी के जन्मदिन का जश्न नहीं मनाना चाहिए।
D. भारत में जांच को प्रोत्साहित नहीं किया गया है।
E. उनकी मृत्यु देश के लिए एक महत्वपूर्ण बात नहीं है।

Ques (13-22):निर्देश: निम्न प्रश्न में एक कथन और उसके बाद । और ॥ से अंकित दो अनुमान दिए गये हैं। आपको दिए गये कथन को सत्य मानना है, भले ही वे ज्ञात तथ्यों से अलग प्रतीत होते हों। सभी अनुमानों को पढ़िए और फिर निर्णय कीजिए कि दिया गया कौन-सा अनुमान ज्ञात तथ्यों को नजरंदाज करने पर कथनों का तार्किक रूप से अनुसरण करता है।

Q.13 कथन: विशेषज्ञों के अनुसार, टूर्नामेंट में भारतीय क्रिकेट टीम सबसे मजबूत टीम है।

अनुमान:

I. भारत टूर्नामेंट जीत जाएगा।

II. शेष टीमें कमजोर हैं।

A. केवल । अनुसरण करता है।
B. केवल ॥ अनुसरण करता है।
C. । और ॥ दोनों अनुसरण करते हैं।
D. न तो । न ही ॥ अनुसरण करता है।
E. या तो । या ॥ अनुसरण करता है।

Q.14 कथन: एक बार उठने के बाद एक गिलास पानी पीना काफी स्वस्थ और फायदेमंद होता है।

अनुमान:

I. हमारे शरीर को अपनी विभिन्न आंतरिक और बाह्य प्रक्रियाओं के नियमन के लिए पानी की आवश्यकता होती है।

II. सुबह-सुबह पानी पीने से गैस की परेशानी हो सकती है।

A. केवल अनुमान । सत्य है।
B. केवल अनुमान ॥ सत्य है।
C. दोनों अनुमान सत्य हैं।
D. या तो । या ॥ सत्य है।
E. न तो । और न ही ॥ सत्य है।

Q.15 कथन: डब्ल्यू.एच.ओ. ने भारत को एक पोलियो मुक्त राष्ट्र घोषित किया।

अनुमान:

I. भारत में पिछले दो दशकों में पोलियो के किसी भी मामले की सूचना नहीं मिली है।

II. पोलियो के लिए टीकाकरण कार्यक्रम को बंद किया जाना चाहिए।

A. केवल I अनुसरण करता है।
B. केवल II अनुसरण करता है।
C. या तो I या II अनुसरण करता है।
D. ना तो I और ना ही II अनुसरण करता है।
E. I और II दोनों अनुसरण करते हैं।

Q.16 कथन: दिल्ली के आकाश को घनी धुंध ने घेर लिया।
अनुमान:
I. लोगों को घर के अंदर रहने की कोशिश करनी चाहिए।
II. घर से बाहर निकलने वाले लोगों ने मास्क पहनना चाहिए।
A. केवल I अनुसरण करता है।
B. केवल II अनुसरण करता है।
C. I और II दोनों अनुसरण करते हैं।
D. न तो I न ही II अनुसरण करता है।
E. या तो I या II अनुसरण करता है।

Q.17 कथन: जिन व्यक्तियों की आंखों की रोशनी की समस्या है, उन्हें चश्मे पहनने की आवश्यकता है और नेत्र रोग विशेषज्ञ द्वारा बताई गई बातों पर ध्यान देने की आवश्यकता है।
अनुमान:
I. आंखों की समस्याओं को चिकित्सकीय रूप से कुछ न भी करके समय के साथ ठीक किया जा सकता है।
II. डॉक्टर के परामर्श पर, इस मुद्दे को आसानी से लक्षित किया जा सकता है और इस पर कार्य किया जा सकता है।
A. केवल अनुमान I सत्य है।
B. केवल अनुमान II सत्य है।
C. दोनों अनुमान सत्य हैं।
D. या तो I या II सत्य है।
E. न तो I और न ही II सत्य है।

Q.18 कथन: एंड्रयू के उग्र और असहिष्णु रवैये के कारण उसके केवल कुछ मित्र हैं।
अनुमान:
I. कोई भी एंड्रयू को पसंद नहीं करता है।
II. अभी भी कुछ लोग एंड्रयू के रवैये के बावजूद उसे पसंद करते हैं।
A. केवल I अनुसरण करता है।
B. केवल II अनुसरण करता है।
C. I और II दोनों अनुसरण करते हैं।
D. ना तो I ना ही II अनुसरण करता है।
E. या तो I या II अनुसरण करता है।

Q.19 कथन: मानसिक बीमारी शारीरिक प्रणाली पर इसके प्रभाव में शारीरिक बीमारी के समान है।
अनुमान:
I. मानव शरीर पर मानसिक बीमारी से उत्पन्न प्रभाव शारीरिक बीमारी से उत्पन्न होता है।
II. मानसिक बीमारी और शारीरिक बीमारियां समान हैं।
A. I अनुसरण करता है।
B. II अनुसरण करता है।
C. I और II दोनों अनुसरण करते हैं।
D. न तो I और न ही II अनुसरण करता है।
E. या तो I या II अनुसरण करता है।

Q.20 कथन: स्वचालन द्वारा निर्मित अधिकांश नौकरियां स्वचालन द्वारा समाप्त की गई नौकरियों से कम भुगतान करती हैं।
अनुमान:
I. स्वचालन के आने से वेतन कम हो गया।
II. नौकरी वाले मजदूर नौकरी के वेतन से नाखुश होंगे।
A. I अनुसरण करता है।
B. II अनुसरण करता है।
C. I और II दोनों अनुसरण करते हैं।
D. न तो I और न ही II अनुसरण करता है।
E. या तो I या II अनुसरण करता है।

Q.21 कथन: कई उपभोक्ता जो जॉगिंग के लिए जूते खरीदते हैं और वे जॉगिंग के अलावा अन्य गतिविधियों के लिए भी इसका इस्तेमाल करते हैं।
अनुमान:
I. लोग जॉग पसंद नहीं करते हैं।
II. लोग कई उद्देश्यों के लिए चीजों का उपयोग करना पसंद करते हैं।
A. केवल I अनुसरण करता है।
B. केवल II अनुसरण करता है।
C. दोनों I और II अनुसरण करते हैं।
D. न तो I और न ही II अनुसरण करता है।
E. या तो I या II अनुसरण करता है।

Q.22 कथन: ग्रीनविले शहर के मेयर शहर के मिडटाउन क्षेत्र में शहर के हॉल तक बस की सवारी करते हैं।
अनुमान:
I. मेयर के पास की अपनी सवारी नहीं होती है।
II. मेयर अपने गंतव्य पर तेजी से पहुंचना चाहता है।
A. केवल I अनुसरण करता है।
B. केवल II अनुसरण करता है।
C. दोनों I और II अनुसरण करते हैं।
D. न तो I और न ही II अनुसरण करता है।
E. या तो I या II अनुसरण करता है।

Ques (23-24):निर्देश: निम्न प्रश्न में एक कथन और उसके बाद I और II से अंकित दो अनुमान दिए गये हैं। आपको दिए गये कथन को सत्य मानना है, भले ही वे ज्ञात तथ्यों से अलग प्रतीत होते हों। सभी अनुमानों को पढ़िए और फिर निर्णय कीजिए कि दिया गया कौन-सा अनुमान ज्ञात तथ्यों को नजरंदाज करने पर कथनों का तार्किक रूप से अनुसरण करता है।

Q.23 कथन: शिक्षा विभाग की सिफारिश पर, सीबीएसई को एनसीईआरटी के साथ-साथ 10 वीं और 12 वीं में पढ़ने वाले छात्रों के शैक्षणिक पाठ्यक्रम में कटौती करने और बोर्ड परीक्षा के लिए उनके बोझ को कम करने का सुझाव दिया गया है।
अनुमान:
I: ऐसा होने पर छात्रों को राहत मिलेगी।
II: यह सुझाव केवल सरकारी स्कूलों के लिए है।
A. केवल अनुमान I अनुसरण करता है।
B. केवल अनुमान II अनुसरण करता है।
C. I और II दोनों अनुमान अनुसरण करते हैं।
D. कोई अनुमान अनुसरण नहीं करता है।
E. या तो अनुमान I या अनुमान II अनुसरण करता है।

Q.24 कथन: व्हाट्सएप भारत और ब्राजील के 80% प्रतिशत लघु व्यवसायों को ग्राहकों के साथ संवाद करने और अपना व्यवसाय बढ़ाने में मदद करता है।
अनुमान:
I: व्हाट्सएप के बिना, ब्राजील और भारत के अधिकांश लघु व्यवसाय सफल नहीं होंगे।
II: दूसरे देशों के लोग व्हाट्सएप को निजी मैसेजिंग ऐप के रूप में देखते हैं।
A. केवल अनुमान I अनुसरण करता है।
B. केवल अनुमान II अनुसरण करता है।
C. I और II दोनों अनुमान अनुसरण करते हैं।

D. कोई अनुमान अनुसरण नहीं करता है।
E. या तो अनुमान I या अनुमान II अनुसरण करता है।

Ques (25-26):निर्देश: निम्न प्रश्न में एक कथन और उसके बाद I और II से अंकित दो अनुमान दिए गये हैं। आपको दिए गये कथन को सत्य मानना है, भले ही वे ज्ञात तथ्यों से अलग प्रतीत होते हों। सभी अनुमानों को पढ़िए और फिर निर्णय कीजिए कि दिया गया कौन-सा अनुमान ज्ञात तथ्यों को नजरंदाज करने पर कथनों का तार्किक रूप से अनुसरण करता है।

Q.25 एम.एस. धोनी ने ODI में भारतीय टीम की कप्तीन से इस्तीफा दे दिया है। उन्होंने कहा की दबाव काफी अधिक था और वह अपने निजी जीवन पर ध्यान केन्द्रित करना चाहते हैं। उन्होंने मजाक में ही कहा कि समय से पहले उनके बाल सफेद होने शुरु गये थे।
अनुमान:
I. वह भारतीय टीम के कप्तान होने से चिढ़ चुके हैं।
II. कप्तानी का दबाव उनके परिवार पर असर डाल रहा था।
A. केवल अनुमान I सत्य है।
B. केवल अनुमान II सत्य है।
C. या तो अनुमान I या II सत्य है।
D. ना तो अनुमान I ना ही II सत्य है।
E. अनुमान I और II दोनों सत्य हैं।

Q.26 नरेन्द्र मोदी ने घोषणा की है कि भारत सीमा पार से कोई भी उपद्रव बर्दाश्त नहीं करेगा। उन्होंने कहा कि पाकिस्तान को रास्ते पर आने के लिए बहुत समय था।
अनुमान:
I. भारत जल्द ही पाकिस्तान पर युद्ध शुरु करेगा।
II. पाकिस्तान को अंतिम चेतावनी दी गई है।
A. केवल अनुमान I सत्य है।
B. केवल अनुमान II सत्य है।
C. या तो अनुमान I या II सत्य है।
D. ना तो अनुमान I ना ही II सत्य है।
E. अनुमान I और II दोनों सत्य हैं।

Ques (27-28):निर्देश: निम्न प्रश्न में एक कथन और उसके बाद I और II से अंकित दो अनुमान दिए गये हैं। आपको दिए गये कथन को सत्य मानना है, भले ही वे ज्ञात तथ्यों से अलग प्रतीत होते हों। सभी अनुमानों को पढ़िए और फिर निर्णय कीजिए कि दिया गया कौन-सा अनुमान ज्ञात तथ्यों को नजरंदाज करने पर कथनों का तार्किक रूप से अनुसरण करता है।

Q.27 कथन: भारत की आबादी निकट भविष्य में चीन की तुलना में बहुत बढ़ने की उम्मीद है और अंतर्राष्ट्रीय अर्थशास्त्री इसपर बहुत विचार कर रहे हैं। भारत के पास वर्तमान आबादी को सँभालने के लिए भी कोई व्यवस्था नहीं है।
अनुमान:
I. उच्च आबादी का अर्थ है कि अधिक मानव संसाधन और इसलिए, उच्च विकास दर।
II. अर्थशास्त्री नहीं चाहते कि भारत प्रगति करे।
A. केवल I अनुसरण करता है।
B. केवल II अनुसरण करता है।
C. I और II दोनों अनुसरण करता है।
D. न तो I न ही II अनुसरण करता है।
E. या तो I या II अनुसरण करता है।

Q.28 कथन: जापान में, आमाशय के कैंसर की घटनाएं बहुत अधिक है, जबकि आंत का कैंसर बहुत कम है। लेकिन जापानी, हवाई में आप्रवासन कर रहे है, यह विपरीत होगा-अगली पीढ़ी के लिए आंत के कैंसर की दर बढ़ेगी लेकिन आमाशय के कैंसर की दर में कमी होगी। यह सब पोषण से संबंधित है- हवाई में जापानियों का आहार जापान से अलग है।
अनुमान:
I. हवाई वाले आहार को जापान में भी प्रसारित करना चाहिए।
II. आंत का कैंसर आमाशय के कैंसर से कम गंभीर है।
A. केवल अनुमान I अनुसरण करती है।
B. केवल अनुमान II अनुसरण करती है।
C. दोनों अनुमानएं अनुसरण करते हैं।
D. कोई भी अनुमान अनुसरण नहीं करता है।
E. या तो अनुमान I या II अनुसरण करता है।

Ques (29-30):निर्देश: निम्न प्रश्न में एक कथन और उसके बाद I और II से अंकित दो अनुमान दिए गये हैं। आपको दिए गये कथन को सत्य मानना है, भले ही वे ज्ञात तथ्यों से अलग प्रतीत होते हों। सभी अनुमानों को पढ़िए और फिर निर्णय कीजिए कि दिया गया कौन-सा अनुमान ज्ञात तथ्यों को नजरंदाज करने पर कथनों का तार्किक रूप से अनुसरण करता है।

Q.29 कथन: धर्म से परम-शांति को प्राप्त करने के साधन उपलब्ध होते हैं।
अनुमान:
I. धर्म समृद्ध जीवन सुनिश्चित करते हैं।
II. धर्म गरीबी दूर करने में लोगों की मदद करते हैं।
A. केवल अनुमान I पालन करता है।
B. केवल अनुमान II पालन करता है।
C. दोनों अनुमान I व II पालन करते हैं।
D. ना तो अनुमान I और ना II पालन करता है।
E. या तो I या II पालन करते हैं।

Q.30 कथन: सरकार ने पर्याप्त आय पाने वाले लोगों को सब्सिडी को छोड़ने का आवाहन किया है।
अनुमान:
I. सभी नागरिकों को सब्सिडी की जरुरत नहीं है।
II. गरीब लोगों को सब्सिडी नहीं मिल रही है।
A. सिर्फ अनुमान I अनुसरण करता है।
B. सिर्फ अनुमान II अनुसरण करता है।
C. दोनों अनुमान अनुसरण करते हैं।
D. कोई भी अनुमान अनुसरण नहीं करता है।
E. I या II में से कोई एक अनुसरण करता है।

// स्मार्ट उत्तर पुस्तिका //

सही उत्तर — उन छात्रों के प्रतिशत को इंगित करता है जिन्होंने प्रश्नों का सही उत्तर दिया था।

छोड़ दिया — उन छात्रों के प्रतिशत को इंगित करता है जिन्होंने प्रश्नों को छोड़ दिया था।

प्रश्न संख्या	उत्तर	सही उत्तर	छोड़ दिया
1	A	16.5 %	81.41 %
2	D	82.2 %	16.74 %
3	B	52.45 %	30.36 %
4	D	84.67 %	14.08 %
5	B	44.67 %	51.45 %
6	C	55.74 %	34.13 %
7	B	16.92 %	82.23 %
8	A	57.91 %	35.43 %
9	A	86.58 %	10.59 %
10	D	20.76 %	71.64 %
11	A	78.86 %	11.5 %
12	B	55.36 %	43.61 %
13	D	62.83 %	36.81 %
14	A	51.39 %	42.95 %
15	D	21.99 %	71.34 %
16	C	81.86 %	17.73 %
17	B	14.88 %	77.08 %
18	B	40.82 %	31.08 %
19	A	48.02 %	31.09 %
20	A	88.97 %	10.07 %
21	B	88.96 %	10.32 %
22	D	10.58 %	67.6 %
23	A	41.05 %	35.5 %
24	A	57.42 %	33.98 %
25	B	13.63 %	76.18 %
26	B	54.02 %	41.77 %
27	D	24.15 %	68.83 %
28	D	59.53 %	34.83 %
29	D	76.83 %	10.19 %
30	A	47.9 %	52.03 %

कार्य विश्लेषण	
औसत अंक (%)	50.0%
टॉपर्स स्कोर (%)	73.33%
आपका स्कोर	

//संकेत और समाधान//

1. हमें एक निष्कर्ष खोजने की आवश्यकता है। यह अनुच्छेद गानों को पुनः इकठ्ठा करने की बात नहीं कर रहा है, या गाने की कीमत या गाने के गुण की बात नहीं कर रहा है।

तथ्य + धारणा = निष्कर्ष (लेखक के अनुसार)

आप तथ्य और निष्कर्ष के बीच का अंतर स्पष्ट कर सकते हैं क्योंकि पहले वाला 'कारण' है और बाद वाला 'प्रभाव' है। संयोजन 'क्योंकि" हमें बताता है कि कौन क्या है।

यहाँ तथ्य है– कुछ लोग ऐसे गीत को सुनने के रोमांच को खोना नहीं चाहते हैं जिनको सुनने की उन्हें उम्मीद नहीं थी।

निष्कर्ष – कुछ लोग अभी भी रेडियो सुनते हैं बजाय गाने को डाउनलोड कर के सुनने के।

इसलिए, वह धारणा जो तथ्य को निष्कर्ष तक पहुंचाएगी:

धारणा - कोई भी जब डाउनलोड कर रहा हो तब वे गानो को नहीं खोज निकल सकते।

यह वक्तव्य धारणात्मक है।

हम यह भी जानते हैं कि

तथ्य + धारणा = अनुमान (आपकी वक्तव्य के प्रति समझ, जो लेखक ने प्रत्यक्ष तौर पर नहीं कही है।)

तो यह स्पष्ट है कि विकल्प (A) सही है।

यहाँ,

तथ्य - कुछ लोग अभी भी रेडियो सुनते हैं बजाय कि गाने को डाउनलोड कर के सुनने के।

धारणा – अगर आप रेडियो से गाना डाउनलोड कर सकते होते तो यह भी गानों का रोमांच घटा देता।

अनुमान – कुछ लोग गाना डाउनलोड कर के सुनने के बजाय केवल रेडियो सुनते हैं।

अत: विकल्प (A) सही है।

2. हाइब्रिड पौधे, कवक के प्रतिरोधी होते हैं, इसलिए इनकी जीवन अवधि लम्बी होती है। इससे यह अनुमानित किया जा सकता है कि हाइब्रिड पौधे आपको कवक-प्रतिरोधी पौधे दिख सकते है।

अत: विकल्प (D) सही है।

3. टोक्सोप्लास्मा गोंदी महिलाओं में गर्भावस्था के दौरान प्राक्गर्भाक्षेपक का कारण हो सकता है। इसलिए, ये निश्चित रूप से सौम्य नहीं माना जा सकता। यह भी स्पष्ट रूप से अनुच्छेद में बताया गया है कि टोक्सोप्लास्मा गोंदी बिना धुली सब्जी के उपभोग से फैलता है। तो ये एक सत्य है ना कि एक व्यवधान। अनुच्छेद में ये बताया गया है कि टोक्सोप्लास्मा गोंदी अक्सर अप्रकट रहता है, लेकिन आप इससे ये भी अनुमान नहीं लगा सकते कि उसे बनठन का खेल पसंद है। ये भी अनुमान नहीं लगाया जा सकता कि टोक्सोप्लास्मा गोंदी प्राक्गर्भाक्षेपक का प्रमुख कारण है। अनुच्छेद में केवल इसे प्राक्गर्भाक्षेपक का कारण बताया गया है तो ये भी एक व्यवधान नहीं हो सकता। हालांकि, अनुच्छेद में ये बताया गया है कि परजीवी परिचारक के जाने बिना उसके शरीर में घर बना लेता है, जिससे ये स्पष्ट होता है कि आम तौर पर ये कोई लक्षण प्रदर्शित नहीं करता। इस प्रकार हम ये अनुमान लगा सकते हैं कि टोक्सोप्लास्मा गोंदी अलक्षनात्मक है।

अत: विकल्प (B) सही है।

4. कमला अमीर है, इसलिए उसका बहुत प्रभाव है। यह विकल्प दिए गए कथन के जैसा है। इस प्रकार यह विकल्प सही है।

अत: विकल्प (D) सही है।

5. जैसे कि कथन बताता है कि शहरी क्षेत्रों में इन बच्चों का नाज़ुक उम्र में शोषण किया जाता है और छोटे मोटे काम करने के लिए मजबूर किया जाता है हम अनुमान लगा सकते हैं कि यह एक समस्या है। इसलिए, विकल्प (B) अनुसरण करता है।

अत: विकल्प (B) सही है।

6. इस परिच्छेद में न्यूयॉर्क शहर के भूमिगत मार्ग प्रणाली और शहर के भलाई और विकास में योगदान के बारे में कहा गया है। विकल्प (C) एक बेहतर अनुमान है, क्योंकि यह एक स्पष्ट चित्र पेश कर रहा है और सही ढंग से दर्शाता है कि कैसे सुनियोजित पुरानी प्रणाली आधुनिक समय में सहायता कर सकती है।

अत: विकल्प (C) सही है।

7. दिये गये परिच्छेद में कहा गया है कि किस प्रकार से 1970 तक झीलों को महत्वहीन माना जाता था और तभी से इस अवधारणा को बदलने की कोशिश की जा रही है। विकल्प (B) अनुमान है क्योंकि दिये गये लेख के अंतिम वाक्य से इसे लिया गया है। अंतिम वाक्य में स्पष्ट रुप से कहा गया है कि निश्चित व्यक्तियों का एक समूह झीलों के रक्षा तथा संरक्षण के लिए प्रचार कर रहा है। इसलिए, यह अनुमान निकाला जा सकता है कि संरक्षणवादी झीलों के महत्व को समझाने के लिए जागरुकता फैलाने का कार्य कर रहे हैं। इसलिए, सही अनुमान विकल्प (B) है।

अत: विकल्प (B) सही है।

8. दिये गये परिच्छेद में जल के स्त्रोत जिस पर कोलकाता महानगर निर्भर है और इस निर्भरता के परिणाम के रुप में उत्पन्न होने वाली समस्याओं के बारे में कहा गया हैं। विकल्प (A) सही अनुमान है क्योंकि यह सठीक रुप से कोलकाता महानगर क्षेत्र के भविष्य के बेहतर के लिए सतत जल प्रबंधन की बाते कह रहा है।

अत: विकल्प (A) सही है।

9. विकल्प (A) सप्रमाण बड़े शहरों के विकास के मुद्दों के प्रति एक समग्र दृष्टिकोण की जरूरत से कहा गया है और दिए गए परिच्छेद की टिप्पणियों का समर्थन करता है।

अत: विकल्प (A) सही है।

10. यदि किसी भी संगठन के निवेश की बढ़ने की उम्मीद है, तो इसका सबसे स्पष्ट परिणाम है कि जीडीपी में वृद्धि होगी क्योंकि यहां और अधिक उत्पादन होगा। साथ ही अनुच्छेद में यह भी कहा गया है कि इस प्रकार का कदम उठाने से पहले बहुत अध्ययन किया गया है; तो हानि होने की संभावना कम है।

अत: विकल्प (D) सही है।

11. विकल्प (A) सही उत्तर है क्योंकि यह उल्लेख किया गया है कि गरीबों के विरुद्ध अमीरों की आक्रमण शीलता असुरक्षा के कारण था।

अत: विकल्प (A) सही है।

12. यह निष्कर्ष निकाला जा सकता है कि नेताजी की मौत हम सभी के लिए एक रहस्य है और जांच केवल इसे स्पष्ट कर सकती है।

अत: विकल्प (B) सही है।

13. लिखित रूप में सबसे मजबूत टीम होने के कारण निश्चित रूप से टूर्नामेंट जीतने का कोई सम्बन्ध नहीं है, अनुमान I सही नहीं है।

भारतीय टीम अन्य सभी टीमों की तुलना में मजबूत है, यह एक तुलना है और इसका मतलब यह नहीं है कि सभी टीमें कमजोर हैं, अनुमान II सही नहीं है।

अत: विकल्प (D) सही है।

14. यह कथन पीने के पानी के अच्छे हिस्से के बारे में है जैसे ही कोई सुबह उठता है, जिससे स्वास्थ्य के लिए लाभ होता है। दिए गए अनुमानों में से, केवल पहला सत्य है और कथन के साथ जाता है। पानी के बारे में दूसरा अनुमान गैस की परेशानी के बारे में कथन में नहीं दिया गया है, इसलिए अनुमान II सत्य नहीं है।

इसलिए, केवल अनुमान I सत्य है।

अत: विकल्प (A) सही है।

15. चूंकि हम नहीं जानते हैं कि देश को पोलियो मुक्त राष्ट्र के रूप में अर्हता प्राप्त करने के लिए अपने पोलियो मुक्त मानक को कितने सालों तक बनाए रखना है और दो दशक लंबा समय है, हम कह सकते हैं कि अनुमान I अनुसरण नहीं करता है। उसी प्रकार, यदि हम नहीं चाहते हैं कि पोलियो फिर से शुरू हो जाए तो हमें अपने बच्चों का टीकाकरण कराते रहना चाहिए। इसका अर्थ है पोलियो के लिए टीकाकरण कार्यक्रम बंद नहीं किया जाना चाहिए। तो, ना तो I और ना ही II अनुसरण करता है।

अत: विकल्प (D) सही है।

16. धुएं के कारण दिल्ली की हवा अत्यधिक प्रदूषित है, इसलिए घर के अंदर रहने की सलाह दी जाती है। अगर लोगों को अपने दैनिक कार्यों के लिए बाहर जाना है, तो उन्हें मास्क पहनना चाहिए। इस प्रकार, I और II दोनों अनुसरण करते हैं।

अत: विकल्प (C) सही है।

17. केवल अनुमान II सत्य है। कथन इस बात पर चर्चा करता है कि उचित चिकित्सा सहायता से आंखों की रोशनी के मुद्दों को कैसे ठीक किया जा सकता है। दिए गए अनुमानों में से, दूसरा कहता है कि डॉक्टर के परामर्श पर मुद्दों को आसानी से पता लगाया जा सकता है, लक्षित किया जा सकता है और उन्हें बेहतर बनाया जा सकता है। जैसा कि इसके बारे में है, यह प्राकृतिक और क्रमिक चिकित्सा के बारे में पहले अनुमान के विपरीत कथन में उल्लिखित बातों को जोड़ता है और दोहराता है।

इसलिए, केवल अनुमान II सत्य है।

अत: विकल्प (B) सही है।

18. कथन से यह अनुमान लगाया जा सकता है कि एंड्रयू के कुछ मित्र है। इसलिए', उसे कुछ लोगों द्वारा पसंद किया जाता है' इससे अनुमान I असत्य साबित होता है। चूँकि एंड्रयू के कुछ मित्र हैं, इसका अर्थ है कि वे लोग उसके बुरे रवैये के बावजूद भी उसे पसंद करते हैं।

अत: विकल्प (B) सही है।

19. केवल अनुमान I कथन को स्पष्ट करता है और इसलिए यह सच है।

अनुमान II सभी पहलुओं में मानसिक बीमारी और शारीरिक बीमारी की तुलना करता है और उस पर जानकारी प्रदान नहीं की गई है, यह अनुमान II को अवैध बनाता है।

केवल I अनुसरण करता है।

अत: विकल्प (A) सही है।

20. चूँकि स्वचालन द्वारा निर्मित नौकरियां कम वेतन प्रदान करती है, अनुमान I सत्य है।

कथन में श्रमिकों की खुशी के बारे में कुछ भी नहीं दिया गया है, इसलिए अनुमान II का पालन नहीं किया जाता है।

इसलिए, I अनुसरण करता है।

अत: विकल्प (A) सही है।

21. कथन उन लोगों के बारे में जानकारी नहीं देता है जो जॉगिंग के खिलाफ हैं। दूसरा अनुमान सत्य है क्योंकि कथन से यह स्पष्ट है कि लोग उपयोगिता का उपयोग एक से अधिक चीज़ों के लिए करते हैं।

केवल II अनुसरण करता है।

अत: विकल्प (B) सही है।

22. कथन से, हम न तो अनुमान I और न ही अनुमान II निकाल सकते हैं क्योंकि उन अनुमानों के लिए आवश्यक जानकारी नहीं दी गयी है।

इसलिए, न तो I और न ही II अनुसरण करता है।

अत: विकल्प (D) सही है।

23. यदि पाठ्यक्रम कम हो जाता है, तो छात्रों को कम अध्ययन करना होगा और इससे उनका तनाव कम होगा। परिणामस्वरूप उन्हें राहत मिलेगी।

लेकिन यदि परिवर्तन केवल सरकारी स्कूलों में लागू किया जाना है, तो दी गई जानकारी अनुमान लगाने के लिए पर्याप्त नहीं है।

इसलिए केवल अनुमान I अनुसरण करता है।

अत: विकल्प (A) सही है।

24. ग्राहकों के साथ अच्छा संपर्क होने पर व्यवसाय फलता-फूलता है। 80 प्रतिशत लघु व्यवसाय व्हाट्सएप के माध्यम से संवाद करते हैं। इसके बिना उनमें से अधिकांश सफल नहीं होते। लेकिन इसका मतलब यह नहीं है कि अन्य देश इसे निजी मैसेजिंग ऐप के रूप में देखते हैं। सिर्फ इतनी बात है कि भारत और ब्राजील में इसका उपयोग करने वाले छोटे व्यवसायों की मात्रा बहुत अधिक है। तो हम कह सकते हैं कि केवल I अनुसरण करता है।

अत: विकल्प (A) सही है।

25. निजी जीवन स्पष्ट रुप से उनके परिवार को संदर्भित कर रहा है, और चूँकि उन्होंने पहले ही कहा है कि वह अपने निजी जीवन पर ध्यान केन्द्रित करना चाहते हैं यह निश्चित है कि इतनी बड़ी जिम्मेदारी निभाने से उनके निजी जीवन पर असर पड़ा हो और अब वह उन्हे समय देना चाहते है। इसलिए (B) सत्य है। लेकिन उनके सफेद बाल के बावजूद भी यहाँ चिढ़ने वाली किसी भी बात का उल्लेख नहीं किया गया है।

अत: विकल्प (B) सही है।

26. किसी भी प्रकार से यह नहीं कहा गया है कि इस कारण से भारत युद्ध की शुरुवात करेगा। और इसलिए अनुमान I आवश्यक सत्य नहीं है। तथ्य यह है कि उन्होंने कहा है कि भारत इसे और बर्दाश्त नहीं करेगा का अर्थ है कि यह पाकिस्तान के लिए अंतिम चेतावनी है। इसलिए अनुमान II सत्य है और विकल्प (B) सही उत्तर है।

अत: विकल्प (B) सही है।

27. जब भारत के पास वर्तमान आबादी को सँभालने के लिए भी कोई व्यवस्था नहीं है, तो यह और अधिक लोगों का समर्थन कैसे करेगा? इसलिए, वे मानव संसाधन नहीं बनेंगे बल्कि, एक बोझ होगा - I सही नहीं है। अर्थशास्त्री चिंतित हैं क्योंकि यदि आबादी बढ़ती रहती है, तो भारत आगे नहीं बढ़ेगा - वे चाहते हैं कि भारत में विकास हो - II सही है।

अत: विकल्प (D) सही है।

28. कथन में दोनों देशों के आहार के प्रचार के बारे में किसी भी स्थिति में कुछ नहीं कहा गया है, लोग दोनों में से किसी एक कैंसर से ग्रसित होंगे। कोई भी कथन दोनों प्रकार के कैंसर की गंभीरता के बारे में तुलना नहीं कर सकता है क्योंकि इसके बारे में कथन में कुछ भी उल्लेख नहीं किया गया है। इसलिए कोई भी अनुमान अनुसरण नहीं करता है।

अत: विकल्प (D) सही है।

29. कथन कहता है कि धर्म परम शांति प्राप्त करने का मार्ग है, जिसका ना तो समृद्ध और ना ही ऐश्वर्यजनक जीवन से कोई संबंध है। साथ ही इसका गरीबी से भी कोई संबंध नहीं है।

इसलिए, दोनों अनुमान कथन का पालन नहीं करते हैं।

अत: विकल्प (D) सही है।

30. हमें यह ज्ञात नहीं हैं कि गरीब लोगों को सब्सिडी मिलती है या नहीं। इस प्रकार यह अनुमान अनुसरण नहीं करता है। हालांकि, कथन से हम अनुमान लगा सकते हैं कि सरकार ने पर्याप्त आय पाने वाले लोगों को सब्सिडी छोड़ने का आवाहन किया है। इसके पीछे तर्क हो सकता है कि, पर्याप्त आय पाने वाले लोगों को सब्सिडी की जरुरत नहीं है। इस प्रकार अनुमान। अनुसरण करता है।

अत: विकल्प (A) सही है।

तर्कशक्ति अभियोग्यता टेस्ट 20

Ques (1-30):निर्देश: निम्नलिखित प्रश्न में, अभिकथन (A) और कारण (R) दिए गए है। दोनों कथनों को ध्यानपूर्वक पढ़िए और निम्नलिखित में से सही विकल्प का चयन कीजिए:

Q.1 अभिकथन (A): मानव जाति के भविष्य को बचाने के लिए परमाणु विमुद्रीकरण आवश्यक है।

कारण (R): परमाणु हथियार सामूहिक विनाश के हथियार हैं।

A. A और R दोनों सत्य हैं और R, A का सही स्पष्टीकरण है।
B. A और R दोनों सत्य हैं और R, A का सही स्पष्टीकरण नहीं है।
C. A सत्य है लेकिन R असत्य है।
D. A असत्य है लेकिन R सत्य है।
E. A और R दोनों असत्य हैं।

Q.2 अभिकथन (A): भारत दुनिया की सबसे तेजी से बढ़ती अर्थव्यवस्थाओं में से एक है।

कारण (R): भारत में कृषि क्षेत्र रोजगार का सबसे बड़ा क्षेत्र है।

A. A और R दोनों सत्य हैं और R, A का सही स्पष्टीकरण है।
B. A और R दोनों सत्य हैं और R, A का सही स्पष्टीकरण नहीं है।
C. A सत्य है लेकिन R असत्य है।
D. A असत्य है लेकिन R सत्य है।
E. A और R दोनों सत्य हैं।

Q.3 अभिकथन (A): रेबिड जानवरों को पशु नियंत्रण द्वारा इच्छामृत्यु दी जाती है।

कारण (R): रेबीज अत्यधिक संक्रामक है, और मनुष्यों और अन्य स्तनधारियों के केंद्रीय तंत्रिका तंत्र को प्रभावित करता है।

A. (A) और (R) दोनों सत्य हैं और (R), (A) का सही स्पष्टीकरण है।
B. (A) और (R) दोनों सत्य हैं और (R), (A) का सही स्पष्टीकरण नहीं है।
C. (A) सत्य है लेकिन (R) असत्य है।
D. (A) असत्य है लेकिन (R) सत्य है।
E. (A) और (R) दोनों असत्य हैं।

Q.4 अभिकथन (A): होम्योपैथी वैज्ञानिक रूप से सटीक है।

कारण (R): होम्योपैथी कुछ मामलों के लिए, कार्यरत सिद्ध हुई है।

A. (A) और (R) दोनों सत्य हैं और (R), (A) का सही स्पष्टीकरण है।
B. (A) और (R) दोनों सत्य हैं और (R), (A) का सही स्पष्टीकरण नहीं है।
C. (A) सत्य है लेकिन (R) असत्य है।
D. (A) असत्य है लेकिन (R) सत्य है।
E. (A) और (R) दोनों असत्य हैं।

Q.5 अभिकथन (A): केपटाउन पानी खत्म होने वाला दुनिया का पहला शहर बन गया है।

कारण (R): पानी की कमी जनसंख्या वृद्धि और खराब जल संसाधन प्रबंधन से प्रभावित होती है।

A. A और R दोनों सत्य हैं और R, A का सही स्पष्टीकरण है।
B. A और R दोनों सत्य है और R, A का सही स्पष्टीकरण नहीं है।
C. A सत्य है लेकिन R असत्य है।
D. A असत्य है लेकिन R सत्य है।
E. A और R दोनों असत्य हैं।

Q.6 अभिकथन (A): अलेक्जेंडर ग्राहम बेल ने दूरभाष का आविष्कार किया था।

कारण (R): अलेक्जेंडर ग्राहम बेल की पत्नी बहरी थी।

A. A और R दोनों सत्य हैं और R, A का सही स्पष्टीकरण है।
B. A और R दोनों सत्य हैं और R, A का सही स्पष्टीकरण नहीं है।
C. A सत्य है लेकिन R असत्य है।
D. A असत्य है लेकिन R सत्य है।
E. A और R दोनों असत्य हैं।

Q.7 अभिकथन (A): ब्राजील दुनिया के प्रमुख कॉफी उत्पादकों में से एक है।

कारण (R): ब्राजील में कॉफी बागान 27,000 वर्ग किमी का है।

A. A और R दोनों सत्य हैं और R, A का सही स्पष्टीकरण है।
B. A और R दोनों सत्य है और R, A का सही स्पष्टीकरण नहीं है।
C. A सत्य है लेकिन R असत्य है।
D. A असत्य है लेकिन R सत्य है।
E. A और R दोनों असत्य हैं।

Q.8 अभिकथन (A): कोयले में ग्रील्ड या जला हुआ भोजन कैंसरकारी होता है।

कारण (R): कोयला छूने में जहरीला होता है।

A. A और R दोनों सत्य हैं और R, A का सही स्पष्टीकरण है।
B. A और R दोनों सत्य हैं और R, A का सही स्पष्टीकरण नहीं है।
C. A सत्य है लेकिन R असत्य है।
D. A असत्य है लेकिन R सत्य है।
E. A और R दोनों असत्य हैं।

Q.9 अभिकथन (A): HIV/AIDS का इलाज करना बेहद कठिन है।

कारण (R): HIV/AIDS जन्मजात हो सकता है।

A. A और R दोनों सत्य हैं और R, A का सही स्पष्टीकरण है।
B. A और R दोनों सत्य हैं और R, A का सही स्पष्टीकरण नहीं है।
C. A सत्य है लेकिन R असत्य है।
D. A असत्य है लेकिन R सत्य है।
E. A और R दोनों असत्य हैं।

Q.10 अभिकथन (A): न्यूयॉर्क जैसे प्रमुख शहरों में सड़कों पर पुलिस की उपस्थिति ने अपराध दर को कम नहीं किया है।

कारण (R): न्यूयॉर्क जैसे शहरों में अपराध प्रमुख रूप से ब्लू कॉलर अपराध न होकर सफेदपोश अपराध हैं।

A. A और R दोनों सत्य हैं और R, A का सही स्पष्टीकरण है।
B. A और R दोनों सत्य हैं और R, A का सही स्पष्टीकरण नहीं है।
C. A सत्य है लेकिन R असत्य है।
D. A असत्य है लेकिन R सत्य है।
E. A और R दोनों असत्य हैं।

Q.11 अभिकथन (A): प्लेसीबो ट्रायल का इस्तेमाल अक्सर कैंसर जैसी बीमारियों के इलाज के लिए किया जाता है।

कारण (R): सभी कैंसर रोगियों को देने के लिए कैंसर की दवा का पर्याप्त उत्पादन नहीं होता है और इसलिए प्लेसबो का उपयोग किया जाता है।

A. A और R दोनों सत्य हैं और R, A का सही स्पष्टीकरण है।
B. A और R दोनों सत्य हैं और R, A का सही स्पष्टीकरण नहीं है।
C. A सत्य है लेकिन R असत्य है।
D. A असत्य है लेकिन R सत्य है।
E. A और R दोनों असत्य हैं।

Q.12 अभिकथन (A): अंग्रेजी दुनिया में सबसे अधिक बोली जाने वाली भाषा है।

कारण (R): अंग्रेजी बोलने वालों की आबादी, अन्य भाषाओं से कहीं अधिक है।

A. A और R दोनों सत्य हैं और R, A का सही स्पष्टीकरण है।
B. A और R दोनों सत्य हैं और R, A का सही स्पष्टीकरण नहीं है।
C. A सत्य है लेकिन R असत्य है।
D. A असत्य है लेकिन R सत्य है।
E. A और R दोनों असत्य हैं।

Q.13 अभिकथन (A): गर्मी के मौसम में सूती कपड़े अवश्य पहनने चाहिए।

कारण (R): सूती कपड़े पसीने को सोख लेते हैं और शरीर को ठंडक पहुंचाते हैं।

A. A और R दोनों सत्य हैं और R, A का सही स्पष्टीकरण है।
B. A और R दोनों सत्य हैं और R, A का सही स्पष्टीकरण नहीं है।
C. A सत्य है लेकिन R असत्य है।
D. A असत्य है लेकिन R सत्य है।
E. A और R दोनों असत्य हैं।

Q.14 अभिकथन (A): ऐतिहासिक रूप से, आंध्र प्रदेश को 'भारत का चावल का कटोरा' कहा जाता है।

कारण (R): आंध्र प्रदेश में, कटोरे के आकार में खेती की जाती है।

A. A और R दोनों सत्य हैं और R, A का सही स्पष्टीकरण है।
B. A और R दोनों सत्य हैं और R, A का सही स्पष्टीकरण नहीं है।
C. A सत्य है लेकिन R असत्य है।
D. A असत्य है लेकिन R सत्य है।
E. A और R दोनों असत्य हैं।

Q.15 अभिकथन (A): सभी आधार क्षार हैं।

कारण (R): क्षार जल में घुलनशील होते हैं।

A. A और R दोनों सत्य हैं और R, A का सही स्पष्टीकरण है।
B. A और R दोनों सत्य हैं और R, A का सही स्पष्टीकरण नहीं है।
C. A सत्य है लेकिन R असत्य है।
D. A असत्य है लेकिन R सत्य है।
E. A और R दोनों असत्य हैं।

Q.16 अभिकथन (A): नाखूनों की देखभाल करने का सबसे अच्छा तरीका उन्हें नियमित रूप से काटना और साफ करना होता है।

कारण (R): नाखून खाने से संक्रमण हो सकता है।

A. A और R दोनों सत्य हैं और R, A का सही स्पष्टीकरण है।
B. A और R दोनों सत्य हैं और R, A का सही स्पष्टीकरण नहीं है।
C. A सत्य है लेकिन R असत्य है।
D. A असत्य है लेकिन R सत्य है।
E. A और R दोनों असत्य हैं।

Q.17 अभिकथन (A): रात का खाना नहीं खाना स्वास्थ्य के लिए हितकर होता है।

कारण (R): रात का खाना नहीं खाने से वजन कम करने में मदद मिलती है और इसलिए शरीर को अच्छा बनाए रखने के लिए यह आवश्यक है।

A. A और R दोनों सत्य हैं और R, A का सही स्पष्टीकरण है।
B. A और R दोनों सत्य हैं और R, A का सही स्पष्टीकरण नहीं है।
C. A सत्य है लेकिन R असत्य है।
D. A असत्य है लेकिन R सत्य है।
E. A और R दोनों असत्य हैं।

Q.18 अभिकथन (A): बारिश के मौसम में दरवाजे फैलते हैं।

कारण (R): बरसात के मौसम में लकड़ी द्वारा नमी अवशोषित की जाती है।

A. A और R दोनों सत्य हैं और R, A का सही स्पष्टीकरण है।
B. A और R दोनों सत्य हैं और R, A का सही स्पष्टीकरण नहीं है।
C. A सत्य है लेकिन R असत्य है।
D. A असत्य है लेकिन R सत्य है।
E. A और R दोनों असत्य हैं।

Q.19 अभिकथन (A): भारत में पुरुष और महिला का लिंगानुपात 1 से कम है।

कारण (R): महिलाओं को कई अलग-अलग परेशानियों का सामना करना पड़ता है, जैसे कि दुर्व्यवहार, कन्या भ्रूण हत्या आदि, जो लिंग अनुपात को प्रभावित करता है।

A. A और R दोनों सत्य हैं और R, A का सही स्पष्टीकरण है।
B. A और R दोनों सत्य हैं और R, A का सही स्पष्टीकरण नहीं है।
C. A सत्य है लेकिन R असत्य है।
D. A असत्य है लेकिन R सत्य है।
E. A और R दोनों असत्य हैं।

Q.20 अभिकथन (A): चमगादड़ रात्रिचर जानवर हैं।

कारण (R): यदि चमगादड़ रात्रिचर नहीं होते, तो वे गौरैया बाज जैसे शिकारी पंक्षी के शिकार हो सकते हैं।

A. A और R दोनों सत्य हैं और R, A का सही स्पष्टीकरण है।
B. A और R दोनों सत्य हैं और R, A का सही स्पष्टीकरण नहीं है।
C. A सत्य है लेकिन R असत्य है।
D. A असत्य है लेकिन R सत्य है।
E. A और R दोनों असत्य हैं।

Q.21 अभिकथन (A): कोयल अन्य पक्षियों के घोंसले चुराती है।

कारण (R): सभी पक्षी घोंसले का शिकार करते हैं।

A. A और R दोनों सत्य हैं और R, A का सही स्पष्टीकरण है।
B. A और R दोनों सत्य हैं और R, A का सही स्पष्टीकरण नहीं है।
C. A सत्य है लेकिन R असत्य है।
D. A असत्य है लेकिन R सत्य है।
E. A और R दोनों असत्य हैं।

Q.22 अभिकथन (A): जब चूने के पानी से भरी परखनली में मुँह से हवा भरी जाती है, तो चूने का पानी दूधिया हो जाता है।

कारण (R): कार्बन डाइऑक्साइड की उपस्थिति चूने के पानी को दूधिया कर देती है।

A. A और R दोनों सत्य हैं और R, A का सही स्पष्टीकरण है।
B. A और R दोनों सत्य हैं और R, A का सही स्पष्टीकरण नहीं है।
C. A सत्य है लेकिन R असत्य है।
D. A असत्य है लेकिन R सत्य है।
E. A और R दोनों असत्य हैं।

Q.23 अभिकथन (A): मनुष्य ग्रह पर हावी होते हैं।

कारण (R): मनुष्य शारीरिक रूप से पशुओं से श्रेष्ठ होते हैं।

A. A और R दोनों सत्य हैं और R, A का सही स्पष्टीकरण है।
B. A और R दोनों सत्य हैं और R, A का सही स्पष्टीकरण नहीं है।
C. A सत्य है लेकिन R असत्य है।
D. A असत्य है लेकिन R सत्य है।
E. A और R दोनों असत्य हैं।

Q.24 अभिकथन (A): 18 वर्ष से कम आयु के लोग कानूनी रूप से अनुबंधों में प्रवेश नहीं कर सकते हैं।

कारण (R): यह माना जाता है कि जीवन के महत्वपूर्ण निर्णय 18 वर्ष से कम उम्र के लोग नहीं कर सकते हैं।

A. A और R दोनों सत्य हैं और R, A का सही स्पष्टीकरण है।
B. A और R दोनों सत्य हैं और R, A का सही स्पष्टीकरण नहीं है।
C. A सत्य है लेकिन R असत्य है।
D. A असत्य है लेकिन R सत्य है।

E. A और R दोनों असत्य हैं।

Q.25 अभिकथन (A): सूत्रकणिका को कोशिका का विद्युतगृह कहा जाता है।
कारण (R): भोजन के विघटन पर सूत्रकणिका ऊर्जा संचारित होती है।
A. A और R दोनों सत्य हैं और R, A का सही स्पष्टीकरण है।
B. A और R दोनों सत्य हैं और R, A का सही स्पष्टीकरण नहीं है।
C. A सत्य है लेकिन R असत्य है।
D. A असत्य है लेकिन R सत्य है।
E. A और R दोनों असत्य हैं।

Q.26 अभिकथन (A): मुंबई में प्लास्टिक पर प्रतिबंध लगा दिया गया है।
कारण (R): प्लास्टिक बहुत महंगा है।
A. A और R दोनों सत्य हैं और R, A का सही स्पष्टीकरण है।
B. A और R दोनों सत्य हैं और R, A का सही स्पष्टीकरण नहीं है।
C. A सत्य है लेकिन R असत्य है।
D. A असत्य है लेकिन R सत्य है।
E. A और R दोनों असत्य हैं।

Q.27 अभिकथन (A): खारे पानी का उपयोग अक्सर खुले घावों को साफ करने के लिए किया जाता है।
कारण (R): खारा पानी एक जीवाणुरोधी के रूप में कार्य करता है।
A. A और R दोनों सत्य हैं और R, A का सही स्पष्टीकरण है।
B. A और R दोनों सत्य हैं और R, A का सही स्पष्टीकरण नहीं है।
C. A सत्य है लेकिन R असत्य है।
D. A असत्य है लेकिन R सत्य है।
E. A और R दोनों असत्य हैं।

Q.28 अभिकथन (A): मुंबई में प्रत्येक मानसून में बाढ़ का खतरा होता है।
कारण (R): कई क्षेत्रों में बहुत पुराने जल निकासी सीवर हैं।
A. A और R दोनों सत्य हैं और R, A का सही स्पष्टीकरण है।
B. A और R दोनों सत्य हैं और R A का सही स्पष्टीकरण नहीं है।
C. A सत्य है लेकिन R असत्य है।
D. A असत्य है लेकिन R सत्य है।
E. A और R दोनों असत्य हैं।

Q.29 अभिकथन (A): केरल को 'गॉडस आउन कंट्री' कहा जाता है।
कारण (R): केरल में नारियल के बहुत पेड़ हैं।
A. A और R दोनों सत्य हैं और R, A का सही स्पष्टीकरण है।
B. A और R दोनों सत्य हैं और R, A का सही स्पष्टीकरण नहीं है।
C. A सत्य है लेकिन R असत्य है।
D. A असत्य है लेकिन R सत्य है।
E. A और R दोनों असत्य हैं।

Q.30 अभिकथन (A): हिंदी भारत की राष्ट्रीय भाषा है।
कारण (R): हिंदी देश में सबसे अधिक बोली जाने वाली भाषा है।
A. A और R दोनों सत्य हैं और R, A का सही स्पष्टीकरण है।
B. A और R दोनों सत्य हैं और R, A का सही स्पष्टीकरण नहीं है।
C. A सत्य है लेकिन R असत्य है।
D. A असत्य है लेकिन R सत्य है।
E. A और R दोनों असत्य हैं।

// स्मार्ट उत्तर पुस्तिका //

सही उत्तर — उन छात्रों के प्रतिशत को इंगित करता है जिन्होंने प्रश्नों का सही उत्तर दिया था।

छोड़ दिया — उन छात्रों के प्रतिशत को इंगित करता है जिन्होंने प्रश्नों को छोड़ दिया था।

प्रश्न संख्या	उत्तर	सही उत्तर	छोड़ दिया
1	A	53.94 %	39.88 %
2	B	49.38 %	38.58 %
3	A	68.95 %	30.23 %
4	D	60.38 %	37.79 %
5	A	60.05 %	32.78 %
6	B	47.11 %	46.75 %
7	A	52.41 %	37.01 %
8	C	42.65 %	37.24 %
9	B	60.23 %	39.72 %
10	A	52.88 %	31.95 %
11	C	48.06 %	51.39 %
12	E	44.26 %	45.86 %
13	A	59.56 %	34.83 %
14	C	53.38 %	45.1 %
15	D	54.84 %	44.97 %
16	B	59.08 %	31.45 %
17	E	47.14 %	47.44 %
18	A	52.99 %	36.62 %
19	D	67.62 %	31.13 %
20	A	69.05 %	30.55 %
21	C	67.93 %	30.91 %
22	E	69.25 %	30.36 %
23	C	55.14 %	40.97 %
24	A	57.64 %	38.1 %
25	A	66.62 %	32.4 %
26	C	60.06 %	33.1 %
27	A	51.9 %	32.18 %
28	A	43.97 %	40.58 %
29	B	55.83 %	39.18 %
30	D	43.53 %	51.95 %

कार्य विश्लेषण	
औसत अंक (%)	40.0%
टॉपर्स स्कोर (%)	60.0%
आपका स्कोर	

//संकेत और समाधान//

1. A और R दोनों सत्य हैं और R, A का सही स्पष्टीकरण है।

परमाणु हथियार वास्तव में सामूहिक विनाश के हथियार हैं, और उनका उपयोग मानव जाति पर बहुत बुरा प्रभाव डाल सकता है, क्योंकि वे बहुत विनाशकारी हैं। इसलिए, परमाणु विमुद्रीकरण आवश्यक है। इसलिए, मानव जाति के भविष्य को बचाने के लिए परमाणु विमुद्रीकरण आवश्यक है।

अत: विकल्प (A) सही है।

2. A और R दोनों सत्य हैं और R, A का सही स्पष्टीकरण नहीं है।

अभिकथन, जिसमें कहा गया है कि भारत दुनिया की सबसे तेजी से बढ़ती अर्थव्यवस्थाओं में से एक है, सत्य है, 2018 में, भारत ने चीन को दुनिया की सबसे तेजी से बढ़ती अर्थव्यवस्था के रूप में पछाड़ दिया। कारण भी सत्य है, हालांकि यह अभिकथन के लिए एक स्पष्टीकरण नहीं है, और केवल एक स्वतंत्र तथ्य है।

अत: विकल्प (B) सही है।

3. (A) और (R) दोनों सत्य हैं और (R), (A) का सही स्पष्टीकरण है।

रेबीज एक वायरस है जो मनुष्यों और अन्य स्तनधारियों को बहुत गंभीर रूप से प्रभावित करता है, और यह सच है की इन जानवरों को इसी कारण से इच्छामृत्यु दी जाती है।

अत: विकल्प (A) सही है।

4. होम्योपैथी एक छद्म विज्ञान है, और यह वैज्ञानिक रूप से सटीक नहीं है, और इसलिए, अभिकथन असत्य है। हालाँकि, इसे कुछ मामलों में कार्यरत देखा गया है, और इसलिए, कारण सत्य है।

अत: विकल्प (D) सही है।

5. अभिकथन एक ऐसा तथ्य है जो सत्य है और जनसंख्या वृद्धि और खराब जल संसाधन प्रबंधन के कारण पानी की कमी बढ़ गई है।अत: A और R दोनों सत्य हैं और R, A का सही स्पष्टीकरण है।

अत: विकल्प (A) सही है।

6. अभिकथन, अलेक्जेंडर ग्राहम बेल ने दूरभाष का आविष्कार किया था, एक वास्तविक तथ्य है, और कारण, अलेक्जेंडर ग्राहम बेल की पत्नी बहरी थी, भी सत्य है, हालांकि वे दोनों स्वतंत्र कथन हैं, और कारण अभिकथन का उपयुक्त स्पष्टीकरण नहीं है।

अत: विकल्प (B) सही है।

7. ब्राजील को दुनिया में कॉफी का प्रमुख उत्पादक माना जाता है, और इसका एक प्रमुख कारण देश में कॉफी वृक्षारोपण का विशाल क्षेत्र है, और इसलिए, अभिकथन और कारण दोनों ही सही हैं, और यह साबित करने के लिए कारण पर्याप्त है की अभिकथन सही है।

अत: विकल्प (A) सही है।

8. अभिकथन सत्य है, क्योंकि कई अध्ययनों में कहा गया है कि आँच पर खाना पकाने से कैंसर होता है। इसका कारण यह है कि लकड़ी, गैस या कोयला का दहन बहुचक्री एरोमैटिक हाइड्रोकार्बन नामक रसायनों का उत्सर्जन करता है। इन तथाकथित PAHs के संपर्क में आना लैब के जानवरों में त्वचा, यकृत, पेट और कई अन्य प्रकार के कैंसर का कारण बनता है।

हालाँकि, उल्लेखित कारण असत्य है क्योंकि कोयला छूने में जहरीला नहीं होता है।

अत: विकल्प (C) सही है।

9. यह अभिकथन सत्य है की HIV/AIDS का इलाज करना बहुत कठिन है, क्योंकि यह एक रेट्रोवायरल बीमारी है, और एक बार रेट्रोवायरस कोशिका पर नियंत्रण कर लेता है, तो इसकी एकमात्र उम्मीद कोशिका को नष्ट करना होता है।

प्रश्न में उल्लिखित कारण सत्य है, क्योंकि कुछ ऐसे मामले हैं जहां HIV बच्चे में मां के माध्यम से प्रेषित होता है, हालांकि यह दिए गए अभिकथन के लिए स्पष्टीकरण नहीं है।

अत: विकल्प (B) सही है।

10. A और R दोनों सत्य हैं और R, A का सही स्पष्टीकरण है।

अभिकथन सत्य है, क्योंकि न्यूयॉर्क जैसे प्रमुख शहरों में अपराध दर में गिरावट नहीं देखी गई है। कारण भी सत्य है, क्योंकि अधिकांश अपराध, वित्तीय अपराध हैं, जैसे कि अंतरंगी लेनदेन और धोखाधड़ी (सफेदपोश अपराध), जिन्हें सड़कों पर पुलिस की उपस्थिति से नियंत्रित नहीं किया जा सकता है। ब्लू कॉलर अपराध मारपीट आदि जैसे अपराध हैं, जिन्हें पुलिस की उपस्थिति से नियंत्रित किया जा सकता है।

अत: विकल्प (A) सही है।

11. A सत्य है लेकिन R असत्य है।

प्लेसीबो ट्रायल का उपयोग अक्सर विज्ञान को आगे बढ़ाने और कैंसर जैसे रोगों के वैकल्पिक समाधान का पता लगाने के उद्देश्य से किया जाता है। हालाँकि यह उपलब्ध दवा की कमी के कारण नहीं है।

अत: विकल्प (C) सही है।

12. A और R दोनों असत्य हैं।

चीनी (मंदारिन) दुनिया में सबसे व्यापक रूप से बोली जाने वाली भाषा है, और इन मंदारिन वक्ताओं की आबादी 935 मिलियन है, जो कि अंग्रेजी बोलने वालों की 365 मिलियन आबादी से कहीं अधिक है।

अत: विकल्प (E) सही है।

13. A और R दोनों सत्य हैं और R, A का सही स्पष्टीकरण है।

गर्मियों में सूती कपड़े पहनने चाहिए, यह सत्य है, और ऐसा इसलिए है क्योंकि सूती कपड़े पसीना सोख लेते है, और पसीने के अवशोषण की यह प्रक्रिया शरीर को ठंडा करती है।

अत: विकल्प (A) सही है।

14. A सत्य है लेकिन R असत्य है।

आंध्र प्रदेश भारत का चावल का कटोरा है, हालाँकि ऐसा इसलिए है क्योंकि वहाँ की जमीन बेहद उपजाऊ है और इस तरह वहाँ चावल आसानी से उगाया जाता है और इसका खेत के आकार से कोई लेना-देना नहीं है।

अत: विकल्प (C) सही है।

15. A असत्य है लेकिन R सत्य है।

अभिकथन असत्य है, क्योंकि सभी आधार, क्षार नहीं होते हैं, लेकिन सभी क्षार, आधार होते हैं। कारण सत्य है, क्योंकि क्षार वास्तव में जल में घुलनशील होते हैं।

अत: विकल्प (D) सही है।

16. नाखून में गंदगी जमा हो सकती है और इसलिए नियमित रूप से उन्हें साफ और काटा जाना चाहिए। इसके अलावा, नाखून खाने के कारण निश्चित रूप से संक्रमण हो सकता है क्योंकि इससे अंतर्निहित त्वचा छील सकती है या नाखून निकल सकता है। इसलिए, A और R दोनों सत्य हैं।

हालाँकि, कारण अभिकथन का स्पष्टीकरण नहीं है।

अत: विकल्प (B) सही है।

17. A और R दोनों असत्य हैं।

भोजन छोड़ना स्वास्थ्य के लिये हितकर नहीं होता है, क्योंकि भोजन छोड़ने वालो में ग्लूकोज के स्तर में तेजी से वृद्धि और इंसुलिन की प्रतिक्रिया में देरी देखी जाती है। यदि लंबे समय तक ऐसा करते रहे, तो मधुमेह हो सकता है।

अत: विकल्प (E) सही है।

18. A और R दोनों सत्य हैं और R, A का सही स्पष्टीकरण है।

बारिश के मौसम में दरवाजे फैलते हैं और लकड़ी में यह गतिविधि इसकी अनूठी संरचना के कारण होती है जैसे-जैसे इसमें नमी की मात्रा परिवर्तित होती है वैसे यह फैलता और सिकुड़ता है।

अत: विकल्प (A) सही है।

19. भारत में महिलाओं की तुलना में अधिक पुरुष (2011 की जनगणना के अनुसार 1000 पुरुषों के लिए 943 महिलाएं) हैं, और इसलिए, पुरुष और महिलाओं का अनुपात एक से अधिक है। इसलिए, अभिकथन असत्य है। महिलाएं R में उल्लेखित मुद्दों का सामना करती हैं और इसलिए R सत्य है।

अत: विकल्प (D) सही है।

20. A और R दोनों सत्य हैं और R, A का सही स्पष्टीकरण है।

चमगादड़ रात्रिचर होते हैं और यदि वे रात्रिचर नहीं होते, तो उन्हें गैर-रात्रिचर प्राणियों के साथ प्रतिस्पर्धा करनी होगी और वे गौरेया बाज इत्यादि के शिकार हो सकते हैं।

अत: विकल्प (A) सही है।

21. A सत्य है लेकिन R असत्य है।

कोयल को चूज़ा परजीवी के रूप में जाना जाता है, जिसका अर्थ है कि वे अपने अंडे अन्य प्रजातियों के घोंसले में छिपाते हैं। पता लगने से बचने के लिए, कोयल ने तकनीक विकसित की है जिससे उसके अंडे उनके पसंदीदा रूप ले लेते हैं। यदि मेजबान पक्षी अपने घोंसले में पराये अंडे को नहीं पहचानते हैं, तो अंडे से निकली नयी कोयल दूसरे अंडों को अपने पीठ पर पीछे लेकर घोसले के बाहर गिराकर पुरे घोसले को अपने लिए ले लेती हैं। हालांकि, सभी पक्षी ऐसा नहीं करते हैं और यह कोयल की खासियत है।

अत: विकल्प (C) सही है।

22. A और R दोनों सत्य हैं और R, A का सही स्पष्टीकरण है।

मनुष्य ऑक्सीजन लेते हैं और कार्बन डाइऑक्साइड छोड़ते हैं। जब हम परखनली में साँस छोड़ते हैं तो कार्बन डाइऑक्साइड की उपस्थिति के कारण चूने का पानी दूधिया हो जाता है। इस प्रतिक्रिया में बनने वाले उत्पाद कैल्शियम कार्बोनेट और पानी हैं।

अत: विकल्प (A) सही है।

23. A सत्य है लेकिन R असत्य है।

मनुष्य ग्रह पर हावी होते हैं, लेकिन यह इसलिए है क्योंकि मनुष्य मानसिक रूप से श्रेष्ठ होते हैं और मनुष्य तर्कसंगत निर्णय ले सकते हैं जो कि जानवरों नहीं ले सकते। यह उनके बेहतर निर्णय के कारण है कि वे ग्रह पर हावी हैं।

अत: विकल्प (C) सही है।

24. A और R दोनों सत्य हैं और R, A का सही स्पष्टीकरण है।

अवयस्क वे व्यक्ति हैं जिनकी आयु 18 वर्ष से कम है। नाबालिगों को कानूनी क्षमता नहीं माना जाता है, जिसका अर्थ है कि उनके पास अन्य लोगों के साथ अनुबंध करने की क्षमता नहीं है। समस्या यह है कि अदालतें नाबालिग से जुड़े अधिकांश अनुबंधों को लागू नहीं करती।

अत: विकल्प (A) सही है।

25. A और R दोनों सत्य हैं और R, A का सही स्पष्टीकरण है।

सूत्रकणिका कोशिका के अंदर पाए जाने वाले ऑर्गेनिल हैं, जो भोजन के विघटन और ऊर्जा के संचारण में मदद करते हैं। इसलिए, उन्हें 'कोशिकाओं का विद्युतगृह' कहा जाता है।

अत: विकल्प (A) सही है।

26. A सत्य है लेकिन R असत्य है।

मुंबई में 2018 से प्लास्टिक पर प्रतिबंध लगा दिया गया है। हालांकि इसे प्लास्टिक से होने वाले पर्यावरणीय नुकसान के कारण ना कि इसकी लागत के कारण प्रतिबंधित किया गया है।

अत: विकल्प (C) सही है।

27. A और R दोनों सत्य हैं और R, A का सही स्पष्टीकरण है।

खारा पानी ऑस्मोसिस नामक एक प्रक्रिया द्वारा उपचार को साफ करने और ठीक करने में मदद करता है। सोडियम क्लोराइड युक्त रसायन कोशिकाओं में मौजूद तरल पदार्थ के संपर्क में आने पर उनको शरीर से बाहर जाने के लिए मजबूर करता है। यदि वे तरल जीवाणु हैं, तो उन्हें भी बाहर निकलने के लिए मजबूर किया जाएगा, परिणामस्वरूप यह त्वचा को भी साफ करने में मदद करेगा।

अत: विकल्प (A) सही है।

28. A और R दोनों सत्य हैं और R, A का सही स्पष्टीकरण है।

मुंबई में बाढ़ का खतरा रहता है, और लगभग हर मानसून में बाढ़ आ जाती है, और यह पुरानी जल निकासी प्रणालियों के कारण होता है, जो बार-बार बाढ़ का सामना करने में असमर्थ हैं।

अत: विकल्प (A) सही है।

29. A और R दोनों सत्य हैं और R, A का सही स्पष्टीकरण नहीं है।

हिंदू पौराणिक कथाओं के अनुसार, केरल भगवान परशुराम द्वारा अपने भक्तों के लिए बनायी गयी एक भूमि थी और इसलिए, इसे 'गॉडस आउन कंट्री' कहा जाता है। अनुकूल तापमान की स्थिति के कारण केरल में नारियल के बहुत पेड़ हैं। लेकिन यह तर्क के लिए एक उपयुक्त स्पष्टीकरण नहीं है।

अत: विकल्प (B) सही है।

30. A असत्य है लेकिन R सत्य है।

भारत के संविधान के अनुसार, भारत में 22 आधिकारिक भाषाएं हैं, लेकिन कोई भी राष्ट्रीय भाषा नहीं है। हालाँकि, R सत्य है, क्योंकि भारत की कुल जनसंख्या का 43.63% हिस्सा हिंदी बोलते है।

अत: विकल्प (D) सही है।

तर्कशक्ति अभियोग्यता टेस्ट 21

Q.1 'TERMINATION' शब्द के प्रत्येक व्यंजन को अंग्रेजी वर्णमाला क्रमानुसार उसके पिछले अक्षर से बदल दिया जाता है और प्रत्येक स्वर को अंग्रेजी वर्णमाला क्रमानुसार उसके आगामी अक्षर से बदल दिया जाता है। यदि इस प्रकार बने नए शब्द को अंग्रेजी वर्णमाला क्रमानुसार (बाएं से दाएं) व्यवस्थित किया जाये तो निम्नलिखित में से कौन दायी ओर से छठवां अक्षर होगा?

A. M **B.** S
C. P **D.** L
E. इनमे से कोई नहीं

Q.2 यदि शब्द 'SEPTUAGENARIAN' में पहले तीन तथा अगले तीन अक्षरों को विपरीत क्रम में लिखा जाये और शेष अक्षरों को अंग्रेजी वर्णमाला के क्रमानुसार लिखा जाये तो नए क्रम में कितने अक्षरों की स्थति बदल जाएगी?

A. एक भी नहीं **B.** 2
C. 10 **D.** 12
E. इनमे से कोई नहीं

Q.3 यदि 'INTROSPECTION' शब्द के सभी अक्षरों को इस प्रकार व्यवस्थित किया जाये कि सभी स्वरों को अंग्रेजी वर्णमाला क्रमानुसार शब्द की शुरुआत में व्यवस्थित किया जाये तथा व्यंजनों को अंग्रेजी वर्णमाला क्रमानुसार उसके बाद व्यवस्थित किया जाये, तो कितने अक्षरों की स्थिती पूर्ववत ही रहेगी?

A. शून्य **B.** एक
C. दो **D.** दो से अधिक
E. इनमे से कोई नहीं

Q.4 'DOORSTEP' शब्द में यदि सभी स्वरों को अंग्रेजी वर्णमाला में उनके ठीक बाद आने वाले अक्षर से प्रतिस्थापित कर दिया जाये तथा सभी व्यंजनों को अंग्रेजी वर्णमाला में उनके ठीक पहले आने वाले अक्षर से प्रतिस्थापित कर दिया जाये तो इस प्रकार बने नए शब्द में स्वरों की संख्या कितनी होगी?

A. शून्य **B.** एक
C. दो **D.** दो से अधिक
E. इनमे से कोई नहीं

Q.5 यदि 'FRAGMENT' शब्द के सभी स्वरों को अंग्रेजी वर्णमाला क्रमानुसार उनके ठीक बाद में आने वाले अक्षर के रूप में लिखा जाता है और व्यंजनों को अंग्रेजी वर्णमाला क्रमानुसार उनके ठीक पहले आने वाले अक्षर के रूप में लिखा जाता है तो इस प्रकार बने नए शब्द में कितने अक्षर पुराने शब्द के अक्षरों के समान हैं?

A. दो **B.** तीन
C. चार **D.** चार से अधिक
E. इनमे से कोई नहीं

Q.6 यदि 'FAVOURITE' शब्द में सभी व्यंजनों को बाईं ओर विपरीत अंग्रेजी वर्णमाला क्रम में और उसके बाद व्यंजनों के दायी ओर सारे स्वरों को अंग्रेजी वर्णमाला क्रम में व्यवस्थित किया जाता है, फिर दाएं छोर से तीसरे अक्षर और बाएं छोर से चौथे अक्षर के बीच वर्णमाला श्रृंखला में कितने अक्षर होते हैं?

A. 2 **B.** 5 **C.** 6 **D.** 8
E. 9

Q.7 यदि 'CAPITALIZATION' शब्द में सभी अक्षरों को वर्णमाला क्रम में व्यवस्थित किया जाता है तो एक नए स्वर द्वारा कितने स्वर बदल दिए जाते हैं?

A. शून्य **B.** एक
C. दो **D.** तीन
E. तीन से अधिक

Q.8 यदि 'FUTURISTIC' शब्द के अक्षर वर्णमाला क्रम में बाएं से दाएं व्यवस्थित किये गये हैं, तो व्यवस्था के बाद बनाए गए शब्द के तीसरे, पांचवें, छठवें और आठवें अक्षर का उपयोग करके बनाए गए सार्थक अंग्रेजी शब्द का तीसरा अक्षर क्या होगा? (यदि कोई शब्द नहीं बनाया जाता है तो अपने उत्तर के रूप में 'L' चिह्नित करे और यदि एक से अधिक शब्दो बनाए गए हैं तो अपने उत्तर के रूप में 'M' चिह्नित करें)

A. R **B.** I **C.** S **D.** L
E. M

Q.9 'ELOQUENT' शब्द में अक्षरों के ऐसे कितने युग्म हैं जिनमे उनके बीच उतने ही अक्षर हैं जितने की उनके बीच वर्णमाला श्रृंखला में होते हैं?

A. शून्य **B.** एक
C. दो **D.** तीन
E. तीन से अधिक

Q.10 यदि 'UNIDENTIFIED' के सभी अक्षरों को वर्णमाला क्रमानुसार व्यवस्थित किया जाये तो कितने अक्षरों की स्थिति परिवर्तित नहीं होगी?

A. शून्य **B.** एक
C. दो **D.** तीन
E. तीन से अधिक

Q.11 सभी अक्षरों को वर्णानुक्रम में पुनर्व्यवस्थित करने के बाद 'MAGNIFICENT' शब्द के पहले, तीसरे, चौथे और आठवें अक्षरों का उपयोग करके कितने अर्थपूर्ण अंग्रेजी शब्द बनाए जा सकते हैं?

A. शून्य **B.** एक
C. दो **D.** तीन
E. तीन से अधिक

Q.12 शब्द 'MAGNIFICENT' में, यदि अंग्रेजी वर्णमाला श्रृंखला के अनुसार सभी स्वरों को उनके तुरंत अगले अक्षर से बदल दिया जाता है, तो नए बने शब्द (या तो आगे या पीछे) में कितने युग्म हैं जिनके बीच उतने ही अक्षर हैं जितने अंग्रेजी वर्णमाला श्रृंखला में उनके बीच हैं?

A. एक **B.** दो
C. तीन **D.** शून्य
E. इनमें से कोई नहीं

Q.13 यदि शब्द 'EQUANIMITY' में सभी अक्षरों को दायें से बायें छोर तक वर्णानुक्रम में व्यवस्थित किया जाता है, तो कितने अक्षरों की स्थिति अपरिवर्तित रहेगी?

A. एक **B.** दो **C.** तीन **D.** चार
E. पांच

Q.14 यदि शब्द 'EQUANIMITY' में सभी स्वरों को उनके अगले अक्षर से बदल दिया जाता है जबकि सभी व्यंजनों को उनके पिछले अक्षर से बदल दिया जाता है और इस प्रकार बने शब्द के अक्षरों को बाएं से दाएं छोर तक वर्णानुक्रम में व्यवस्थित किया जाता है, तो नए बने शब्द में बाएं छोर से चौथे और दाएं छोर से तीसरे अक्षर के बीच कितने अक्षर वर्णमाला श्रृंखला में हैं?

A. दस **B.** तेरह **C.** पांच **D.** पंद्रह
E. आठ

Q.15 "MASCULINE" शब्द के पहले, पांचवे, छठे और नौवे अक्षर (प्रत्येक अक्षर का एक बार प्रयोग किया जाना चाहिए) का उपयोग करके गठित सार्थक अंग्रेजी शब्द का तीसरा अक्षर क्या होगा? यदि ऐसे अधिक शब्दों का

गठन किया जा सकता है तो अपने उत्तर के रूप में 'X' को चिह्नित करें और यदि ऐसा कोई शब्द नहीं बनाया जा सकता है तो अपने उत्तर के रूप में 'Y' को चिह्नित करें।

A. E **B.** U **C.** L **D.** X
E. Y

Q.16 यदि 'RADIOCHEMIST' शब्द के अक्षरों को वर्णमाला के उलटे क्रम में दाएं से बाएं ओर व्यवस्थित किया जाना है तो कितने अक्षरों की स्थिति अपरिवर्तित रहेगी?

A. तीन से ज्यादा **B.** दो
C. एक **D.** शून्य
E. तीन

Q.17 प्रत्येक शब्द में सभी अक्षरों का एक बार प्रयोग करके A, D, E और R अक्षर से अंग्रेजी के कितने अर्थपूर्ण शब्द बनाए जा सकते हैं?

A. शून्य **B.** एक **C.** दो **D.** तीन
E. चार

Q.18 शब्द 'ONEROUS' के पहले, तीसरे, चौथे और सातवें अक्षर से बनने वाले अर्थपूर्ण अंग्रेजी शब्द का दूसरा अक्षर कौन सा है? यदि ऐसा कोई शब्द नहीं बनाया जा सकता है तो अपने उत्तर को 'N' के रूप में चिह्नित करें, यदि एक से अधिक शब्द बन सकते हैं तो अपने उत्तर को 'M' के रूप में चिह्नित करें।

A. O **B.** R **C.** S **D.** M
E. N

Q.19 यदि "HARASSMENT" शब्द के सभी अक्षरों को वर्णानुक्रम में व्यवस्थित किया जाता है तो कितने अक्षरों की मूल स्थिति बनी रहेगी?

A. शून्य **B.** एक
C. दो **D.** तीन
E. तीन से अधिक

Q.20 यदि 'RETIREMENT' शब्द में सभी अक्षरों को वर्णमाला क्रम में बाएं से दाएं छोर तक व्यवस्थित किया जाता है तो कितने अक्षरों की स्थिति अपरिवर्तित रहेगी?

A. शून्य **B.** एक
C. दो **D.** तीन
E. तीन से अधिक

Q.21 'DISCOVERY' शब्द में अक्षरों के ऐसे कितने युग्म हैं जिनमे उनके बीच उतने ही अक्षर है जितने की उनके बीच वर्णमाला श्रंखला में होते हैं?

A. छः **B.** पांच **C.** चार **D.** सात
E. तीन

Q.22 शब्द 'INSURANCE' के प्रत्येक व्यंजन को अंग्रेजी वर्णमाला श्रृंखला में पिछले अक्षर से बदल दिया जाता है और प्रत्येक स्वर को अंग्रेजी वर्णमाला श्रृंखला में अगले अक्षर से बदल दिया जाता है। यदि इस प्रकार बनाए गए नए वर्णमाला को वर्णानुक्रम (बाएं से दाएं) में व्यवस्थित किया जाए, तो निम्नलिखित में से कौन सा दाएं से तीसरा होगा?

A. M **B.** B
C. Q **D.** V
E. इनमें से कोई नहीं

Q.23 'KITCHEN' शब्द के दूसरे, तीसरे, पाँचवें और सातवें अक्षरों का प्रत्येक शब्द में एक बार उपयोग करके कितने सार्थक शब्द बनाए जा सकते हैं?

A. एक **B.** तीन
C. दो **D.** चार
E. इनमें से कोई नहीं

Q.24 यदि 'CREATION' में अक्षरों को अंग्रेजी वर्णमाला श्रृंखला के अनुसार फिर से व्यवस्थित किया जाता है, तो पुनर्स्थापना के बाद कितने अक्षरों की स्थिति अपरिवर्तित रहेगी?

A. दो **B.** एक **C.** तीन **D.** शून्य
E. चार

Q.25 यदि 'FRAGRANCE' शब्द के पहले, तीसरे, पाँचवें और नौवें अक्षरों का उपयोग करके केवल एक सार्थक शब्द बनाना संभव है, तो निम्नलिखित में से कौन सा शब्द का दूसरा अक्षर होगा? यदि ऐसा कोई शब्द नहीं बनाया जा सकता है, तो उत्तर के रूप में 'Y' चिन्हित करे और यदि एक से अधिक शब्दों को बनाया जा सकता है, तो उत्तर के रूप में 'Z' को चिन्हित करे।

A. A **B.** Y **C.** Z **D.** E
E. R

Q.26 यदि शब्द 'MOTHERLAND' में अक्षरों को अंग्रेजी वर्णमाला श्रृंखला के अनुसार फिर से व्यवस्थित किया जाता है, तो पुनर्स्थापना के बाद कितने अक्षरों की स्थिति अपरिवर्तित रहेगी?

A. एक **B.** दो
C. शून्य **D.** तीन
E. इनमें से कोई नहीं

Q.27 यदि 'MAXIMIZATION' शब्द के पहले, तीसरे, पाँचवें और आठवें अक्षरों का उपयोग करके केवल एक सार्थक शब्द बनाना संभव है, तो निम्नलिखित में से कौन सा शब्द का दूसरा अक्षर होगा? यदि ऐसा कोई शब्द नहीं बनाया जा सकता है, तो उत्तर के रूप में 'Y' चिन्हित करे और यदि एक से अधिक शब्दों को बनाया जा सकता है, तो उत्तर के रूप में 'Z' को चिन्हित करे।

A. M **B.** X **C.** A **D.** Y
E. Z

Q.28 शब्द 'ADJECTIVE' के प्रत्येक स्वर को अंग्रेजी वर्णमाला श्रृंखला के अगले अक्षर के साथ प्रतिस्थापित किया गया है, और प्रत्येक व्यंजन को उसके पिछले अक्षर के साथ प्रतिस्थापित किया गया है। नई व्यवस्था में कितने स्वर मौजूद हैं?

A. शून्य **B.** एक
C. दो **D.** तीन
E. इनमें से कोई नहीं

Q.29 यदि शब्द 'PLASMODIUM' के पहले, चौथे, छठवें, आठवें और नौवें अक्षरों (प्रत्येक अक्षर को केवल एक बार उपयोग किया जाता है) का उपयोग करके एक सार्थक अंग्रेजी शब्द का निर्माण किया जाना है, तो निम्नलिखित में से कौन सा दाहिने छोर से चौथा अक्षर होगा? यदि इस तरह के एक से अधिक शब्द बन सकते हैं तो 'X' को अपने उत्तर के रूप में चिह्नित करें और यदि कोई सार्थक शब्द नहीं बन सकता है, तो अपने उत्तर के रूप में 'Z' को चिह्नित करें?

A. S **B.** I **C.** U **D.** Z
E. X

Q.30 'HIMALAYAN' शब्द में ऐसे कितने जोड़े हैं, जिनमें से प्रत्येक में शब्द (आगे और पीछे दोनों दिशाओं में) के बीच उतने ही अक्षर हैं जितने उनके बीच अंग्रेजी वर्णमाला में हैं?

A. एक **B.** दो **C.** तीन **D.** चार
E. कोई नहीं

// स्मार्ट उत्तर पुस्तिका //

सही उत्तर — उन छात्रों के प्रतिशत को इंगित करता है जिन्होंने प्रश्नों का सही उत्तर दिया था।

छोड़ दिया — उन छात्रों के प्रतिशत को इंगित करता है जिन्होंने प्रश्नों को छोड़ दिया था।

प्रश्न संख्या	उत्तर	सही उत्तर	छोड़ दिया
1	A	77.2 %	21.15 %
2	D	66.89 %	30.01 %
3	B	78.99 %	19.39 %
4	B	77.87 %	10.21 %
5	C	77.26 %	21.29 %
6	A	16.22 %	75.79 %
7	C	83.75 %	15.63 %
8	B	27.47 %	67.14 %
9	C	69.24 %	30.41 %
10	B	80.52 %	18.79 %
11	B	44.13 %	52.48 %
12	C	57.84 %	31.55 %
13	B	82.44 %	14.68 %
14	E	21.68 %	73.51 %
15	C	44.48 %	33.76 %
16	E	86.64 %	13.31 %
17	D	64.05 %	34.57 %
18	D	51.74 %	42.53 %
19	C	88.99 %	10.68 %
20	D	87.53 %	11.01 %
21	C	16.22 %	67.53 %
22	C	86.87 %	12.45 %
23	C	86.08 %	11.7 %
24	B	88.74 %	11.23 %
25	C	63.27 %	33.56 %
26	A	84.03 %	12.54 %
27	D	54.29 %	30.46 %
28	C	77.58 %	15.08 %
29	B	53.95 %	31.92 %
30	D	80.46 %	17.75 %

कार्य विश्लेषण	
औसत अंक (%)	33.33%
टॉपर्स स्कोर (%)	60.0%
आपका स्कोर	

//संकेत और समाधान//

1. दिया गया शब्द:

T E R M I N A T I O N

उपरोक्त शर्त को लागू करते हुए, हमारे पास नया शब्द है:

S F Q L J M B S J P M

अब, वर्णानुक्रम में व्यवस्थित करने पर (बाएं से दाएं)

B F J J L M M P Q S S

तो, M दायें से छठे स्थान पर है।

अतः विकल्प (A) सही है।

2. दिया गया शब्द:

SEPTUAGENARIAN

उपरोक्त शर्त को लागू करते हुए, हमारे पास नया शब्द है:

PESAUTAAEGINNR

अब पुराने और नए शब्दों का अंतिम क्रम है:

S	E	P	T	U	A	G	E	N	A	R	I	A	N
P	E	S	A	U	T	A	A	E	G	I	N	N	R

तो स्पष्ट रूप से, E और U को छोड़कर अन्य सभी 12 अक्षरों की स्थिति नए क्रम में बदल जाती है।

अतः विकल्प (D) सही है।

3. दिया गया शब्द:

INTROSPECTION

उपरोक्त शर्त को लागू करते हुए, हमारे पास नया शब्द है:

EIIOOCNNPRSTT

पुराने और नए शब्दों का अंतिम क्रम है:

I	N	T	R	**O**	S	P	E	C	T	I	O	N
E	I	I	O	**O**	C	N	N	P	R	S	T	T

इस प्रकार केवल एक अक्षर अर्थात् "O" की स्थिति अपरिवर्तित रहती है।

अतः विकल्प (B) सही है।

4. दिया गया शब्द:

DOORSTEP

उपरोक्त शर्त को लागू करते हुए, हमारे पास नया शब्द है:

CPPQRSFO

फिर पुराने और नए शब्दों का अंतिम क्रम है:

D	O	O	R	S	T	E	P
C	P	P	Q	R	S	F	O

इस प्रकार 'O' नए क्रम में एकमात्र स्वर है।

अतः विकल्प (B) सही है।

5. दिया गया शब्द:

FRAGMENT

उपरोक्त शर्त को लागू करते हुए, हमारे पास नया शब्द है:

EQBFLFMS

अब, पुराने और नए शब्दों की नई व्यवस्था है:

F	R	A	G	**M**	E	N	T
E	Q	B	F	L	F	**M**	S

स्पष्ट है, नए शब्द के चार अक्षर अर्थात E, F, F और M पुराने शब्द के अक्षरों के समान हैं।

अतः विकल्प (C) सही है।

6. दिया गया शब्द:

FAVOURITE

बाईं ओर सभी व्यंजनों को उल्टे वर्णानुक्रम में व्यवस्थित करने के बाद, हम प्राप्त करते हैं:

VTRF

अब, इन व्यंजनों के दायीं ओर सभी स्वरों को व्यवस्थित करने पर, हम प्राप्त करते हैं:

VTRFAEIOU

यहाँ दायें छोर से तीसरा अक्षर I है और बायें छोर से चौथा अक्षर F है।

और, हम जानते हैं कि वर्णानुक्रम में F और I के बीच दो अक्षर होते है।

अतः विकल्प (A) सही है।

7. दिया गया शब्द:

CAPITALIZATION

अक्षरों को वर्णानुक्रम में व्यवस्थित करने के बाद शब्द बन जाता है:

AAACIIILNOPTTZ

नए और पुराने शब्दों की अंतिम व्यवस्था है:

C	A	P	I	T	**A**	L	I	Z	**A**	T	I	O	N
A	A	A	C	I	**I**	I	L	N	**O**	P	T	T	Z

यहाँ दो ऐसे स्वर हैं जिन्हें एक नए स्वर से बदल दिया गया है।

अतः विकल्प (C) सही है।

8. दिया गया शब्द:

FUTURISTIC

शब्द के अक्षरों को बाएं से दाएं वर्णानुक्रम में व्यवस्थित करने के बाद, हम प्राप्त करते हैं:

CFIIRSTTUU

अब, शब्द 'CFIIRSTTUU' के तीसरे, पांचवें, छठे और आठवें अक्षर I, R, S और T हैं।

I, R, S और T का उपयोग करके बनाया जा सकने वाला अर्थपूर्ण अंग्रेजी शब्द STIR है।

यहाँ 'STIR' शब्द का तीसरा अक्षर 'I' है।

अतः विकल्प (B) सही है।

9. दिया गया शब्द:

ELOQUENT

उपरोक्त शब्द में अक्षरों का संभावित युग्म जिनके बीच उतने ही अक्षर हैं जितने कि अंग्रेजी वर्णमाला श्रृंखला में हैं:

युग्म 1:

शब्द में अक्षर	O	Q	U	E	N	T
वर्णमाला श्रृंखला में अक्षर	O	P	Q	R	S	T

युग्म 2:

शब्द में अक्षर	Q	U	E	N
वर्णमाला श्रृंखला में अक्षर	Q	P	O	N

यहाँ, हम देख सकते हैं कि अक्षरों के ऐसे दो संभावित जोड़े हैं जो उपरोक्त शर्तों को पूरा करते हैं।

अतः विकल्प (C) सही है।

10. दिया गया शब्द है:

UNIDENTIFIED

अक्षरों को वर्णानुक्रम में व्यवस्थित करने के बाद:

DDEEFIIINNTU

U	N	I	D	E	N	T	I	F	I	E	D
D	D	E	E	F	I	I	I	N	N	T	U

दोनों शब्दों की तुलना करने पर हम पाएंगे कि केवल 1 अक्षर की स्थिति अर्थात् I अपरिवर्तित है।

अतः विकल्प (B) सही है।

11. दिया गया शब्द:

MAGNIFICIENT

वर्णानुक्रम में व्यवस्थित करने पर:

ACEFGIIMNNT

पहले, तीसरे, चौथे और आठवें अक्षर A, E, F और M हैं।

A, E, F और M का उपयोग करके जो अर्थपूर्ण अंग्रेजी शब्द बनाया जा सकता है वह FAME है।

इस प्रकार केवल एक शब्द बनाया जा सकता है।

अतः विकल्प (B) सही है।

12. दिया गया शब्द:

MAGNIFICENT

उपरोक्त शर्त को लागू करते हुए नया शब्द है:

MBGNJFJCFNT

जिन दो अक्षर युग्मों के बीच वर्णमाला क्रम के अनुसार समान शब्द हैं, वे हैं- 'B और F', 'G और N' और 'F और J'।

अतः विकल्प (C) सही है।

13. दिया गया शब्द:

EQUANIMITY

सभी अक्षरों को दाएँ से बाएँ छोर तक वर्णानुक्रम में व्यवस्थित करने के बाद, हम प्राप्त करते हैं:

YUTQNMIIEA

इस बिंदु पर, हमारे पास है:

दिया गया शब्द	E	Q	U	A	N	I	M	I	T	Y
व्यवस्था के बाद	Y	U	T	Q	N	M	I	I	E	A

यहाँ हम देख सकते हैं कि दोनों शब्दों में दो अक्षरों की स्थिति समान है।

अतः विकल्प (B) सही है।

14. दिया गया शब्द:

EQUANIMITY

उपरोक्त शब्द के सभी स्वरों को उनके अगले अक्षर से और सभी व्यंजनों को उनके पिछले अक्षर से बदलने के बाद, हम प्राप्त करते हैं:

FPVBMJLJSX

उपरोक्त शब्द के अक्षरों को बाएँ से दाएँ छोर तक वर्णानुक्रम में व्यवस्थित करने के बाद, हम प्राप्त करते हैं:

BFJJLMPSVX

अब, बायें छोर से चौथा अक्षर J है और दायें छोर से तीसरा अक्षर S है।

वर्णमाला श्रृंखला में 'J' और 'S' के बीच के अक्षर हैं:

J, K, L, M, N, O, P, Q, R, S

अंततः J और S के बीच 8 अक्षर हैं।

अतः विकल्प (E) सही है।

15. दिया गया शब्द:

MASCULINE

MASCLINE के पहले, पांचवें, छठे और नौवें अक्षर हैं - M, U, L और E।

इससे बना सार्थक अंग्रेजी शब्द "MULE" है।

इस प्रकार तीसरा अक्षर 'L' है।

अतः विकल्प (C) सही है।

16. दिया गया शब्द:

RADIOCHEMIST

अक्षरों को दाएं से बाएं छोर तक वर्णानुक्रम में व्यवस्थित करने के बाद, हम प्राप्त करते हैं:

मूल शब्द	R	A	D	I	O	C	H	E	M	I	S	T
व्यवस्था के बाद	A	C	D	E	H	I	I	M	O	R	S	T

यहां, हमारे पास तीन ऐसे अक्षर हैं जिनकी स्थिति दोनों शब्दों में समान है।

अतः विकल्प (E) सही है।

17. दिए गए शब्द हैं:

A, D, E और R,

इस बिंदु पर, इन अक्षरों का उपयोग करके तीन अर्थपूर्ण शब्द बनाए जा सकते हैं।

DARE, DEAR और READ.

अतः विकल्प (D) सही है।

18. दिया गया शब्द:

ONEROUS

ONEROUS के पहले, तीसरे, चौथे और सातवें अक्षर O, E, R और S हैं।

अर्थपूर्ण अंग्रेजी शब्द हैं:

ROSE और SORE

चूंकि दो अर्थपूर्ण अंग्रेजी शब्द बनाए जा सकते हैं, इस प्रकार M उत्तर होगा।

अतः विकल्प (D) सही है।

19. दिया गया शब्द:

HARASSMENT

वर्णानुक्रम में व्यवस्था के बाद:

AAEHMNRSST

इस प्रकार, दो अक्षर 'A' और 'T' हैं जो अपनी मूल स्थिति को बरकरार रखते हैं।

अतः विकल्प (C) सही है।

20. दिया गया शब्द:

RETIREMENT

सभी अक्षरों को बाएं से दाएं छोर तक वर्णानुक्रम में व्यवस्थित करने के बाद, हम प्राप्त करते हैं:

EEEIMNRRTT

इस बिंदु पर, हमारे पास है:

दिया हुआ शब्द	R	E	T	I	R	E	M	E	N	T
व्यवस्था के बाद	E	E	E	I	M	N	R	R	T	T

यहाँ हम देख सकते हैं कि दोनों शब्दों में तीन अक्षरों की स्थिति समान है।

अतः विकल्प (D) सही है।

21. दिया गया शब्द:

DISCOVERY

उपरोक्त शब्द में अक्षरों की संभावित युग्म जिनके बीच उतने ही अक्षर हैं जितने कि अंग्रेजी वर्णमाला श्रृंखला में हैं:

युग्म 1:

शब्द में अक्षर	S	C	O	V
वर्णमाला श्रृंखला में अक्षर	S	T	U	V

युग्म 2:

शब्द में अक्षर	O	V	E	R
वर्णमाला श्रृंखला में अक्षर	O	P	Q	R

युग्म 3:

शब्द में अक्षर	V	E	R	Y
वर्णमाला श्रृंखला में अक्षर	V	W	X	Y

युग्म 4:

शब्द में अक्षर	S	C	O	V	E	R	Y
वर्णमाला श्रृंखला में अक्षर	S	T	U	V	W	X	Y

यहाँ, हम देख सकते हैं कि अक्षरों के ऐसे चार संभावित जोड़े उपरोक्त शर्तों को पूरा करते हैं।

अतः विकल्प (C) सही है।

22. दिया गया शब्द:

I N S U R A N C E

उपरोक्त शर्त को लागू करते हुए, हमारे पास नया शब्द है:

J M R V Q B M B F

वर्णानुक्रम में व्यवस्थित करने पर (बाएं से दाएं)

B B F J M M Q R V

तो, Q दायें से तीसरे स्थान पर है।

अतः विकल्प (C) सही है।

23. दिया गया शब्द:

KITCHEN

शब्द के दूसरे, तीसरे, पांचवें और सातवें अक्षर क्रमशः I, T, H और N हैं।

अक्षरों से बने शब्द:

HINT और THIN

अतः ऊपर दिए गए अक्षरों से दो शब्द बन सकते हैं।

अतः विकल्प (C) सही है।

24. दिया गया शब्द:

C R E A T I O N

दिए गए शब्द के अक्षरों को अंग्रेजी वर्णमाला के अनुसार व्यवस्थित करने के बाद, हमारे पास है:

A C E I N O R T

पुनर्व्यवस्था के बाद केवल 'E' उसी स्थिति में रहता है।

अतः विकल्प (B) सही है।

25. दिया गया शब्द:

FRAGRANCE

ऊपर दिए गए शब्द के पहले, तीसरे, पांचवें और नौवें अक्षर हैं:

F, A, R, E

इन अक्षरों को केवल एक बार पुनर्व्यवस्थित करने पर दो अर्थपूर्ण शब्द बन सकते हैं:

FARE और FEAR.

अतः विकल्प (C) सही है।

26. दिया गया शब्द:

M O T H E R L A N D

दिए गए शब्द के अक्षरों को अंग्रेजी वर्णमाला में व्यवस्थित करने के बाद, हमारे पास है:

A D E H L M N O R T

उपरोक्त व्यवस्था को देखने पर, हम स्पष्ट रूप से देख सकते हैं कि H की स्थिति अपरिवर्तित रहती है।

अतः विकल्प (A) सही है।

27. दिया गया शब्द:

MAXIMIZATION

ऊपर दिए गए शब्द का पहला, तीसरा, पाँचवाँ और आठ अक्षर, हमारे पास है:

M , X , M और A

यहाँ, उपरोक्त अक्षर से, हम कोई भी ऐसा शब्द नहीं बना सकते जो अर्थपूर्ण हो।

अतः विकल्प (D) सही है।

28. दिया गया शब्द:

ADJECTIVE

उपरोक्त शर्त को लागू करने के बाद हमारे पास है:

BCIFBSJUF

इस प्रकार नई व्यवस्था में दो स्वर मौजूद हैं।

अतः विकल्प (C) सही है।

29. दिया गया शब्द:

P L A S M O D I U M

पहले, चौथे, छठे, आठवें और नौवें अक्षर क्रमशः P, S, O, I और U हैं।

इन अक्षरों से बनने वाला एकमात्र शब्द PIOUS है।

इसलिए दायें छोर से चौथा अक्षर I है।

अतः विकल्प (B) सही है।

30.

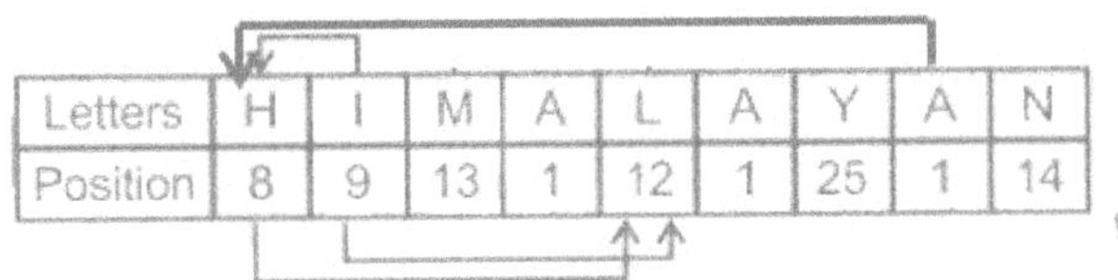

Letters	H	I	M	A	L	A	Y	A	N
Position	8	9	13	1	12	1	25	1	14

इसलिए, 'HIMALAYAN' शब्द में चार जोड़े हैं, जिनमें से प्रत्येक में शब्द (आगे और पीछे दोनों दिशाओं में) के बीच उतने ही अक्षर हैं जितने उनके बीच अंग्रेजी वर्णमाला में हैं।

अत: विकल्प (D) सही है।

तर्कशक्ति अभियोग्यता टेस्ट 22

Ques (1-30):निर्देश: नीचे दिए गए प्रश्न में एक कथन और उसके बाद दो निष्कर्ष । और ॥ दिए गए हैं। आपको कथन में दी गई हर बात को सत्य मान लेना है, फिर दोनों निष्कर्षों पर एक साथ विचार करना है और तय करना है कि उनमें से कौन सा दिए गए कथन का तार्किक रूप से अनुसरण करता है और उसके अनुसार अपना उत्तर चुनें।

Q.1
कथन: एक टेस्ट क्रिकेट मैच में, एक टीम द्वारा कुल 400 रन बनाए गए थे। इनमें से 320 रन स्पिनरों द्वारा बनाए गए थे।
निष्कर्ष:
I. टीम के 80% में स्पिनर शामिल हैं।
II. सलामी बल्लेबाज स्पिनर थे।
A. केवल निष्कर्ष । अनुसरण करता है
B. केवल निष्कर्ष ॥ अनुसरण करता है
C. या तो । या ॥ अनुसरण करता है
D. न तो । और न ही ॥ अनुसरण करता है
E. । और ॥ दोनों अनुसरण करते हैं

Q.2 कथन: पुरानी व्यवस्था बदलकर नई को अवसर देती है।
निष्कर्ष:
I. परिवर्तन प्रकृति का नियम है।
II. पुराने विचारों को त्यागें क्योंकि वे पुराने हैं।
A. केवल निष्कर्ष जिसका । अनुसरण करता हूँ
B. केवल निष्कर्ष ॥ अनुसरण करता है
C. या तो । या ॥ अनुसरण करता है
D. न तो । और न ही ॥ अनुसरण करता है
E. । और ॥ दोनों अनुसरण करते हैं

Q.3
कथन: सरकार ने इन संस्थानों के निदेशकों के रूप में नौकरशाहों की नियुक्ति करके कई शीर्ष क्रम के वित्तीय संस्थानों को खराब कर दिया है।
निष्कर्ष:
I. सरकार को वित्त के क्षेत्र में व्यक्ति की विशेषज्ञता को ध्यान में रखते हुए वित्तीय संस्थानों के निदेशकों की नियुक्ति करनी चाहिए।
II. वित्तीय संस्थान के निदेशक के पास संस्थान द्वारा किए गए वित्तीय कार्यों के अनुरूप विशेषज्ञता होनी चाहिए।
A. केवल निष्कर्ष । अनुसरण करता है
B. केवल निष्कर्ष ॥ अनुसरण करता है
C. या तो । या ॥ अनुसरण करता है
D. न तो । और न ही ॥ अनुसरण करता है
E. । और ॥ दोनों अनुसरण करते हैं

Q.4 कथन: सरकार द्वारा संचालित कंपनी ने अपने कर्मचारियों को अपनी आय और संपत्ति घोषित करने के लिए कहा था लेकिन कर्मचारी संघ ने इसका कड़ा विरोध किया है और कोई भी कर्मचारी अपनी आय घोषित नहीं करने जा रहा है।
निष्कर्ष:
I. इस कंपनी के कर्मचारियों की उनके वेतन के अलावा कोई अतिरिक्त अघोषित आय नहीं लगती है।
II. कर्मचारी संघ चाहता है कि सभी वरिष्ठ अधिकारी पहले अपनी आय घोषित करें।
A. केवल निष्कर्ष । अनुसरण करता है
B. केवल निष्कर्ष ॥ अनुसरण करता है
C. या तो । या ॥ अनुसरण करता है
D. न तो । और न ही ॥ अनुसरण करता है
E. । और ॥ दोनों अनुसरण करते हैं

Q.5 कथन: बॉम्बे और जाफरा के बीच सड़क मार्ग से 900 किमी की दूरी समुद्र के द्वारा 280 किमी तक कम हो जाएगी। इससे ईंधन पर प्रति वर्ष 7.92 करोड़ रुपये रुपये की बचत होगी।
निष्कर्ष:
I. समुद्र द्वारा परिवहन सड़क मार्ग से सस्ता है।
II. ईंधन को सबसे ज्यादा बचाया जाना चाहिए
A. केवल निष्कर्ष । अनुसरण करता है
B. केवल निष्कर्ष ॥ अनुसरण करता है
C. या तो । या ॥ अनुसरण करता है
D. न तो । और न ही ॥ अनुसरण करता है
E. । और ॥ दोनों अनुसरण करते हैं

Q.6 कथन: प्रबंधक ने सचिन को उसके सहयोगियों की उपस्थिति में अपमानित किया।
निष्कर्ष:
I. मैनेजर को सचिन पसंद नहीं था।
II. सचिन अपने साथियों के बीच लोकप्रिय नहीं था।
A. केवल निष्कर्ष । अनुसरण करता है
B. केवल निष्कर्ष ॥ अनुसरण करता है
C. या तो । या ॥ अनुसरण करता है
D. न तो । और न ही ॥ अनुसरण करता है
E. । और ॥ दोनों अनुसरण करते हैं

Q.7 कथन: भारत में महिला संगठनों ने कार्यस्थल पर यौन उत्पीड़न को रोकने के लिए औद्योगिक रोजगार नियम 1946 में संशोधन का स्वागत किया है।
निष्कर्ष:
I. अन्य विकसित देशों की तुलना में भारत में कार्यस्थल पर महिलाओं का यौन उत्पीड़न अधिक प्रचलित है।
II. भारत में कई संगठन ऐसी समस्याओं से बचने के लिए महिलाओं की भर्ती बंद कर देंगे।
A. केवल निष्कर्ष । अनुसरण करता है
B. केवल निष्कर्ष ॥ अनुसरण करता है
C. या तो । या ॥ अनुसरण करता है
D. न तो । और न ही ॥ अनुसरण करता है
E. । और ॥ दोनों अनुसरण करते हैं

Q.8 कथन: "क्राफ्ट" रंगों का प्रयोग करें। वे हमारे जीवन में रंग भरते हैं। - एक विज्ञापन।
निष्कर्ष:
I. आकर्षक नारे लोगों को आकर्षित नहीं करते हैं।
II. लोग गहरे रंग पसंद करते हैं।
A. केवल निष्कर्ष । अनुसरण करता है
B. केवल निष्कर्ष ॥ अनुसरण करता है
C. या तो । या ॥ अनुसरण करता है
D. न तो । और न ही ॥ अनुसरण करता है
E. । और ॥ दोनों अनुसरण करते हैं

Q.9 कथन: उन सभी राजनीतिक बंदियों को जमानत पर रिहा किया गया जो राजनीतिक धरने के अलावा अन्य कारणों से जेल गए थे। हत्या में शामिल व्यक्तियों को जमानत नहीं दी गई थी।

निष्कर्ष:

I. किसी राजनीतिक कैदी ने हत्या नहीं की थी।

II. कुछ राजनेताओं को गिरफ्तार नहीं किया गया था।

A. केवल निष्कर्ष I अनुसरण करता है
B. केवल निष्कर्ष II अनुसरण करता है
C. या तो I या II अनुसरण करता है
D. न तो I और न ही II अनुसरण करता है
E. I और II दोनों अनुसरण करते हैं

Q.10 कथन: जो लोग दहेज के खिलाफ बहुत अधिक बोलते हैं वे वो हैं जिन्होंने इसे स्वयं लिया था।

निष्कर्ष:

I. कहना करने से आसान होता है।

II. लोगों के दोहरे मापदंड हैं।

A. केवल निष्कर्ष I अनुसरण करता है
B. केवल निष्कर्ष II अनुसरण करता है
C. या तो I या II अनुसरण करता है
D. न तो I और न ही II अनुसरण करता है
E. I और II दोनों अनुसरण करते हैं

Q.11 कथन: राजनीति में पैसा एक महत्वपूर्ण भूमिका निभाता है।

निष्कर्ष:

I. गरीब कभी राजनेता नहीं बन सकते।

II. सभी धनी लोग राजनीति में भाग लेते हैं।

A. केवल निष्कर्ष I अनुसरण करता है
B. केवल निष्कर्ष II अनुसरण करता है
C. या तो I या II अनुसरण करता है
D. न तो I और न ही II अनुसरण करता है
E. I और II दोनों अनुसरण करते हैं

Q.12 कथन: बाजार में सब्जियों की कीमतें बढ़ रही हैं।

निष्कर्ष:

I. सब्जियां दुर्लभ वस्तु बनती जा रही हैं।

II. लोग सब्जी नहीं खा सकते।

A. केवल निष्कर्ष I अनुसरण करता है
B. केवल निष्कर्ष II अनुसरण करता है
C. या तो I या II अनुसरण करता है
D. न तो I और न ही II अनुसरण करता है
E. I और II दोनों अनुसरण करते हैं

Q.13 कथन: पाठ्यक्रम में प्रवेश के लिए पात्रता न्यूनतम द्वितीय श्रेणी परास्नातक डिग्री है। हालांकि परास्नातक डिग्री के अंतिम वर्ष की परीक्षा में बैठने वाले उम्मीदवार भी आवेदन कर सकते हैं।

निष्कर्ष:

I. सभी उम्मीदवार जिन्हें अभी तक अपनी परास्नातक डिग्री प्राप्त नहीं हुई है, वे चयनित उम्मीदवारों की सूची में होंगे।

II. द्वितीय श्रेणी परास्नातक डिग्री प्राप्त करने वाले सभी उम्मीदवार चयनित उम्मीदवारों की सूची में होंगे।

A. केवल निष्कर्ष I अनुसरण करता है
B. केवल निष्कर्ष II अनुसरण करता है
C. या तो I या II अनुसरण करता है
D. न तो I और न ही II अनुसरण करता है
E. I और II दोनों अनुसरण करते हैं

Q.14 कथन: सम्मेलन में केवल अच्छे गायकों को आमंत्रित किया जाता है। मधुर आवाज के बिना कोई भी अच्छा गायक नहीं होता।

निष्कर्ष:

I. सम्मेलन में आमंत्रित सभी गायकों की आवाज मधुर है।

II. जिन गायकों की आवाज मधुर नहीं होती उन्हें सम्मेलन में आमंत्रित नहीं किया जाता।

A. केवल निष्कर्ष I अनुसरण करता है
B. केवल निष्कर्ष II अनुसरण करता है
C. या तो I या II अनुसरण करता है
D. न तो I और न ही II अनुसरण करता है
E. I और II दोनों अनुसरण करते हैं

Q.15 कथन: उन आवेदकों के आवेदन जो पात्रता मानदंड को पूरा नहीं करते हैं और/या जो अंतिम तिथि से पहले आवेदन जमा नहीं करते हैं, उन्हें सरसरी तौर पर अस्वीकृत कर दिया जाएगा और उन्हें लिखित परीक्षा के लिए नहीं बुलाया जाएगा।

निष्कर्ष:

I. जिन्हें लिखित परीक्षा के लिए बुलाया जाता है, वे वो हैं जो पात्रता मानदंड को पूरा करते हैं और अंतिम तिथि से पहले अपने आवेदन जमा कर चुके हैं।

II. आवेदन पत्रों की जांच के बाद ही लिखित परीक्षा होगी।

A. केवल निष्कर्ष I अनुसरण करता है
B. केवल निष्कर्ष II अनुसरण करता है
C. या तो I या II अनुसरण करता है
D. न तो I और न ही II अनुसरण करता है
E. I और II दोनों अनुसरण करते हैं

Q.16 कथन: निजी स्कूलों में शिक्षा का स्तर नगरपालिका और जिला परिषद द्वारा संचालित स्कूलों की तुलना में काफी बेहतर है.

निष्कर्ष:

I. नगरपालिका और जिला परिषद को अपने स्कूलों के स्तर में सुधार के लिए गंभीर प्रयास करने चाहिए।

II. नगर निगम और जिला परिषद के सभी स्कूलों को तत्काल बंद कर देना चाहिए।

A. केवल निष्कर्ष I अनुसरण करता है
B. केवल निष्कर्ष II अनुसरण करता है
C. या तो I या II अनुसरण करता है
D. न तो I और न ही II अनुसरण करता है
E. I और II दोनों अनुसरण करते हैं

Q.17

कथन: सभी संगठित व्यक्ति आराम के लिए समय निकालते हैं। सुनीता अपने बहुत व्यस्त कार्यक्रम के बावजूद आराम के लिए समय निकालती है।

निष्कर्ष:

I. सुनीता एक संगठित व्यक्ति है।

II. सुनीता एक मेहनती व्यक्ति हैं।

A. केवल निष्कर्ष I अनुसरण करता है
B. केवल निष्कर्ष II अनुसरण करता है
C. या तो I या II अनुसरण करता है
D. न तो I और न ही II अनुसरण करता है
E. I और II दोनों अनुसरण करते हैं

Q.18 कथन: जब तक हमारा देश आर्थिक समानता प्राप्त नहीं कर लेता, तब तक राजनीतिक स्वतंत्रता और लोकतंत्र अर्थहीन रहेगा।

निष्कर्ष:

I. राजनीतिक स्वतंत्रता और लोकतंत्र साथ-साथ चलते हैं।

II. आर्थिक समानता वास्तविक राजनीतिक स्वतंत्रता और लोकतंत्र की ओर ले जाती है।

A. केवल निष्कर्ष I अनुसरण करता है
B. केवल निष्कर्ष II अनुसरण करता है
C. या तो I या II अनुसरण करता है
D. न तो I और न ही II अनुसरण करता है
E. I और II दोनों अनुसरण करते हैं

Q.19 कथन: भारत के गौरवशाली अतीत का सबसे अच्छा प्रमाण पश्चिम में आयुर्वेदिक दवाओं की बढ़ती लोकप्रियता है।

निष्कर्ष:

I. आयुर्वेदिक दवाएं भारत में लोकप्रिय नहीं हैं।

II. एलोपैथिक दवाएं भारत में अधिक लोकप्रिय हैं।

A. केवल निष्कर्ष I अनुसरण करता है
B. केवल निष्कर्ष II अनुसरण करता है
C. या तो I या II अनुसरण करता है
D. न तो I और न ही II अनुसरण करता है
E. I और II दोनों अनुसरण करते हैं

Q.20

कथन: पवन ऊर्जा का एक अक्षय स्रोत है और एक एयरोजेनरेटर इसे बिजली में परिवर्तित कर सकता है। हालांकि इस क्षेत्र में बहुत कुछ नहीं किया गया है, सर्वेक्षण से पता चलता है कि ऊर्जा के वैकल्पिक स्रोत के रूप में पवन को विकसित करने की अपार संभावनाएं हैं।

निष्कर्ष:

I. पवन द्वारा ऊर्जा तुलनात्मक रूप से नया उभरता हुआ क्षेत्र है।

II. एयरो-जेनरेशन के क्षेत्र में और अधिक खोज करके ऊर्जा संकट से निपटा जा सकता है।

A. केवल निष्कर्ष I अनुसरण करता है
B. केवल निष्कर्ष II अनुसरण करता है
C. या तो I या II अनुसरण करता है
D. न तो I और न ही II अनुसरण करता है
E. I और II दोनों अनुसरण करते हैं

Q.21 कथन: संविधान में इस संशोधन के बाद, 14 वर्ष से कम उम्र के किसी भी बच्चे को किसी कारखाने या खदान में काम करने के लिए या किसी अन्य खतरनाक रोजगार में नहीं लगाया जाएगा।

निष्कर्ष:

I. इस संशोधन से पहले 14 साल से कम उम्र के बच्चों को कारखाने या खदान में काम करने के लिए लगाया जाता था।

II. नियोक्ताओं को अब संविधान में इस संशोधन का पालन करना चाहिए।

A. केवल निष्कर्ष I अनुसरण करता है
B. केवल निष्कर्ष II अनुसरण करता है
C. या तो I या II अनुसरण करता है
D. न तो I और न ही II अनुसरण करता है
E. I और II दोनों अनुसरण करते हैं

Q.22 कथन: सरकार द्वारा अगले महीने की शुरुआत से रसोई गैस पर मिलने वाली 33% सब्सिडी को वापस लेने का निर्णय लिया गया है। - सरकार के एक प्रवक्ता।

निष्कर्ष:

I. लोगों को अब सरकार से इस तरह की सब्सिडी की आवश्यकता नहीं है क्योंकि वे रसोई गैस की बढ़ी हुई कीमत वहन कर सकते हैं।

II. अगले महीने से रसोई गैस की कीमत में कम से कम 33 प्रतिशत की वृद्धि होगी।

A. केवल निष्कर्ष I अनुसरण करता है
B. केवल निष्कर्ष II अनुसरण करता है
C. या तो I या II अनुसरण करता है
D. न तो I और न ही II अनुसरण करता है
E. I और II दोनों अनुसरण करते हैं

Q.23 कथन: भारत में कार्यबल का एक बड़ा हिस्सा असंगठित है। उनमें से अधिकांश या तो न्यूनतम या अनिश्चित मजदूरी अर्जित करते हैं जबकि अन्य विविध नौकरियों में लगे हुए हैं।

निष्कर्ष:

I. संगठित क्षेत्र के श्रमिकों को बेहतर सुविधाएं मिलती हैं और वे अपनी नौकरी में अधिक समय तक टिके रहते हैं।

II. कार्यबल के असंगठित क्षेत्र के कुछ श्रमिकों की नियमित और निश्चित आय होती है।

A. केवल निष्कर्ष I अनुसरण करता है
B. केवल निष्कर्ष II अनुसरण करता है
C. या तो I या II अनुसरण करता है
D. न तो I और न ही II अनुसरण करता है
E. I और II दोनों अनुसरण करते हैं

Q.24 कथन: अनियमितता परीक्षा में विफलता का एक कारण है। कुछ नियमित छात्र परीक्षाओं में अनुत्तीर्ण हो जाते हैं।

निष्कर्ष:

I. सभी अनुत्तीर्ण छात्र नियमित हैं।

II. सभी सफल छात्र नियमित नहीं होते हैं।

A. केवल निष्कर्ष I अनुसरण करता है
B. केवल निष्कर्ष II अनुसरण करता है
C. या तो I या II अनुसरण करता है
D. न तो I और न ही II अनुसरण करता है
E. I और II दोनों अनुसरण करते हैं

Q.25 कथन: आज दुनिया की कई हजार मिलियन आबादी में से अधिकांश व्यक्तियों को ऐसी सरकारों के अधीन रहना पड़ता है जो उन्हें व्यक्तिगत स्वतंत्रता और असहमति के अधिकार से वंचित करती हैं।

निष्कर्ष:

I. लोग व्यक्तिगत स्वतंत्रता और असहमति के अधिकार के प्रति उदासीन हैं।

II. लोग व्यक्तिगत स्वतंत्रता और असहमति का अधिकार चाहते हैं।

A. केवल निष्कर्ष I अनुसरण करता है
B. केवल निष्कर्ष II अनुसरण करता है
C. या तो I या II अनुसरण करता है
D. न तो I और न ही II अनुसरण करता है
E. I और II दोनों अनुसरण करते हैं

Q.26 कथन: हमें अपने सभी अधिकारियों को कार्यालय समय के दौरान समाचार पत्र नहीं पढ़ने के लिए सूचित करना चाहिए - मुख्य प्रबंधक बताते हैं।

निष्कर्ष:

I. कार्यालय समय के दौरान समाचार पत्र पढ़ना वांछनीय है।

II. इसे रोकने से ऑफिस की कार्यक्षमता नहीं बढ़ेगी।

A. केवल निष्कर्ष I अनुसरण करता है
B. केवल निष्कर्ष II अनुसरण करता है
C. या तो I या II अनुसरण करता है
D. न तो I और न ही II अनुसरण करता है
E. I और II दोनों अनुसरण करते हैं

Q.27 कथन: यह पुस्तक 'Z' एकमात्र ऐसी पुस्तक है जो 1950 और 1980 के बीच भारत में गरीबी की समस्या पर अपना ध्यान केंद्रित करती है।

निष्कर्ष:

I. 1950 से पहले गरीबी का कोई सवाल ही नहीं था।

II. 1950 से 1980 के दौरान भारत में गरीबी से संबंधित कोई अन्य पुस्तक नहीं है।

A. केवल निष्कर्ष I अनुसरण करता है
B. केवल निष्कर्ष II अनुसरण करता है
C. या तो I या II अनुसरण करता है
D. न तो I और न ही II अनुसरण करता है
E. I और II दोनों अनुसरण करते हैं

Q.28
कथन: तीन दशकों से अधिक समय से कंपनी X ऊर्जा संरक्षण, इसके कुशल उपयोग और प्रबंधन में पूरी तरह से संलग्न है।
निष्कर्ष:
I. कंपनी को अभी भी इस क्षेत्र में बुनियादी चीजें सीखना और हासिल करना शेष है।
II. यह समर्पण है जो ज्ञान और विशेषज्ञता से अधिक महत्वपूर्ण है।
A. केवल निष्कर्ष I अनुसरण करता है
B. केवल निष्कर्ष II अनुसरण करता है
C. या तो I या II अनुसरण करता है
D. न तो I और न ही II अनुसरण करता है
E. I और II दोनों अनुसरण करते हैं

Q.29 कथन: लगभग 50 प्रतिशत पशु उपोत्पाद - बाल, त्वचा, सींग आदि खाद्य प्रोटीन है। अमेरिकी रसायनज्ञों ने इस प्रोटीन के 45 प्रतिशत को पृथक करने की एक विधि विकसित की है। उन्होंने सोया प्रोटीन को तोड़ने के लिए जापान में विकसित एक एंजाइम का इस्तेमाल किया।
निष्कर्ष:
I. अमेरिकी एंजाइम विकसित नहीं कर पाए हैं।
II. पशु उपोत्पाद प्रोटीन में सोया प्रोटीन के समान संरचना होती है।
A. केवल निष्कर्ष I अनुसरण करता है
B. केवल निष्कर्ष II अनुसरण करता है
C. या तो I या II अनुसरण करता है
D. न तो I और न ही II अनुसरण करता है
E. I और II दोनों अनुसरण करते हैं

Q.30 कथन: नेशनल एल्युमीनियम कंपनी ने भारत को धातु में कमी की स्थिति से आत्मनिर्भरता की ओर ले आया है।
निष्कर्ष:
I. पहले भारत को एल्युमीनियम का आयात करना पड़ता था।
II. इस गति के साथ, यह जल्द ही विदेशी मुद्रा अर्जक बन सकता है।
A. केवल निष्कर्ष I अनुसरण करता है
B. केवल निष्कर्ष II अनुसरण करता है
C. या तो I या II अनुसरण करता है
D. न तो I और न ही II अनुसरण करता है
E. I और II दोनों अनुसरण करते हैं

// स्मार्ट उत्तर पुस्तिका //

सही उत्तर उन छात्रों के प्रतिशत को इंगित करता है जिन्होंने प्रश्नों का सही उत्तर दिया था।

छोड़ दिया उन छात्रों के प्रतिशत को इंगित करता है जिन्होंने प्रश्नों को छोड़ दिया था।

प्रश्न संख्या	उत्तर	सही उत्तर	छोड़ दिया
1	D	88.52 %	11.26 %
2	A	40.75 %	56.17 %
3	E	15.76 %	80.92 %
4	D	65.64 %	30.65 %
5	B	51.15 %	46.58 %
6	D	87.2 %	10.44 %
7	D	30.2 %	68.54 %
8	D	47.68 %	46.66 %
9	A	23.23 %	76.64 %
10	E	84.78 %	14.5 %
11	D	64.71 %	34.21 %
12	D	48.57 %	37.14 %
13	D	10.96 %	75.44 %
14	E	86.88 %	10.43 %
15	E	69.84 %	30.11 %
16	A	85.65 %	12.61 %
17	E	44.88 %	52.3 %
18	B	57.01 %	36.31 %
19	D	43.78 %	33.77 %
20	E	22.2 %	72.51 %
21	E	29.29 %	68.31 %
22	D	40.48 %	41.27 %
23	D	19.99 %	79.15 %
24	D	83.41 %	14.28 %
25	B	30.76 %	69.02 %
26	D	25.16 %	67.91 %
27	B	81.38 %	17.38 %
28	D	31.41 %	67.43 %
29	D	67.08 %	32.68 %
30	E	66.5 %	32.14 %

कार्य विश्लेषण	
औसत अंक (%)	66.67%
टॉपर्स स्कोर (%)	70.0%
आपका स्कोर	

//संकेत और समाधान//

1. कथन के अनुसार, कुल रन का 80% स्पिनरों द्वारा बनाया गया था। तो, I पालन नहीं करता। कथन में सलामी बल्लेबाजों के बारे में कुछ भी नहीं बताया गया है। तो II भी अनुसरण नहीं करता है।
अतः विकल्प (D) सही है।

2. स्पष्ट रूप से, निष्कर्ष I सीधे दिए गए कथन का अनुसरण करता है। साथ ही, यह भी उल्लेख किया गया है कि पुराने विचारों को नए विचारों से बदल दिया जाता है, क्योंकि विचार समय के साथ बदलती रहती है। अत: II अनुसरण नहीं करता है।
अतः विकल्प (A) सही है।

3. कथन के अनुसार सरकार ने नौकरशाहों को निदेशक बनाकर वित्तीय संस्थानों को खराब किया है. इसका अर्थ यह हुआ कि निदेशक के रूप में केवल उन्हीं व्यक्तियों को नियुक्त किया जाना चाहिए जो वित्त के विशेषज्ञ हों और संस्थान के वित्तीय कार्यों से परिचित हों। तो I और II दोनों अनुसरण करते हैं।
अतः विकल्प (E) सही है।

4. कर्मचारियों की आय के विवरण या उनकी आय और संपत्ति घोषित करने से इनकार करने के कारणों के बारे में दिए गए कथन से कुछ भी नहीं निकाला जा सकता है। तो, न तो I और न ही II अनुसरण करता है।
अतः विकल्प (D) सही है।

5. कथन के अनुसार, बॉम्बे से जाफरा के मार्ग के मामले में समुद्री परिवहन सड़क परिवहन से सस्ता है, सभी स्थितियों में नहीं। तो निष्कर्ष I अनुसरण नहीं करता है। कथन ईंधन की बचत पर जोर देता है। इसलिए निष्कर्ष II अनुसरण करता है।
अतः विकल्प (B) सही है।

6. हो सकता है कि प्रबंधक ने सचिन को उसकी नापसंदगी के कारण नहीं बल्कि उसकी ओर से कुछ लापरवाही या गलती के कारण अपमानित किया हो। तो, I पालन नहीं करता। साथ ही, सचिन के अपने सहयोगियों के साथ तालमेल के बारे में कथन से कुछ भी नहीं निकाला जा सकता है। इसलिए II भी अनुसरण नहीं करता है।
अतः विकल्प (D) सही है।

7. तथ्य यह है कि एक निश्चित देश में एक निश्चित नियम का अधिक स्वागत किया गया है, इसका अर्थ यह नहीं है कि समस्या वहां अधिक प्रचलित है। तो, I पालन नहीं करता। साथ ही, संशोधन केवल महिलाओं के यौन उत्पीड़न को हतोत्साहित करने का प्रयास करता है और किसी भी तरह से महिलाओं के रोजगार को हतोत्साहित नहीं करेगा। इसलिए II भी अनुसरण नहीं करता है।
अतः विकल्प (D) सही है।

8. कथन में दिया गया नारा निश्चित रूप से आकर्षक है जो दर्शाता है कि आकर्षक नारे लोगों को आकर्षित करते हैं। तो, निष्कर्ष I पालन नहीं करता है। रंगों के प्रति लोगों की पसंद के बारे में इस कथन से कुछ भी निष्कर्ष नहीं निकाला जा सकता है। इसलिए निष्कर्ष II भी अनुसरण नहीं करता है।
अतः विकल्प (D) सही है।

9. कथन के अनुसार, राजनीतिक बंदियों को दो समूहों में बांटा जा सकता है- वे जिन्हें रिहा किया गया और जिन्हें राजनीतिक धरने के लिए जेल में डाला गया। हालांकि हत्या में शामिल किसी व्यक्ति को रिहा नहीं किया गया। इसका अर्थ है कि किसी भी राजनीतिक कैदी ने हत्या नहीं की थी। तो, I अनुसरण करता है। स्पष्ट रूप से II कथन से सीधे संबंधित नहीं है और अनुसरण नहीं करता है।
अतः विकल्प (A) सही है।

10. कथन का स्पष्ट अर्थ है कि कुछ करने की तुलना में कहना आसान है और लोग जो कहते हैं वह उससे भिन्न होता है जो वे करते हैं। तो I और II दोनों अनुसरण करते हैं।
अतः विकल्प (E) सही है।

11. कथन में न तो गरीब और न ही अमीर, बल्कि राजनीति में केवल पैसे की भूमिका की बात की जा रही है। तो, न तो I और न ही II अनुसरण करता है।
अतः विकल्प (D) सही है।

12. दिए गए कथन में सब्जियों की उपलब्धता का उल्लेख नहीं है। इसलिए, I अनुसरण नहीं करता है। साथ ही, II कथन से सीधे संबंधित नहीं है और इसलिए यह भी अनुसरण नहीं करता है।
अतः विकल्प (D) सही है।

13. कथन में उल्लेख किया गया है कि जिन उम्मीदवारों ने द्वितीय श्रेणी की परास्नातक डिग्री प्राप्त की है या परास्नातक डिग्री के अंतिम वर्ष की परीक्षा में शामिल हुए हैं, वे प्रवेश के लिए आवेदन कर सकते हैं। इसका तात्पर्य यह है कि कुछ आधारों पर दोनों प्रकार के उम्मीदवारों का चयन किया जा सकता है। इस प्रकार, प्रत्येक प्रकार के कुछ उम्मीदवारों और किसी एक प्रकार के सभी उम्मीदवारों का चयन नहीं किया जा सकता है। तो, न तो I और न ही II अनुसरण करता है।
अतः विकल्प (D) सही है।

14. कथन में कहा गया है कि एक अच्छे गायक की आवाज हमेशा मधुर होती है और सम्मेलन में केवल अच्छे गायकों को ही आमंत्रित किया जाता है। इसका तात्पर्य यह है कि सम्मेलन में आमंत्रित सभी लोगों की आवाज मधुर होती है और जिनके पास मधुर आवाज नहीं होती है उन्हें आमंत्रित नहीं किया जाता है। तो I और II दोनों अनुसरण करते हैं।
अतः विकल्प (E) सही है।

15. कथन में स्पष्ट रूप से उल्लेख किया गया है कि अस्वीकृति से बचने के लिए पात्रता मानदंड को पूरा करना और निर्धारित तिथि से पहले आवेदन जमा करना दोनों आवश्यक हैं। तो, I पालन करता है। इसके अलावा, चूंकि यह दिया गया है कि जिन उम्मीदवारों के आवेदन अस्वीकृत कर दिए गए हैं, उन्हें लिखित परीक्षा के लिए नहीं बुलाया जाएगा, इसलिए II भी अनुसरण करता है।
अतः विकल्प (E) सही है।

16. स्पष्ट रुप से, इस समस्या का समाधान नगर निगम और जिला परिषद द्वारा संचालित स्कूलों को बंद करना नहीं है, बल्कि इन स्कूलों की शिक्षा के स्तर में सुधार के लिए प्रयास करना है। तो, केवल I अनुसरण करता है जबकि II नहीं करता है।
अतः विकल्प (A) सही है।

17. सुनीता का कार्यक्रम बहुत व्यस्त है। इसका तात्पर्य है कि वह मेहनती है। लेकिन फिर भी वह आराम के लिए समय निकाल ही लेती है। इसका मतलब है कि वह एक संगठित व्यक्ति है। इसलिए I और II दोनों अनुसरण करते हैं।
अतः विकल्प (E) सही है।

18. कथन में राजनीतिक स्वतंत्रता और लोकतंत्र के बीच संबंध के बारे में कुछ भी नहीं बताया गया है। इसलिए I पालन नहीं करता है। लेकिन II सीधे दिए गए कथन का अनुसरण करता है।

अतः विकल्प (B) सही है।

19. भारत में आयुर्वेदिक या एलोपैथिक दवाओं की लोकप्रियता के बारे में कथन में बात नहीं की जा रही है। तो, न तो I और न ही II अनुसरण करता है।
अतः विकल्प (D) सही है।

20. वाक्यांश 'इस क्षेत्र में बहुत कुछ नहीं किया गया है' इंगित करता है कि पवन ऊर्जा एक अपेक्षाकृत नया उभरता हुआ क्षेत्र है। तो, I अनुसरण करता है। 'ऊर्जा के वैकल्पिक स्रोत के रूप में पवन के विकास की अपार संभावनाएं' अभिव्यक्ति II को सही साबित करती है।
अतः विकल्प (E) सही है।

21. कथन में कहा गया है कि संशोधन के बाद 14 साल से कम उम्र के किसी भी बच्चे को खतरनाक रोजगार में नहीं लगाया जाएगा। इसका मतलब यह हुआ कि संशोधन से पहले 14 साल से कम उम्र के बच्चों को रोजगार देने की प्रथा प्रचलित थी। इसके विपरीत इसका तात्पर्य यह है कि नियोक्ताओं को संशोधन का पालन करना होगा। तो I और II दोनों अनुसरण करते हैं।
अतः विकल्प (E) सही है।

22. सब्सिडी वापस लेने का निर्णय स्पष्ट रूप से हानि की भरपाई के लिए लिया गया है, न कि इसलिए कि लोग अब रसोई गैस के लिए अधिक भुगतान कर सकते हैं। तो, I अनुसरण नहीं करता है। साथ ही कथन में मौजूदा सब्सिडी का 33 फीसदी वापस लेने की बात कही गई है न कि वास्तविक कीमत को 33 फीसदी कम करने की। इसलिए II भी अनुसरण नहीं करता है।
अतः विकल्प (D) सही है।

23. कथन में संगठित क्षेत्र के मजदूरों की बात नहीं की जा रही है। इसलिए I अनुसरण नहीं करता है। यह उल्लेख किया गया है कि असंगठित क्षेत्र के कुछ श्रमिक विविध कार्यों में लगे हुए हैं। इसका तात्पर्य यह है कि उनकी आय सुनिश्चित नहीं है। इसलिए II भी अनुसरण नहीं करता है।
अतः विकल्प (D) सही है।

24. दिए गए कथन का स्पष्ट अर्थ है कि सभी अनियमित और कुछ नियमित छात्र परीक्षा में अनुत्तीर्ण हो जाते हैं। इसका, विपरीत में, तात्पर्य यह है कि सभी सफल छात्र नियमित हैं लेकिन सभी नियमित छात्र सफल नहीं होते हैं। तो, न तो I और न ही II अनुसरण करता है।
अतः विकल्प (D) सही है।

25. कथन में यह उल्लेख किया गया है कि अधिकांश लोग उन सरकारों के अधीन रहने के लिए मजबूर हैं जो उन्हें व्यक्तिगत स्वतंत्रता और असहमति के अधिकार से वंचित करती हैं। इसका तात्पर्य यह है कि वे इन अधिकारों के प्रति उदासीन नहीं हैं बल्कि उनके लिए एक इच्छा रखते हैं। तो, केवल II अनुसरण करता है।
अतः विकल्प (B) सही है।

26. चूंकि दिया गया कथन कार्यालय समय के दौरान अधिकारियों को समाचार पत्र नहीं पढ़ने देने के आदेश की बात करता है, इसका तात्पर्य है कि कार्यालय समय के दौरान समाचार पत्र पढ़ना अवांछनीय है। तो, I अनुसरण नहीं करता है। साथ ही अधिकारियों की अन्य संलिप्तता के कारण कार्यालय के काम को होने वाले नुकसान को रोकने के इरादे से आदेश जारी किया गया है। तो II भी अनुसरण नहीं करता है।
अतः विकल्प (D) सही है।

27. कथन में 'केवल पुस्तक' वाक्यांश निष्कर्ष II को निहित करता है। हालाँकि, 1950 से पहले की गरीबी की स्थिति के बारे में इस कथन से कुछ भी निष्कर्ष नहीं निकाला जा सकता है। इसलिए I भी अनुसरण नहीं करता है।
अतः विकल्प (B) सही है।

28. चूंकि कंपनी इस क्षेत्र में तीन दशकों से काम कर रही है, इसलिए उसके पास इस क्षेत्र में आवश्यक विशेषज्ञता और बुनियादी ढांचा होना चाहिए। इसलिए I अनुसरण नहीं करता है। हालांकि, कंपनी X को इस क्षेत्र में सफल बनाने वाले गुणों का उल्लेख नहीं किया गया है। तो II भी अनुसरण नहीं करता है।
अतः विकल्प (D) सही है।

29. अमेरिकी रसायनज्ञों ने जापान में विकसित एक एंजाइम का इस्तेमाल किया, इसका तात्पर्य यह नहीं है कि अमेरिकी एंजाइम विकसित करने में सक्षम नहीं हैं। तो, I अनुसरण नहीं करता है। साथ ही, कथन में पशु द्वारा उत्पाद प्रोटीन और सोया प्रोटीन की संरचना के बारे में कुछ भी नहीं बताया गया है। तो II भी अनुसरण नहीं करता है।
अतः विकल्प (D) सही है।

30. कथन के अनुसार, नेशनल एल्युमीनियम कंपनी ने भारत को अतीत में कमी की स्थिति से वर्तमान में आत्मनिर्भरता की ओर ले आया है। इसका तात्पर्य है कि पहले भारत को एल्युमीनियम का आयात करना पड़ता था। इसलिए I अनुसरण करता है। साथ ही यह भी निष्कर्ष निकाला जा सकता है कि यदि उत्पादन इसी दर से बढ़ता है तो भारत भविष्य में इसका निर्यात कर सकता है। इसलिए II भी अनुसरण करता है।

अतः विकल्प (E) सही है।

तर्कशक्ति अभियोग्यता टेस्ट 23

Q.1 आप वर्षों से अपने कर्तव्यों को निभाने के लिए एक निश्चित कंप्यूटर सिस्टम का उपयोग कर रहे हैं और यह स्थिर और विश्वसनीय साबित हुआ है। हाल ही में, आपको सूचित किया गया था कि इसे अगले महीने नई कार्यक्षमता और एप्लिकेशन के साथ अपडेट किया जाना है। आप इस बात को लेकर चिंतित हैं कि एक परेशानी मुक्त प्रणाली में कितना समय लगेगा क्योंकि वर्तमान प्रणाली को परेशानी मुक्त होने में छह महीने लगे। अब आपको इस खबर पर अपनी प्रतिक्रिया तय करने की जरूरत है।

सबसे कम प्रभावी उत्तर क्या होगा?

A. सिस्टम के बारे में आप जो कुछ भी कर सकते हैं उसका पता लगाएं और इसे चलाने के लिए सबसे पहले अपने आप को पेश करें।

B. अपने वरिष्ठ को अपनी चिंता व्यक्त करें और अनुशंसा करें कि जब तक सभी संभावित मुद्दों की पहचान और समाधान नहीं हो जाता, तब तक सभी संभावित उन्नयन में देरी हो।

C. अन्य सभी सहयोगियों को त्रुटियों के लिए नई प्रणाली चलाने के लिए कहें ताकि आपके काम की गुणवत्ता से समझौता न हो, लेकिन उनकी समीक्षा प्राप्त करें।

D. विश्वास करें कि उचित जांच की गई है और अपग्रेड की शुरूआत की प्रतीक्षा करें ताकि आप इसकी कार्यक्षमता का आकलन कर सकें।

E. इनमें से कोई नहीं

Q.2 आपकी भूमिका के एक अपेक्षाकृत छोटे हिस्से के रूप में, आप भारतीय मौसम विभाग में मौसम संबंधी डेटा और सड़क यातायात स्तरों के लिंक के संबंध में सांख्यिकीय जानकारी के डेटाबेस के रखरखाव के लिए जिम्मेदार हैं। यह विश्लेषण के लिए हर तीन महीने में तैयार किया जाता है, हालांकि पिछले कुछ वर्षों से परिणाम सुसंगत और अनुमानित रहे हैं और कुछ लोगों ने इस तरह के विस्तृत डेटा की आवश्यकता पर सवाल उठाया है। जानकारी को संकलित करने के लिए, आप विभिन्न इलाकों में कई लोगों से दैनिक जानकारी के इनपुट पर भरोसा करते हैं। एक दिन, इनमें से एक व्यक्ति आपके पास यह अनुरोध करने के लिए आता है कि समय बचाने के लिए डेटा दैनिक के बजाय साप्ताहिक रूप से प्रस्तुत किया जाए। आपके बॉस छुट्टी पर हैं और आपको निर्णय लेने के लिए छोड़ दिया गया है। कर्मचारी द्वारा दिए गए विकल्पों में से किस पर विचार नहीं किया जाना चाहिए?

A. उन्हें सूचित करें कि आप इसे तब तक अधिकृत नहीं कर सकते जब तक कि आपका बॉस छुट्टी से वापस नहीं आ जाता।

B. परिवर्तन करें क्योंकि यह अधिक तर्कपूर्ण लगता है, और अपने बॉस के लौटने पर सूचित करें।

C. उसे सूचित करें कि रिपोर्टिंग पैटर्न में कोई बदलाव की कोई संभावना नहीं है।

D. इसमें शामिल दूसरे व्यक्ति से पूछें कि उनका क्या लेना-देना है और वापस आने पर अपने बॉस को यह बताएं।

E. इनमें से कोई नहीं

Q.3 आप अपने विभाग में नए हैं और आपके बॉस ने अपने विभाग में पेश किए जाने वाले नई आईटी प्रणाली के प्रस्तुति के संबंध में संक्षिप्त जानकारी दी है। आपके बॉस ने इसे स्वयं किया होता, लेकिन उसके पास अगले कुछ दिनों के लिए वार्षिक अवकाश है। इसमें बहुत सारे तथ्य हैं और आप जानते हैं कि आपके बॉस अधिक तथ्यात्मक नीरस प्रस्तुति शैली पसंद करते हैं। हालाँकि, आप चिंतित हैं कि दर्शकों को सामग्री नीरस लगेगी और आप उन पर एक अच्छा पहला प्रभाव बनाना चाहते हैं। सबसे कम प्रभावी उत्तर क्या होगा?

A. उस दृष्टिकोण का सम्मान करें जो आपके वरिष्ठ ने लिया होगा और केवल तथ्यों को प्रस्तुत करें, लेकिन इतनी जल्दी करने की कोशिश करें ताकि दर्शक बहुत ऊब न जाएं।

B. ब्रीफिंग में कई इंटरैक्टिव, मनोरंजक तत्वों का परिचय दें जो आपके बॉस द्वारा तैयार की गई सामग्री के साथ दर्शकों की व्यस्तता को बढ़ाते हैं, लेकिन हो सकता है कि आपके बॉस की शैली को प्रतिबिंबित न करें।

C. मीटिंग से पहले ईमेल फॉर्म में एक संक्षिप्त विवरण भेजें और फिर सिस्टम के बारे में दर्शकों के साथ दो तरह की चर्चा में शामिल हों।

D. अपने बॉस को सुझाव दें कि जब वह वापस आएंगें तो वह सामग्री को प्रस्तुत करना पसंद कर सकता है, क्योंकि इससे यह सुनिश्चित होगा कि यह उनके इच्छित तरीके से दिया गया है।

E. इनमें से कोई नहीं

Q.4 आपकी टीम के नवीनतम शोध के निष्कर्ष प्रस्तुत करने के लिए आपको आपके बॉस द्वारा किसी अन्य इकाई के प्रतिनिधि से मिलने के लिए कहा गया है। आपको ब्रीफिंग देने के बाद, आपका बॉस आपको अपनी 'सामान्य शैली' को 'टोन डाउन' करने की सलाह देता है क्योंकि उसे लगता है कि यह बेहतर काम करेगा। आप पूरी तरह से सुनिश्चित नहीं हैं कि उसका इससे क्या मतलब है और थोड़ा नाराज महसूस करते हैं: आपकी शैली ने हमेशा अतीत में अच्छा काम किया है। आप कैसे प्रतिक्रिया देंगे? सबसे प्रभावी उत्तर क्या होगा?

A. अपने बॉस को समझाएं कि प्रस्तुति के लिए आपका टोन सही है।

B. अपने बॉस से इस बारे में अधिक विस्तार से पूछें कि वे टिप्पणी से क्या तात्पर्य रखते हैं।

C. अपने सहयोगियों से पूछें कि टिप्पणी से उनका क्या मतलब था।

D. अपने बॉस का क्या मतलब है, इस पर आत्मचिंतन करें और फिर उसी के अनुसार अपना व्यवहार बदलें।

E. इनमें से कोई नहीं

Q.5 जिस सार्वजनिक क्षेत्र के लिए आप काम कर रहे हैं, उसे एक बड़े पुनर्गठन के लिए शामिल किया जाना है। कुछ पद समाप्त हो जाएंगे, कुछ भूमिकाएं बदल जाएंगी और कुछ नए अवसर पैदा होंगे। घोषणा ने पीएसयू के भीतर कुछ चिंता पैदा कर दी है, खासकर उस बिन्दु पर जब यह अच्छा प्रदर्शन कर रहा है। आपके सीएमडी ने पुनर्गठन पर चर्चा करने के लिए सभी के साथ आमने-सामने बैठक की व्यवस्था की है। आपको यह तय करने की ज़रूरत है कि बैठक के लिए सबसे अच्छी तैयारी कैसे करें। सूचना के संदर्भ में दिए गए कथनों में से किसका निश्चित रूप से अनुसरण किया जाना चाहिए?

A. बैठक में अपनी मजबूती को सही ढंग से व्यक्त करें ताकि फर्म के भीतर आपकी स्थिति सुरक्षित रहे।

B. इस बारे में प्रश्न पूछने की योजना बनाएं कि कौन से नए अवसर उपलब्ध हैं और आप इसका लाभ उठाने के लिए स्वयं को किस प्रकार स्थापित कर सकते हैं।

C. पुनर्गठन: समय-सीमा और प्रभाव के बारे में अपने सीएमडी से अधिक से अधिक जानकारी प्राप्त करने का लक्ष्य रखें।

D. कंपनी को पुनर्गठन में क्यों शामिल नहीं किया जाना चाहिए, इस बारे में एक ठोस स्थिति तैयार करें।

E. इनमें से कोई नहीं

Q.6 आप एक ऐसे कार्यालय में कार्य करते हैं जहाँ विभिन्न विभागों में हो रहे कार्य दिखाई देते हैं। आपने देखा है कि किसी अन्य विभाग में एक इंजीनियरिंग प्रशिक्षु अपना अधिकांश समय 'व्यतीत' करने के लिए थोड़े से काम के साथ बिताता है। आप पहले ही इस मामले को अपने विभागाध्यक्ष के संज्ञान में ला चुके हैं लेकिन ऐसा लगता है कि स्थिति को हल करने के लिए कुछ नहीं हुआ है। इसके अलावा, बॉस अक्सर कार्यालय से बाहर रहते है इसलिए इसे स्वयं नहीं देख पाते हैं। सबसे कम प्रभावी उत्तर क्या होगा?

A. विचाराधीन व्यक्ति के पास जाएं और उन्हें अपने विभाग के लिए कार्यों को पूरा करने के लिए सेट करें।

B. विभाग में किसी और से बात करें और उनसे पूछें कि क्या कोई काम है जो व्यक्ति उनके लिए पूरा कर सकता है।

C. विचाराधीन व्यक्ति से बात करें और उसे कुछ काम प्राप्त करने के लिए कहें क्योंकि वे वर्तमान में एक बुरा प्रभाव दे रहे हैं।

D. उस व्यक्ति के विभाग के प्रमुख के साथ कल के लिए एक बैठक का समय निर्धारित करें जहाँ आप उसके लिए कुछ काम सुझा सकते हैं।

E. इनमें से कोई नहीं

Q.7 आपने पूरे संगठन में व्यापक आंतरिक सर्वेक्षण के हिस्से के रूप में नौकरी की संतुष्टि के स्तर को मापने के लिए कई इकाइयों को एक सर्वेक्षण भेजा है। जब परिणाम वापस आते हैं, तो आप देखते हैं कि असंतोष का सबसे बड़ा कारण वेतन स्तर है। हालांकि, आपके प्रबंधक ने सुझाव दिया है कि वास्तव में कर्मचारी अपने वेतन से संतुष्ट हैं: इस सर्वेक्षण को और अधिक मांगने के अवसर के रूप में देखा जाता है। सर्वेक्षण को दोहराने के लिए कोई समय या बजट नहीं है और आपको यह तय करने की आवश्यकता है कि कैसे आगे बढ़ना है। सबसे प्रभावी उत्तर क्या होगा?

A. यह देखने के लिए कि क्या यह एक सामान्य पैटर्न है, इस प्रकृति के अन्य सर्वेक्षणों में कुछ ऑनलाइन शोध करें: इस अवलोकन को रिपोर्ट और सिफारिशों में शामिल करें।

B. अपने प्रबंधक के विचारों को स्वीकार करें और इसे अपनी सारांश रिपोर्ट और अनुशंसाओं में हाइलाइट करें।

C. मूल डेटा स्वीकार करें और सारांश रिपोर्ट और अनुशंसाओं की तुलना करते समय अपने प्रबंधक की व्याख्या को शामिल करने से बचें।

D. वेतन स्तरों के आसपास सर्वेक्षण के परिणामों को 'अस्पष्ट' घोषित करें और इसके बजाय सर्वेक्षण के दूसरे सबसे महत्वपूर्ण क्षेत्र पर ध्यान केंद्रित करें।

E. इनमें से कोई नहीं

Q.8 कुछ वर्षों के लिए पिछले व्यक्ति द्वारा प्रबंधित किए जाने के बाद हाल ही में आपके निदेशालय का प्रबंधन करने के लिए एक नए निदेशक को नियुक्त किया गया था। अपने परिचयात्मक भाषण में, नए निदेशक ने कहा कि इसमें कई बदलाव किए जाने हैं अब वह आ चुकी हैं,: कुछ जल्दी हो जाएंगे और अन्य अगले कुछ महीनों में पेश किए जाएंगे। वह इससे ज्यादा विस्तार से नहीं बताती हैं लेकिन सभी को आश्वस्त करती हैं कि लोगों को बदलाव के बारे में जल्द से जल्द सूचित किया जाएगा। निम्नलिखित में से कौन सा सबसे अच्छा कदम है जो उसके अधीन काम करने वाले किसी भी कर्मचारी को उठाना चाहिए?

A. नए निदेशक के साथ सीधे एक बैठक का अनुरोध करें और कहें कि आपको नियोजित परिवर्तनों के बारे में और जानने की जरूरत है।

B. कुछ सप्ताह प्रतीक्षा करें और फिर नए निदेशक के साथ बैठक का अनुरोध करें और नियोजित परिवर्तनों के बारे में अधिक जानकारी प्राप्त करें।

C. परिवर्तनों के बारे में समाचारों के प्रति सतर्क रहें, लेकिन सामान्य रूप से तब तक काम करना जारी रखें जब तक कि अधिक घोषणा न हो जाए।

D. नए निदेशक द्वारा संगठन के अन्य हिस्सों में किए गए परिवर्तनों के बारे में अधिक जानने का प्रयास करें ताकि यह पता चल सके कि वह आपके क्षेत्र के लिए क्या योजना बना रही है।

E. इनमें से कोई नहीं

Q.9 आप एक जटिल परियोजना पर काम कर रहे हैं जब आपके विभाग के सदस्यों में से एक आपको आपके काम करने के तरीके के बारे में कुछ नकारात्मक प्रतिक्रिया देता है जो आपके लिए एक पूर्ण आश्चर्य के रूप में आता है। आपको इस क्षेत्र पर पहले कभी प्रतिक्रिया नहीं मिली है और आपने पहले इसे अपनी एक मध्यम शक्ति माना था। यह पिछले एक सप्ताह से आपके दिमाग में चल रहा है क्योंकि आप दूसरों के द्वारा सकारात्मक रूप से देखे जाने के इच्छुक हैं। सबसे प्रभावी उत्तर चुनें।

A. उस व्यक्ति की नज़रों में अपनी छवि सुधारने का प्रयास करें जिसने आपको प्रतिक्रिया दी है, यह बताकर कि आपने जिस तरह से कार्य किया है और अतीत में इसने आपको कैसे सफलता दिलाई है।

B. मूल फ़ीडबैक देने वाले व्यक्ति से इस बारे में अधिक विवरण के लिए पूछें कि वे ऐसा क्यों सोचते हैं।

C. यह देखने के लिए कि क्या यह मूल नकारात्मक प्रतिक्रिया की पुष्टि करता है, संबंधित क्षेत्र पर प्रतिक्रिया के लिए कुछ अन्य लोगों से पूछे।

D. स्वयं कुछ और प्रतिबिंबित करें, और पढ़ें कि चिन्हित किए गए क्षेत्र में कैसे विकास किया जाए।

E. इनमें से कोई नहीं

Q.10 आप दर्शकों से किसी ऐसे काम के बारे में बात कर रहे हैं जिसका एक सफल परिणाम हुआ था और आप अपने भाषण में लगभग दस मिनट पर बहुत गर्व महसूस करते हैं, आप देखते हैं कि दर्शकों के कुछ सदस्य जम्हाई ले रहे हैं और अपनी घड़ियों को देख रहे हैं। सबसे प्रभावी उत्तर चुनें।

A. एक उपयुक्त बिंदु पर रुकें और अब तक आपने जो कवर किया है उस पर दर्शकों की प्रतिक्रिया मांगें।

B. उन्हें सीधे देखें और उनसे पूछें कि 'क्या मैं तुम्हें जगाए रखता हूं?' ताकि उन्हें शर्मिंदा किया जा सके और वे अधिक ध्यान दिया जा सके।

C. अपनी बात करने की गति को तेज करें और अपनी रुचि को फिर से जोड़ने के लिए अपने लहजे में बदलाव करें।

D. उनकी रुचि को प्रोत्साहित करने के लिए दृश्य विज्ञापन और रंगमंच सामग्री का अधिक से अधिक उपयोग करें।

E. इनमें से कोई नहीं

Q.11 आपको दो सप्ताह का समय दिया गया है जिसमें आप डेटा के एक बड़े हिस्से की समीक्षा कर सकते हैं, कुछ प्रकार की त्रुटियों और विसंगतियों का पता लगा सकते हैं और फिर परिणामस्वरूप एक सही और बेहतर संस्करण तैयार कर सकते हैं। आपके वरिष्ठ ने आपकी प्रगति की समीक्षा करने के लिए चार दिनों के बाद आपसे मिलने के लिए कहा है। आपकी समीक्षा के तीन दिन बाद आप महसूस करते हैं कि डेटा में कई अन्य प्रकार की त्रुटियां और विसंगतियां भी हैं और आपके पास दो सप्ताह में इसकी समीक्षा करने का समय नहीं होगा, अपने वरिष्ठ के साथ अपनी बैठक के लिए समय निकालें। आपको लगता है कि अधिक यथार्थवादी समय-सीमा चार सप्ताह होगी। हालाँकि, आप जानते हैं कि बहुत से लोग आपकी समीक्षा और सुधार के परिणाम की प्रतीक्षा कर रहे हैं और यदि इसमें देरी होती है तो यह अन्य इकाइयों के काम को रोक देगा। सबसे कम प्रभावी उत्तर चुनें।

A. उन प्रकार की त्रुटियों को सुधारने पर ध्यान केंद्रित करने के लिए दो सप्ताह का उपयोग करें जिसके लिए मूल असाइनमेंट लाया गया था और समय पर असाइनमेंट पूरा करें।

B. समय सीमा के विस्तार के लिए बात करने के लिए अपने वरिष्ठर के साथ बैठक का उपयोग करें ताकि आप आगे की त्रुटियों को भी ठीक कर सकें।

C. सभी ज्ञात त्रुटियों को ठीक करना शुरू करें और जितना हो सके दो सप्ताह में पूरा करें।

D. सभी ज्ञात त्रुटियों को ठीक करना शुरू करें लेकिन अपनी समीक्षा के परिणामों को चरणों में अन्य इकाइयों को भेजने की व्यवस्था करें ताकि वे काम शुरू कर सकें।

E. इनमें से कोई नहीं

Q.12 आपके अधीनस्थ द्वारा तैयार की गई अंतिम रिपोर्ट जिसे तत्काल प्रस्तुत किया जाना है, के संबंध में आपके भिन्न विचार हैं। अधीनस्थ रिपोर्ट में दी गई जानकारी को सही ठहरा रहे हैं। आप:

A. अधीनस्थ को समझाएं कि वह गलत है

B. उसे परिणामों पर पुनर्विचार करने के लिए कहें

C. रिपोर्ट को स्वयं संशोधित करें

D. उसे बताएं कि गलती को सही न ठहराएं

E. इनमें से कोई नहीं

Q.13 मौखिक प्रस्तुति के आधार पर तय किए जाने वाले प्रतिष्ठित पुरस्कार के लिए आप अपने सहपाठी के साथ प्रतिस्पर्धा कर रहे हैं। आपको समिति द्वारा समय पर समाप्त करने के लिए कहा गया है। हालाँकि, आपके मित्र को निर्धारित समयावधि से अधिक की अनुमति है। इस बिंदु पर आपकी क्या प्रतिक्रिया होगी?

A. भेदभाव के खिलाफ अध्यक्ष को शिकायत दर्ज करें।

B. समिति से कोई कारण नहीं सुनना।

C. अपना नाम वापस लेने के लिए कहें।

D. विरोध करें और जगह छोड़ दें।

E. इनमें से कोई नहीं

Q.14 आप एक समयबद्ध परियोजना को संभाल रहे हैं। परियोजना समीक्षा बैठक के दौरान, आप पाते हैं कि टीम के सदस्यों के सहयोग की कमी के कारण परियोजना में देरी होने की संभावना है। आप करेंगे:

A. टीम के सदस्यों को उनके असहयोग के लिए चेतावनी दें।
B. असहयोग के कारणों की जांच करेंगे।
C. टीम के सदस्यों को बदलने के लिए कहें।
D. कारणों का हवाला देते हुए समय बढ़ाने के लिए कहें।
E. इनमें से कोई नहीं

Q.15 आप राज्य खेल समिति के अध्यक्ष हैं। आपको एक शिकायत मिली है और बाद में पता चला है कि जूनियर आयु वर्ग में पदक जीतने वाले एथलीट ने आयु मानदंड 5 दिन पार कर लिया है। आप करेंगे:

A. स्क्रीनिंग कमेटी से स्पष्टीकरण मांगें।
B. एथलीट से पदक वापस करने के लिए कहें।
C. एथलीट से उसकी उम्र की घोषणा करते हुए अदालत से एक हलफनामा प्राप्त करने के लिए कहें।
D. समिति के सदस्यों से उनके विचार पूछें।
E. इनमें से कोई नहीं

Q.16 आप एक प्राथमिकता वाली परियोजना को संभाल रहे हैं और सभी समय सीमा को पूरा कर रहे हैं और परियोजना के दौरान अपनी छुट्टी की योजना बना रहे हैं। आपका आसन्न बॉस परियोजना की तात्कालिकता का हवाला देते हुए छुट्टी नहीं देता है। आप करेंगे:

A. मंजूरी की प्रतीक्षा किए बिना छुट्टी पर आगे बढ़ें।
B. बीमार होने का नाटक करना और छुट्टी लेना।
C. छुट्टी के आवेदन पर पुनर्विचार करने के लिए उच्च अधिकारी से संपर्क करें।
D. बॉस को बताएं कि यह उचित नहीं है।
E. इनमें से कोई नहीं

Q.17 आप एक दूरस्थ क्षेत्र में जलापूर्ति परियोजना स्थापित करने में शामिल हैं। किसी भी स्थिति में लागत की पूर्ण वसूली असंभव है। क्षेत्र में आय का स्तर कम है और जनसंख्या का 25% गरीबी रेखा (बीपीएल) से नीचे है। जब मूल्य निर्धारण पर कोई निर्णय लेना होता है तो आप करेंगे:

A. अनुशंसा करते हैं कि पानी की आपूर्ति हर तरह से नि:शुल्क हो।
B. अनुशंसा करते हैं कि उपयोगकर्ता नलों की स्थापना के लिए एकमुश्त निश्चित राशि का भुगतान करें और पानी का उपयोग निःशुल्क करें।
C. अनुशंसित है कि गैर-बीपीएल परिवारों पर एक निश्चित मासिक शुल्क लगाया जाए और बीपीएल परिवारों के लिए पानी मुफ्त होना चाहिए।
D. अनुशंसित है कि उपयोगकर्ता गैर-बीपीएल और बीपीएल परिवारों के लिए अलग-अलग शुल्क के साथ पानी की उपभोग के आधार पर शुल्क का भुगतान करते हैं।
E. इनमें से कोई नहीं

Q.18 एक नागरिक के रूप में, आपको सरकारी विभाग के साथ कुछ काम है। अधिकारी आपको बार-बार फोन करता है, और आपसे सीधे पूछे बिना, रिश्वत के लिए विचारक भेजता है। आप अपना काम पूरा करना चाहते हैं। आप करेंगे:

A. रिश्वत देंगे
B. ऐसा व्यवहार करें जैसे कि आप विचारक को समझ नहीं पाए हैं और अपने आवेदन के साथ बने रहें
C. विचारक के बारे में मौखिक रूप से शिकायत करने में मदद के लिए उच्च अधिकारी के पास जाएं
D. औपचारिक शिकायत भेजें
E. इनमें से कोई नहीं

Q.19 आपको एक महत्वपूर्ण आधिकारिक बैठक में शामिल नहीं होने के लिए स्पष्टीकरण देने के लिए कहा गया है। आपका सन्निकट बॉस जिसने आपको बैठक के बारे में सूचित नहीं किया है, अब आप पर उस पर आरोप न लगाने का दबाव डाल रहा है। आप करेंगे:

A. तथ्य की व्याख्या करते हुए एक लिखित उत्तर भेजेंगे
B. स्थिति की व्याख्या करने के लिए शीर्ष बाॅस के साथ एक बैठक की माँग करेंगे
C. स्थिति को बचाने के लिए अपनी गलती स्वीकार करेंगे
D. सूचना न देने की जिम्मेदारी बैठक के समन्वयक पर डालेंगें
E. इनमें से कोई नहीं

Q.20 एक स्थानीय ठग (बुरा तत्व) ने आपके खाली प्लॉट पर अवैध निर्माण शुरू कर दिया है। उसने खाली करने के आपके अनुरोध को अस्वीकार कर दिया है और यदि आप उसे सस्ते दाम पर संपत्ति नहीं बेचते हैं तो आपको गंभीर परिणाम भुगतने की धमकी दी है। आप करेंगे:

A. संपत्ति को उसे सस्ते दाम पर बेचेंगे।
B. आवश्यक कार्रवाई के लिए पुलिस के पास जाएंगे।
C. अपने पड़ोसियों से मदद मांगेंगे।
D. अधिक कीमत पाने के लिए गुंडे से बातचीत करेंगे।
E. इनमें से कोई नहीं

Q.21 आपको अगले दो दिनों के अन्दर अपने मुख्यालय के लिए एक बहुत ही महत्वपूर्ण कार्य पूरा करना है। अचानक आपका एक्सीडेंट हो जाता है। आपका कार्यालय जोर देकर कहता है कि आप कार्य पूरा करें। आप करेंगे:

A. समय सीमा बढ़ाने के लिए कहेंगे।
B. समय पर समाप्त करने में अपनी असमर्थता के सम्बन्ध में मुख्यालय को सूचित करेंगें।
C. मुख्यालय के लिए एक वैकल्पिक व्यक्ति का सुझाव देंगे जो आवश्यक कार्य कर सके।
D. ठीक होने तक दूर रहेंगें।
E. इनमें से कोई नहीं

Q.22 आप भूकंप प्रभावित क्षेत्र में जीवित बचे लोगों को बुनियादी चिकित्सा सुविधाएं प्रदान करने के लिए प्रभारी अधिकारी हैं। आपके हर संभव प्रयास के बावजूद, लोगों ने आप पर राहत के लिए दिए गए धन से पैसा बनाने का आरोप लगाया। आप करेंगे:

A. मामले को देखने के लिए एक जांच स्थापित करने देंगे।
B. अपने वरिष्ठ को अपने स्थान पर किसी अन्य व्यक्ति को नियुक्त करने के लिए कहेंगे।
C. आरोपों पर ध्यान नहीं देंगे।
D. मामला सुलझने तक कोई पहल करना बंद कर देंगे।
E. इनमें से कोई नहीं

Q.23 आपको बाढ़ के तहत क्षेत्र के लिए उपयोग किए जाने के लिए एक छोटी सूचना पर नाव किराए पर लेने के लिए जिम्मेदार बनाया गया है। नाव मालिकों द्वारा बताई गई कीमत को देखने पर आपने पाया कि सबसे कम कीमत सरकार की स्वीकृत दर से लगभग तीन गुना अधिक थी। आप करेंगे:

A. प्रस्ताव को अस्वीकार करेंगे और नए मूल्य की मांग करेंगे।
B. सबसे कम कीमत स्वीकार करेंगे।
C. मामले को सरकार को भेजें और प्रतीक्षा करेंगे।
D. नाव के मालिकों को लाइसेंस रद्द करने की संभावित धमकी के बारे में धमकी देगें।
E. इनमें से कोई नहीं

Q.24 आप एक गांव के प्रभारी अधिकारी हैं जो एक अलग महामारी प्रभावित गांव में टीकों के वितरण का प्रबंधन करते हैं, और आपके पास केवल एक टीका बचा है। उस टीके की आवश्यकता ग्राम प्रधान और एक गरीब ग्रामीण को भी है। आप पर ग्राम प्रधान द्वारा उन्हें वैक्सीन प्रदान करने का दबाव बनाया जा रहा है। आप करेंगे:

A. दोनों में से किसी को भी वैक्सीन जारी किए बिना अगली आपूर्ति में तेजी लाने की प्रक्रिया शुरू करेंगे।
B. दूसरे क्षेत्र के वितरक से गरीब ग्रामीण के लिए वैक्सीन की व्यवस्था

करेंगे।

C. दोनों को डॉक्टर से संपर्क करने और अत्यावश्यकता के बारे में जानकारी प्राप्त करने के लिए कहेंगे।

D. दूसरे क्षेत्र के वितरक से ग्राम प्रधान के लिए वैक्सीन की व्यवस्था करेंगें।

E. इनमें से कोई नहीं

Q.25 आपने सर्दी के मौसम में बेघर लोगों के लिए रैन बसेरा बनाने की परियोजना शुरू की है। आश्रयों की स्थापना के एक सप्ताह के भीतर, आपको आश्रयों को हटाने की मांग के साथ चोरी के मामलों में वृद्धि के बारे में क्षेत्र के निवासियों से शिकायतें प्राप्त हुई हैं। आप करेंगे:

A. उन्हें पुलिस स्टेशन में लिखित शिकायत दर्ज करने के लिए कहेंगे।

B. निवासियों को मामले की जांच का आश्वासन देंगे।

C. निवासियों से किए गए मानवीय प्रयासों पर विचार करने के लिए कहेंगे।

D. परियोजना को जारी रखेंगे और उनकी शिकायत पर ध्यान नहीं देंगें।

E. इनमें से कोई नहीं

Q.26 आप अपने कार्यालय के प्रमुख हैं। कार्यालय के कर्मचारियों को आवंटन के लिए कुछ घर आरक्षित हैं और

आपको ऐसा करने का विवेक दिया गया है। आपके द्वारा मकानों के आवंटन के लिए नियमों का एक सेट निर्धारित किया गया है और सार्वजनिक किया गया है। आपका निजी सचिव, जो आपके बहुत करीब है, आपके पास आता है और विनती करता है कि उसके पिता गंभीर रूप से बीमार हैं, इसलिए उन्हें घर के आवंटन में प्राथमिकता दी जानी चाहिए। कार्यालय सचिवालय जिसने नियमों के अनुसार अनुरोध की जांच की, अनुरोध को अस्वीकार कर दिया और नियमों के अनुसार प्रक्रिया का पालन करने की सिफारिश की। आप ऐसी परिस्थितियों में अपने निजी सचिव को नाराज नहीं करना चाहते, आप क्या करेंगे?

A. उसे अपने कमरे में बुलाएंगे और व्यक्तिगत रूप से समझाएं कि आवंटन क्यों नहीं किया जा सकता है।

B. उसे अपनी वफादारी जीतने के लिए घर आवंटित करेंगे।

C. यह दिखाने के लिए कार्यालय नोट से सहमत हैं कि आप पक्षपाती नहीं हैं और आप पक्षपात में लिप्त नहीं हैं।

D. फाइल अपने पास रखेंगे और कोई आदेश पारित नहीं करेंगे।

E. इनमें से कोई नहीं

Q.27 दिल्ली-पंजीकृत वाणिज्यिक टैक्सी में दिल्ली से निकटवर्ती शहर (दूसरे राज्य) में यात्रा करते समय, आपका टैक्सी चालक आपको सूचित करता है कि चूंकि उसके पास उस शहर में टैक्सी चलाने का कोई परमिट नहीं है, इसलिए वह उस पर परिवहन कार्यालय में जाएगा और निर्धारित दिन के 40 रुपए शुल्क का भुगतान करेगा। काउंटर पर शुल्क का भुगतान करते समय आप पाते हैं कि परिवहन लिपिक पचास रुपये अतिरिक्त ले रहा है जिसकी कोई रसीद नहीं दी जा रही है। आप अपनी बैठक के लिए जल्दी में हैं। ऐसी परिस्थितियों में आप क्या करेंगे?

A. काउंटर पर जाएं और क्लर्क से उस पैसे को वापस देने के लिए कहें जो उसने अवैध रूप से लिया है।

B. बिल्कुल भी हस्तक्षेप न करें क्योंकि यह टैक्सी चालक और कर अधिकारियों के बीच का मामला है।

C. घटना पर ध्यान दें और बाद में संबंधित अधिकारियों को मामले की रिपोर्ट करें।

D. इसे एक सामान्य मामला मानें और इसके बारे में भूल जाएं।

E. इनमें से कोई नहीं

Q.28 आप एक विश्वविद्यालय में शिक्षक हैं और किसी विशेष विषय पर प्रश्नपत्र तैयार कर रहे हैं। आपका एक सहकर्मी, जिसका बेटा उस विषय पर परीक्षा की तैयारी कर रहा है, आपके पास आता है और आपको सूचित करता है कि यह परीक्षा पास करने का उसके बेटे का आखिरी मौका है और क्या आप परीक्षा में कौन से प्रश्न होने जा रहे हैं, यह बताकर आप उसकी मदद कर सकते हैं। अतीत में, आपके सहयोगी ने किसी अन्य मामले में आपकी मदद की थी। आपका सहकर्मी आपको सूचित करता है कि यदि वह इस परीक्षा में अनुत्तीर्ण हो जाता है तो उसका पुत्र अवसाद से ग्रस्त हो जाएगा। ऐसी परिस्थितियों में आप क्या करेंगे?

A. उसने आपको जो मदद दी थी, उसे देखते हुए उसकी मदद करेंगे।

B. खेद करेंगे कि आप उसकी कोई मदद नहीं कर सकते।

C. अपने सहकर्मी को समझाएं कि यह विश्वविद्यालय के अधिकारियों के भरोसे का उल्लंघन होगा और आप उसकी मदद करने की स्थिति में नहीं हैं।

D. उच्च अधिकारियों को अपने सहकर्मी के आचरण की रिपोर्ट करेंगें।

E. इनमें से कोई नहीं

Ques (29-30):निर्देश: चुनाव प्रचार रणनीति के बारे में नीचे दी गई जानकारी का विश्लेषण करें और निम्नलिखित प्रश्न का उत्तर दें:

आपको चुनाव प्रचार के लिए एक रणनीति तैयार करनी है जो 6 महीने में शुरू होने जा रही है। यह कई एजेंसियों से जुड़े कई निर्वाचन क्षेत्रों में किया जाना है। एक बार प्रारूप तय हो जाने के बाद बड़ी मात्रा में लॉजिस्टिक सपोर्ट की आवश्यकता होगी। मंत्री जी ने आपकी कार्य योजना को सुनने के लिए बैठक बुलाई है और आपको इसके लिए तैयार रहने की आवश्यकता है।

Q.29 सबसे प्रभावी उत्तर क्या होगा?

A. विभिन्न एजेंसियों के साथ समन्वय करने और रणनीति को मंजूरी देने पर ध्यान केंद्रित करें।

B. समय सीमा को पूरा करने के लिए समय सीमा, लक्ष्य और चौकियों को निर्धारित करने पर ध्यान दें।

C. सामग्री डिजाइन और रणनीति के लेआउट की तत्काल आवश्यकता प्राप्त करने पर ध्यान केंद्रित करें।

D. लाॅजिस्टिक्स पर ध्यान दें: लोगों और उपकरणों को एक स्थान से दूसरे स्थान पर आसानी से कैसे ले जाया जाए।

E. इनमें से कोई नहीं

Q.30 सबसे कम प्रभावी उत्तर क्या होगा?

A. विभिन्न एजेंसियों के साथ समन्वय करने और रणनीति को मंजूरी देने पर ध्यान केंद्रित करें।

B. समय सीमा को पूरा करने के लिए समय सीमा, लक्ष्य और चौकियों को निर्धारित करने पर ध्यान दें।

C. सामग्री डिजाइन और रणनीति के लेआउट की तत्काल आवश्यकता प्राप्त करने पर ध्यान केंद्रित करें।

D. लाॅजिस्टिक्स पर ध्यान दें: लोगों और उपकरणों को एक स्थान से दूसरे स्थान पर आसानी से कैसे ले जाया जाए।

E. इनमें से कोई नहीं

// स्मार्ट उत्तर पुस्तिका //

सही उत्तर — उन छात्रों के प्रतिशत को इंगित करता है जिन्होंने प्रश्नों का सही उत्तर दिया था।

छोड़ दिया — उन छात्रों के प्रतिशत को इंगित करता है जिन्होंने प्रश्नों को छोड़ दिया था।

प्रश्न संख्या	उत्तर	सही उत्तर	छोड़ दिया
1	D	64.53 %	32.34 %
2	B	40.3 %	53.18 %
3	D	42.8 %	39.13 %
4	D	42.73 %	36.16 %
5	A	56.86 %	41.55 %
6	A	45.05 %	54.34 %
7	A	44.58 %	30.44 %
8	C	46.07 %	37.27 %
9	C	87.78 %	11.74 %
10	D	29.42 %	68.69 %
11	C	24.5 %	72.52 %
12	C	89.69 %	10.09 %
13	A	69.11 %	30.73 %
14	B	79.84 %	14.06 %
15	A	43.64 %	31.32 %
16	C	43.26 %	42.28 %
17	D	28.3 %	68.16 %
18	D	81.57 %	12.94 %
19	A	17.83 %	79.64 %
20	B	88.63 %	11.1 %
21	C	45.13 %	39.31 %
22	A	31.02 %	67.86 %
23	B	65.68 %	34.18 %
24	C	64.41 %	30.34 %
25	B	23.52 %	75.76 %
26	A	82.58 %	15.66 %
27	C	48.1 %	44.52 %
28	C	21.04 %	77.16 %
29	C	20.1 %	73.86 %
30	D	40.4 %	56.0 %

कार्य विश्लेषण	
औसत अंक (%)	33.33%
टॉपर्स स्कोर (%)	70.0%
आपका स्कोर	

//संकेत और समाधान//

1. सबसे कम प्रभावी उत्तर यह विश्वास करना होगा कि उचित जांच की गई है और अपग्रेड की शुरूआत की प्रतीक्षा करें ताकि आप इसकी कार्यक्षमता का आकलन कर सकें।

डेटा को सुरक्षित करने के लिए पहले मौजूदा कार्य की समीक्षा करने की आवश्यकता है और उसके बाद ही नए अपग्रेड का उपयोग किया जा सकता है।

अतः विकल्प (D) सही है।

2. जैसा कि सुझाव दिया गया है कि डाटा को दैनिक रुप की बजाय साप्ताहिक रुप से प्रस्तुत किया जाए ताकि समय की बचत हो परन्तु कर्मचारी द्वारा इसे तुरंत परिवर्तित नहीं करना चाहिए। चूंकि बॉस छुट्टी पर है, इसलिए बाॅस को बिना उसे बताए तुरंत निर्णय नहीं लेना चाहिए।

अतः विकल्प (B) सही है।

3. चूकिं बाॅस ने कर्मचारी को प्रस्तुति देने का अवसर दिया है तथा आप अपने विभाग में नए हैं। इसलिए आपको इस अवसर का अधिकतम लाभ उठाना चाहिए। ऐसी स्थिती में सबसे कम प्रभावी उत्तर यह होगा कि आप बाॅस को कहें कि आप उनके आने का इंतजार करेंगे और उनके आने के बाद ही प्रस्तुति देंगे।

अतः विकल्प (D) सही है।

4. चूंकि बाॅस ने एक शोध के निष्कर्ष के सम्बन्ध में प्रस्तुति के लिए बोला है तथा उन्होंने टिप्पणी की है कि आप अपने टोन को डाउन करे। जिसके पीछे उन्होने तर्क दिया है कि यह बेहतर काम करेगा। अतः ऐसी स्थिती में आपकी सबसे प्रभावी प्रतिक्रिया यह होनी चाहिए कि आप स्व-विश्लेषण करें ताकि आप बाॅस की टिप्पणी के निहितार्थ को समझ सकें तथा तदनुसार प्रस्तुति दें।

अतः विकल्प (D) सही है।

5. चूकिं यह स्थिती दी गई है कि पुनर्गठन के बाद कुछ पद समाप्त हो जाएंगे, कुछ भूमिकाएं बदल जाएंगी और कुछ नए अवसर पैदा होंगे। अतः ऐसी स्थिती बैठक में अपनी मजबूती को सही ढंग से व्यक्त करें ताकि फर्म के भीतर आपकी स्थिति सुरक्षित रहे।

अतः विकल्प (A) सही है।

6. सबसे कम प्रभावी उत्तर यह होगा कि विचाराधीन व्यक्ति के पास जाएं और उन्हें अपने विभाग के लिए कार्यों को पूरा करने के लिए सेट करें। प्रबंधक की स्वीकृति के बिना आप किसी अन्य विभाग के व्यक्ति के पास जाकर उसे काम नहीं दे सकते।

अतः विकल्प (A) सही है।

7. यह देखने के लिए कि क्या यह एक सामान्य पैटर्न है, इस प्रकृति के अन्य सर्वेक्षणों में कुछ ऑनलाइन शोध करें: इस अवलोकन को रिपोर्ट और सिफारिशों में शामिल करना सबसे अधिक प्रभावी उत्तर होगा। यह सुनिश्चित करेगा कि प्रबंधक और कर्मचारी दोनों की बात संगठन के सामने प्रस्तुत की जाए।

अतः विकल्प (A) सही है।

8. "परिवर्तनों के बारे में समाचारों के प्रति सतर्क रहें, लेकिन सामान्य रूप से तब तक काम करना जारी रखें जब तक कि अधिक घोषणा न हो जाए" सबसे अच्छा कदम है जो उसके अधीन काम करने वाले किसी भी कर्मचारी को उठाना चाहिए।

चूंकि जानकारी स्पष्ट रूप से दी गई है कि जब कोई और परिवर्तन पेश किया जाएगा, तो लोगों को सूचित किया जाएगा। इस प्रकार, कर्मचारियों को हमेशा की तरह काम करना जारी रखना चाहिए और किसी भी नई जानकारी से अपडेट रहना चाहिए।

अतः विकल्प (C) सही है।

9. यह देखने के लिए कि क्या यह मूल नकारात्मक प्रतिक्रिया की पुष्टि करता है, संबंधित क्षेत्र पर प्रतिक्रिया के लिए कुछ अन्य लोगों से पूछना इस सम्बन्ध में सबसे उपयुक्त प्रतिक्रिया होगी।

विचार भिन्न हो सकती है और दूसरों से पूछने से कर्मचारी को बेहतर विचार प्राप्त करने में मदद मिलेगी कि यह विचार अधिक लोगों के बीच आम है या सिर्फ एक व्यक्ति की राय है।

अतः विकल्प (C) सही है।

10. सबसे प्रभावी उत्तर है उनकी रुचि को प्रोत्साहित करने के लिए दृश्य विज्ञापन और रंगमंच सामग्री का अधिक से अधिक उपयोग करें।

दृश्य विज्ञापन आसपास के लोगों को सबसे अधिक आकर्षित करते हैं। तो, दृश्य विज्ञापन और रंगमंच सामग्री दर्शकों को विचलित कर देंगे और वे भाषण में थोड़ी अधिक दिलचस्पी लेंगे।

अतः विकल्प (D) सही है।

11. दी गई स्थिति में जबकि हमें ज्ञात है कि त्रुटियाँ सामने हैं तथा यर्थाथपूर्ण रुप से उसे पूरा करने में चार सप्ताह का समय लग सकता है। ऐसे में सबसे कम प्रभावी विकल्प यह होगा कि जितनी भी ज्ञात त्रुटियाँ हैं उन्हें जितना हो सके दो हफ्तें में पूरा करे।

अतः विकल्प (C) सही है।

12. चूंकि अंतिम रिपोर्ट को तत्काल प्रस्तुत किया जाना है तो ऐसी स्थिति में रिपोर्ट पर पुर्नविचार करने में समय लग सकता है। वहीं दूसरी ओर अधीनस्थ रिपोर्ट में दी गई जानकारी को सही ठहरा रहे हैं तो ऐसे में उन्हें समझाने में समय नष्ट होगा। ऐसे में सबसे बेहतर विकल्प यह है कि आप भिन्न विचार वाले बिन्दु पर स्वयं रिपोर्ट को संशोधित करें।

अतः विकल्प (C) सही है।

13. चूंकि समान प्रतियोगिता में आपके मित्र को आपकी तुलना में अधिक समय दिया जा रहा है। अतः यहाँ पर सीधी तौर पर समिति द्वारा भेदभाव किया जा रहा है। ऐसी स्थिती में सबसे उचित प्रतिक्रिया यह होगी कि आप भेदभाव के खिलाफ अध्यक्ष को शिकायत दर्ज करें।

अतः विकल्प (A) सही है।

14. आप यह नोटिस करते हैं कि टीम के सदस्यों के सहयोग की कमी के कारण परियोजना में देरी हो रही है। इसलिए सबसे पहले आप असहयोग के कारणों की जांच करेंगे उसके पश्चात कोई और कदम उठाना उचित होगा।

अतः विकल्प (B) सही है।

15. चूंकि जूनियर आयु वर्ग में एथलीट की अर्हता की जांच के लिए स्क्रीनिंग कमेटी जिम्मेदार होती है। इसलिए शिकायत प्राप्त होने तथा उसकी पुष्टि होने के पश्चात सबसे पहले आप उस विशेष एथलीट की अर्हता के सम्बन्ध में स्क्रीनिंग कमेटी से स्पष्टीकरण की मांग करेंगे।

अतः विकल्प (A) सही है।

16. चूंकि आप एक प्राथमिकता वाली परियोजना को संभाल रहे हैं और सभी समय सीमा को पूरा कर रहे हैं अर्थात अपनी ओर से आप आशवस्त हैं कि परियोजना सही समय पर पूरा हो जाएगा। ऐसे में आसन्न बाॅस द्वारा छुट्टी निरस्त होने के पश्चात आपके पास छुट्टी के आवेदन पर पुनर्विचार करने के लिए उच्च अधिकारी से संपर्क करने का विकल्प शेष है।

अतः विकल्प (C) सही है।

17. आप एक दूरस्थ क्षेत्र में जलापूर्ति परियोजना स्थापित करने में शामिल हैं। किसी भी स्थिति में लागत की पूर्ण वसूली असंभव है। क्षेत्र में आय का स्तर कम है और जनसंख्या का 25% गरीबी रेखा (बीपीएल) से नीचे है। ऐसे में कुछ ऐसा रास्ता अपनाना चाहिए जिससे गरीबी रेखा से नीचे के लोगों पर अतिरिक्त बोझ डाले बिना अधिकतम वसूली की जा सके। इसलिए सबसे उपयुक्त विकल्प यह

होगा कि उपयोगकर्ता गैर-बीपीएल और बीपीएल परिवारों के लिए अलग-अलग शुल्क के साथ पानी की उपभोग के आधार पर शुल्क का भुगतान करते हैं।

अतः विकल्प (D) सही है।

18. जैसा कि हमें पता है कि रिश्वत लेना तथा देना, दोनो गैर कानूनी हैं। इसलिए एक नागरिक के रुप में यदि सरकारी विभाग द्वारा रिश्वत का संकेत प्राप्त होता है तो आपको एक औपचारिक शिकायद दर्ज करनी चाहिए।

अतः विकल्प (D) सही है।

19. आपको एक महत्वपूर्ण आधिकारिक बैठक में शामिल नहीं होने के लिए स्पष्टीकरण देने के लिए कहा गया है। आपके सन्निकट बॉस ने आपको बैठक के बारे में सूचित नहीं किया था तथा अब आप पर उस पर आरोप न लगाने का दबाव डाल रहा है। ऐसे में बेहतर विकल्प यह होगा कि आप तथ्यों की व्याख्या करते हुए लिखित उत्तर भेजेंगे।

अतः विकल्प (A) सही है।

20. चूंकि स्थानीय ठग (बुरा तत्व) ने आपके खाली प्लॉट पर अवैध निर्माण शुरू कर दिया है तथा आपको गंभीर परिणाम भुगतने की धमकी देता है। यह सीधे तौर पर आपराधिक कृत्य है। ऐसी स्थिती में उचित विकल्प यह होगा कि आप आवश्यक कार्रवाई के लिए पुलिस के पास जाएं।

अतः विकल्प (B) सही है।

21. जैसी कि स्थिती दी गई है कि दो दिनों के अन्दर ही मुख्यालय का महत्वपूर्ण कार्य करना है तथा कार्यालय की तरफ से आप पर कार्य को पूरा करने का दबाव डाला जा रहा है। परन्तु आपका एक्सीडेंट होने की वजह से आप कार्य को स्वयं करने में असमर्थ हैं। इसलिए ऐसी स्थिती में सबसे उचित यह होगा कि आप मुख्यालय के सम्बन्ध में एक वैकल्पिक व्यक्ति का सुझाव देंगे जो आवश्यक कार्य को समय पर पूरा कर सके।

अतः विकल्प (C) सही है।

22. चूंकि आप भूकंप प्रभावित क्षेत्र में जीवित बचे लोगों को बुनियादी चिकित्सा सुविधाएं प्रदान करने के लिए प्रभारी अधिकारी हैं। परन्तु आपके हर संभव प्रयास के बावजूद, लोगों ने आप पर राहत के लिए दिए गए धन से पैसा बनाने का आरोप लगाया। चूंकि आप अपनी ओर से पूर्ण ईमानदारी से अपने कर्तव्यों का निर्वहन कर रहे हैं तो ऐसे में इस मामले को देखने के लिए आप जाँच को स्थापित करने देंगे तथा तब तक अपने कार्य को निरन्तर करते रहेंगे।

अतः विकल्प (A) सही है

23. जैसी की स्थिती दी गई है कि आपको बाढ़ के तहत क्षेत्र में उपयोग के लिए नाव की आवश्यकता है परन्तु नाव मालिकों द्वारा बताई गई कीमत को देखने पर आपने पाया कि सबसे कम कीमत सरकार की स्वीकृत दर से लगभग तीन गुना अधिक थी। दूसरी ओर स्थिती ऐसी है कि राहत कार्य में रुकावट नहीं होनी चाहिए ऐसे में सबसे दिए गए विकल्पों में सबसे उपयुक्त चुनाव यह होगा कि आप सबसे कम कीमत को स्वीकार करके नाव को किराए पर लेंगे।

अतः विकल्प (B) सही है।

24. चूंकि स्थिती दी गई है कि आपके पास केवल एक टीका बचा है तथा उसकी आवश्यकता दो लोगों को है। ऐसे में सबसे उचित यह होगा कि आप दोनों को डाॅक्टर से सम्पर्क करने को कहेंगे तथा जिसे अधिक आवश्यकता होगी उसे टीका प्रदान करेंगे।

अतः विकल्प (C) सही है।

25. चूंकिं परियोजना के शुरु होने के एक हफ्ते के अन्दर ही चोरी के साथ आश्रय स्थलों को हटाने की शिकायत आने लगी है। ऐसी स्थिती में आप निवासियों को आश्वासन देंगे की मामले की पूरी तरह से जांच की जाएगी।

अतः विकल्प (B) सही है।

26. जैसी कि स्थिती दी गई है कि आपके निजी सचिव द्वारा की गई अनुरोध को कार्यालय सचिवालय नियमों के अनुसार नहीं पाता है तथा अनुरोध को अस्वीकार कर देता है। परन्तु आप अपने निजी सचिव को नाराज नहीं करना चाहते हैं तो ऐसे में दिए गए विकल्पों में सबसे बेहतर विकल्प यह होगा कि आप उसे अपने कमरे में बुलाएंगे और व्यक्तिगत रूप से समझाएं कि आवंटन क्यों नहीं किया जा सकता है।

अतः विकल्प (A) सही है।

27. चूंकि यहाँ दी गई घटना अवैध वसूली या रिश्वत से सम्बन्धित प्रतीत हो रही है। ऐसे में आपका यह दायित्व है कि आप इस घटना पर ध्यान दें तथा बाद में संबधित अधिकारी को मामलें की रिपोर्ट करें।

अतः विकल्प (C) सही है।

28. चूंकि यहाँ स्थिति दी गई है कि आपके सहकर्मी ने पूर्व में आपकी किसी अन्य मामले में मदद की थी परन्तु विश्वविद्यालय ने अधिकारियों ने विश्वास दिखाकर आपसे प्रश्नपत्र को तैयार करने को कहा है ऐसे में यदि आप उसकी मदद करते हैं तो यह विश्विद्यालय के नियमों को तोड़ने जैसा होगा तथा आप के द्वारा कर्तव्यहीनता होगी। ऐसे में सबसे उपयुक्त यह होगा कि आप अपने सहयोगी को समझाएं कि यह विश्वविद्यालय के अधिकारियों के भरोसे का उल्लंघन होगा और आप उसकी मदद करने की स्थिति में नहीं हैं।

अतः विकल्प (C) सही है।

29. सबसे प्रभावी उत्तर सामग्री डिजाइन और रणनीति के लेआउट की तत्काल आवश्यकता प्राप्त करने पर ध्यान केंद्रित करना होगा।

प्रश्न स्पष्ट रूप से बताता है कि लॉजिस्टिक्स टीम को प्रारूप तय होने के बाद संपर्क करने की आवश्यकता है, इस प्रकार चौथा विकल्प समाप्त हो जाता है। रणनीति तैयार होने पर ही एजेंसियों से संपर्क किया जा सकता है और फिर समय सीमा निर्धारित की जा सकती है, इस प्रकार पहला और दूसरा विकल्प समाप्त हो जाता है।

अतः विकल्प (C) सही है।

30. सबसे कम प्रभावी उत्तर "रसद पर ध्यान दें: लोगों और उपकरणों को एक स्थान से दूसरे स्थान पर आसानी से कैसे ले जाया जाएगा" होगा।

उपकरण को स्थानांतरित करना अंतिम चरण है। केवल एक बार जब पूरी रणनीति निर्धारित हो जाती है और एजेंसियां रणनीति के लिए सहमत हो जाती हैं, तो समय सीमा के आधार पर उपकरण को एक स्थान से दूसरे स्थान पर ले जाया जाएगा।

अतः विकल्प (D) सही है।

तर्कशक्ति अभियोग्यता टेस्ट 24

Ques (1-5):निर्देश: नीचे दी गई जानकारी के आधार पर प्रश्न का उत्तर दें।

9 फिल्में (A, B, C, D, E, F, G, H और I) जून, जुलाई और अगस्त के दौरान 4, 17 और 25 तारीख को रिलीज होती हैं। जून में न तो H और न ही E रिलीज़ होता है और H और E के बीच 3 फ़िल्में रिलीज़ होती हैं। F, E के ठीक बाद रिलीज़ होती है लेकिन किसी महीने की 17 तारीख को नहीं। F और G के बीच 2 मूवी रिलीज़ होती हैं। G और D के बीच 3 मूवी रिलीज़ होती हैं। C और B एक ही महीने में रिलीज़ होते हैं। सी रिलीज होने वाली पहली फिल्म नहीं है। I को न तो A से पहले और न ही H के ठीक पहले छोड़ा जाता है।

Q.1 फिल्म I ___ रिलीज होती है।

A. 17 जुलाई को
B. 4 अगस्त को
C. 4 जुलाई को
D. 25 जून को
E. उपर्युक्त में से कोई नहीं

Q.2 फिल्म A फिल्म ___ के तुरन्त पहले रिलीज की जाती है।

A. E
B. H
C. G
D. B
E. इनमें से कोई नहीं

Q.3 फिल्म E और B के मध्य में कितनी फिल्में रिलीज हुई हैं?

A. 2
B. 4
C. 3
D. 6
E. इनमें से कोई नहीं

Q.4 ___ 17 अगस्त को रिलीज होती है।

A. फिल्म I
B. फिल्म E
C. फिल्म A
D. फिल्म D
E. इनमें से कोई नहीं

Q.5 फिल्म G के पहले रिलीज की गई फिल्मों की संख्या फिल्म ___ के बाद रिलीज की गई फिल्मों की संख्या के बराबर है।

A. H
B. D
C. A
D. F
E. इनमें से कोई नहीं

Ques (6-10):निर्देश: नीचे दी गई जानकारी के आधार पर प्रश्न का उत्तर दें।

नौ छात्र A, B, C, D, E, F, G, H और K का जन्म एक ही वर्ष में जनवरी, फरवरी, अप्रैल, मई, जून, अगस्त, सितंबर, अक्टूबर और दिसंबर के बीच अलग-अलग महीनों की पहली तारीख को हुआ है। जिन छात्रों का जन्म केवल 30 दिन वाले महीनों में हुआ है, उनकी पहली, दूसरी और तीसरी रैंक में अलग-अलग रैंक हैं।

B का जन्म तीसरे रैंक धारक के ठीक बाद हुआ था। K, B के दो महीने बाद पैदा हुआ था, जिसका जन्म मई में नहीं हुआ था। एक छात्र का जन्म D से पहले हुआ था। K और G के बीच दो छात्रों का जन्म हुआ था। A का जन्म F से ठीक पहले हुआ था। E का जन्म C के बाद हुआ था, जो H के बाद पैदा हुआ था। A प्रथम रैंक धारक नहीं है। E की कोई रैंक नहीं है।

Q.6 कितने छात्र E से बड़े हैं?

A. छः
B. चार
C. पाँच
D. आठ
E. उपर्युक्त में से कोई नहीं

Q.7 द्वितीय रैंक धारक के तुरंत बाद किसका जन्म हुआ था?

A. E
B. H
C. B
D. F
E. उपर्युक्त में से कोई नहीं

Q.8 विषम को चुनें।

[LIC AAO (Generalist), 2021]

A. H
B. F
C. D
D. B
E. K

Q.9 C से चार महीने बड़ा कौन है?

A. G
B. F
C. H
D. A
E. उपर्युक्त में से कोई नहीं

Q.10 निम्नलिखित में से कौन सा/से कथन सत्य है/हैं?

A. F का जन्म G के बाद हुआ था
B. C का जन्म अगस्त में हुआ था
C. F का जन्म D के दो महीने बाद हुआ था
D. H सबसे बड़ा नहीं है
E. उपरोक्त में से कोई भी कथन सत्य नहीं है

Ques (11-15):निर्देश: नीचे दी गई जानकारी के आधार पर प्रश्न का उत्तर दें:

सात बच्चे A, B, C, D, E, F और G का जन्म अलग-अलग महीनों में जनवरी, फरवरी, अप्रैल, मई, जुलाई, अगस्त और नवंबर के बीच अलग-अलग वर्षों में 1998, 2003, 2006, 2008, 2010, 2014 और 2015 में हुआ था, आवश्यक नहीं कि इसी क्रम में हो।

नोट: यदि कोई व्यक्ति किसी अन्य व्यक्ति से n (= 1, 2, 3, 4, इसी तरह) वर्ष बड़ा है, तो केवल उन वर्षों पर विचार करें। F का जन्म 2003 में हुआ था। C, जो जुलाई में पैदा हुआ था, D से पांच वर्ष बड़ा है। D का जन्म उस महीने में हुआ था, जिसमें केवल 30 दिन होते हैं। A, फरवरी में पैदा हुए व्यक्ति से अधिकतम दो वर्ष बड़ा है। B, E से बड़ा है, जिसका जन्म 2014 में नहीं हुआ था। G, अप्रैल में पैदा हुए व्यक्ति के ठीक पहले पैदा नहीं हुआ था। जनवरी में पैदा हुआ बच्चा, अप्रैल में पैदा हुए बच्चे से बड़ा है। मई में पैदा हुआ बच्चा अप्रैल में पैदा हुए बच्चे से बड़ा नहीं है। 1998 में पैदा हुए बच्चे का जन्म जनवरी में नहीं हुआ था।

Q.11 ___, ___ से तीन वर्ष बड़ा है।

A. B, F
B. A, E
C. C, G
D. F, A
E. उपर्युक्त में से कोई नहीं

Q.12 मई के महीने में किसका जन्म हुआ था?

A. G
B. A
C. F
D. B
E. उपर्युक्त में से कोई नहीं

Q.13 सबसे बड़े बच्चे का जन्म ___ में हुआ था जबकि सबसे छोटे बच्चे का जन्म ___ में हुआ था।

A. अगस्त, मई
B. अप्रैल, नवंबर
C. अप्रैल, अगस्त
D. अगस्त, नवंबर
E. उपर्युक्त में से कोई नहीं

Q.14 बच्चा, जिसका जन्म मई में हुआ है, F से ___ वर्ष छोटा है।

A. 11 **B.** 2
C. 9 **D.** 16
E. उपर्युक्त में से कोई नहीं

Q.15 निम्नलिखित में से कौन सा/से कथन सत्य है/हैं?
A. B का जन्म मई में हुआ था
B. F का जन्म एक लीप वर्ष में हुआ था
C. दूसरा सबसे बड़ा बच्चा जनवरी में पैदा हुआ था
D. G का जन्म उस महीने में हुआ था, जिसमें केवल 30 दिन होते हैं
E. दिए गए कथनों में से कोई भी सत्य नहीं है

Ques (16-20):निर्देश: नीचे दी गई जानकारी के आधार पर प्रश्न का उत्तर दें।

सात व्यक्ति: I, J, K, L, M, N और O के जन्मदिन अलग-अलग महीनों में हैं - जनवरी, मार्च, अप्रैल, जून, जुलाई, सितंबर और दिसंबर, लेकिन आवश्यक नहीं कि इसी क्रम में हों।

I का जन्मदिन 31 दिनों वाले महीने में पड़ता है। J के जन्मदिन का महीना I के जन्मदिन के महीने के बाद आता है। N का जन्मदिन 31 दिन वाले महीनें में पड़ता है। J का जन्मदिन का महीना N के जन्मदिन के महीने के बाद आता है। L का जन्मदिन 30 दिनों वाले महीने में है। K का जन्मदिन 31 दिनों वाले महीने में है लेकिन जुलाई और मार्च में नहीं है। M का जन्मदिन 30 दिन वाले लेकिन सितंबर से पहले वाले महीने में आता है। O का जन्मदिन महीना J के जन्मदिन के महीने के बाद नहीं है। J का जन्मदिन दिसंबर में नहीं है। M का जन्मदिन O से पहले आता है लेकिन जून के महीने में नहीं। N और L के मध्य केवल तीन व्यक्तियों का जन्मदिन है।

Q.16 किसका जन्मदिन जनवरी के महीनें में है?
A. O **B.** I
C. M **D.** N
E. या तो N या I

Q.17 I और K के मध्य कितने लोगों का जन्मदिन है?
A. 2 **B.** 3
C. 4 **D.** चार से अधिक
E. इनमें से कोई नहीं

Q.18 M के बाद कितने व्यक्तियों का जन्मदिन है?
A. 1 **B.** 2
C. 3 **D.** 4
E. इनमें से कोई नहीं

Q.19 उपरोक्त व्यवस्था में अपनी स्थिति के आधार पर निम्नलिखित पांच में से चार एक निश्चित तरीके से समान हैं और इसलिए एक समूह बनाते हैं। वह कौन सा है जो उस समूह से संबंधित नहीं है?
A. O **B.** I **C.** J **D.** N
E. K

Q.20 निम्न में से कौन सा कथन सही है?
A. J का जन्मदिन O के तुरन्त बाद है
B. K का जन्मदिन वर्ष के आखिरी महीने में है
C. I और N के बीच किसी का जन्मदिन नहीं है
D. M का जन्मदिन O के तुरंत पहले पड़ता है
E. सभी सत्य है

Ques (21-25):निर्देश: नीचे दी गई जानकारी के आधार पर प्रश्न का उत्तर दें।

आठ दोस्त अमित, अरुण, आरज़ू, आलोक, अजय, आशीष, आकाश और अंकित की वर्ष के अलग-अलग महीनों मई, जुलाई, सितंबर और नवंबर लेकिन जरूरी नहीं इसी क्रम में हो, में शादी की सालगिरह है। महीने की 12 या 27 तारीख को उनकी सालगिरह होती है। किन्हीं दो व्यक्तियों की सालगिरह की तारीख समान नहीं है।

अमित की सालगिरह उस महीने में होती है जिसमें 30 दिन होते हैं लेकिन विषम संख्या वाली तारीख को नहीं। अमित और अरुण के बीच केवल तीन व्यक्तियों की सालगिरह है। अरुण की सालगिरह एक सम संख्या वाली तारीख को होती है। अजय और आलोक की सालगिरह एक विशेष महीने में होती है जिसमें 31 दिन होते हैं। अजय के पहले आलोक की सालगिरह नहीं है। साथ ही मई के महीने में दोनों की सालगिरह भी नहीं थी. आशीष और अंकित के बीच केवल एक व्यक्ति की सालगिरह है। आरज़ू की सालगिरह एक सम संख्या वाली तारीख पर नहीं होती है। आकाश के ठीक बाद अंकित की सालगिरह है।

Q.21 27 जुलाई को किसकी सालगिरह है?
A. आलोक **B.** आशीष
C. अरुण **D.** अमित
E. इनमें से कोई नहीं

Q.22 आकाश और अजय के बीच कितने व्यक्तियों की सालगिरह होती है?
A. 5 **B.** 2
C. 3 **D.** 4
E. इनमें से कोई नहीं

Q.23 निम्नलिखित पांच में से चार एक निश्चित तरीके से समान हैं और इसलिए एक समूह बनाते हैं। कौन सा उस समूह से संबंधित नहीं है?
A. अमित **B.** आशीष **C.** आकाश **D.** अंकित
E. आरज़ू

Q.24 समूह में किसी और की सालगिरह से पहले किसकी सालगिरह होती है?
A. आलोक **B.** अरुण
C. आरज़ू **D.** अंकित
E. इनमें से कोई नहीं

Q.25 अरुण और अंकित के बीच कितनी सालगिरह की तारीखें पड़ रही हैं?
A. 6 **B.** 2
C. 3 **D.** 4
E. इनमें से कोई नहीं

Ques (26-30):निर्देश: निम्नलिखित जानकारी को ध्यान से पढ़ें और नीचे दिए गए प्रश्न का उत्तर दें।

7 अभिनेता अर्थात S, A, L, M, O, N और K ने वर्ष 2010 और 2016 के दौरान सर्वश्रेष्ठ अभिनेता का पुरस्कार इस तरह जीता कि एक वर्ष में केवल एक अभिनेता को पुरस्कार मिला और किसी भी अभिनेता को दो बार पुरस्कार नहीं मिला। उन्होंने 7 अलग-अलग फिल्मों के लिए पुरस्कार जीता और वे इस तरह थे कि एक अभिनेता केवल एक फिल्म का हिस्सा था।

इसके अलावा, यह ज्ञात है कि L को एक लीप वर्ष में 'बर्फी' के लिए पुरस्कार मिला था। A को K से ठीक पहले '2 स्टेट्स' के लिए पुरस्कार मिला। L द्वारा पुरस्कार प्राप्त करने के बाद K को 'फैन' के लिए एक पुरस्कार मिला। अभिनेताओं A और S, जिसने सुल्तान के लिए जीता, द्वारा पुरुस्कार प्राप्त करने के मध्य दो अभिनेताओं ने पुरुस्कार प्राप्त किया। S पुरस्कार प्राप्त करने वाले अंतिम व्यक्ति नहीं थे। M को विषम संख्या वाले वर्ष में 'काइट्स' के लिए पुरस्कार मिला। O को M से पहले 'फितूर' के लिए पुरुस्कृत किया गया था लेकिन O यह पुरस्कार प्राप्त करने वाला पहला व्यक्ति नहीं था। N को 'अंधाधुन' के लिए पुरस्कार मिला।

Q.26 2016 में किस अभिनेता को पुरुस्कृत किया गया था?
A. M **B.** K
C. N **D.** S
E. इनमें से कोई नहीं

Q.27 निम्नलिखित में से किस वर्ष में, 2 स्टेट्स के लिए पुरस्कार दिया गया था?

A. 2012 **B.** 2013
C. 2011 **D.** 2015
E. इनमें से कोई नहीं

Q.28 निम्नलिखित में से कौन उस फिल्म का हिस्सा था जिसे 'काइट्स' से ठीक पहले पुरुस्कृत किया गया था?

A. L **B.** A
C. S **D.** K
E. इनमें से कोई नहीं

Q.29 विषम को चुनें?

A. अंधाधुन **B.** सुलतान **C.** बर्फी **D.** फैन
E. फितूर

Q.30 M के बाद कितने अभिनेताओं को पुरुस्कृत किया गया था?

A. 1 **B.** 2
C. 3 **D.** 5
E. उपर्युक्त में से कोई नहीं

// स्मार्ट उत्तर पुस्तिका //

सही उत्तर उन छात्रों के प्रतिशत को इंगित करता है जिन्होंने प्रश्नों का सही उत्तर दिया था।

छोड़ दिया उन छात्रों के प्रतिशत को इंगित करता है जिन्होंने प्रश्नों को छोड़ दिया था।

प्रश्न संख्या	उत्तर	सही उत्तर	छोड़ दिया
1	B	66.85 %	30.06 %
2	C	52.4 %	35.46 %
3	D	44.45 %	36.86 %
4	B	67.28 %	32.64 %
5	A	55.69 %	40.63 %
6	D	55.4 %	32.28 %

प्रश्न संख्या	उत्तर	सही उत्तर	छोड़ दिया
7	D	59.1 %	38.66 %
8	C	63.28 %	32.87 %
9	B	40.97 %	51.54 %
10	E	21.21 %	71.58 %
11	D	32.44 %	67.45 %
12	A	49.67 %	44.72 %

प्रश्न संख्या	उत्तर	सही उत्तर	छोड़ दिया
13	D	50.47 %	46.92 %
14	A	50.48 %	30.08 %
15	C	23.35 %	75.35 %
16	B	19.76 %	69.34 %
17	D	46.27 %	44.74 %
18	D	57.26 %	32.7 %

प्रश्न संख्या	उत्तर	सही उत्तर	छोड़ दिया
19	A	11.94 %	85.21 %
20	E	61.0 %	37.09 %
21	A	44.2 %	32.47 %
22	C	47.66 %	42.42 %
23	E	40.86 %	43.27 %
24	B	48.3 %	31.05 %

प्रश्न संख्या	उत्तर	सही उत्तर	छोड़ दिया
25	A	59.01 %	37.25 %
26	C	69.95 %	30.0 %
27	B	63.3 %	36.61 %
28	D	66.44 %	31.91 %
29	E	69.31 %	30.24 %
30	A	52.06 %	46.54 %

कार्य विश्लेषण	
औसत अंक (%)	56.67%
टॉपर्स स्कोर (%)	60.0%
आपका स्कोर	

//संकेत और समाधान//

Ques (1-5):1. जून में न तो H और न ही E रिलीज़ होते हैं और उनके बीच 3 फ़िल्में रिलीज़ होती हैं।

2. F को E के ठीक बाद रिलीज किया जाता है लेकिन किसी महीने की 17 तारीख को नहीं।

3. F और G के बीच 2 फिल्में रिलीज होती हैं, इसलिए संभावित स्थितियाँ हैं:

	स्थिति I			स्थिति II		
महीना	4	17	25	4	17	25
जून						G
जुलाई	H		G		E	F
अगस्त		E	F			H

4. G और D के बीच 3 फिल्में रिलीज होती हैं।

5. C और B एक ही महीने में रिलीज़ होते हैं।

	स्थिति I			स्थिति II		
महीना	4	17	25	4	17	25
जून	B/C	D	C/B	B/C	C/B	G
जुलाई	H		G		E	F
अगस्त		E	F	D		H

6. C रिलीज होने वाली पहली फिल्म नहीं है।

7. I को न तो A से पहले रिलीज किया जाता है और न ही H के ठीक पहले रिलीज किया जाता है। इसलिए स्थिति II निरस्त हो जाती है।

अंतिम तालिका नीचे दी गई है:

	स्थिति I		
महीना	4	17	25
जून	B	D	C
जुलाई	H	A	G
अगस्त	I	E	F

1. फिल्म I, 4 अगस्त को रिलीज होती है।

अतः विकल्प (B) सही है।

2. फिल्म A फिल्म G के तुरन्त पहले रिलीज की जाती है।

अतः विकल्प (C) सही है।

3. तो E और B के मध्य 6 फिल्में रिलीज होती है।

अतः विकल्प (D) सही है।

4. फिल्म E, 17 अगस्त को रिलीज होती है।

अतः विकल्प (B) सही है।

5. इसलिए फिल्म G के पहले रिलीज की गई फिल्मों की संख्या फिल्म H के बाद रिलीज की गई फिल्मों की संख्या के बराबर है।

अतः विकल्प (A) सही है।

Ques (6-10):1. एक छात्र का जन्म D से पहले हुआ था।

2. B का जन्म तीसरे रैंक धारक के तुरंत बाद हुआ था।

3. K, B के दो महीने बाद पैदा हुआ था, जिसका जन्म मई में नहीं हुआ था।

4. दो छात्र K और G के बीच में थे।

तो, B का जन्म या तो अगस्त या अक्टूबर में हुआ था। K का जन्म या तो अक्टूबर या दिसंबर में हुआ था। G का जन्म या तो जून या अगस्त में हुआ था।

स्थिति I: B का जन्म अगस्त में हुआ था:

महीना	छात्र	रैंक
जनवरी		
फरवरी	D	
अप्रैल		
मई		
जून	G	3
अगस्त	B	
सितम्बर		
अक्टूबर	K	
दिसम्बर		

स्थिति II: B का जन्म अक्टूबर में हुआ था।

महीना	छात्र	रैंक
जनवरी		
फरवरी	D	
अप्रैल		
मई		
जून		
अगस्त	G	
सितम्बर		3
अक्टूबर	B	
दिसम्बर		

5. K का जन्म B के दो महीने बाद हुआ था, यह स्थिति II में संभव नहीं है, इसलिए स्थिति II को निरस्त कर दिया जाता है।

6. A का जन्म F के ठीक पहले हुआ था।

7. E का जन्म C के बाद हुआ था, जो H के बाद पैदा हुआ था।

8. A प्रथम रैंक धारक नहीं है। E की कोई रैंक नहीं है।

इसलिए E का जन्म दिसंबर में हुआ था। C का जन्म सितंबर में और H का जन्म जनवरी में हुआ है। C प्रथम रैंक धारक है और A द्वितीय रैंक धारक है।

अंतिम तालिका नीचे दी गई है:

महीना	छात्र	रैंक
जनवरी	H	
फरवरी	D	
अप्रैल	A	2
मई	F	
जून	G	3
अगस्त	B	
सितम्बर	C	1
अक्टूबर	K	
दिसम्बर	E	

6. तो आठ छात्र E से बड़े हैं।

अतः विकल्प (D) सही है।

7. F का जन्म द्वितीय रैंक धारक के ठीक बाद हुआ था।

अतः विकल्प (D) सही है।

8. तो, H, F, B, और K का जन्म क्रमशः जनवरी, मई, अगस्त और अक्टूबर महीने में हुआ था, जिसमें 31 दिन होते हैं लेकिन D का जन्म फरवरी में हुआ था।

अतः विकल्प (C) सही है।

9. तो, F, C से चार महीने बड़ा है।

अतः विकल्प (B) सही है।

10. तो, उपरोक्त में से कोई भी कथन सत्य नहीं है।

अतः विकल्प (E) सही है।

Ques (11-15):1. F का जन्म 2003 में हुआ था। C, जिसका जन्म जुलाई में हुआ था, D से पांच वर्ष बड़ा है।

		1998
F		2003
		2006
		2008
C	जुलाई	2010
		2014
D		2015

2. D का जन्म उस महीने में हुआ था, जिसमें केवल 30 दिन होते हैं।

3. A, फरवरी में पैदा हुए व्यक्ति से अधिकतम दो वर्ष बड़ा है।

तो, D का जन्म या तो अप्रैल या नवंबर में हुआ था। A का जन्म 2006 में हुआ था और जिसका जन्म फरवरी में हुआ है, उसका जन्म 2008 में हुआ है।

		1998
F		2003
A		2006
	फरवरी	2008
C	जुलाई	2010
		2014
D	नवम्बर/अप्रैल	2015

4. B, E से बड़ा था, जिसका जन्म 2014 में नहीं हुआ था।

5. G, अप्रैल में पैदा हुए व्यक्ति के ठीक पहले पैदा नहीं हुआ था।

तो, B का जन्म 1998 में हुआ था। E का जन्म 2008 में हुआ था। G का जन्म 2014 में और D का जन्म नवंबर में हुआ था।

B		1998
F		2003
A		2006
E	फरवरी	2008
C	जुलाई	2010
G		2014
D	नवम्बर	2015

6. जनवरी में पैदा हुआ बच्चा, अप्रैल में पैदा हुए बच्चे से बड़ा है।

7. मई में पैदा हुआ बच्चा अप्रैल में पैदा हुए बच्चे से बड़ा नहीं है।

8. 1998 में पैदा हुए बच्चे का जन्म जनवरी में नहीं हुआ था।

तो, F का जन्म जनवरी में हुआ था। A का जन्म अप्रैल में हुआ था। G का जन्म मई में हुआ था। B का जन्म अगस्त में हुआ था।

अंतिम तालिका नीचे दी गई है:

B	अगस्त	1998
F	जनवरी	2003
A	अप्रैल	2006
E	फरवरी	2008
C	जुलाई	2010
G	मई	2014
D	नवम्बर	2015

11. F, A से तीन वर्ष बड़ा है।

अतः विकल्प (D) सही है।

12. तो, G का जन्म मई के महीने में हुआ था।

अतः विकल्प (A) सही है।

13. सबसे बड़े बच्चे का जन्म अगस्त में हुआ था जबकि सबसे छोटे बच्चे का जन्म नवंबर में हुआ था।

अतः विकल्प (D) सही है।

14. तो, बच्चा, जिसका जन्म मई में हुआ था, F से 11 वर्ष छोटा है।

अतः विकल्प (A) सही है।

15. तो, दूसरा सबसे बड़ा बच्चा जनवरी में पैदा हुआ था, सही कथन है।

अतः विकल्प (C) सही है।

Ques (16-20):1. N का जन्मदिन 31 दिनों वाले महीने में आता है।

2. I का जन्मदिन 31 दिनों वाले महीने में पड़ता है और J का जन्मदिन महीना I के जन्मदिन के महीने के बाद आता है।

3. J का जन्मदिन महीना N के जन्मदिन के महीने के बाद आता है।

4. J का जन्मदिन दिसंबर में नहीं है।

उपरोक्त संदर्भों से, यह स्पष्ट है कि I और N का जन्मदिन N से पहले होगा और या तो जनवरी या मार्च महीने में होगा क्योंकि J का जन्मदिन दिसंबर के महीने में नहीं हो सकता है।

महीना	व्यक्ति
जनवरी (31)	I/N
मार्च (31)	I/N
अप्रैल (30)	
जून (30)	
जुलाई (31)	J
सितम्बर (30)	
दिसंबर (31)	

5. K का जन्मदिन 31 दिनों वाले महीने में है लेकिन जुलाई और मार्च में नहीं है।

6. M का जन्मदिन O से पहले आता है लेकिन जून के महीने में नहीं।

7. O का जन्मदिन महीना J के जन्मदिन के महीने के बाद नहीं है।

संदर्भ से स्पष्ट है कि K का जन्मदिन दिसम्बर में ही होगा।

यह दिया गया है कि M का जन्मदिन O से पहले आता है लेकिन जून के महीने में नहीं और O का जन्मदिन महीना J के जन्मदिन के महीने के बाद नहीं आता है। तो, M जन्मदिन अप्रैल में पड़ेगा और O जन्मदिन जून में पड़ेगा।

महीना	व्यक्ति
जनवरी (31)	I/N
मार्च (31)	I/N
अप्रैल (30)	M
जून (30)	O
जुलाई (31)	J
सितम्बर (30)	
दिसंबर (31)	K

8. L का जन्मदिन 30 दिनों वाले महीने में है।

9. N और L के बीच केवल तीन व्यक्तियों का जन्मदिन है।

L का जन्मदिन 30 दिनों वाले महीने में है। तो, L का जन्मदिन सितंबर में पड़ेगा।

चूंकि N और L के बीच केवल तीन व्यक्तियों का जन्मदिन है। इसलिए N का जन्मदिन मार्च में पड़ता है।

महीना	व्यक्ति
जनवरी (31)	I
मार्च (31)	N
अप्रैल (30)	M
जून (30)	O
जुलाई (31)	J
सितम्बर (30)	L
दिसंबर (31)	K

16. इसलिए I का जन्मदिन जनवरी में पड़ता है।

अतः विकल्प (B) सही है।

17. तो I और K के बीच 5 लोगों का जन्मदिन है।

अतः विकल्प (D) सही है।

18. तो M के बाद 4 व्यक्तियों का जन्मदिन होता है।

अतः विकल्प (D) सही है।

19. तो, O को छोड़कर सभी का जन्मदिन 31 दिनों वाले महीनों में होता है।

अतः विकल्प (A) सही है।

20. तो दिए गए सभी कथन सत्य हैं।

अतः विकल्प (E) सही है।

Ques (21-25):1. अमित की सालगिरह 30 दिन वाले महीने में होती हैं लेकिन विषम संख्या वाली तारीख में नहीं।

2. अमित और अरुण के बीच केवल तीन व्यक्तियों की सालगिरह है, जिनका जन्म सम-संख्या वाली तारीख को हुआ है, लेकिन जुलाई के महीने में नहीं।

तो यह स्पष्ट है कि 12 सितंबर को अमित की सालगिरह है और 12 मई को अरुण की सालगिरह है।

महीना	तारीख	व्यक्ति
मई	12	अरुण
मई	27	
जुलाई	12	
जुलाई	27	
सितम्बर	12	अमित
सितम्बर	27	
नवंबर	12	
नवंबर	27	

3. अजय और आलोक की सालगिरह 31 दिन वाले महीनें में होती है।

4. अजय से पहले आलोक की सालगिरह नहीं है और दोनों की सालगिरह भी मई के महीने में नहीं थी।

5. अजय की सालगिरह आलोक की सालगिरह से पहले है।

स्पष्ट है कि अजय और आलोक की सालगिरह जुलाई के महीने में है जहां 12 जुलाई को अजय की सालगिरह है और 27 जुलाई को आलोक की सालगिरह है।

महीना	तारीख	व्यक्ति
मई	12	अरुण
मई	27	
जुलाई	12	अजय
जुलाई	27	अलोक
सितम्बर	12	अमित
सितम्बर	27	
नवंबर	12	
नवंबर	27	

6. आशीष और अंकित के बीच केवल एक व्यक्ति की सालगिरह है।

7. सम संख्या वाली तारीख को आरज़ू की सालगिरह नहीं होती है।

8. आकाश के ठीक बाद अंकित की सालगिरह है।

यानी 27 नवंबर को अंकिता की सालगिरह और 27 सितंबर को आशीष की सालगिरह है। चूंकि आरज़ू की सालगिरह सम संख्या वाली तारीख को नहीं होती है, इसलिए आरज़ू की सालगिरह 27 मई को है। तो, अंकित और आकाश दोनों की नवंबर के महीने में सालगिरह है।

महीना	तारीख	व्यक्ति
मई	12	अरुण
मई	27	आरज़ू
जुलाई	12	अजय
जुलाई	27	अलोक
सितम्बर	12	अमित
सितम्बर	27	आशीष
नवंबर	12	आकाश
नवंबर	27	अंकित

21. तो आलोक की सालगिरह 27 जुलाई को है।

अतः विकल्प (A) सही है।

22. अतः, हम देख सकते हैं कि आकाश और अजय के बीच 3 व्यक्तियों की सालगिरह है।

अतः विकल्प (C) सही है।

23. तो, इन सबके बीच, केवल आरज़ू की उस महीने में सालगिरह होती है जिसमें 31 दिन होते हैं।

अतः विकल्प (E) सही है।

24. तो, हम देख सकते हैं कि अरुण की सालगिरह 12 मई को पड़ रही है जो किसी और की सालगिरह की तारीख से पहले है।

अतः विकल्प (B) सही है।

25. तो, स्पष्ट रूप से, अरुण और अंकित के बीच 6 लोगों की सालगिरह की तारीखें पड़ रही हैं।

अतः विकल्प (A) सही है।

Ques (26-30):1. 7 अभिनेता अर्थात S, A, L, M, O, N और K ने वर्ष 2010 और 2016 के दौरान सर्वश्रेष्ठ अभिनेता का पुरस्कार इस तरह जीता कि एक वर्ष में केवल एक अभिनेता को पुरस्कार मिला और किसी भी अभिनेता को दो बार पुरस्कार नहीं मिला।

2. इसके अलावा यह ज्ञात है कि L को लीप वर्ष में 'बर्फी' के लिए पुरस्कार मिला था।

3. A को K से ठीक पहले '2 स्टेट्स' के लिए पुरस्कार मिला।

4. K को L द्वारा पुरस्कार प्राप्त करने के बाद 'फैन' के लिए पुरस्कार मिला।

5. 'अभिनेताओं A और S, जिसने सुल्तान के लिए जीता, द्वारा पुरुस्कार प्राप्त करने के मध्य दो अभिनेताओं ने पुरुस्कार प्राप्त किया।

6. S पुरस्कार प्राप्त करने वाला अंतिम व्यक्ति नहीं था।

जैसा कि L ने एक लीप वर्ष में पुरस्कार प्राप्त किया, इसलिए केवल दो संभावित वर्ष 2012 और 2016 हैं, लेकिन तीसरे संकेत के अनुसार K को L के बाद एक पुरस्कार मिला, इस प्रकार एकमात्र संभावना यह है कि L ने 2012 में पुरस्कार प्राप्त किया।

अंतिम संकेत के संबंध में निम्नलिखित दो स्थितियाँ संभव हैं।

स्थिति I		
वर्ष	अभिनेता	फिल्म
2010	S	सुल्तान
2011		
2012	L	बर्फी
2013	A	2 स्टेट्स
2014	K	फैन
2015		
2016		

स्थिति 2		
वर्ष	अभिनेता	फिल्म
2010		
2011	S	सुल्तान
2012	L	बर्फी
2013		
2014	A	2 स्टेट्स
2015	K	फैन
2016		

7. M को विषम संख्या वाले वर्ष में 'काइट्स' के लिए पुरस्कार मिला।

8. O को M से पहले 'फितूर' के लिए पुरुस्कृत किया गया था लेकिन O पुरस्कार प्राप्त करने वाला पहला व्यक्ति नहीं था।

9. N को 'अंधाधुन' के लिए पुरस्कार मिला।

स्थिति -2 निरस्त हो जाती है क्योंकि दिए गए संकेतों को पूरा नहीं किया जा सकता है।

स्थिति I		
वर्ष	अभिनेता	फिल्म
2010	S	सुल्तान
2011	O	फितूर
2012	L	बर्फी
2013	A	2 स्टेट्स
2014	K	फैन
2015	M	काइट्स
2016	N	अंधाधुन

26. तो N को 2016 में पुरुस्कृत किया गया।

अतः विकल्प (C) सही है।

27. तो, 2 स्टेट्स के लिए पुरस्कार 2013 में दिया गया था।

अतः विकल्प (B) सही है।

28. तो, K उस फिल्म का हिस्सा था जिसे 'काइट्स' से ठीक पहले पुरुस्कृत किया गया था।

अतः विकल्प (D) सही है।

29. तो, फितूर विषम है क्योंकि बाकी फिल्मों के अभिनेता को एक सम-संख्या वाले वर्षों में पुरुस्कृत किया गया था।

अतः विकल्प (E) सही है।

30. तो केवल एक अभिनेता को M के बाद पुरुस्कृत किया गया था।

अतः विकल्प (A) सही है।

तर्कशक्ति अभियोग्यता टेस्ट 25

Q.1 निर्देश: जब निम्न आकृति को मोड़कर एक घन बनाया जाता है, तब प्रतीक

*

वाले फलक के विपरीत फलक पर आने वाले प्रतीक को ज्ञात कीजिए।

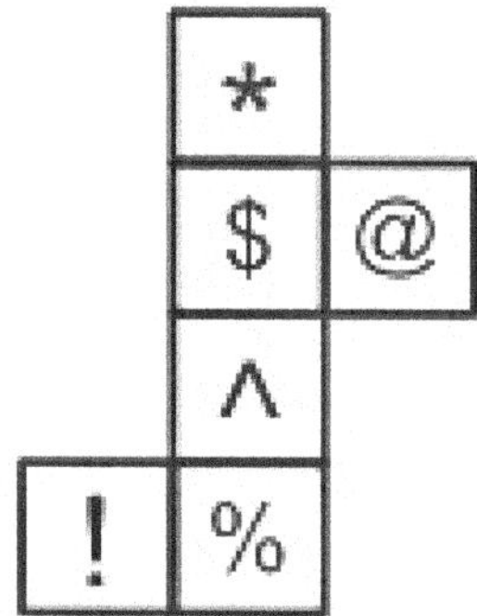

A. % **B.** ! **C.** $ **D.** ^
E. @

Q.2 निर्देश: दिए गए विकल्पों से, उस घन का चयन कीजिये, जो दिए गए कागज के टुकड़े से निर्मित घन के समान है?

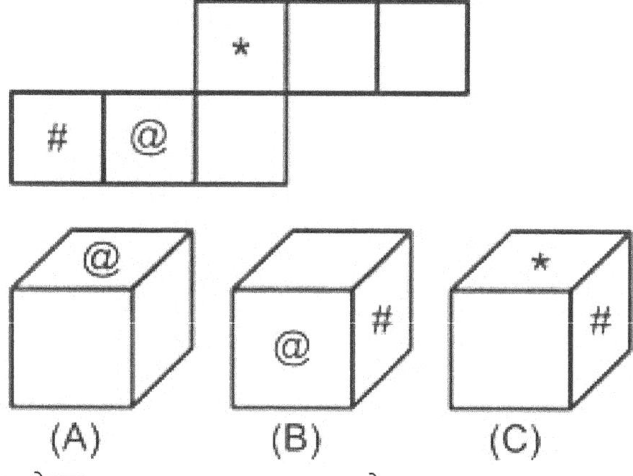

A. केवल (A) **B.** केवल (B)
C. (A) और (C) दोनों **D.** (B) और (C) दोनों
E. उपरोक्त सभी

Q.3 निर्देश: निम्न आकृति को एक घन बनाने के लिए मोड़ा गया है। दिए गए विकल्पों में से घन का कौनसा निरूपण सही है?

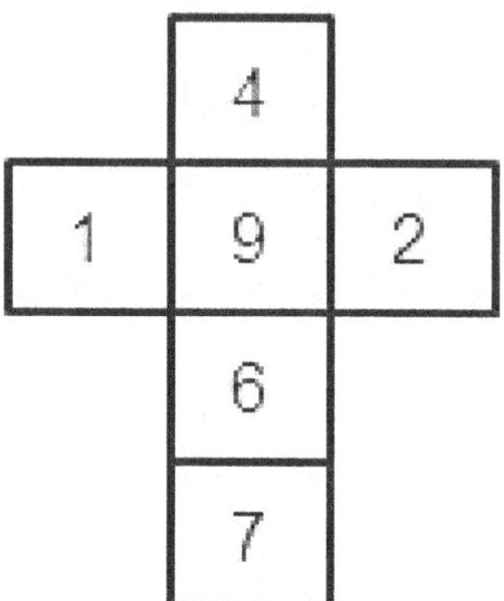

A.
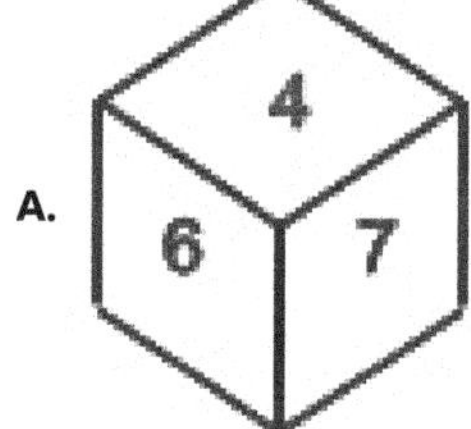

B.
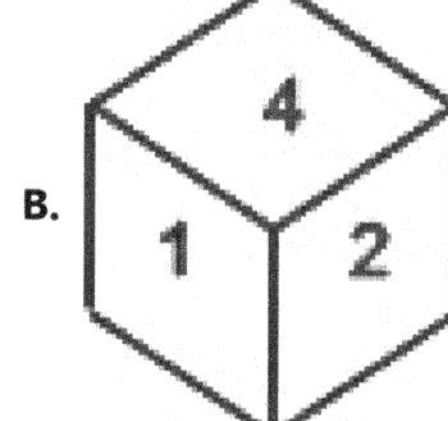

C.
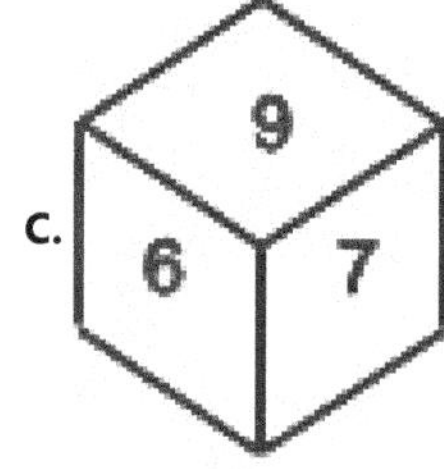

D.
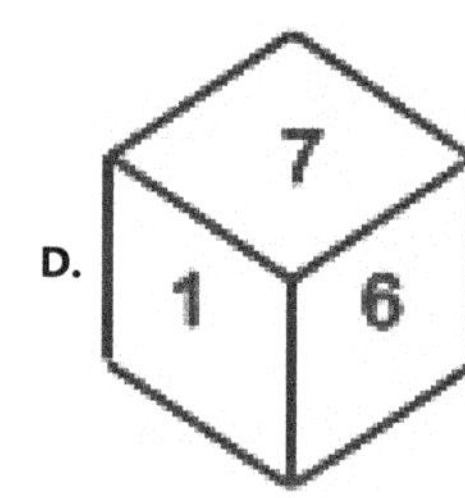

E. इनमें से कोई नहीं

Q.4 निर्देश: प्रश्न आकृति में बिना मुड़े घन के आधार पर उत्तर आकृति में निम्नलिखित में से कौन-सा घन नहीं बनाया जा सकता है?

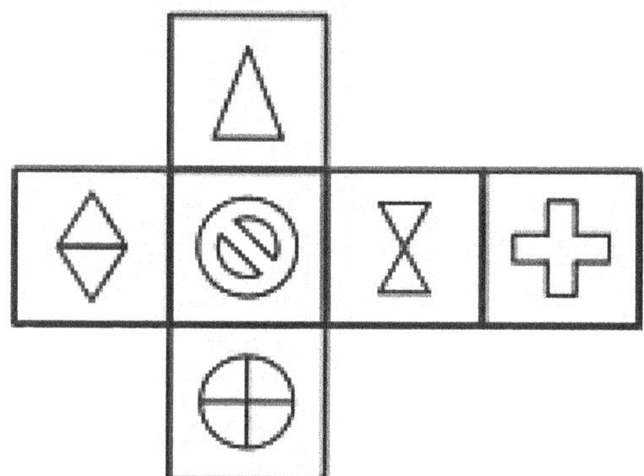

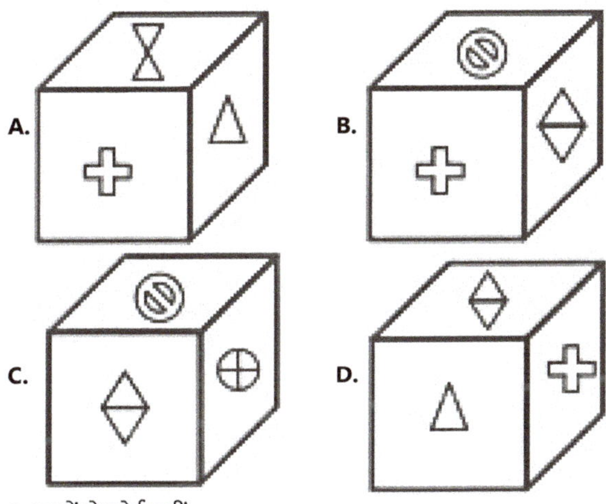

E. इनमें से कोई नहीं

Q.5 निर्देश: प्रश्न आकृति में दिए गए खुले घन के आधार पर निम्न उत्तर आकृति में से कौन-सा घन बनाया जा सकता है?

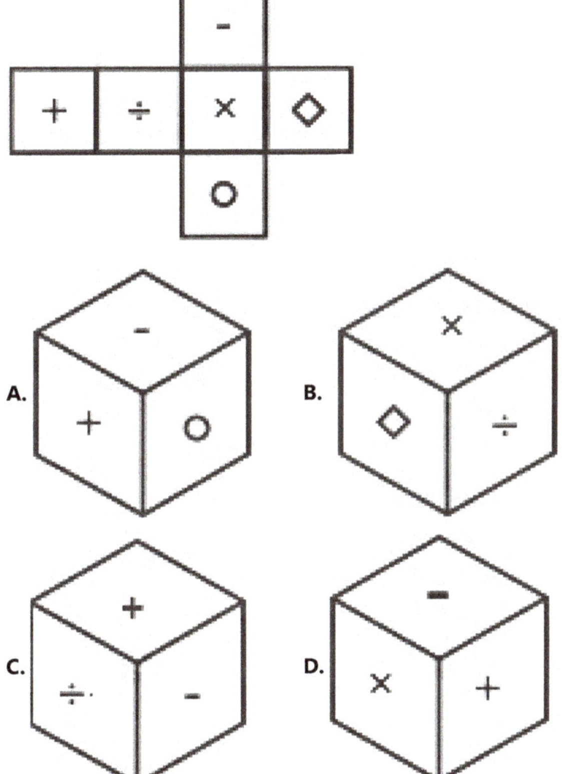

E. इनमें से कोई नहीं

Q.6 निर्देश: यदि एक दर्पण को रेखा AB पर रखा जाए, तो दी गई उत्तर आकृतियों में से कौन सी आकृति प्रश्न आकृति की सही छवि होगी?

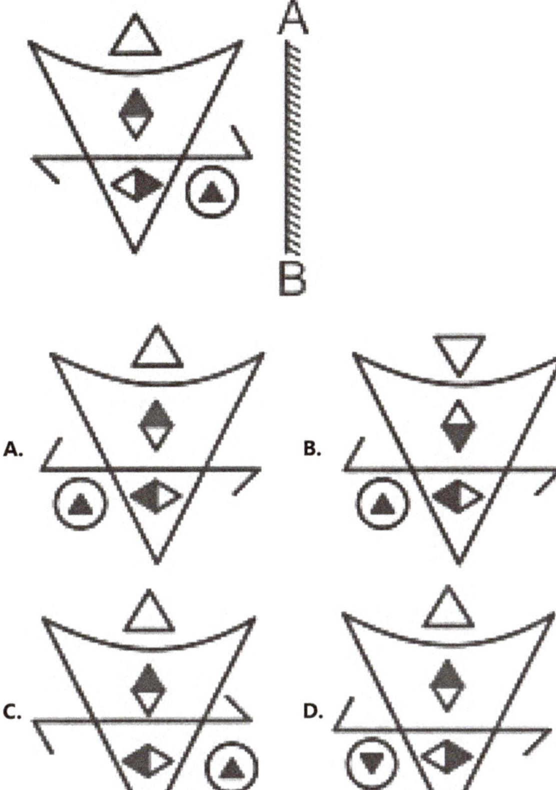

E. इनमें से कोई नहीं

Q.7 निर्देश: यदि एक दर्पण को रेखा AB पर रखा जाए, तो दी गई उत्तर आकृतियों में से कौन सी आकृति प्रश्न आकृति की सही छवि होगी?

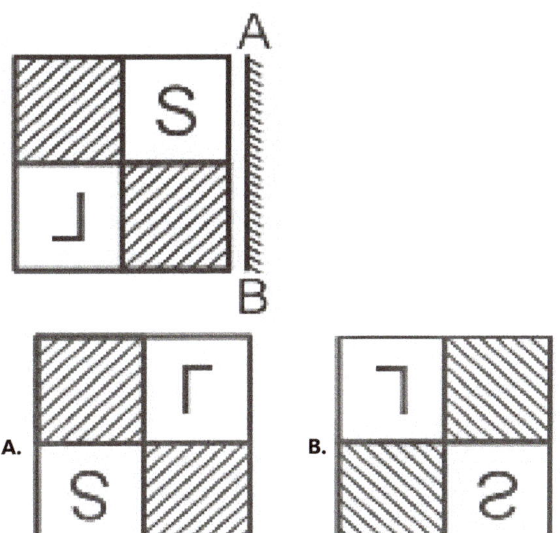

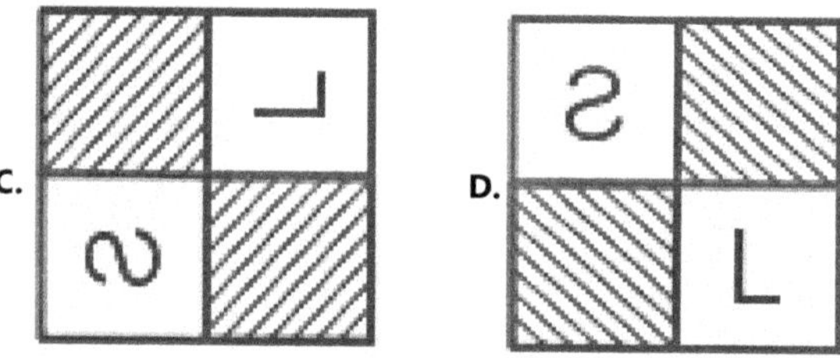

E. इनमें से कोई नहीं

Q.8 निर्देश: XY अक्ष के साथ निम्नलिखित आकृति की दर्पण आकृति का चयन कीजिये।

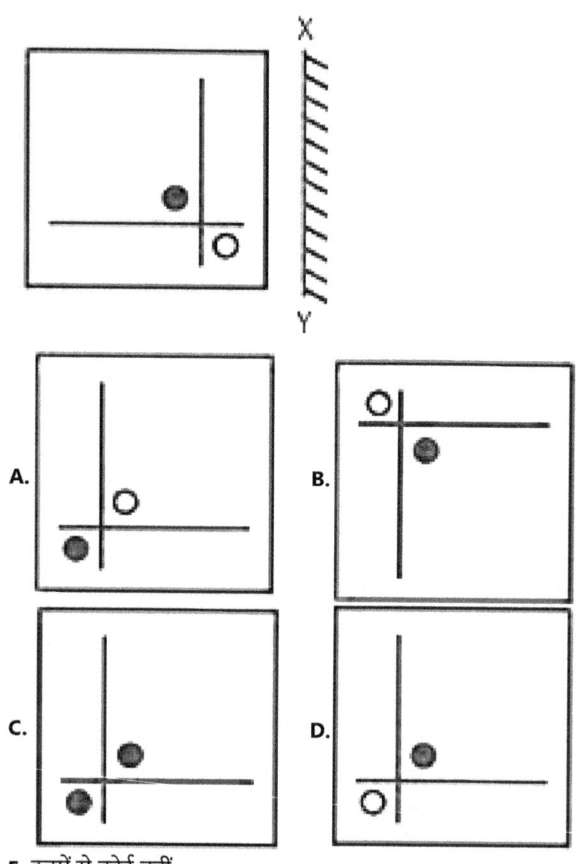

E. इनमें से कोई नहीं

Q.9 निर्देश: दी गई छवि की सही दर्पण छवि का चयन करें, जब दर्पण को दाहिनी ओर रखा जाता है।

A.

B.

C. 

D.

E. None of these

Q.10 निर्देश: यदि एक दर्पण को AB की रेखा पर रखा जाता है, तो उत्तर आकृति में से कौन सी आकृति दी गई आकृति की सही दर्पण छवि है?

A. 

B. 392457

C.

D.

E. इनमें से कोई नहीं

Q.11 दी गई आकृति को बनाने के लिए आवश्यक न्यूनतम सीधी रेखाएँ ज्ञात कीजिए।

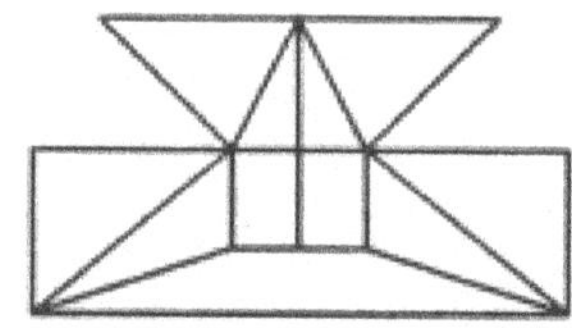

[Intelligence Bureau Security Assistant, 2017]

A. 16 **B.** 17 **C.** 18 **D.** 19
E. 21

Q.12 दी गई आकृति में त्रिभुजों की संख्या ज्ञात कीजिए।

A. 22 **B.** 24 **C.** 26 **D.** 28
E. 30

Q.13 दी गई आकृति में त्रिभुजों की संख्या ज्ञात कीजिए।

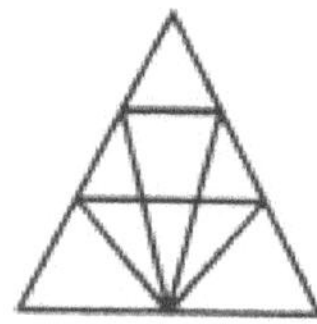

A. 12 **B.** 18 **C.** 22 **D.** 26
E. 30

Q.14 दी गई आकृति में त्रिभुजों की संख्या ज्ञात कीजिए।

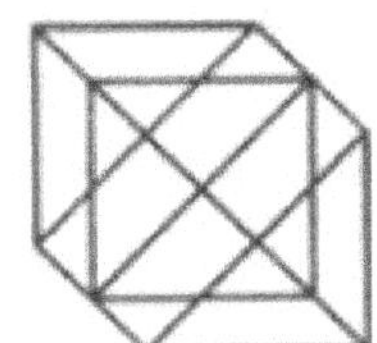

[Intelligence Bureau Security Assistant, 2017]

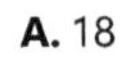

A. 18 **B.** 20 **C.** 24 **D.** 27
E. 29

Q.15 दी गई आकृति को बनाने के लिए आवश्यक न्यूनतम सीधी रेखाएँ ज्ञात कीजिए।

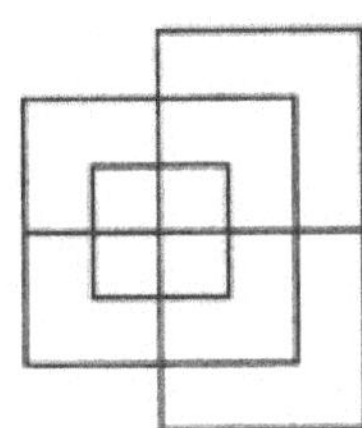

A. 13 **B.** 15 **C.** 17 **D.** 19
E. 21

Q.16 दी गई आकृति में त्रिभुजों की संख्या ज्ञात कीजिए।

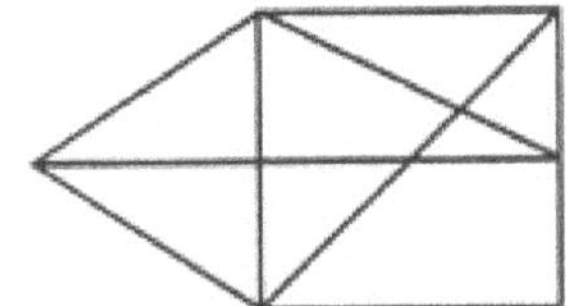

A. 12 **B.** 13 **C.** 14 **D.** 15
E. 17

Q.17 दी गई आकृति में त्रिभुजों की संख्या ज्ञात कीजिए।

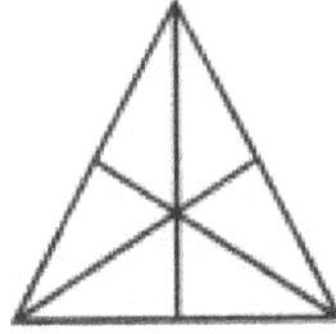

A. 16 **B.** 13 **C.** 9 **D.** 7
E. 5

Q.18 दी गई आकृति में त्रिभुजों की संख्या ज्ञात कीजिए।

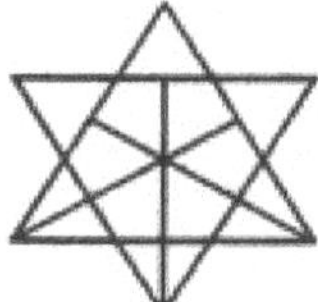

A. 21 **B.** 23 **C.** 25 **D.** 27
E. 29

Q.19 दी गई आकृति में त्रिभुजों की संख्या ज्ञात कीजिए।

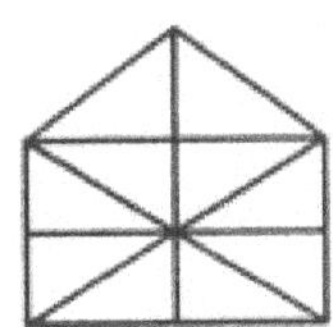

A. 10 **B.** 19 **C.** 21 **D.** 23
E. 25

Q.20 दी गई आकृति को बनाने के लिए आवश्यक न्यूनतम सीधी रेखाएँ ज्ञात कीजिए।

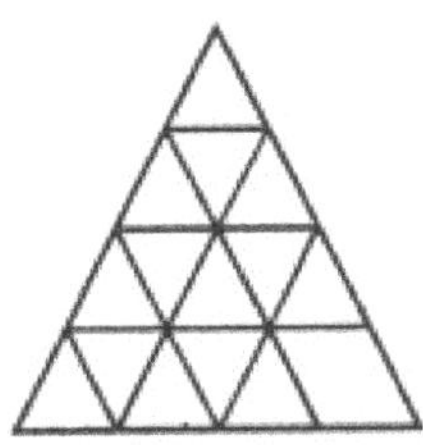

A. 9 **B.** 11 **C.** 15 **D.** 16
E. 18

Q.21 दी गई आकृति में त्रिभुजों की संख्या ज्ञात कीजिए।

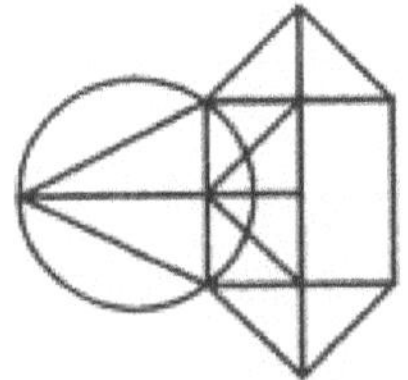

A. 10 **B.** 12 **C.** 14 **D.** 16
E. 18

Q.22 दी गई आकृति में त्रिभुजों की संख्या ज्ञात कीजिए।

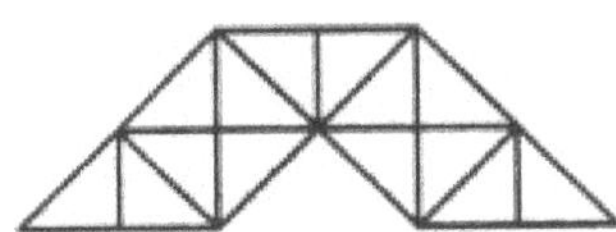

A. 23 **B.** 27 **C.** 29 **D.** 31
E. 33

Q.23 दी गई आकृति में त्रिभुजों की संख्या ज्ञात कीजिए।

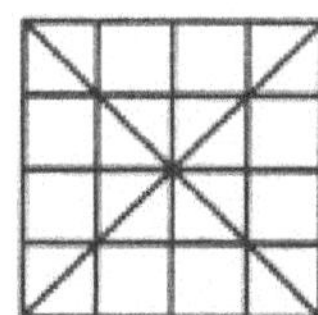

A. 36 **B.** 40 **C.** 44 **D.** 48
E. 52

Q.24 दी गई आकृति में त्रिभुजों की संख्या ज्ञात कीजिए।

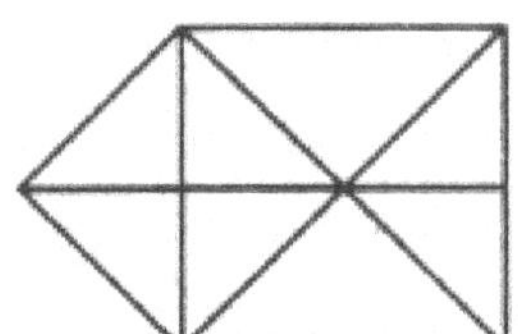

A. 15 **B.** 16 **C.** 17 **D.** 18
E. 19

Q.25 दी गई आकृति में त्रिभुजों की संख्या ज्ञात कीजिए।

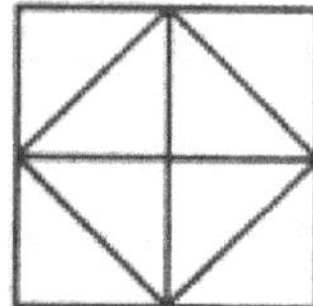

A. 8 **B.** 10 **C.** 12 **D.** 14
E. 16

Q.26 दी गई आकृति में त्रिभुजों की संख्या ज्ञात कीजिए।

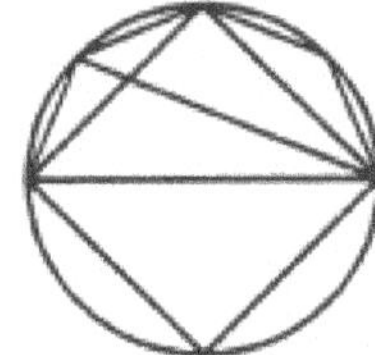

A. 8 **B.** 10 **C.** 11 **D.** 12
E. 14

Q.27 यदि एक दर्पण को AB रेखा पर रखा जाए, तो दी गई उत्तर आकृतियों में से कौन-सी आकृति प्रश्न आकृति की सही छवि होगी?

A. X A Я **B.** R A X
C. X A R **D.** Я A X
E. इनमे से कोई भी नहीं

Q.28 एक ही पासे की दो स्थियों को नीचे दर्शाया गया है, जिसके छह फलकों की संख्या 1 से 6 है। फलक '1' के विपरीत फलक पर कौन सी संख्या है?

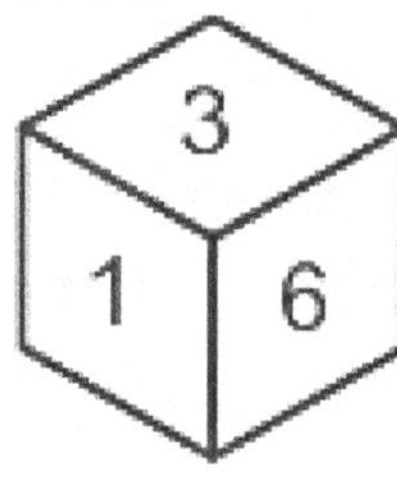

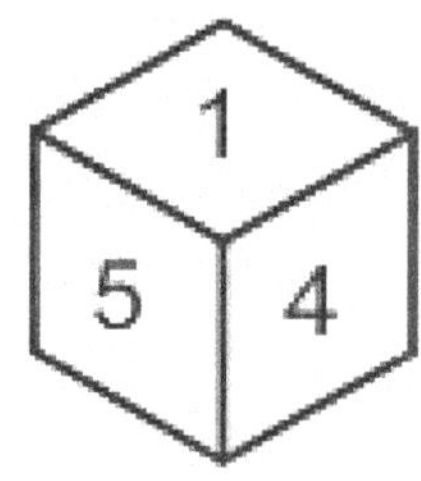

A. 4 **B.** 2 **C.** 5 **D.** 3
E. 6

Q.29 उत्तर आकृतियों में से, उस आकृति का चयन कीजिए जिसमें प्रश्न आकृति छिपी/अंतर्निहित है (आवर्तन की अनुमति नहीं है)?

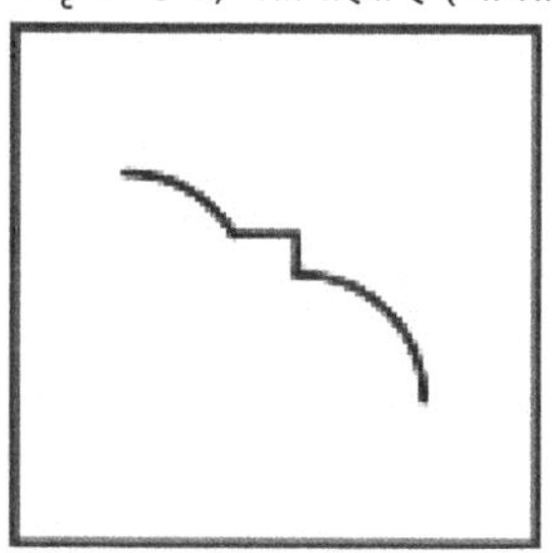

A.
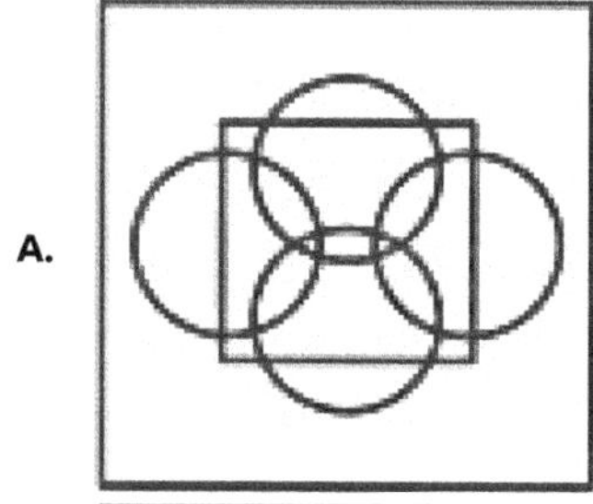

B.
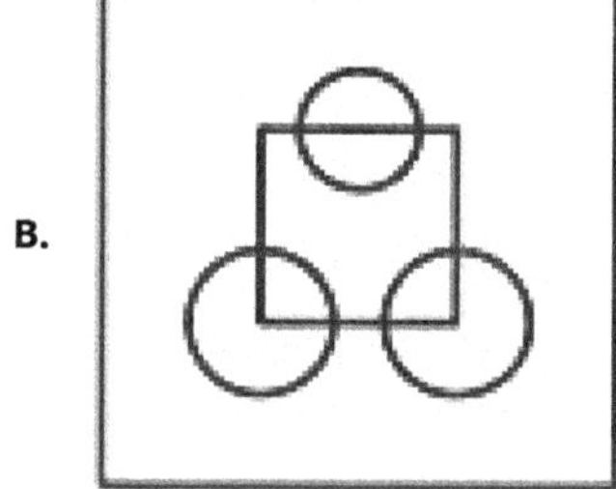

C.
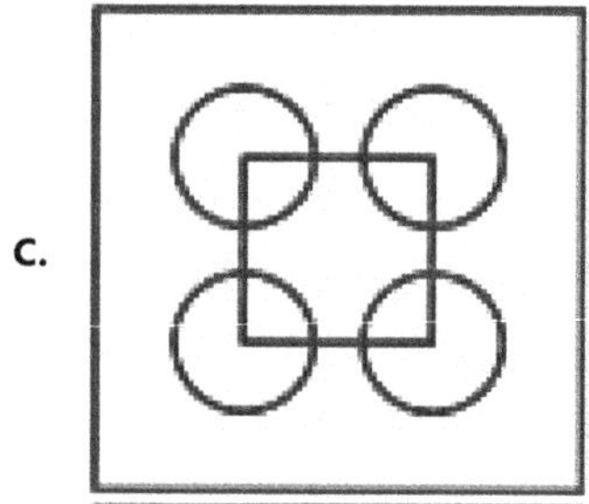

D.
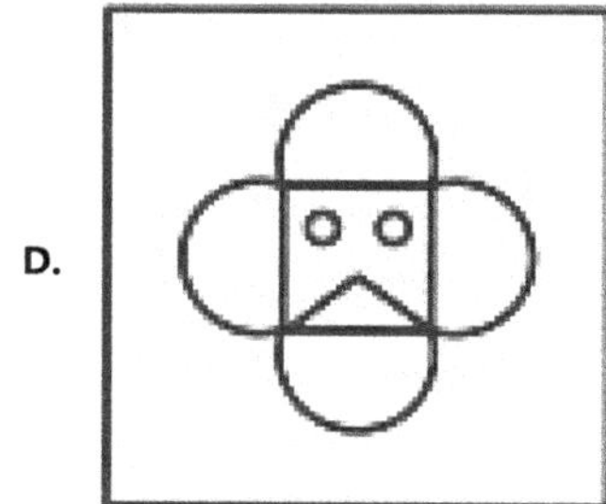

E. इनमे से कोई भी नहीं

Q.30 निम्न आकृति को मोड़कर एक घन बनाया गया है। दिए गए विकल्पों में कौन-सा घन प्रश्न आकृति से नहीं बनाया जा सकता है?

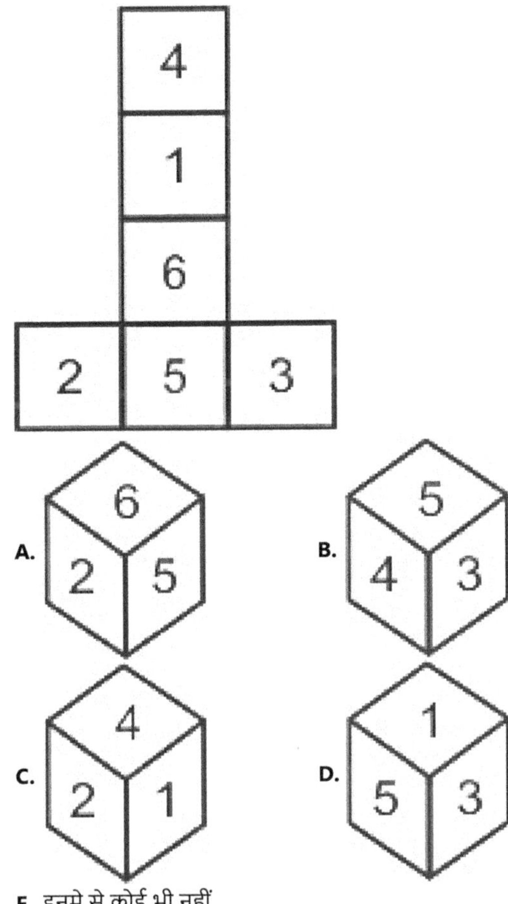

E. इनमे से कोई भी नहीं

// स्मार्ट उत्तर पुस्तिका //

सही उत्तर उन छात्रों के प्रतिशत को इंगित करता है जिन्होंने प्रश्नों का सही उत्तर दिया था।

छोड़ दिया उन छात्रों के प्रतिशत को इंगित करता है जिन्होंने प्रश्नों को छोड़ दिया था।

प्रश्न संख्या	उत्तर	सही उत्तर	छोड़ दिया
1	D	47.01 %	46.6 %
2	E	63.58 %	35.79 %
3	D	54.08 %	36.98 %
4	B	27.59 %	70.79 %
5	C	66.12 %	33.81 %
6	A	58.71 %	30.52 %
7	D	82.03 %	11.62 %
8	D	80.27 %	11.8 %
9	C	60.04 %	34.28 %
10	C	87.17 %	10.53 %
11	B	64.87 %	34.22 %
12	D	40.12 %	47.64 %
13	B	42.85 %	38.94 %
14	C	58.23 %	33.3 %
15	A	52.24 %	40.35 %
16	D	62.74 %	31.63 %
17	A	60.91 %	34.73 %
18	D	15.32 %	82.81 %
19	C	61.04 %	38.33 %
20	B	47.48 %	33.71 %
21	C	13.07 %	82.69 %
22	C	58.64 %	39.18 %
23	D	50.54 %	44.33 %
24	C	46.34 %	41.11 %
25	C	60.59 %	35.42 %
26	B	54.0 %	44.54 %
27	A	83.14 %	10.97 %
28	B	69.75 %	30.11 %
29	A	54.0 %	39.95 %
30	D	63.58 %	33.05 %

कार्य विश्लेषण	
औसत अंक (%)	50.0%
टॉपर्स स्कोर (%)	70.0%
आपका स्कोर	

//संकेत और समाधान//

1. दी गई आकृति को मोड़ने के बाद, निम्न एक दूसरे के विपरीत होंगे:

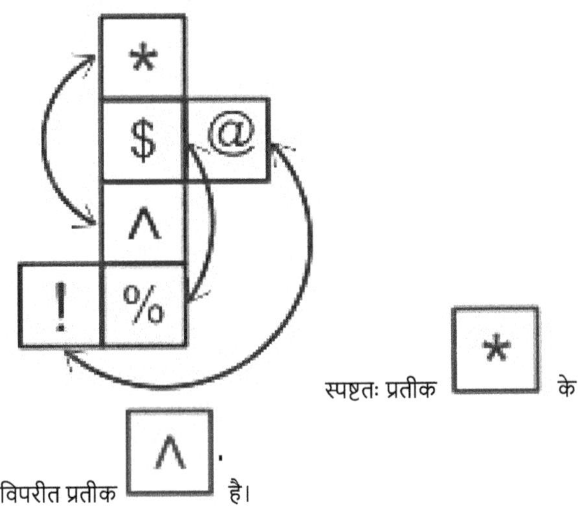

स्पष्टतः प्रतीक * के विपरीत प्रतीक ^ है।

अत: विकल्प (D) सही है।

2. दी गई आकृति में, विपरीत फलक हैं:

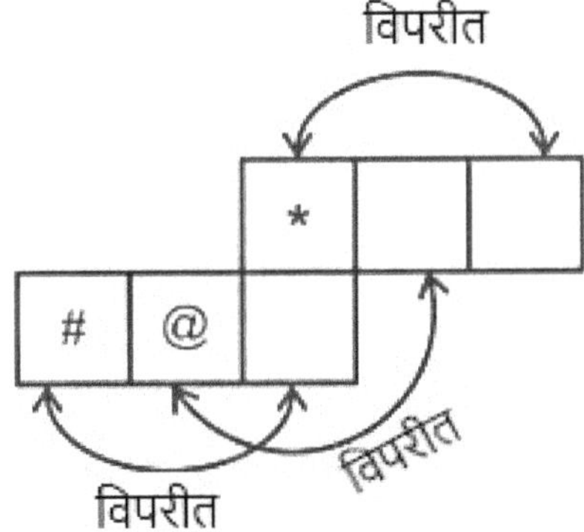

यहाँ, सभी घन निर्मित किए जा सकते हैं क्योंकि कोई भी फलक, विपरित फलक के सन्निकट स्थित नहीं है।

इसलिए, सभी घन निर्मित किए जा सकते हैं।

अत: विकल्प (E) सही है।

3. जब खुले घन को मोड़ा जाता है, फलकों की निम्न जोड़ियाँ एक-दूसरे के विपरीत होंगीं:

1 ⟶ 2

4 ⟶ 6

9 ⟶ 7 विकल्प (A), (B), (C) इसके विपरीत हैं।

अत: विकल्प (D) सही है।

4. घन के विपरीत फलक इस प्रकार हैं:

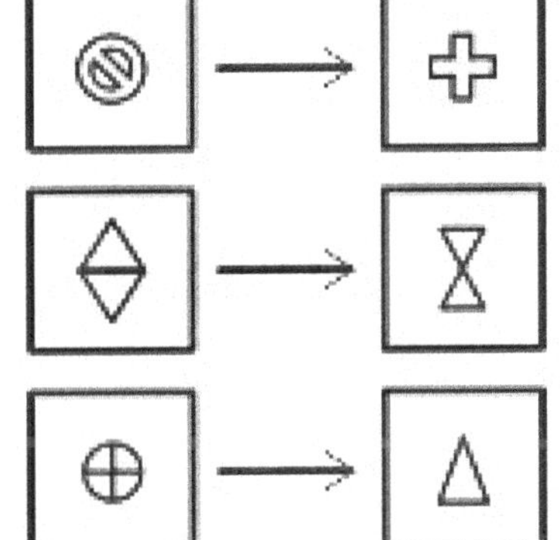

विपरीत फलक आसन्न फलक नहीं बन सकते हैं।

अत: विकल्प (B) सही है।

5. जब खुल घन को मोड़ा जाता है, तो निम्नलिखित फलकों के जोड़े एक दूसरे के विपरीत होंगे।

× → +

◇ → ÷

o → −

विकल्प (A), (B) और (D) इसके विपरीत है।

अत: विकल्प (C) सही है।

6. दर्पण छवि इस प्रकार होगी:

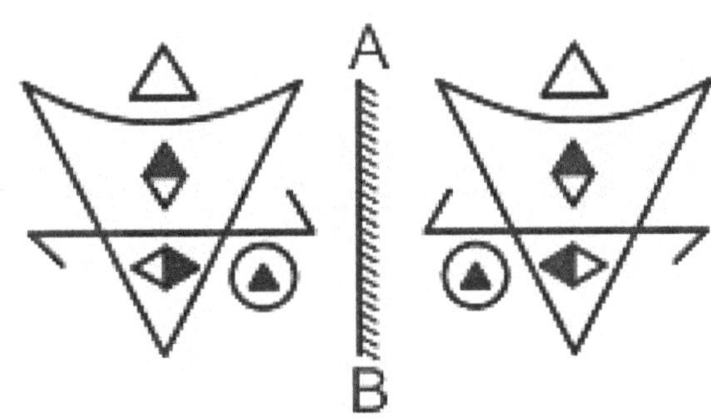

अत: विकल्प (A) सही है।

7. दर्पण छवि इस प्रकार होगी:

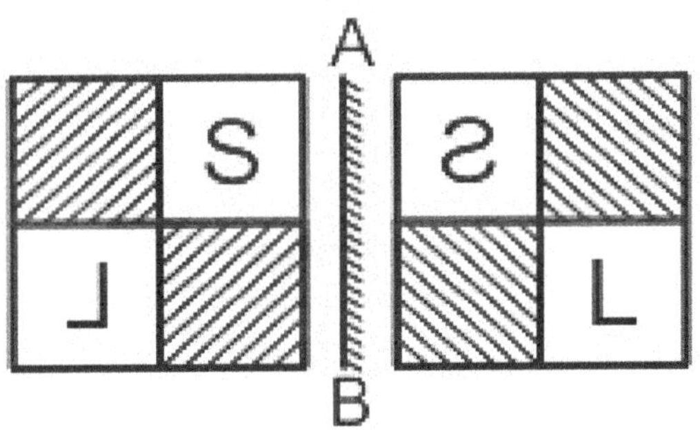

अत: विकल्प (D) सही है।

8. प्रश्न आकृति की सही दर्पण आकृति नीचे दर्शायी गई है:

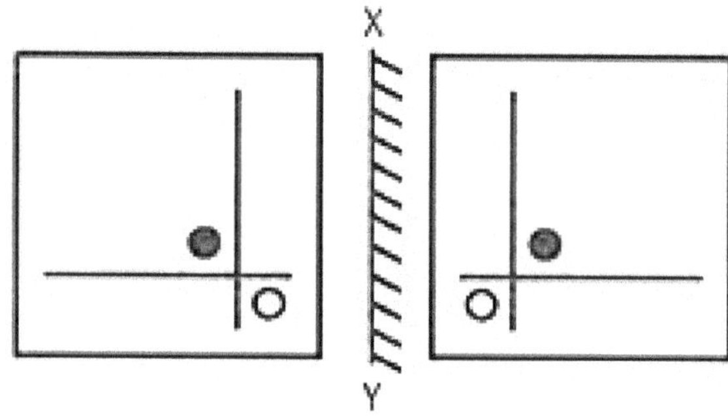

इसलिए, विकल्प (D) दी गई आकृति की सही दर्पण आकृति है।

अत: विकल्प (D) सही है।

9.

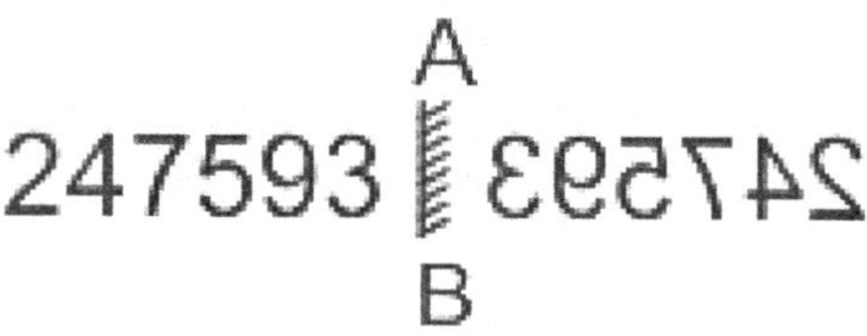

इसलिए, विकल्प (C) दी गई प्रश्न आकृति की सही दर्पण छवि है।

अत: विकल्प (C) सही है।

10. यदि एक दर्पण को रेखा AB पर रखा जाए, तो हमें यह दर्पण छवि प्राप्त होगी:

247593 | A B

अत: विकल्प (C) सही है।

11. दी गई आकृति इस प्रकार दिखाई जा सकती है,

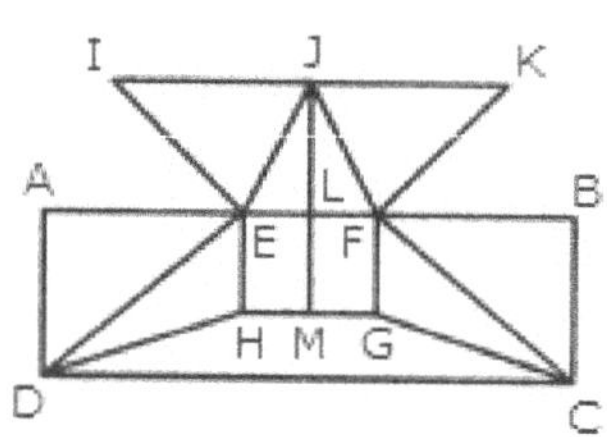

क्षैतिज रेखाएँ IK, AB, HG और DC, अर्थात संख्या में 4 हैं।

लंबवत रेखाएं AD, EH, JM, FG और BC, अर्थात संख्या में 5 हैं।

तिरछी रेखाएँ IE, JE, JF, KF, DE, DH, FC और GC, अर्थात संख्या में 8 हैं।

इस प्रकार, आकृति में 4 + 5 + 8 = 17 सीधी रेखाएँ हैं।

अत: विकल्प (B) सही है।

12. दी गई आकृति इस प्रकार दिखाई जा सकती है,

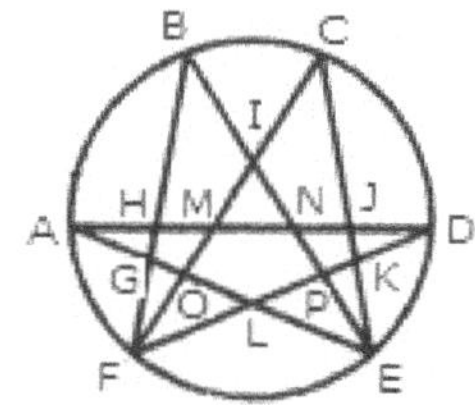

सबसे सरल त्रिभुज AGH, GFO, LFO, DJK, EKP, PEL और IMN ,यानी संख्या में 7 हैं।

त्रिभुजों में दो घटक प्रत्येक GFL, KEL, AMO, NDP, BHN, CMJ, NEJ और HFM ,यानी संख्या में 8 हैं।

तीन घटक वाले त्रिभुज IOE, IFP, BIF और CEI, यानी संख्या में 4 हैं।

चार घटक वाले त्रिभुज ANE और DMF , यानी संख्या में 2 हैं।

प्रत्येक पांच घटक वाले त्रिभुज FCK, BGE और ADL, यानी संख्या में 3 हैं।

प्रत्येक छह घटक वाले त्रिभुज BPF, COE, DHF और AJE, यानी संख्या में 4 हैं।

आकृति में त्रिभुजों की कुल संख्या = 7 + 8 + 4 + 2 + 3 + 4 = 28

अत: विकल्प (D) सही है।

13. दी गई आकृति इस प्रकार दिखाई जा सकती है,

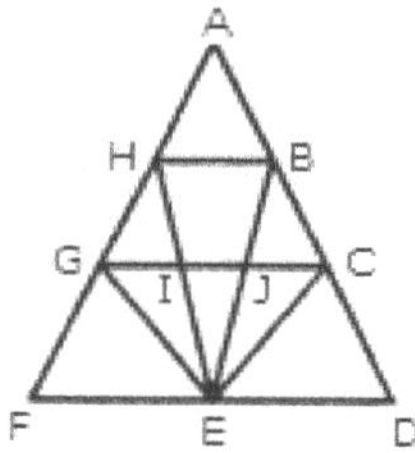

सबसे सरल त्रिभुज AHB, GHI, BJC, GFE, GIE, IJE, CEJ और CDE, यानी संख्या में 8 हैं।

HEG, BEC, HBE, JGE और ICE प्रत्येक दो घटकों से बने त्रिभुजों की संख्या 5 है।

तीन घटकों से बने त्रिभुज FHE, GCE और BED, यानी संख्या में 3 हैं।

केवल एक त्रिभुज होता है अर्थात AGC, 4 घटकों से बना बना है।

केवल एक त्रिभुज है अर्थात AFD, 9 घटकों से बना है।

अत: दी गई आकृति में 8 + 5 + 3 + 1 + 1 = 18 त्रिभुज हैं।

अत: विकल्प (B) सही है।

14. दी गई आकृति इस प्रकार दिखाई जा सकती है,

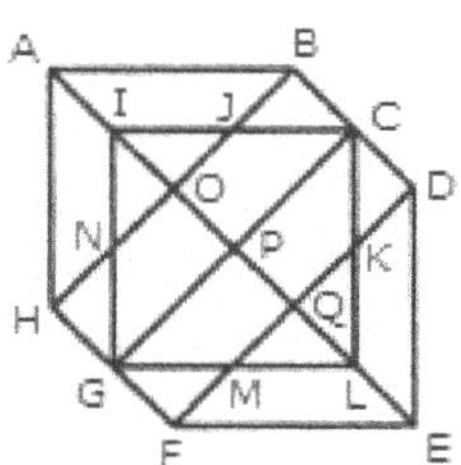

सबसे सरल त्रिभुज IJO, BCJ, CDK, KQL, MLQ, GFM, GHN और NIO यानी संख्या में 8 हैं।

त्रिभुज ABO, AHO, NIJ, IGP, ICP, DEQ, FEQ, KLM, LCP और LGP यानी 10 की संख्या में दो घटकों से बने हैं।

HAB, DEF, LGI, GIC, ICL और GLC यानी 4 घटकों से बने त्रिभुजों की संख्या 6 है।

आकृति में त्रिभुजों की कुल संख्या = 8 + 10 + 6 = 24

अत: विकल्प (C) सही है।

15. दी गई आकृति इस प्रकार दिखाई जा सकती है,

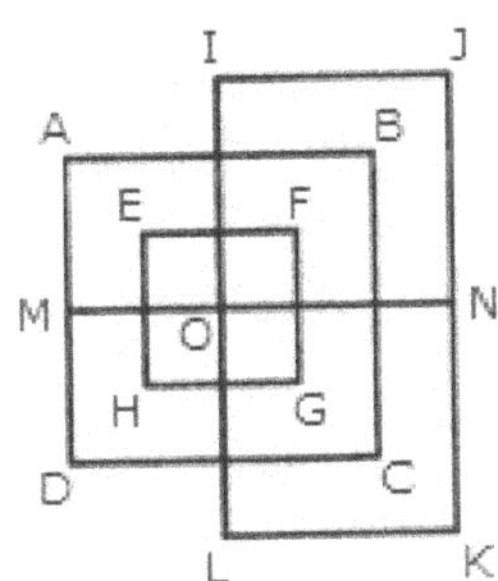

क्षैतिज रेखाएँ IJ, AB, EF, MN, HG, DC और LK, अर्थात संख्या में 7 हैं।

लंबवत रेखाएं AD, EH, IL, FG, BC और JK, अर्थात संख्या में 6 हैं।

इस प्रकार, आकृति में 7 + 6 = 13 सीधी रेखाएँ हैं।

अत: विकल्प (A) सही है।

16. दी गई आकृति इस प्रकार दिखाई जा सकती है,

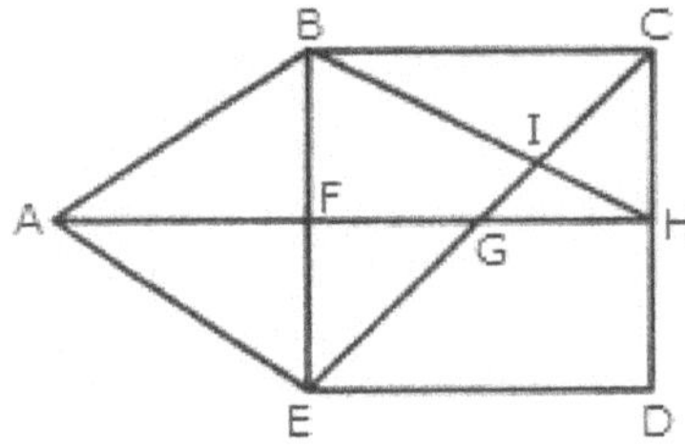

सबसे सरल त्रिभुज ABF, BIC, CIH, GIH, FGE और AFE, यानी संख्या में 6 हैं।

दो घटकों से बने त्रिभुज ABE, AGE, BHF, BCH, CGH और BIE, यानी संख्या में 6 हैं।

तीन घटकों से बने त्रिभुज ABH, BCE और CDE, यानी संख्या में 3 हैं ।

अत: आकृति में त्रिभुजों की कुल संख्या = 6 + 6 + 3 = 15

अत: विकल्प (D) सही है।

17. दी गई आकृति इस प्रकार दिखाई जा सकती है,

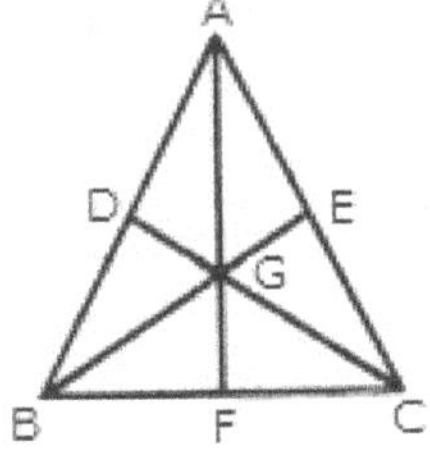

सबसे सरल त्रिभुज AGE, EGC, GFC, BGF, DGB और ADG, यानी संख्या में 6 हैं।

AGC, BGC और ABG प्रत्येक दो घटकों से मिलकर बने त्रिभुजों की संख्या 3 है।

AFC, BEC, BDC, ABF, ABE और DAC यानी तीन घटकों से बने त्रिभुजों की संख्या 6 है।

केवल एक त्रिभुज है अर्थात ABC छह घटकों से बना है।

अत: दी गई आकृति में 6 + 3 + 6 + 1 = 16 त्रिभुज हैं।

अत: विकल्प (A) सही है।

18. दी गई आकृति इस प्रकार दिखाई जा सकती है,

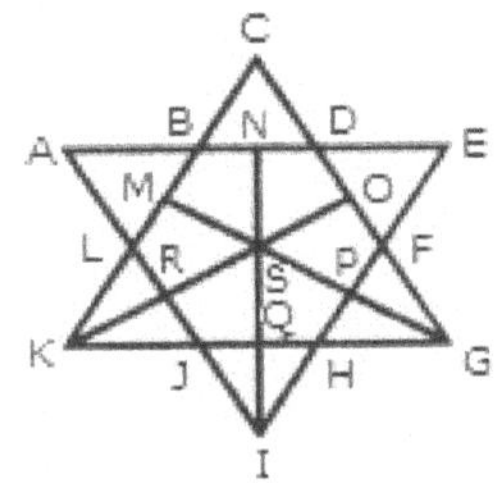

सबसे सरल त्रिभुज ABL, BCD, DEF, FGP, PGH, QHI, JQI, KRJ और LRK, यानी संख्या में 9 हैं।

OSG, SGQ, SPI, SRI, KSQ, KMS, FGH, JHI और JKL में से प्रत्येक दो घटकों से बने त्रिकोण हैं, यानी संख्या में 9 हैं।

केवल एक त्रिभुज यानि KSG है जो चार घटकों से बना है।

पांच घटकों से बना त्रिकोण प्रत्येक NEI, ANI, MCG और KCO यानी संख्या में 4 हैं।

छह घटकों से बने त्रिकोण GMK और KOG यानी संख्या में 2 हैं।

केवल एक त्रिभुज है अर्थात AEI दस घटकों से बना है।

ग्यारह घटकों से बना केवल एक त्रिभुज यानी KCG है।

अत: दी गई आकृति में त्रिभुजों की कुल संख्या = 9 + 9+1 + 4 + 2+1 + 1 = 27

अत: विकल्प (D) सही है।

19. दी गई आकृति इस प्रकार दिखाई जा सकती है,

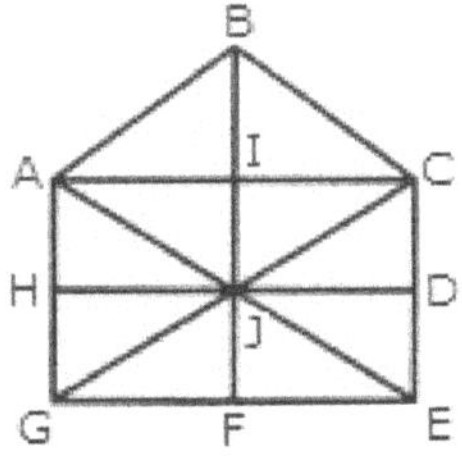

सरल त्रिभुज ABI, BIC, AIJ, CIJ, AHJ, CDJ, JHG, JDE, GJF और EJF, यानी संख्या में 10 हैं।

त्रिभुज ABC, BCJ, ACJ, BAJ, AJG, CJE और GJE यानी 7 की संख्या में दो घटकों से मिलकर बना है।

चार घटकों से बना त्रिभुज ACG, ACE, CGE और AGE यानी संख्या में 4 हैं।

आकृति में त्रिभुजों की कुल संख्या =10+ 7 + 4 = 21.

अत: विकल्प (C) सही है।

20. दी गई आकृति इस प्रकार दिखाई जा सकती है,

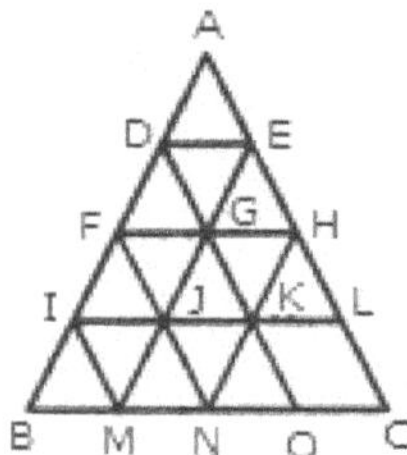

क्षैतिज रेखाएँ DE, FH, IL और BC, अर्थात संख्या में 4 हैं।

तिरछी रेखाएँ AC, DO, FN, IM, AB, EM और HN, यानि संख्या में 7 हैं।

इस प्रकार, आकृति में 4 + 7 = 11 सीधी रेखाएँ हैं।

अत: विकल्प (B) सही है।

21. दी गई आकृति इस प्रकार दिखाई जा सकती है,

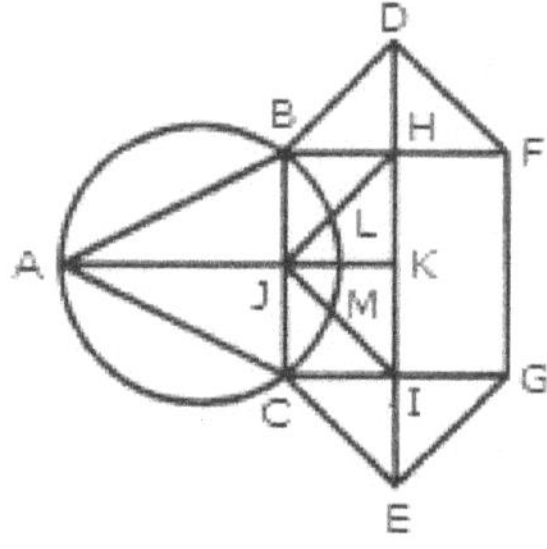

सबसे सरल त्रिभुज ABJ, ACJ, BDH, DHF, CIE और GIE, यानी संख्या में 6 हैं।

त्रिभुज ABC, BDF, CEG, BHJ, JHK, JKI और CJI दो घटकों में से प्रत्येक से मिलकर बना है अर्थात संख्या में 7 हैं।

केवल एक त्रिभुज JHI है जो चार घटकों से बना है।

इस प्रकार, दी गई आकृति में 6 + 7 + 1 = 14 त्रिभुज हैं।

अत: विकल्प (C) सही है।

22. दी गई आकृति इस प्रकार दिखाई जा सकती है,

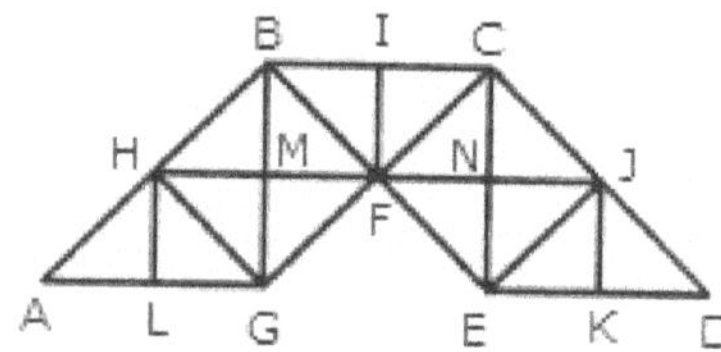

सबसे सरल त्रिभुज AHL, LHG, GHM, HMB, GMF, BMF, BIF, CIF, FNC, CNJ, FNE, NEJ, EKJ और JKD यानी संख्या में 14 हैं

AGH, BHG, HBF, BFG, HFG, BCF, CJF, CJE, JEF, CFE और JED दो घटकों में से प्रत्येक से बना त्रिकोण संख्या में 11 हैं।

चार घटकों से बने त्रिभुज ABG, CBG, BCE और CED यानी संख्या में 4 हैं।

दी गई आकृति में त्रिभुजों की कुल संख्या = 14 + 11 + 4 = 29

अत: विकल्प (C) सही है।

23. दी गई आकृति इस प्रकार दिखाई जा सकती है,

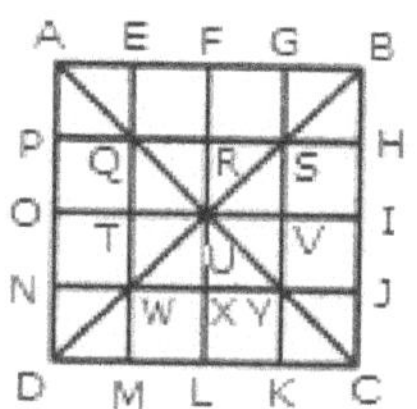

सरल त्रिभुज APQ, AEQ, QTU, QRU, BGS, BHS, RSU, SUV, TUW, UWX, NWD, WDM, UVY, UXY, JCY और YKC यानी संख्या में 16 हैं।

दो घटकों से बने त्रिभुज QUW, QSU, SYU और UWY यानी संख्या में 4 हैं।

तीन घटकों से बना त्रिभुज AOU, AFU, FBU, BIU, UIC, ULC, ULD और OUD यानी संख्या में 8 हैं।

प्रत्येक चार घटकों से बने त्रिभुज QYW, QSW, QSY और SYW यानी संख्या में 4 हैं।

छह घटकों से बना त्रिभुज AUD, ABU, BUC और DUC यानि संख्या में 4 हैं।

प्रत्येक सात घटकों से बने त्रिभुज QMC, ANY, EBW, PSD, CQH, AGY, DSK और BJW यानी संख्या में 8 हैं।

बारह घटकों से बने त्रिभुजों में से प्रत्येक ABD, ABC, BCD और ACD यानि संख्या में 4 है।

इस प्रकार, आकृति में 16 + 4 + 8 + 4 + 4 + 8 + 4 = 48 त्रिभुज हैं।

अत: विकल्प (D) सही है।

24. दी गई आकृति इस प्रकार दिखाई जा सकती है,

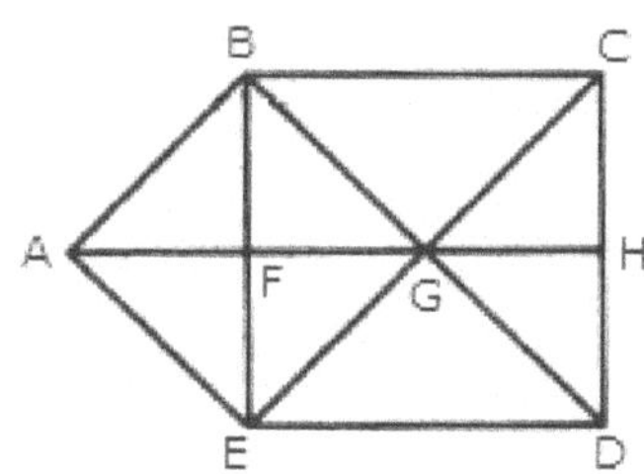

सबसे सरल त्रिभुज ABF, BFG, BCG, CGH, GHD, GED, EFG और AFE यानी संख्या में 8 हैं।

ABG, BGE, AGE, ABE और GCD यानी दो घटकों से बने त्रिभुजों की संख्या 5 है।

तीन घटकों से बने त्रिभुज BCD, CDE, BED और BCE यानी संख्या में 4 हैं।

इस प्रकार, आकृति में 8 + 5 + 4 = 17 त्रिभुज हैं।

अत: विकल्प (C) सही है।

25. दी गई आकृति इस प्रकार दिखाई जा सकती है,

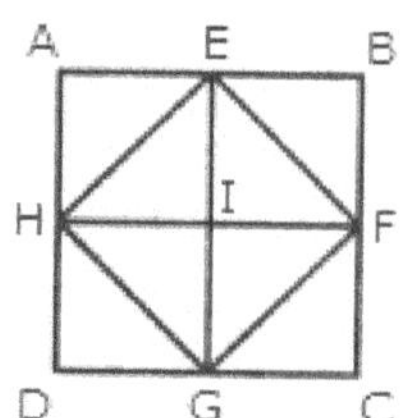

सबसे सरल त्रिभुज AEH, EHI, EBF, EFI, FGC, IFG, DGH और HIG अर्थात संख्या में 8 हैं।

दो घटकों से बने त्रिभुज HEF, EFG, HFG और EFG अर्थात संख्या में 4 हैं।

इस प्रकार, आकृति में 8 + 4 = 12 त्रिभुज हैं।

अत: विकल्प (C) सही है।

26. दी गई आकृति इस प्रकार दिखाई जा सकती है,

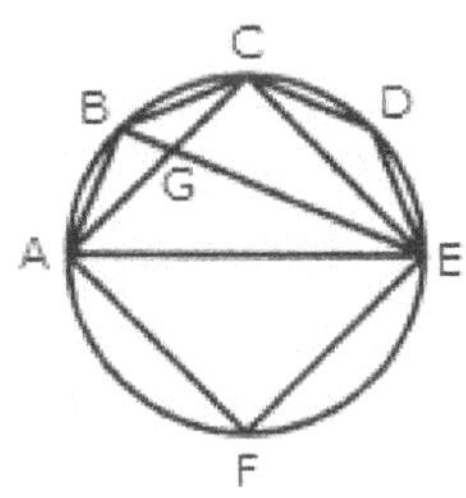

सरल त्रिभुज ABG, BCG, CGE, CDE, AGE और AEF, यानी संख्या में 6 हैं।

दो घटकों से बने त्रिभुज ABE, ABC, BCE और ACE, यानी संख्या में 4 हैं।

आकृति में 6 + 4 = 10 त्रिभुज हैं।

अत: विकल्प (B) सही है।

27. प्रश्न आकृति की दर्पण छवि नीचे दर्शायी गयी है:

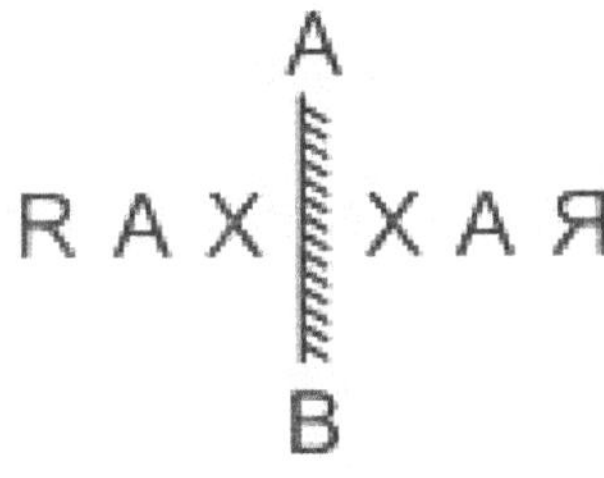

अतः विकल्प (A) सही है।

28. दिया गया है,

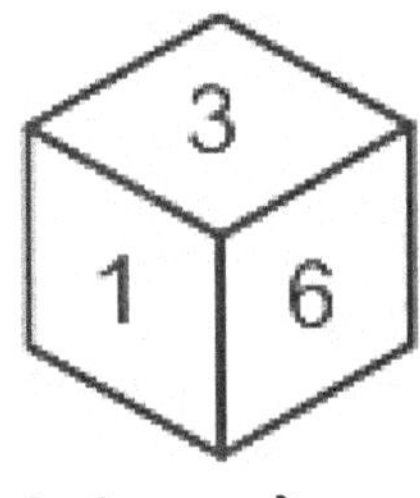

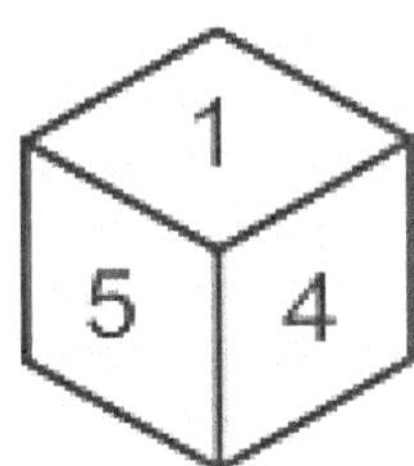

विपरीत फलक हैं,

1	3	6
2	4	5

यहाँ हम देखते हैं कि फलक 2 पर है जो विपरीत फलक 1 है।

अतः विकल्प (B) सही है।

29. प्रश्न आकृति, आकृति (A) में छिपी/अंतर्निहित है।

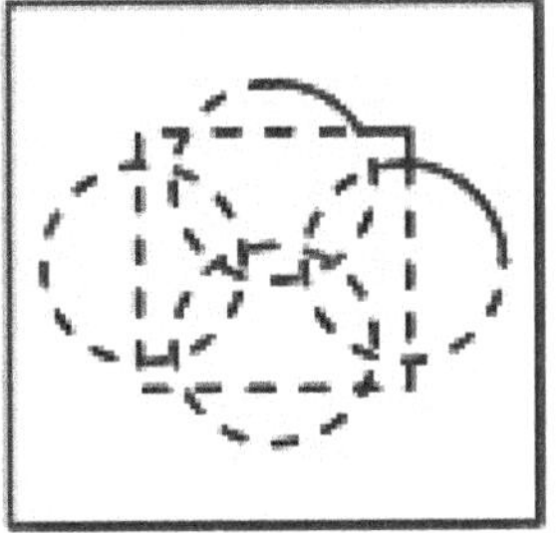

अतः विकल्प (A) सही है।

30. एक दूसरे के विपरीत चेहरे नीचे दिखाए गए हैं:

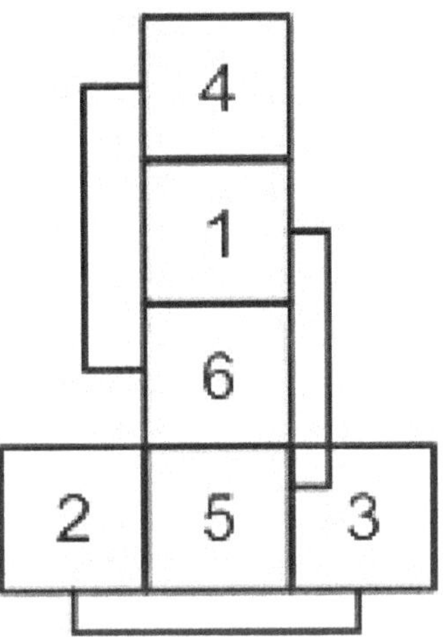

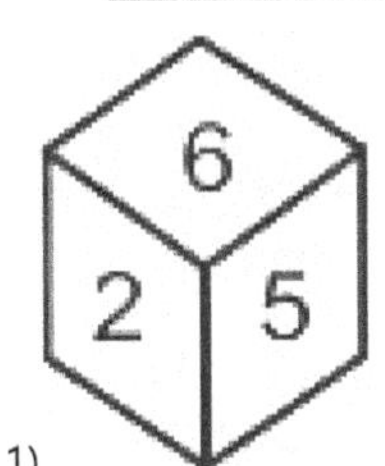

1) →इस घन का निर्माण किया जा सकता है क्योंकि एक ही पासे में दो विपरीत फलक एक साथ दिखाई नहीं देते हैं।

2) →इस घन का निर्माण किया जा सकता है क्योंकि एक ही पासे में दो विपरीत फलक एक साथ दिखाई नहीं देते हैं।

3) → इस घन का निर्माण किया जा सकता है क्योंकि एक ही पासे में दो विपरीत फलक एक साथ दिखाई नहीं देते हैं।

4) 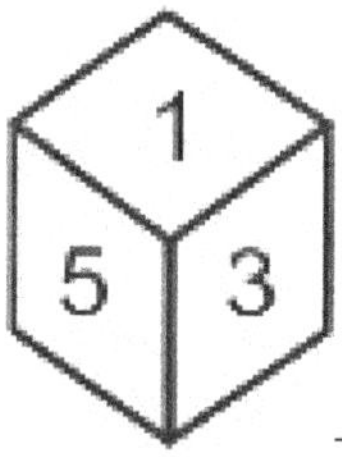 → यह घन नहीं बन सकता क्योंकि '1' और '5' फलक विपरीत फलक हैं और कोई भी दो विपरीत फलक एक साथ एक ही पासे पर प्रकट नहीं हो सकते हैं।

अतः विकल्प (D) सही है।

// टिप्पणियाँ //

// टिप्पणियाँ //

www.ingramcontent.com/pod-product-compliance
Ingram Content Group UK Ltd.
Pitfield, Milton Keynes, MK11 3LW, UK
UKHW061703190726
13853UKWH00008B/2376